Alfred Kerr:
Mit Schleuder und Harfe
Theaterkritiken aus drei Jahrzehnten

Herausgegeben von Hugo Fetting

Deutscher
Taschenbuch
Verlag

dtv

Ungekürzte Ausgabe
August 1985
Deutscher Taschenbuch Verlag GmbH & Co. KG,
München

Lizenzausgabe mit Genehmigung der Wolf Jobst Siedler GmbH,
Berlin 1982
ISBN 3-88680-045-8
Umschlaggestaltung: Celestino Piatti
Umschlagfoto: Alfred-Kerr-Archiv im Archiv der
Akademie der Künste, Berlin
Gesamtherstellung: C. H. Beck'sche Buchdruckerei,
Nördlingen
Printed in Germany · ISBN 3-423-10454-6

Das Buch

„Man nannte ihn den schädlichsten und gefährlichsten, den boshaftesten und eitelsten aller Kritiker ...“, schrieb Marcel Reich-Ranicki über Alfred Kerr (1867–1948), der für eine ganze Epoche des deutschen Theaters sein sprachmächtigster Kritiker gewesen war. Die Theaterschlachten, die um die modernen Stücke von Ibsen, Hauptmann oder Strindberg geschlagen wurden, sind untrennbar mit Kerrs Namen verbunden. Seine Theaterkritiken hier und heute wieder zu lesen, ist nicht nur von literaturhistorischem Interesse, sondern auch ein Vergnügen ersten Ranges. Der Herausgeber Hugo Fetting stellt Kerr als einen produktiven und schöpferischen Kritiker vor. Kerrs ästhetische Anschauungen und seine politische Haltung werden ebenso deutlich wie die Vielfalt und der Reichtum seines Stils und seiner Sprache. Auch die Mühe, die Fetting sich gemacht hat, die ursprünglichen Zeitungsartikel aufzustöbern und zu übernehmen, so wie Kerr sie einst im „Berliner Tagblatt“ oder in „Der Tag“ veröffentlicht hatte, hat sich gelohnt: Geben die Texte doch auch Auskunft über Kerrs bizarre Rechtschreibung und Zeichensetzung – eigenwillig in jeder Zeile. Und gerade die Originalfassungen zeigen eine Frische und Lebendigkeit, die sie in späteren, für die Nachwelt stilisierten Veröffentlichungen zumeist nicht mehr hatten. Der Eröffnung des Deutschen Theaters unter Max Reinhardt ist die erste Kritik des Buches vom 21. Oktober 1905 gewidmet. Und mit der Besprechung von „Faust II“ vom 23. Januar 1933 verabschiedet sich Kerr von seinen Berliner Lesern – in Richtung London, sein Exil.

Der Autor

Alfred Kerr, geboren 1867 in Breslau, war einer der einflußreichsten Kritiker in Berlin während der Zeit des Naturalismus bis 1933; er emigrierte 1933 nach London und kehrte als fast Achtzigjähriger nach Deutschland zurück, wo er noch einmal Lehrmeister einer ganzen Generation von Theaterkritikern wurde. Kerr starb am 12. Oktober 1948 in Hamburg.

Vorbemerkung

Der Titel dieser Ausgabe stammt indirekt von Alfred Kerr. Die Worte gebrauchte er allerdings nicht als Benennung eines seiner Bücher. Er verwendete sie im Vorwort des ersten Bandes der „Ersten Reihe" seiner 1917 im Samuel Fischer-Verlag Berlin „Die Welt im Drama" erschienenen „Gesammelten Schriften". Sie blieben für die vorliegende Publikation das einzige, was – entgegen anderen Auswahlbänden – der fünfbändigen Sammlung seiner frühen Kritiken entnommen wurde. Für die hier getroffene Auswahl bildeten Kerrs Artikel in den Berliner Tageszeitungen „Der Tag" und „Berliner Tageblatt" die Vorlage.

Ausschlaggebend für den Entschluß, auf die *Erstveröffentlichungen* zurückzugehen, war, daß es sich bei den in den Bänden „Das neue Drama", „Der Ewigkeitszug", „Die Sucher und die Seligen", „Eintagsfliegen" und „Das Mimenreich" publizierten Aufsätzen und Kritiken – von relativ wenigen Ausnahmen abgesehen – nicht mehr um den originalen Zeitungstext handelt. Fast alle von Kerr für die Buchausgabe ausgewählten Beiträge sind seinerzeit von ihm überarbeitet, zumeist mehr oder minder stark gekürzt und durch die nachträglich eingefügte oder vielfach geänderte Numerierung auch neu gegliedert worden.

Von der fünfbändigen Ausgabe „Die Welt im Drama" als Vorlage für eine Neuausgabe seiner Theaterkritiken mußte aber insbesondere deshalb abgesehen werden, weil sie nur bis zum Jahre 1917 in Zeitschriften und Zeitungen Veröffentlichtes enthält. Mit eben diesem Jahre abzuschließen hätte also bedeutet, auf all das zu verzichten, was Kerr noch bis zu seiner Emigration im Jahre 1933 geschrieben hat. Dieser Teil seines kritischen Schaffens ist aber in kaum geringerem Maße wichtig und aufschlußreich als jener, der bis zum ersten Weltkrieg entstand.

Die Schaffensphase bis 1917 fand bei dieser Auswahl eine verhältnismäßig geringe Berücksichtigung aus zwei Gründen. Erstens: so aussagekräftig und lesenswert seine Kritiken und Aufsätze der Jahre 1898 bis 1917 sowohl für den Theaterenthusiasten und Bücherfreund als auch für den Theaterschaffenden und Literaturwissenschaftler bis heute geblieben sein mögen, vieles von dem, worüber Kerr schrieb, ist infolge des Wandels der Zeit und der gesellschaftlichen Verhältnisse von den Bühnen unserer Gegenwart verdrängt worden. Es lebt nur noch, weil Kerr es kritisch würdigte. Zweitens: es konnte weniger darauf ankommen, bereits – wenn auch über- oder bearbeitet – in den „Gesammelten Schriften" Zugängliches abermals vorzulegen, als vielmehr darauf, eine Möglichkeit der Begegnung mit kaum Bekanntem und bisher so gut wie kaum Beachtetem, doch in vieler Hinsicht aktuell Gebliebenem zu schaffen.

Alles oder bemerkenswerte Teile von dem, was Kerr nach dem Erscheinen seiner „Gesammelten Schriften" noch an Kritiken, Aufsätzen, Essays o. a. geschrieben und publiziert hat, wurde von ihm selbst nicht mehr in Buchform vorgelegt. Diese Arbeiten sind bisher auch in keiner anderen Publikation in größerem Umfang zugänglich gemacht worden. Wenn von den in den sechzehn Jahren zwischen 1917 und 1933 entstandenen Theaterkritiken einmal einige veröffentlicht wurden, verzichtete man so gut wie immer auf den Abdruck der vollständigen Kritik. So wird demnach hier eine umfangreichere Auswahl von dem Theater gewidmeten Beiträgen aus der Zeit zwischen dem ersten Weltkrieg und dem Beginn der faschistischen Gewaltherrschaft in Deutschland, vereinigt mit einigen anderen aus den Jahren zuvor, zum erstenmal in einer Publikation vorgelegt. Sie führt damit die vor über fünf Dezennien von Kerr selbst noch edierte Ausgabe seiner „Gesammelten Schriften" fort und vervollständigt sie.

Das aber war nicht der einzige Grund dafür, daß die Kritiken der Zeitspanne von 1917 bis 1933 den weitaus breitesten Raum in dieser Ausgabe einnehmen. Wichtiger war, daß es sich bei den das Theater der zwanziger Jahre betreffenden theaterkritischen Arbeiten Kerrs um die Meinung und Ansicht eines der bedeutendsten deutschen Kritiker handelt, daß er darin Stellung nimmt zu Dramatikern und Werken, über Regisseure und Schauspieler urteilt, die diese ereignisreiche Phase einer gesellschaftskritischen und politischen Literatur und Theaterarbeit entscheidend beeinflußt und geprägt haben und die die zeitgenössische Bühne zu einem nicht geringen Teil zu ihren Wegbereitern und Anregern, Vorbildern und Traditionsetappen zählt.

Vollständigkeit schloß sich bei dieser Ausgabe von vornherein aus. Allein mit den Theaterkritiken, die Kerr noch nach dem Erscheinen seiner „Gesammelten Schriften" geschrieben hatte, wäre es möglich gewesen, mehrere Bände zu füllen, selbst dann, wenn man jene publizistischen und theaterkritischen Aufsätze außer acht gelassen hätte, die während der Zeit seiner Emigration in den verschiedensten Publikationsorganen sowohl in deutscher als auch in französischer

Sprache veröffentlicht worden sind. Es ging auch nicht darum, eine „Chronik von Ereignissen der Berliner Theatergeschichte der zwanziger Jahre in Kritiken" zusammenzustellen. Ein solches Vorhaben ist mit den Arbeiten Alfred Kerrs allein nicht zu realisieren. Er teilte sich nämlich stets das Ressort Theaterkritiken mit anderen Kollegen, beim „Tag" vornehmlich mit Julius Hart und beim „Berliner Tageblatt" vor allem mit Fritz Engel. Kerr besprach also bei weitem nicht alle für jene Epoche wichtigen und exemplarischen Aufführungen und glanzvollen Premieren der Berliner Bühnen. Deshalb war es auch nicht möglich, besondere theatralische Veranstaltungen – beispielsweise die „Wedekind-Spiele", Reinhardts „Shakespeare-Zyklus" und die Aufführungsreihe „Das junge Deutschland" – geschlossen zu berücksichtigen oder spezielle Vorhaben (z. B. den „Faust"-Inszenierungen des Staatstheaters die früheren „Faust"-Inszenierungen Reinhardts gegenüberzustellen) zu verwirklichen.

In der Absicht des Herausgebers lag es, Kerr als einen produktiven und schöpferischen Kritiker vorzustellen. Seine ästhetischen Anschauungen und seine politische Haltung galt es ebenso zu verdeutlichen wie die Vielfalt und den Reichtum seines Stils und seiner Sprache. Es kam aber auch darauf an, seine Fähigkeit, sich zu begeistern, wie auch die Schärfe seiner Polemik sichtbar zu machen, ohne dabei seine Eigenheiten oder das überspitzt Subjektive und herausfordernd Provokante seiner Ansichten zu unterschlagen. Nicht zuletzt sollten zum Ausdruck gebracht werden sein Wagemut, auf junge Talente zu setzen, wie seine Respektlosigkeit vor anerkannten Größen, sein forcierter Einsatz beim Entdecken und Fördern von Entwicklungsfähigem und Hoffnungsvollem sowie seine Courage, Überholtes und Reaktionäres anzuprangern. All das war Teil seines Kampfes für ein die Entwicklung und den Fortschritt der Gesellschaft förderndes demokratisch-humanistisches Theater der ersten deutschen Republik.

Die Edition folgt stets den Erstdrucken in den genannten Zeitungen, ohne sie zu kürzen oder in anderer Weise zu verändern. So wurde auch die oft sehr eigenwillige Zeichensetzung und Zeichenverwendung weitgehendst beibehalten. Die Auslassungspunkte gehören wie die Gedankenstriche, die manchmal mehrfach gesetzten Ausrufezeichen und Buchstaben, die wiederholten Wörter usw. zu Kerrs Stilprinzipien. Durch Sperrungen, Unterstreichungen oder in anderer Weise im Original kenntlich gemachte Hervorhebungen wurden einheitlich *kursiv* wiedergegeben, ausgenommen durch veränderten Schriftsatz vom anderen Text abgesetzte, doch offensichtlich nicht als Hervorhebung gedachte Worte sowie Namen und Werktitel, sofern ihre besondere Kennzeichnung allem Anschein nach nur aus redaktionellen Gründen vorgenommen worden ist. Stillschweigend berichtigt wurden in der Schreibweise Abweichungen vom heutigen Gebrauch, ferner eindeutige Druckfehler sowie die Schreibung von Personen- und Ortsnamen, Werktiteln und Theaterbezeichnungen. Belassen wurden die Überschriften. Kerr verfuhr da ebenso einfallsreich wie variabel.

Bei der Beschaffung der Textvorlagen erfuhr der Herausgeber großzügige Hilfe und wesentliche Unterstützung von Herrn Prof. Dr. Walter Huder, dem Leiter des Archivs und der Bibliothek der Akademie der Künste Berlin, zu der auch das Alfred-Kerr-Archiv gehört, und von Herrn Helmut Grosse, dem Kustos der Theatersammlung des Instituts für Theaterwissenschaft der Universität Köln, denen herzlich und freundschaftlich gedankt sein soll. Zu besonderem Dank verpflichtet ist der Herausgeber auch dem Lektor des Henschelverlages, Herrn Manfred Nöbel, der mit Anregungen und Rat zum Entstehen dieser Ausgabe uneigennützig beigetragen hat. Nicht zuletzt sei Frau Ines Modler gedankt, die sich der Anfertigung der Register annahm.

Berlin im März 1980 h. f.

Eröffnung des Deutschen Theaters

I.

Das Deutsche Theater ist unter Max Reinhardt mit dem „Käthchen von Heilbronn“ eröffnet worden. Der Feuilletonist pflegt in solchen Fällen das Wort „Markstein“ hinzulegen. Ich möchte statt dessen sagen, daß es ein äußerer, nicht ein innerer Abschnitt für den neuen Besitzer zu sein braucht. Denn es kommt nicht auf die Raumgröße eines Theaters an. Ein äußerer Abschnitt: insofern er dort sitzt, wo früher der beste Mann der deutschen Bühne, Otto Brahm (sein Prinzipal), gesessen hat.

Man wird bei diesem Wechsel den Brahmschen Verdiensten, die unauslöschlich sind, einen Gruß der Erinnerung und des Dankes widmen; sie bleiben der Geschichte deutscher Kunst. Aber der Faktor Reinhardt war nötig. Er war lange vor Reinhardts Aufkommen gesucht worden. Die Freunde der Bühnenkunst äugten nach einem, der ... zunächst in der Brahmschen Mauer das Loch werden könnte, das ins Freie führt. Vierzehn Tage lang dachte man sogar an Paul Lindau beim Suchen. Vorher, der Reihe nach, an Martin Zickel, als er vor einem kleinen Lustrum zuerst *principaliter* Wedekind, Maeterlinck, Hofmannsthal, d'Annunzio betonte; seine Anfänge waren zweifellos verdienstlich. Aber der Mann, der die Lücke ausfüllte – nein: der die Lücke brach – war zuletzt Reinhardt; er hat die Sache gemacht... nachdem wir sämtlich auf einen lauerten, dem man den Boden bereiten könnte. Das Gesetz der Umwandlung suchte, wen es verschlinge ... und wen es gebäre. Wir wußten noch nicht, wie der sein würde: doch er sollte nicht mehr Brahm sein.

Und wie vollzog sich das? Die spröde Geschlossenheit der Brahmschen Natur hatte Feinde massenhaft erzeugt, bei den Armen im Geiste. Seine (damit berührungslos verbundene) Technik des Lavierens, Berechnens, Umfallens, seine ruhmlose Vorsicht hatte Gegner erzeugt, unter den Guten. Zunächst (o laßt uns wahr sein, vielgeliebte Freunde) konnte man auf die Frage: „Wer ist Max Reinhardt?“ antworten: „Reinhardt ist der Haß der Presse gegen Brahm.“ Das Heer der Theateräffchen (denen wir die Tipps geben) zog, ohne zu ahnen warum, von Brahm weg. Seitdem aber wissen wir, daß Max Reinhardt mehr bedeutet. Durch das Loch in der Mauer war einer gegangen, der draußen Wertvolles, Prachtvolles zu errichten das Zeug hatte. Er hat nicht nur den Abzug von Brahm eingeleitet, sondern die Erkenntnis zu seiner eigenen Kraft. So ist der Lauf der Welt.

Die zwei Männer sind untereinander geschieden wie ... ich will nicht sagen: wie ein Nazarener von einem Hellenen; das wäre ja pathetisch. Jedenfalls hat Reinhardt etwas Heiteres. (Schade, daß hier mit dem sonnigen Ariertum nichts zu machen geht, sonst könnte man sagen: der Unterschied zwischen dem sonnigen Ariertum und dem steinigen Hochland von Judäa tritt hier faustdick zutage – aber es geht aus tiefliegenden Ursachen nicht.) So möchte man lieber sprechen: Brahm war eine Mittwochsnatur, Reinhardt ist eine Sonntagsnatur. Ich gestehe meine Bewunderung für Brahms zugeknöpfte, stachlige, auf sich allein gestellte Festigkeit. Zweifellos bedeutet Otto Brahm bis jetzt den größeren Einschnitt in der Bühnengeschichte. Denn der Unterschied zwischen Brahm und L'Arronge war größer, als der Unterschied ist zwischen Reinhardt und Brahm. Freilich mit einem Salzkorn verstanden: Brahm hat den Einschnitt nicht gemacht, sondern Ibsen und Hauptmann haben ihn gemacht. Ihn selber hat das Aufkommen von Hauptmann und Ibsen auf seinen Platz gestülpt; ihn schob jenes Bedürfnis, das aus dem Gesetz der Umwandlung entspringt.... So ist der Lauf der Welt.

Reinhardt hat gegen Brahm (diese unpathetische Formel wird genügen) etwas vom „freien Franken". Ihm fehlt der Ehrgeiz des Eigenbrödlers. Wenn ich sechs Hengste zahlen kann, sind ihre Kräfte nicht die meinen? Sein Wesen kennt die Ausbreitung (die Brahm etwa nur bei traulichen Annäherungen an Sudermann bekundet). Daher Liebe ringsum. Auffallende Züge, wie die stillose Verbindung mit Siegwart Friedmann, mit Strakosch, gehen ihm glatt hin; der Mittwochs-Brahm hätte dafür Hohngelächter und Pfeifen gehört. Aber warum schenkt man ihm zuletzt so viel Neigung? Darum: weil er ein suchender Draufgänger ist, opferbereit, gläubig, weil er nach dem „Besseren", *id est*: nach dem X., nach dem heute Fälligen strebt. Weil er den Satz eines deutschen Musikers bejaht: „Neue, kühne Melodien sollst du erfinden." Weil er das kann, was Brahm gekonnt hat („Nachtasyl"); und weil er das überdies gekonnt hat, was Brahm nicht kann. Weil er frische Werte geschaffen hat; Bewegung und Lust gemacht. Und weil die kritische Brahm-Clique heut so scheel gegen ihn steht, wie dazumal die alternde L'Arronge-Clique scheel gegen Brahm. So, zum dritten- und vorletztenmal, ist der Lauf der Welt.

Zum viertenmal aber werden wir das hören, wenn M. Reinhardt, aus

Preßburg, ängstlich, satt, abtrünnig, frühvollendet sein wird – und wenn an sein Tor der Nächste klopft, der Unbekannte, der Fällige, der dunkle X.

Und schauen wir dann, wie der Gestiegene fällt, und der Fällige steigt: so wollen wir lachen, daß wir leben.

II.

Es ist aber von dem Stück zu sprechen. ... Eine erste Vorstellung mißlingt nach der Überlieferung. Reinhardt hat sich streng an die Überlieferung gehalten. Die Darstellung glich einem Napfkuchen, woraus der Rosinen bloß wenige zu polken waren – und die äußere Kostbarkeit des Tellers stand in einem Mißverhältnis zum Geschmack dieses Napfkuchens. Ich sah wundervolle Dekorationen. Grundmangel der Aufführung: zu viel Statisten am Platze von Schauspielern, zu viel gleichgültiges Volk. (Hier muß Reinhardt Wandel schaffen.) Zweitens: es fehlen die Akzente, die er oft so gut zu setzen weiß. Das Ganze war wie das aristotelische „unübersehbare Tier". Ein Bild; noch ein Bild; noch ein Bild. Das liegt am Dichter: doch eine zukunftsträchtige Regie wird eben diese Unhaltbarkeit mildern durch Akzente; durch Dynamisierungen; durch einen Rhythmus des Spiels. ... Es gab fast nur ein *post hoc, post hoc, post hoc.*

Als köstlichste Rosine erschien allen Lucie Höflich. Ich habe trotzdem die Sorma nicht vergessen: von ihr ging ein Traumzauber aus, der einen lange, lange geleitet. Die Höflich war mehr das im Kranken noch gesunde Trieb-Mädel. In Summa: Die Sorma war ein Traum, die Höflich war ein Schwabenkind. ... Und ich dachte, wie es im Wunderhorn heißt: „Geschnittene Nudele eß' ich gern, aber nur die feine; schöne Mädele seh' ich gern, aber nur die kleine." In jedem Fall gilt für Fräulein Lucie Höflich nur ein Wort: entzückend.

Kayßler, dieser ernste, achtungswerte Künstler ohne einen Gran von Überschuß, versuchte sich an dem hohen Herrn. Aber seine karge Natur (am echtesten stets in der Verbissenheit) kann den Wetter vom Strahl, der mir übrigens wurst ist, nicht machen. Kayßler gab, für mein Gefühl, oft etwas Katerwütiges, bald was Sentimentales. Er hatte dabei, kurzweg, das Karge, nicht das Large.

Frau Durieux war als Kunigunde recht witzig, recht malend witzig. Aber das „Die begehr' ich zur Frau!" des Wetter vom Strahl wurde bei ihrer Darstellung noch unverschluckbarer. Eine glänzende Zofe flankierte sie: Helene Burger. Reinhardt, als Friedeborn, war mir nicht wurzelhaft genug, während ich den dicken Ritter (war das Winterstein?) in aller derben Manier einprägsam ulkig fand. (O Maus, der Zahllose! dacht' ich; o Gottfried Keller!) Engels gab den Gottschalk – den Kurwenal dieser somnambulen und grobianischen Romantik – er fügte zuletzt etwas Eigenes hinzu, das ergreifend war: er lief, als Käthchen im Krönungszug dahinschritt, halb im Gedränge an sie heran und küßte von hinten her die eine ihrer Hände. Das ist vielleicht Nieritz, immerhin ... Die Pfitznersche Musik enthüllte sich als etwas der Dichtkunst Verwandtes. (Nicht: Ebenbürtiges.) Ein Hauch von Traum und Vogelsang sprach im Vorspiel aus ihr mit holder Beredsamkeit.

III.

Auch bei dieser Aufführung wurde klar: das „Käthchen von Heilbronn" bleibt ein Stück, mit dem man nicht viel zu schaffen hat. Es gibt Werke, die einen großen Ruf besitzen, die sogar von einem Zauber in der Erinnerung umweht sind, – aber wenn man sie in der Nähe sieht, geben sie nicht viel. Die „Lustigen Weiber" gehören auch dahin. Das Käthchen vollends, dessen ferne Erinnerung genau so poesiehaft wirkt, wie die „Lustigen Weiber" lustig in der Erinnerung, das Käthchen ist ein fabelhaft schlechtes Drama. Nur der erste Akt bedeutet in unserem Sinne Drama. Dann zergeht es, ist häufig abgeschmackt in den Plattheiten des Ritterschauspiels, und nur eine innere Hauptsituation hat seinen Ruf gemacht, sie schafft in der Erinnerung das Entzücken: Käthchens Verhältnis zum Ritter. Das Werk hat also mehr den Nimbus eines köstlichen Inhalts, ... als daß es ein köstliches Drama wäre. Ich habe mich beim Zuhören gequält und immer wieder gefragt (wenn etwa Wetter vom Strahl plötzlich über die Kunigunde äußert: „Die nehm' ich zur Frau", wie ein Blödian), ich habe mich gefragt: Warum soll ich denn nicht meine Stücke sehn? Unsere Stücke? Warum soll ich denn die Stücke vergangener Ideale sehn?

Es bleibt schwer klarzumachen, worin Kleists Größe besteht. Er zeigt nicht jene gewaltige Tatsachengröße, die in allen Zungen Geltung hat. Wir hängen trotzdem daran, weil die sekundären, beschränkteren Herrlichkeiten, die er besitzt, uns, seinen Landsgenossen, an die Seele greifen. Er hat einen tiefen, unwägbaren Reiz, der am letzten Ende zweiten Ranges ist.

Ein Zug, der ihn über das Nationale hinaushebt, ist für mich, daß er im Sterbens- und Lebensruf des Hamburgers den Satz der Anständigen und Wahren „Lever Sklav', bloß nich doodt"... nicht nur ausgesprochen – sondern wie in Erz für kommende Zeiten gestaltet hat. 21. Oktober 1905

Das „Wintermärchen" im Deutschen Theater

I.

Orlik: *victor*. Humperdinck: *laureatus*. Reinhardt: *Pyrrhus*. Das war mein Eindruck.

Ich habe nie gekargt, Reinhardts Vorzüge zu betonen. Seine Arbeit ist für mein Gefühl nicht mehr zu entbehren. Aber ich werde nicht verschweigen, daß er im Begriff ist, einem Teil derer, die sich auf ihn geeinigt haben (ziemlich rasch), zu einem nachdenklichen Lächeln zu verhelfen. Manche werden nach dieser Aufführung rufen: vielleicht ein bißchen entstellt, aber glänzend; es ist wichtiger, zu sagen: glänzend, aber entstellt. An der Veroperung Shakespeares arbeite ich nicht mit. Das Wort sie sollen lassen stahn.

Was bot der Abend? Das Wesentliche nicht genug verstanden; an Unwesentlichem zuviel hinzugefügt.

Die Schlichtheit des Märchens, das winterlich hinzieht, sehr traurig und spaßhaft, und das nach zornigen Irrungen, tiefem Gram, Lieblichkeiten, Gefährdungen in einer stillen Musik des Wiederfindens beseligend verklingt – diese Schlichtheit war durch Lackierungen, Drückerchen, Grellheiten, Indiskretionen verjagt. Es gab nämlich keinen Schleier hier, der sich als Hülle dicht um das Ganze wob, es umlullend, es überspinnend, es überschneiend, ein Wintermärchen ... es war eine herrliche Staffierung in mehreren Stücken.

Die Zornpartien erscheinen zu einem realistischen Drama verselbständigt; dann ein Stück Opern-Hellenismus; die menschenfernen Lieblichkeiten in Perditas Welt vorwiegend dem Ballett genähert; das Wiederfinden zuletzt versüßlicht. Aber dabei wurden Bilder gestellt, die (unabhängig von dieser zufälligen Shakespeare-Dichtung) höchst besehenswert erscheinen. ... So ein Werk hat bei Shakespeare zwei Hälften: eine mit den finsteren, die andere mit den heiteren Losen –, aber die sind nicht unverbunden: Shakespeare macht ein wundervolles Mittelstück: Tobsucht der Natur, ein Bär, ein Märchenbär, ein geborener und gebackener Märchenbär, welcher den Aussetzer eines

Kindes verfolgt und frißt, Todesklagen, und hier... siehe... tauchen in der Wetterwildnis die ersten Rüpel auf, Bäuerlinge, Schwätzerchen, Spaßgestalten dummkluge ..., die Schrecknisse verebben – und ein geniehafter Übergang ist geschaffen zum froheren Teil.

Diesen Übergang ließ Herr Reinhardt weg.

Ich habe vor seinem Regieverständnis eine hohe Achtung; er hat uns hier nicht bei der Hand gehabt.

II.

Statt dessen bringt er nur „die Zeit". Vor einem recht auffallenden, so prunkvoll gestirnten, so witzigen Vorhang, daß er vom gesprochenen Wort ablenkt; daß die Rolle von Frau Eysoldt mehr pantomimt als gesprochen erscheint; dazu Musikbegleitung. (Sie ist gerade hier von gut charakteristischen Reizen, aber: das Wort sie sollen lassen stahn.) Shakespeares Naivheit – mit der hier etwas erzählt wird: „Als falsch erkannte Leontes seine Eifersucht und wandte in Gram der Einsamkeit sich zu; denkt jetzt, ihr edlen Hörer..." – die Naivheit ist vorwiegend in Luxus umgesetzt; Shakespeares „Zeit" in ein Planeten-*girl* verwandelt.

Größere Schlichtheit wirkte selbst im Königlichen Schauspielhaus stärker; von den Meiningern schweig' ich.

... Ein Gleichnis geht mir durch den Kopf. Irgendein Eßgericht soll am Schluß eine leise Würze haben, wie nach dem trauten Geschmack eines Winterapfels. Reinhardt sagt: Bloß am Schluß? Bei uns? Er nimmt Cardemom, Anis, nicht zu knapp Butter, Vanille, die größten Trinkeier von der ersten pommerschen Meierei, prima Korinthen, Rum – und sagt dann: Eßt diese schlichte Waffel, die in verschollen abseitigen Volkshäusern dem stillen Wanderer gereicht wird.

III.

Statt eines einfachen, ziemlich internen Gerichtshofs mit etlichen Hofleuten macht Reinhardt lieber eine Volksversammlung im Colosseum. Das Wort Orakel findet sich? Willkommen! Der Regisseur verfällt sofort ins Chorgriechische. Gesangvereins-Parlando! Es kommt ihm nicht darauf an, daß die Szene zum notwendigen Tribunal wird: sondern daß möglichst dies Tribunal zu einer „Szene" wird. Oberammergau; Meyerbeer; und die Worte der Hermione werden erdrückt. Das Wort ist vom Theatermeister vernebensächlicht.

Gemordet wird dann völlig die Welt, die unsagbar liebliche, des

Florizel und der Perdita. Prachtvolle Tänze, wundersam gemachtes ländliches Fest; Hauptsache! Schafschur? *Pièce de résistance*. Der Bestandteil wird Selbstzweck; und die Sache mit den zwei Königskindern, die ein Idyll, nah einer Hütte, leben, ist untergekriegt. Die kluge Holdheit des Mädchens (Fräulein Höflich war durchaus unzureichend; aber der Regisseur hatte ihr die Möglichkeit benommen, Shakespeares Perdita zu sein), alles Seelische, kurz alles Wesentliche ist verdrängt von der Unerbittlichkeit des köstlichen Bühnenbilds. William, Stern der schönsten Höhe! O Florizel! O Perdita!

Das Schlußbild war wieder (absolut) entzückend. Doch es blieb in berechneter und verdreifachter Pracht mit Goldgrund und Umständlichkeiten an stillem Reiz hinter früheren Aufführungen zurück.

Musikwirkungen hatte Reinhardt im Lauf des Abends öfter vorweggenommen. So war hier verloren, was nur die jetzt einsetzende Musik, gegen die man nicht blasiert sein darf, geben kann.

IV.

Das „Wintermärchen" gehört zu der Art Dichtungen, denen ich die „Lustigen Weiber", auch Kleists „Käthchen" zurechne: die Erinnerung daran ist viel schöner als das Stück. „Das Wintermärchen" ist, in der Nähe betrachtet, der Schmarren eines Genies. Shakespeare geht auf die Rührungsszene des Schlusses. Dahin will er kommen. Irgendwie! Er begründet nicht sehr, weshalb der König so plötzlich in Eifersuchtsraserei fällt; und fast überhaupt nicht, weshalb die Königin eigentlich sechzehn Jahre verborgen bleibt: er will nur, irgendwie, daß ein König, der einst gerast hat, und eine Gattin, die sechzehn Jahre verborgen blieb, sich in einem rührenden Schlußauftritt finden. Ein Schmarren, aber ein unsterblicher.

Was uns fesselt, ist neben den Lieblichkeiten die Seele des Leontes. Hirn von unserm Hirn; Blut von unserm Blut. Außerdem dieses letzte zeitlos Mächtige: wenn die Hermione, die Entrissene ihm und seinem Kusse, nach Jahren wiedersieht, und wenn sie herabsteigt, ein Marmorbild; es könnte dazu eine verschollene Musik von Franz Schubert erklingen. ... Banaler find' ich, ein heut lebender Mensch, trotzdem Shakespeares herrlichen Auftritt als, vergleichsweis, Astartens umdämmertes Schwesterbild vor dem abgründigen, schweigsam umfangenden Auge Manfreds, mit dem Ewigkeitszug. (Und hierzu will ich die Musik, und keine andere, des Tonsetzers R. Schumann aus

Zwickau, wie er sie geschrieben hat, – und worin dieser Schwanke, Überflutete, von Positiven Verworfene mit zwei Dutzend Takten neben den tiefsten Erdmeistern sitzt, neben den Unüberwindbaren, – indem selbst dem BACH, der Musik-Edda, nichts Tieferes entströmt ist. ... Aber das alles hätte keinen Zulauf.)

V.

Die Rüpel waren bei Reinhardt gut. Waßmann; Pagay, der mit zwei Worten aus Eigenem das Feinste gab; Schildkraut mit einem Stich in die Operette, doch von eindrucksvoll auftragender Gespaßigkeit.

Und die ernsten Leute? Ich halte diesen Leontes und Hebbels Herodes für Vettern. Das Wort eifersüchtig scheint zu plump für die Gattung. Liebeszweifler sind sie – wie noch der Poet bei Arthur Schnitzler, der am Schleier Beatricens erstickt. Shakespeare war ein seltsam guter Kenner krauchenden Liebeszweifels, bohrender Hingegebenheit. Aber zum Schluß wird er hier Optimist. Er sagt: Leontes hat sich geirrt. Es ist ein Zugeständnis an das Publikum: wie es der Schluß des „Kaufmanns von Venedig" ist, wo er den kreaturisch tiefen Charakter des Shylock verleugnet, um dem Triumph der flachen Venezianer beizustimmen.

Für mich hat Shylock recht; Venedigs Bürger sind frohe Blödiane. Auch den Leontes belehrt Shakespeare am Schluß eines Besseren, und doch hat auch Leontes in einem bestimmten Augenblick recht. Dieser Sizilier hatte gewagt, in die Höflichkeitsäußerungen einer Frau mit der letzten Seelensonde zu tauchen ... zu prüfen, was an heimlichen Wünschen unterirdisch dabei sein könnte. Der Kenner Shakespeare hat das sachgemäße Wort: „Mit inneren Lippen küssen." *Kissing with inside lip*. Er sagt zuletzt: Leontes irrte. Ich bin trotzdem gewiß, daß ihn Hermione beinah betrog.

VI.

Kayßler gab den Leontes. Dieser Mann kann nicht wertlos sein, denn er besitzt die Neigung wertvoller Menschen. Aber vielleicht liegt sein Wert mehr im Menschlichen als in der Gestaltung. Es kommt darauf an, mit welchem Blick man die Grenzen von Künstlern ansieht. Auch unter den Ganzpotenten sind feine Unterschiede zu machen. Jemand wie Rudolf Rittner wird in der Geschichte der Schauspielkunst am Ende aller Enden einen gewaltigen, tiefen Achtungserfolg haben ... während die Else Lehmann ein Genie ist. Mißt man mit solchem Maße: so wird man Kayßlern in derselben Geschichte der Schauspielkunst einen Achtungsdurchfall zuerkennen. Ehre seinem Streben. Aber eine Trauer der Kargheit umweht ihn. Ich kann mir nicht helfen. Er hat die siegreich harten Linien einer zusammengerafften Erfolglosigkeit. Er zeigt das prachtvolle Schritt-vor-Schritt-Ringen Eines, der kein Götterliebling ist; (in seiner Schicksalsstunde war Apollon unwohl). Er gehört zu den Künstlern, vor deren Wirken der kritische Maßstab schon mehr anfängt, ein sittlicher zu werden. Ich höre das Klingen nicht ...

Gerade darum ist er am stärksten für umfinsterte Gestalten. Sein Unvergeßliches war Michael Kramers geschlagener Sohn. Und auch bei Heijermans war er tief einprägsam: als ein Jüngling, den man wider sein Sträuben und Strampeln auf ein Totenschiff schleppt; – er wollte so gerne nicht hinauf ...

Der Leontes schlägt zum Beginn in das gleiche Feld. Auch sein Merkmal ist: Stief. Doch hier geschah das Umgekehrte. Kayßler gab den Leontes zuerst wie einen tragischen Struwelpeter, ohne daß die Raserei überzeugend erschien. Konventionsgesten, Konventionstöne kamen durch: doch es war keine stilisierende Konvention, die im Märchenstück angebracht wäre: sondern gelegentlich eine wider Willen. Es war für mein Gefühl ein Nicht-erreichen-Können. Ich dachte: er ist wütend nicht so sehr über die Hermione, sondern weil er's nicht vermag. Und im zweiten Teil, wo Schwermut hervortrat, erschien er weit besser ... Es ist nicht seine letzte Leistung.

Hermione war die Sorma. Sehr schön die Bewegung am Schluß, vor der wiedergefundenen Tochter. Doch: ich hatte noch anderes erhofft. Ich dachte: sie wird niedersteigen, und aus ihr, nicht um sie herum, tönt eine unaussprechliche Musik von Schönheit; von Vergänglich-Unvergänglichem; von ewig-holder Beseelung ...

Es war nicht ganz so. Sie hätte nur an Innigkeit zu geben brauchen, was sie der Hofmannsthalschen Jokaste lieh. Mir scheint, daß sie es eher gekonnt hätte bei größerer Einfachheit des Mobiliars, ohne Blendungen vom Sockel steigend und ohne unförderliche Lichtzustände.

Bleibt die Paulina von Frau Wangel, im Schlußakt ergreifend. Sie spielte jedoch zum Beginn ohne sonderliche Derbheit, anscheinend mit Absicht. Ich halte diese Absicht für falsch. Shakespeare beherrscht so todsichere Wirkungen wie diese: daß in schlimmer Lage nicht bloß ein Helfer der Unglücklichen aufsteht, sondern: daß der Helfer einen derben Humor hat inmitten einer tragischen Situation. Ein nie versagender Zug! Er schafft nämlich (Dramatiker! ausschneiden!) das berühmte „Lachen und Weinen“ im Publikum. Besser als ein ernster Helfer ist die derbe Humorgestalt. Moritz Jäger sagt nicht: „Ich will euch Ärmste der Ärmsten ins Feld führen.“ Sondern er sagt: „Ich kenn' den Schwindel“ ... Befreiung ... Und in solchem Zusammenhang ist Shakespeares Paulina sehr geflissentlich eine Kratzbürste, eine Schnauze, eine Kröte, eine drollige Drachin. Die Verfeinerung war hier eine Verstumpfung.

... Über die Sprechweise der übrigen könnt' ich ein besonderes Kapitel anfangen. Von den Russen scheint nichts gelernt zu sein. Es handelt sich hier um den schwersten Abschnitt in der Darstellung Shakespeares. In diesem Theater scheint nur Herr Ludwig Hartau einen Begriff zu haben von Dem, worauf es ankommt. Der Regisseur hat ihn leider nicht gehabt.

... Das Wort sie sollen lassen stahn.

Es wird von diesen und ähnlichen Dingen noch besonders zu reden sein. 18. September 1906

Ein Kammerspiel (und die Duse)

I.

Am Freitag hat die Duse Renans Abtissin von Jouarre nebst der Locondiera gespielt. Es ist ein Taumel von Herrlichkeit, – daß man dasitzt wie vor etwas Unbegreiflichem, gerührt wie ein altes Weib; im deutlichen Bewußtsein: das kommt nicht wieder und war vorher nicht. Ich breche die Erinnerung an sie, die mit dem Südglanz ihres Wunderwesens alles, aber alles Vergleichbare totmacht, ab, in einigen Tagen soll davon die Rede sein ... und spreche von den Kammerspielen, deren erstes in einer Aufführung von Ibsens „Gespenstern“ etwas Vorzügliches bot.

Das Kammerspielhaus ist intim, schlicht, finanzbehaglich erbaut. Intim: ich kenne noch intimere. Vielleicht hat Herr Müller den Grand Guignol in Paris gesehen. Es scheint fast; auch dort sind Holztäfelungen und fingierte Kerzen. Aber dort ist der Raum kleiner, vertrauter als dieses Haus mit immerhin zwanzig Sitzreihen; dort, in Frankreich, gibt es wirklich nur ein paar Bänke; der Preis beträgt dabei für einen Parkettplatz nicht zwanzig Mark.

Ich mag nicht entscheiden, ob mit dem Frackzwang usw. ein Nebenzweck mitgesprochen hat, dem eigentlich mit der Kunst nichts gemein ist. ... Alle Berliner, die sonst nichts kennen, sind jedenfalls entzückt von dem Einfall ... und erörtern die Frage nicht, inwiefern mit den zwanzig Mark eine Spekulation auf das vorliegt, was Ibsen gelegentlich die Anziehung des Abstoßenden benennt.

Nebenzweck hin, Nebenzweck her: Berlin ist um ein höchst verwendbares Bühnenhäuschen reicher. Und so gewiß das erste Werk, das man hier spielte, eines intimen Raums gar nicht bedarf: so gewiß war dieser erste Abend wertvoll, und wenn es so weitergeht, ist ein Gewinn zu verzeichnen.

II.

Die Landschaft war diesmal einfach. In keiner Szene hat Äußerliches vom Wort abgelenkt. Aufgefallen ist mir, wenn von diesen Dingen gesprochen werden soll, die allzu feste Bilderbuchwolke, eine feste, weiße, daneben eine feste, graue. (Munch.) Bei Halm (wenn von diesen Dingen gesprochen werden soll) gibt es übrigens ziehende Wolken von fabelhafter Täuschungskraft; sie waren am Abend des „Sturms" das Beste. Über sie hätte William Archer ein besonderes Kapitel geschrieben, der ehemals verständige Kritiker aus Britannien, der neulich so viel komischen Unsinn in Berlin zu Papier brachte, daß mir noch schlimmer als die Londonisierung des Theaters eine Londonisierung der Kritik erschiene.

... Ausgezeichnet zusammengestellt war das Zimmer (freudlose Gemütlichkeit eines freudlosen Herrensitzes, mit gediegenen, unauffälligen, traurigen Möbeln voll Vergangenheit), ausgezeichnet zusammengestellt und angelegt war dieses Zimmer. Hieß' ich William Archer, ich würde mit einer Besprechung des Zimmers die Kritik der „Gespenster"-Aufführung schließen. Ich möchte statt dessen etliches über die Darstellung beifügen, und von der Landschaft noch bemerken: sie war mehr trostlos-naß als düster und furchtbar. Omen: das ganze Stück war nicht heroisch gefaßt worden, sondern es kam im Verhältnis, wenn ich andere Darstellungen vergleiche, lyrischer heraus. Reinhardt gab die lyrische Darstellung der „Gespenster"; das ist es. Alles war sanfter. Keine Klötze. Keine Ecken. Keine Brutalität. Die Sorma war keine Heroin. Moissi war ein weicher Oswald; ein liebenswürdiger Oswald; fast ein handlicher Oswald; (übrigens ein ausgezeichneter Oswald).

III.

Die lyrische Darstellung der „Gespenster“. Aber innerlich fortreißend und erregend. Jedesmal ist der Eindruck dieses Werks eine Erschütterung; ich sah es nie auf den Brettern, ohne daß mir in dem Dichter ein Fortsetzer des Alten Testaments erschienen wäre; „denn ich, der Herr, dein Gott, bin ein eifriger Gott, der da heimsuchet der Väter Missetat an den Kindern“; als ein Fortsetzer des Alten Testaments und ein Überflügler der Herren Aischylos und Sophokles.

In dem Kammerspiel trat die Wirkung erschütternd ein. Ein Vorzug kam bei Reinhardt hinzu: das war die Gliederung, das Tempo, die Dynamisierung. Was die Regie Bestes gab, waren Akzente, Einschnitte, Haushalten mit dem Stoff. Tote Strecken kamen nicht auf. Ich rede jedoch von den Akzenten innerhalb der einmal gewählten Auffassung, der lyrischen. Es gibt bessere Akzente: kraft deren die furchtbar harte Wucht dieses wider Gott kyklopisch und schweigend gerichteten Anklagestücks in aller Furchtbarkeit herauskommt, hart, rührungslos, kyklopenhaft – minder elegisch; weniger ... ich will nicht sagen: verkleinert und verniedlicht; aber so, daß es eben mehr ein Anklagestück als ein Klagestück ist. Hier war es mehr ein Klagestück als ein Anklagestück. *Ecco.*

IV.

Die Sorma, Oswalds Mutter, war keine Helene Alwing. Sie war nur Oswalds Mutter. Nicht eine gefestigte Gestalt. In ihr lag nicht die Tatkraft der Einsamen. Eine *femme supérieure* gewiß: aber *supérieure* nur im Gefühl; nur an Sensitivität: nicht im Willen.

Diese Frau war durch Leiden mehr verfeinert als erstarkt. Sie ist aber bei Ibsen mehr denn eine Niobe, mit der man uns in der Schule geplagt hat. ... Und weil die Sorma durch Erlebnisse, durch Leid mehr zergliedert als zusammengeschweißt war: so mußte (erstens um ihretwillen) das Drama lyrischer werden, als sein Dichter es gedichtet hatte.

... Aber das einmal festgestellt und abgezogen, so ist das höchste und dankbarste Lob dem zu spenden, was diese erste Künstlerin Deutschlands hier gab. Zu dieser Innigkeit des Schmerzes war sie vorher nicht gewachsen. Sie war nicht Helene Alwing: doch sie war Oswalds Mutter, auf eine nicht zu vergessende Art. Dieser Ton; dieser Ton einer Frau, die erfährt, daß ihr Kind ein beginnendes Leiden im Kopf zu haben scheint; dieser Ton, nicht ... „schneidend“, sondern wie aus einer Zerschnittenen kommend; dieser Ton ließ dem, der ihn hörte, das Herz im Leib erzittern.

Und alles sonst! Dieser durchseelte, aristokratisierte Schmerz ... Die Anfänge dieser jüngsten Schöpfung, die zu den größten der Sorma gehört, steckten in Agnes Jordan, – wenn sie dort mit ihrem jüngeren Sohn sprach. Jedenfalls wächst die Sorma ... und scheint noch immer wachsen zu wollen. Man hat sich vor dieser Frau tief, tief zu verneigen.

V.

Zweitens hat Moissi das Werk verlyrischt. Kennt er Zacconis Oswald? (Es schien mir.) Der ist unerhört; ich sprach davon ausführlicher in einem kleinen Buch. Emmerich Robert war ein geckiger Oswald. Antoine war ein brutal starker. Rittner ein geladener. (Kainz ein farbloser.) Moissi mag den Zacconi gesehen haben oder nicht: dieser junge Künstler gab eine prachtvolle Leistung; (genau so prachtvoll, wie sie vom ihm erwartet worden war); hier ist eine Zukunft. Die Äußerlichkeiten des Wahnsinns macht er vorläufig noch besser als die Innerlichkeiten eines schuldlos Geschlagenen: aber sein Oswald bleibt in der Erinnerung. Ein sicheres Versprechen.

... Regine war Fräulein Höflich. Ausgezeichnet vor allem im Gang. Darin lag ein ganzes Symbol! Sonst gab sie mehr das Gemeine denn das Lebensleuchtende (das sie zugleich haben muß, denn sie ist verwandt mit der träumenden Hilde, ... der auch einmal einer was versprochen hat – ein Königreich, nicht eine Reise nach Paris!).

Reinhardt als Engstrand? Gut, ohne jedoch einen Überschuß zu geben.

... In Summa: Ibsen ist hier nicht vertieft oder weitergeführt worden; doch eine Behandlungsmöglichkeit der „Gespenster" wurde zur Geltung gebracht: die lyrische.

Und wenn nicht alles täuscht, wird das Betonen der lyrischen Möglichkeiten die Ibsen-Interpretation Reinhardts sein.

11. November 1906

Theatereindrücke

Die Duse stand in schwarzer Tracht; an der Stirn die weiße Priesterinnenbinde. Sie gab Renans junge, keusche, tapfere Julie; die menschlich-hohe Gestalt – die sich am Vorabend eines Schaffotts einem Jugendgeliebten nicht versagt; des nächsten Morgens zu ihrem Entsetzen begnadigt ist, während das Revolutionsbeil den Mann hinmäht; die in Schmerz und Scham von einem Selbstmord errettet werden muß; aber zuletzt, mit dem Keim in ihrem Schoß, aufrecht zu leben beschließt.

Der Dichter (denn ein Dichter, wenn auch kein dramatischer, empfing dieses Werk) – Renan hat selber geschildert, wie vor zwanzig Jahren die Duse, bald als das Buch erschienen war, die Buchgestalt zu beleben trachtete. Und er schrieb für sie, für sie, das schöne Schlußwort hin: *„Vivrò"*

... Wie früher, drängt sie die gesteigerte Kraft in gewisse Momente zusammen. Ein fließender Strom; dann ein Schwellen, Überfluten – ein Naturbild wunderbar. Lange Monologe muß sie sprechen, sie liegen ihr nicht. Aber dann: ein Beisammensein mit dem Jugendfreunde, dem Marquis D'Arcy. Abwehr. Sträuben ... Ein Sträuben ohne jene Spur der Heuchlei, die in kälteren Ländern solche Szenen umwittert. Ein freimütiger, tapferer Widerstand, ohne Zimperlichkeit (alles in Leidenschaft; mit natürlichen Sinnen – mit den Sinnen eines Lebensvolks, dessen größere Daseinshälfte nicht die Genierlichkeit ausfüllt). Frankheit in der Abwehr; und dann – der Marquis D'Arcy hat es gut – Offenheit in der Hingabe, sie selber macht den Anfang. Gut hat er's. Sie macht den Anfang, der von unbeschreiblich leiser Zartheit ist.

Diese einzige Bewegung war ein Wunder: sie steht bei ihm, um einen halben Schritt entfernt; und nähert ihm dann, wie wenn sie jedes störende Verkennen in dieser Welt von sich weisen wollte, nähert ihm so ihren Leib, indem sie die Hände nach ihm führt, es ist kein Umschlingen, nur ein feinstes Heranschmiegen, nach einem tapfer gefaßten Entschluß. Darin liegt noch die ganze priesterliche Scheu ... zugleich die drängende Erfüllung einer Frau.

Ein Gestus gibt hier den Kern einer Natur, ein Gestus gibt Vergangenheit und Schicksal eines Menschen. Man muß das aus der Nähe sehen ... und fragt: Warum ist es nicht festzuhalten, für immer?

II.

Und ihr Schreien, warum ist es nicht festzuhalten – wenn am Morgen der Mann durch das Tor des Todes gegangen ist, und sie dableiben muß. Sie schreit; ohne Rücksicht auf bürgerliche Verhältnisse. Hingestreckt ist sie und schreit. Und schreit ohne die Genierlichkeit, welche das halbe Dasein kälterer Völker ausfüllt. Es ist eine Seele, die schreit. Eine Seele!

... Und wie sie nachher leuchtet in unnennbarer Herrlichkeit, wenn sie den Schleier abnimmt, den schwarzen Schleier der Zerknirschung und ihrer Tränen ... wenn sie sich herausgewickelt hat. Nachtstrahlendes Haar; gebräunte kräftige Farbe des aufrichten Gesichts. Und diese Augen lebensvoll. Wie schön – wie schön! Leiser, in gefestigtem Entsagen, spricht sie: Ich werde leben.

Das ist ihr Schlußwort: – „*Vivrò*".

... Dies alles ist gezeichnet; es ist zeichnerisch unvergeßbar; und es hat die letzten, letzten Innigkeiten.

III.

Sie macht Goldonis Wirtin – und vor jeder Bewegung fragt man wieder: Warum ist es nicht festzuhalten? Sie lacht und geht und schwatzt und neigt sich und verstellt sich und knickst und ist rasch und spöttisch und schmeichlerisch und von unsterblicher Lustigkeit. Von ihrem Lachen ist man bewegt, von ihrer Lustigkeit wunderlich ergriffen. Sie äugelt und schlendert – und wendet sich, eh' man's noch glaubt und ein Arm fährt durch die Luft, und die Taille biegt sich, und ihre Stimme streichelt, sie verhüllt ein Lachen, sie ist tüchtig und trägt einen Korb mit Wäsche, senkt einen Glasstöpsel in ein Weinkaraffchen, daß der Pfropfen ganz leicht, ein kleines Stück, durch die Luft zu segeln scheint. Zu segeln scheint, und der Handrücken ist wieder schon woanders, und sie steht im gegenüberliegenden Teil des Raums, der Rock schwebt, die Füße biegen sich, sie liegt in einem Stuhl, sie neckt, sie grüßt, sie dankt, sie eilt, sie plättet, sie zwinkert mit dem Mund, mit dunklen Augen – und alle diese Anmut ist in jedem Augenblick erschütternd. Das war nicht und kommt nicht wieder. Nehmt wenigstens einen Kinematographen, rettet euch das Gröbste. Das ist ein Gipfel. Das Wunder der letzten Schönheit des Südens. ... Und wenn es entschwebt in jedem Augenblick, wenn es in Sekunden flieht, abgelöst wird, hinsinkt, wenn eine Schönheit hier unfaßbar auf die andere folgt, ein seliges Entrinnen, ein erschütternd holdester Wirbel: da tritt ein Schmerz immer zugleich hervor, daß alles dies nicht zu bannen ist für Zeiten, wo sie ein Mythos sein wird, der Klang eines Namens in der Geschichte.

IV.

Theatereindrücke. ... Neben dem Unvergleichbaren die ernste Kunstarbeit des Tages zu betrachten, die vom genaueren Vergleich ihren Wert und Unwert empfängt; mit Außenseitern wie dieser Venezianerin hat die Kunst am Ende nicht zu rechnen.

Von Brahm wird nächstens gesprochen werden. Soll ich zusammenfassen, was in Reinhardts Hause bis jetzt geschaffen worden ist, so war die dritte Arbeit die beste. Wie eine Hoffnung auf dem Weg zur Schlichtheit. In dem veroperten „Wintermärchen" war durch eine fette, in den Hauptpunkten verständnislose Regie Shakespeare siegreich ermurkst worden. Die Annahme des „Liebeskönigs" verriet Dilettantismus: weil nicht der geringste Keim an dieser kraftlosen Mühsal in die Zukunft weist.

Das „Wollen" dieses Autors war betont worden; Kunst kommt von Können. Ich bin nicht Wulstrichter, sondern Kunstrichter. Unterscheidet nach redlichen Gesichtspunkten im bürgerlichen Dasein; in der Kunst bloß nach dem Gelingen. Ein halbgekonnter Schmarren ist mir ebensoviel wert wie ein gar nicht gekonntes Alldrama. Dies zweite lächert mich noch mehr. Trösten mag den zweiten Autor seine Familie. Ich bin da, über ein Werk zu richten. So ist es; nicht anders.

In Dingen vom Schlag eines solchen „Liebeskönigs" gewahrt mein Blick etwas ... wie die Gedankenschatten oder das Gemurmel eines Embryos, der im Mutterleib wie ein alter Mann mit einem großen Kopf dasitzt, vornübergebeugt, und ein schwächliches erstes Schauspiel ergrübelt; er verfällt stets wieder in den Zustand lallend schlafender Willenlosigkeit, macht eine launische Bewegung, der vorweltliche kleine Aldermann; ich weiß: er wird sterben, eh' er die Sonne sieht. Zukunftslos. Kraftleere Mühsal! Man muß dergleichen grundsätzlich aussprechen, weil Irrtümer verbreitet sind. Ein Irrtum ist es, den ich beobachtet habe: wenn jemand, der über ein schlechtes Stück nichts Gutes zu sagen hat, wenigstens über eine gute Kritik etwas Schlechtes sagt. Es gibt bessere Mittel. Soll jedoch die Beschäftigung mit den Kritiken Anderer Brauch sein, so wär' ich bereit, ihn mitzumachen. ... Richtiger indes scheint mir, als gemeinsames Ziel der Kritik: die Verfolgung, Ausrottung oder doch Verringerung der dramatischen Autoren ... Doch nun Spaß beiseite.

... In der „Gespenster"-Kritik blieb Kayßler unerwähnt. Es geht aber nicht an, zu schweigen. Er soll übrigens in der zweiten Aufführung besser gewesen sein. In der ersten war sein Irrtum (die stärkste Schädigung des prachtvollen Ganzen): daß er statt einen Pastor einen seiner Gymnasiallehrer zu kopieren schien. Er hatte etwas vom Schulfuchs: statt mit breiten Strichen ein unverwickeltes altes Kind mit (liebenswerten) Schwächen zu sein. Kayßler hat einem Teil dessen, was die Sorma hier empfinden sollte, die Glaubigkeit genommen.

Die Sorma ... In der bedeutungsvollsten „Gespenster"-Aufführung (deshalb nämlich, weil sie Beginn der „Freien Bühne" war, der wichtigsten Tat vielleicht seit der „Hamburgischen Dramaturgie") – die Sorma gab damals Fräulein Engstrand. Jetzt Frau Alwing. Zwischen beiden Daten sind wunderbare Sommer, wunderbare Frühlinge verflossen. Oswalds Liebchen, – Oswalds Mutter. Wir haben beides miterlebt: als kleine Studenten damals, als Männer jetzt. Der Lateiner sagt: *Eheu fugaces, Postume, Postume, labuntur anni.* Der Deutsche sagt:

„Es sei, wie es wolle,
Es war doch schön!"

V.

Ist Ruth St. Denis ein Theatereindruck? Sie müßte vielleicht, statt auf einer Bühne zu stehen, vor die man sich *ad hoc* setzt, ein Haus im Walde bewohnen; und jemand im nahen Abendduft, ein Einzelner, ein Wanderer, müßte hineinblicken können: wie sie da hantiert.

Eine hohe Schlankheit; mit kleinem Kopf und fließenden Armen. Sie ist eine Handtänzerin. Wellige Finger, ringelnde Hände, fließende Arme. Darüber ein Hauch vom Ganges – den sie nie gesehen hat; denn sie gibt nur Indien, wie die „Carmen"-Musik von Bizet Spanien gibt. („Carmen" mißfällt den Spaniern, deshalb bleibt es doch eine feine Musik) ...

Handtänzerin. Ein stiller (lyrischer) Reiz kommt von der Person – ein lauter (dramatischer) von Gewändern und Lichtmitteln.

Länglich-schlänklich. ... Eine leise Stengelblume fremder, seltener Flußgestade, stillerer Welten, entfernter Gottesdienste, geheimnisvoller Innenräume. Die weißen ... nein: „die braunen, unerfahrnen Glieder, sie sind so rührend anzusehn". Aber sie schwingt sich auch wild. Und sie schreitet ekstatisch und dienstfertig in tastender Ritusbewegung wie ein Mittelding von einem Knaben und einem hochgeschossenen Waldmädchen. ... Und wenn sie kauert, mit ihren länglichen, wie oval gedrechselten Gliedern, wirft sie einen Funken in die Sinne.

... Ein Zufall gab mir das Vergnügen ihrer Bekanntschaft. Der Zufall war ein mitgegebener Brief der Yvette Guilbert. Fräulein St. Denis ist Amerikanerin. Englische Vorfahren. Sie spricht freundlich und einfach wie ein Kind. Ihr kleiner Kopf zeigt einen kleinen Haarstrahn an der linken Seite, der sie noch kameradschaftlicher macht. Die Arme fließen, man merkt es im Gespräch, bevor man sie noch auf der Bühne sah.

Rodin hat sie modelliert. Sie wußte nie recht, welche Wendung ihr Dasein nehmen sollte: bis der Anblick indischer Bilder sie erweckt hat.

„Elle aurait fait rimer Baudelaire!" sagt Yvette in dem Brief. Woran hat sie gedacht? Vielleicht an die Zeilen aus den Blumen der Verwünschung:

Avec ses vêtements ondoyants et nacrés,
Même quand elle marche on croirait qu'elle danse,
Comme ces longs serpents que les jongleurs sacrés
Au bout de leurs bâtons agitent en cadence.

In Stefan Georges schöner Übertragung:

In ihren kleidern die mit schillern flattern
Erscheint es daß sie tanzt auch wenn sie geht.
Wie eines heilgen gauklers lange nattern
Die er auf einem stab im takte dreht.

... *Introite*.

15. November 1906

„Frühlings Erwachen"

Erstaufführung in den Kammerspielen

I.

Drei Lustren lang hat Max Halbes Drama „Jugend" als Trauerspiel jungen Sinnendranges gegolten. Jetzt wird man das tiefere Trauerspiel jüngeren Sinnendranges kennenlernen. Ich will nicht den einen durch den anderen totschlagen: aber Wedekinds Schuld ist es, wenn Halbes Dichtung (mit ihrem schönen ersten Akt) vollends einen Stich ins Marlitterarische bekommt. Ich finde hier bei Wedekind, wie immer, Abersinniges und (wenn seine Leitung stockt) Dilettantisches. Auch wenn sie nicht stockt ...

Daneben fast Shakespearesche Züge; und Züge, die eine Verwandtschaft mit dem deutschen Gretchen-Dichter zeigen. Gymnasiasten und vierzehnjährige Schulmädel erfahren, bei aller Naivität des Dichters, das, was jener Doktor und jenes Bürgerkind erfuhren. Und was, *mutatis mutandis,* in allen Fällen derselbe Fall ist. Ein Hauch schwebt über diesem Werk eines Leichtsinnigen, Torkelnden, Schludernden; ein Hauch, der die Grundmauer des Daseins anweht; Faustulus und Gretelchen; es sind kleine Faustusse der Pubertät, die hier erobern und schuldig werden und dennoch schuldlos untergehen. Oder sich still beiseite bringen, vor den Kopf gehaun von dem großen Rätsel des Geschlechtlichen. Oder quickvergnügt weiterleben, bis sie achtzig Jahre sein werden. ...

Wundervoll bleibt es, wie in die Mannesregungen dieser Buben das Geistige verflochten ist; Fragen, die kein Achtziger mit besserer Klugheit stellen kann, wie unser Leben schon ist. Faustulusse der Pubertät, denen die Schularbeit, Mittelamerika und Ludwig der Fünfzehnte und der deutsche Aufsatz zwischendurch, immer peitschend im Rücken sitzt. Wundervoll: wie der Faustulus, der über sein Gretelchen auf dem Heuschober herfällt, noch in diesem Augenblick, wirklich frei von Pose, dem Mädel zuraunt: es gebe gar keine Liebe, er wisse, daß alles doch Selbstsucht sei. „Ich liebe so wenig, wie du mich liebst." Die Vierzehnjährige erwidert hierauf ... was die Gretelchen zu erwidern pflegen: „— — Nicht! — — Nicht Melchior!" — — Melchior ruft sie noch einmal beim Namen. Sie antwortet: „O Melchior! — — nicht — — nicht" —

II.

Die Selbstmordnähe der gesteigerten frühen Welt dieser Geschlechtsreife dämmert auf. Skurrile und lyrische Vettern und Basen sind alle der dunklen, dahingegangenen Hedwig Ekdal; Hedwig sollte nur ein Tier schlachten, eine Wildente, um einen Vater zu retten; und sie sprach mit einem Heiland, welcher der Dreizehnte bei Tisch war — sinnenfern: denn sie stammt eben doch von einem nordischen Halbpuritaner. Bei Wedekind, der in mattbunten Farben das Dasein zeichnet, wird kein ethisches Opfer gebracht, nur das ungewollte des eigenen Lebens um des grünen, schwärenden, geheimnisvollen Sinnendranges willen. Seine Leute lockt statt der sittlichen Forderung ein eingeborener Trieb; etwas Urtümliches. Kinder, die schuldig werden, die schuldlos untergehen, die sich still beseitigen, die quickvergnügt weiterleben ... Dazwischen eine Verlorene, die taumelig weiterlebt, solange sie kann, Ilse ...

Elend, Jammer wie in der Gretchen-Tragödie. Das Elend, der Jammer, dann die Todesnacht der Kinder. Die Tragik der ersten Geschlechtswallung. Es ist ein Vorschmack des Daseins für grüne Seelen; auch für allzu rasch Vollendete, die noch zwischen den Pfosten der Pforte, durch die sie erst eintreten sollten, in einem zusammendrängenden Augenblick hundert Jahre alt wurden. Und dahingingen ...

Hinterher: verstorbene Kinder, die mit den lebenden verkehren. „In den Wohnhäusern kauern wir am Kamin und hinter den Bettvorhängen" ... Kinder (das ist: Einsame ...) verkehren mit den Seelen anderer Kinder, in Trauer und guter Kameradschaft, und es ist ganz und gar glaublich, als ob erst kein übersinnlicher Zustand einträte ... Kinder haben sich ja noch nicht so weit entfernt von dem, was vor unserem Bewußtsein lag, vor dieser Welt des Begreifens, Kinder sind noch der Eingangsschwelle näher. Es ist fast natürlich, wenn Melchi Gabor, der Liebesfaustulus, mit seinem erschossenen Klassenfreund ein Gespräch auf dem Friedhof abhält. Beide, der da atmet wie der bleich ist, scheinen fern von unsrer erwachsenen und aktiven Welt, – die wir später eine Zeit lang durchzumachen haben. Bis wir zurückfallen in den Stand erneuter Kindschaft, der Verkalkung, bis wir alte Blödiane werden, Plagen für Kinder, Schulmeister, mit Verbiesterung ohne Sinnlichkeit, mit Verdummung ohne Holdheit, mit Tyrannei ohne so umwälzenden Erkenntnisdrang. Oder wir werden Eltern voll beschränkter Liebe ... voll freundlicher Korrektheit ...

Und da unten sind die Faustulusse und die Hamletinos. Ringer, die dem Leben erliegen, noch vor dem Leben.

III.

Nicht dieses Werk war von der Zensur freigegeben worden, wie eine Notiz meldete; sondern ein Teil dieses Werks. Allerhand war verändert. Daß man Hänschen Rilows einsames Gespräch weglassen mußte – er ist der sich Durchfrettende, der einmal die Bilder seiner Flammen in einen Abgrund versenkt, ein *genius Loci* – daß dieser Humor wegfallen mußte, war schade. Statt eines Auftritts, in dem Faustulus Gretchen verhaut, um nicht zu erliegen, war etwas Sentimentales eingeschoben, was das Paar versüßlichte (statt alles in einem nichtwissenden Zustand körperlichen Erwachens zu zeigen). War es eine Wedekindsche Furcht vor der Zensur? War es Rücksicht auf die Wohlerziehung der Abonnementshörer? (Denn die Abonnenten hassen das Gebild von seiner Hand.) Ich weiß es nicht. Weggefallen war leider auch das reizende Gespräch zweier Jungen im Rebengelände. Warum? Es scheint nötig als ein Gegenstück zu aller Tragik: zwei Lümmelchen, die Gott einen guten Mann sein lassen, ziemlich heil davonkommen und Weintrauben essen, bis die Kaldaune kracht. (Ich finde, daß Reinhardt, der neulich bei Shakespeare ein köstliches Mittelglied strich, eine natürliche Begabung zum Fortlassen des Wichtigen besitzt.)

Im übrigen aber wird ihm hier stets als Verdienst angerechnet werden, daß er sich an diesem Werk versucht hat. Schön war, daß er es tat; nicht so sehr, wie er es tat. Ich sah eine vielfach flüchtig zurechtgemachte Darstellung. ... Bei Wedekind gilt es eine Technik der Linie zu finden. Sie schien bloß an etlichen Punkten getroffen. Ich nenne die Szene mit dem Medizinalrat; sie schwankte vorzüglich zwischen dem Ernst und dem Ulk, dessen Zwischenlinie wie die Lebenslinie dieses Dichters erscheint. Der Stil des Ganzen hätte (Walsers oft schöne Bühnenbilder beiseite gelassen) nicht nach der Moritat und dem Bilderbuch hinneigen sollen – es gab als Hintergründe manchmal Rouleaus, unten mit einer runden Holzstange – ... das Ganze hätte weniger auf Moritat gestellt sein müssen als auf Phantastik; auf phantastische Züge junger Seelen. ... Gerade wo dieser Zug des Dichters vortritt, am Schluß auf dem Kirchhof, da versagte die Regie. Es wird aus diesem oft lallenden Werk eines geniehaften Menschen der Kern erst noch herauszuholen sein.

Von den Darstellern hat Moissi den stärksten Eindruck auf mich gemacht; er gab den kleinen Geschlechtshamlet, der sich erschießt, prachtvoll ... bis zu diesem Zeitpunkt; auch er versagte dann auf dem Kirchhof, nach seinem Tode, – wie denn dieser Schluß völlig ins Wasser fiel.

Camilla Eibenschütz war hold als Gretelchen. Die kindhaften Bewegungen erschienen nicht als Kurzes-Kleidchen-Getue, sondern wirkten meistens echt, – bis in einer Hauptszene mit der Mutter leider die zwanzigjährige Klugheit einer Gereifteren durchbrach. ... Bernhard von Jacobi, der Faustulus, gab nur seine Jugend: aber nicht, was sie barg.

Wedekind selber machte den vermummten Herrn, will sagen: einen Teufel im Zylinderhut. Zwar mit einer Neigung nach dem Stadttheater-Intriganten, die er ... wohl nicht annimmt, sondern hat. Doch er war in dieser Rolle etwas, das einem Teil seiner Dichtung, die selber zwischen Schrecken und Parodie schwebt, entsprochen hat.

... Nur ist es in der Dichtung bewußt, willkürlich – und in seiner Schauspielerei schien es wie etwas, wofür er nichts kann: wie eine Mangelhaftigkeit.

23. November 1906

Das „Friedensfest“ in den Kammerspielen

I.

Das zweite Drama des jungen Gerhart Hauptmann ist vor drei Lustren zum Staunen der Hörer von der „Freien Bühne“ gespielt, nachmals bei Brahm in einer erschütternden Aufführung wiederholt worden. Es erfuhr jetzt bei Reinhardt eine wertvolle Verkörperung ... vor Menschen, die meistens jene drei Lustren innerlich nicht mitgemacht hatten.

Es war damals eine Zumutung von Hauptmann, den Leuten dieses Stück zu bieten. Es ist noch heut eine Zumutung. Und eine der Ursachen, um derentwillen unsereiner ihn liebt. Es war damals nicht die absichtliche Tapferkeit eines Menschen, der etwan ein Pronunciamento bewußt loslassen wollte; sondern der selbstverständliche, naive Wunsch eines Abseitigen, Eigengewachsenen – der sich gewundert hätte, wenn ihm einer gesagt haben würde: Du bist sehr selbständig! Du machst hier Zumutungen, indem du schlechtweg den Alltag einer neurasthenischen Familie, so wie er sich zuträgt und bis zu einer Katastrophe führt, ruhigen Herzens abbildest, bedenkenfrei gleich einem großen holländischen Maler ... und in diesem Alltag die Tragödien zeigst, die bei familienhaftem Zusammenwohnen erwachsen können. Du zeigst das, was in hunderttausend Durchschnittshäusern anonym vorgeht (ebenso, oder ähnlich) ... und das Tragische darin.

Und was wir sonst in Faustischen Märchen lasen: den Kampf zwischen Engeln und Teufeln um eine Seele; das wird hier im bürgerlichsten Leben vorgeführt. Man sieht, wie die dunkleren und die lichteren Mächte ringen um einen Menschen. Wie er sich freimacht. Wie zum Schluß ein „Ist gerettet!“ erklingt. Es geht (auch in Erkner!) um eine Seele.

Ein Kampf zwischen Himmel und Hölle. (In Erkner.) Vor Thomas Theodor Heine sind hier „Bilder aus dem deutschen Familienleben“, – durch ein tragisches Temperament gesehen. Und zu dem „Gespenster“-Drama Henrik Ibsens steht dieses Werk nicht als eine Spiegelung, sondern als eine Ergänzung. Eine Berichtigung. Hier ist noch ein Stück Jugend und Lebensdrang und Hoffnung. Ibsen sagt alttestamentarisch, hoffnungslos, gewaltig: so groß ist die Macht der Vererbung! Hauptmann (jünger als der Ibsen, der die „Gespenster“ schrieb) – sagt: Aber wir treffen Gestalten im Leben, auch sie haben ihre Macht, sie können (vorübergehend) retten. ...

Brutal ausgedrückt: Vererbung! schreit der eine; „Widerstand!" schreit der andere.

Hauptmann ist erdhafter. Er braucht nicht so merkwürdige und abseitige Geschichten wie (in den „Gespenstern") eine drohende Ehe zwischen Schwester und Bruder. Hauptmann gibt Dinge, die jeden Tag vorfallen ... und doch ein großes Gleichnis sind.

Die furchtbaren Auftritte zwischen bürgerlichen Familienmitgliedern üben hier Wirkungen, erschütternder, als wenn (Hofmannsthals Gaben für sich – man braucht bloß an den Sophokles zu denken), als wenn ein ehebrecherisches Elternpaar mit Blut und Weheruf geschochten wird.

Erschütternd – in Erkner; Mark Brandenburg.

... Es ist also nicht die „kleine Misere", wie die Leute damals schrieben (und heute schwatzen), was er hier gibt. Sondern: es ist ein einfachster Fall, an dem die hellen und die dunklen Engel ihr Spiel zeigen.

Ein durchklingendes Vertrauen auf die, naiv gesagt, Macht der Liebe. Auch vielleicht auf das frohere Weltgefühl solcher, denen einmal die Kunst auf ihren Pfad geleuchtet hat. ... Ein furchtbar ernstes: Seid getrost!

II.

Reinhardt gab, ohne früher Erreichtes immer zu erreichen, eine wertvolle, vornehme Arbeit. Vielleicht war es ein Fehler, daß alles von vornherein zu gewaltsam einsetzte, oder doch: um einen Ton zu heftig. Man soll in eine Familie von neurasthenischen Menschen kommen, aber nicht gleich in ein Irrenhaus. Es soll eben, wie wir sahen, ein Werk des Alltags sein (im Gegensatz zu Ibsen, der ein gesteigertes Ausnahmeverhältnis gibt). Nur mit einer schlichten Macht des hundertmal Vorkommenden.

... Im allgemeinen stellte sich an diesem starken Wirklichkeitswert heraus, daß die Leute bei Reinhardt wohl doch mehr Chargenspieler sind als Menschendarsteller mit der einfachen Linie.

Die Wangel ist typisch. Ihre Leistung war mehr als schätzenswert: aber sie bot, nicht nur im Anfang, viel zu viel Kleinmalerei, viel zu viel Gemache. Es gibt schon bei Hauptmann hier Kleinmalerei genug – es geht nicht an, daß in der Darstellung nochmals jeder Teil in kleine Teile zerteilt wird. Sonst werden diese Längen unerträglich. Die Wangel war mehr gut als Anblick und als Erinnerungsbild: nicht so im Augenblick, wo sie sprach; nicht so aus einem Guß wie die Pöllnitz, die alles schlichter bewältigte (und jetzt auch bereits als ein Seraph überm Sternenzelt herumsitzt).

Biensfeldt ist ein ausgezeichneter Episodist: doch er half das Stück verkleinern. Er nahm dem Robert das Geistige, er gab (in aller Vortrefflichkeit) nur einen Ladenschwung. Die Gestalt wurde verplattet. Sein Robert hatte niemals etwas überwunden; er hatte niemals etwas zu überwinden gehabt; er war niemals nach Kämpfen zu einem Verzicht gelangt: sondern er war von vornherein ein platter, nichtiger Ladenschwung. Alles, – nur nicht diese Gestalt von Gerhart Hauptmann.

... Die Regie gab für mich Gutes im dritten Akt. Ein langes Gespräch zwischen den zwei Brüdern, mit Schlichtheit in der Art von Stanislawski gespielt. Sonst hätte der Regisseur die Rührung eindämmen sollen, statt sie zu steigern. Es war dreimal zu viel. Er hätte ferner durch das Mittel des Einschnitts besser wirken können, – was ich erwartete. Dieser Punkt ist sonst bei Reinhardt ziemlich sicher. Und er sollte nicht, gelegentlich, peinlich Virtuosenhaftes bringen (beim Schmücken des Christbaums), – eine der Reinhardtschen Fatalitäten, wenn die Darsteller flüstern wie auf Kommando; wie auf Kommando „Hermione" gerufen wird oder der Gesangverein bei Hofmannsthal in Dienst tritt, – ähnlich beginnen hier die Leute jählings ein Terzett zu zischeln, virtuosenhaft und schlecht gemacht; kurz: peinlich.

Wundervoll war Else Heims als Ida Buchner, die Braut des zu Rettenden. Jeden Lobes wert erschien diese mädchenhafte Hingabe; dieses leis ergreifende, noch in der Erinnerung an die Seele rührende Wesen. Alles wie aus einem starken Gefühl entsprungen. Nur etliche Tränen hätte man ihr streichen sollen.

Elise Sauer gab ehedem diese Gestalt. Jetzt gab sie ihre Mutter. Sie war vortrefflich, wie früher oft. Schönheit und Güte (beides ins Deutsche übersetzt). Den Souffleur freilich hat sie stark verbraucht.

Reinhardt als Darsteller hat verniedlicht und verkleinert. Er gab den Vater des Hauses. Den großen Schatten. Will sagen: er gab ihn nicht. Er gab ein Männchen. Ein rührendes Männdelchen. Ein nicht gar drohendes Männerle. Niemals hatte dieser Scholz Schrecken über sein Haus gebreitet. Niemals hatte dieser Scholz auch nur in türkischen Diensten gestanden. Das soll doch ein Kerl sein ...! Als Reinhardt in der „Monna Vanna" einen bedeutungsvollen Greis machen wollte, fiel mir auf, daß er das Greisenhafte besser trifft als das Bedeutungsvolle. Darum hat es auch zum Michael Kramer nicht gelangt.

Kein Format. Was er jetzt als Doktor Scholz bot, rückte die Aufführung in eine Parallele zur „Gespenster“-Aufführung. Rührung...

Auguste, die alte hysterisch gewordene Jungfer, ist nicht zu verfehlen. Fräulein Durieux verfehlte sie durchaus nicht.

III.

Bleibt Wilhelm; der gerettete Sohn; Kayßler. Es ist das Schwerste, davon zu sprechen. Ich nehme (um Christian Morgensterns halber, der ein Dichter ist und den jeder von uns, sofern er Gold zu erkennen weiß, verehren wird) allen guten Willen zusammen, – aber ich vermag seinen Freund nicht zu loben. Das war bei manchem vortrefflichen Moment etwas Zusammengequältes. Es war, nehmt es nicht übel, denn es ist die Wahrheit, das Urbild einer Sache zweiten Ranges. Kayßler verschlechtert sich in einem besonderen Punkt, je mehr er zerkleinert. Oft zeigt er ein Hinabgleiten ins Theater und – bei allen Versuchen zur Innerlichkeit – allzu häufig durchbrechend eine Mimen-Konvention. Kayßler gibt innerhalb eines Abends bald diesen Stil, bald jenen Stil: nur nicht einen Menschen. Diese sogenannten naturalistischen Werke sollen doch ein Stück Leben enthalten, das wir mit halbgeschlossenen Augen als etwas Wirkliches an uns vorüberziehen sehen. Keine Spur. In jedem Augenblick empfand ich: das ist ein Mime. Er fing manchmal mit einem Glockenzeichen an, wie ein Mime. Jetzt macht er dies, jetzt macht er das. Es bleibt die Tragik dieses wertvollen Künstlers, daß er so wenig aus einem Guß ist. Daß die Leitung (an sich nicht stark) gar so häufig stockt. Sein Ringen ist ernst. Doch was herauskommt: das Urbild einer Sache zweiten Ranges. Schlagt mich tot.

Und bei alledem wird ihm nicht angerechnet, daß Rittner in dieser Gestalt einst das Beste gab, dessen er fähig war; das Tiefste, was er zu vergeben hatte. Wie Rittner dem Alten vor die Füße stürzte, das war... (ich empfand es unbeeinflußt von der Propaganda, die sein Menschliches im Beisammensein privatim übt)..., das war der größte Augenblick dieses Darstellers überhaupt. Beiläufig: Kayßler hätte zum Schluß aufrechter gen das Sterbezimmer des Doktors schreiten dürfen.

... Alles in allem: ich sah eine ernste, vornehme Arbeit, beinahe so gut wie die früheren Darstellungen des Werks; im ganzen mehr auf leises Chargenspiel als auf selbstverständliche Schlichtheit gestellt; gelegentlich verplattet, gelegentlich mit Rührung mundlicher gemacht; hinausgekommen über das Erreichte mit Sicherheit in den Steinfliesen der Halle, die von Orlik fein entworfen war; und unter allen Umständen eine höchst sehenswerte, reiche Gabe.

Sie hat den Ruhm, an das frühe Werk eines Deutschen, der jetzt in der Welt als Erster seines Gebietes dasteht, wieder, und schön, erinnert zu haben. Dafür bleibt herzlich zu danken. 10. Januar 1907

Lear im Deutschen Theater

I.

Richtet milde. Szenische Äußerlichkeit war diesmal nicht Hauptpunkt. (Am Ende hat die gute Kritik, welche die schlechten Kritiken schreibt, mitgeholfen.) Aber dies festgestellt, so war der Ertrag nicht groß. Es fiel, *in summa,* mehr Tadelnswürdiges hinweg: als daß Lobwürdiges erschien. Die Tugend dieses Abends war, sozusagen, eine kehrseitige Tugend: ein Nachlassen der Fehler. Ein Anwachsen des Errungenen war sie nicht. (Oft ein Zurückstehn hinter dem Erreichten.)

So das Ergebnis im Kern.

II.

Das Werk des Briten (ich bin hier, die Wahrheit zu sagen; ich bin hier, mein wirkliches Empfinden zu äußern), dies Werk ist mir auf der Bühne heut fast unerträglich, mit den Kinderplumpheiten, den dicken Häufungen, die es neben der Größe zeigt. Es spielbarer zu machen, hat Reinhardt nichts getan. Die Fähigkeit, es zu bändigen, blieb verborgen.

Dergleichen ist gar nicht zu spielen, wenn man es nicht besser spielen kann. So aber geschieht es nach lang vorausgeschickter Verkündigung: und man weiß um zwölfeinhalb Uhr nicht: warum.

Die Aufführung war ohne Mätzchen. Doch wenn sie ein Mätzchen hatte, war es dies: „Das ist die Aufführung, die bis um halb Eins dauert." Ohne Gründe von Wert. ...

Trotzdem hat man die Pflicht, in anderem Ton von einer Achtungsniederlage zu sprechen als von Humbugserfolgen.

III.

Wie war der Umriß des Abends? Wie waren rings die Sachen? ... Eine betonte Schlichtheit. Eine Bilderbuchschlichtheit. Der Österreicher Czeschka macht sie. Man spricht hier vom Äußeren zuerst; in dieser

Reinhardtwelt mußte die Frage nach neuem Seelenertrag immer zurückstehn hinter der Frage nach dem neuen Gewand. Also Bilderbuchschlichtheit. Linieneinfalt des Kindmenschenalters. Woher Glosters ihre Sehkraft nahmen, entging mir; denn sie schienen ohne Fenster zu leben (was berechtigt ist), doch ohne Lichteingang dazu. … Sonst aber war diese dunkle Baukastenstimmung von Frühwesen schon leidbar. Nur etwas (eine Sache des Takts, des Feingefühls, kurz: der Künstlerschaft) ganz verfehlt. In dem Zelt, wo Lear nach aller Wildnis vom Schlaf erlöst wird: in dem Zelt ist ein ablenkend grelles Kattunmuster im Behang eine Ohrfeige. Wer wirklich ein Künstler ist; und nicht bloß einer, der sich von Malern was machen läßt: der wäre dem Kunstgewerbler hier in den Arm gefallen. Oh, dieser Gipfelauftritt (dies Wiederfinden; immer von einer unwiderstehlichen Wirkung) hob auf diesen Brettern kaum ein Viertel seines wahren Wertes ans Licht. Wie dann Reinhardts lyrisches Theater bis zum heutigen Tag bei stockinnerlich lyrischen Punkten sich stets unfähig erwiesen hat.

Manchmal gab es Einlagen. Um das eigentlich Grundlose der Aufführung zu umschleiern? Also weil in den Shakespeare-Monographien etwa steht: „Die Ursache für die Bitterkeit des Narren ergibt sich teilweise daraus, daß jemand sagt, er habe sich seit dem Weggange der Prinzessin abgehärmt“, deshalb muß der Moissi mit Cordelien eine Solopantomime bei ihrem Abschied machen. In dieser Art. … Oder: als Lear im Regan-Wetter hinauszieht, werden die zwei Töchter plötzlich zu Maeterlinck-Frauen oder Elektra-Dienerinnen umgestilt. Recht absichtlich – für eine Minute. …

IV.

Die Heideszenen, die Szenen in Feld und Hütte, sind, wenn in Ausführlichkeit gebracht, stets furchtbar langweilig. Ich habe zu sagen, was ich empfinde; ich glaube nicht an die Versicherung, der dreigeteilte Wahnsinn in dem Werk sei gewaltig: die Narrheit aus Leid, die Narrheit aus Beruf, die Narrheit aus Verstellung (siehe die Shakespeare-Monographien). Es ist nicht wahr. Es ist kein Vorteil, daß drei Wahnsinne vorhanden sind. Es macht den Beschauer stumpf. Ein Wahnsinn macht den anderen tot. Und ein Greuel das andere. Glosters Sprung stößt auf vollkommen unempfindliche Zuschauer. Sie sind schon gehärtet durch Stärkeres. Es ist – ich habe zu sagen, was ich empfinde – nach meiner tiefsten Überzeugung ein Kunstfehler des Autors. Etwas, das im Buch nachdenklich machen kann (obschon ich die Nachdenklichkeit dieser drei Wahnsinne schwerlich überschätze), das aber szenisch, schlagt mich tot, ein Irrtum war.

Sei dem, wie ihm sei. Wer die Kraft zum großen Spielleiter besitzt: der mußte hier Stufungen bringen. Abschattungen. Dynamisierungen des Wahnsinns. Ja oder nein? Im Deutschen Theater gähnte man. Noch stärker als bei diesen Vorgängen in anderen Theatern. Ein mangelndes Kunstgefühl wurde deutlich: ein Nichterkennen; und ein Nichtkönnen.

Ich fragte mich hier: warum das Ganze?

V.

Die Linien. Der Aufbau. ... Wißt ihr, daß ein ganzes Buch über Shakespeare von Victor Hugo rhetorisiert worden ist? Sehr komisch in vielen Punkten. ... Doch in manchen von wirklicher Subtilität. (Immerhin steht in den ganzen dreihundertfünfzig Seiten weniger als in einer guten Kritik; es macht mir nur Spaß einen Weltennamen heranzuziehen.) Hugo sagt: Der Greis wird zum Kind; er braucht eine Mutter, das ist Cordelia. So ungefähr. Also die Mutter des Vaters. Wie schön. Es ist sogar noch schön, wenn er glaubt: „Dies ganze Chaos von Verbrechen, Laster, Wahnsinn, Leid hat als Rechtfertigung das Erscheinen der Tugend“ (er meint Cordelia).

... In jedem Fall: Linien. Aufbau. Im Deutschen Theater gab es nichts. Ein großer Regisseur bringt eine große Gipfelung. Nein! Ein Teil an den andern gesetzt. Die Stücke hintereinander, eins und noch eins. Es wurden, musikalisch zu reden, die Noten gebracht, nicht der symphonische Gang. Es war unergiebig. Etwas Durchschnittliches. (Kein Bau.)

Am besten wurden unwichtige Szenen virtuos zu wichtigen gemacht. Es war ungefähr so (nehmt es als ein Gleichnis): die Strafung des Haushofmeisters gelang. Das Sterbe-Irrsal der ergreisten Menschheit gelang nicht. ...

Und deshalb fragt' ich mich um zwölfeinhalb: Warum?

VI.

Schildkraut. O Rossi meiner Jugend ...! (kleiner Lapsus, da meine Jugend ja noch besteht) ... also Rossi meiner Knabenzeit, ich kann dich nicht anderen Läuften, wo eine Fülle von Äffchen Kleines als groß ansieht, beanspruchen; du bist keine Pflicht und keine Regel. Also weg.

Schildkraut ist schon ein Kerl. In Berlin hat man die Größe seines Shylock noch nicht hoch genug angeschlagen. Das war erstes Format. Aber der Lear zweieinhalbtes. Ich spreche nicht von der Weichheit.... Den Schmerz hat er vorweg genommen, den letzten, die dämmernde Enttäuschung. Das ist es. Von einem Leiter großen Stils wär' er darauf aufmerksam gemacht worden. ... Das Schlafdösige, das er vor dem Stadium seines Erlöschens und Kreischens gab, soll trotzdem nicht ungerühmt in den Nebel der Vergessenheit schwinden.

Ich lasse die Übrigen. Nicht schlecht und nicht bestürzend. Es reizt mich nicht, über sie zu reden. Bin ich denn ein Rezensent? Nur du, Kordelia....

Vor dem Wiederfinden schwach. Dick. Rot. Massiv. Unmöglich. Nach dem Wiederfinden – sehr möglich ... Es war, ohne daß man hinsah, das wirkliche Weinen einer Tochter. Lichtbild und Gipfel? Nimmermehr. Doch ein Menschenton, ohne Zeit, um einen alten Vater klagend ... das, liebe Höflich, war es schon.

So bleibt, für mich, bloß noch Moissi. Schrecklich sein Aussehen. Doch ich fand vor ihm keinen Narren so ganz beseelt und warm (und romanisch!) als ein Kommentar für das letzte Leid auf dieser Greuelbühne. —— Die uns langweilt, wenn kein mächtiger Mensch mit seiner Seele und mit einem allerheutigsten Verstand sie zu meistern versteht.

18. September 1908

Ibsen: „Gespenster"

Neuaufführung im Lessing-Theater

I.

Nicht die beste der möglichen „Gespenster"-Aufführungen: aber die beste der bekannten. Etwas Unvergeßliches: an Starkem, Furchtbarem und Ruhig-Alltäglichem. Nichts abgelassen, nichts abgerundet zu „schlagender Wirksamkeit". Es ging hier etwas vor: wie sich das Leben zuträgt. Lebendes Leben, schreitend, ruhig, fahl, unaufhaltsam.

Eine große Vorstellung, die einem in gar nichts entgegenkommt; in der die Stimmung nicht gemacht wird, und die Rührung zur Seite steht. Aber das Wort „heroisch" klänge nach Pathos.

Die Gerüstlinien des Werks treten hervor – staunenswert. Noch die Einzelheiten der seltsamen Stahlnähte: staunenswert. Auf der Bühne herrscht beseelter Geist eines Erdendichters; basta. Was ohne jede Gefälligkeit erkennbar wird, ist eine Perspektive des Daseins: unverkürzt, unbeeilt, unverziert. Ein Starker wird enthüllt, ohne Rücksicht auf ihn selber. Man schont ihn nicht: man stellt ihn dar. In dieser Echtheit fehlt sein Zeitliches nicht. Alles an diesem eisgrau gewaltigen Kerl tritt gewaltig hervor; nichts vernebelt in Stimmungsreizen; nichts wird zum tragischen Epigrammchen gespitzt. Seine breite Macht erscheint riesig, – wie auch das Anfechtbare, worin er „Kind seiner Zeit" ist, heraustritt.

Gesteigert wird nichts; bloß ganze Statur. Ein Charakterbild, lebensgroß und ruhig und schauerlich. Allerheutigstes Format ohne weiche Nebenwirkung. Ein Wuchtwerk in lebensgroßer Fahlheit. Gegen den Schluß fließt alles zäh dahin, wie der Schmerz von Eltern und Kindern bei Bestattungen nicht den Augenblick des hellsten Schmerzes mehr bedeutet. Man erlebt ein Bild von der dämmrigen Fühllosigkeit des Schicksalstiers, mit der *impassibilité*, die Flaubert von starker Darstellung verlangt. *Peractum est.*

II.

... Etwas Neues (und Altes) aus diesem Haus, das uns die tiefsten Wirkungen gegeben hat und die einzigen, die nichts mehr vom Theater in der Erinnerung behalten. Es ging etwas vor: ich hinterlasse nicht Schauspieler, sondern Menschen, denen es passiert ist. Grübelndes, Fragendes, Entsetzlich-Alltägliches über und in einer mechanisch forterbenden Materienwelt. Eine stumme, große seelische Leibhaftigkeit: das ist es.

III.

Sauer schleppt. Nein. ... (Er gibt den Pastor Manders.) Er schleppt nicht: man sieht eine wirkliche Wirklichkeit sich aufbauen. Man sieht fast erschüttert einen anfechtbaren Menschen von allen Seiten (nicht einen Ausschnitt mit Dramenfront). Man erblickt nicht „Züge": sondern etwas unglaublich Ganzes. In keiner Stadt kann dieser Sauer gewürdigt werden wie bei uns. Auf keinem Theater will ich ihn sehen als auf diesem.

Manders, wer ist das hier? Neben der Auftrennenden, der Helene Alving, steht ein (nationalliberal) Glaubender ... und manchmal mit frommer Schwachheit Mogelnder; doch mit einem nicht nur gütigen, sondern in seiner Weise tiefen Herzen. Das wissen wir seit dieser Aufführung. Ich las einen Satz von Arthur Eloesser, der für das Unvereinbare des Manders die Kindlichkeit wie einen Generalnenner findet. Dieses Wort ist nicht nur wahr, sondern es erschöpft den ganzen Fall. Sauer gab (nein: war!) eine Mischung mit wundersam ineinanderfließenden Teilen von drolliger Schwachheit ... und jenem menschenherrlichen Untergrund, um dessentwillen die Frau Alving (mit) zu ihrer Liebe für ihn gekommen sein muß. Dies alles, diese Zumutungen des Brahm-Theaters, tief mit Wesensentfaltungen innerster Art verknüpft, gibt es nicht in anderen Ländern, nicht in anderen Häusern: bloß hier. Das hat dieser Schöpfer einer europäischen Bühne wachsen lassen und der heutigen Welt eingefügt. Stärkstes war auch diesmal: das, sozusagen, Seelen-Niederländische der Aufführung, die mit ihrer Furchtfreiheit, ihren rücksichtslosen Forderungen an die Hörer, an ihre Technik des Aufnehmens, groß neben den großen Abenden dieses großen Hauses steht. Kämpfend und jung wie etwas gestern Erschaffenes.

IV.

Die Personenschaft des Stücks ist rasch übersehbar: zwei Paare, die einander nicht gekriegt, und ein glücklicher, gemeiner Witwer – möcht' man sprechen. Emanuel Reicher war Engstrand. Nur ein besonders schwacher Blick wird die Frist Reicherscher Werte für erschöpft halten. Dieser Engstrand: das war ein wirklicher Tischler mit Aufdringlichkeit und Fuselatem – und zugleich wie ein Sinnbild. Sinnbild für das innere Ketzertum derer, über welche die Manders-Pastoren zwecklos und nutzlos herrschen, indem sie von ihnen beherrscht werden. Das ist es. Eine Gleichnisgestalt – und eine ganz reale.

Die Schauspielerin Ida Wüst hat in schlechten Augenblicken das Genie einer Zimmervermieterin; in guten den Glanz eines festen Kerls, stark, liebenswert, naiv. Jetzt war sie Regine. Sie besaß in einem Lächeln – hinter dem Niedrigen und Harten, über dem Niedrigen und Harten – etwas von dem Hoffend-Phantastischen, das um dieses Mädel spielen muß in aller Spekulation und Magdgemeinheit. Dies Lächeln ist: eine versprochene Reise nach Frankreich; ein Traum, ein Stückchen Hilde Wangel ... und ein halbes Küchenfrauenzimmer dabei.

Sie ging davon, in die Welt, roh und jung und gemein – und doch verstehbar in der Enttäuschung. In einem seltenen Grade wirklich.

V.

Oswald. (Bassermann.) Jung. Lichtblond und gescheitelt. Man sieht den Sohn des Leutnants. Mit Bewußtsein tritt in wenigen Augenblicken etwas wie ein milder Affenzug flüchtig in die Mundlinien. ... Ein gut erzogener, unauffälliger Maler. Erregbar – jedoch (das ist es) tot im Innern. Die Seele wirklich *vermoulue*. Er lehnt sich an die Mutter: doch er ist nicht zärtlich. Er verlangt nach Regine: doch wie mit halbem Anteil. Er ist eher von etwas beschäftigt ... als klagend. Mehr mit etwas Dämmerig-Nahendem befaßt ... als leidend. Mehr umgarnt ... als verzweifelt. In aller Stille vollzieht sich etwas. In ihm, mit ihm. Es ist schrecklich. Fast ohne Jammern gleitet er, wohin ein Verstorbener ihn lenkt. Er rührt nicht. Aber man empfindet ... ein Schweigen und eine Erschütterung vor diesem Schauspiel ... vor dieser fahlen, erbarmungslosen Tragik ...

Die reglose Großheit jenes Umschatteten, der ihn schuf, steht hinter ihm: unverkleinert, unverweichlicht, alltäglich und stumm.

Lebensgroß.

VI.

Die Lehmann ist meine Helene Alving noch nicht. Man darf hier kaum vergleichen. (Ich vergleiche die Sorma nicht gern; sie steht, für mich, ganz allein bei uns, wie etwas Kostbares, das man unnütz nicht berühren soll.)

Die Lehmann hat die breiten Schultern dieser ... furchtsamen, doch vorwärtstappenden Frau. Die Tatkraft der Einsamen. Sie hat überlegenen Willen. Geschmiedetes, Erworbenes –: Halberworbenes. Die Klugheit war manchmal wie einstudiert; manchmal aber kam sie ... wie der Instinkt einer Frau, die mit dem Geistigen kämpft.

Manchmal so: als hätte man eine Kämpferin früher Stadien vor sich, die eben heut erst die letzten durchmacht. ... Das ist es. Sie wird noch überrascht; aber es gibt vom zweiten Aufzug im Grunde nichts Überraschendes mehr für sie. Stellenweis konnte man finden: sie nimmt Haltungen an. Stellenweis eher: sie charakterisiert. Der Frau Alving aber darf man ein Durchringen anmerken, das Wollen, das Klettern zu dem Übersichtspunkt mit der freien Aussicht, der schwarzen Aussicht. Kurz: die Lehmann rang wie die Person, die sie sein soll.

Sie war am ergreifendsten in diesem Hinblick. Die mutige Else. Deutschlands Else.

Hier kommt der Punkt, wo doch zu vergleichen ist: sie war nicht bloß Wille zum Kampf. Sie war also, die Sorma betrachtet, nicht etwan ihr komplettes Gegenstück und ihr andrer Pol. (Eine Zweigform des Plagiierens ist: das Gegenteil zu äußern; ihr könnt es alle Tage beobachten.) Sondern die Lehmann besaß eine tastende, knackende

Selbständigkeit. Sie hatte die Mutterliebe der Helene Alving zu trennen, verschieden zu halten von der Tantenrührung ihrer weichen, unerhörten Ella Rendheim. Sie hat es getan.

Der Schluß war nicht „schauspielerischer Höhepunkt" – sondern eine Schlußlinie. Die Höhe lag vorher auf dem Hauptpunkt ihrer neuen Erfahrungen. Alles Übrige war, bei ihr und bei den anderen, ein Sichvollziehen. Ein dumpfes Gefühl von dem Unaufhaltsamen. Ein Nachfließen. Bis zum Schluß aber sieht man eine große Künstlerin im Kampf.

Und das Ganze, Kampf hin, Kampf her, war: die Menschheitstragödie der weinenden, doch aufrechten Gebärerin und Sucherin auf Erden, hier Helene Alving benannt. 29. September 1908

Fiesco

(Deutsches Theater)

I.

Dies Drama zu spielen, ist schwer – und nicht notwendig. Entschuldigend bleibt der Versuch mit Moissi ... Nachher zu behaupten, daß ich ihm den Fiesco niemals gegeben hätte, klingt billig, nach diesem Mißerfolg. Wer kann vermuten, seien wir wahrhaft, wessen ein Künstler fähig ist, wenn ihm eine Möglichkeit, eine nur äußere Möglichkeit freisteht?

Er hätte verblüffen können ... aber das Ergebnis war: die Feststellung dessen, was er nicht kann.

Er bleibt darum, wer er war: – eine Musik ...

Oh, was ist das für ein schlechtes Drama! Warum sollen wir uns zurückschrauben? Warum soll man dergleichen spielen? Schiller, – meine Schätzung Ihres Lebenswerks ist viel kleiner als meine Liebe zu Ihnen ... Ich weiß, was Ihnen fehlt: aber ich lasse nichts auf Sie kommen ... Hier geht es aber wirklich nicht. So kindlich die Charakteristik; alle so ganz undifferenziert; Fiesco vollends, der Überlegene, kramt vor dem Mohren seine Pläne aus; jagt ihn weg vor der Entscheidung; wo der Kerl alles verraten kann; darauf beruht der starke Moment ... Schiller, es geht nicht. Man kann nicht einen tückisch klugen Helden zeichnen, der so ein Blödian ist. Und die Gattin, die er aus Versehn ersticht ... Schiller, es geht nicht.

II.

Aber was bleibt mir von diesem Stück im Gedächtnis aus meiner Jugend? Der tückisch-geschmeidige Held, – ich war Fiesco die ganze Tertia durch; wie man zuvor Indianer gewesen. Geschmeidig; tückisch; überlegen; stolz; mit Abfuhren; ha!

Was mir heute bleibt, ist: Verrina. Banal, das zu sagen; doch er hat meine ganze Sympathie ... Ich glaube: die Fiescer sind nur Instrumente. Ich glaube: die Männer der Tat werden greulich überschätzt. Mir sind sie subalterne Gesellen; Hausknechte der Ideen von höheren, skeptischeren, zarteren Geistern. Usurpatoren ... nicht bloß der realen Macht, sondern des Verdienstes; Usurpatoren der Geltung. ... Das Viech, welches vielleicht nicht mehr den Hauptbestand, aber doch einen wesentlichen Bestand unserer Zwischenzeit ausmacht, schätzt (beobachtet es meinetwegen an Peripetien in der Luftschiffahrt) schätzt nicht Den, welcher den größten Schritt: sondern Den, welcher den letzten Schritt getan hat. *Ecco.*

So vollzieht sich der ganze Irrtum in der Weltgeschichte. Die Verrinas bleiben das Dauernde; seid überzeugt. Sie müßten bloß die Fähigkeit gewinnen, einen Hausknecht, will sagen: einen Mann der Tat, für ihre Projekte zu mieten ... und ihn (hinterher) mäßig abzulohnen, mit dem gebührend-bescheidenen Platz.

Ich begreife, weshalb Beethoven trauerte, daß Bonaparte, das Kind der Revolution (das Instrument der Revolution), sich selbständig etabliert hat als Diktator ... und österreichischer Schwiegersohn. Die Fiescer sind die dümmsten Kerle dieses Erdballs – und die überschätztesten.

III.

Kindlich ist Schillers Charakteristik, schon in dem Steckbrief, den er voraussendet. Leider ist hier alles klar festgestellt. So geht es nicht, neue „Auffassungen“ hinzulegen; wollte sagen: „Umbildungen“ der Charaktere. Unmöglich ist hier die sogenannte Fortentwicklung des Autors, – dem der Geschmack von Histrionen auf die Beine hilft. Man hätte, exempelshalber, den Grafen Fiesco als schwerfällig dicken Kretin „auffassen“; Verrina zu einem alten Schlankl und Schürzenjäger „umbilden“ können. ... Fiescos Gattin wäre fein in ein herrschsüchtiges Biest gewendet, die Gräfin Imperiali als simple Hausmutter entdeckt worden. ... Wetten, daß es gelobt worden wäre? Daß sich Eselchen in der Kritik eingefunden hätten ...?

Reinhardts Grundsatz „Anders ist schön“ zieht bei schwachen Köpfen wie bei schwachen Rückgraten.

IV.

... Die Umbildungen sind diesmal erschwert. „Anders ist schön?“ Nein. Eine gute Darstellung dieses Kinderwerks gäbe schon nichts für die Entwicklung: und eine schlechte Darstellung?

Die zweite Hälfte war nicht mehr gekonnt. Man fragte sich, wer die Regie hätte; Felix Hollaender? Als die Schlacht begann und die Soldaten fochten, rief etwas in mir: Hollaender hat sie.

Er darf jedoch mit der ersten Hälfte seiner Arbeit zufrieden sein.

Die zweite war ein Ulk. Nichts mehr gekonnt. Ein Zusammenstreichen wider Gebühr. ... Fiescos Untergang darf nicht sogleich nach Fiescos tragischem Höhepunkt kommen. Auseinandersetzung zwischen ihm und Verrina darf nicht derart verschnitten werden. Hollaenders Dramaturgie scheint mir oftmals rühmenswert; sie ist kurzweilig; entschlossen im Abhauen; bloß am Schluß darf nicht allzu summarisch vorgegangen werden.

Der Schluß darf nicht heißen: Herzog, – schwapp, ab. Ein seelisches Gespräch Aug' in Aug' muß erfolgen; bevor der tapfere Verrina seinen Rippenstoß gibt. (Seinen berechtigten Rippenstoß.)

V.

Die Charaktere wurden ziemlich beibehalten, – sofern die Kraft ausreichte. Reinhardt und Hollaender hätten sie beliebig verändern können – und es wäre doch geloblallt worden. ... Es hätte sich in der Kritik jemand gefunden, der justament ebendies als das wahre Bedürfnis herausgesabbert (und den Urheber für einen Gott erklärt) hätte.

VI.

Für mich liegt die Sache so: Moissi schien mir angestrengt; behindert; mühselig; manchmal wie ein Gernegroß. Er besaß nicht Feuer: sondern den Entschluß, welches zu haben. In seinem Fiesco war ... etwas Altmenschenhaftes. Keine Spur von strahlendem Überschwang. Sein Aussehen wie das eines Sarazenen. Wundervoll Feines im Sprechen. Ein Ton, – himmlisch für das, was er in anderen Rollen sein könnte. ... Und dies war das Ergebnis: was er in anderen Rollen sein könnte ...

VII.

Die zweite Hälfte des (schlechten) Werks war im geringsten nicht gekonnt. ... Ein Verrina von dem braven Diegelmann als Onkel aufgefaßt (umgebildet). Die Verschworenen zum Schreien. (Ein Ulk.) Der Herzog; Pagay; er hieß Franzl Doria. Ein Tarock-Doria ... Calcagno – zum Kreischen.

Gianettino war aus einem Guß. Der einzige Renaissancer; nicht mehr Schiller: sondern Stendhal. (Herr Wegener braucht nichts von der Existenz dieses Schriftstellers zu wissen, der als Einziger die Renaissancegestalten lebend übermittelt hat; – es gibt heute dafür hundert Kanäle.)

Und das war der Kern dieser Darstellung: gut in einem nebensächlichen Zug. (Wie der Lear gut in der Prügelung des Haushofmeisters ... und kläglich in der Menschenhaftigkeit eines großen Schicksals war.) ...

Schildkraut als Mohr. Gewiß, er machte zuviel; er wollte (mit Drehbewegungen auf dem Tisch) einkassieren; einkassieren. Doch er war heiter; ein Stück Leben. ... Ein schmalziges Gezwitscher, mit Gaumen und geölter Baßgurgel; mit Koloraturen in Buttersauce gewälzt; mit speckig-kehligem Grunzgewiege, mit Katern, glänzigem Schmeerquarren, die ganze Sprache wie ein Gesang mit dem Bauch. (Ein Kerl.)

Und dies war eigentlich das Ergebnis des Abends ...

Während das Ergebnis des Abends hätte sein müssen (abgesehen von dem lila Himmel in diesem Hause, der an Beerbohm-Tree mahnte mit seinen bunten Lichtern, und mit allem, was sonst an das Reinhardt-Theater als an einen veredelten Klassiker-Kientopp erinnert) – – – während das Ergebnis hätte sein müssen: der große Unterschied zwischen Verrina (hier ein Onkel) und Fiesco, dem Tatenblödian ...

In summa: Hollaender braucht sich nicht zu schämen; aber der Abend kommt für unsere Entwicklung, sozusagen-gewissermaßen, keineswegs in Betracht.

23. Oktober 1908

Gerhart Hauptmann: „Michael Kramer“

Lessing-Theater

I.

Wer hat sich verändert? Michael Kramer nicht. ... Aber die Zuschauer. Etliche Darsteller auch. Das gab den Unterschied in der Stimmung – bei den Leuten. ... Was war mein Eindruck?

Ich stand vor etwas, das mich im Tiefsten bewegt hat. Das war es vor aller Kritik. Etwas, das mich im Tiefsten bewegt hat. Nachher kam einem der Gedanke, auch vor einer Kunstleistung zu stehn.

Für diese Kunst gibt es kein anderes Wort als: Vollendung.

Wir sahen Vollendetes; so an ernster Innerlichkeit wie an sinnfälliger Schlagkraft. (Es war ein Vertiefen, Zusammendrängen, Herausheben, Rhythmisieren ... für das ein anderes Wort nicht lebt.) Der Eindruck von etwas Technischem schwand vor solcher Beseeltheit.

Dies Haus ist kein Theater: sondern ein Menschenhaus.

II.

Warum schwiegen die Leute nach dem dritten Akt? Nicht weil er „undramatisch": sondern weil er betäubend ist. Weil er schrecklich ist: wie das kreaturische Leid der Bauern im „Florian Geyer"; wenn sie die fallenden Hosen mit den Händen festhalten – und die Peitsche pfeift. Schrecklich und betäubend, wie hernach in dem Karlsschauspiel der (nicht mehr dargestellte: sondern gemeldete) furchtbare Vorgang, als über das Mädel wütend und taumelig die Knechte kommen.

... Aber man braucht diesen dritten Akt – der am meisten befehdet wird. (Der erste gilt als Exposition.) Ich fühle, warum Hauptmann ihn braucht. Ich muß es vor mir sehn, wie neben den halb Verzichtenden, dem Lachmann und der Michaline, die mit allem Fühlen immerhin eine höhere Menschenstufe bedeuten; wie neben ihnen und dem Erdenstiefsohn mit dem Funken in Aug' und Hand die breit-brutale, saufende Sippe herrscht, sich fläzt, roh in Wut wird und den durch irgendetwas Verausnahmten peitscht, mit Hussa hetzt, ihm den Fang gibt ... ich muß das sehn.

Ich muß das mit eignen Sinnen kochend miterleben.

In diesem Akt allein steckt ein besonderes Menschendrama: es sind hier etliche Gattungen der Irdischen beisammen. So geht es zu. So ist es zugegangen von Anbeginn. So wird es nicht immer zugehen.

... Ich brauche diesen dritten Akt. Man braucht ihn schon als Linie: weil Hauptmann ihn mit tiefem Recht zu einem Bestandteil seines Aufrisses gemacht hat; weil Hauptmann erst hinter diesem Schrecklichen die Schwelle bauen kann für das Letzte: Frieden, Frieden, Frieden.

Weil er noch einmal zuvor alles Drohende, alles Kaffrige der widrigen, erbärmlichen Tagtäglichkeit lebensgroß und gellend beschwören muß; weil er zeigen muß, wo wir uns befinden (wo wir uns befinden!), um diesen wundersamen, schmerzgefriedeten Schluß zu gestalten, – der in eine Gehobenheit mündet und bloß in ein sinnendes, letztes, tiefes Fragen ... befreit von Lebensangst.

Es ist ein höllischer Ausschnitt ... von Dingen, die sich an der Oder in der schlesischen Stadt, wo die Lampe morgens auf dem Frühstückstisch brennt, genau so jeden Tag begeben können ... und dabei ist es ein großes Totenwerk.

Hoch über dem Tatsächlichen ein Ding, das uns angeht.

Es ist der Ausschnitt mit dem Ewigkeitszug.

III.

Ich sehe hier das Drama, worin ein Bursche mit Unvollkommenheiten, ein gezeichneter Taugenichts, ein Verbissener mit halbgrotesken Zügen durch den Akt des Sterbens zu einem großen, ganz feierlichen Menschen emporwächst.

Und sein Vater: ein gefestigter Mensch mit einem Lebensschmerz ... wird ein gefestigterer Mensch durch die höchste Steigerung dieses Schmerzes; das ist der Kern. Es ist nur einmal auszudrücken oder gar nicht.

Den er im Leben meistern wollte, naht in beschämender Hoheit, als er nicht mehr ist. Der Alte wächst: weil der Tote gewachsen ist.

Der Kern dieses Lebens- und Totenwerks ist: der Widerspruch zwischen dem Fleischlichen und der Seele. Vater und Sohn sind im Fleische geschlagen. Gefestigtes Menschentum – und ein einsam Verreckender mit dem Fluch des Menschseins. Beide durch Welten getrennt; beide genähert durch die „mildeste Form des Lebens“, den Tod.

Es ist nur einmal auszudrücken oder gar nicht.

IV.

... Ich konnte nicht immer in der letzten Zeit mit Hauptmann gehn. Ich mußte manchmal die Stimme wider ihn richten. Ich weiß darum doch, daß dieser Mensch von allen jetzigen Deutschen wesensverschieden ist; ich weiß, daß er unser Einziger ist. –

Nicht weil der alte Michael Kramer von der Wand einen Beethoven-Kopf nimmt: nicht darum ist Beethovensches in diesen teuren Szenen. Lange vorher war es gewiß, und ich schrieb es: „Der ‚Florian Geyer‘ ist das einzige Beethoven-Werk unserer Tage.“ Es gab noch keine Beethoven-Maske ...

Man fühlt sich vor etwas stehn, das einen umrüttelt im Allertiefsten.

V.

Wenn es dem Hauptmann keiner nachschreibt: so wird es dem Brahm keiner nachspielen.

Es bleibt hier nicht zu urteilen: sondern zu danken. Im Lauf einer längeren Existenz erlebt man solche Abende nur ein paarmal.

(Dieses Theater ist kein Theater.)

Man muß gefühlt haben, wie die Lehmann (als Gattin) aus einer Exposition ein Drama heraushob. Wie die Eberty (als Episödchen) in jedem Gestus und in jedem Tonfall Meisterhaftes gab. Wie die Schauspielerin I. Wüst mit seltsamer Erschütterungskraft ein Restaurationsfrauenzimmer war, das zuletzt einen Kranz an die Bahre bringt und ehrlich (und menschenecht) spricht: „Die Leute zeigen ja mit Fingern auf mich" ... Wie dieser Herr Marr einen Gescheiterten hoch und überzeugend wiedergibt. ...

Arnold Kramer – der Sohn. Dieser Arnold war einer der guten Punkte von Kayßler: wo sich Mann und Sache deckten. Sein Nachfolger, er heißt Fritz Achterberg, war minder symbolisch in der Marabu-Haltung: doch er hatte das Blut des Lebens. Er gab etwas schrecklich Glaubwürdiges. Kayßler (darin prachtvoll) war mehr ein Begriff; Achterberg war der verwachsene Junge, dem es wirklich passiert ist. ...

Ein Fräulein Herterich gab die Michaline. Kramers Tochter. Man wußte sofort: diese Künstlerin ist Eine. Freilich hat sie zu achten, daß unsere Täuschung nicht zerrissen wird von ihrem süddeutschen Klang. Aber sie ist: ein beseeltes Geschöpf. ... Wie diese Geschlossene, diese Zigarettenraucherin einmal den Kopf zum alten Kramer senkt und weint: das soll ihr nicht vergessen werden.

Herterich und Achterberg haben etwas Natürliches empfangen: die Weihe des Hauses.

VI.

Ein Mensch; auf keinen glücklichen Platz gestellt im Getrieb; ungut bedacht in seinem Körper; mit großer Seele: das ist Michael.

Oscar Sauer.

Was er zu sagen hatte, zumal am Schluß: das fiel ihm nicht ein; es entstand in ihm. ... Er gab – nicht nur das Große des Michael Kramer: auch das Naive. Etwas von einem Bastler; einem Eingesponnenen; ... nicht einem Sonderling, doch einem, der schon täglich in die Tiefen geblickt. Um was vom Igel wie Hebbels Meister Anton (welcher die

Komik eines Igels nicht kannte) zu haben, blieb er vom Kategorischen zu hell durchleuchtet. Was war er?

... Er war manchmal wie ein alter, treuer, merkwürdiger Vogel, der viel verwunden hat, auf seiner Stange mit tiefen pflichterfüllten Augen verharrt und gegen den Schluß anfängt, übermenschlich zu singen.

VII.

Ja, was hat Sauer (Oscar), ein Helfer Brahms, seit 1901 geschaffen! ... Er war Gregers Werle damals. Da begann es. „Ich möchte dem großen Menschen Oscar Sauer sagen, daß er als Gregers Werle etwas niemals zu Vergessendes geschaffen hat," – schrieb ich. Dann war er Florian Geyers Löffelholz. „Er ist der tiefste Ethiker unter den deutschen Schauspielern dieser Zeit."

Was hat er seit 1901 geschaffen? ... Er hat ein Heldenleben geführt.

Wenn er zurückblickt auf das Feld – nicht seiner Leistungen; sondern der Dinge, die er ... wie vor uns erlebt, und wie für sich ausgedrückt hat: so weiß er, wie groß diese Jahre gewesen sind.

Und daß Menschen spät nach uns an dem Klang, mit dem wir diesen Namen genannt, wissen sollen: wer er gewesen ist.

VIII.

Ich hatte den Wunsch, noch zu polemisieren. Nach rechts und nach links. Ich tu es nicht.

10. November 1908

Ludwig Thoma: „Moral"

Erstaufführung im Kleinen Theater

I.

Der Bauernmaler Thoma steht weitab von dem dramatischen Satiriker Thoma. Großer Unterschied ...

Thoma der Bauernmaler gibt Bleibendes; der Satiriker Thoma ... Heutiges. Thoma schafft, als Bauernmaler, für alle. Thoma der Satiriker schafft nur für uns. Will sagen: für uns Nichtsubalterne; die wir keine Feldwebel von Geblüt sind; die wir die Zumutung, Deutschlands Innenlage vollendet zu finden, als eine Frechheit ansehn; kurz: die wir durch Auflehnen Anständigkeit herbeiführen. Wir ... Vorfrucht der Besserung.

Laß ihn was von heut auf morgen schreiben! (wie dieses Stück): er schreibt ja nebenher Anderes. Laß es mit dem Tage verweht sein! man lacht sich kaputt. Ich lese das Buch und weiß: es ist nicht viel Gestaltung dran. Aber man lacht sich kaputt. Ich lese das Buch und weiß: er schlägt ein paar Zügen der Gegenwart mitten in ihr Backpfeifengesicht.

Ich lese das Buch und denke freilich: ah, diese Humoristen, wenn sie anfangen, Probleme zu besprechen. ... Ich denke: oh, wenn Hartleben zu diskutieren beginnt über sittliche Forderungen, wie ist er matt und eng. ... Thoma steht, als ein vollerer Dichter, über Hartlebens feiner – sozusagen ausgesparter Hundeschnäuzigkeit. Auch er ist zwar ein bißchen bezirkseng, doch er will es sein, er will den Gegner nicht empfindsam „begreifen". Recht hat er. Arminius bei Kleist äußert: „Was brauch' ich Latier, die mir Gutes tun?"

... Und man lacht sich kaputt.

II.

Wollte sagen: die schwächeren Punkte bei Thoma sind, wenn geredet wird. In einer Gesellschaft; von einer alten, frischen Dame; achtundsechzigjährig. Die alte, frische Dame ... zwischen Paillerons gescheiter grauer Herzogin (ich will aber nicht mehr graue, gescheite Herzoginnen sehn!! nie wieder!! zum Donnerkiel!!) – zwischen der Herzogin ... und Liselotte; Frau Rat; Lona Hessel; Alving. (Und so.)

Auch hier sind die Frauen, wie Herr Konsul Bernick ruft, die wahren Stützen der Gesellschaft. ... Gewiß können sie helfen. Shaw hat es gefordert; ich hab' es gefordert. Aber ich wünsche trotzdem nichts mehr, was einer alten Herzogin gleichsieht, im Drama zu erblicken. ... Stille!

Hier heißt sie Frau Lund und wird von Ilka Grüning, dieser Trefflichen ... doch nicht so ruhig und frauenhaft-selbstverständlich gegeben, wie ich es an alten Schlesierinnen, an alten Rheinländerinnen in Wahrheit kennengelernt, gefühlt (und bekräftigt) habe.

Also: – die Erörterung ist das Stärkste bei Thoma nicht. Das Stärkste bleibt: daß man sich, inmitten aller Ungerechtigkeit, schief, krank, scheckig, krumm lacht. Und daß diese Ungerechtigkeit eine Gerechtigkeit ist!

III.

Ein ganzer Sittlichkeitsverein bildet die Kundschaft eines Flittchens (in einer kleinen Hauptstadt); einer Frau Spritzbierlein, wie der junge Goethe das nennt; und allein dieser dramatische Gedanke, mag er nicht ganz real sein, ist schön. Der Kulturmensch murmelt: Gogol. Aber wozu brauch' ich den Gogol, – (nachdem er uns in der Nähe gezeigt worden? ...)

In summa: dieser starke Bauernmaler ist als Problemdichter ein bißchen dünn. Was er da spricht, ist wahr – jedoch nicht hervorragend. Aber zum Schreien ulkig. *Ecco*.

Thoma hat es im Blut, im Trieb, im ... Imponderablen. Ein bißchen lang ist es; wegen der Diskussion. Aber man gluckst, prustet, brüllt, wenn das alles belebt auf der Bühne herumwandelt. Der germanische Oberlehrer mit dem Blondbart und dem Kneifer ... und dem Skat und dem Besuch bei der Unkeuschen ... oh, oh; einstigen Tochter eines peruanischen Konsuls; (lecker von einem Fräulein Rocco dargestellt); noch dieses Frauensbild ist wesentlich klüger als der Mann, – ein Assessor, dem sie vorgeführt wird. ... Aus irgendeiner Ecke hört man ein Aufkreischen, jemand im Parkett ringt nach Luft ... und dabei wird das Lied „Behüt dich Gott ...", das der Oberlehrer singt, schwach von der Regie herausgebracht.

Man hat das Gefühl, daß diese Gesellschaft, in der auf den Block und mancherlei Heutiges angespielt wird – daß diese Gesellschaft vor der Nachricht von Tschudis Verbleiben etwan, äußern würde: es sei groß und herrlich (daß nämlich der Tauglichste gütigerweise nicht durch den Untauglichsten verjagt wird). Wahrhaft herrlich ... Der Assessor steht vor dem Präsidenten, der eine höfische Sache wider das Recht fingert, die Hand an der Hosennaht: – statt die Hand auf den Hosenboden des Präsidenten zu legen.

IV.

Das Spiel war sehr herausgearbeitet. Fast erschreckend ist es, wieviel gute Theater jetzt in Berlin sind. ...

Den Assessor macht Herr Ziegel. Stellenweis glänzend. Aber sein Ton hat zu oft etwas peinlich Unterstrichenes. Allzu berlinische Hebungen und Senkungen. ... Als Freier der Lady Fredericks, als Lord, war er, für mein Gefühl, unmöglich. Sehr gut als grotesker Lindekuh, bei Wedekind (mit dem knackend-klappernden K-Laut) ... Er hüte sich vor Aufdringlichkeiten. ... Manches spricht für ihn. Es ist im Werden.

Sonst ... recht gutes. Der Darsteller eines Hofmanns fiel mir bloß auf: indem er Töne brachte, die mehr an festgelegte Typen des Theaters erinnerten als an die Wirklichkeit. ... Eine verstecktere Form des Plagiierens ist: nie etwas zu äußern, ohne an Geäußertes anzuknüpfen.

22. November 1908

Shaw: „Der Arzt am Scheidewege"

Erstaufführung im Kammerspielhaus

I.

In deutschen Dramen ist Geburtstag (technisches Mittel, um Leute kommen zu lassen; *ut omnes eodem cogantur*); hier: Adelserhebung; mit Gratulanten; damit Typen kommen ...

Die Typen sind: Ärzte. (Wie Brieux die Richter: so nimmt Shaw die Ärzte vor.) Er zeigt: das Handwerksmäßige; Spiel mit Menschenleben; Gewinnsucht; Tuerei; eigene Ungläubigkeit; Mörderzynismus; Schneidemanie; Windmachertum – und den Dalles, wenn kein Wind gemacht wird. Hokuspokus der Medizinmänner. Kurz: Ignoranten und Verbrecher in feiner Stellung ...

Hier ist zu bemerken: Erstens; er sagt, was wir häufig glauben. Zweitens: er sagt, was mancher zugleich tüchtige, zugleich ehrliche Arzt seiner Frau sagt; oder seinem Freund; oder seinem Schwager. Drittens: er zeigt aber nirgends (als Gegengewicht) den Nutzen ... etwa der Antiseptik und sonstiger nicht bestreitbarer Wohltaten jenseits aller Windmacherei. *In summa*: nur ein Ausschnitt beobachtet ... doch seine Beobachtungen an diesem Ausschnitt sind wahr.

Klein ist der Ausschnitt nicht. In der Medizin ist Gesichertes, Unantastbares an fünf Fingern herzuzählen – und das Tuerische, Nutzlose geht auf keine Kuhhaut zu schreiben. Diesen Tatbestand, von vielen ehedem gegeißelt, beklopft und geißelt Bernard Shaw mit einem Überblick auf die „Anforderungen der Neuzeit".

Er ist, auch heute, der einzige nicht. Ich sah kürzlich einen Schmarren: „*Une leçon dans la Salpétrière*", auf den Nerven-Schauer-Brettern des *Grand Guignol;* auf dem Märtyrergebirg, in der – dramatisch höchst anfechtbaren – Zauberstadt (sie ist es, – wenn auch mancher Berichter sie nicht kennt, welcher dort polizeilich, doch erfolglos gemeldet ist und in ihr wie eine kleine männliche Wilhelmine Buchholz herumsteigt) – ich sah diesen Anklageschmarren wider die Ärzte: da wird im Pariser Hospital eine Nervenkranke betäubt, verstümmelt, zum Experiment benutzt ... mit zeitweiligen Lähmungsfolgen – sie verbrennt schließlich dem Hund, der es getan, mit einer Säure das Gesicht; man erblickt das entstellte Antlitz des Experimentierverbrechers; eine höchst alberne Sache – bei der manchem das Blut stillsteht. Shaw hingegen nimmt die Privatpraxis aufs Korn ... statt der klinischen ...

Hinter beiden klingt es, summt es, klingelt es, tappt es, trappelt es, tänzelt es, trällert es: ...

Sans nous tous les hommes
Deviendraient malsains,
Et c'est nous qui sommes
Leurs grands médecins, –

und aus der Menschenkindheit hör' ich dann wieder den gläubigen Medizinmann-Vers:

ἰατρὸς γὰρ ἀνὴρ πολλῶν ἀντάξιος ἄλλων.

Homer kommt noch dazu *Dr. med. hon. causa* zu werden – Shaw niemals.

II.

Soweit die Medizin: Einseitigkeit, Beobachtung nur eines Ausschnitts, doch dieser Ausschnitt wahr beobachtet.

Incipit comoedia. ... Dinge sind in diesem Stück. ... Einer von uns hat es geschrieben. Ein Aufrichtiger. Einer, dem die Schönheit dieses Werks nie vergessen werden soll. Wer hat uns entlarvt wie Shaw; wer hat Künstler gezeichnet, wie Shaw den Dichter in der „Candida"; früh im Leben, am Beginn; – und jetzt den Maler Dubedat, am frühen Schluß, vor dem Tode. Keiner. ...

An einem Abend in hoher, eilender Getragenheit, schwebend in dem Glück eines scharfen Schmerzes, geriet ich (im Ausland) in ein Theater, wo man „Candida" gab. Und als Marchbanks (in Berlin ist er nicht dargestellt worden); als der in keinem Zug sentimentale Dichter zu sprechen anfing, schwand um mich der Pastor und das Parkett, und etwas kroch, klomm, quoll hoch ... während ich lachte, der auf der Bühne sprach mich, er sprach mein Letztes, und ich wußte, daß G. Bernard Shaw ein Schöpfer ist; ein Freund; in der großen fremden Siedlung der Einzige, zu dem ich redete. ...

Vielleicht hat er in diesem Augenblick eine Zigarette geraucht; ein Lorgnon auf der Nase; Zeitungsblätter vor sich ... Dennoch hat er bestimmt in einer jener Stunden, die wir haben, so wir Künstler sind; die wir unsre Wirkungen ja wissen, unsre Wirkungen durch die Lüfte, durch die Hausmauern, durch die Gewänder, durch das Fleisch der Körper (wir wissen sie!) – dennoch muß er einmal gefühlt haben, daß in jemandem dies Absonderliche klomm, kroch, quoll, quoll ... das er beschworen hat.

Marchbanks am Lebensbeginn, der Künstler Dubedat am Schluß. Schönheit über beiden. Glück des Schmerzes – Dämmern bitterlicher

Seligkeit. Und die Kunst ... inmitten dieser verwehenden Welt. Niemand hat es gemalt wie er; niemals darf es ihm vergessen sein.

III.

Ein Farbenkünstler, dreiundzwanzigjährig. Ein Lump. Mit zwei Weibern; beide standesamtlich. Dem Stubenmädel der zweiten schenkt er zwischendurch hundert Mark. ... Mit schoflen Trieben verquer. Anfechtbar in Geldsachen. Die letzte Frau nahm er in Kenntnis ihrer Mitgift und log Naivheit. Und als er früh zum Sterben kommt (hat Shaw an Beardsley gedacht?), weiß er das alles, – und weiß doch, daß sie ihm Unsagbares gewesen ist; kurz: daß er sie geliebt hat. Kein Schatten des Sentimentalen; kein „Abschied"; er macht Witze; kein Trauerzwang um Gottes willen; er möchte bloß gern, daß Schönheit, Schönheit, Schönheit über ihn hinauslebe. Ein Schöpfer hat das geschrieben: – ein Freund. Was ist das Letzte, das er den Künstler sagen läßt ... als die Zunge schon erstirbt. „Sein letzter Seufzer war Amalia?" Nein. Er lallt mühsam: „Ist der Reporter noch hier?" – und stirbt. Ein großer Aufrichtiger hat dies geschaffen. Ein Künstler einen Künstler. Einer, der von uns weiß, der uns weiß. Denn so sind wir. Shaw hat es zum erstenmal ausgesprochen, in heutiger Sprache, – in anderen Formen klingt es lange durch die Lustren, durch den Traum der Welt, durch alle Gewesenheiten, alle Fernen, was im holdesten Euphrosyne-Wort ein abscheidender Künstler-Mensch vor dem Versinken ... fast plaudert und raunt:

Einen Wunsch nur vernimm, freundlich gewähre mir ihn:
Laß nicht ungerühmt mich zu den Schatten hinabgehn ...

So sind wir, – Bernard Shaw. Was giftet mich halb unbewußt, wenn ich einen Versammlungsbericht lese, wo Holzbock einen Stückemacher nennt – statt MEINER! So sind wir.

Frau Dubedat: „Was sagst du, Liebling? ... Ich kann ihn nicht verstehen." *(Seine Lippen bewegen sich. Dr. Walpole beugt sich herab und horcht.)*

Walpole: „Er fragt, ob der Reporter noch da ist."

IV.

Ich will die Fabel des Stücks wenigstens in einem Satz hinstreuen: Der Arzt tötet einen Kranken, weil er dessen Frau liebt. (Shaws Teufelei: er tötet, indem er die Behandlung einem berühmten Kollegen überläßt ...)

Ich fühle den Musiker Shaw; im dritten Akt läßt er über sich selber sprechen, über Shaw: wie Mozart im „Don Juan“ singen läßt: „Ist das nicht aus ‚Figaros Hochzeit‘ von Mozart?“ Oder Shaws Künstler spricht: „Ich glaube an Michelangelo, Velázquez und Rembrandt“ – wie Richard Wagner geschrieben hat: „Ich glaube an Gott, Mozart und Beethoven“ ...

Unwahrscheinlichkeiten; Just-Methode; ich weiß. Als der Künstler in einem Hotel zum Essen geladen ist, stellt sich heraus ... nicht nur, daß er jeden Tischgenossen angepumpt; sondern daß er (just!) wider ein Zimmermädchen just dieses Hotels einst Bigamie verschuldet hat ... Etwas viel ... Trotzdem ist der Bau des Stücks, die Linien, die Überraschungen von seltner Schönheit.

Rätselhaft wirkt auf manche der Schlußakt. Und doch ist er für mein Gefühl folgestark und einfach. Ein Lebensaspekt. Schönheit über ihm. Zeit ist verflossen. (Wie manchmal beim Donnay.) Die Witwe schlägt den Verliebten aus, ... nicht weil er ein Mörder ist: sondern weil er alt ist. Weil sie schon geruhig durch eine neue Heirat eine Spur neuer Schönheit in ihre Stunden gebracht hat. Sie war ... sein, sie tut heiter seinen Willen. Ungeziert, niemals uneingedenk. Nicht der Sünde gibt sie den Korb: sondern der Gebrechnis; dem Welkenden. Und unter dem Himmel dieses fortklingenden Daseins treibt sie – es ruht hier das Verdämmern vieler Bitternis – ich möchte sagen: Ehebruch mit einem Verstorbenen. Lebensodem ... nicht frei von Trauer, doch mit einem Reiz von Schönheit über das Leben hinweg. Einer von uns hat dieses Stück geschrieben. Ein Schöpfer. Einer, dem auch nix g'schehn kann.

Ein Freund.

V.

Unter Shaws Werken steht es ganz obenan. Unter den Daseinskomödien dieser Zeit: ganz obenan. Es gebracht zu haben, verdient ein Lob und einen Dank. Die Art des Wiedergebens verdient das zum großen Teil. Ohne Seelenschwingungen in aller Zwiebeleuchtung immer erkannt; ohne den Humor in aller Einfachheit und Seltsamkeit versponnen zu haben, ist es ein ernster, wertvoller, von Mätzchen freier Versuch, mit dem Hollaender seine achtungswerte „Candida“ deutlich übertroffen, seinen Unglücks-„Fiesco“ wettgemacht hat.

... Wegener gab den Arzt (und intellektuellen Mörderich). Vorzüglich in allem, was Rede, was Anblick ist. Zwischendurch um einen leisen Ton romanhafter als bei Shaw. Ihr müßt das ja mit den Fingerspitzen anfassen! Ihr müßt unterscheiden: Shaw nimmt fast jedesmal ein Gerüst von herkömmlicher Form; hier etwas, das nach einem englischen Novellenstoff aussieht: „Dr. Ridgeons Patient". Oder so. Auf dieses Gerüst kommt ja erst sein skeptischer Behang; sein realmachender Behang; seine Zerstörung des Romans; – *ecco*. Wegener gab in einer vorzüglichen Leistung noch mitunter das Gerüst ... (So hatte die Regie den Schluß des vierten Akts – der Mann und die Frau nach dem Todesfall voreinander – mit Drückerchen versehn: wo sich alles noch posenfreier, unromanhafter abspielen soll.)

Die Durieux. Ganz gab sie für mein Gefühl nicht, was sie sollte: doch was sie gab, war höchst reizvoll. Diese Hirschkuh soll glauben, was ihr der Künstler log. Die Durieux ... sie hätte sich das nicht vormachen lassen. ... Geglaubt hab ich an ihren Gang. Geglaubt hab ich an manchen Gestus ihrer Hände. Geglaubt hab ich an ihre Schürze, im vierten Akt. Geglaubt hab ich an ihr damenhaftes Bestürmen des Doktors im ersten. ... Und nur eins nicht. Ihr Glauben glaubt man ihr nicht. ...

(Im Schlußakt wagte die Regie nicht, den hundeschnäuzig-ernsten Humor des weitergehenden Lebens voll herauszubringen. Noch hier eine Spur von ... nicht Romanhaftigkeit, das wäre grob; doch aus dieser Gegend.)

Diegelmann und Kühne, Doctores, deckten die Sache. Ganz verfehlt Waßmann und Winterstein. Von dem sonderlichen Humor um Wintersteins Professor B. B., wie Shaw ihn gezeichnet, kaum eine Spur; statt dessen improvisierte Herr Waßmann einen Dümmling, den Shaw nie gezeichnet hat. (Shaws Humor, wie der Mörder B. B. ernstlich gerührt beim Tode des Pfuschgemordeten sich benimmt ...!)

Endlich – den jungen Maler Dubedat gab Moissi: der vor drei Jahrzehnten erschaffen worden ist, um diese Rolle zu spielen. Um dieser Mensch in diesem Werk zu sein. 24. November 1908

Gretchen im Deutschen Theater

I.

Man gab den ersten Teil „Faust"; in der ersten von drei zur Erhöhung des Anteils ausgelobten Besetzungen. Seit den „Räubern" zeigte sich der Entschluß, Einzeldramen als Zyklus aufzuführen. (Statt eines Dichter-Zyklus ... einen Besetzungs-Zyklus zu veranstalten.) Und die

Meinung, der „Faust“ könne noch anders gespielt werden als am ersten Abend, hat Einiges allerdings für sich ...

Um ernst zu reden: Reinhardt hat sich mit Recht gescheut, bloß ein Feenstück zu bringen. Er hat gut getan, daß er nicht „Faust, ein Ballett“ spielte. Nur mit einem Denkfehler. Weglassen der Stimmung bedeutet noch nicht Vorhandensein des Geistigen. Sparen an Phantastik bedeutet keinen Ersatz für den Mangel eines Mephistopheles, für einen unzureichenden Faust. Das ist es. Diesem Irrtum entfloß die Durchschnittlichkeit des Abends. Was bleibt, ist Gretchen. ... O Macht der Suggestion! In der Provinz belegen und namenlos, bringt manches Stadttheater etliches Belangreiche dieser Dichtung besser. Ohne Widerspruch: besser. In der Provinz belegen und namenlos, bringt manches Stadttheater Innigeres, Höheres als die achtbare Eindrucksschwäche dieses durch Ankündigungen bemerkenswerten Abends. Hier sitz' ich; mit der besten Absicht gegen Reinhardt. Aber ich kann doch nicht leugnen, was ich sehe; nicht fortblasen, was ich erkenne; nicht totmachen, was in meinem Blicke noch lebt: daß er für Stimmungen, wo sie seelisch bedeutend werden mußten; für Stimmungen, wo sie Innerstes ausdrücken sollen; für Stimmungen, wo sie menschliche Gipfel sind ... daß er hier jedesmal versagt hat; von Frank Wedekind bis zum Schiller, wie von den „Räubern“ bis zum „Faust“. Und daß er sein Bestes, sein Prachtvolles in Nebenreizen bringt.

Pereat mundus.

II.

Die Nebenreize waren diesmal: ein sinkender Abend (im frühesten Vorfrühling). Oder, mit Beihilfe des Malers Roller, ein Blütengärtchen von gerupfter Schönheit sozusagen. Die (im Grund) sommerlichen Gefühle des Auftritts bei Goethe weichen davon ab. ... Aber die Blütenbäumchen sind wirklich schön. Die Terrainschwierigkeiten (Drehbühne, Zwang zum Gebirgigen) bringen die zwei Paare zu Anläufen, Atemübungen, Absichtlichkeiten – es ist trotzdem als Bild schön und zweckmäßig.

Gut im Anfang auch, wie Mephistopheles hoch im Raume schwebt. (Er darf nicht im Gespräch im Gott hart auf den Planken der Rampenebene spazieren.) Doch Gottvater selbst so verfehlt! Nicht zu erörtern. Warum, wenn der Erzengel Moissi, durch alle Wolken dringend, durch das All bebend, melodeiend und erschütternd sprechen kann, warum diesen Engel nicht bei der Generalprobe zum Gottvater machen? Auf die Beseelung allein kommt es an, jeder Rest ist Schweigen.

III.

Wir sind bei dem Zwischengebiet von Äußerlichkeiten und Stimmungsursachen. Der Erdgeist, symbolisiert mit ausgeschnittenen Bändern, die wirbeln und belichtet werden, schafft Heiterkeit. Die Hexenküche nicht als elementarischer Fall gesehen, sondern als illustriert buntes Blatt. Gretchens Wohnung durch Kunstgewerb aufdringlich. (Man sucht die Firma.) Keine Späße – doch Gretchen tritt in einen Nebenraum, dessen schmale Tür nur das Klosett bezeichnen kann. Zerreißung der Illusion.

Zerreißung der Illusion? Aber die Toten verbeugen sich am Aktschluß in diesem Theater. Die Erschütterten traben freundlich von hinten vor. Wahnsinnige danken bestens. Auch in solchen Symptomen steckt ein Rückgang jener innerlich gesteigerten Menschenkunst, die zu erleben meine Zeit glücklich genug war. (Glücklich genug ist.)

„Heinrich! Heinrich!" – so der Schluß. Die Stimme, die es ruft, wird Gretchen zugeteilt. Es muß aber doch jetzt verändert klingen, nach dem „Ist gerettet!" Wie ausgewechselt muß es klingen. Ein neuer Ewigkeitszustand ist nämlich, Herr Spielleiter, angebrochen. Nach diesem Errettungsfall muß die Stimme klingen wie aus einer Ferne. Wie weit – mit der bloßen Erinnerung an alles (an das Holde wie das Bittere, doch das Bittere geläutert); wie aus einer Traumhöhe. Wie aus dem Entschwinden. Der Zwickauer Komponist R. Schumann hätte dergleichen mit der Überschrift „Es war einmal" versehn. Goethe selbst will, daß die Stimme „verhallend" komme. Im Deutschen Theater wird aber, wenn schon alles aus ist, noch einmal die Verzweiflungstragödie begonnen. Gretchen brüllt „Heinrich! Heinrich!" – und wird konvulsivisch. Ich weiß: sie muß noch den Henkerstod ertragen. Doch nur ihr Leib. Keinesfalls, keinesfalls diese Stimme ... „Heinrich! Heinrich!"

Endlich Weingartners Musik.... Er ist schon ein Künstler. Aber seine Zutat bildet ein Konzert. Nicht Klänge. Nicht Klänge durch den Raum. Losgelöste. Es beginnt jedesmal eine Aufführung (im ... neuromantischen Theater).

... Striche darf niemand rügen, sie müssen gemacht werden. Aber das Unter-den-Tisch-Werfen gehaltvoller Geistigkeiten ist zu rügen; wie es am schlimmsten Schildkraut verbricht. ... Und darf man etwa den Auftritt weglassen, wo Gretchen, den Blutstreif um den Hals, erscheint? Und des verjüngten Fausts Einsamkeiten alle? alle?

IV.

Dieser Faust war Kayßler. Zuerst in der Maske des Poeten Chamisso (bei dem Versuch, ein Dürerblatt darzustellen). Dann verjüngt – japanisch verkleidet. Es ist mir nicht willkommen, jedesmal einem ausgezeichneten Menschen (und einem ringenden Menschen) zu sagen: „Sie sind kein Geblüt." Aber darf Kritik, nur um das zu vermeiden, die Hochfläche der erlaubten Forderungen abtragen? Kann sie den Möglichkeitsrekord hinunterdrehn? Soll sie vertuschen, daß Kayßler in des Abends größtem Abschnitt pensioniert herumstrich; daß (nach Monologen ohne Letztes) die Arbeit nur „Gretchen" zu heißen begann; daß Bravheit und Stilisierung halt keinen Faustmenschen zuwege bringen? Wer kritisch dergleichen billigt, ist ein Niveauschänder.

V.

Gretchen aber, Lucie Höflich ... in manchen Punkten wundervoll. Der Trost des Abends. Es macht nichts aus, wenn sie das strammste der Gretchen ist. Sie soll nicht weichlich sein. Mitunter war sie schon madamig. Selten hatte sie (in etlichen Tönen) eine Bestimmtheit gebildeter Zeitläufte; in der Katechisierung lag bereits Lift und Untergrundbahn. Auch wenn sie „kuchz" sagt oder „Gachten". Bisweilen mehr Gegenwart als Ahnung. Und doch ein herrliches, aufrechtes, vernichtetes, dahingeliefertes Geschöpf. ... Der Trost des Unternehmens.

Schildkraut gab eine Höllenfürstin mit Beinkleidern. Er war Schalk, Tier, Kaschperl – aber meistens Mime. Durchaus unmöglich als Mephistopheles, vom Anfang bis zum Ende.

Glänzende Beigestalten: die Wangel als Marthe. Waßmann als Schüler.

Und alles in allem: Durchschnittlichkeit einer Aufführung mit mehr Mängeln als Fehlern. Mit mehr Armut als Sünden. Taub und matt.

... Und wenn die folgenden Besetzungen diesen Abend widerlegen, wird es zu sagen und zu rühmen sein.

27. März 1909

„Hamlet“ im Deutschen Theater

I.

Tugend und Mangel der Aufführung. ... Die Tugend lag in der größeren Schlichtheit.

Sie zeigte schon der „Lear“, doch schwächer. Noch im „Lear“ war Geringfügiges beleidigend herausgearbeitet, – während auf die menschlichsten Tiefen verzichtet wurde. Jetzt im „Hamlet“ ... bleibt zwar der Kernraum wieder so gut wie unausgefüllt; doch Nebensächliches wird nirgends zur Hauptsache. Man sieht einen möglichen Boden.

Die Kritik hat Herrn Reinhardt Schritt vor Schritt gezwungen, seinem Hange zum Äußerlichen, zur Bildl-Bühne (zum Gewand-Haus), zur Veroperung Shakespeares zu entsagen. In rüdiger Peitschenspur ist der Weg dieses Fortschritts vermerkt. Ich möchte den Unterschied ohne solchen Einfluß heute sehn. ...

Kritik ist Widerstand. Kritik ist: Zurechtrenken. Neben allem sonstigen. Steht ab, Leimgeher zu sein, wenn ihr Kritiker sein wollt. ... Läßt ein Autor durchblicken, er würde furchtbar gern für das und das gehalten, so schreibt der Leimgeher folgsam: „Fürwahr, der Autor ist das und das.“ Fürwahr ... Er steht vor großen Erscheinungen etwas polizisten-kritisch, vor faßlichen begeistert. Wenn der Autor asthmatisch krächzt: „Ich würde furchtbar gern als naiv angesehn“, so äußert der klügste Leimgeher: „Fürwahr, den Autor kennzeichnet eine Naivität des Herzens“ ... Steht ab. Braucht eure Gaben (ihr habt sie) in Lust und Lachen förderlicher. Im Singen, auch im Pfeifen. Wer hat mehr Anteil an durchgedrückten Besserungen: die Leimgeher – oder die Standhalter? Den Boden für die letzte „Hamlet“-Aufführung schufen die Standhalter.

Tugend und Mangel des Abends. ... Die Tugend: der möglich gewordene Boden. Mangel: der Bau darüber.

II.

„Hamlet“. Konversationsstück. Stellenweise mit vielem Recht. Zwanzig Jahre nach Gründung der „Freien Bühne“ wird in ihrer Stadt gewiß natürlicher gesprochen als im Histrionen-, Brüll- und Heul-Klang. Bessere Schlichtheit. Keine Mätzchen.

Der stärkste Fehler scheint mir in der geringen Beherrschung der Teile zu liegen. Die Linie gegen den Schluß wird schwankend; matt. Ein großer Regisseur, scheint mir, bringt doch Steigerung; er bringt einen Wurf des Ganzen; hier ist Stück an Stück (und erblassend gegen den Schluß) gesetzt. ... Die zweite Hälfte ist flüchtig. ... Ich merke kein Anwachsen des Errungenen. ... Man sieht ein geschmackvolles „Hamlet"-Drama. Vieles adrett abgetönt, gestimmt, anziehend, fein, lecker. Ich will nicht sagen: ein charmanter Hamlet. Aber statt mythischen Gewölks etwas Wohlbegrenztes. Das Prometheische wird geschmackvoll. ... Das Nordische verkleinert. Keine Verwebtheit mit dem All, keine „Luft" dazwischen; sondern sicher klappende Zimmerangelegenheiten. ...

Ist der Sinn des Werks vertieft? Ist Enthüllung des Rätsels gefördert? Ist Geisterhaftes besser gegeben als zuvor? Reinhardt wird es wissen.

Seine Drehbühne hat schreckliche Nachteile. Beerbohm ist ein elender Schauspieler, doch seine drei stummen Stoffwände wirkten anders. Seine trübe Hamletswelt; nordisch-tragische Welt in der Halbfinsternis dieser starren-schattigen Begrenzungen; und auf diesem Grund (elend gespielt) Bildsuggestionen; so Beerbohm. Bei Reinhardt ist schon auf der Terrasse der Geist unangenehm nahe. Dazu beiläufig: welcher Stimmton – aus Hamlets spukendem Vater? Knarrend. (Mit dem Troste, daß die Geisterwelt fortfährt, Kulmbacher Bier zu trinken.)

Aber ich will als Exempel für die oft fehlende Beherrschung des Wurfs, des inneren Fortschreitens, ja, der wichtigen Grundkrisen, den Gebetsauftritt nennen. Was ist Hauptsache: Hamlet, welcher zaudert, die Tat zu tun (und Gründe bringt); oder der betende König? Der Auftritt heißt bei Reinhardt wirklich: „Der betende König"; statt daß er hieße: „Der zaudernde Prinz." ... Ganz vorn etabliert man den Usurpator, füllt mit dem Hinlegen von „Gewissensbiß" alles aus; zwischendurch erscheint Hamlet und spricht etwas, was verloren geht. Die Krise verpufft. ... Doch Wegener hat eine Russenszene gemacht, ausführlich, wie ein Muschik als Büßerich.

III.

Ich brauchte das Wort „Hamletino", als Moissi bei Wedekind einen jungen Lebensproblematiker gab. Er war es auch diesmal. Jeder Hamlet darf ein Hamletino sein; wir lasen erst jüngst, wie dieser gut erst neunzehn Jahre zählen kann. Nebenpunkte! Moissi (mit allen seinen Reizen) war keine von der Sucht nach letzten Fragen durchsetzte Kreatur. ... Er hatte gelegentlich einen (verhältnismäßig früh heilbaren) Anfall dieser Sucht. Er war wundervoll – denn er bringt immer seine Musiken –: und er war bloß nicht, was dieses Werkes Mittelpunkt sein soll.

Ein rührendes Hamletche, – ja. Gut im Darstellen der Kraftlosigkeit. Merkwürdig munter, wo er sinnender hätte sein müssen und abwesender. Ein Hamlet, welcher „Sein oder Nichtsein" vorn aufsagt wie jemand im Puppenspiel. Dazu Glockenzeichen vor Übergängen; Opernklänge; falsche Betonungen wie bei „Den mach' ich zum *Gespenst*" ...; oder: „Ist es der König?" mit einer verhältnismäßigen Ruhe – als ob es nicht einen Gipfel seines inneren Streits elementarisch bedeutete ...

Neben alledem Herrliches. Aber wir wußten, daß er das besitzt. Er war sogar bezaubernd ... Bloß: er war nicht dieser Mann in diesem Werk.

Er wird es in Zukunft sein. Die Frage: ob Reinhardts Aufführung den Sinn vertieft, Schleier gelüftet hat, beantwortet sich hier. ...

IV.

(Ich erwähne von den Darstellern: Hartau – der wiederum das Beste gab, was an Sprechkraft und gehaltener Beseelung zu geben war; und es wiederum in einer Seitenrolle tun mußte. ...

Polonius, V. Arnold, war durch das Fehlen von Unvornehmheiten gut; durch reiches Vorhandensein selbständiger Vorzüge nicht.

Ophelia: Eibenschütz. Eine Augenfreude. Doch mit diesem Taillenschluß ist man keine halbe Legendengestalt; mit diesem Wehchen keine tragische Gestalt. Sie hatte – wie der ganze Abend – etwas Geschmackvolles, doch Luftloses, Zimmerhaftes.)

19. Oktober 1909

„Don Carlos" im Deutschen Theater

I.

Schiller-Feste. Geburtstag. Dank des deutschen Volkes. Alle Parteien. Der herrliche Freiheitsschwabe. Die Bösen murmeln: „Als Räuber geboren, als Hofrat gestorben." Die Guten murmeln: „Er war unser!" Nietzsche grient im Grabe (man wendet sich von ihm ab).

Denn er war wirklich unser. Mögen wir ihn gleich überschauen, daß er dabei heute zu kurz kommt. Wer einen solchen Ton in die Welt gesetzt hat: bei dem soll nach Kunstwert und nach Geisteswert überhaupt nicht mehr gefragt sein. Als Klang, als Strahl, als Stern, als

Sehnsucht, als Märtyrer, als Wille tönt er fort. ... Nicht bloß durch Deutschland: durch die Welt. Vergewissert euch, was etwa Puschkins Onegin, fern, irgendwo, vor seinem Tode liest (vielleicht tut es auch sein Duellgegner, ich weiß nicht mehr genau): Schiller ist es.

Der Zeitpunkt kommt, wo jemand aufhört ein Schriftsteller zu sein und anfängt ein Mythus zu werden.

Nichts an dir war scheel und niedrig
Teurer Schiller, edler Friedrich.

Mehr sag' ich nicht. Höchstens etwa noch, daß er eine wirtschaftliche Hebung hätte brauchen können. Und daß es eine verborgene Stelle bei Eckermann gibt, wo sein zeitweiliger Freund (mit anderen Worten) bemerkt: Schiller habe sich zwangsweis zu Tode getrunken. Er mußte Stücke schreiben, und er habe sich, wenn es nicht ging, der „Likörs" bedient. Es ist keine Trübung der Feier, wenn man auch der Tantiemen denkt, so er heut genossen hätte.

Sein Carlos-Drama muß im übrigen der Gegenwart undeutsch erscheinen. Köpfe anderer Leute zerbrechen! Internationaler Agitator! ... Entschuldigung des Stücks in Berlin ist heute, daß es den evangelischen Glauben Flanderns wider den Zentrums-Alba herausstreicht. Teurer Schiller, edler Friedrich.

II.

An mehr als einem Punkt wirkte die Darstellung fortreißend. Faust: nein. Hamlet: nein. Carlos: ja; ja. ... Bisweilen köstlich (vom zweiten Aufzug ab) in Schwung, Tempo, Tönung. Bisweilen die Lyrik des Schauspiels schön erfaßt. Es kam vielerlei zusammen. ... Lockend und lecker und mit Lust zur Sache; abwechselnd; häufig geschmackvoll; kurz: mit allem, was liebenswürdige Köpfe, die ja nicht immer ersten Ranges zu sein brauchen, so sehr zu diesem Theater der Frische, der Unternehmung, der Gefälligkeit, des Feinabgestimmten, der Mehlspeis und der Erholung hinzieht. Gegen ihren Willen sogar keine Mätzchen mehr. Das Bildhafte nur in Gewändern und im Zeremoniell des Anfangs leise vordringlich. Um sechs Uhr begonnen (ein Zug, der vor sämtlichen Schiller-Feiern einprägsam und herausheblich wirkt – wenn er schon überflüssig ist). Um Mitternacht geendet. Es ist „die Vorstellung, die sechs Stunden dauert". ... (Überflüssig bleibt es, ein so edles und schwunghaftes, aber so breites und oft leeres, im übrigen herrliches Jugendstück so vollständig zu geben.)

Spielt man bei Reinhardt ein Gedankendrama, ein heutiges, ganz auf Ideen gestelltes: so streicht man die wichtigsten. Doch man bringt die zwecklosesten Stellen eines anerkannt viel zu redseligen Früh-Stücks ...

Im Beginn schien es wie ein Lustspiel, nicht vom Regisseur gewollt. Man kam in Gegensatz zu dem berühmten Parsifalhörer in Bayreuth. (Er sprach: „Ich kann dabei nicht lachen. Ich *kann* dabei nicht lachen!") Man konnte während des Beginns nicht ernst werden.

Und während des Verlaufs nicht immer, wenn der Schauspieler Walden das Wort hatte. *Complimenti* für die Mühe. Doch Reinhardt muß den Unterschied zwischen dem feuerstolzen Knaben Karl und einem Cake-Walk-Infanten ermessen. Das Aufsehen eines Versuchs scheint ihm oft wichtiger als das Gelingen eines Versuchs. (Aus verwandter Sphäre kommen die Verstimmungen der Kritik in diesem Hause.) Man sieht einen Carlos, der seinen Roderich (statt einer Freundschaftsliebe voll Himmelsglut) „außerordentlich mag"; der aber trotzdem strampelt, sich niedlich stellt, krank tut, tragische Gesichter schneidet, munterflinke Schmerzgebärden macht, „wie Kainz", und im Grunde ein bürgerlich-netter, vernünftig durch die Nase vibrierender Spree-Karl ist; der Schillers verstiegen-junge Glut wohl nur aus Verehrung nicht mit dem Wort „Kaleika" benennt; der verständnisvoll etwa findet: „Der Mann hatte mal sonne Wärme – man soll ihn doch dabei lassen"; und der, wenn er zur Eboli minaudierend-kokett wird, gern sagen würde: „Na, Puttchen!"

Aber sein Freund: Moissi. Der Philosoph. Der Forderer. Kurz: der Ewigkeitszug in diesem schlechten Stück. Nehmt alles nur in allem – dieser Mensch, dieser Moissi besaß Augenblicke, die eine Kritik fast so verscheuchen wie das Gedenken sie von F. Schiller verscheucht.

Ja, ich weiß, was ihm fehlt. Das Gardemaß hat er nicht. Er sah bisweilen, im Profil, wie Schiller aus; bisweilen, von vorn, wie die Gattin Moses Mendelssohns im Wochenbett. Doch meinetwegen darf der Posa ein Marquischen mit zerseeltem Angesicht sein, wenn er so spricht; wenn er so spricht. Es tut wenig, daß man ihm wirklich mitunter Intrigantenstreiche zutraut und Schlangentaten in dieser Rolle –: wenn er so spricht.

Und ich weiß, daß mich elenden Kerl an ihm das Lateinische mit fernen Lauten lockt; daß es das Blut bewegt; und daß er die Mignon der deutschen Bühne bleibt.

III.

Ich könnte hier einen Abschnitt über Madrid einfügen. Ich will es bei der Drohung bewenden lassen. Weiter.

IV.

Die Heims als Elisabeth ... Darum bleibt sie doch anderwärts eine Künstlerin.

Die Eboli (sonst häufig ein Gebirge von Weib, eine Selcherin mit vollgegessenen Armen und einer Brüstung, worüber sie nicht mehr wegsieht) – die Eboli befand sich bei der Durieux: die Lazerte sein, Leidenschaft nachtäuschen und Arien wundervoll sprechen kann. Sie befand sich gut bei ihr.

Bassermann. Wenn er Verse spricht ...

„–– Was der Könisch hat,
Gehördem Klück, Eliiiisabeth demm Phiiiilipp" ...

Er artikuliert strenger, als ich es hier andeute – doch im Ohr bleibt etwa dieser Gehörseindruck. Dieser seltene, in Lichtern flimmernde Künstler, der jetzt keine Regiehand über sich zu merken scheint, wirkte zwar manchmal als Philipp wie ein pathologischer Rentner. Doch er hat ihn wundervoll vermenschlicht.

Er zog leider einen Kreidekreis um sich. Er etablierte sich. Bassermann legte einen Philipp hin, einen Philipp, – einen Philipp ... worüber Alba den ganzen Abend verstimmt war, daß er ihn nicht hinlegen durfte. Der Herzog beteiligte sich darum bloß durch ein furchtbares (aber nicht ungemütliches) Dastehen.

Warum bekommt eine Kraft wie Hartau diesen Alba nicht?

Im übrigen entsprach es dem Geiste des Carlos-Dramas, wenn mancher eine Nummer hinlegte. Das Schauspiel wimmelt von Kavatinen.

Und alles in allem sah ich nochmals die Entwicklungsstufe der Skala: Meininger–L'Arronge–Reinhardt. Die neue Sprosse der Entwicklung diesen Tagen gemäß verfeinert, die andre geschaffen haben. Nicht mehr. Aber auch nicht weniger. 12. November 1909

Gerhart Hauptmann: „Vor Sonnenaufgang"

Gedenkaufführung im Lessing-Theater

I.

Anno dazumal waren wir kaum losgelassen in die freie Welt; ahnungsvoll; frech; mit der hohen Liebe für ein Mädchen und der Brunst für eine Kellnerin; voller Wünsche für die Erdentwicklung; und saßen im zweiten Rang. Wir fühlten einen Dichter sich auf Deutschland herniederlassen. Durch Brahm und seinen Hinweis war man auf das Buch gekommen: das man verschlang vor der Aufführung; und worauf man in sein Tagebuch schrieb: „Das ist er." Es läßt sich nur einmal ausdrücken oder gar nicht.

Freiheit und Frühling. Alle guten Geister führten ihn herauf. Seine tiefe Landkraft war vom Ewigkeitszug umleuchtet. Nicht etwa das Holde zwischen einem gewissen Alfred Loth und einer gewissen Helene, so tief es sang, gab den Ausschlag. Sondern das andere, das im Winde winkend wehte. Freiheit! Freiheit! Freiheit! Es sollte vorüber sein, bei uns, mit dem Leeren und Spießigen; mit dem Hinwegtasten von dem, was für das Innerste ganzer Menschen bewegend war. Hier stand ein Deutscher; einer, der etwas öffnete. Nicht bloß mit der Absicht; wie etliche (nicht unedle) Vorgänger: sondern mit der Hand – mit der Hand ...

Einer, der nicht bloß Schönheit – sondern vor allem ein Paroli gab.

Ein Kerl. Ein Umstrahlter. Und ein menschlicher Mensch.

... Abwehr schnob durch den Saal. Die Bürger schäumten. Oben standen wir auf und riefen: „Maul halten ...!!"

Und ich schrie: „Hauptmann! ... Hauptmann! ..."

II.

Ich weiß heute, was Grobes in diesem Stück ist; was Jugendliches an ihm haftet; was es an Dingen äußert, die wir bloß im Vorbeigehn aussprechen; was an Dingen, die wir nicht mehr sagen. Ich weiß. Unschwer festzustellen, daß die feine Familie, die jetzt etwa Forain mit zehn Strichen und einem Lächeln zeichnet, tragisch und dickdeutlich überlastet wird; schwarz auf schwarz gehäuft; (der Dichter geniert sich nicht); ich weiß. Aber ich weiß auch: daß so einfache, so kindhafte, so urtümliche Menschenworte wie das eines Apostels, eines Siedemeistersohnes, der sich rings umsieht, die Welt zum erstenmal betrachtet und spricht: „Frevel über Frevel!" – daß dergleichen nur von einem Genius stammt.

III.

Ich will bei diesem Zug stehenbleiben. Ein Bild steigt auf: Karl der Fünfte, wie die Geschichtsschreiber glauben, hätte zu einem bestimmten Zeitpunkt, Spanien lassend und Sonstiges, ein seltsam großes Reich gründen; in ihm herrschen können; ein niederdeutsches; ein unzerstückelt einiges Land, an Stelle der vielen heut: ein herrliches, gleichredendes von Rußland bis nach Flandern. ... Hauptmann hätte die Linie wahren können, die mit „Frevel über Frevel!" beginnt; so von diesem Werk zu dem „Weber"-Werk führt; so von den „Webern" zu dem „Geyer"-Stück führt. Er hätte damit ein „der ganzen Menschheit Zugeteilter" ... und hier zugleich ein großer volksdeutscher Dichter von ungekannter Beschaffenheit werden können; ein großer volksdeutscher Schöpfer vorgerückter Tage: so daß nur, wie ein wundersames *accedens,* die tiefen Kammermusiken von Michael Kramers Art unter der Hand für uns wenige hinzugekommen wären. Die tiefen Kammermusiken; neben Symphonien, welche dieser, soweit das Auge blickt, einzige Beethoven-Vetter geschaffen hat. Die Märchen und die Mythen, meinetwegen; wieder für andere. Doch der große Grundriß wäre geblieben: Frevel über Frevel – bis zu der Aufwärtsstimmung der bäurischen Bruderschaft der schwarzen Geyer, und von hier bis zu dem Stück, das er ...

Und von hier bis zu dem Stück, das er noch heute schreiben kann.

Das er nach allem Gesabber der Gegner, nach Steinwürfen von Freundeshand, noch schreiben kann; wenn er sich auf das lachendste Wort des vergangenen dunklen Tonsetzers R. Schumann, auf mein Lieblingswort besinnt: „Neue kühne Melodien sollst du erfinden."

(Von seinem Entschluß hängt es ab: ein deutscher Prophet für die Welt zu sein.

Frevel über Frevel! ... Und alle Holdheiten. Und alle Hoffnungen.)

IV.

Es ist beinahe gleichgültig, ob die ... Einstudierung des ersten Stücks wirklich vollendet war. Sie war es nicht. Wir sind anderes in diesem Hause gewöhnt. Immerhin: sie kam aus diesem Hause.

Es gab so zwischendurch Züge (bei Sauer; er war der untergetauchte Doktor, der Schimmelpfennig) – Züge, die bloß hier, nicht bei diesem Künstler, sondern bei diesem Künstler *plus* Brahm, möglich sind. Und er bot eine Seitengestalt.

Fräulein Herterich hing an den Augen des Apostels, der „Frevel über Frevel!" spricht. Ich weiß, daß ihre Sprechart Fremdes hat; hoffentlich von der süddeutschen Provinz, hoffentlich nicht vom Schauspielunterricht; aber neben alledem ist mir, als ob man ihr die Hand, als ob man ihr die Hand drücken müßte.

Herr Monnard ... wenn er leidend ist: ja. Wenn er tätig ist, wenn er wach sein soll: dann ist er fast tonlos. Er wirkt als ein Anfang. Ich merke, wie diese Umgebung zweite Perioden in ihm entwickelt. Ich glaube, daß er werden wird.

(Aber jeden deutschen Schauspieler, auch einen Apostel, wenn er den Hut mit der Öffnung noch einmal nach unten auf den Tisch legt, will ich brandmarken. Selbst in einer Laube. Dies unter der Hand. Es giftet mich.)

Reicher. Prachtvoll als verdienender Zeitgenosse; wenn er auch nicht Hoffmann hieß; sondern Löwenstein.

Köstlich noch die Diener und Mägde dieses Hauses; und Sie, lieber Beibst: Arbeitsmann auf dem Gut; alter Paul Pauli; wie geht's immer noch? ... Von den Schauspielern damals ist sehr stark im Gedächtnis besonders Kadelburg; in Reichers Rolle; damals glänzend. Und, vor allem, die Else. ... Die Else.

V.

Wichtiger als die Gedenkvorstellung sind solche, die Brahm (Otto) bis zu ihr gegeben hat. Er, dieser Einzelne, dieser Mann, ist nämlich die „Freie Bühne".

Er feiert das Gedenken.

Als der deutsche Schöpfer eines europäischen Schauspiels. Als der tiefste Bahnbrecher seit hundert Jahren. Als welcher das Neue dem Publikum wie etwas Feindliches aufgezwungen hat. Als welcher Ballungen des Bedeutenden gab und ein Riesenwerk im Kugelregen. Das einzig Ernste, Kühne, Zähe, Große seit Geschlechtern und Geschlechtern.

Ich muß bisweilen schmunzelnd betonen, wann bei uns an die Stelle des Kampfes die Reklame tritt; an die Stelle des Aufruhrs die talentvolle Gefälligkeit. ...

Und was den ... Vorwurf des Naturalismus angeht, so will ich aus dem Buch „Das neue Drama" folgendes zitieren:

Naturalismus ist nicht ein besonderes Dichtungsgebiet, vielmehr etwas aller dramatischen Dichtung Gemeinsames.

Die Lyrik ergibt sich an einem Punkte der Handlung – die Gestalten dieser Handlung müssen aber naturalistisch geschaffen sein, auch wenn sie Flügel hätten; auch wenn die Handlung phantastisch wäre. ... Und das Ergreifende hat um so stärkere Macht, je naturalistischer, je menschennäher, je erdenvoller sie sind – auch mit Flügeln.

Ecco. 2. Dezember 1909

Shakespeares Zähmung im Deutschen Theater

I.

Sie haben Tod und Verderben gespien. William ist mausdreckerlstill. Dem haben sie's besorgt. Kusch; keinen Ton; ob du liegen bleibst ...?! Ich müßte sehr irren, wenn der Direktor, unser Reinhardt, nicht „souverän" vorgegangen wäre. Gott, wie souverän ist unser Reinhardt vorgegangen. Ob du dich rührst, Pachulke ...?!

„Der Widerspenstigen Zähmung" in diesem Hause war ... eine Dreistigkeit ohne Funken. Aber mit Stern – dem Kulissenmaler. Mit Herrn Kommissionsrat Busch. Und mit Erinnerungen an Sonder-Gasthäuser, wo es Gänsebraten mit Pflaum'mussauce gibt. Bist du ruhig, Stiesel ...?!

II.

Die Besseren von uns haben von je gefunden, daß Reinhardts Kern, wie ich es 1906 hier sagte, „darin besteht, aus einem Nebensatz einen Hauptsatz zu machen". Der Satz heißt nun in diesem von Shakespeare umgearbeiteten Stück etwa so: „Die Handlung ––– (welche beiläufig vor einem Kesselflicker dargestellt wird) ..." Beiläufig? Nein; dem Prinzip folgend „anders ist schön", wird dieser Nebensatz zum Hauptsatz gemacht. Die früheren Darstellungen waren besser, wir können sie nicht erreichen – aber wir können Aufsehen in irgendeiner Hinsicht machen. Wir sagen: „Vor einem Kesselflicker, Kesselflicker, Kesselflicker wird etwas dargestellt (was beiläufig den Krieg zweier Menschen, zweier Geschlechter – zwar mit allen Roheiten, doch auch mit Verfeinerungen, mit Vermenschlichungen, wie Shakespeare sie zugefügt, und was dergleichen unter der Hand mehr ist, bilden soll) – Kesselflicker, Kesselflicker, Kesselflicker."

Dawider wäre zu bemerken: erstens ist Hinzunahme des Vorspiels überflüssig – weil das Nachspiel zum Schlusse fehlt. (Wer weiß, aus welchem Grunde das Nachspiel, Eindruck auf den Kesselflicker, das man erwartet, wenn das Ganze einen Sinn haben soll, in den Shakespeare-Ausgaben nicht steht; es ist irgendwie umgekommen.)

Zweitens. Das Drama von der Widerspenstigen wird bei Reinhardt gar nicht so gespielt, als ob man es vor einem Knoten spielte. Es wird bald so, bald sehr anders gespielt. Ziemlich sinnlos. Dabei sagt Shakespeare ausdrücklich, es sei „passend und natürlich" zu geben, so bezeichnet er wenigstens den einen Mimen.

Der Kesselflicker fragt: „Ist es ... eine Jahrmarktstanzerei oder eine

Luftspringergeschichte?“ So fragt dieser dumme Kerl. Die Antwort von Shakespeare heißt ausdrücklich: „Nein, Herr.“ Ausdrücklich wird hinzugefügt, es sei vielmehr eine Art „Historie“.

Bei Reinhardt heißt aber die Antwort an den Knoten: „Ja, Herr.“ ...

Bei Reinhardt ist es wirklich eine Zirkusspringerei. Bei Reinhardt ist es eine Luftspringergeschichte. Bei Reinhardt ist es alles, was der dumme Kerl erhofft ... und was Shakespeare verwehrt.

Jemand wird einwenden: „Doch eine Wandertruppe spielte das Stück!“ (Darum „passend und natürlich“ von Shakespeare unterstrichen?) Doch eine Wandertruppe zugegeben, so würde sie schlimmstenfalls (ohne diesen Vermerk Shakespeares) wie Johann Lumpe spielen.

Aber hier spielt man nicht einmal wie Johann Lumpe; sondern wie: Wintergarten; Silvester Schäffer; Ausstattung; Farben; Gänsebraten mit Pflaum'mussauce; Clowns.

Clowns? Zwanzig Clowns? Bei uns zweiundzwanzig Clowns. Eingelegte Heinzelmännchen; Hausgeister; Märchengestalten draufgedichtet; Beerbohm-Tree; Pflaum'mus.

Dieser Direktor wird noch die Kindersymphonie von Haydn mit einem Babybasar, hörbarer Tombola, Puppenausstellung, Kostümprämien und Einlagen von Lehar aufführen.

III.

Shakespeare (ob du muck sagst, Dämlack ...?! Der Mensch darf mein Theater nicht mehr betreten, wenn wir seine Stücke murksen), Shakespeare hat immerhin die alte Posse vermenschlicht, vertieft. Zwei Menschen, ja zwei Menschen, Petruchio und Katharina, passen aber nicht mehr in diese Kinderzirkusbühne. „Küsse mich!“ Sonst eine seelische Wirkung, nach allem Gekeif; – hier keine Spur. Der Musiklehrer und sein Akt: sonst eine Grazie; – hier keine Spur. Käthchen sonst himmlisch (o, Agnes Sorma); hier eine ... böse Witwe.

Ein Jahrmarktspferd aus Pfefferkuchen wird hereingebracht. Käthchen in eine Schachtel gestülpt, strampelnd, hoch als Obelisken-Ende, Aktschluß, *Empire Theatre, X-street.*

IV.

Mittelmäßige Köpfe dürfen Shakespeare nicht parodieren. Reinhardt sagt: „Man nennt mich Mätzchenregisseur; ich werde mal ordentliche

Mätzchenregie machen." Lieber, Sie haben schon oft genug ordentliche Mätzchenregie gemacht. Wir wissen. Bitte, wir wissen.

... Der Kesselflicker ist ein Vorwand. Gott laß' Ihnen die Ausrede. Sie haben in den „Geschwistern" Goethe durch einen Hemdzipfel, den ein Kind immer zeigen mußte, belebt. Jetzt sagen Sie: Kesselflicker, Kesselflicker! Wie oft war bei Ihnen der Kesselflicker nicht da – und Sie brachten ihn? Sie sind ein G'schnastalent. Sie spielen Shakespeare als Nestroy, nachdem Sie den Nestroy als Metropoltheater gespielt. (Ich erwarte die Kindersymphonie.)

V.

Bassermann. ... Dieser Künstler fängt an sich auszuleben ... hat er der Fessel sich entrafft. Lächeln! Erste Flöte! Tritt vor „sein" Parkett. Winkt gewissermaßen. Er. Liebling. Purzelbaum! Anfangswort an die Orchesterfauteuils: „Padua ... sei gegrüßt!" Pause, Lächeln, Beifall einzukassieren; nun? was ein Charmeur bin ich? Wehe, – „einhertritt auf der eigenen Spur". (Auch darf man, als Bändiger, die Puste nicht immer verlieren.)

Sie haben Tod und Verderben gespien. Dies leckere Theater, sonst ein Fressen für die Mittelmäßigkeit, war diesmal halb ein Raub der Zischer.

Sie hatten recht, – sie hatten recht. 17. Dezember 1909

Hebbel: „Judith und Holofernes"

Deutsches Theater

I.

Man lese das Urteil eines Franzosen über Friedrich Hebbel: und man wird ... erstens fühlen, daß zwischen diesen zwei Mächten etwas Unüberbrückbares liegt; zweitens, daß unser Verwachsensein mit ihm was beinah Mystisches ist. Man könnte den Mann (der Elsässer sein darf) nicht mit Gründen widerlegen: aber mit Gefühlen; das ist mir widerfahren.

Es sind Punkte, wo Menschen, so in derselben (oft grauen und abscheulichen) Luft groß geworden sind, gemeinsam etwas Unkontrollierbares wider eine Gemeinschaft von anderen Menschen in anderen Sonnengegenden empfinden. Und wenn von drüben einer etwas von Hebbels Gewalt ahnt, so ist es ... nicht der Elsässer; sondern etwa Catulle Mendès, ein international Entwurzelter (will sagen: ein allenthalben Heimischer!), der auch Gerhart Hauptmann tiefer versteht als seine Landsgenossen alle, soweit sie warm sind – und welcher dergleichen jählings ausspricht.

... Mystisch sind wir dem Hebbel-Friedrich verbunden. Wer aber nicht am Geiste geschlagen ist (und die Mystik, nämlich das Stammeln, zu besiegen weiß): der kann in vielen Einzelpunkten klarlegen, warum er uns hinnimmt, – seit die Gegenwart seinem Vorläufertum nachgerückt ist.

Der Kern des Ganzen bleibt: daß er die Doppelbodigkeit der Seele zuerst in dramatischer Form verleiblicht hat. Gewissermaßen die amtlichen Regungen ... und sehr darunter die heimlichen. Der erste große Dramatiker der Zwiespältigkeit ... oder des Unbewußten. Des Mitsprechenden. Der Kerl, welcher das Spintisierende mit dem Chaotischen verschweißt hat. Bei dem man die stumpfen Anfänge sieht ... und die gedrechselten Entwicklungsenden. Er zeigt uns immer, woher wir kommen: wenn er zeigt, wohin wir gekommen sind. ... Er hat es (im Schauspiel) als Erster getan.

II.

Daher müssen Holofernes und Judith schon gewaltige Naturen sein. Es hilft alles nichts. Oder man soll sie nicht vor uns bringen; allgemeinste Richtschnur. Geht es nicht, so denkt man an den Engländer, welcher zu seinem Doktor sagt: „Ich kann den Arm in dieser absonderlichen Stellung nicht eine Stunde lang halten“, worauf der Arzt: „Wer hat's denn von Ihnen verlangt – wenn Sie's nicht können?“

Bei Reinhardt sah ich eine Darstellung: durch keinerlei Unvornehmheit getrübt: im Menschlichen der Einzelgestaltung leer; in einem Teil der Volksauftritte gut; etwas Tüchtiges, ohne den Kern bedeutender vorzuheben; von früheren, gewaltigeren Darstellungen unterschieden durch stärkere Betonung des Malerischen; kurz: achtbar, ohne den Bestand vorwärtszubringen.

III.

Das Tiefste bei Hebbel sind die einzelmenschlichen Auftritte. Das Stärkste die bethulischen Auftritte. In der belagerten Stadt – mit ihren (schillernden und doch einheitlichen) Menschenregungen. Bethulien war hier in der zweiten Hälfte besser. In der ersten ... mehr Bild als

Erschütterung. Vielleicht ein irriges Bild. Denn Reinhardt gab fast nur das Volk, das einen Zwiespalt in sich trug: statt auch das Volk zu geben, das als einziges dem Holofernes sich nicht unterwarf.... Ich sah mehr ein galizisches Bild: statt eines biblischen. ... Schon mit den Unarten der Verbannung. Damals aber waren sie bei sich. Umhaucht von der Nähe nicht der Stadt Brody: sondern der Stadt Jerusalem – Jerusalem. (Bei Halm am Nollendorfplatz wirkte das Biblische stärker.)

Reinhardt gab am Schluß etwas Wunderhübsches, Poetisches: Abendstimmung, Weichheit, geröteter Himmel. Aber für mich steht am Schlusse dieses Hebbel-Werks allein gewaltig das Wort: „Ich will dem Holofernes keinen Sohn" usw. Das war zu lyrisch für diesen dunklen Burschen.

Im einzelnen: Unfehlbar stark wirkt immer des Stummen Ruf: „Steiniget ihn!" Maximilian Ludwig (im Schauspielhaus) warf hier Menschen um; es war sein größter ... nein, sein großer Augenblick. Reinhardt begeht den musikalischen Irrtum: kurz vor dem Schrei einen größeren Lärm stattfinden zu lassen; so daß diesen Worten, diesem jähen Ruf, dieser Wirkung eine dynamische Konkurrenz entsteht. Der erste Ruf „Steiniget ihn!", der gewaltigste, blieb hinter früheren Darstellungen dieser Szene weit zurück. Nachher war Schildkraut in Einzelpunkten köstlich.

Gegenüber von Bethulien steht das babylonische Zelt.

Das Malerische der ersten Holofernes-Auftritte, das allzu Malerische, bewirkt manchmal, daß man spricht: „Wie assyrisch; nein, wie assyrisch!" Und es lenkt ab von der (tieferen) Aufgabe, welche kurz heißt: mit der Seele die schwer möglichen Zustände des Holofernes möglich zu machen.

(Gesangverein der besiegten Könige; Turnerei der Sendlinge, am Boden.) Wer aber ist Holofernes?

IV.

Wegener. Die Darstellung dieses vortrefflichen, strebsam-gebildeten Künstlers (ohne den Funken) bringt gern einen Zug von ... wie soll man sagen? einen Zug von etwas Tierhaft-Kränkelndem; aber mit einem gemütlichen Einschlag. Das ist es. Ein Nebenton der Gemütlichkeit ist mit diesem Künstler verbunden. ... Die große schreitende Überlegenheit einer Hebbel-Gestalt mangelt ihm. ...

Äußerlich wie Hoffmanns Struwelpeter; das Haar abstehend in einer Halbkugel ... Nun hat dieser Holofernes zwei Grundzüge: Wuchtiges und Spitzfindiges. Man sieht (bei Hebbel) einen schweren Zerhauer mit der Tatze; zugleich einen Zersetzer mit dem Hirn. ... Holofernes ist zugleich Hammer und Pinzette; ein Krafthuber bloß in Äußerlichkeiten ...

Dem Matkowsky glaubte man den Krafthuber: doch keines der Epigramme, die er sprach. Und Wegener? Man glaubte, daß er diese Epigramme zu verständiger Wiedergabe durchgedacht hatte. (Er war ein Gymnasial-Holofernes.) Er begriff die Reden als gebildeter Mensch: doch ohne sie geschaffen zu haben ... *Ecco.* Ohne Format und ohne Pranke. ... Was aber ist der Generalnenner für diese Gestalt? Nach meinem Gefühl muß etwas wie Albert Niemann darin sein und ... Generalnenner ist: ein Löwentier – das aber in Augenblicken mit bohrender Hirnkraft spitze Gedanken wild zu Ende denkt. Auch die letzte Spitzheit des Denkens ist hier, glaub' ich, mit dem Temperament zu machen: mit der nirgends aufhaltsamen Energie ...

V.

Die Durieux. Reizvoll! (Aber wenig Hebbel.) Teilchen aneinandergesetzt. Ohne Strom.

Als Psyche nicht voll genug. Eboli-Arien, worin sie es „gibt", am Aktschluß, glänzend. Aber ein gemachtes Visionärtum. Empfindungen, die nicht gewachsen waren, sondern geleistet wurden.

Eine seltene Sprecherin. Ein Anblick. Eine Kultur. Alles: bald Hirschkuh (die Paprika gegessen hat), bald im Zelt berückend, fast als Bauchtänzerin, farbig-leuchtend: bloß ohne das Wittern des Mystischen. Manchmal wie eine Jeanne d'Arc, nicht zu groß, lieblich, ernst; eine tragisch fesche Judith. Jeanne d'Arc hatte noch die farbige Holdheit der katholischen Mythik und die heitergemäßigte Sonne Frankreichs zum Trost; etliche Naivheit in ihrem Geschick; Jeannes Schmerzen waren gewissermaßen von Joseph Haydn komponiert, – die Durieux könnte das, wenn sie nicht so elegant wäre: doch die Urtiefen der Tochter eines Urvolks, allein auf ihre Seele gestellt, auf ihre Verlassenheit im All, auf ihr Wollen, brauend umwittert? Nein.

In summa: Kein verlorener Abend ... nur ein verlorener Hebbel-Abend. Kein Vorwärtskommen in der (für manchen Blick durchdringbareren) großen *selva selvaggia.* 27. Februar 1910

Shakespeare: „Othello“

Neuaufführung im Deutschen Theater

I.

Da man hier ist, seine Gefühle zu äußern, nicht sie zu verbergen; da man hier ist, zu sprechen, nicht mitzusprechen (auch nicht zu widersprechen); da man hier ist, als ein gegenwärtiger Künstler zu schalten, nicht als ein Gelehrter des Vergangenen: so muß ich bemerken dürfen, daß mir dieses Stück nicht vieles mehr sagt. Daß es höchst langweilig und qualvoll ist, ihm beizuwohnen; daß man die Sache nicht so drehn soll, als habe Shakespeare gezeigt, wie trotz unsinnigen Zufällen, kindlichen, leicht durchschaubaren, ein Mohr eine Weiße mordet, so ihm auf der Welt kurz vordem das Höchste war; daß ein Rassendrama vorliege. Nein. In Wahrheit sind es Zufälle, welche derselbe Dichter auch dort, wo kein Rassendrama spielt, mit derselben Unwahrscheinlichkeit anwendet: weil seine Zeit Ähnliches tat. *Ecco.*

Es wäre falsch, deshalb einen Genius verwerfen zu wollen; aber noch mehr falsch, sich deshalb zurückzuschrauben. Ich kann vor diesen groben Umrissen dramatisierten Mißtrauens unter gar keiner Bedingung vergessen, daß mittlerweile mit viel wertvolleren Umrissen Benjamin Constant oder Dostojewski oder Strindberg dagewesen sind – oder hundert andere, die wahrhaftig nicht so groß wie Shakespeare, doch weiter als er sind.

Ich kann es nicht anders ausdrücken als so: Noch der dümmste der Australneger ist weiter als der genialste der Schimpansen.

II.

Trotzdem weiß ich (auf Grund gewisser von mir durchlebter Erfahrungen), daß vorübergehend sehr starke Wirkungen der simplen Ehegeschichte des venezianischen Mohren entfließen können. Diese Wirkungen erfolgen dann: wenn des Mohren Darsteller eine Urkraft ist ... wie Rossi.

Dann hört man auf, nach Zusammenhängen zu fragen. (Nein, man hört nicht auf. Doch man fragt weniger.) Ich hatte das Glück, diesen Rossi zu sehn, wie er als maurischer Löwe; wie er als ein wundersames Riesengeschöpf an Großmut, an heißer Macht, an Vulkanismus (wie kochender Wein) Erwägungen überspielte, wegrottete, wie er mit einer Menschen-Allgewalt ohne Vergleich an den Sitz der Seele selber griff. ... Und ich will Herrn Bassermann mit ihm nicht totschlagen. Ich spreche zuerst von der Regie.

III.

Die Regie war schwach in der Gliederung, wie so oft bei Reinhardt; kein Bau; mangelnde Fähigkeit zum Steigern, zum Bewältigen. Doch die Regie war fast in keinem Punkte geschmacklos. Auch der „Hamlet", der jetzt bei Reinhardt gegeben wird, ist geschmackvoll – ohne Überschuß. Bassermann als Däne wirkt bisweilen wie ein älterer Intrigant, doch ernst und achtungswürdig. Er gibt, wie ich es hier einmal bezeichnete, natürlich nicht deshalb: „Das Stück von des Lebens Ungerechtigkeit; von dem Schmerz eines Menschen, der edel ist – und das Treiben rings ansieht."

Die Kritik hat Herrn Reinhardt Schritt vor Schritt gezwungen, seinem Hange zum Äußerlichen, zur Veroperung Shakespeares zu entsagen. Die scharfe, nämlich die große Kritik war es, die für solche Besserungen den Boden geschaffen hat. Nicht die Ja-ja-Sager. Auch der „Othello" ist ohne Beleidigungen. (Ich möchte den Unterschied, ohne den Einfluß der Kritik, sehn.)

Ganz ohne Rückfälle kommt Reinhardt nicht aus. Diese Treppe zum Orchester hinab ist etwas, was man beseitigen müßte, wenn es da wäre; nicht was man einführen soll, wenn es nicht da ist. Selbstverständliches Zerreißen der Täuschung: wenn die geschminkten Mimen bloß einen Schritt vom Publikum hinabsteigen. Monologe werden gewissermaßen inmitten des Parketts gehalten, wie in einer geschlossenen Gesellschaft eine *conférence*. Es ist immer noch Mätzchenregie. Ich behaupte nicht, daß Reinhardt sich deutlich sagt: „Die Aufführung ist achtungsvoll, mehr nicht, ich will ihr nun ein gewaltsam unterscheidliches Merkmal schaffen, eine Sensation des Raums, damit die Leute sagen: haben Sie schon den ‚Hamlet' mit der Orchestertreppe gesehn?" Ich behaupte das nicht – aber die Einrichtung ist hier unsinnig: sie scheint nur diesen Zweck zu erfüllen.

Ich lobte damals das äußere Gewand des Dramas bei Beerbohm – Reinhardt hat es nun angenommen. Das ist gut. (Er bringt zwar einen ungeisterhaften Geist, und Ophelia wirkt nur als Mittelding zwischen Pensionsinhaberin und Naturforscherin – so künstlich-kindlich die Eysoldt auch schlichte Töne mit Geschmack und erwägungshaltigem Können herausbringt. Doch es bleibt ein geschmackvoller „Hamlet" – bloß mit dem Stiegenmätzchen.)

Die Regie des „Othello" zeigt sich ... mehr im Vermeiden von Geschmacklosigkeiten als im Erbringen von Vorzügen. Diese Kühlheit, schließlich Langweiligkeit könnte sich durch einen stärkeren Gliederer,

Aufbauer, Hinordner, als Reinhardt es hier ist, wegbringen lassen. Die Einzelgestalten sind ... fesselnder aus eignen Gnaden als eben die Regie.

IV.

Die Desdemona der Heims hat nichts verhindert, noch zerstört. Sie besaß (das liegt in ihrem Wesen) einen Zug, der es glaublich machte, daß sie, wie bei Shakespeare betont wird, mitunter in der Wirtschaft tätig war. Und sie besaß im übrigen den ruhigen Reiz eines Bildes, wie man es unter den Illustrationen etwa von Byronschen Mädchen und Frauen in älteren Ausgaben findet.

Jago. Herr Wegener. Handfest, von recht erdhafter Teuflischkeit. Struwelpeterkopf. Mit dem Gesichtsausdruck eines Malaien. Eine achtungsvolle, vorzügliche, pittoreske Leistung. Alles, was Arbeitskraft, Intelligenz, Gediegenheit zuwege bringt, besaß er. Und nur eins ist an Gestalten wie Wegener fast mit Bedauern zu vermerken: daß sie eher Leistungen geben als Eigenschaften. (Während es am letzten Ende aller Kunst eben doch auf die Eigenschaften ankommt.) ...

V.

Die Geringfügigkeit der Wirkung stammte neben dem schwachen Aufbau durch den Regisseur von der Schwäche des Mohren. Bassermann ... Ein wirklich großer Spielordner ließe nicht zu, daß jemand statt Shakespeare Kipling spielt.

Es paßt aber beinah in dieses Haus, worin Hebbel am einprägsamsten auf das Ethnologische behandelt wurde. ... Bassermann, der sich ungehemmt durch einen Regisseur nun selbständig etabliert, gab leider eine Art Geschöpf aus Kamerun. Einen Bananenfresser. Mit gewollten Bewegungen unsrer Vorfahren: als ob er bald auf eine Palme klettern würde. Vorzüge, welche dieser (fesselnde) Künstler hat, wurden durch niedliche Zeichnung und Kleinheit der Kraft fortgeblasen. Ihm schwebte wohl etwas Tierisches wie ein Gorilla vor – doch Macht und Atem und Muskeln der Seele reichten bloß zum kleineren Format dieser (bewußt nachgeahmten) Gattung ...; zu einem Gibbonchen. Was vom Othello übrigblieb, war etwa: „Ein gutter Kerl, aber ein tummes Luder."

... Es wird bei anderem Anlaß darzulegen sein, wie weit diese ganze Kunstübung (von dem leeren „Ödipus" im Zirkus bis zum schreienden und zum schlichteren Shakespeare) eine Kunstförderung ist – oder ein Ablenken von der Kunst, die uns angeht. 13. Dezember 1910

„Das alte Spiel von Jedermann"
Erneuert von Hofmannsthal
Erstaufführung im Zirkus Schumann

I.

Vor Weihnachten. Mancher Blick lenkt sich nach innen. Manches Gemüt erhebt sich. Dies vor allem war die Aufgabe vergangener *Moralities*.

Wenn Hollaender und Kahane zur Mette läuten. Wenn Hofmannsthal einen Rothschildwitz („Kommunismus? Auf Sie kommen zwei Gulden, – hier!") in hanssachsisch-christlichen altertümblichen Verslein mit umbständlicher Sprechweis gereimt und klug ausgedrückt. Wenn die frumben Aktionäre voll Krippenschlichtheit im Zirkus vor vergüldeten Heiligenscheinen mieser Engel gottversenkt bei einand' sitzen: dann gibt es Stil. Stil ... Und die Zukunft des Dramas, auf das es ankommt, breitet sich vor meinen Augen.

Ich wußte nicht, was uns immer gefehlt hatte. Es hatte der Zeit was gefehlt. Das war dies gläubige Spiel in der (teils mit dem Automobil, teils mit der elektrischen Untergrundbahn zu erreichenden) Manege.

Das festgestellt, wird man gern die Stil-Anmut von Bildern, sonderlich eines Balletts (will sagen: Reigens) in der Mitte des westlichen Gottesdienstes anerkennen.

Und am Schluß, als immer größere Kindlichkeit vor den arglosen Sperrsitzen und Huträdern von geschminkten Angestellten aufgemacht wurde, schien gewissermaßen anheimgestellt zu werden, ob unser Städtchen an der Ammer belegen sei. Heil den Korsen.

Was von bayerischen Landleuten, mag schon etliche Berechnung walten, tragiert wird, dafür läßt sich Achtung erbringen; weil in Oberammergau Überlieferung redet. Für das, was ich im Zirkus an falscher Schlichtheit und hergeholtem Getue sah, scheint in berlinisch-jüdischem Jargon das Wort „Oberchammergau" ... gewiß zu herb; doch Reinhardt möge sich hüten, einer so komischen Luftschicht zu nahn.

Man lasse die Gefühle denen, zum Donnerwetter, die sie haben.

II.

Das *Everyman*-Spiel hat allegorische Wesen, auch andren Inhalts als Hofmannsthal. Nicht nur *Good-Deeds*, sondern auch *Strength, Discretion, Five-Wits, Beauty, Knowledge, Confession*. Die Direktion des Deutschen Theaters (ihrerseits) hat zu Hofmannsthals Arbeit ein Vaterunser zugefügt. Halt mi nua.

Der Irrtum, welcher im Publikum geweckt wird, scheint zu sagen: alles das ist literarisch! Alles ist eine echte Kuriosität, – es ist jedoch eine nicht ganz echte. Nur eine bearbeitete. Für den Zuschauer kommt hier die Wirkung auf Umwegen.

Damit man sich ergötze ... nicht an etwas kunstvoll Ausgedrücktem; sondern im Gegenteil, auch spaßig, an etwas, das die Leute nicht ausdrücken konnten. ...

Ein Berliner Abend voll Naivheit.

Es ist weniger ein Sagen und ein Wecken vor Empfindungen ... als ein Empfindungsbetrachten und ein halbes Lächeln über vergangenes Nichtsagenkönnen.

Dem Tiefinnerlichen (das nicht unser Tiefinnerliches mehr ist!) wird etwas geschichtlicher Ulk beigemengt – aber das Ganze will dennoch ernstgenommen werden. Ich danke. Oben saß Militär, mehrere hundert Mann.

III.

Hofmannsthal ist ein glänzend geschickter Hort für fremde Stile – neben dem eigenen.

Ein Antiquar; doch zugleich ein Löter von Mischwerten. Was er hier macht, ist weder alt noch neu. Er nähert sich in meisterlicher Kraft etwa den *Contes drôlatiques* von Balzac. (Oder den Dafnis-Liedern von Arno Holz.)

IV.

Ich messe nun alledem keine große Wichtigkeit bei.

... Ich sehe hier ein doppeltes Surrogat; dem von Rechts wegen viel Raum nicht gebührt.

Ein Surrogat der Dichtung; die kein altes Spiel ist, sondern zwischendurch Hofmannsthal; (die Mutter mit der Laterne). Und ein Surrogat in der Darstellung; die nicht Mysterienspiele zeigt, sondern die Darstellung der Reinhardtschen Etablissements für Fremde und Einheimische.

The new Berlin stage.

Die Dramaturgen werden Kultusbeamte.

Das Beste ... nicht im Abschied eines Sterbenden! Sondern im Festmahl und Ballett.

Man soll diesen Dingen größere Wichtigkeit nicht beimessen, als ihnen zukommt.

V.

Moissi war herrlich. Voller Daseinskraft, auch in jener Pose, die ein vergangener Stil fordert.

In Mary Dietrichs beunruhigender Stimme lag des Glaubens felsenstarke Zuverlässigkeit; das Edel-Erzene; zugleich (mit Bewußtsein) allerhand Hysterie des zum Opfertod fanatisch wonneplärrenden Gemüts; – hervorragend war sie. Dazu ein Blauseidenes; ziemlich modern (wie die Krippenpuppen, holzgeschnitzt, in abziehbarem Gewand, deren ich etliche von Welschland heimgebracht).

Dahinter jedoch lag, bei mancher guten Einzelkraft, die Verkafferung im Zirkus; welche Stufungen, Abschattungen (auf die es ankommt) nicht zuläßt, sondern zum Brüllen, zur Kreischerei, zur Klotzigkeit. zwingt.

Als ob in der Malkunst ... statt Liebermanns und Leibls – Panoramenkitsch deutsche Regel werden sollte.

(Und Dramaturgen-Glöckner ...)

Ich warne. 3. Dezember 1911

Shakespeare: „Viel Lärm um nichts"

Deutsches Theater

I.

Es war eine Lustigkeit, ein Husch, ein flinkes Tempo, ein Hinundher –, und es war eine Brillanz, und es war eine Verve, und es war nochmals ein Husch, und es war eine Prunkfarbigkeit in neuen Gewändern, und es war eine Bewegung, und es war ein Gesellschaftstanz, und es war ein Beerbohm-Tree, und es war abermals ein Husch, und es war keine Pause keine Sekunde lang im Kitzeln des Publikums, ... und es war ein Husch.

Und Shakespeares Lustspiel hat Punkte, denen kein Husch innewohnt; sondern wo etwas aufblitzt von Beseelung; Punkte, da zwei Menschen kämpfend, nicht nur lustig sind, sondern hingepflanzt für den Geschlechterstreit etlicher Jahrhunderte, und es sollen Kulturblüten ihrer Zeit sein, und sie trennen sich von den leichtspaßigen und seichtspaßigen Bezirken des Werks durch verborgen ernsteres Wesen – doch Reinhardt-Ajaccio gestattete dies nicht, sondern vermanschte (vor Genialität) merkwürdigerweise die Husch-Äußerlichkeiten mit dem stabilierten Geschlechterkampf, denn alles auf Erden muß lecker sein und kitzlig-österreichisch sein, Shakespeare muß mehlspeisig sein, und man hat schon einmal den Weltbriten als Nestroy gespielt (während man den Nestroy als Metropoltheater spielte). Genie, Genie.

Aber eine Brillanz; aber eine Verve; aber eine Bewegung; aber ein Hinundher; aber ein Gekitzel; aber ein Husch; aber ein G'schnas, beim Shakespeare ...

Ich saß als anständiger Europäer mit gleichgültiger Verwunderung davor. Ich lachte von Herzen, wenn der herrliche Waßmann, ob auch zum Zirkus verführt von der Umschicht, eine neue, im Tonfall spaßige Wendung brachte, der jedermann erliegen muß: „Mein guter, alter Schlehwein"; himmlisch; voll idiotischen Wohlwollens, kichernden Schwachsinns und märkischer Erdhaftigkeit; er war ein Kleinbürger in diesem Satz, während er sonst (das ist es) bewußt ein Affe auf dem Leierkasten – statt einer unfähigen Polizeiperson, statt des Vorläufers von Brid'oison und anderen – sein wollte. Immer kitzeln, immer mitkitzeln, keine schwierigen Unterschiede machen mit Charakteristik, immer husch, immer gefällig, wollte sagen: immer Korsika, nach dem Seelischen fragt man in den Vereinigten Staaten weniger, und Berlin kommt wirklich schon dahin, vorwärts mit der Musikbegleitung.

(Vollmer als Holzapfel war gewissermaßen ohne Koboldsschießen; sondern ein belustigender Mensch und ein wirklicher, wahrhafter, lebendiger, ulkiger Konstabel. Weiter.)

II.

Der Bösewicht ... Der Bösewicht wirft bei Shakespeare einen schwarzen Schatten auf alles; dieser Poet war mit fabelhafter Bewußtheit ein Mischer; er wollte das Düsterste mitten in das Ulkigste drohend sinken lassen. Mag er schon einen Schmarren übernommen haben, zurechtgestutzt, hergerichtet, aufgemacht. Es mußte Tiefschwarz auf dieses Rosa fallen.

Der Korse murmelt: püh, auch Tiefschwarz muß Rosa sein; ich verleibe den Kerl, die Gefahr, den Schatten heiter, entgegenkommend, lecker als einen im Grunde nichtstörenden Mitspieler der Berliner Aufführung ein; ich klammere mich an den Titel „Viel Lärm um nichts", ich lasse den Schurken als Karikatur auftreten; als einen von uns, um Gottes willen, Parkett, es droht keine Gefahr, der Schuft verulkt sich selber, der Schuft bei dem Seelenpedanten Shakespeare kommt von unserem Kostümfest, er wird entmannt, lecker gemacht.

Gott sei Dank, daß die Komödie diesen Titel hat. Schwarzer Schatten? Ruhe! Keine Besorgnis! *Fra diavolo* (Korsika) tritt auf; Shakespeare ist in Wien geboren, falls er nicht in Brody zur Welt kam. Auffassungen des Aktormanagers Mister M. Reinhardt. Man denkt: dieser Herr wird noch den Hamlet als frischen, munteren Athleten auffassen, den Dr. Heinrich Faust vor allem als Militär; die Macbethin als Schneck; und Wilhelm Tell als gezierten Wüstling. Aber mit Brillanz, aber mit Abtönung, aber mit Musikbegleitung, aber mit Kostümen wie Butter, Schmalz und Sahne.

... Uäh.

III.

Das Wesen des Genies ist: die künstlerischen Kontraste zu vermanschen; das Kabarett mit Shakespeare zu verwechseln; die Seelendinge in der Zerstreutheit zu vergessen.

Aber ein Husch zu geben, ein Tempo, ein Hinundher, eine Verve, eine Lustigkeit, keine Pause sekundenlang im Kitzeln, eine Prunkfarbe mit neuen Gewändern, eine Bewegung, eine Mehlspeis, einen cisleithanischen Jubel ... statt des Shakespeare.

IV.

Herr Bassermann kitzelte lässig und glänzend und siegerisch die Rolle des Benedikt. Die Heims war schön; von leckerem Reiz als Beatrice; sah knusprig aus.

Die zwei Menschen, deren Vertretung sie hatten, befinden sich schweigend, daseinsvoll und dunkler, in der Gesamtausgabe.

(Ajaccio! Genie!) 25. Februar 1912

Wedekind-Spiele: „Hidalla"

Deutsches Theater

I.

Wenn man zurückdenkt an diesen Abend ...:

Es war ein Mensch, der auf und ab ging, schwieg und schrie, sich von Menschen wegwandte, *rebelle à l'abandon;* in sich kroch, wie tief in sich eine Schildkröte. Es war etwas Erschütterndes, was, alle Poetengeschlechter lang, einmal zu sehen ist; so daß man kaum inmitten des Ulks, den er zwischendurch klingeln läßt (weil er kein Fatzke, weil er kein Tragöde, sondern ein Tragikomiker ist), daß man sich hinzublicken kaum getraute nach dieser Erscheinung, die er ... nicht gab, sondern war.

So matt als König Nicolo: so haftend-unverlierbar, so peinvoll-ernst, so unersetzlich hier.

Zwischen den Schauspielern allen (die nicht wertlos waren; mochten sie schon dilettantisch mitunter wirken, was ja kein so großer Fehler ist wie die falsche, schmierige Fertigkeit) – zwischen allen stand und sah und sann und floh eine Erdkreatur.

II.

Es ist beinahe wurst, was Inhalt und Ziel jenes Bundes bildet, den Hetmann-Karl errichten will.

Mag der Bund zur Züchtung neuer Schönheit im Daseins recht oder unberechtigt sein, blutvoll oder schattenfern: nicht hierauf kommt es mehr an; sondern auf die seltsam umklingelte Inbrunst einer schaffenden, erneuernden Seele bei ihren Berührungen mit der Welt.

Worauf es hier ankommt, ist: ein Abseiter; ein fühlend-seelenbegabtes Wesen, ein halbpraktischer Torquato Tasso der heutig-demokratisierten Erdkugel, – auf dessen Schultern das Schicksal Zwiefaches packte: Reform und Elend; dies aufkletternde Nerven- und Hirngeschöpf beim Zusammenstoß mit dem blühenden Viechstum rings.

Aus allem brüllt und verstummt, eins ins andere genommen, der Schmerz des Nichtnormalmenschen; ausgebeutet von Rechnern; mißkannt vom Hohn der Neugier; blutig geschlagen wird dieses Menschen Stirn; gegeißelt wird er mitten im zivilen Leben heutigen Elektrolichts. Und auf seinen Pfad fliegen ein paar Rosen; von Solchen gestreut, in deren Augen ein Abendglanz aus Magdala trauernd wohnt.

III.

Hier ist, märchenhaft, ein neuer Vetter der Torquatofamilie, märchenhaft und real, wie von einem größeren, vertieften und schwarzen Raimund wimmelnder und gestiegener Epochen mit hindurchzuckendem Ulk auf zwei Beine, von denen eins humpelt, gestellt.

Und wenn alle Einzelheiten der Handlung aberwitzig und nichtig geworden sein werden: dann wird über dem Ganzen der Ewigkeitszug noch leuchten.

IV.

Raimund ... Es ist ein Scherzo, wie der keine schrieb.

Verwandtschaft mit anderen Mächten.

Aber der Mann ist irgendwie, wild und einsam in dieser schreitenden Welt, von raimundhaften Schicksalen umirrt. Macht halt; gebt euch Rechenschaft; bevor es zu spät ist.

Hier habt ihr einen Besitz, der in der ganzen Welt von solchem Schlag nicht wiederzutreffen ist. Der in der ganzen Welt nur von Deutschen verstanden werden kann. Verfolgt ihn länger nicht. Versperrt ihm nicht sein Atmen und sein Essen. Wessen er bedarf, ist (außer dem Fernhalten dicker Amtsfäuste) nur ein Manager von großem Sinn, – der ihm nicht zur Sommerszeit als Füllsel ein popliges Unterkommen gibt, wenn kein Mensch in gedeckte Räume geht. Was ihm not tut, wäre jetzt ein Brahm; der seinen Ibsen, den Ibsen dieser Erde, durchgesetzt hat: wider die Kaffern; der ihn aufgedrängt, aufgezwungen, eingefilzt hat, bis sie nachgaben; bis sie ihn großartig fanden; bis es ein Bedürfnis war, ihn zu verstehen; ihn für stark zu halten; sich mit ihm auseinanderzusetzen; bis sie mußten!

Wo ist ein solcher gegenwärtig? Das Meyerbeerchen, das in der Welt „Sumurun“ spazierenführt und mit Reklamehelfern Zeitungsnotizen vollmacht, ist von anderer Art.

V.

Wenn man zurückdenkt an diese Vorstellung:

Eines Tag's werden sich Menschen erinnern: daß der Dichter dort oben stand: wie Molière auf seiner Szene; Menschen werden sich melden, die Äußerungen tun, wie: „Wir haben ihn damals spielen sehen, es war im Juni 1912 ... seine Witwe Tilly war noch dabei, sie wirkte nicht bestürzend als Schauspielerin, doch mit allem, was an feinerer und triebhafter Menschenhingebung, mit einem starken Empfinden, schließlich dazu nötig war“ ...

Besinnt euch. Heut ist heut. Tut, zum Donnerwetter, nach Erfahrungen unserer Vergangenheit eure Pflicht. 6. Juni 1912

Wedekind-Spiele: „Oaha“

Deutsches Theater

I.

Der Untertitel heißt „Die Satire der Satire“ – (wie der Kämpfer Paul-Louis Courier vor neunzig Jahren das *„pamphlet des pamphlets“* geschrieben hat).

Satire gegen den Simplizissimus. Altväterisch und spartanisch Denkende versöhnen sich beinah mit dem sonst gehaßten Dichter: weil er das noch gehaßtere Blatt vornimmt. „Ah, der Mann hat immerhin Qualitäten“ ... Jetzt, wenn der Simplizissimus eine Wedekind-Nummer herausbrächte, fänden sie wieder das Blatt so uneben nicht: weil es diesen Abseitigen und (im Ethos neuer Linien) schwer Begreifbaren, doch jedenfalls Verdächtigen mal ordentlich vornimmt. ... (So ist das Leben; *questa è la vita; c'est la vie, c'est la vie, c'est la vie.*)

II.

Werden wir uns klar. Die Einzelheiten sind bei jeglichem Unternehmen ulkig. Der Satire zugänglich. Noch beim „heiligsten“ Werk ist Raum für sie. Die Einzelheiten sind karikaturenhaft in der größten Weltgeschichte. Bismarcks Wutstimmungen Anno 70; seine krötigen Gefühle wider Mithelden und Vorgesetzte. Der erste Napoleon – zum Kugeln. Dasselbe trifft für jede Bewegung zu, auch für die sozialistische. Es kommt nur drauf an, wie man es darstellt. Ob man sagt: „Es ergeben sich zwar bei genauem Hinblicken lächerliche Züge, darum bleibt aber das Ganze groß“; – oder ob man sagt: „Blickt man schärfer auf die sogenannte Größe des Ganzen, so ergeben sich – lächerliche Einzelheiten.“ *Ecco.*

III.

Die Satire Wedekinds wider den Simplizissimus erscheint mir köstlich – davon wird aber dies (für mein Empfinden) so wertvolle Kulturwerk um nichts verringert. Wedekinds Art ist im Literatenhaß gespensterhaft groß; viel weiter, waldartiger als etwa die Schriftstellersatire von Arno Holz, – ganz abzusehen von den Versuchen des fleißigen Roman-Boßlers Thomas Mann (bei ihm ist mehr Geärgertsein als überlegenes Ärgern) – oder als die Literatursatire von Karl Bleibtreu, die zwar saftiger wird als die skrofulöse Art Manns, doch hinter dem Schlagsicheren der Arno-Holzischen zurücksteht; sie ist bei Bleibtreu ... zu unmittelbar; fast ohne Einkleidung; fast Preßpolemik.

IV.

Bei Wedekind, dem einzigen Urhaften, steckt hinter allem Ulk eine Sittlichkeit.

Der fühllose Gründerich Georg Sterner ist zwar komisch, zum Purzeln: aber neben seinem Körperlichen steht ein Geist auf; der.Geist Frank Wedekinds; des Dichters; der Geist sagt: „*Apage!*"

Ein Klagender steht wortlos, ja mit Grinsen, bei so einer Gestalt.... Vom Lachen wird man geschüttelt; aber Menschliches (Allzumenschliches) äugt hinter dem Gespaß hervor – und jene Trauer.

V.

Noch wenn er Requisiten, wie einen Sessel ohne Boden, anbringt: noch dann ruht in der Höhlung dieses Geräts ein menschlicherer Belang.

Eine Geliebte begeht keinen Selbstmord: weil die Bodenlosigkeit des Stuhls Lebenstriebe weckt und Ablenkungen der tagtäglichen Wirklichkeit.

Einen Schriftsteller setzt man in den Sessel ohne Boden; obzwar der Gründerich erfuhr, daß der Mann unlängst ein Bein gebrochen ...

Bei Wedekind wird noch der Requisitenspaß sozusagen verseelt.

Am Schlusse kommt in einem Wägelchen ein Kropfzeug; das Oaha. Der Idiot mit einer mechanischen Fähigkeit, Witze zu machen. (Das Wort erinnert an den Klang eines Gelächters – oaha.)

Werden wir uns klar. Alles was man häufig tut, auch wenn man es mit Überzeugung tut: alles derartige bekommt einen Anstrich von Verblödung. (Kein starkes Unternehmen ist ohne diesen Einschlag denkbar.) Auf die Korona wirkt es nicht blöde. Blöde nur auf den, der die Korona anspricht ...

VI.

Anerkennungswürdig, daß dieses Werk vom Deutschen Theater gespielt wurde: der Dichter äußert in der Vorrede: „Auffallende Dekorationen, – Entfaltung eines besonderen Stils ... sowie aller sonstige Humbug einer klobigen, marktschreierischen Regie sind bei der Aufführung dieses Stücks unzulässig." (... oaha!)

Hauptpunkt in der Darstellung: ein großer deutscher Zeichner darf nicht, er darf nicht einem kleinen Histrionen ausgeliefert werden. Wie subaltern.

Frau Bassermann-Schiff sollte jemand an entscheidenden Punkten möglichst nicht verwenden.

Herr George Henrich dagegen war ausgezeichnet in einer grotesken Gestaltung – statt wie sonst in süßer Männlichkeit.

... Wedekind und Tilly fesselnd: als Tilly und als Wedekind.

(Das ist hundertmal mehr als Herr Schmidt und als Fräulein Schmidt.)

14. Juni 1912

Strindberg: „Totentanz"

Erstaufführung im Deutschen Theater

I.

Ostern (diese Geschichte mit allerhand tröstsamer Verkalkung und einer Kindlichkeit wie von Gustav Nieritz) wurde neulich bei Lantz wertvoll, in einer fortklingenden Weise gespielt. Dann, am Wochenschluß, das Gegenstück. Es heißt: niedergefahren zur Hölle.

Doch in dem Höllenspiel klingt am Schluß, abermals, wenn sich alles abgerackert, abgeschunden, abzerfleischt hat, etwas wie: *Pax vobiscum.*

Nicht nur die große Stille körperlich: sondern ein Sichabfinden. (Das Wort „Versöhnung" wäre zu weich.) Es ist – auf anderem Feld – als wenn ein Quartsextakkord, am Tristanschluß, zu etwas Dreiklangsartigem beruhigt wird. Der Dreiklang steht bei Strindberg am Ende des Ganzen; hier kam der erste Teil: auch er mit einem Dreiklang nach den Furchtbarkeiten.

II.

Denn wie eine Liebschaft im Leben nicht mit einem Auseinandergehn endigt; sondern mit siebzehnmaligem Auseinandergehn; bis man später einmal merkt, daß ein Mal das letzte Mal gewesen ist: so vollzieht sich die Hasserschaft zweier Menschen hier; steigt und sinkt und setzt sich wieder und bricht wieder aus und wächst und ebbt ab und kocht über, ... bis endlich der Tod einen Punkt stabiliert.

Und am Schluß des ersten Teils ist es nur ein Abebben – am Schluß des zweiten Teils ist bei Strindberg ... jener Schlußpunkt.

Dort steigt noch einmal der Mensch auf (der als Toter daliegt), wie er mit zwanzig Jahren erschien; als er noch jung und wohlriechend war.

Liebe wird möglich, wenn der eine tot ist, – möcht' man sprechen.

Wie manche Reisen schön werden, wenn sie zu Ende sind. Wenn die Plackerei mit dem Koffer Vergangenheit ist.

III.

Silberhochzeit; oder: der beinah dreißigjährige Krieg.

Wir haben in Deutschland ein Buch von Hermann Stehr, wo sich eine Person weiblichen Geschlechts, Leonore Griebel, totstrampelt; nichts tut, als in der Ehe strampeln bis sie tot ist. Ein dunkles Werk schlesischer Meisterschaft. Hier aber, bei dem Schweden, sind hundertmal hundert solcher Dunkelheiten. Eine Seelen-Schatzkammer, seit tausend Jahren sonnendicht.

„Und wenn du trostlos von mir gingst, war meine Seele voll Musik." So etwa. Der Kampf ... nicht bis aufs Messer, sondern bis aufs Martergerät.

Oft hat in meinem hitzigen Hirn
Vor irrer Wut das Blut gestockt,
Da hast du auf beglückter Stirn
Den Kranz getragen – und frohlockt.

IV.

Den Mann trifft im zweiten Teil der Schlag (es ist ein Kapitän mit Gemahlin, auf einer Insel im Turm hausend). Als er, im zweiten Teil, bloß noch „blu-blu-blu-blu" sagen kann, äußert die Frau angenehm überrascht: „Endlich ist diese Zunge stehn geblieben."

Aber die Zunge will noch jetzt nicht feiern: sie spuckt ihr mitten ins Gesicht.

Und sie? Da haut sie dem eben vom Schlage Gerührten eine wuchtige Tachtel runter – (weil sie das letzte Stichwort haben möchte. Sie kann sich nicht helfen).

Sie denkt wie einstens meine Studentenwirtin über die Pförtnersfrau: „Jrade so alte Froooen missen Käile kriejen."

V.

Am Schluß (an seinem eignen Schluß) verzeiht er. Und sie selber wird sich klar: daß sie ihn geliebt. Nur mit dem Tod entstehn wiederum reinliche Beziehungen zwischen den Menschen.

... Ist alles das unwahr? Ist alles das übertrieben? Ist alles das Hintertreppe?

Nur bloßgelegt ist, was in tausend Fällen stiller Wunsch bleibt. Nur ausgesprochen ist, was in tausend Fällen überheuchelt wird. Nur erkannt wird, was in tausend Fällen schlummert.

Wahr ist, was in dieser Zweimenschenwelt vorgeht. Unwahr ist nur: daß diese Zweimenschenwelt die Welt sei.

Und wenn jemand ein Frauenzimmer haßt, mit ihrer Gemeinheit, mit ihrer Unruhe, mit ihrem Ordnungsmangel, mit ihrer lüsternen Gefallsucht, mit ihrer Niedertracht, mit ihrem Häßlichwerden – warum geht er nicht über grünes Gras? Warum sitzt er nicht umweht an einem Klüver? Warum schmeißt er sie nicht raus und nimmt ein Bad? Nur für einen Monomanen ist diese Zweimenschenwelt die Welt.

Immerhin: Erklärungen; Ursächlichkeiten. Es sind Kinder da; die zwei Menschen sind gekettet, nicht nur aneinander, durch sich: sondern durch den Haß der übrigen Menschen gegen sie.

Gekettet, weil sie einander brauchen.

Dabei kommen die platten Gemeinheiten des Zusammenlebens, das Sichnichtmehrsehnkönnen, wechselseitiges Abnutzen. Wie ein Saft, welcher so schal wird, bis er giftig wird.

Vergiftungskrank sind beide. Im Seelengebiet ist hier etwas nicht vorhanden, was der Jagdmensch „Blutauffrischung“ nennt.

Mit einer Wut, daß beide nichts geworden sind. Mit Kindern, die nicht zum Besänftigungsmittel dienen: sondern zur Waffe des einen wider den andern.

Strindberg ist der erste nicht, solche Vergiftung zu malen. Die Friedensfestleute kennen sie, beim Hauptmann. Und Wronski, wenn die Anna Karenina nach kurzer Gemeinschaft frühstückt, findet: sie hob nur die Tasse – und er haßte sie mit ihrer Bewegung.

Bei Strindberg ist am klarsten bloßgelegt, was in tausend Fällen Gedanke bleibt. Bei Strindberg ist gesagt, was in tausend Fällen überheuchelt wird. Bei Strindberg ist erkannt, was in hunderttausend Fällen schläft.

VI.

Dieser Tierkampf im Turm (ein offner Kampf, wenn man es recht betrachtet – und mit allem Befreienden der letzten, wenn auch verschmitzten Ehrlichkeit) wurde von einem Schauspieler, Herrn Paul Wegener, so groß gekämpft, wie es die Sache will.

Er war, was er mußte: lastend-gewaltsam, prahlhänsig, unfähig, böse, krank, auch Mitleid packend – und aus einem Stück. Sonst war an ihm der Punkt gewöhnlich zu erkennen, wo seine Leitung stockt. Diesmal ...: erdhaft und wahrheitsfrech, wie edlere Kunst sein soll. Etwas im Zeichnerischen zuviel. (In der Brahm-Zeit erreichte man die harte große Trockenheit hermetischer; geschlossener; tiefer – Wegener hat noch einen Rest von Virtuosentum.) Gleichviel: Ihr seid ein Mann.

Etliches bleibt haften. Wie er klein beigab, triebvoll, plötzlich, wenn ... nicht seine Frau gesiegt hatte, sondern etwas Dunkles (welches „Schicksal“ zu nennen vielleicht nicht unangebracht wäre); – wie er sofort still war, gewandelt, einlenkend: das bedeutet ein Drama für sich, es darf ihm nicht vergessen werden.

Der Abend hieß: Wegener. Denn das Gliedern ist Reinhardts Fall nicht.

VII.

Statt dessen gibt er das Aneinanderreihen. Aufbau, Stufungen sind bei ihm fast immer mäßig.

In der Art: daß die erste Hälfte besser geht, die zweite schlechter geht. Er reiht Strecken aneinander und läßt manchmal Krach, Glanz machen. Er geht noch im Düstersten, noch in einem Zweimenschenstück auf ... unverwickelte Wirkungen. Etwa so: daß er eine psychologische Besonderheit Strindbergs durch Abgetrabtes ersetzte; der dazwischentretende Vetter nimmt einmal die Frau, hebt sie, doch wirft er sie „von sich auf die Chaiselongue und eilt nach links hinaus“.

Er nimmt sie also hier bei Strindberg nicht.

Bei Reinhardt muß er sie auf ein Sofa legen, sich über sie werfen ... und in dieser wirkungsvollen Haltung bleiben, bis der Vorhang fällt. Weißte? Das Gegenteil dessen, was der Schwede will.

Dennoch steht man vor dieser schlichteren Wiedergabe hundertfach williger als vor Aufführungsbündeln voller Anziehungen.

Die letzte Echtheit wird für Max Reinhardt noch in seinen ehrlichsten Augenblicken bloß ein Wunschbild sein. Immerhin: wir danken.

Auf den Posten des Vetters einen Komiker zu stellen, dessen Glieder, dessen Sprechart Lachlust mit sich bringen, scheint mir die Tat eines bedeutenden Spielordners nicht zu sein. Etwas Dezentriertes in Einzelzügen der Anordnung; wennschon mit Recht versucht war, äußeren Dimensionen der Brahm-Bühne näherzukommen. Leicht störend ein Hintergrund, welcher für einen zeitlosen Maeterlinck (statt für einen erddunklen, gestiefelten Nordmann der äußersten Wahrheit und trockenen Wucht) gemacht schien.

VIII.

Die Eysoldt war nur ein Abglanz der Frau. Bis zur Silberhochzeit eine Nutte, im Haß empfindsam. Der Haß nicht durch Kälte, sondern durch schnei-den-de Plärrwirkungen gemacht: ohne das ganze Format einer Geschlechtsfeindin. Ohne die große Wahrheit.

Eine Quärrulantin. Etliches von Sentimentalität. Immer noch etwas in ihrem Gebaren, was Mitleid haben möchte. Etwas Kerlchen-Liebes.

Und ein Glück für sie, daß die Heldin vorher Schauspielerin gewesen war. ...

Viele dieser Leute sind im Grund ... mittelromantisch; von den letzten Höhen entfernt, – aber fesselnd. 1. Oktober 1912

„Torquato Tasso"

Aufführung im Deutschen Theater

I.

Entweder beginnt heut ein Kunstrichter die Besprechung mit den Worten: „Links in dem Raum stand ein Stuhl, den bloß ein geniehafter Regisseur (welcher auch die hölzernen Marmorsäulen Ernst Sterns unvergleichlich produziert hatte) so hinzustellen vermag ... und die braune Seide von Tassos Kluft, welche das köstliche Symbol auch dann keineswegs verliert, wenn sie für eine andere Rolle gearbeitet war. ... Der Stamm des Baumes in der zweiten Kulisse rechts" ...

Oder man beginnt mit den Worten: „Goethes Tasso" ...

II.

Ich versuch's mit der zweiten Art.

Indem ich zur Beschwichtigung der Zeitirrtümer vorläufig nur den Satz hinwerfe:

An einer nicht grellen, oft behaglichen, oft guten, oft hübschen, den Fall Tasso jedoch nicht vorwärtsbringenden Aufführung sehnte sich das Herz nach einem Einzigen, das nicht voll herauskam: nach jener Musik.

Hierauf geh' ich unverzüglich zur Sache, mit den Worten:

Wir sehen das Stück von neuem ... und fragen: Was ist sein Kern?

III.

Was? Gestaltung des *Genus irritabile.*

Genauer: eines Teiles. (Noch ohne Gustave Flaubert.) Dieser unvollständige Teil in einer Sprechmelodik von berückender Gestuftheit, alles maßvoll-edel entbarbarisiert; noch mit befremdendem Einschlag höfischer Huldigungen. Übergossen von Trauer, Enttäuschung, Unerfülltheit, Rastmangel. ... Doch alles halb gewaltsam, halb kleinlaut zu einer Versöhnung (die nur ein starres Sichabfinden ist) zurechtgerenkt.

In summa: Der Weg Eines, der nur seine selbstgeschaffenen Menschen angeblickt hat ... und jäh die Menschen der Welt zum erstenmal erblickt.

Etwas Beschönigendes über dem Ganzen. Fatale Sucht, von allen quietistisch gut zu reden. (Nur der Tasso verschnappt sich, herrlicherweise, zweimal.) Und eine Musik darum, darinnen – unvergeßlich; vorher nicht in der Welt (es sei denn in Corneilles Großmutstragödien mitunter; bei dem edlen Lessing ohne solchen Klang).

Soll man zusammenfassen? Eine (vom Höfischen abgesehen) stillste, wunderbar singende Zivilisierung der Menschennatur.

Ecco; ecco.

IV.

Dies vorausgeschickt, hat der Streit zwischen Dichter und Staatsmann in Abwesenheit der hohen Herrschaften (in deren Gegenwart sie leiser sind) ganz fern etwas vom Zank zweier Dienstboten, die – neben anderem – auch einen Wettlauf um Gunst machen ...

Wir sehn jedesmal ein Werk wieder neu. Der Überfall auf die Prinzessin und seine „furchtbare“ Folge wird mit der Zeit parodistischer. Nichts vertuschen. Sobald Antonio (dieserhalb! weil man eine Gestempelte küßt!) ernsthaft sagt:

> Wenn unser Blick was Ungeheures sieht,
> Steht unser Geist auf eine Weile still,
> Wir haben nichts, womit wir das vergleichen

– sobald werden wir fast heiter wach. Man hat versucht (es gehört nicht viel dazu) den Schöpfer dieser Stelle herauszureden: ungeheuer sei es wirklich, denn die Prinzessin ist ... ohne Hemmungen würde man sagen: etc. Vielmehr: die Prinzessin ist ein zartes Rührmichnichtan.

Nun – auch das ist nichts Ungeheures, wobei der Geist auf eine Weile stillsteht.

Ich weiß: Antonio sagt es; nicht Goethe. Doch Tasso ... Goethes Tasso stimmt ihm zu.

Antonio hat sicher die Schwester des Monarchen gemeint, nicht die zarte Frau. (Die zarte Frau, die erstens ein Rührmichnichtan, zweitens jedoch zugleich ein Aberspielmitmir ist.) Zu diesem Antonio flieht in Zerknirschung der Held, reuevoll über das, was er „sich selbst verscherzte".

Von dem Fürsten, der ihm Stubenarrest gab, ruft er belehrt: „Oh, küßt' ich nur noch einmal seine Hand!"

V.

Das Stück schillert. Wie empfindet hier Goethe selbst? Genau weiß man es nicht.

Deutsche Dichter lenken ein. Er möchte vielleicht am liebsten sagen ... was der Tasso wirklich in Augenblicken sagt: Kratzt man den Fürsten-Gönner, so kommt ein Tyrannchen vor; kratzt man die Fürstin-Schwester, eine Hysterikerin; kratzt man den Antonio, ein Streberneidhard. In dieser Art.

Goethe lenkt ein, gibt beiden fürstlichen Herrschaften recht, läßt Antonio zum Hort werden ...

Der kleine Franzose Paul Bourget, Seelenprofessor im Gewissensroman, äußert verwandte Herbheiten, bürgerlich. Ist es nicht in „*Mensonges*"? Aus einer Abendgesellschaft bei der Frau von Soundso geht René Vincy, Poet, gefeierter Mittelpunkt, mit einem älteren Schriftsteller heim; der sagt bitter und ruhig: „Aber versuchen Sie mal, sich dort zu verheiraten – das gibt's nicht." (An der Ilm hatte so ein Inhalt feodalere Formen ... Und musikhaftere.)

Wollte sagen: Goethe lenkt ein. Er beschönigt gern. Eigenschaft von deutschen Dichtern. Der grimme Hebbel tut Verwandtes; der zieht die Beschönigung an den Haaren her, sein ganzes Leben durch. Vor einem die Reihe Durchbrechenden ruft Hebbels frohlockendes Herz: „Bravo!" – doch sein einlenkender, tadelnder Mund:

„Wehe!"

VI.

Stark bleibt für uns die große ... soll man sagen: pathologische? ... Linie: Tasso–Penthesilea–Hebbel.

„Kranke Seelen" – heißt es.

Unsinn. Jede Seele, glaub' ich, ist (in ihren geheimen Betätigungen) „krank".

Bei den Bürgern kommt es bloß nicht heraus. Sie sind ebenso krank. Schriftsteller jedoch haben das Gewerb, alles mitzuteilen; auch ihr eigenes Kranksein; so erfahren das von ihnen gleich Paul und Peter ...

Die Dichter sind nicht kränker als die Bürger: sie sind nur auf einem anderen Gebiet krank ...

Sie sind nicht kränker: ihre Krankheit wird nur an die große Glocke gehängt.

Das ist es ...

VII.

Vor Herrn Reinhardts Regie dacht ich: alles dies ist im Rhythmus viel edler zu machen. Schon im ersten Gespräch glaubt man, als ein Musiker, es müsse das Verspaar

Und wenn er seinen Gegenstand benennt,
So gibt er ihm den Namen Leonore

ein Stück Höhepunkt ... mit einer besonderlichen Fermate von musikalisch anderem Wert sein, als es bei Reinhardt war.

Nämlich so: die zwei Frauen plänkeln still, geben gehaltene Meinungen über den Dichter-Gast ... bis die Prinzessin in dem abgeklärten, doch etwas lauernden Hinundher ein feines, immer noch vieldeutiges Steigerungswort (doch ein Steigerungswort, Herr Reinhardt) hinlegt:

So gibt er ihm den Namen Leonore ...

Ihn führen beide; nun wird's Ernst. Seelenzwischentöne, durch den Rhythmus hingestellt, müßten einen besonderlichen Auftakt machen.

Erst wenn ein Regisseur hinter solche musikalischen Dinge kommen wird; hinter die Reinhardt nicht kam: erst dann wird eine Förderung des Falles Tasso möglich sein. Ein Musiker wird ihn bewältigen.

VIII.

Auch Kleineres ist Musikersache. Dinge des Klangs ... in diesem Schauspiel, das, möcht' man sprechen, voll von Johannes Brahms ist. Mit den Fingerspitzen bleibt alles anzufassen, Herr Reinhardt. Griechisch klingen soll der Tasso zwar keineswegs: doch Antonio darf nicht alle Konsonanten falsch aussprechen. Der Fürst darf in Bewegung und Kostüm nicht ans Theater herkömmlich erinnern. Betonungen dürfen nicht ... unerkannt sein. Die Sanvitale darf nicht allzugleichmäßig eine studierte Backhähndl-Anmut ausstellen. Die Gestalten dürfen zwischendurch nicht ... fast in einer Reihe vorn beleuchtet stehn.

Ein Musiker wird den Tasso können.

Hiergegen kommt es nicht in Betracht, Regisseur, daß die Bühne vorn ins Parkett verlängert ist. Was davon Lobens hergemacht wird, dafür haben die altindischen Veden das nicht unzutreffende Wort: Schmonzes.

(Tatsächliche Wirkung ist nur, daß etliche Logengäste für die Dauer des Zwischenakts in zwei Vorhängen eingekaspelt sind. Glänzend! „Links in dem Raum stand ein Stuhl, den bloß ein geniehafter Regisseur" ...)

Dreiviertel des Gesprochenen vernahm keiner. Ich kann den Satz: „Man sieht die Menschen reden ... und hört sie nicht" für lange Strecken dieses Dramas nicht zurückhalten. ... Man müßte dauernd wach sein, wenn es ein Künstler belebte.

Immerhin: Tarantella wurde nicht getanzt.

IX.

Lieber Moissi. Ich kann mir das alles schöner denken, diese letzten Verse vor Ihr, zu Ihr. Nicht als beherrschte Koloratur. (Liedhafter.) Es ist mein Grundsatz, Lebende nicht mit den Denkmälern von Toten zu erschlagen. Aber kannten Sie Kainz?

Moissi war von einem ... nicht gesunden, aber wursthaft zuverlässigen Untergrund. An Moissi flossen die Schmerzen Torquatos wie Regen vom Entensittich. Alessandro bleibt (manchmal) ein herrlicher Äußerling. Er war es diesen ganzen Abend. Nichts hat in ihm noch in einem Zuschauer gezittert.

... Antonio. Herr Abel. Mit einer Alltagsschofligkeit fiel er aus dem Wesen ... wo nicht der Gestalt, so doch der Musik.

Wundervoll Frau L. Konstantin. Leonore Sanvitale? Sie deckte sich mit Reinhardt. „Schatzi! Mausi!" wollte man rufen. Doch Schatzi selber darf nicht immer den gleichen Tonfall haben. „Lori!"

Die Fürstin-Schwester ... wer? Frau Else Heims. Die Gestalt ist – ich möchte sagen: veredelt-zimpferlich. (Man braucht nicht mit Dubois-Reymond zu erklären: Faust hätte Gretchen heiraten und die Dampfpumpe erfinden sollen. Aber diese Prinzessin, so unantastbar seelenhaft sie ist, wird früh zu den Gefilden eines nicht gewollten Humors hinwechseln.)

Die Heims gab sehr gewinnend das Rachitische; das Krank-Schwesterliche. Sie war ein sympathisch-holdes Hühndel – mit einer Sprechweise, die mitunter aus Ferrara *N.* kam. Recht einprägsam. Sie vertrat irgend jemand.

Fast alle vertraten jemand. 30. September 1913

Bernard Shaw: „Pygmalion“

Erstaufführung im Lessing-Theater

I.

Der Sieg des Mutterwitzes. (Zugleich Sieg einer Frauensperson über einen Junggesellen, zugleich ihr Sieg im bürgerlichen Hochkommen.)

Ein Lautforscher, Sprechlehrer und beinah Kirchendichter nimmt eine Blumenverkäuferin ins Haus; er vermißt sich, in einem halben Jahre sie durch Sprachverbesserung einer Herzogin gleich zu machen.

Das gelingt. Er selber jedoch zappelt am Schluß im Netz ... (und so). Er wollte die Sache meistern; die Sache meistert ihn. Faustisch gesprochen: „Am Ende hängen wir doch ab – von Kreaturen, die wir machten.“

Das die Vorgänge.

II.

Zwei Dinge sind bei Shaw, wie oft hab’ ich es gesagt, zu scheiden: Gerüst und Behang.

Der Behang ist von Shaw, das Gerüst von jedermann.

Diesmal behängt er es nicht mit einer Sturzflut von Epigrammen; er behängt es mit etlicher ... munteren Sozial-Ethik.

III.

... Wie ist mir? Sie zanken sich, er schnauzt sie an, saugrob, können sich nicht riechen – aber im Herzen keimt unmerklich ... (vastehste?)

Justament hinter ihrem Gekeif birgt sich eine beginnende ... eine ganz kleine beginnende ... (In dieser Art.) Kotzebue, – möcht’ man sprechen.

Aber es ist Kotzebue mit Shaw behängt; will sagen: es kommt von einem Kerl, der noch über jede geschminkte Dagewesenheit einen Glanz des Gewissens deckt; ein Aufblinken gerechter Forderungen; widerlegenden Ulks; und kitzelnder Bürger-Anzapfung.

Das Gerüst für die Katz’, – der Behang ist für uns Menschen.

IV.

Shaw zeigt ... statt eines Figaro vor dem Adel eine Figarette vor dem Mittelstand.

Man vergißt beinahe, daß der Grundstock des Werkchens fürchterliche Titel haben könnte – wie: „Er bleibt ledig.“ Oder: „Sein

Versuchsobjekt.“ Oder gar: „Professor Higgins’ Wette.“ Der Leser weiß Bescheid. Ich fühle das hier durch, wie bei allen seinen Stücken. Allen? Beim „Arzt am Scheideweg“ nicht. Man fühlt es bei diesem Pygmalion stärker als irgendwann zuvor. Komm’ den Vielen ... komm’ den Äffchen zart entgegen, Du gewinnst sie auf mein Wort. „Pygmalion“ ist für Bernard Shaw, was „Monna Vanna“ für Maeterlinck hieß.

So liegen die Dinge; nicht anders; oder ich will ein schlechter Kerl sein.

V.

Das Blumenmädel hat einen Vater. Der Behang ist auch bei ihm ... alles. Das Gerüst heißt vielleicht: Engstrand; oder: Père Cardinal. Doch Shaws Zutat (Gerüst und Behang!) ist ein verleiblichtes Philosophem von der bürgerlichen Gesellschaft ... und vom vierten Stande.

Dieser Vater bleibt mit allen seinen Worten der stärkste Mensch in dem Schauspiel. (Gegen den Schluß hört der Mensch auf; nur Worte bleiben. Schade.)

Gegen den Schluß kommt zudem ein „gerechter“ Ausgleich: Der Übergang vom vierten Stand zum dritten (als welcher jetzt leider der erste ist).

Deutsch ausgedrückt: die Biberpelzdiebe werden sich Waschfrauen halten ...

Aber Lizza? Lizza wird (im elften Akt) *été* sein – dünkt mich; eine Manierenmäklerin.

(Wie zu Berlin ein Volkskind, mit dem einer Ausflüge macht, schon beim zweiten Mal vor dem Zugabgang um Gottes willen auch nicht etwan aus Versehn vor der dritten Klasse!!! will erblickt sein statt vor der zweiten.)

Lizza ist ein weiblicher Jau. Jau im Schlosse. Doch Bruchstück so geblieben wie er.

VI.

Der Sprechlehrer, Lautforscher und kirchliche Poet; der grobe, formlose, hochmutsvolle Bürger, der einen Menschen, ein Blumenmädel, roh zur Sache erniedert: der Kerl wird reingelegt.

(Milde; denn er bekommt sie. Nein, furchtbar; denn er bekommt sie.)

VII.

Etwas flüchtig gemacht. Angetippt alles. Guter Szenen viele nicht geschrieben ...

Ein besonderer Einwand gegen das Stück ist folgendes. Mich fesselt sehr wenig, daß und ob die Zwei sich haben. Auch das Wie nicht – denn Kotzebue und Ohnet sind hier nur umgangen; (wie Chopin manchmal mit einem Gewaltruck dem Leierkastenmäßigen gerade noch entrinnt).

Wollte sagen: ob die Zwei sich bekommen oder nicht, ist mir wurst; lieber hätt' ich gewahrt, wie das Blumenmädel im einzelnen auftritt, wächst, sich anpaßt. Kurz und gut: Szenen ihrer Entwicklung; statt Szenen ihrer Entwickeltheit. Das ist es.

VIII.

Was also hab' ich gesehen? Worüber lachten die Menschen? Ich glaube ...

Von Feydeau gibt es ein Stück, da wird ein Mädel aus dem Volke, wo es volkhafter nicht mehr sein kann, in der Gesellschaft als vornehme Dame fälschlich ausgegeben.

Weißt du noch? Es ist auf einem Schloß in der Provence. Schließlich wird ihr alles von den Feinerzogenen nachgemacht – (auch die Rüdigkeiten). Das gilt als neuester Schick. ...

Wer war das? Môme Crevette. Sie schreit inmitten der konservativen Gesellschaft: *„Merde!"*

Ja, das war Môme Crevette. ... Bei Shaw (armer Shaw, armes Mitglied der britischen Inseln, obschon du vortäuschest, ein Ire zu sein) – bei Shaw ist es keine Dehmimongdäne, Gott soll ...! sondern, den Umständen angepaßt, eine keusche, dichte Blumenhändlerin.

Shaw, es hätte was aus dir werden können. ...

Sie verkauft „zwar Blumen, aber nicht sich". (Oder so.) Auch das Irentum schlägt nicht über die Nerven-Stränge der Puritanersachsen.

IX.

Das Lessing-Theater hat Shaws Monna Vanna ... oft virtuos, doch in den zwei Hauptmenschen unzulänglich gebracht.

Beide, Herr Steinrück und Frau Durieux, waren (nein: sind) verstimmend laut.

Der Mann war kein Engländer, sondern ein Bulgare. Er soll manchmal „barsch, aber dabei doch gutmütig" sein.

Herr Steinrück in tragenden Rollen ... ich weiß nicht recht.

Wäre das Blumenmädel, wäre die Darstellerin des aufgenommenen Balgs aus dem Volke ... gewiß nicht „süß", aber doch anders als die

Durieux gewesen; alles hätte viel überzeugender gewirkt. Warum nahm sie diese Maske? Das Antlitz einer ausgebleichten Negerin?

Sie war ... nicht sehr gut als diese Person; bloß gut als die Schauspielerin dieser Person.

Und hierhin liegt ihr ganzer Fall; sie ist ein Plakatgeschöpf.

4. November 1913

Ein Sommernachtstraum

Shakespeare-Zyklus im Deutschen Theater

I.

Auf dieses Werk (als „die Knospe Wunder noch versprach") gehn meine besten Erinnerungen an Reinhardt zurück –

Als Möbel nicht die Welt verhüllten,
Man nicht vor den Notizen brach
(Die alle Blätter reichlich füllten) ...

Als Reinhardt noch den Namen Barnumowsky *victor* nicht ahnungslos angenommen hatte. Als die Äffchen Berlins, dann Deutschlands, dann Londons (aber nicht Frankreichs, denn Richepin erzählte mir gelassen, „Sumurun" sei „trotz allen entgegenstehenden Blättermeldungen" und manchem Manöverchen ein reinlicher, glatter, schierer Durchfall gewesen – Jottseidank, ein Hoffnungsstrahl im Zeitendunkel) ... wollte sagen: als die Äffchen hinter dem einleuchtenden Liebling noch nicht mit jenen gestrafften Schenkeln herliefen, auf die noch kürzlich von (vergessenen) Initiatoren Schläge geprasselt waren ...

II.

Damals winkte der „Sommernachtstraum" als etwas höchst Reizvolles, anmutig Gegliedertes. Von Rechts wegen.

Mit dem „Wintermärchen" begann der strahlende Kitsch. Shakespeare häufig so gut gemacht, als ob jemand Beethoven mit öliger Gewandtheit spielte.

III.

Der „Sommernachtstraum" war (und ist heute wieder) das einzige Shakespeare-Stück bei Reinhardt mit rechter Gliederung; mit Aufbau (worin ansonsten dieses Regisseurs übelste Schwäche liegt – indem gemeinhin die erste Hälfte fertig und auffallend, die zweite nicht mehr gekonnt ist). Der „Sommernachtstraum" war ... wie ein Vorklang, vor einem schädlichen Stück. Bevor sich ein dem Kino kontalentierter Ablenker vom Wesentlichen entwickelte.

IV.

Für den „Sommernachtstraum" ist Reinhardts Begabung wie gemacht.

Alle guten Züge seines Wienertums finden hier eine Stätte. Die Natur schuf ihn: für Liebenswürdigkeit, Ausstattung, Stimmung. Dafür ist er ... entweder ein sehr begabter Spielordner, oder doch jemand, der über zeitliche Malkunst und Technik frisch und klug verfügt.

In keinem Tüpfelchen ein Wegfinder. In jeder Sekunde der Laufbahn ein Wegmacher.

V.

... Die Treppe war damals am Schluß schöner, – als der Puck vorkam und alle den Raum verlassen hatten.

Sonst schien mir die Darstellung wieder prachtvoll. Erträglich in den Edlen (nur daß die Grenze gegen den Ulk hin verwischt wurde, wenn die Liebespaare, morgens erwacht, Operette begannen).

Auch gab es jenes knallige Licht, das – wie oft schon – verletzend bei Reinhardt gewirkt hat. Achillesferse: Takt im Licht und in den Trachten. Immer ein Hauch von Frischlackiertem.

Vorwiegend ausgezeichnete Bilder; wie von englischen Illustratoren.

(Auch Beerbohm-Tree macht so einen Vorbeimarsch in den *Merry wifes* - wie hier am Schluß.)

Die Musik allerdings ...

Felix Mendelssohn, der – merkwürdiger Fall – bloß zeitweilig, bloß in seinem Frühling, bloß mit siebzehn Lenzen, ein Genie gewesen ist, nachher nicht wieder, bloß in dieser Wunderwelt von geisterndem Staccato, Pianissimo und Frieden ...

Kurz: leider wurde nicht die Musik, sondern Mendelssohn exekutiert.

VI.

Die Fürsten ...

Danegger war der Herzog. Als Sprecher hervorragend. Wappenspruch: Nicht in die Nähe.

Er bleibt ein Stimmklang. Aussehn tut er wie er im Rasierspiegel. Es wächst das Riesenmaß des Kopfes weit über Menschliches hinaus.

Seine Verlobte schien Mary Dietrich. Oder: die Braut wider Willen. Sie beteiligte sich nur aus Gefälligkeit an ihrer Hochzeit ... nicht gern. (Immerhin fesselnd, noch wo sie markiert, kraft ihres Dabeiseins.)

Die Rüpel ... am besten! Schall und Rauch; Reinhardts Kern. Victor Arnold, als welcher Thisbe gab, wurde die Höhe des Werks. Unvergeßlich. Kaum zu erreichen.

Waßmann als Nachfolger des (wirklich? wirklich?) vermoderten Georg Engels war gut.

Bei Engels blühte die Komik aus dem Inneren heraus, – Waßmann erzeugt sie. Waßmann ist im Leben vielleicht schneidig; Engels war zum Brüllen, auch wenn er nicht wollte. *Ecco.*

Die Rüpel bei Reinhardt sind kaum übertreffbar.

VII.

Die Elfen ... schon. Sie sind besser vorzustellen!

Victor Hugo, dieser ... ich möchte sagen: Bombastard von Rhetorik und Poesie, von Gefühl und Mundaufreißen, behauptet in seiner Shakespeare-Verkündigung, die sich anhört, als ob einer lobend mit zwei Elefantiasislippen blubberte (es finden sich aber so überraschend sichtige Sätze darin wie: „*Comme la grande larve d'Albert Dürer, Hamlet, pourrait se nommer Melancholia*") – Hugo behauptet, daß Aischylos der Urvater dieser Elfenwelt ist. Mag sein. Aussehen tun sie jedenfalls wie Heimchen ... und sprechen sollen sie doch mit entwickeltster Gliederung, mit aller Getöntheit fertiger Wesen. Däumlinge; libellig; zwischendurch mit Grashüpferbeinlein; mit verschollen winzigen Flügeln ...

Die Schwester der Isadora, das wackere Fräulein Elizabeth Duncan, konnte das Tänzerische da viel besser machen denn Reinhardt – sie als ein Fachgeschöpf im Sonderbezirk. Zugestanden, daß sie es kann. Aber die Rede? Da liegt der Hund begraben ... un steiht nich wedder op.

Soll man die Kreatürchen von Kindern spielen, aber von Erwachsenen sprechen lassen? (piepen lassen?)

So mit Menschenstimme deklamieren wie Moissi, so mit Schauspielerstimme, dürfen sie jedenfalls nicht.

Reinhardt, – wie wird mir? Wo ist an solcher Stelle das Kinemakolor? Wenn schon, denn schon. Gibt es hier Möglichkeiten? (Technik der Gegenwart!)

… Gleichviel: der „Sommernachtstraum“, nicht zuletzt mit allem Schelmischen der hier vorbildlichen Else Heims, ist (und wurde von neuem) eine der guten Erinnerungen. 16. November 1913

„Viel Lärm um nichts“

Shakespeare-Zyklus im Deutschen Theater

I.

Dieser verwienerte Shakespeare ist ein Greuel; vom Anfang bis zum Ende.

Flaubert sagt einmal: *„A force d'embêter les gens, ils cèdent.“* Deutsch: „Wenn man die Leute löchert, geben sie nach.“ Nein! Man tritt ans Fenster.

Das Motto heißt hier: „Alle Kanten weg! Abrunden, so, gehst her, bitt-scheen!“ Ein Greuel; vom Anfang bis zum Ende.

II.

Das Stück ist zwar ein Schmarren jenes William, zurechtgestutzt, übernommen; doch mit etlichen Zügen seines Verfassers. Die werden ausgemerzt.

Du liaber Himmelsvoder,
I wüll ka schroffe Sach'n,
I bleib vüll liaber doder,
Wo's die Kostümfest' mach'n.

Eine Lustigkeit! Geschicktheit! Spieg'ltisch links!

Reinhardt paßt im Grunde zu Shakespeare wie … ich weiß nicht wer zu ich weiß nicht was. Noch in den Lustspielen.

Sein Geist wird immer eine Schale Melangsch mit schwerem altem Humor-*stout* verwechseln.

III.

Was ist das Ganze? Shakespeare nicht. Shakespeares Anteil auch nicht. G'schnas. Brillanz. Mit Musikbegleitung. Ein Greuel; vom Anfang bis zum Ende.

Waßmann hat sich vervollkommnet. Seine herrliche Komik ist reifer nach Menschlichem hin geworden; wenn er die blöde Gerichtsperson unbegründet herausplatzen, dienern, befehlen läßt.

Victor Arnold, der gute alte Schlehwein, ist prachtvoll, einzig geblieben.

Der Bösewicht, als welcher bei Shakespeare einen schwarzen Schatten auf den Ulk wirft, ist wie Peter Schlemihl durch die zisleithanische Fingerfertigkeit Herrn Direktors um eben diesen Schatten gebracht worden.

Diesmal ist er, hoffentlich dank unsren Vermahnungen, wenigstens manchmal ernster; insgesamt jedoch so entgegenkommend, so unverdächtig, so kulant, daß er heimlich sagt:

„Hab' Di-ähre!"

Ein Greuel.

IV.

Man wünschte das Erdbeben auf dieses Messina.

Ein Zweig des Beerbohms blüht hier. Noch wenn er an ein schwaches Werk der wilden „Pflanze vom Avon" seine Mätzchen bringt, hab' ich ein Gefühl ... als wenn Hofmannsthal in Molières schwächstem Brei sein Löffelchen zu stecken unternimmt.

Hände weg, – bitt-scheen.

V.

Bassermann. Wie verwahrlost unter diesem Spielordner.

Ein Maß von Aufdringlichkeit und Gemache, daß man zum Fenster will. Unangenehmste Vertraulichkeit übler Sorte, – die „Cupidóchen" sagt und beim Betatschen, Beknutschen, Umärmeln „M-m-m-m-m!!!" macht.

Ans Fenster!

Die Darstellung im Kgl. Schauspielhause war jenseits von aller Kritik ... aber Patry und die Poppe gaben trotzdem noch Shakespeare, – nicht eine Kaffeehaus-Gewandtheit.

Hier ein neckischer Wiener Feuilleton-Ohnet, daß man Zustände kriegt.

Mit einer Kitschmusik.

Sie tun, als hassen sie sich, und haben einander doch so gern, – weißte?

Ohne Kanten. Die Heims, Beatrice, soll ein Stück Junge sein; ein Stück Satan; ein lustiges Megärchen.

Sie wird ein Feuilleton. Lecker aussehend. Shakespeare ist in Ringstraßenkaffees geboren, das steht fest.

Noch fester steht (was die Menge betrifft): *„A force d'embêter les gens, ils cèdent."*

Zahl'n!! 23. November 1913

„Der Kaufmann von Venedig"

Shakespeare-Zyklus im Deutschen Theater

I.

Zivilisierung der Menschennatur, bei vorrückender Zeit. Pariser sagt heute zum Staatsanwalt: „Versuchen Sie nicht, mich lächerlich zu machen, ich bin Zeuge!" Vom Schuldner ein Pfund Fleisch nimmt er nicht – wie Shylock das Kotelett (welches ein Kalbskotelett war) ... sondern murmelt väterlich zu dem Selbstmordkandidaten: „Was sind Sie für ein Leichtsinn! Warum so happig? Und müssen es gleich Siebzigtausend sein?" Das ist alles. Die Welt wird bürgerlich. Zivilisierung der Menschennatur. Die Helden sterben aus.

Im Ernst zu sprechen, ist für mich der Kern dieses Shakespeare-Stücks etwa der:

Als hätte man durch schlimme Behandlung ein Tier böse gemacht – und frohlockte nun über den Anlaß, es noch halbtot prügeln zu dürfen.

Indem man hierbei gutgesinnt aufatmet und äußert: „Die Bestie! ... Welche Gemeinheit, uns derart zu bedrängen; *cet animal est très méchant: quand on l'attaque, il se défend!!* ... Diiiie Bestie!"

Und als ob es erdrückend viele wären, die gegen ein Einzelgeschöpf so handelten.

Und als ob die vielen, wenn sie dann (ratlos) in der Klemme sind und durch ein Frauenzimmer (!) erst gerettet werden müssen, so recht salbig aufjubeln, als von den Vorzügen der „Gnade" gesprochen wird: die man, wenn auch nicht übt, so doch edel fordert.

II.

Seltsam: die Vorgänge des Dramas. Wenn man sich das vergegenwärtigt: dieses Ethos. Eine Kette von Erbärmlichkeiten. Der Ausgangspunkt für so vieles letzte Weh ist ein Tagedieb der guten Gesellschaft, der sich zu teuer eingerichtet hat, in Geldmangel kommt und kraft Hochzeit (mit einer Unbekannten) sich bereichern will. Margarete Bornstein. Zur Brautfahrt borgt ihm Antonio seinen Kredit bei. ... Bei einem Gegner; den er oft bespien hat; zu dem er jedoch pumpen kommt. Ein zweiter der Edlen entführt ... nicht nur die Tochter des Ghettomanns, sondern Jessicas Perlen. Ethos! Sie zahlt für ihn. In Genua, nur an einem Abend, gibt sie achtzig Dukaten aus. Der Zuhälterlümmel fehlt bloß nachher vor Gericht noch unter den anderen Männlein, Freunderln, Erbjungen,

Rohlingen und Frohlingen, – wo ein starker Vereinzelter, auf Geld verzichtend (was ihm doch allein zum Leben belassen wird), Idealismus tätigt ... mit dem Akzeptmesser.

Antonio, der Kaufmann (nachdenklicher gestimmt als die andern Trottel mit vergnügtem Sinn), kriegt von Shylocks Vermögen die Hälfte – „zum Gebrauch" (und nimmt sie!), um nach Shylocks Tode sie dem Entführer-Ludewig zu erstatten.

Der edle Antonio beutet die Notlage Shylocks aus; er macht edel den Vorschlag: Shylock müsse Christ werden; etwas bekennen, was er nicht glaubt. Unter Zwang. Schlimmster Wucher. Erpressung letzter Art, von einem bevorzugten Schubiack ersonnen, in Feigheit, – nachdem ein Frauenzimmer ihn gerettet.

Der Wucherer dünkt mich in diesem Werk der einzige Edelmann.

Weil er für eine Sache kämpft. *Ecco.*

III.

Spielt man das Werk als Tragödie, so daß der Geprellte zum Schluß voll äußerster Verachtung für die Sieger dahinschleicht: so mag es erduldbar wirken. Gibt man es als Posse, so ist es ein Viechsstandpunkt. Reinhardt sucht einen Ausweg und gibt es als Fladen mit Schlagobers, Gewürznelken, Grazie, Cardemom, Rosinen, Marzipan, Honig, Musik und brauner Butter, noch mehr brauner Butter.

Es ist eigentlich „Venedig in Wien". Wie ja das Talent, Shakespeare-Dramen schlagfertig als Künstlerfeste zu betrachten, sein ausgebildetstes bleibt.

Er verwechselt manchmal Veneto-Leichtsinn mit Aufdringlichkeit; *gentilezza* mit Lautsein; sorglose Art mit Gymnastik.

Das Knallige schien mir in den Trachten gemindert (seinen Anhängern ist es nicht zu danken; sondern den Guten).

Er läßt im Gerichtssaal die versammelten Mehrheitsfeiglinge noch einen Trotteltango des Entzückens klettern. Er verbeugt sich nachher an der Seite des „Dämons" (Bassermann) mittendrin, – nachdem der Dämon allein öfters vorgelaufen kam. Sonst immer erst am Schluß? „Jott, nu schon bei Dage!" heißt es bei Fontane.

Stimmung, Flinkheit, G'schnas. Das Gefälligste, was nach den Meiningern gewesen ist. Bassermann ...

IV.

Bassermann. „Dämon". „Geier"; „Adler". Gute Außenarbeit.

Er spielt ihn, wie gesagt, „auf Dämon".

Er hatte nie ein Kind verloren ...

Schildkraut war aus einem Guß. (Nicht, weil er den Wucherer verteidigte: sondern weil er aus einem Guß war.)

Heims. Anmutvoll. Portiuncula. Sie tat ihr Bestes.

Damals war Sorma, Agnes (Breslau) mit diesem Geschöpf befaßt.

Weiter. Ein Antonio, der niemals jemanden in den Bart gespuckt hatte.

Zusammen, eins ins andere gerechnet: Der mir unangenehme Nachgeschmack. Als wären starke Gemälde großer Niederländer mit pikfeinem Rahmen umkitscht.

Reinhardts Rechnung ist, nehmt alles nur in allem, eine Regel de Tree.

Hilft nichts: Eine Regel de Tree. 15. Dezember 1913

„Romeo und Julia"

Shakespeare-Zyklus im Deutschen Theater

I.

Vor sieben Jahren sang ich in diesen Blättern (es war ein wohlig heller Januarmorgen):

Die Eibenschütz – auf deutschen Füßchen
  Zieht sie in Züchten ihren Pfad ...
Das Stück heißt „Romeo und Lieschen"
  Und spielt in einem Pensionat.
Und gutes, sanftes, blondes Julchen.
  Recht einstudiert, man merkt es gleich.
Ihr Partner Moissi scheint ein Schmuhlchen –
  (Doch sein Talent ist zukunftsreich).

Weniges nun wurde geändert. Die Schauspielerin Camilla Eibenschütz ist indes eine kleine Madam' geworden. (Aus dem Pensionat heraus.)

Aber ein gutes, sanftes, blondes Julchen immer noch. Sanft? Ihre freundlichen Kugel-Augen verlegen sich heut einmal aufs Rollen; alles mit Romeo geht schief! Ei, beginnt sie zu theatern. Fast schillerisch zu theklamieren. Sofort macht sich keiner mehr übertriebene Vorstellungen von Juliens Schmerz ...

Ein anderer, nämlich ein Zeitungsmann, müßte behaupten: sie hat kein Profil. Wenn jemand in besseren Erinnerungen kramte, müßt' er feststellen, daß die Sorma mit einem Profil; mit einem Sonderzug; mit einem Vers vom Altan („Wart' einen Augenblick, ich komme wieder!"), den sie schulmädchenhaft flüsterte – gewissermaßen-sozusagen mehr Julia gewesen ist; daß jedoch hierwegen nicht gerechtet werden soll.

Das Stück hatte nur manchmal eine Julia, mitunter auch einen Perkeo. Wollte sagen: Romeo.

Moissi bleibt eine Stimme. (Vormals war er zwischendurch eine Musik; heut ist er in höherem Grad nur eine Stimme.) Dazumal wie heut scheint er, auch wenn es Mätthäi am letzten ist, quicklebendig zu sein. Er stirbt – und alles an dieser Mignon unter den deutschen Histrionen (er war Mignon, bevor er die Anerbietungen hatte) scheint noch im Sterben zu sagen: es geht mir sauwohl, danke bestens.

Er ist also nicht selten ein Äußerling. Er hätte zwischendurch die Amme spielen können. Es genügt auf die Dauer doch nicht, ein Italiener zu sein.

II.

Dem Liebenswürdigen ist Reinhardts Natur gewachsen. Dem rauhen William, welcher den (übrigens furchtbaren) „Lear" schuf, nicht ganz; und was man jetzt *praeter propter* sah, ist in den Szenen stärksten Leids theatralisch, unecht gewesen.

In den Nebenpunkten reizvoll; nichtig im Tragischen. *Ecco.*

Wieder ohne Bau. (Auch ohne Mercutio.) Eine glückliche Bearbeitung mit versagenden Hauptpunkten.

III.

Die Dinge sind so recht italien'sch. Warm ist es da.

Stanislawski, Reinhardts größeres, still nachgemachtes Vorbild, hascht und schlägt Mücken, um heißes Wetter anzudeuten. Also faßt hier jemand immerfort in den Brunnen und benetzt den Kopf – weil es so heiß ist. Na! Da jedoch die Nächte kühl zu sein scheinen (Mercutio: „Doch gute Nacht ... ich will ins Federbett, das Feldbett ist zum Schlafen mir zu kalt"), vermißt man dort ein Zusammenschlagen der Arme nach hinten, wobei die Hände den Rücken berühren.

Bald lenkt uns an erhöhtem Orte
Ein Schattenspiel die Sinne ab.
Höchst wirksam; es ermurkst die Worte
Mercutios von der Königin Mab.

Das hatte man (infolgedessen; taucht in den Abgrund, Lober) doch ausgemerzt.

IV.

Der Regisseur ist niemals spröde,
Musik erfüllt so reich die Luft,
Daß jene erste Liebesrede
Des holden Paares glatt verpufft.

Es blieb hier beim Alten. Ein Werkel oder was Ähnliches verschlang den Text.

V.

Pflichten des Kritikers. Eine davon ist: von den Ursachen fataler Empfindungen beim Anhören klassischer Stücke Rechenschaft zu liefern.

Alles in der Kritik heut Epigonische, was noch bei Shakespeare zu den Schlegels hält (sie waren selbständig, – wie die Nachschwätzer unselbständig sind ... doch jene Selbständigkeit von damals ist heut ein Irrtum geworden) wollte sagen: ältere Herren verschwitzen, daß William Shakespeare von unvergänglichem Wert für deutsche Dichtung in Zeiten des „Götz von Berlichingen" war – und daß er es heute durchaus nicht mehr ist.

Seinem Stücke zu folgen ist (am letzten Ende) doch eine Sache der Bildung: nicht unsres tiefsten Anteils. O laßt uns wahr sein, vielgeliebte Freunde.

Wer in des herrlichen Shakespeare Viertel kommt, wird auf Grund eines Aberglaubens hypnotisiert.

Wir nicht: so gewiß die Größe dieses Burschen erkennbar bleibt für die Ära, da er atmete.

Man lese, was Maeterlinck über „Lear" Schwaches; man lese den fabelhaften Kohl, welchen der früh verkalkte Strindberg über das gleiche Schauspiel geäußert hat: und man male sich nun aus, was die seitenfüllenden *dei minimarum gentium* darüber in Wochenschriften schnattern können.

Mit Romeo steht es kaum anders. Die Wahrheit ist: dies Drama bedeutet für uns nicht mehr „die Liebe selbst".

Weit eher schon: das Hebbel-Paar „Herodes und Mariamne"; oder das kleine gewaltige Adolphe-Büchlein von Benjamin Constant; oder ein schnitzlerisch „Einsamer Weg"; oder Herr Paul Bourget; oder „Frühlings Erwachen". Das ist zwar auch nicht die Liebe selbst, (denn die Liebe selbst ist, scheint mir, bloß die Liebe selbst ...), aber doch eher als in so einem lieblich gewesenen Zufallstheaterwerk.

(Rechenschaft!!)

VI.

Wichtiger als der Shakespeare-Zyklus (als diese Entwicklungsstufe der Skala Meininger–L'Arronge) war die ganz große Beschwörung Henrik Ibsens; ... das Riesenwerk für uns; das einzig Kühne, Zähe dieser letzten Läufte.

Ibsen ist nicht größer als Shakespeare: der Ibsen-Zyklus war jedoch zehnfach mehr.

Verschollenes.

Reinhardt (das furchtbar Einleuchtende) hat sich auf kein hervorragendes Merkmal zu berufen: wenn jemand gar so allgemein anerkannt wird. Mögen es auch nicht gerade die Wesentlichsten sein, welche für den feschen Bearbeiter des rauhen William so viel (nutzlos) reden.

Ich liebe die „Edda" beispielshalber nicht in Kontorschrift.

Was die Mode beschäftigt, bleibt ein Grund für argwöhnische Stimmungen – und alle Wut gefärbter Schwätzer, die sich auf absteigender Linie befinden, bestätigt es deutlich (von ernsteren Kennern zu schweigen).

Der Ibsen-Zyklus war mir ... etwas.

Der Shakespeare-Zyklus ... Alle Achtung für die Gewandtheit, für den Fleiß, für die Wiedergabe des „Schon damals" (selbst wenn in Heidewüstheit Königstöchter kitschig zu Maeterlinck-Frauen umgestilt werden ... und so) –

Aber das alles ist nicht die Sonne, so meine Trauben reift.

Und nicht Eure.

(Doch wem sag' ich das?) 29. Januar 1914

„Heinrich IV. (Zweiter Teil)"

Shakespeare-Zyklus im Deutschen Theater

I.

Herrliches Gestern! Wunderbar sind Erinnerungen meiner flüggen, erkennenden, witternden, suchenden Tage, kurz ist's her, als man achtzehn war, an den ersten Teil von Heinrich dem Vierten.

Auswendig alles gekonnt. Auswendig so wie heut. Manches in englischer Sprache – die einem doch ewig fremd bleibt; nie erlernbar (wenn es schon leicht ist, in ihr Verse zu machen).

„Ich könnte besser einen Bess'ren missen" – so was ist unvergänglich;

als Sprachgewalt; auch als Seelengewalt; wenn ein schmeervoller Spitzbube von Hallodri blutig im Schlachtfeld verstorben scheint.

Bloß in solchen Humorzügen ruht heute, wenn man vergleichen gelernt und seine Augen vor der Welt, vor unserem Hiersein geöffnet hat – nur im Humor steckt (neben der unkontrollierbaren Sprachgewalt, so zu einem Viertel von den Schlegels fließt, jedoch Engländer vielleicht nur so zweideutig anmutet wie uns die Sprache des Martin Opitz ... dieser Satz kommt nie zu Ende) – nur im Humorhaften lauert heute das Genießbare des Werks. Nicht in der Politik.

Ich liebe Fritz Reuter ... bloß in dieser Gestalt.

II.

Der zweite Teil ist schwächer; obzwar nun das Humorhafte breit, Politik schmal wird. Politik so recht *ad hoc.* Zur Unterweisung. Wie's verlangt wird.

Schon im ersten Teil ist mir vieles unangenehm. Shakespeare, der manches allzu deutlich sagt, hat von den Symbolen, die man hineingeheimnißt, wenig gefühlt, – er hätte sie, meine Lieben, sonst dickderb geäußert; er geniert sich nicht; er läßt seinen Prinzen Heinz furchtbar genau sagen: „Ich verberge mich hier unter diesen Bummlern, um nachher doppelt wirksam hervorzutreten;“ und so.

Shakespeare hätte klafterdeutlich ins Parterre gebrüllt: das Gleichnis dieses Stücks, liebe Zuschauer, ist folgendes.

Die Wahrheit bleibt: Shakespeare macht Historien, und jedesmal dienert er autoritätsfolgsam vor dem Gesalbten.

Wenn Percy gesiegt hätte, dann hätte Shakespeare den Percy als Gipfel hingestellt ... und gedienert.

III.

Auch vor dem Reuter-Teil sind zwiespältige Empfindungen – wie vor Shylock.

Gegen den Falstaff wird zwar nicht roh gehandelt (denn der Schlauch von einem Ritter ist keine Lilie) – doch pharisäisch gehandelt wird.

Verführer der Jugend?

Der Prinz hat ihn so oft verführt, wie er den Prinzen.

Es ist kein Merkmal Edler, dünkt mich, eigne Schuld auf andre zu buchen.

Solche Feststellungen sind zwischendurch unseres Amts. Es gibt Erbärmlichkeiten, deren sich Shakespeare mitschuldig gemacht hat.

Er hatte nicht den Mut, seinen eigenen Ehrbegriff, welcher sich mit Falstaffs totsicher gedeckt hat, zu äußern. Sondern die Feigheit, ihn zu verlächern ... oder ängstlich zu distanzieren.

Wie Schiller seine wahren Ansichten über das Verhältnis von Vater und Sohn der höchst verwerflichen Franz-Kanaille voll ängstlicher Selbstverleugnung in das Lappländermaul gelegt hat – mit dick unterstrichenem *cant*.

Shakespeare, zur Unaufrichtigkeit gezwungen (Lukianos hat sich nicht zwingen lassen; Shylock und Falstaff auch nicht) – Shakespeare ist neben anderem für die Mächte seiner Zeit ein Joseph Lauff gewesen.

Es hilft nichts, breitschnattrig das allergrößte Blech über den starken, doch nicht rätselhaften Kerl nachzuschwatzen; den Brandes immer wieder auszuschreiben; den „Kaufmann von Venedig" etwan als Lustspiel hinzutolpatschen, wenn einmal dieser dichtende Vollblutbursche doch die Stelle von den „Händen, Gliedmaßen, Werkzeugen" des Gemarterten unsterblich geprägt hat – (danach gibt es keine Lust mehr, Äffchen, außer im feilsten Stierzirkus).

Und statt einfach zu sagen: es ist reichblühender Halbkohl eines von der Zeit gehemmten wildherrlichen Dichters, äußert man: „Es ist eine Einheit!" So erbarmungswürdiges Zeug – auf Seiten und Seiten, immer dem Brandes nachgeschwätzt (auch dem Victor Hugo; der es schon nachgeschwätzt hatte) – es liegt außerhalb meiner Betrachtung.

IV.

Ich will einen Vorschlag machen.

William zeigt sich noch schlimmer in anderen Historien.

Man spiele mal den ganzen Shakespeare. Nicht bloß in Künstlerfesten mit G'schnas von der schönen blauen Donau, für die Komödien; nicht bloß, wenn seine rauhe Gewalt stilisierte Wildheit wird; man vermeiningere nicht seinen Harzsaft, den dämmerig scharf-bitteren; zerplatte nicht seichtphilosophisch gewordene Moritaten wie den „Hamlet" zum dünnen, stimmungsvollen Konversationsstück; kurz: man spiele mal den ganzen, den ganzen Historien-Shakespeare.

Man wirke szenisch die Enthüllung eines Herrlichen in aller Peinlichkeit; eines (bekanntlich) Genies, in halbkomischer Blöße: und man hat, sag' ich euch, einen Shakespeare-Zyklus ... der nicht nur ältere Herren angehen wird; wie der heutige.

V.

Man spiele sämtliche Historien: und die Schlegel, Brandes, Victor Hugo werden nicht mehr in ihren (unwahr gewordenen) zehn Geboten von der älteren Linie kopiert werden; sondern das Wissen von der tragikomischen Begrenzung einer Weltennummer öffnet sich ... an Stelle des Gesabbers.

VI.

Napoleon hat den Shakespeare nicht gemocht ..., weil er vermutlich dahinter die Theatralischen und Scholarchischen (in einer ... wirklich anderen Zeit) roch.

Er wäre von Reinhardt – jottedoch, kaum widerlegt worden. Sein Prinz ist ein Weibstück. Herr Moissi, Alessandro, gab ... die Königin Elisabeth.

Oder Henrika die Fünfte.

Die Wandlung sogar noch verweibischt, noch veräußerlicht. Er brüllt (statt einen tief Unterlegenen, den armen Sir John-Shakespeare, ruhig abzuweisen). Hoch zu Schimmel muß das bei Reinhardt geschehen.

Er bleibt ein Piloty-Geblütchen.

Ein Schüler von Tree mehr als von dem ... unerlangbaren Stanislawski.

VII.

Die Nebengestalten sind recht unfesselnd.

Die Wahrheit äußern. Wenn Reinhardt könnte, was das still gigantische Urbild an Bojarenhöfen des anderen Tolstoi mit einer Vasallenschaft unvergeßbar zu tun weiß! Wenn er das je gekonnt hätte.

Er gab einen König, ... der nicht Zeug hielt.

Die Komik wundervoll. Zwischendurch Provinz (in Gestalt eines Pagen, Stadttheater). In dem herrlichen Victor Arnold – nur keinen Schaal. (Denn er war auf das Gegenteil dieses halbschlimmen Trottels gestellt.)

Vieles Liebenswürdige, vor allen Dingen Flottheit, – aber kein Falstaff, kaum ein König ... und statt Heinrichs eine Zwischenstufe.

Der Shakespeare-Zyklus, sowas ist noch nie dagewesen.

Der Ibsen-Zyklus? Wir haben seitdem unerhörte Fortschr ...

Nein: wir haben tiefe Rückschritte gemacht.

Was fortschreitet, ist: Fremdenindustrie.

Noble Fremdenindustrie. 22. Februar 1914

Knut Hamsun: „Vom Teufel geholt“

Erstaufführung im Kammerspielhaus

I.

Das ist ein Schauspiel nicht von der Vergänglichkeit ... sondern von der Abnutzung.

Nicht von unserem Auftauchen und Schwinden ... sondern vom Häßlichwerden.

Von der Niedrigkeit, Popligkeit, Widrigkeit, Mickrigkeit. Und von dem für Hamsun (allemal) verzweifelten Ausgang. Der Titel des Dramas könnte berlinisch heißen; „Der miese Zoff“. Das dicke Ende. Knut malt eine Hühnerleiter; von oben bis unten beschämend. Nichts hält stand. Rechts, mitten, links im Bogenlampenscheine ... gafft, was uns alle endigt, das Gemeine. So der Wikinger.

(„Ich komm’, ich weiß nicht woher; ich geh’, ich weiß nicht wohin; was ist’s, daß ich so fröhlich bin?“ möchte mein Herz dagegen einwenden; ob es zwar von der Schofligkeit vieler Bekannten überzeugt ist.)

II.

Ibsen, Henrik, als welcher den Alfred Allmers und seine Schwester Asta schuf; sie atmen, äugen, erbleichen, sich entfernen ließ: Ibsen hat mit einem Beethovenklang menschentief das Gesetz der Umwandlung, des Zerrinnens aller menschlichen Beziehungen Gestalt werden lassen ... in verleuchtender Ewigkeit.

Hamsun gibt nach dem Beethoven ein paar Puccini-Klänge; mit zweifacher *Es*-Klarinette; Triangel; Mandoline; Becken; Xylophon; Tamtam. Nach dem starken Ludwig die realistische Oper. Auch sie hat ein Recht, zu bestehen.

Das dicke Ende. Der miese Zoff. Oder: Treppabwärts. Popligkeit, Niedrigkeit, Widrigkeit, Mickrigkeit, Schmierigkeit. Kurz, das bürgerlich-pessimistische Schauspiel: Abnutzung. (Bitte! Von mir aus. Er soll willkommen sein.)

III.

Aber nicht verkennen darf jemand: sein Spiel wird von Banausen erlebt. Nur von halbkaffrigen Menschen dritten Kalibers.

Ein paar nicht eben verblüffende Lotungen werden angestellt ... in wem? In einer schwach gegliederten Brettldame z. D.

Und in einem (auch recht summarischen) Pflanzer.

Feinere Seelenlichter sind fern.

Doch! Die Kunst spielt ja hinein: in ihrer herabgekommensten Form.

Und eine blonde Mädchengans. (Gans oder nicht Gans. Dergleichen, liebe Mitbewohner und später Wiking, es sei wie es wolle, – es ist doch so schön.)

IV.

Abnutzung. So sang eine alte Posse vor hundert Jahren. „Die Schönheit vergeht und die Backen fallen ein – und die Ekligkeit kommt hinterdrein."

Hamsun gibt hier den alternden Mann; und die späte Frau.

Der Mann glücklich – aber jäh dahingerafft. Sie glücklos und im langwierig schimmligen Dasein verharrend.

Hamsun denkt offenbar: „Das Spiel des Lebens sieht sich mulmig an – wenn man zufällig nicht fühllos ist wie der ekle Selbstling des Dramas, Alexander Blumenschön. Oder nicht so fühllos wie der greise Trottel des Dramas, der alte Gatte."

Das junge Mädchen wird enttäuscht. Die Jugend selber hinkt von hinnen.

Der Egoist jedoch (den Herr Abel schlagsicher mit einer nicht übertreffbaren Gemeinheit verkörperte) fühlte sich bar von dem „lebensgefährlichen Vorurteil der Ehre", – wie Strindberg das (noch in der vorverkalkten Zeit) nennt.

Jedoch an diesem kleinen Ausgehaltenen stören recht beleidigende Züge; zu dicke; zu offenkundige; zu sehr an Helmer, den Gatten Noras, erinnernde. Mit derselben ethischen Technik.

Es ist unschwer – und gibt eine falsche Rechnung –: nur Leute fünften Ranges zu zeichnen.

Hjalmar und Helmer von einem schwarzseherischen Iffland kleinbürgerlich wiederholt; verdickt. Was soll mir das?

V.

Der alternde Mann.

Lebensvoll, bejahend, saftig; doppelt hoffnungsreich alles umfassend. Der Wikinger des Werks. Schildkraut.

Prachtvoll – nur das Gewand auf die Dauer zweifelhaft. Aus Argentinien ist er; tut Geld in seinen Beutel; hinter jeder Zofe mit Griffen her; laut; voll Verachtung für die gefährliche Fatzkerei des Dräuend-Formellen, im Leutnant Lynum verkörpert; der mit gewalttätig-affigem Formalismus den Pflanzer, den Lebenskerl, ums Dasein bringt ... und sich in Ahnung seiner Überflüssigkeit mutig abschießt.

Weibshysterie; Liebe zur Jugend; und jene Formen-Brutalität ... darum glitscht hier der Starke von der Hühnerleiter.

Er hätte so gern gelebt ...

Das ist der einzig ans Herz greifende Punkt an diesem Abend.

Eine Schlange beißt ihn; er fragt erst das Mädel, er stellt sich erst dem Leutnant – da ist schon das Gift im Körper tödlich geworden.

VI.

Die Frau. Das Tingelmensch, in bequemere Zustände gekommen. Sie hat noch ein Gedächtnis für die Kunst.

Sie bleibt immer eine, welche das Herz zwischen Schuh und Gürtel trägt.

Frau Eysoldt war nur stark in einem Augenblick des Verletztseins. Nachher und vorher hat sie manches verniedlicht – wie mitunter der Prinzipal.

VII.

Ein Regisseur mit besserem Rhythmus als Reinhardt hätte hier im Aufbau tiefere Wirkungen gebracht.

Wem sagt man dies?

Überhaupt ein Regisseur hätte Wesentliches herausgezwungen, Wiederholendes unbetont gelassen.

Keine Spur davon.

Der Dichter sagt von dem Musiker Fredriksen, welchen Herrn Moissi machte, daß er sich oft verbeugt. Reinhardt sagt: „Oft? Was heißt oft? Immerzu soll und kann er sich bei uns verbeugen! Der ganze Abend wird nur eine Verbeugung sein."

In dieser primitiven, schon oft „siegreichen" Art ging es vor sich.

Mit Tanzschritten. Mit romantischen Mätzchen. Graues Haar soll er haben und aus dem Leben kommen? Bei uns geb' ich ihm lieber braun-spukromantisches Haar ... und er kommt halb aus der Kitschpantomime. Man soll sagen: E. T. A. Hoffmann ...

VIII.

Blätter des Deutschen Theaters. Nu? „Psychologisches Theater. Von Kahane."

„Um irgendein Menschliches, Seelisches handelt es sich auf der Bühne immer."

Er spricht dann von „psychologischer Darstellungsart", die sich „immer souveräner zu Stil, Sicherheit und Reichtum entwickelt". Ob sie sich entwickelt! Das Innerste des Wesens wird „transparent“. Nu, es wird nicht transparent werden.

David Marcus kommt hinterdrein. Warum soll er sich nicht äußern; laß er sich äußern. Er äußert sich (wörtlich) etwas über Selma Lagerlöf, „die die ewige Romantik am schönsten verkörpert in der gesamten Literatur von heute“. Ob sie verkörpert!

Und sie hat Schöpfungen geschaffen, die, wie Marcus erklärt – „die zu jedem Germanen die Sprache des Herzens sprechen“. Kunststück.

„Hamsun“, sagt Marcus, „liebt die Bocksprünge, die zu den Wolken führen.“ Ein Bock – und bis zu den Wolken? Man soll sagen, was ein Bock nicht unter Umständen tut: aber selten ist es.

IX.

Und ein Artikel der Gertrud Eysoldt: „Reinhardt sitzt am Regiepult und leuchtet vor Freude.“ ... „Victor Arnold erklärt mir auf einer Kindergesellschaft in einer Ecke des Zimmers, er wisse nicht, wie's wird.“

Seh' einer an.

Sie „gräbt dem Lauf ihres Naturells ein neues Bett“ ...

Nicht stören.

„Bis es geschehen ist – tut es mir weh.“ Och, das's aber schade. Aber seeehr schade.

„Eine Vision steigt auf – die Bühne, der Abend.“

(Warum haben Sie dann trotzdem nicht überzeugender gespielt?)

8. März 1914

„Was Ihr wollt“

Shakespeare-Zyklus im Deutschen Theater

I.

Im Lustigen war Herr Direktor Reinhardt von je stärker als auf der Gegenseite. Im flinken Tempo; im Hinundher; in der Brillanz; in der Verve; in der Musikbegleitung; also was sag' ich: in der Flottheit.

Freilich die Farben grell, die Hübschheit eingeschmalzt, bis sie unausstehlich wird.

Parvenükunst.

Ich sah jetzt etliche prachtvoll komische Darsteller (vor allem Waßmann) – und einen trotzdem häufig unangenehmen Kitsch in der Regie.

Heinzelmännchen werden eingelegt; neck'sch; mit Laternchen; eine kongeniale Kritik müßte gleich im Fett-Glanz-Schmock-Stil äußern: „Schwarzbeinchen kreuzt die Arme, rümpft trutzig die Unterlippe" und so – weißte. Sudermann. (Treppauf, treppab; so recht gaukelnd, beim Szenenwechsel. Nicht mal zwischendurch soll man aufhören, das Publikum zu fesseln; bittscheen.) Heinzelmännchen, Laternchen. Plötzlich wird ihnen vor sich selber unwohl. Sie stellen sich ab. Zeit war's.

Im ganzen kam die Komik sehr hübsch, ... die Lyrik zweifelhaft heraus. Dazwischen die elektrischen Birnen der Schwarzbeinchen, kurz, die Eingebungen oder die Tree-vialitäten. Husch-husch.

II.

... Zu sehr Partei ergriffen wurde für den Junker Tobias, dargestellt von dem Schauspieler Diegelmann. Nett in der Bezechtheit, im Wauwaumachen. Doch der Kerl ist nicht nur ein Fopper: auch ein Gefoppter. Nicht bloß einmal duhn: sondern meist mit unterirdischem Aufstoß. Hier aber wurde Toby fast zum richtunggebenden Räsonneur des Schwanks. Mag Shakespeare ihm auch ein Gutes erwiesen haben durch die Hochzeit mit Fröken Marie: bei Reinhardt ist er eine ganze Frist beinah der Vize-Shakespeare ...

Er rülpst nicht mehr; er scheint Fädenhalter. Er soll jedoch latent immer ein Schwein bedeuten.

Und die Wirtschafterin, die ihn erträgt, soll nicht bloß lieb, sondern ein immerhin ausgepichtes Frauensbild sein; die vorher genug bekommen hat, vielleicht manchen Mundvoll Humorbiers (das Wort stammt von dem edlen Jean Paul) hinuntergeschluckt hat ... und den ollen Süffel handhaben wird.

Frau Höflich war prachtvoll. Ein Genie dessen, was man knusprig nennt. Aber um einen Schuß zu ... bildsauber.

Die Moser-Sperner bei den Meiningern (ist sie tot?) wäre hier sehr am Platz ..., aber die ganze Maria mit allen verbarrikadierten Winkeln einer sich auskennenden und dazwischenfuhrwerkenden Wirtschafterin, die gibt es ... Doch, die gibt es. Was, Else? Die gibt es.

Königin Elisabeth fraß noch mit den Fingern, Herr Direktor Professor Reinhardt – wie längst in den mannigfachen Kommentatorwerken, womit vierzig bis fünfundvierzig Artikelseiten vor jedem Shakespeare-Drama vollzumachen sind, wenn man die früheren Beurteiler so recht suppig ausschreibt, erwähnt wird. Mit den Fingern fraß Queen Elizabeth. Und für die Marias mit dem Schlüsselbund galt, Herr

Direktor, was bei uns der Logau schmunzelnd geäußert hat: „Wer Kammerjungfern freit und gern Kaldauen frißt – der frage nicht nachher, wer drin gewesen ist."

III.

Der Schauspieler Waßmann als Bleichenwang.

Es ist der Gipfel dessen, was ihm die Berliner zutreibt.

Bellen kann er auch sehr gut; in der Trinkszene. Nicht bloß bellen – sondern wie ein Dackel mit etwas Mauzend-Gähnigem, etwas ganz Hohem nachklappen.

Das kann er sehr gut. Ich hörte das mal auf einem Schiff noch besser, von einem Kroaten; zwischen Neapel und Marseille.

Die Zweikampfszene. Ja. ... Von mir aus! Aber das Stück ist heute doch nicht so gut wie Feydeau. Oder sonst, wenn zwei Schwankduellierer um ein Billard rennen; „Einer von uns muß auf dem Platze bleiben." – „Bleiben *Sie*!!" (Das ist schöner.)

Das andere wirkt halb und halb ja doch als historisches Vergnügen. Wenn hier ein Duellgegner fortwährend wider die Bank haut und die Clownsangst eines August von Renz sel. bekundet – soll ich davon verzückt sein?

Mehr als bei Busch? Historisches Vergnügen. Doch Waßmann war köstlich.

IV.

Moissi: der Narr. (Ich schreibe nicht „Der Narr: Moissi") ...

Wirkungsvoll am Schluß; vom Gesang zum Sprechen übergehend ...

Im Singen soll er „alt und schlicht" sein.

Keine Spur.

Die Spinnerinnen singen das nicht in der freien Luft. Noch die Mägde, wenn sie Spitzen klöppeln. Sondern die Opernmätze, wenn sie *bel canto* vibrieren.

Der Narr mag eine honigsüß reine Stimme haben, ... doch nicht a. G. auftreten; ein verkappter Manrico. (Scheint mir.)

Auch sonst hat Herr Direktor, welcher des Herzogs Schwermut in einer entsetzlichen Theaterbeleuchtung nicht gekonnt hat, etliches von der lyrischen Oper hineingekitscht.

Am Schluß der Saufszene muß Moissi (Einlage mit Empfindung) so recht melancholisch auf der Gitarre klimpern, aber so echt schwermütig, na! was dem Briten William nicht eingefallen ist: das gibt solche schöne Stimmung, weißte; o du mein Wien, mein Wien, mein Wien; *placida è l'onda, prospero il vento;* (der Vorhang fällt hierbei).... Nein! dieser trotzdem von Trommeln und Pfeifen umwindete Narr ist ein Gegenpol wider die Lustigkeit: aber *commedia dell'arte*, – nicht Viktor Neßler. „Ooo Läonoooore –"

V.

Malvolio: Bassermann. Verzeihung. Bassermann: Malvolio.

Sehr aufsehenerregend; aber gänzlich falsch. Zuerst wie ein kranker Vogel.

Shakespeare will ihn als einen vornehmtuerischen Dummkopf; eingebildet; höchst zufrieden mit sich.

Hieraus machte der Schauspieler, wie gesagt, was Melancholisches, Mitleidwertes, Kränkelndes – – und sein Regisseur wußte nicht: daß nun, wenn er gefoppt wird, statt des Anodynon etliche Brutalität hineinkam.

Kollege Tree hat im Gesichtsausdruck und im Gang Malvolios in größenwahnsinnigen, würdig-stumpfen Zügen seinen Gipfel erreicht.

Mit einem deutschen Malvolio, dacht ich, bekäme man Erbarmen – und es müßte schöner sein.

Das Endergebnis ist jedoch: die Empfindung einer Brutalität; wie sie dem Falstaff oder dem Shylock (bei dem Gefangenen William Shakespeare) damals widerfahren mußte. Hinweg! Zu Feydeau, meinethalben zu Shaw!

Ich will keine historischen Vergnügungen.

VI.

Fräulein Terwin als Mädchenknabe war falsch verwendet. Intellektuelle Kreatur einer größeren Stadt. (Tanzt *one-step* und ist bereits unverstanden.)

Else Heims jedoch mit dunkelrötlichem Haar – entzückend. Besonders im Profil.

Entzückend.

Alles in allem: der Spaß einer Bildungsangelegenheit.

Mit Zirkus – den man unter solchen Umständen hemmungslos (und immer noch gebildet) bewundert.

Ich sehne mich nach Humoren, die uns angehen. Selbst wenn sie ohne Flottheit sind.

O dolce Napoli. Husch-husch. 15. März 1914

Karl Vollmöller: „Das Mirakel"

Aufführung im Zirkus Busch

I.

Manches Schöne gab es. In dieser Gattung ist Reinhardt vorzüglich. (Ob die Gattung vorzüglich ist, bleibt zu erörtern.)

Er bot Prachtvolles im ersten Drittel des Werkes.

Und wenn man findet, daß er hier außerordentlich am Platz ist, soll in das Lob gar nichts Ironisches hineinklingen.

Man hat nicht etwa lächelnd zu äußern: „Tja, das kann er." Sondern ganz einfach: Das kann er.

Wenn jemand ein Okarinastück trefflich vorträgt, hielt' ich es für unrecht zu sagen: „Aber sein Flötenspiel ist mir nicht immer angenehm" –: da er doch hier nicht Flöte spielt; sondern trefflich die Okarina bläst.

II.

Der Anfangsteil war glänzend. Und wie manche Dramatiker nicht in der Haupthandlung, sondern in Episoden stark sind: so war hier ein Seitenpunkt am wirksamsten; Heilung des Lahmen durch die wundertätige Muttergottes.

Das liegt ... allerdings in der Vorgeschichte. (Die Hauptgeschichte hat zum Kern: Flucht und Erdenwallen einer schönen Beguine mit Welthunger und Minnedurst; sowie deren Rückkehr; und Gnade durch Maria.)

Insofern war kein Bau in der Regie: das erste, das beiläufige Mirakel war viel stärker als das wichtigere zuletzt. (Der Hauptpunkt lag vor dem Beginn der Geschehnisse.)

Der Fluß zeigte somit etliches Versanden ... statt einer rauschend herrlichen Mündung, mit „Thalatta! Thalatta!" wie es sein müßte.

Man hat, *in summa*, das Gefühl: als ob er kurz nach dem Entspringen einen reichen See bildet und hernach in langem Laufe trocknet.

Aber dieser See war kennenswert.

III.

Welche Eindrücke gingen von hier aus? Man sah die Gier bresthafter Leute; den Umriß davon. Alle Hände gehoben; Rufe, halb erdrückt; wie von einer Taubstummenversammlung, ein Vorwärtsschieben; ein Schwellen; ein Warten: schreitet er, sinkt er, steht er? ein Nervenstoß, als wenn bei Hebbel-Aufführungen der stumme Daniel plötzlich

„Steiniget ihn! Steiniget ihn!" zetert; hier ein Massenzucken; es ist gewissermaßen ein kataleptisches Ballett ... Aber solche Dinge wollen gekonnt sein.

IV.

An Bildwirkung hat Reinhardt in Breslau mehr gegeben: wo im „Jahrhundertfestspiel" bis unters Dach schräg hinauf Umrißwirkungen farbig gestaffelt waren: die hier, bei geringen Unterschieden im Gelände, nicht erreicht werden konnten.

Die Bilder von Breslau wird er kaum wiederholen; dafür hoffentlich, was in den feierlosen Menschendramen Gerhart Hauptmanns, dessen Paulus er nun werden soll, an Kernechtem, Seelenwüchsigem, Keimhaftem steckt.

So oft du kommst, du sollst willkommen sein.

V.

Der Zirkus war als Gotteshaus markiert; maskiert. Sogar auf skeptische Seelen wirkten die bunten Fenster oben. Auf mich, wenn ich offen sein soll, kaum.

Denn was ich an Kirchen auf dieser Erdkugel gesehn und geliebt habe, bleibt in solchem Wettbewerb unüberwindlich. Wer an Stunden in Tours denkt; wer die schönste Kirche der Welt, die sevillanische Giralda (nicht die Peterskirche) nie vergeßbar in einem Winkel seines Gedenkens hält; wer in Straßburg den Tag des heiligen Arbogast, als glücklicher Außenseiter, durchlebt hat; wer in Lourdes die wirklich Lahmen bejammerte; wer in der Grabeskirche von Jerusalem um Ostern das heilige Feuer vom Himmel nicht fallen, aber doch von wahnwitzigen Läufern mit Fackeln verbreiten sah ...

Aber nein, das alles zählt nicht; sondern wer in irgendeiner namenlosen, ungesternten, winzigen Kirche von Tirol oder Appulien in der Dämmerung vom Beichtstuhl friedvolles Zischen vernommen hat, rechts oder links eine ganz unnotabel bemalte Leinwand im letzten Tagesschein erschreckend anstarrte, dann still überflog; wer, gleichviel in welcher Größe des Raumes, Schritte hallen gefühlt (und Menschen knien gesehen und die hübsche Kälte des Weihkessels verkostet hat): der sitzt vor dem Vollmöllerschen Mirakelstück wie einer, der Lichtbilder in das Stereoskop schiebt. Mögen sie schon doppelt plastisch hergerichtet sein.

(Ach, Chioggia, bei Venedig ein Inselchen, hatt' ich vergessen ...)

An alles das aber dachte man sehnend vor dem Muttergottesausstattungstück im Zirkus. Vor dem Heiligenkino.

VI.

Zwischendurch an „Schwester Beatrix“ von Maeterlinck, welches denselben Stoff behandelt; himmlisch dargestellt von der Sorma; durch Reinhardt edel inszeniert in besseren, minder bekannten Tagen, als ich nichts unversucht ließ, ihn – zur Zeit einer vorübergehenden Stockung und Stauung im Theater Deutschlands – auf den Schild zu heben. (Was ja auch gelungen ist.) Als es für etwas noch nicht so Einleuchtendes, von Nebenerscheinungen vorläufig Ungetrübtes zu wirken galt.

Bei Maeterlinck erfuhr man mit zwei Worten tiefer, was der Nonne begegnet war ... als hier im ganzen Zwischenspiel mit körperlicher Pantomimik. Das Einzelne ließ öfters an Julius Wolff denken.

VII.

Humperdincks Musik ist volkstümlich; meisterlich angepaßt.

Von dem Kirchenchor klang aber etwas zu viel. Stärke der Kirchenmusik ruht bei solchem Anlaß im Einsetzen ... niemals im Fortsetzen. (Heiliger Johann Sebastian Bach!!)

Das Herrlichste blieb die Muttergottes.

Hinter dem Namen Maria Carmi verbirgt sich im strengsten Inkognito eine ganz Unbekannte, namens Gilli. Und nie werdet's ihr erfahren, daß sie die Gattin Karl Vollmöllers ist.

Über Vollmöllers Werk läßt sich streiten; über Vollmöllers Gemahlin und ihre Kunst im geringsten nicht.

... Sie sprach kein Wort. Und sie war dennoch die Schmerzhaftigkeit; und war die Gnade; und war die Mutter; und war die Schwester; und war der milde Tod; und war die Hoffnung.

Und war nicht das Gesetz.

Sondern war das Glück. 2. Mai 1914

„Baumeister Solness“

Lessing-Theater

I.

Wieviel Dramen sind es? Drei; vier nebeneinander. Fünf? Zu einem wachsend.

Alternder Solness, – Hilde kommt. Ein Greis ist er noch nicht, aber man gedenkt jenes greiseren, der gebettelt hat: „Sag' der Sonne, daß sie wieder Glut in meine Adern gieße; sag' dem Lenze, daß er wecke in der Brust die Nachtigallen –." Hilde kommt. Aufflackern. Sehnsucht nach der Umkehr. Einmal noch.

Und der Greis fühlt doppelt schmerzlich
Seine Ohnmacht bei dem Anblick
Jugendlicher Überkräfte –

Ja: es gilt für Solness aus Norderheim wie für den spanischen Mann, welcher die „Irrfahrt" versuchte „nach der Insel Bimini". Solness der Baumeister kommt mit zersplissenem Hirn und geknacktem Schädel in das Land, wo es kein Altern mehr gibt. Das Königreich Apfelsinia der Prinzessin Hilde bewohnt er – einseitig. Immerdar.

Immerdar in ihrem Gedenken. Er ist ihr, ihr, ihr Baumeister; und wird es für die Frist eines kurzen, wunderreichen, wilden Wahnlebens, Traumlebens, Wunschlebens, eines ewigen Mädchenlebens bleiben – immerdar.

Kalt wird sie sein, Menschen kippen, Seelen löschen, von dem einen und andren jüngeren Freund zwischendurch Körperglück verkosten. Wie abwesend. Jedoch den Schatten dieses Einen umschlingen, der ihr Baumeister war. (Und früh, jählings untergehn. Sterbend bleiben was sie ist: Jugend.)

II.

Das wäre von den Dramen eins. Wieviele sind es? Heißt das Werk „Bimini" –? Oder „Doktor Pascal"? Oder „Kaiser Karl"? Oder heißt es „Der alte König" – ? „Und da der König David alt war und wohlbetagt, konnte er nicht warm werden, ob man ihn gleich mit Kleidern bedeckte. ... Da sprachen seine Knechte zu ihm: ‚Laßt sie meinem Herrn Könige eine Dirne, eine Jungfrau suchen, die vor dem Könige stehe, und seiner pflege, und schlafe in seinen Armen, und wärme meinen Herrn, den König' ..."

Oder heißt es „Der Blender" –? Oder „Der Emporkömmling"?

Oder heißt es „Der Künstler"? „Der Schaffensmensch"?

Oder heißt es „Die Macht der Wünsche"? „Der Wunsch als Tat"? „Die Wirkung in die Ferne"?

Oder heißt es „Schuld und Sühne" –?

III.

Ibsen, dieser eisig alte Tüfteling, mühsame Bürgersmann, Genauigkeitsmensch redet in der spießigsten Sprache, krauchend, mit Ach und Krach, die fernsten, verstiegensten, zitterndkühlsten Herrlichkeiten.

Altersliebe – das allein ist es nicht. Sondern ein Kerl atmet, leuchtet und stirbt, ein Schaffer, ein Ringer, ein Arbeiter, ... der drei Reiche durchquert. (Das ist wieder ein anderes Drama.) Das Reich des Glaubens – als er Kirchen schuf. Das Reich des Menschenstaats – da er Heimstätten schuf. Das Reich der Träume – da er Luftschlösser schuf.

Luftschlösser „mit einer Grundmauer"?

Luftschlösser mit einer Hilde!

IV.

Welches ist das dritte, vierte, fünfte Drama? Das Drama vom Betrug des Gestiegenen? Solness, der Schwindler; der Blender. War er wirklich groß? Er schreitet über die Alten weg, macht seinen Vorgänger im Baufach kaputt. Er schreitet über die Jungen weg; unterdrückt einen, der sein Nachfolger werden könnte, sein Überschatter. Er schreitet über die Frau weg. Über die Kinder weg. Er schreitet über die Braut eines andern weg.

Welches neue Drama lugt vor? „Der Tyrann"? Er ist es geworden, als Gestiegener. Er drückt ringsum durch Mittelchen alles. Er läßt Könner nicht hochkommen, hält Keimendes künstlich unter dem dicken Absatz. Er hat sich überlebt, wenn seine Geltung noch leuchtet; vielleicht am strahlendsten leuchtet.

Hilde kommt – und weckt ihn. Was erlangt sie? Von den Mittelchen zu lassen; offen, tapfer zu sein; über sich hinauszutrachten; zu tun, wozu er nicht schwindelfrei genug mehr ist (vielleicht nie war). Usurpaterich! Aus der Hand eines Jüngeren nimmt er nun den Kranz, des unterdrückten Gehilfen, Blätter und Blumen von ihm, steigt empor, bricht sich den Deez.

Dies Drama heißt: „Der Held wider Willen".

Er konnte nicht mehr groß sein. Der innerlich Versumpfte ward aber doch groß, als er hinaufstieg. Er wird zum Wikinger, als er ein Ende macht mit kleinlichen Mitteln.

Ein Held? Das Traumbild einer anderen. Dies Traumbild, das von ihm ein Mädelchen, eine Jugend hat, will er zur Wirklichkeit entbrennen lassen. Weißt du, Hilde, was er ist? Der „Schauspieler deines Ideals", hätte Nietzsche geäußert. Zersplissenes Hirn, geknackter Schädel.

Das Drama hätte meinethalb – und vorletztens – heißen können, wie Björnson sowas benennt: „Über die Kraft". Und im zweiten

„Faust“ steht sein allerletzter Titel; ein Satz für das langsam wachsende Werk dieses hohen Genius aus dem Eisschrank: „Den lieb' ich, der Unmögliches begehrt.“ (Außerdem sind noch elf Dramen darin.)

V.

Solness braucht kein Blender zu sein; kein überlebter Schwindler; der im Sterbesturz erst groß wird. Solness kann den Wirkenden bedeuten – gegen den hundert Kräfte der Welt, der benagenden Zeit, der steten Geschlechterfolge, des Neuwerdens, der nie erweichten Wandlungsmacht ihr Gesetz erfüllen.

Er kann der Schaffensmensch sein, der sich einführt, sich durchsetzt, sich dann wehrt, sich verliert, sich rafft; holdeste Hoffnung und süßesten Sporn am Abend erblickt – und sinkt. Und eins von den vielen Dramen, die darin verborgen hausen, heißt glückselig und schmerzvoll: Das bist du.

Wenn aber so nicht, dann heißt es: Das wirst du sein.

VI.

Und wer es anschaut, fühlt in allen Adern die Gloria: noch fern von dem Nebelgefild auf dem Roß zu sitzen; Maiensträuße zu schnobern; dummen Feinden mit Lächeln eins in die stockigen Zähne zu haun; trotz wehem Krieg die Luft an dieser gequetschten Kugel nicht loszulassen; den Taumelbecher längst nicht mit einem Abendsüpplein zu füllen; hinter hundert Ranken die Augen der Hilde zu grüßen; abzuwinken; von sterbenden Freunden dem Tod freundlich empfohlen zu sein; und einen Wunsch zu haben: dreimal geboren werden; dreimal sterben; dreimal leiden; dreimal von vorn anfangen. Hundertmal dafür danken.

VII.

Wieviel kam von alledem im Lessing-Theater heraus?

... Bassermann ist aus Nordland. Wenn auch nicht von dem zielstarken, klimmsicheren Schlag. Er hat in sich die wechselvollen Möglichkeiten, herrlich schießen sie durcheinander, – doch ob er die letzte gibt, weiß ich nicht.

Die Mannigfachste bringt er. Auch das Höchste?

VIII.

Ich habe mitunter ein schauriges Gefühl, wenn er vor mir schreitet, steht, spricht, Bewegungen macht. Ich sehe plötzlich – mag es zum

Oranien sein, wenn Egmont politisch Überzeugtes wundervoll aus ihm sagt, mag er als Baumeister sein Inneres mit Wort und Gebärde lüpfen – ich habe das schaurige Gefühl, daß es lebensecht, voll stärkster Täuschungskraft und doch nur mit Gebärde, Wort, mit gespenstig seelenloser Beseelung dahinzieht. Das ist ein Toter, der jemand eine Maske weggenommen hat. Ein Puppenbold. Ein Automat ... der sich mit ungeheurem Fleiße täglich selber aufzieht: um als ein Mensch zu gelten.

Das alles, was er spricht, ist ja nicht wahr! Weg mit der Komödie. Zurück ins Grab. Du rührst mich nicht. Kein kostbarster Galvanismus wiegt ein elendes Wort zitternden Empfindens auf, das an meine Seele packt ... und etwas in die Augen steigen läßt. Behängter; Umhüllter mit fremdem Gut, wo hast du deine Schlafstelle nachts? Lemur mit geborgten Kleidern und einem Taschentuchzipfel aus der Brusttasche. Leugne nicht.

IX.

Es könnte geschehen, daß die Ankurbelung mittendrin abgelaufen ist, schnappt, daß du dastehst mit offenem Mund in aller Blöße, herzlos, hirnlos, ein hervorragendes Instrument, mit allen Listen zusammengeschweißt – und bloß von einem Gott verlassen.

Er dreht als Halvard Solness mitunter die Augen auf; er zeigt Unruhe; er „unternimmt" sichtlich einen Zug des halben Wahnsinns; er zieht an der Schnur für die Pupille, dämonisch zu sein. Er täuscht (dies ist an der Leistung ein Gipfel) Klugheit vor: ohne sie zu haben. Als könne man durch Willenskraft Verstandeskraft nachbilden, befehlen. Kurz: er mimt Intellekt – wunderbar.

Und in diesen Worten ruht nicht bloß der Solness dieses Künstlers. Sondern er selber; seine ganze Kunst ist hier gezeichnet. Und wenn ich mitten im bewegten Augenspiel, im durchrosteten, durchquengelten Stimmklang, inmitten einer leidenschaftlichen Glutwendung auf die Bretter stürze, Farbe zu bekennen ihn zwinge, seine Hand fasse, ... so wird seine Hand in meiner bleiben, sich vom Körper lösen, ich werde sie still in die Tasche stecken, und der Gliedermann fällt nach hinten um.

X.

Ein Vergleich mit Brahm soll nicht stattfinden. Es war keine Regie.

Herrlich die Grüning als Frau. Herrlich Fräulein Irmgard von Hansen als Kaja. Bei ihr wäre Solness geblieben – er hätte sie nimmermehr für diese Hilde geopfert; welche Bassermanns Gattin zu spielen unternahm. Es gibt im Alltag einen Nepotismus. Beim Theater gibt es einen Uxorismus.

Auch die sorgsamste Rücksicht wider jemand weiblichen Geschlechts kann im geringsten nicht verhehlen, daß Frau Bassermann eine Art Fett in ihrer Stimme hat. Daß sie für gewisse Börsendamen denkbar, für Hilde Wangel unmöglich ist. Zumal in einer Matrosenjacke mit seraphischem Barrison-Gelock.

Infandum, regina, jubes renovare dolorem.

Durch ihr Mitwirken wurde dies wertvolle Haus vorübergehend zu einem Gastspieltheater. 7. April 1915

Tschechow: „Die Möwe"

Residenz-Theater

I.

Die Symphonie der Schlapplinge. Doch eine Symphonie voller Schönheit.

Im glanzlos Verrinnenden, im Stumpfen recht herrlich. Aber zu betrübt – wirklich zu betrübt.

Alle leiden hier durch die Liebe ... oder durch Nichterfülltheit im Leben. Hat sich was. Allen ist mies. Keiner ist geworden, was er werden wollte. Der Staatsrat nicht; der Novellenschreiber nicht; die Verwaltersfrau nicht; die Gutstochter nicht; das Lehrerweib nicht; der dichtende Jüngling nicht. (Bloß die Schauspielerin ist geworden, was sie wollte – die Gans, voller Genugtuung. Vom Erfolg befriedigt. Vom Rampenruhm beglückt. Von Huldigungen in Odessa voll. Mit einem Wort: ein Viech.)

II.

Die Edleren kranken dahin. Halt – noch ein Arzt spielt mit, er trägt den deutschen Namen Dorn, der hat sich in die Wurstigkeit gerettet, ist immer zu dem ehrlichen Geständnis bereit, daß man da nichts machen kann, verordnet nur Baldriantee; oder Selter.

In der Tretmühle stecken sie. Finden die Menschen nicht, die sie möchten. Kurz, daß ich's ganz zusammenraffe: ihnen ist mies; mies; mies.

III.

Trotzdem bleibt es, wie gesagt, ein herrliches Stück.

Am besten kommt ein Schriftsteller weg, nicht mehr jung, den zwei Frauensbilder wollen: ein reines Mädel (der schlappe Hund läßt sie dann sitzen mit einem Kinde, – Schmierian, Schmierian!) – und jene Schauspielerin.

Ah nein, die Schauspielerin kommt am besten weg. Denn jeder liebt in diesem Werk zwar unglücklich eine andre Person, dies Weibsstücke jedoch liebt sich selber am heftigsten; ihren Erfolg in Odessa; (und so). Der Herr vergibt ihr, denn sie weiß nicht, was sie tut. Die Gans bleibt am glücklichsten.

IV.

Das Werk enthält eine Reihenfolge der Verkrachten. Bunte Kette der Stöhnenden. Kranzgewind aller Zermürbten. Eine Schar, die nach Liebe steht ... (wie ich nach Butter stehn möchte).

Der Lehrer liebt die Verwalterstochter. Aber die liebt einen durchschnittlichen, gewissen Kostja. Kostja liebt (seinerseits) das blonde Gutsmädel. Das Gutsmädel liebt, ihrerseits, mit allen Ganglien der nie beschmutzten Seele den berühmten älteren Schriftsteller. Er, seinerseits, ist, ohne zu lieben, halb aus Bequemsein, der schauspielerischen Gans verhaftet.

Ein edleres Los hat ihm nie geblüht? *Alas, poor Yorik!* (Der Engländer, so diese Worte schrieb, ist seit längerer Zeit verstorben.)

Es sind also faule, nuttige, mickrige, poplige Menschen. Ohne Siegerkraft.

Slawisch Leidende. Heut, wo die Welt auf der Kippe steht, empfindet man es doppelt stark.

Haben sie keine Selbstwehr? Haben sie keine automatische Klappe, die herunterfällt, wenn aussichtslose Leidenschaft übermächtig zu werden droht? Bei adligeren Wesen gibt es das. Die müssen ihre Sendung hüten.

Liebe heißt zwar „Glück ohne Ruh". Doch wenn man *in extremis* ist, wünscht man eine Ruh ohne Glück – falls die Sendung gefährdet scheint. Aber besitzen die Trauerklöße dort eine Sendung?

Und wenn sie eine hätten! Besäßen sie die Kraft, glücklich zu werden? Mit allem tiefsten Mißtrauen im Glück? Mit wechselseitiger Eifersucht? Vielleicht mit einer Hoffnung, dennoch alles aufzubauen – daß es über die Grenzen eines Lebens, über das Grab hinaus, wie ein Wunder, höchsten inneren Bestand fände?

V.

Der durchschnittliche Kostja begegnet nach zwei Jahren der Gutstochter, dem reinen Mädel, das er geliebt ... und die sich dem berühmten Schriftsteller mit Haut und Haaren geopfert, selig hingeliefert hat. (Der Schmierian läßt sie, wie gesagt, im Stich.)

Er selbst könnte sie jetzt wiedernehmen. Geboren hat sie; das Kind ist tot. Von der Welt Unfläterei ward sie bedeckt. Er könnte jedoch zu ihr sagen: „Werde kein Bühnenfrauenzimmer! Was du bisher ausgefressen hast, soll auf einem besonderen Blatt stehen. Von heut ab sei mein. Versuche wahr zu sein – Luder, wenn es dir auch schwerfällt. Sage mir, was in dir vorgeht; und verziehen ist alles. Von jetzt ab. Von morgen, dem achtzehnten April ab, bist du rein!"

Aber der durchschnittliche Trottel Kostja schießt sich tot.

Meinetwegen. Ein Schlappschwanz weniger. Ein Fatzke. Wenn er schon kalt ist, kann sich niemand ein Bein ausreißen.

VI.

Es bleibt, wie gesagt, ein wundervolles Werk.

Die Welt steht auf der Kippe. Die Liebe jedoch ist unabhängig vom Schicksal aller Völker. Man äußert zwar zu diesen Menschen: „Eure Sorgen möcht' ich haben – mitten im Weltuntergang!" Aber man ertappt sich im nächsten Augenblick, daß man wirklich im Weltuntergang ihre Sorgen hat.

Ja, mitten in dem großen Muspilli, mitten in der Sintflut, mitten im Weltgebebe wächst in manchem der Wunsch: ein Einzelglück zu durchkosten – das von keiner Flut erreicht wird, von keinem Brand, von keinem Erzittern, von keinem Magma, von keiner dunklen Zukunft.

Eine Stunde kann mehr schenken ... als die Furcht eines Jahrzehntes bedrohen darf.

Jeder Mensch bekommt sein Glück von einem Menschen. (Sein Unglück von niemandem. Aber sein Glück von einem Menschen.)

Jenseits von der furchtbarsten Zeit, die nur besser zu werden vermag; jenseits von Schlachten, deren Trauer nicht mehr irdisch atmet – jenseits grüßt man abermals alles, was lebt.

Alles, was unser ist; was nie sterben kann, wenn es einmal gewesen ist. Alles, was dieses Dasein lohnt.

VII.

Wollte sagen: das gleiche Stück ist von dem gleichen Bühnenmann schon vormals gespielt worden. In der Königgrätzerstraße. Herr Direktor Eugen Robert kann somit Herrn Direktor Eugen Robert vorgehalten werden.

Dazumal war der Eindruck stärker. Das liegt mehr an der Zeit ... als an ihm.

Dazumal wie heut erklang der Cis-Moll-Walzer von Chopin. (Zu langsam.) Dazumal wirkten (wie ein *criticus* festzustellen hat) die Bertens und die Roland. Heute Frau Valetti (sie gab die Schauspielerin; etwas zu grotesk belastet, weil ihre große Kraft hier kein Genüge fand); und Fräulein Gussy Holl, – die mehr pflanzenhaft war als die sehr bewußte Vorgängerin.

Den Schriftsteller versuchte Herr Kaiser-Titz. Er gab einen äußerlichen Umriß. Und war ein Bealina.

Fräulein Helene Burger, die Schulmeistersfrau, seit Jahren kaltgestellt, zeigte, wie sehr sie gewachsen ist. (So wie man eine fremde Sprache besser spricht, wenn man sie ein Jahr nicht gesprochen hat.)

VIII.

Der Gang des Ganzen war genügend abgeschleiert; gedämpft; eintönig.

Nirgends Zerreißungen. (Ein Bürger Berlins schreibt mir manchmal köstliche Briefe, worin er eine Tragödin vom Sonntagnachmittag als Eisrieke oder Harfenjule darstellt.)

In jedem Fall gab es, wenn auch mattere, so doch ernste Kunst.

19. April 1917

Heinrich Mann: „Madame Legros“

Lessing-Theater

I.

Vor zwei Jahren schrieb ich, daß die Weltgeschichte besser werden könne durch das Eingreifen der Frau. Dies ist mein Glaube – nachdem das männliche Schalten seit etwa fünf Jahrtausenden immer dieselben, hinreichend bekannten Ergebnisse gehabt.

Der Mann, in seiner lastenden Voreingenommenheit, sagt allemal: „Ja – aber.“ Die Frau, in ihrer lichten Triebhaftigkeit, sagt: „Ja – also.“ Sie wird das Unmöglich-Scheinende möglich machen.

(Was kein Verstand der Verständigen sieht, das übet in Einfalt ein kindlich Gemüt.)

Alles Nähere hab' ich damals in der Zeitschrift „Wieland" geäußert.

Heinrich Mann stellt also mit Recht eine Frau in die Mitte. Sie bringt aus Ahnung, aus Trieb, aus einfacher Besessenheit, aus Kurzsicht, aus Güte, aus Nichtanderskönnen, aus treuherzigstem Eigensinn den Stein ins Rollen. Sie bringt eine Welt vorwärts ... weil sie schlicht sagt: „Ja – also!"

II.

Im Zeitalter des nachhallenden Naturalismus gibt es hierfür, bei Heinrich Mann, eine naturalistische Begründung – nämlich der Frau starb unlängst ein Kind, bevor sie es zur Welt gebracht.

Daher (so könnte man es deuten) bemuttert sie, in ungestilltem Muttertrieb, irgend etwas, was ihr vor die Flinte kommt, vor die Hände kommt, vor die Seele kommt. Das ist ein unschuldig im Turm Schmachtender; seit dreiundvierzig Jahren im Kerker vergessen.

Die junge Frau wird gewissermaßen dieses Greises Mutter, möcht man sprechen. Er wird ihr Kind, – wie alle Shakespeare-Deuter seit Olim betonen, daß Cordelia die Mutter des Lear wird. Die Strumpfwirkersfrau handelt für ihr neues Kind, den Greis, entschlossen wie ein Pelikan.

Sie duldet alle Schmerzen jenes vielleicht sagenhaften Vogels, der das eigne Blut den Jungen zur Tränke geben soll.

III.

Ihr Schmerz aber entspringt folgender Einsicht. Sie vermag zwar das Gute durchzusetzen – doch nicht, weil es das Gute bedeutet und die Menschen es wollen: sondern dank einem sogenannten Zufall; oder weil sie menschliche Schlechtigkeit ausnutzt. Weil jemand vom Hof an ihr Gefallen findet; weil der sie rettet. (Wäre sie häßlich, käme sie kurzerhand ins Loch; ihr Streben endete hier; kein Unschuldiger würde befreit.) Und so.

Man sehe genauer hin. Sie vermag das Gute durchzusetzen, weil sie hübsch ist. Weil sie ihren Leib jemandem als Lohn verspricht. (Nicht wie Victor Hugos opfernde Heldin Marion Delorme, um einen Geliebten zu retten; sondern einen unbekannten Greis zu retten; Verschärfung.) Weil sie ferner den mächtigen Hofmann an seine mächtigeren Widersacher verrät.

Mit einem Wort: Das Edle vermag sie durchzusetzen, weil sie unedel handelt. In dieser Art. (Aber unedel sind halt nur die Mittel, edel bleibt ihr Zweck: die Befreiung des Unschuldigen. Auf eine solche Weise.)

IV.

Sie hat also, wie man erkennt, Goethe gelesen, als welcher sagt, daß der Handelnde stets ungerecht sein muß. Sie hat überdies Renan und seinen „Nemipriester" gelesen, der beim Tode des Remus fühlt: ein Brudermord geht jeder Stadtgründung voraus; jede Stadtgründung muß auf einem Brudermord ruhn. (Ich weiß bloß nicht, ob es wahr ist.)

Zuletzt reut es sie, den Unschuldigen befreit zu haben – er kann ihr gestohlen werden; denn der einzige Mensch vom höfischen Ufer, den sie bekehrt hat, ihr Edelmann, wird nach der Enthaftung des Kettengreises, just er, derstochen.

Einen Unschuldigen hat sie befreit, – na schön; doch einen von den Unterdrückern hat sie edel überzeugt, und eben dieser, der einzig Gerechte, wird von der ..... sagt man nicht: blinden Wut eines kurzsichtigen Mobs –– weißte?

Eine innere Stimme murmelt: Mich umweh'n von Zeit zu Zeiten ... dicke Dagewesenheiten.

Manns knetende Finger verwenden hier Ton, der schon öfters gebraucht worden ist.

Ein Sucher im Epischen wird im Drama ... volkstümlich.

Wenn es den Leuten entgeht, weiß es doch einer: Mann.

V.

Das Werk hat sein Plus und sein Minus.

Für ihn ist es, was für Maeterlinck die „Monna Vanna" bedeutet: der Schritt ins Breiter-Verständliche; die Tat für den bevölkerten Sperrsitz; der Handelnde wird immer ungerecht sein.

Doch um diese Judith aus dem Weißwarengeschäft schimmert Einsames und Liebliches. Das ist die Frau; das Kindhafte; kindhaft noch im Bemuttern; das Triebzähe, das Besessene, das auf den Zweck losgeht – ohne die Erdschwere von uns Mannsen, die wir energisch, aber dumm sind (während ein Frauensbild zwar dumm, aber höllisch g'scheit ist) – alles dies zusammen ist es, was dem Werk eine Linie der Anmut, Abgetrabtheiten zum Trotze, schenkt.

Am Schluß wird jene Jeanne d'Arc des Gewissens wieder die kleine Frau im Haus; Gattin ihres lieben Mannes, die still Bänder auf Häubchen setzt; die aufatmet, daß der Spuk vorbei ist.

Allerdings eine seltene Nummer. Die mehrsten hätten sich – „darauf hinauf" – protzend einem anderen in die Arme geschmissen. (Nun, auch die Legros hätte vielleicht. Aber er wird ja zum Glück derstochen.)

... Fein ist ferner, wie Mann die Abstumpfung des Gefühles betont: das unvermeidliche Nachlassen. Sie leiert her, was gestern wirklich ihr Herz durchkrampft hat. Ein Überdruß auch am Echten tritt ein. Ein Abhaspeln – trotz der Echtheit.

(So wie ein Schmerz am offenen Grabe manchmal nicht mehr so urmächtig ist wie eine Stunde zuvor ... und doch betätigt sein will.)

Fein ist auch jener Zug an dem Edelmann: daß er nicht an das Gute glaubt – aber sehnlich glauben möchte.

Zwar hat er diesen Charakter nicht ... doch er schildert in mehreren Sätzen diesen Charakter an sich.

VI.

Bleibt das Minus. Fast alles wird in der Sprache des kleinen Plötz vollzogen.

So sprach das achtzehnte Jahrhundert nie; so spricht unvollkommen Übersetztes aus dem achtzehnten Jahrhundert.

Dünn bleibt schließlich die Grundgestalt. Gesetzte Worte, statt eines hinreißenden Gefühls.

Manchmal wirkt es wie ein Sardou mit Ethik und lässigerer Mache. Der Dichter ist nicht unbeseelt – doch ohne Starkstrom. Ich gewahre ... leidlich hergestellte Verbindungen, statt blau knisternder Fülle, die weckend sein kann oder tödlich; die umgestaltet.

Man folgt hier einem Zeichner, der warm sein will und kühl ist. Bei dem es oftmals nicht auf Sparsamkeit hinauskommt, sondern auf Spärlichkeit.

Noch seine bessere Wärme hat Verquältes.

(Nicht strömend-hemmungslos-kitschig zu sein ... und auch nicht stockig-krauchend-dünn zu sein, sondern in Durchseelung ein Meister; mit Vollblut ein Bezwinger; im Leuchtstrom ein Herr: darauf kommt es an.)

VII.

Der Pfadsucher in Novellen mag hier stärker wegen der Gesinnung des Dramas verehrt sein als wegen der Künstlerschaft.

Ein Problem ist hier weder so vielfach gewendet wie von einem Ibsen (der „Volksfeind" ist abermals einer, der arglos das Gute will und

Unannehmlichkeiten davon hat) – noch so stark im Aufpeitschen des Gewissens wie bei Tolstoi, wenn der das Licht in der Finsternis scheinen läßt; wenn er Menschen umkrempelt. ... Sondern ein Literat zeichnet hier mit gutem Stift etwas Ethos. Ein Kunstarbeiter, der nicht bis zur Meisterschaft klimmt – hinter dessen kaltem Fügen und Ausspähen etwas Warmes überglast, entfernt, falb und schwindsam zu erkennen ist.

Anderes Gleichnis: er wirkt, als hätten die zwei Hälften seiner Seele sich nicht verbündet ... sondern einander geschwächt.

Lieblich bleibt jene Linie des Ganzen. Doch für ein anspruchsloser gewordenes Zeitalter.

VIII.

Die Straße, bei Barnowsky, war wach. Die Häuser bewohnt. Die Nachbarn lebend.

(Nachher muß Klossowski, der diese Herrlichkeit schuf, sich gegiftet haben: als das Boskett ungeschickt grell beleuchtet war; wie Papier mit Schweinfurter Grün. Dämpfen! Tönen!)

Heinrich Mann wird eine Frau Legros nicht wiederfinden, wie die jetzige. Auf den Theatern Deutschlands ist hier das Höchste. Nämlich ein Mensch. So begnadet, daß nie ein Mangel zugestanden ... nein, daß nie ein Mangel vertuscht werden darf. Doch sie hatte keinen; die Lossen.

Bloß mit dem tiefsten Dank für einen Vorgang letzter Beseelung ist es hier getan.

Keine Petroleuse – sondern ein wirklicher Engel.

Als der Dichter ihre Hand faßte, trug sie ihn hoch über das Haus.

IX.

Der Edelmann, Herr Goetz, war fehl am Ort. Das muß ein Mensch sein, innen befähigt, ein Damaskus zu erfahren. Herr Goetz ist einer, dem, bei mancher Vortrefflichkeit, niemand über den Weg traut. (Er muß die Lossen erschüttern.)

Ziener, prachtvoll in aller Schlichtheit; ein Mensch aus der starken Brahm-Zeit. Einer rundum.

Entzückend Fräulein Binder; sie gab eine Verwandte; sehr zeichnerisch; aber gewiß kann sie auch erfüllt sein ... und ist von anderen Aufgaben erwartet.

Die Bürger waren gut, die Aristokraten schrecklich. Ein Abbé – Kinder!

Eine Gräfin war zu sehr tippchen-töppchen, wie man in Berlin sagt; zu sehr piek; zu sehr prima; so recht frivol-aristokratisch, na!

Die Königin von Frankreich machte das Fräulein Unda – die Erinnerung an das nicht verwelkbar holde Poem der Mechthild Lichnowsky stieg herauf, wo sie eine Weltdame gespielt hat. Sie war jetzt, was sie sein mußte: pervers und knotig; grob; reizlüstern; die Proletin vor der königlichen Strumpfwirkersfrau.

Die Grüning blieb das einzig Feodale – doch über Pailleronsche Billigkeiten kommt sie bei Mann schwerlich hinaus. Die bekannte, graue, feinere Herzogin.

Loos, in zwei Sätzen, sprach wie die Hoffnung; wie die Zukunft; wie das Trotzalledem.

28. April 1917

Georg Kaiser: „Die Koralle"

Kammerspielhaus

I.

Die Koralle bildet nicht nur den Titel dieses Stückes; sondern auch seine Lehre.

Meine Leser wissen: sobald in Dramenhandlungen eine Kettenbrücke vorkommt, sagt bestimmt im letzten Akte der Autor: „Das ganze Leben ist gewissermaßen eine Kettenbrück'."

Also die Koralle – nämlich ein Gewächs, das vom Seegrund nur bis zum Wasserspiegel steigt, nicht über ihn hinaus, verschont von den Stürmen der Luft, still im pflanzlichen Kindertraum – die Koralle ist hier die Kettenbrück'.

Was Ibsen die große Stille nennt, am Ende des Daseins, das schwebt Herrn Kaiser als ein Wunschbild schon für das Dasein selber vor.

II.

Der Sozialismus wird abgewiesen. Die Religion wird abgewiesen.

Ein „Herr in Grau", der im Gleichmachen das Glück der Menschen sah (und nachher selber ein Machtmensch, ein Unternehmerich wird), gilt Kaisern als Irrtum. Der Pfaffe mit dem Kreuz, welcher den armen Sünder tröstet, gilt ihm abermals als Irrtum.

... Ich fand vor vierzehn Jahren, beim ersten Beklopfen Bernard Shaws: daß der Wille zur Macht etwas der Dummheit Verwandtes habe. Doch ich glaube nicht wie Kaiser, daß man korallenhaft hindämmern soll. Was tut hier der Held? Andre auszubeuten gewohnt, begeht er den merkwürdigen Schritt, seinen Sekretär (das ist durch einen äußeren Zufall sein vollkommenes Ebenbild, er wird mit ihm verwechselt) zu töten. Warum?

III.

Um sich dessen helle, glückliche Jugenderinnerung anzueignen. Denn der Milliardär ist aus dem Elend aufgestiegen.

Es wird mir jedoch durchaus nicht klar, wieso er sich diese helle Jugend aneignet, indem er den Sekretär tötet. Er kann doch höchstens dann für ein Geschöpf mit glücklicher Jugend gelten. Nur gelten. Was hat er davon? Zumal er dann sogar als ein Mörder gilt ...

Einen Augenblick. Er will also den Ruf eines Ausbeuters loswerden, indem er –. Indem er den Ruf eines Mörders erwirbt.

Weiter. Mag er schon fünfmal als ein Mörder mit hellen Jugenderinnerungen gelten (ohne daß er sie wirklich auch nur hätte) – was fang' ich damit an?

Heißt das: „Die Vergangenheit läßt sich nicht auslöschen" –? wozu dann die Umstände? wozu die Zweideutigkeiten, die Unklarheiten, die Mühseligkeiten? wozu dann schwierige Rebusse, ... die überdies nicht klappen?

Der Mörder sagt nach dem Mord zunächst richtig: „Ich bin der Milliardär und habe den Sekretär getötet." Hernach fälschlich: „Ich bin der Sekretär und habe den Milliardär getötet."

Heißt das alles: niemand kann in das Leben eines Andren hineinschlüpfen – auch für Geld nicht; auch durch Mord nicht? (Das hab' ich gewußt!)

Ist es die alte Verwechslungskomödie; der Doppelgängerschwank auf Vertiefungen gedeichselt? So daß man etwa von ferne murmelt: „Aha – Peter Schlemihl"? Oder: Komödie der Irrungen mit Zimt? oder das Bild des Dorian Gray –? Kaiser und ich wissen es nicht.

IV.

Wollte sagen: der Mörder gibt sich zuletzt fälschlich für den Sekretär aus.

Aber wieso scheint ihm das Leben des Sekretärs heller als das eigne? Der Sekretär ist zwar nicht Ausbeuter, – doch eines Ausbeuters Helfershelfer. Also nicht einmal Ausbeuter; nur subaltern und höchst mitschuldig. Was hat's, zum Teufel, in dieser üblen Knechtsstellung zu sagen, daß er auf eine muntere Jugend zurückschauen darf?

Was ist das alles für ein Zeug? Es wird Kaisern und mir nicht klar. Wie kommt Kuhdreck auf den Dachbalken?

V.

Hierbei, welche gewundenen Künstlichkeiten! Sohn und Tochter sollen den Sekretär, auch nach langem Gespräch, vom Vater nicht unterscheiden können? Nun, es ist ein Märchen. Aber warum so faule Märchen?

Der Richter kommt fernerhin von selbst auf den Gedanken (welcher das tiefste Geheimnis des Milliardärs war), von seiner glücklichen Jugend zu reden. So recht eindringlich. Der Richter sagt vorher, daß er ihn damit fangen wird. Ja, wie kommt Kuhdreck auf diesen Dachbalken?

VI.

Der Milliardär sagt nach dem Morde zweitens und fälschlich, daß er der Sekretär sei. Er scheint also, da er unter ein für seine Hinrichtung ausschlaggebendes Protokoll die Unterschrift setzt, sich im Nachmachen der Unterschrift seines Sekretärs geübt zu haben. Offenbar. Denn vergliche man die bürgerliche Unterschrift des Sekretärs, ... der Leser weiß Bescheid.

Ein Märchen ist's. Wie wird (o Dramatiker, Dramatiker) vieles an den Haaren herbeigezogen, um einen recht schlichten Gedanken wirr, großspurig, abendfüllend, breit, undeckend, schlackenschmutzig, ja widersinnig zu verbrettern. Wieviel Lärm um ein Eierspeislein?

O Dramatiker, zurückgebliebenes Geschlecht! Ihr beißt euch in den großen Zeh, um ... nein, um nicht zu geben, was ein Schnips mit dem kleinen Finger gibt.

VII.

Aber dem Mann in Grau, dem Sozialisten und hernach Unternehmer, bekennt der Milliardär zuletzt, daß er der Milliardär ist. Dieser Mann in Grau ist eins von seinen Widerspielen.

Erstens der Sohn ist Widerspiel: in weicherer Gesinnung. Zweitens der Sekretär ist Widerspiel: in besserer Jugend. Drittens der Mann in Grau ist Widerspiel: in der Entwicklung zum Härteren.

Alles das bleibt jedoch ein mechanisches, recht äußerliches Arbeiten mit Tricks. Tricks, die wie tiefere Anspielungen klingen, ohne Sinn zu haben.

Nicht mit Gedanken oder Blut hergestellt, sondern mit Technik. Statt des Poeten sieht man (in diesem nicht zweckhaften, sondern eher dürren

Spiel) einen Gerüstmacher. Und sein Gerüst ist schief. Ob es schon Fernblicke – nein etwas Fernblicken Ähnliches – darbeut.

Herr Kaiser schrieb das Stück. Wer dichtet es?

VIII.

Furcht gilt hier als Triebfeder für Macht. Ekel als Triebfeder zum Guthandeln. Schwäche als Triebfeder zum Starkwerden.

Erster Akt: der Milliardär ist von seinem Sohn verlassen, – der nicht zum glücklichen Schönling, sondern zum Heizer auf einem Kohlenkahn wird. Zweiter Akt: der Milliardär wird von Sohn und Tochter verlassen, sobald ein chinesischer Heizer, ohne Weinlaub im Haar, stirbt. Dritter Akt: der Milliardär schießt jenen Sekretär mit seiner glücklicheren Jugenderinnerung tot, um – (Wirrheit). Vierter Akt: der Held-Märterich gibt sich für den Sekretär aus. Fünfter Akt: Hinrichtung des Helden. Die große Stille.

Wünschenswert ist Herrn Kaiser somit ein Nirwana, – ohne Sansara zuvor. Die Koralle wird ihm das Zeichen, in dem wir siegen ... dadurch, daß wir vom Siegen absehn.

IX.

Abermals erscheint hier jene Weise von Johannes Brahms, zu welcher der wundersame, hohe, still unsterbliche Klaus Groth Worte geschrieben hat. „O wüßt' ich doch den Weg zurück, den lieben Weg zum Kinderland!" Am Schluß: „Vergebens such' ich nach dem Glück, ringsum ist öder Strand." Zwischendurch: „Und nichts zu forschen, nichts zu späh'n, und nur zu träumen leicht und lind, der Zeiten Wandel nicht zu seh'n, zum zweitenmal ein Kind."

... Zum zweitenmal ein Kind. Groth, Lyriker, darf es schreiben. Kaiser, Dramatiker, darf es nimmermehr, – – wenn er nicht ein ebenso großer Dichter ist.

Er ist es nicht. Auf meinen Eid: er ist es nicht.

Er macht eine Zwecksache. (Er hat niemals jenes Brahmssche Lied von Emmy Leisner singen gehört. Nichts von ihrer starren Tiefe, von ihrem stummen Träumen schlummert in ihn, – er wäre sonst ein Gipfel.)

X.

Also nachdem der Held, Unternehmungen stiftend, über Leichen wandelnd, Menschen ausschwitzend, Kapital türmend, das Paradies verlassen: nachdem kehrt er in das Paradies dadurch zurück, daß er zur Umkehr einen Mord fingiert und einen Betrug tätigt. So findet er das traute Kinderland endlich wieder.

Mit verwandter Geistigkeit ist vieles in dem anspruchsvollen Film bewältigt.

... Es gibt einen Darsteller für Doppelgängerschaft im Kino. Ich glaube, der Mann heißt Lubitsch. Dieser Lubitsch bringt wenigstens Klarheit. Er tritt an einer Tür in die Erscheinung und schmeißt sich, wenn ich nicht irre (das U.-T. am Alexanderplatz sei mein Zeuge) selber hinaus. Heil, wackerer Lubitsch.

Bei Ihnen, Kaiser, ahnt niemand, woran man ist.

XI.

Jedenfalls wurde das Korallenwerk mit dem ohngefähren Vertiefungskniff und antikapitalistischer Lehre vor den Dreißigmarkinhabern der Kammerspielsitze vollzogen.

Wie vollzogen?

Da der Verfasser den Bizarrathustra mimt, so fragt man sich: was soll der Grundton (oder: Stil) der Aufführung sein?

Groteske? Herr Kaiser sagt: Schauspiel. Also ein Schauspiel mit Linien.

Sie waren in der Leinwand. Minder in der Sprechform.

Wenn der eine Richter bealinisch talkt; wenn Fräulein Eckersberg wiederum Hausvogtei redet, als Tochter: so mahnt es an den Alltag; man erwartet bei solchem Stil Richtiggehendes.

Knina hat die Kulissen gemacht.

XII.

Ernst Deutsch war der Sohn. Die Erinnerung des Abends.

Oft ist dieser Künstler, möcht' man sprechen, zu beweint. Hängebirke.

Dennoch, wenn er hernach in seinen tiefen Ernst gerät (welcher wohl den Grundton bildet), ein Besitz; eine Kraft. Er war hier eine Kraft im Unkräftigsein. Im Abebben. In dem Wunsch nach Weltbesserung.

Wegener machte den Milliardär. Gutes Gemisch von Alltag und Wahnsinn. Er war jedoch eher der Mann, der Fabriken gegründet; als der Mann, der Irrtümer abtrug.

Er umriß die Gestalt – und ging nirgends (was er ja auch hätte tun können) fortreißend ans Herz. Herzlich ans Herz.

Das Ganze – war es grotesk und voll perspektivischen Ungefährs?

Das alles war es. In der Leinwand. 19. Januar 1918

Tolstoi: „Die Macht der Finsternis“

Deutsches Theater

I.

Dieses Werk war schon damals nicht bedeutend, als es inniger gespielt wurde. So der Kern des Abends.

Dennoch ist heute die Zeit passender für die dicke Lehre des Ganzen.

Damals dachte man: Ich weiß, daß es nicht recht ist, einen Ehemann, den man hörnt, auch noch durch Gift zu morden, – und überdies dem Kinde, das man seiner Tochter beibringt, die Knochen mit einem Brett im Keller derart zu zerknacken, daß es stirbt; das soll man aber wirklich nicht! Ich weiß.

Heute jedoch denkt einer schon fast: Man soll körperlich gewaltsame Eingriffe wider Menschen in der Tat lieber nicht begehn.

Die Lehre des Werks ist noch so schlicht wie damals, – doch bei der vorübergehenden Rückentwicklung des Irdischen ist nun die Zeit zu dem Stande dieses Moralstücks wieder hinabgerollt. Damals war es ein nachhinkendes Werk, heut marschiert es aufs neue vorn.

II.

Bloß drei starke Punkte lugen ursprünglich heraus. Erstens: wenn die halbflügge Tochter des betrogenen Mannes zu dem verführenden Knecht in ahnungsvollem Haß ruft: „Mit mir wirst du's auch so machen! Mit mir auch!“ Zweitens: wenn der gehörnte Bauer vor dem Tod noch den Ehebrecherling um Verzeihung bittet. Drittens: wenn eine Zehnjährige nachts, indes der Kindesmord geschieht, sich als ein Mütterchen zu dem Neugeborenen träumt. Dies alles stammt von einem Dichter, – der nicht nur zu dem Gehalt von *„La terre“* Berge voll Nieritz gespendet hat.

III.

Die Hauptgestalt bleibt Akim. Er lehrt die Lehre: „Kinderl'n seid's gut!“, wie Anzengruber gesagt hätte. Er spricht es anachoretischer; rechtgläubiger; langbärtiger; doch voll gleichen Menschensinns. Er ist im Leben ein Allerniederster, dem Beruf nach. Ein Hoher, der Seele nach. (Nein: der Rechtlichkeit nach; denn die Seele umspannt mehr.) Er ist arm im Geist und nicht flink im Wort.

Pallenberg spricht schon in anderen Rollen (auch ohne daß vom

Dichter Stottern oder jene Ausdrucksunfähigkeit vorgeschrieben ist, die ein Merkmal der Herzenstreue sein soll) — — Pallenberg stottert immer. Er ist schon bei allen anderen Rollen groß im Lallen, Stammeln, Murmeln, Stocken, im zungenschweren Kauderwelsch, Nichtzuendesagen, Durcheinander, Abbrechen, Vermengen — was man mit wissenschaftlichem Hokuspokuswort Ataxolalie taufen könnte: so daß hier, bei dem fromm stammelnden Klosettreiniger Akim, die Annehmlichkeiten der Überraschung fehlten.

Außen glich Pallenberg einem Heiligen — und suchte zwischendurch mit einem leisen Stich slawischer Sprechform zu betonen, daß er nicht von den Apostelmännern Dürers (so sah er aus), vielmehr aus einem russischen Kirchenfensterbild entlaufen sei. Dabei blieb es aber.

Pallenberg zeugte mit seiner verlangsamenden Wirrsprache mehr Ungeduld, als er an Ergreifendem bot ... Er schoß der Gestalt Herrliches für das Auge vor. Das Wunder jedoch, aus unbewußter Innigkeit geboren, trat nicht ein. Jedes Auge blieb trocken an der Stelle: „Gott, nämlich ...!"

Prachtvoll blieb sein Können: zeichnerische Genialität. Zu missen blieb, was Herzen einfach packt — und was ein seelenstarker, fest nach innen gekehrter Spielwart magnetisch auch solchen Umrißkünstlern zuflößt. Hier geschah das nicht. Es bleibt ein Bild auf der inneren Netzhaut.

IV.

Die Höflich gab der Anissja das volle Geblüt eines mit Bost und Sinnlichkeit geladenen Frauvolks.

Wenn sie Abscheu zeigt vor dem kränkelnd stumpfen Mann; Verfallensein vor dem Schatz; wenn sie ratlos kocht vor Eile, Stutenschaft, Furcht; wenn sie Stiegen langwatschelt („Antjen in't Water — wat vör'n Gesnatter!" dacht' ich dabei); wenn sie Brunst und Herzensangst und gewissermaßen Verfärbung lehmannisch offenbart; wenn sie als Witwe schreiheuchelt; wenn sie voll unwirscher Pracht mit der Zunge in den Zähnen polkt; wenn sie, kaltgestellt, alles sozusagen fahl und weiß hinabwürgt; wenn sie ein befangen lautes Angstgelach vorbringt; wenn sie innerlich zusammenfällt und aufrecht scheint — so fühlt man vor dieser Kraft kurzweg abermals: eine Wonne bleibt eine Wonne. (Dazwischen bloß einen Rest von aufzuckender Theatralik im Echtesten, der aus der Umgebung stammt ... und vom Griff eines durchseelten Spielmeisters zu nullen wäre.)

V.

Moissi: Nikita. Was ich von diesem Schauspieler im „Tag" schrieb: „Er ist nicht selten ein Äußerling" – diese Wahrheit läßt sich im geringsten nicht umstoßen. Er gab diesmal sein Wertvollstes im Kennzeichnen: als er, beschämt von der Güte des sterbenden Hahnreis, in ein prachtvoll stoßhaftes Pläken, recht bäuerlich, ausbrach. Er pläkte schluchzend. Wie Zacconi mit sperr-offenem Munde gelegentlich lachweint: so hatte man hier die stoßhafte Wirkung zwischen zwei Gehegen. Hier blieb Moissis Gipfel: im Kennzeichnen.

Zuerst war er ... nicht nur der von Tolstoi vorgeschriebene Stutzer; sondern ein Stutzerle. Ein Knechtel. Nicht von einem Reußen; sondern von Mascagni. Ein kokett-spärliches „Kerlchen wie ein Perlchen" mit Zwitschergepfeif und Opernsang. Sehr anziehend war der köstliche Tönefall in dem Selbstgespräch mit Lässigkeit und Fermaten.

Moissi bot, statt der nicht vermochten Innerlichkeit am Schluß, immerhin den Ersatz dieses Seelenzustandes. Er soll ein umgewühlter Reuemensch sein. Er schob verwandte Merkmale dafür ein – und ich will dartun, wie sich das vollzieht. (Nicht nur hier, sondern stets, wenn er Innerlichkeit ausdrücken will.)

Er wird also dann leiser. Spricht mit Gelächel im Ton eines Erkrank-tän, was tonmalerisch wirksam ist. Man merkt ein Herstellen – statt von Wirkungen, die nicht zeichnerisch wären, ins Herz getroffen zu sein. (Er gibt eher einen mattgewordenen Menschen hier, als einen neuen Menschen.)

VI.

Und während Helene Thimig sie selbst in ihrer kunstlosen Empfindungsfülle war; während die Schauspielerin Eckersberg die zehnjährige Anjutka deckend in allen Lebendigkeitsäußerungen, doch zu seraphisch in einem Nachtauftritt vollzog: währenddessen ...

Währenddessen brachte die Schauspielerin Auguste Pünkösdy der sechzehnjährigen Dorftochter Akulina ganz ausgezeichnet was Kälbriges bei; was Schlaksig-Tumbes; zwischendurch was von jener Ausbruchsplötzlichkeit im Lautgeben, die sich bei Epileptikern oder Taubstummen oder ein bißchen mikrozephal Veranlagten sympathisch findet.

Vorgeschobene Oberlippe; Frühverkalkung im Blick; heftiges Beteiligtsein und Nichtvonsichgebenkönnen und Anstauen und Losblöken: das alles machte diese junge furchtlose Kraft erinnerungswürdig. (Nur etwas weniger zisleithanisch, wenn sie reden wollte!)

VII.

Die Sandrock, eine wundervolle Jambensprecherin, die aber dauernd in Jamben spricht, ja sogar beim Hinfallen das Wort „Au!“ fünffüßig äußern würde – die verehrungswürdige Sprecherin Sandrock lieh dem Bauernweib Matrena was von Erhabenheit, Fürstenschaft, Indieschrrrankenweisen, seelischem Brauenrunzeln (zuerst war jede Pupille ein Kothurn, jeder Schritt ein Zepter, jeder Vokal eine Braut von Messina): so daß, wenn der Kritiker auch hier offen sein darf, sie für andre Aufgaben eher geschaffen scheint. (Ein sichtiger Spielwart hätte sie unter gar keiner Bedingung im naturalistischen Bauernstück verwendet.)

Unantastbar groß auf ihrem Felde bleibt sie.

VIII.

Die Grundstimmung des Ganzen lag in der Derbheit (abgesehen von dem Nikita). Schwach war der Bau. Alles glänzend mit Nummern und Namen besetzt, – ohne daß der Seelenkern bemerkenswert licht wurde.

Das Ethnologische wird recht unmißverständlich aufs Butterbrot gestrichen. Wenn jemand nach Vorschrift einen Pferdekummet ausbessert, so ist es hier ein blitzblank-frischgemaltes Stück aus der Volkskunstausstellung von Wertheim; daß D'a Fraid hast.

Gewiß war es ein Schauspielerabend; nicht so gewiß ein Dramenabend. Freilich ist ja für das im langwierigen Fluß lastende Moralwerk ... freilich ist hier das Einteilen, Bewältigen, Abstufen, Tönen, Gliedern kaum leicht. Das Ganze geht zu machen, wie es schon gemacht worden ist: indem das Gebrechen des schlichtwüchsigen Dramas durch Seelenglanz überlichtet wird. Hier war es mehr durch Rollenbesetzung überlichtet.

... Zuletzt, inmitten des deutschen Textes, ein echt russisches Lied in russischer Sprache, auf einer verbürgten Meininger-Balalaika. Vor dem Schluß des Reuewerks gab es eine längere farbenprächtige Bauernhochzeit, der man Lehárs Musik, in Verkennung des Geleisteten, mit Unrecht entzog. 12. Februar 1918

Carl Sternheim: „Tabula rasa" – Rolf Laukner: „Der Sturz des Apostels Paulus"

Kleines Theater und Deutsches Theater

I.

Als ich einer schwedischen Zeitschrift unlängst sagen sollte, wie vermutlich die nächste Literaturepoche sein wird, schrieb ich:

1. „Die künftige Literaturepoche wird glühend und chaotisch sein – als Nachwirkung des glühenden und chaotischen Kriegs.

2. Die künftige Literaturepoche wird banal sein – im Verkünden der. Lehre: ‚Man soll nicht zwölf Millionen Menschen schlachten!' Die von der Welt in diesem Krieg bewiesene Dummheit zwingt den künftigen Schriftsteller, Dinge von solcher Banalität als Entdeckungen zu äußern.

3. Die künftige *deutsche* Literaturepoche wird für den Fall, daß die Gegner uns einen schändlichen, brutalen, unmöglichen Frieden aufzwingen, mit Recht rebellisch sein, rastlos aufwiegelnd und *novarum rerum cupida* – bis dieser Friede so beseitigt ist wie der Friede von Brest."

II.

Der zweite Punkt dieser Antwort, die notgedrungene Banalheit, hat für soziale Dinge genau so gut Geltung. Manchmal kommt es mir vor, als würden sie zu pathetisch gefaßt.

Es ist doch nur ein Ordnungmachen! – also kein der hohen Pathetik würdiges Geschäft. Im Grunde was Subalternes.

Auf dieser Unterkellerung soll's doch erst losgehn! Was? Das Eigentliche; *id est*: die herrliche Kunst, sonderlich die Musik; ferner die Enträtselversuche, das Betrachten, das Stillen der Neugier; ferner die Berührung mit andren Menschen, zeitweiliges Verbundensein; ferner das Hämmern von Sätzen, der Bau einer Buchstabenmelodie; und was der kurzen irdischen Vergnügungen mehr sind.

Aber das Ordnungmachen, die Voraussetzung dafür, ist eben doch bloß eine Voraussetzung. Das Allermindeste!

Ja, wenn sich einer nach Kräften auf diesem Feld selber betätigt hat (und für sein Teil an der heutigen Entwicklung der Dinge mithalf): so sieht er doch, daß diese Betätigung nicht überschätzt werden soll. Sie schafft ja nur das Notwendige, noch nicht das Überschüssige. Da fängt's an!

III.

Also man sieht eine Schar von Menschen, wie Hühner in der Hühnerkiste zusammengepfercht; Geschöpfe, von denen jedes ins Gras beißen muß in absehbarer Zeit, – – aber sie vertrödeln diese Zeit mit Balgereien untereinander, bei unendlichem Pathos, spucken Gift, einer will den andern am liebsten mit einem Blasebalg irgendwo aufpusten und zerknallen ... und nur wegen der Vorbereitung! Es bleibt ein Kreuz.

Die Lösung dieser Mißstände liegt meines Erachtens darin: daß eines Tags die geistigen Menschen das Heft wirklich in die Hand bekommen. Von Dümmeren, Rüderen in seinem Schicksal beeinflußt zu werden, ist unangenehm. Die Geistesmenschen, nämlich die Erfinder aller verwendeten Erfindungen, müßten zugleich die Verwender, die Alleinbeherrscher der Erfindungen bleiben, – darauf kommt es an. Das ist, scheint mir immer noch, der zu erledigende Hauptpunkt. (Im übrigen mag das Ordnungmachen mit kaltem Blut und als Tätigkeit zweiten Ranges besorgt werden. Ohne Pathos.)

IV.

Dem Schriftsteller Sternheim hat aber diese Betrachtung der Dinge nicht gelegen. Nämlich: er ist nicht bloß unpathetisch auf einem Felde, das kein Pathos verdient, – sondern er ist immer unpathetisch (auch in Feldern, die es verdienen).

Er neigt zum Hänseln; zum Hämischen. Er ist, ganz allgemein, eine Eetsch-Potenz.

Mit köstlicher Komik.

Doch dieser Komik entspricht keine köstliche Fülle. Er ist ein glänzender Zeichner; kaltgeherzt, mit wenig Blut. Manchmal erscheint mir vor Carl Sternheims Dürftigkeit die Vorstellung: Carl der Kahle.

Nicht zuletzt in diesem als politisch betitelten Werk, das eine Hänselei bedeutet, wo es am stärksten ist.

Im Gedächtnis bleibt, bei vieler Dankbarkeit für herzliches Lachen, doch nur ein dünner Kram. Was ist Sternheim? Die Antwort hat hier drei Stufen.

Ein Dichter? Nein. Ein Satiriker? Vielleicht. Ein Komiker? Jaaaa! (Erste Antwort *piano*; zweite Antwort *mezzoforte*; dritte Antwort *fortissimo*.)

V.

Er zeigt einen sozialistischen Glasbläser, der allmählich hohes Gehalt bezieht – so daß er aufhört Sozialist zu sein. Dies der Kern.

Er erinnert mich an einen Wirt in Holstein. Der Mann war vor dem Krieg Abgeordneter für den oldenburgischen Landtag. Auf meine Frage, wie das Wahlrecht dort sei, sprach er: „Gleich, direkt und geheim. Nur Leute über vierzig haben zwei Stimmen. Das ist gegen die Sozialdemokratie." – „Wieso? Auch Sozialdemokraten werden doch über vierzig?" – „Jawohl; aber da sind sie keine Sozialdemokraten mehr! Da haben sie so viel verdient, daß sie keine mehr sind." Wie dieser Wirt, so denkt Sternheim.

Es ist sehr anständig von ihm, sich nun auch links unbeliebt zu machen.

In dem Nachwort zu der Erzählung „Ulrike" betont er: seine Arbeiten hätten bisher die Bürger gemahnt, die Welt nicht zu verbessern, was für sie lebensschwächend sei, sondern ihrer Natur zu folgen. Sonst käme der Proletarier ihnen zuvor, der mit umschreibend vertuschenden Redensarten „*tabula rasa* zu machen sich anschicke".

Diesen Proletarier zeichnet er hier. Einst war sein Held Christian Maske: der Bürgerling, welcher, sobald er kann, aristokratisch reaktionär wird. Dann kam als Held Schippel: ein Prolet, welcher, sobald er kann, bürgerlich wird. Jetzt kommt Wilhelm Ständer: ein Sozialist, welcher, sobald er kann, Individualist und Sichauslebender wird. Und hierin liegt vermutlich die größte Banalheit ... nicht des Herrn Ständer, sondern des Herrn Sternheim.

VI.

Denn: beklagt Sternheim Herrn Ständers Entwicklung, oder billigt er sie?

Er billigt sie eher, als er sie beklagt. Er hat hier nicht einen Menschen abgemalt, sondern fast einen Vorbildmenschen hingemalt. ... Sternheim, nehmt alles nur in allem, macht sich's dabei leicht, Richtungen zu verhänseln: indem er zwei ihrer Anhänger als ziemliche Mißgeburten darstellt.

Er macht nämlich einen Trottel zum Evolutionär, einen Halbtrottel zum Revolutionär. Und er bringt nun die Entdeckung zuwege, daß ein heimlicher Sklavenhalter, der gern gut schmatzt und lebenslänglich mogelt, kein Herdentier ... (sondern, wie ich glaube, weniger als ein Herdentier) ist.

Es wird aber doch allgemach kitschig, zu rufen: „Ich bin Individualist! Ich bin ich!" Und wirklich ist es das an den Schuhsohlen Kleingelaufenste, schon für jeden Oberflächling – sofern er sich nicht folgestark entschließt, kein Telefon zu haben, keine Wasserleitung zu benutzen, seine Stiefel selbst zu nähen, seinen Keller selbst zu pflastern.

Der Held „lebt sein Leben", o alter Ladenhüter! Hier ist mehr Phrase als bei den als Phrasenmacher Verspotteten. ... Die Schöpfung will, sagt er, „von jedem die anvertraute Person unverfälscht zurück". Was ist das für Spießerschmus! Unverfälscht heißt hier: als Einbrecher, wenn er Lust zum Einbrechen hat; und als Verunreiniger des Bettes, wozu den Menschen, bevor er verfälscht wird, seine angeborene Neigung jagt. ... „Der nach Eigentümlichkeit dürstende Mensch", sagt Sternheim (nicht nur der Glasbläser). O Gott, der Hals, aus dem einem diese Sätze wachsen, ist schon die reine Baumschule. (Nur ganz versteckt an einem Nebenstellchen, schandenhalber, wird so, daß es niemand hört, gesagt, daß Christentum oder Sozialismus ursprünglich eine gewisse Heiligkeit hatten.)

Hier steckt ein Mangel Sternheims. Doch Hauptmangel ist sein Mangel an *pectus*. Er kann widersprechen, nicht gestalten. Er bringt Linien; ohne jedoch ein Seelenlüfter zu sein.

Er ist eine klingende Schelle – denn er hat des Hasses nicht, sondern bloß der Abneigung. Und endet mit dem Gemeinplatz.

Wenn jemand mit dem Verstand arbeitet, ist nicht gesagt, daß er mit viel davon arbeitet. ... Der Verstand eines Dichters, lieber und begabter und köstlicher Komiker Sternheim, sitzt in der Mitte der Brust.

VII.

Der stärkste Besetzungsfehler war Herr Klein-Rhoden. Er gab den stürmenden Sozialisten, das Gegenstück zum Helden, mit wenig Sturm. Mit irgendwas Gealtertem in der Stimme. Der Wortlaut nicht scharf genug; der Atem nicht heiß genug.

Für den Helden jedoch reichte Herr Vallentin aus. Wenn er nur den Ton (in allen Rollen) dämpfte! Zuviel Unterstreichen und Auftragen. Als Kraftleistung schätzbar.

Am schönsten waren Lupu Pick, der einen alten Ängstling, einen Auchsozialisten, flockig-flirrend ... und die Schauspielerin Torning, die eine Magd vollendet im Ulk, an Klang und Umriß, bot.

Zeichnerisch deckend Rodegg als verschwommen sanfter Heinrich in der sozialen Bewegung.

VIII.

Bleibt der Neuling Rolf Lauckner. Mit ein paar Strichen setzt er gut Szeneninhalte hin. Sehr geschickt bringt er sogenannt genrehafte Zeichnung. Dabei ist nichts Gewaltsames, nichts Unvornehmes. Aber das Beste fehlt ... dem Stück; hoffentlich nicht dem Verfasser. Im Seelischen ist nirgends ein Überschuß.

Hübsch gefundener Stoff; das ist auch etwas. Friseurgehilfe, Theosoph, Versammlungsredner, Frauenberücker, angeblich aus Indien. Dabei gläubig, wenigstens zu drei Vierteln, in der eigenen Verschwommenheit.

Sehnsucht, Sehnsucht! Der Autor sagt, daß der Held sie hat – aber der Hörer sagt nicht, daß der Autor sie hat. Das ist es.

Eine hübsche, saubere, geschmackvolle Sache – frei von Überschuß.

... Unterhaltlich ist eine muffige Kleinschicht gemalt. Dort findet Paul Schumann Diejenige-Welche. (Kleinbürgerin mit Sehnsucht.) Er betet ihr Kind tot. Sie folgt ihm in Armut. Als ihr das Unzulängliche zu bunt wird, geht sie. Paul endet als Leiermann – mit der Sehnsucht nach dem Unstofflichen.

(Aber das alles nicht mit einem einzigen Anzengruber-Zug, der wohlgetan hätte. So daß eine Wagnisbühne, das „Junge Deutschland", nur die Hauptprobe für einen geschmackvollen Abendfüller veranstaltet hat.)

IX.

Bei glatt geschickter Leitung blieb noch der Wunsch, das Komitragische stärker zu betonen.

Moissi, der falsche Inder, war fesselnd. Er hob die Gestalt mit orientalischer Exotik, die immerhin bürgerlich blieb. Im Gefühlsleben hob er sie kaum. Er war, wie öfters, nicht ein vorzüglicher erschütternder Darsteller; jedoch ein vorzüglicher Darsteller der Erschütterung.

Wundervoll die Thimig. Zunächst in allem Empfinden, wenn sie im Walde kauert oder kniet. Dann aber auch (als kleinbürgerliche Schlampe mit Lyrik) beherzt im Kennzeichnen. Sie zerging.

28. Januar 1919

Georg Kaiser: „Von morgens bis Mitternacht“

Erstaufführung im Deutschen Theater

I.

Morgens noch am Schalter sitzend, mitternachts das Hirn verspritzend ... So das Los des Helden; eines Bankbeamten; der, es aufzubessern, eine private Sozialisierung des Kassenbestandes vonimmt. Er greift 60 000 Mark; *erumpit, evadit.*

Bessert er sein Los? Enttäuschung über Enttäuschung! Das alte Wort: „Geld allein macht nicht glücklich – man muß es auch haben!“ leugnet Herr Kaiser. Der Mann in der Mitte hat es ... und doch Enttäuschung über Enttäuschung. Sehr zutreffend. Sehr erzieherisch. Da läßt sich gar nichts gegen einwenden. Wahr spricht der Graukopf – äußert Schiller. Geld zeigt erst so recht die Gemeinheit der Menschen. Das steht schon im Vergil: *auri sacra fames.* Überhaupt!

II.

Worin liegt im einzelnen die Enttäuschung? Die Frau, um derentwillen der Bankbeamte stahl, verfällt ihm nicht: weil sie selber Barmittel genug hat. Zweitens: er setzt Preise zum Sechstagerennen aus, die dort versammelte Menschheit kriecht und rutscht. Aber sie kriecht noch mehr, als ein Prinz erscheint. (Der Leser merkt: das Stück spielt vor dem 9. November.)

Enttäuschung zwei. In einem Tanzbumms findet jener Kassierer nicht, was er gewiß vermutet hatte, die wahre, herzige, bezaubernde, glücklichmachende Liebe. Die findet er hier nicht.

Da muß er allerdings, das ist schon richtig, eine der schwersten, sinnreichsten, tiefsten Enttäuschungen seines Innenlebens durchgemacht haben. Das sieht ein jeder. Das erste Frauenzimmer ist betrunken; das zweite Frauenzimmer hat ein Holzbein. Keiner wird ihm so die Entgötterung des Innenlebens, die Verachtung des Geldes unnachgefühlt lassen.

III.

Enttäuschung drei kommt. Er geht zur Heilsarmee. Doch als er ein Bekenntnis ablegt; als er sich vom Mammon lossagt; als er die braunen Lappen wegschmeißt: da stürzen die Bekehrten draufzu, hauen sich drum. Das Geld hat also den Firnis des Glaubens abgetüncht! Nur eine Heilsschwester hält bei ihm stand ... um sich die Belohnung zu verdienen, die man auf seine Festnahme gesetzt. Was nun bleibt, ist ein

Schuß. Der Held und Dieb ist „mit ausgebreiteten Armen gegen das aufgenähte Kreuz des Vorhangs gesunken". „Sein Ächzen hüstelt wie ein Ecce – sein Hauchen surrt wie ein Homo." Daß zugleich „alle Lampen knallend explodieren", erwähn' ich gar nicht erst.

IV.

Alles das erweckt mir die Vorstellung von Tricks, die nach Tieferem klingen, ohne tiefer zu sein. Anspruchsvoller Film.

Immer noch wird bei Kaiser ein Werk nicht mit Gedanken oder Blut hergestellt, sondern mit Technik. Immer sieht man statt des Poeten einen Gerüstmacher. Immer murmelt man: „Herr Kaiser schrieb das Stück; wer dichtet es?"

Man könnte sagen: Der Verfasser ist reich an Einfällen, aber seine Einfälle sind häufig sinnschwach.

Gebärden! Er bleibt ein Mann des „Als ob ..."

Es kommt also nicht auf den Inhalt so genau, sondern auf den Umriß vornehmlich an. Umriß; Tempo. Was umrissen wird, was beschleunigt wird, steht in zweiter Linie.

V.

Die Menschen sind alle schlecht aus Genußgier, fühlt der Beamte. Und Sie, Herr Held? wer hat seine zwei Töchter, wer seine Frau unglücklich gemacht, wer seiner Mutter den Tod bereitet? hä?

Kennzeichnend für die ins Ungefähr schludernde Geistigkeit dieses Dramatikers ist seine beste Dramenepisode: wenn die Gemeinheit etlicher Menschen, die noch wider einen armen schoflen Kellner schmierig sind, bei dem Maskenbumms ernstere Gestalt und Gewalt bekommt. Hier fühlt man einen Augenblick mit der Kreatur – gegen die niederen Rohlinge. Aber diese größte Gemeinheit in den Begebnissen (wie eben die paar Zavaliere gegen den alten Bedienerich handeln), diese Hauptgemeinheit läßt Kaiser zwar vor den Augen des Parketts – aber nicht vor den Augen des zu enttäuschenden Helden geschehen. ... Der stärkste Punkt spielt sich hinter seinem Rücken ab.

VI.

Morgens noch am Schalter sitzend, mitternachts das Hirn verspritzend, – und der Dichter selten blitzend, meistens nur im Tempo schwitzend; und egalweg skizzend, skizzend. Das Ganze wirkt gleich einem auffallenden Rahmen mit sehr mäßigem Bild. Oder wie eine toll aussehende Wurstpelle mit keiner Wurst.

VII.

Pallenberg war zuerst ein rechter Kleinstädter (Kragen, Schlips, verbiesterte Haltung). Hernach Betonungen der Sicherheit, als er die sechzigtausend in der Tasche hat.

Gelangt er schwer zur Tragik? Er bremst sich oft – um nicht in Ulk zu fallen. Dort klingt der Kuhreigen seiner heimischen Alp. (Die Sperrsitzler kreischen trotzdem.)

Bringt er hier menschlich letztes Leid? Kaum. Immer zerstreut; ungesammelt im Auge; sich zu etwas zwingend. Er verstummt mehr; unterdrückt; kommt nicht zum Eigentlichen. (Und wenn schon dies Schauspiel keinen Inhalt, sondern dafür ein Tempo hat; so ist Pallenbergs Tempo nicht überlegen genug. Er wirkt nicht als Amokläufer.... Nicht genug von oben herab mit zusammengebissener Lippe stürmend – sondern zu alledem bloß ein Anfang.)

VIII.

Der Spielwart, Herr Hollaender, sorgte (seinerseits) nicht für Totentanz und Rasetempo. Er fiel plötzlich in Wirklichkeiten, plötzlich in Marionettentheater. Die Außenreize der Rennbahn, der Heilsarmee gelangen.

Der Tod im Baum (erst dunkelgemacht, dann an einer Schnur herabgelassen) wirkte nicht unbehaglich ... Die Lampen explodierten auch nicht knallend, wie es der unerbittliche Kaiser fordert. Und (am Schluß) der Tod im Kronleuchter zeugte von unverdorbnem Sinn.

Gut ein Soldat der Heilsarmee. In gewollter Unechtheit erstaunlich echt.

2. Februar 1919

Georg Kaiser: „Gas“

Erstaufführung in der Volksbühne

I.

Georg Kaiser (das Dramenkaninchen, dessen Würfe häufig Blüffungen sind; manchmal Versuche, mehrstens Trickversuche) macht hier einen energisch-flinken Vorstoß, im Geheg der Außenflächlichkeit.

Es ergibt sich etwa: der „Volksfeind“ für den Zirkus.

Die „großen schlichten Linien“; oder (wie es auch gefaßt werden kann) eine sehr veredelte Rummeldramatik

Der hastend starke Gebärdenumriß oder (wie es auch gefaßt werden kann) die Vereinfältigung.

Nun sind erstens die Vorgänge zu zeigen; hernach die Mittel, wodurch er sie ausdrückt. (Genauer: wodurch er ihre Hüllen ausdrückt; ihre Pelle; das mit dem Feldstecher Sichtbare.)

II.

Ein Milliardärssohn (daß es der Sohn des Milliardärs aus dem Stück „Die Koralle" sein soll, betont Kaiser; doch ist hier der Zusammenhang nicht so logisch wie genealogisch) – ein Milliardärssohn gibt seinen Arbeitern Besitzanteil an der ungeheuren Gasfabrik. Daß sie ungeheuer ist, versteht sich bei einer so frischen, tapferen Ausrufer-Geistigkeit von selbst. Und es ist nicht nur Gas, sondern Allgas.

Das Gas kracht; das Werk fliegt in die Luft. Ohne Schuld. Periodisch bewirkt ja die Tücke des Objekts Unfälle. Wollte sagen: Riesenunfälle.... Immer werden Menschenleben dabei zugrunde gehn. Wollte sagen: massenhaft Menschenleben.

III.

Hierdurch kommt jener Milliardärssohn zu der neuen Erkenntnis: Fabrikarbeit, Massenbetrieb muß aufhören. Der Massenarbeiter soll anspruchslos werden, ein Siedler, ein Bauer, ruhevoll. Da liegt für ihn alle Zukunft.

Die Arbeiter jedoch widerstreben dem Plan. Die Erfinder und Leiter ebenso. Die übrigen Fabrikanten abermals. Die Regierung nicht zuletzt.

Die Arbeiter wissen, daß Gas periodisch explodieren wird, lassen jedoch nicht ab, – wie jener Ibsensche Rubek; der die Eigenschädlichkeit seines Wirkens durchschaut, aber doch fürder schaffen will, Werk auf Werk. Der Milliardär sagt: „Solange Geld angehäuft wird, geht es auch verloren." Die Arbeiter denken wohl: „Allerdings! wenn es nicht angehäuft wird, kann es nicht verloren gehn!" Nach der Analogie des Gesprächs zweier Schwestern: „Eigne dir Bildung an, – was du weißt, kann dir niemand rauben!" Die andre Schwester: „Wat ick nich weeß, kann mir erst recht keener rauben."

Rousseau, Kaiser, die andere Schwester werden von den Arbeitern (das gilt als Tragik) überrannt. Die Arbeiter streiken zunächst, weil der Ingenieur, trotz Schuldlosigkeit, nicht entlassen wird. Sie haben also, scheint es, nur Besitzrecht, nicht Stimmrecht; sie dürfen ihn durch Abstimmung nicht entlassen. Hat er also den „Menschen" in ihnen gefördert?

IV.

Dann, vom Ingenieur verlockt, rennen sie zurück in den gefahrvollen Betrieb. Der Milliardär ist gebrochen. Daß er eine Stirnwunde hat, als Märterich der Volksfeindschaft, darf man ungesagt lassen. Seine Tochter, deren Mann (ein drohnenleichtsinniger Offizier von altem Adel) sich durch eine Kugel ausmerzte, tritt zu dem Volksfeind (sie heißt zufällig nicht Petra) und verspricht ihm, den Menschen, den er plant, also den Menschen, der sei' Ruh' haben will, zu gebären, indem sie glücklicherweise sich in anderen Umständen befindet, was auf den Brettern aber nur leicht angedeutet wird. Sie weiß, daß sie diesen Zukunftsmenschen gebären wird – zumal sich's um den Samen jenes Offiziers handelt. ...

So die Vorgänge.

V.

Sie sind ausgedrückt in Tupfen, wie das die expressionistische Lyrik macht.

Die Sprache des Schauspiels ist ein entschlossener Versuch, die neulyrischen Mittel zu verpflanzen. Darin liegt Kaisers Vorstoß.

So reich ist seine Sprache nicht wie bei dem Kreis um Johannes R. Becher – doch sie betreibt abermals das Herausheben des Wichtigen.

Kaisers ernstliches Verdienst besteht somit in der Verpflanzung expressionistischer Lyrik auf die Rampe.

Was aber damit nichts zu tun hat, ist sein großmassiger Aufwand für ein gewisses Wenig an Gedanken. Er gibt keine Gliederung in der Debatte; nur Gipfel. Inhaltsarmut, hierbei jedoch Apparat. Kurz: Vereinfältigung.

Die Massenseele wird gezeigt? Keine Spur. Nichts gegliedert. Man ist noch nicht stark, wenn man unzerlegt ist. Man ist noch nicht mächtig, wenn man wuchtend-leer ist.

Das Ganze soll ein Sinnbild sein? Nu ja, ja, nu nee, nee.

Es gibt auch gegliederte Sinnbilder, reiche Sinnbilder, gestufte Sinnbilder, inhaltsvolle Sinnbilder.

VI.

Ich will ein Beispiel geben, wie Kaiser arbeitet. In dem Volksversammlungsakt, dem rummligsten, gibt es nur drei Gedanken; fast unzerlegt. Erstens: Fabrikarbeit bringt Leiden. Zweitens: es ist besser, Bauer zu werden. Drittens: es ist besser, Fabrikarbeiter zu bleiben.

Das wird, statt gegliedert zu werden, immerfort wiederholt. Die einen sagen immerfort: „Fabrikarbeit bringt Leiden. Fabrikarbeit bringt Leiden. Fabrikarbeit bringt Leiden. Fabr..."

Die zweite Stimme sagt: „Werdet Bauern. Werdet Bauern. Werdet Bauern. Werdet B...!"

Der dritte Begriff gellt immerfort: „Nein, bleibt Fabrikarbeiter! Bleibt Fabrikarbeiter! Bleibt Fabr...!"

Kurzum: symphonisch. Oder die Vereinfältigung. Oder: der tapfere Vorstoß zum Arenenkitsch. (Ich schrieb einmal: „Es ist recht schön, primitiv zu sein. Es ist aber noch viel schöner, sehr differenziert zu sein." Und viel schwerer!)

VII.

Kaiser läßt kalt bis ans Herz hinan. Er gibt Nervenwirkungen. Nicht mal technisch überraschende Geistigkeit. Sondern Gebumms: eine Explosion, zwei Revolver, aufgefahrenes Maschinengewehr. Chorwirkungen ohne viel Inhalt. Und (am Schicksal des einzelnen, zum Schluß) die Pose. Ja, der Verfasser ist reich an Einfällen, doch seine Einfälle sind nicht reich.

Was an Plus bleibt, ist jener Vorstoß. Das Dichterische des Vorstoßes darf ein andrer liefern.

VIII.

Der Spielordner Legband war für diesen Anfang eines äußerlichen Pioniers ein Pionier und ein Anfang. Zu geben sind, alles in allem, nicht Menschen, sondern wilder Buchschmuck zu einem linienmenschlichen Vorgang. Das Kataleptische der Gebärden kam am besten heraus.

Die Betonhalle des vierten Aktes war nicht rund; ohne das Riesen-Dimensionale, das Kaisers Amerikanismus, aber natürlich, fordert; es war ein kleineres Versammlungslokal. Hier mußte jedoch eine Andeutung sein von den Begriffen: Mammut und leere Breite.

Stahl-Nachbaur, der Milliardär, sah bald Herrn Wilson, bald Herrn Björnson ähnlich. Ein Prediger, Fabrikant geworden. Die Tragik, die bei Kaiser fehlt, schuf er nicht.

(Die Buchstaben l und n spricht er störend: indem er nicht die Zungenspitze an den Gaumen legt; sondern den gewölbten Zungenrücken.)

27. Februar 1919

Oskar Kokoschka:
„Der brennende Dornbusch“ – „Hiob“

Das junge Deutschland. Kammerspiele

I.

Das erste Werk ist ein Mysto-Skätsch. Das zweite Werk ist gemalter E. T. A. Hoffmann.

Man betrachtet so ein Stück und fragt nach dem Inhalt. Die Antwort ist schwer. Das einzige, was in dem Stück mit Bestimmtheit vorkam, war der Verfasser am Schluß. Aber was, zum Donnerwetter, hat sich zuvor begeben? Die Dichtung hat sich zuvor der Verständlichkeit begeben.

Soweit ist alles klar. ... Die Vorführung scheint maßgebend, der Verfasser hat sie geleitet, an ihr lag es nicht.

Ich habe das Werk auch nachher nicht gelesen, so daß der Bühnenvorgang (auf den es ankommt) unbeeinflußt, unberichtigt, ohne Nachhilfe bleibt – und will ehrlich feststellen, was im Hirn haftet. Hernach alles auf sein Daseinsrecht beklopfen. Also was haftet?

II.

Bildwirkungen, Seelentupfen, gepinselte. Zwischendurch das Gefühl, daß man den stärksten aller heut lebenden Regisseure vor sich hat. Nicht etwa, Gott behüte, den stärksten Dichter. Denn eben, wo Begriffe fehlen, da stellt O. Kokoschka, Kunstmaler, zur rechten Zeit sich ein.

Alles zerschwimmt, entnebelt, verfliegt.

Manchmal denk' ich: das ist, als ob man eine Klingersche Radierung farbig gemacht und in einem zauberhaften, ganz langsam sich abwickelnden Kinemakolor auf die Planken gestellt hätte – nur daß die Radierung im Grunde doch nicht von Klinger ist, sondern von Kokoschka. Man denkt nur an Klinger, weil auch hier Wach-Träume sind, ganz entfernt ähnlich wie Klingersche Paraphrasen über den Fund eines Handschuhs, mit dem Traum, mit dem Meerstück, mit dem Nebenbuhler. Oder ganz entfernt ähnlich wie Klingers Griffelwerk vom Leben, mit der „Verführung“, mit „Christus und die Sünderinnen“, mit „Versunkenen“. Oder – weil bei Klinger noch zuviel Zusammenhang und Sinn besteht – man denkt bei Kokoschkas Bühnenbildern an Munch, an dessen gegriffelte Phantastonovelle vom Weib oder von den zwei Geschöpfen Alpha und Omega, die er auf Stein gezeichnet, in Kupfer gestichelt. Ja, Phantastonovellen, bloß noch wildere, zuckendere; etwas von verwitternden Altargemälden leuchtet zwischendurch; das Ganze wird schon von Kokoschka sein.

III.

Ich stelle weiter fest. Bei dem Schläfernden, Lullenden, dann wieder Schreckenden, oft seitwärts Ablenkenden, bildhaft Berauschenden ist es schwer, mit dem Verstandeswerkzeug zu folgen. Schwer überhaupt zu folgen – es sei denn, schlürfend und genießerisch mit dem Auge, das sich so satt, wie niemals an irgendeiner Kulissenrampe, hier trinken kann; vielleicht nie, seit es ein Theater gibt; mein Auge hat solche Bilder szenisch noch nicht geschluckt. Wundervoll.

Was aber der Mysto-Skätsch an Wortmäßigem und, na, Gedankenähnlichem birgt, entzog sich meiner Kenntnis; bis auf den kleinen Rest, der als Denkspruch, als Wahrwort, als Lehre dem Sperrsitz eingebläut wird. Von solchen Denksprüchen (Inseln im tobenden Teich der Zusammenhanglosigkeit) haftet einer im Gehirn, der etwa bedauert, daß nicht alle Menschen sonder Arg und gütig sind. ...

IV.

Was jedoch daneben im einzelnen sich zugetragen hat, – das werdet's Ihr nie erfahren. Robert Schumann schreibt als Kritiker mal, wenn mir recht ist: „Ich weiß nicht, was ich sagen soll, darum ist die Rezension schon so lang." Sie kann aber auch lang sein, wenn Vielerlei zu sagen ist; wenn eine Möglichkeit neben der andern hockt; wenn man am liebsten alle, nachdem jede betrachtet und von fünfen vier verworfen sind, hineinnehmen möchte – damit auch die Genesis des Denkens klar wird. Am Kokoschka jedoch scheitert noch dieser Drang. Also: Feststellungen.

Ich sah (immer nur den Bühneneindruck betrachtet, diesen Eindruck durch nichts vorher oder hinterdrein ergänzt) – ich sah eine Person weiblichen Geschlechts, die wohl im Felde des Geschlechts etwas ausgefressen hat, offenbar auch in Richtung dieser Funktionen unzufrieden war (was in der dramatischen Literatur, wenn es auftritt, so oft mit gehobener Sprache verbunden ist ...).

In den Begriff des Ungestillten, Mißvergnügten an einer Frau, der durch häufiges Kommen, Gehen, Kauern, Haareschütteln, Mauzen hier auch den vermindert Zurechnungsfähigen in lehrreicher Form deutlich wird, mengt sich der Begriff einer Schuld ... oder ich will ein schlechter Kerl sein. Ein Begriff der Schuld mengt sich dazwischen – stille! Eine

Mannsperson naht sich der Frau bald so ... dafür leg' ich die Hand ins Feuer. Bald erhaben ist er, bald (ei ei!) etwas leichtfertig.

Aussehn tut es, ernstgesprochen, unvergeßbar. In traumschweren Belichtungen. Leuchteglanz fließt um Mann und Frau. Ein Violett; ein Grün; ein Rot – der Scheinwerfer bedeutet in diesem Schauspiel keine Sinekure. Scheinwerfer, Büßertum, Spindler, Mystisches, Sühnendes, Feierliches treten an die Stelle genauen Inhalts. Und jetzt fällt mir ein ...

V.

Jetzt fällt mir ein, was Kokoschka gesagt hat, während er, es war vor der großen Zeit Europas, mein Bildnis machte. Die starke Liebe, die für Jean Paul in mir lebt, sah mit Genugtuung, daß man unter dies Bild ebensogut „Jean Paul" hätte schreiben können. Also er entwarf mündlich dramatische Pläne, während der Mann aus Wunsiedel immer sprechender wurde. Und während für mich das Wort altgriechischer Philosophen: „Erkenne dich selbst!" als nie erreichbares Ideal stets höher, stets entrückter, stets ergreifender abschob. Kokoschka schilderte damals Plankenvorgänge, die mehr Schraffierung als Umriß bargen. Sein Verlangen ging auf Schaubares und Seelisches – doch zuerst wohl auf Schaubares. Ich hatte den Begriff einer halb japanischen Bühne.

VI.

Hieran erinnerten jetzt, ganz von fern, die wundervoll geschnittenen und getönten Brückenbilder. Schräg vorschreitende Menschen darauf. Kokoschka schwärmte damals, wenn ich nicht irre, von einem Turmdrama. Oder von einem Stockwerkdrama. Jede Antwort, damals, schoß an jeder Frage jedesmal vorbei. Wenn ich gewissermaßen fragte: „Wie spät?" war die Antwort: „Nach links". Wenn ich fragte: „Wieso?" war die Antwort: „Unterhalb". Doch im rein Empfundenen, losgelöst vom Drama, begegnete man sich. Nur schwieg nicht ganz ein Mißtrauen: wo bei ihm planender Ernst, wo Verblüffungswillkür (unbewußt) anfing.

Wer das Schau-Spiel vom Dornbusch gesehen hat, zweifelt nicht an dem Ernst im Malerischen. Das Malerische ganz für die Bretter gedacht. Hier steht ein Inszenator, kurzweg ohnegleichen. Auch der gesprochene Klang wird musikhaft bei ihm bis ins Letzte gestuft – ja, auch in diesem Feilen des Sprachtons ist Kokoschka (allenfalls von dem zu früh gestrandeten William Wauer abgesehen) heut unerreicht. Er setzt gewissermaßen ein Oratorium ohne Musik und mit fast keinen Worten.

(Oder mit nebensächlichen Worten. Denn man sieht die Leute reden und hört sie nicht.) Wunderbar. Ich erblickte gern Maeterlinck von ihm nachgestaltet.

VII.

Und nun denkt an die deutsche Romantik. Um 1800. Hier seh ich Kokoschkas Vorgänger. Hier sitzen seines Vorgängers Maeterlinck Vorgänger. (Denn Kokoschka ist im Dösen fortgeschrittener Maeterlinck.) Es lassen sich, meint Novalis damals, – es lassen sich sogar Erzählungen ohne Zusammenhang, „jedoch mit Assoziation, wie Träume", denken: ebenso Gedichte, die „bloß wohlklingend und voll schöner Worte sind, aber auch ohne allen Sinn und Zusammenhang, höchstens einzelne Strophen verständlich wie Bruchstücke aus den verschiedenartigsten Dingen". ... Novalis fand in solchen Gedichten die wahre Poesie: sie könne höchstens einen allegorischen Sinn im Großen und eine indirekte Wirkung wie Musik haben. ... Das gilt für Kokoschkas Bühnengebilde, Wort um Wort.

Einzelheiten, Sinn, dramatischer Zusammenhang haben aufgehört; statt ihrer gibt Kokoschka den bewegten Farbtraum mit fern anklingendem, vagem, nur allgemeinem, schwindendem, bloß ungefährem Begriffsinhalt. „Expressionismus"?

VIII.

Ein sogenanntes expressionistisches Bild (um die blödsinnige Bezeichnung zu brauchen; jedes Kunstwerk ist ja eine Expression) entsteht oft, indem der Maler nicht einen Gegenstand abmalt; sondern indem er mit geschlossenen Augen an ihn denkt und hernach das Gedachte, so gut er kann, „ab"malt.

Also nicht die einzelnen Teile werden treu wiedergestaltet, – sondern ein schwebendes Erinnerungsbild wird untreu wiedergestaltet.

Die Kontrollmöglichkeit scheint mir schwach: ob einer auf die Leinwand setzt, was er innerlich gesehn hat, – oder was er äußerlich halt irgendwie hinzusetzen vermag; was er halt irgendwie zuwege bringt. Mangelndes Können steckt oft (nicht allemal, natürlich) dahinter. Und das Mitläuferpack, das *servum pecus imitatorum* „träumt" auf die Leinwand nicht, was es bei geschlossenenAugen selber geträumt hat, sondern was der Kollege bei geschlossenen Augen ... vielleicht auch nicht geträumt hat.

Dies unter der Hand.

IX.

Es sind aber, scheint mir, Kokoschkas Schau-Spiele so zu genießen. Wenn das Ganze vorbeigeflutet ist, stellt Euch vor, als hättet Ihr dies Ganze bei geschlossenen Lidern gesehn, solltet nur ein Erinnerungsbild (von den vielen Augenblicksbildern) wahren – und Euch an dies Erinnerungsbild hinterdrein halten. „Schließe mir die Augen beide...“, sagt ein sicherer Theodor Storm.

Ob allerdings hier noch die Bezeichnung Drama ... Aber was liegt an Bezeichnungen? Der Garten unseres Herrn, vielmehr der Garten unserer Seele, der Garten unserer Sehnsucht ist groß. Viel Platz darin. Laßt es Euch gefallen! Klettert nicht komisch aufs hohe Pferd im Verwerfen und Vorschreiben. Sondern glaubt, was die Dramaturgie dieser Zeit im Vorwort sagt: „Der *criticus* tut sich nicht als Weltenrichter auf. Der *criticus* hält es für dumm, ein Gesetzgeber – doch für klug, ein Gesetzfinder zu sein.“ (Ges. Schriften. I, VII)

X.

Hiernach wird sich das zweite Stück leichter verstehn lassen. (Lies: erahnen lassen.) Als ein Lustspiel ist es ohnedies fast unverbindlich!

Nun fährt einem plötzlich die Frage durch den Kopf: Gab es darin überhaupt Worte? Doch. Man hat sie bloß nicht gehört. Es ist kein Scherz, daß nur ein einziges haftet – jenes rasch bekanntgewordene des Schauspielers Kühne: „Ich verstehe kein Wort“ – da brach die Menge tobend aus: „Sehr richtig! Bravo!“ Nur dies Wort haftet.

Aber sonst, genau besehn: Pantomime. Der sieche kahlköpfige Greis mit gesträubtem Schläfenhaar, äußerlich halb wie Schopenhauer, der an knechtender Leidenschaft für ein Wesen mit schöner Stimme sich wedekindisch den Hals bricht –indeß ein Hundemensch (Kyniker) ihr weiches Fell gewinnt.

Etwas zu lang. Aber entzückend, wenn im Badezimmer mit Klosett Seelenzerreißendes und Gaukliges, Tragisches und Geisterndes, Brüllendes und Tänzeriges spielt. Wie schön die verzauberte Stimme hinter den Kulissen. Ein wahrer Dichter schuf alles das. Nämlich E.T.A. Hoffmann...

Ein wahrer Dichter schrieb es zum zweitenmal – mit dem Pinsel. Nämlich O. Kokoschka.

XI.

Liegt hier etwa die Zukunft des Dramas? Aber nein. Der Kunstanger werde nicht zum Hottentottenland. Doch ein wildherrlicher Kral gelegentlich neben mancher festgefugten Tempelmajestät, manchem herrischen Glanz unseres gestraffteren Hirns – zerschmeißt ihn nicht. Erregt Euch nicht. Das Endgefühl vor Derartigem ist kein stürmisches „Jawohl!", aber ein lächelndes „Warum nicht?" Der Garten unseres Menschentums ... siehe oben.

XII.

Hierin haben die Dadaisten selbst ihren Platz. Sie tagten am Sonnabend. Ihr Ziel ist: was den sicheren Bürger schrecket. Es wird jedoch kein Bürger vor den Kopf gestoßen, weil keiner da ist – nur Gesinnungspartner auf jeder Bank.

Der Grundzug scheint gut: Ulk mit Weltanschauung. Alles Bestehende parodiert. Man könnte die Bewegung nach Vorbildern den „Ichpfeifdraufismus" nennen.

Aber die Ausführung läßt zu wünschen. Ist dies schon Tollheit, muß es weit mehr Methode haben.

Zwanzig Proben sind nötig, statt zweier. Ihr alle macht ja dieselben politischen Anspielungen, ohne Verteilung. Ihr wollt leicht sein – los! Aber das Leichte, meine Lieben, ist schwer.

Tief steht Euer Publikum; es hat den unsicheren Drang mitzuspielen, und es fällt ihm nichts ein – da brüllen sie alles nieder.

Jemand rief, das war ein besserer Augenblick, wenigstens: „Es lebe Victor Hugo" – was eine Tendenz barg, an einen versöhnlichen Franzosen erinnernd. Witzig war, daß ein Herr, als der Lärm auf den Brettern am wüstesten scholl, vom Parkett hinaufstieg und auf dem Klavier das Familienlied „Stille Nacht, heilige Nacht" mit einem Finger tönen ließ. Alles in allem jedoch idiotischer Barbarismus der Zuhörer – nicht weil sie was mißbilligten, sondern weil ihnen nichts einfiel.

... Von den Darstellern bei Kokoschka sei Maria Fein erwähnt – als ein Schulbeispiel. Sie machte mit Verstand: Ahnungslosigkeit. Mit Erfahrung: Triebhaftes. Mit Geschicklichkeit: Unbewußtes ...

27. Mai 1919

Georg Kaiser: „Die Bürger von Calais“
Volksbühne

I.

In Marseille, wo der Mensch zu verschiedenen Zeiten seines Lebens, und allemal in wehendem Daseinsglück, soviel Schaltiere, Fischzeug, Krustengetier, Schnecken, Muscheln, Seespinnen, Austern, Langusten, wie er will, schlingen, schlecken, schmausen und mit wundersam lichtem *Graves supérieur* begießen kann, was mir zu vier verschiednen Malen meines Lebens widerfahren ist: in Marseille, wo dies einstens, vor Europas großer Zeit, möglich war, zeigte man den Bürgern des Südens die „Bürger von Calais“ in einem farbbunten Riesenfilm; dort sah ich ihn. Und zweitausend Menschen hatten mitgewirkt. Und hunderttausend beguckten im Lauf der Tage, der Abende das Schauspiel heimischen Opfermuts und englischer Großmut. Und wenn der Kientopp aus war, flog ein weicher Nachtwind vom Mittelmeer.

II.

Kennt Georg Kaiser diesen Pathé-Film? Den ersten großen farbigen? Jedenfalls gelang ihm etwas dieser Art. Er ist ein Techniker für umfangreiche Bewegungen. Er treibt großmassigen Aufwand. Man erblickt häufiger in ihm einen Gerüstmacher als einen Poeten. Er pflegt eine gewisse Ausruferdramatik. Seine Arbeiten sind oft sehr veredelte Rummelplätze. Das alles empfindet man wieder.

Um nun hier den Außenapparat mit Tiefe zu versehen, schraubt er eine, allerdings nichtig gewordene, Mysterienlogik als Mittelstück ein. Das gilt als die sogenannte Idee. Es entsteht eine Art Tüftelfilm.

III.

Seit einem Vierteljahrhundert starrt in Calais das Standbild jener sechs Bürger. Rodin, welcher die waagrechte Bildhauerei erfand, schuf diese noch senkrecht. ... Da gehn (oder stehn?) sie, mit der Erde verwurzelt; ja, mehr verwurzelt als schreitend. Es ist ein Aufbruch – am letzten Kreuzweg. Abschied von der Welt. Nicht Bürger von Calais; sondern Menschen mit einem Schicksal. Verurteilte des Geschicks, wie jeder von uns. Zumal jener gefaßte, stumme Zug des Bürgers mit dem Schlüssel ist von einer sozusagen irdischen Heiligkeit, welche dem Betrachter das Herz schwer macht.

Für dieses Wuchtend-Schlichte gab Kaiser Gewimmel, Massen,

Bilder, Gruppen, Geräusche, Fahnen. Aber auch Einzelgestalten. Diese Gestalten sind Ausrufer, insgesamt. Sie sprechen fast ohne Gliederung Ausrufungszeichen. Der Vorgang selber mündet in jenen Sophismus, der nun betrachtet werden soll. Es ist, als ob inmitten einer Mammut-Arena spitz und kahl ein verkrümmter Gedanke friert – welcher seine Falschheit einsieht.

IV.

Wie war der Vorgang bei dem Chronisten Froissart? Frankreich ist von England besiegt. Calais soll untergehn, falls nicht sechs Bürger, mit dem Strick um den Hals, ausgeliefert werden. Sechs melden sich – doch König Edward verzichtet auf ihren Tod. (Eine Geiselbegnadigung verwandten Inhalts vollzog der verstorbene Dionys, Tyrann, unter dem seinerzeit Möros den mittlerweile so rühmlich bekanntgewordenen Dauerlauf unternahm.)

Bei Kaiser entsteht zu Beginn die Frage: soll Calais die Bedingung annehmen? Dann: welche sechs Bürger sollen sich opfern? Ein Reventlow des Mittelalters hätte sogleich den schlagfertigen und gebieterischen Ruf erhoben: „Sechs andre!" Hier melden sich sieben. Ist das ein so großes Unglück? Kaiser (der die Vertiefung anschraubt) sagt: „Ein schreckliches Unglück für sie!" Also statt sich des Überschusses zu freuen, machen sie daraus ein Jammern, einen gewaltigen Kummer, eine furchtbare Schwierigkeit. Die Sorgen dieser Bürger möchte man haben. Der Bräutigam tobt, daß die Braut zu schön ist ...

Froissart, der sachruhige Herodot des Mittelalters, welcher alle Völker gleich kühl behandelt und nur die Deutschen haßt – Froissart spricht von sechs Bürgern. Den siebenten erfand Kaiser. Oder täuscht mich das Gedächtnis?

Angeblich zeigt jetzo das Volk höchste Unruhe: weil ein Freiwilliger mehr da ist! Wird also der siebente Mann ausgelost? Aber nein. Das Auslosen wird justament verhindert – von dem edlen, alten Führer, Eustach, der unter den Sieben ist. Warum? Er will gewiß die Probe machen: ob jeder bei dem Entschluß verharrt. Statt sechs blauer Kugeln und einer schwarzen legt er sieben blaue Kugeln in den Korb ... und man ist so klug als wie zuvor.

Was tut jetzt Eustach? Er stellt folgendes anheim: morgen früh sollen die sieben Bürger gleichzeitig ihre Wohnung verlassen – wer zuletzt auf dem Markt ankommt, scheidet aus. Diesem geweckten Vorschlag stimmen sie zu! Ist es zu glauben? Er bedeutet ja entweder die Konservierung des Gebrechlichsten. Oder es bleibt alles auf dem toten Punkt:

wenn die Jüngeren absichtlich langsam gehn. Der angeborenen Schlichtheit jener Chronik wird Kaisers Krummheit ächzend angetüftelt.

Und nun bringt dieser handwerkliche Vertiefer die zweite Sinnschwäche.

Die zweite. Sechs kommen an. Nur Eustach nicht, er hat sich entleibt. Aber Maensch! Warum? Ganz Verschwommenes, Ungefähres dämmert hier in dem Hirn eines Technikers, welcher das Innerliche von außen bearbeiten will. Ein vag verwaschener Anklang an „höchstes Opfer“ – wie vorher ein „Abendmahl“ stattgefunden hat; nämlich eine Mahlzeit der Sieben. Oder wie in Kaisers Schauspiel „Gas“ (auch einem Mammut mit Gipsbeinen) am Schluß die Gattin eines leichtsinnigen Offiziers plötzlich ihrem Vater versichert, sie werde nun den „Menschen“ gebären, indem sie zufällig etwas Kleines erwartet und der Schluß naht und Mystikanklänge gut verwendbar sind. ... So ähnlich stirbt hier Eustach. (Anklang an „Erlöser“.)

Im einzelnen trank er Gift, weil ein Zufall beim Laufen ihn vielleicht aufgespart hätte. Ja, warum hat er dann diesen sinnschwachen Vorschlag erst gemacht? Ferner trank er Gift, um kein Spielverderber zu sein: denn die sechs Andren sollten durch den ärgerlichen Umstand einer Auslosung nicht in ihrer Opferlust gestört werden. Die Sorgen dieses Eustach möcht' ich abermals haben. Aber nicht sein Gehirn.

Denn falls er sich tötet und hinterher einer von den Sechsen streikt, hat Eustach ja die Stadt mit ihren Einwohnern vernichtet. Er wird sagen: „Dann sind sie, wegen dieses einen Streikenden, alle des Lebens nicht wert!“ Oder so. Kurz: Hokuspokus. Es wär' immerhin gegen viele Kinder eine Gemeinheit – nicht? Und daß der König von England schlimmstenfalls auch sieben Geiseln zulassen würde: dieser Gedanke liegt jenseits von der Vertiefung.

VI.

Der König von England hat einen Sohn bekommen und begnadigt die Sechs. Beim Froissart stehn sie vor dem scheltenden Edward, der Henker wartet schon – aber die schwangere Königin erbittet ihr Leben. Wie himmlisch könnte jemand (der vom Dichtergeist geküßt wäre) hier eine Frau sprechen lassen! Wenn man aber ein Bastler ist und der Seele mit dem Trick naht ...

Hinter diesem inhaltsleeren Spiel steht ein merkwürdiger, sehr ernster Fall. Der Überrumpelungsversuch eines Kopfes, welcher dem

Regisseur vertraut, daß der statt seiner es machen wird. Oder dem Kritiker, daß der „deuten" wird – was nicht besteht. Er selber wartet ab. Es ist die dramatisierte Leere. Es ist das dramatisierte „So tun ..." Kaiser liefert Gebärden und jenen Klang, wozu ein Dichter etwas dichten mag.

Bei ihm werden dem „Problem" von außen die „Seiten" abgewonnen. Abgewonnen werden sie. Sechs Leute sollen sterben? Also der eine spricht mit der Mutter; zweitens der andre mit der Gattin; drittens die erotische Seite wird abgewonnen – wie allemal den Morituri (die ums Morgenrot scheiden müssen). Und man empfindet, glaubt Kaiser, eine Stimmung der Muße ... man hat ja nichts mehr zu tun. Dann empfindet man wenig Lust auf Speis und Trank. Jemand zögert, Letztes zu bekennen, weil er es bereuen würde, falls er am Leben bleibt. Weiter geht es. Jener fängt schon wieder von seiner Mutter an. „Mich geleitete eine greise Mutter." Der Vierte spricht schon wieder von der Gattin. ... Füllselworte, die Kaiser sich und seinen halbzerpreßten Bürgern abringt.

Bei dem Betrachten von Dichtungen mündet aber schließlich alles in einen Punkt: Ist es die Dramatik des großen Gefühls – oder die Dramatik des zerkauten Federhalters?

Man muß ein Hebbel sein, um beides zu geben.

VII.

Der Spielordner, Herr Legband, bot zweierlei: kataleptische Zuckungen (bedrängte Stadt) – und Buchschmuck (alte Chronik). Folgerung: er stilisierte jene Zuckungen. Aber auf alles fiel, noch im Dämmrigen, eine zu dämmerlose Beleuchtung. Oder die Calaisbewohner hätten so aussehn müssen, daß sie eine solche vertrugen ...

Es war nicht ein gebändigtes Quantum von Menschen („Weber"), auch nicht von Bildern (Oberammergau) – sondern beides durcheinander; was statthaft ist. Doch vor allem ein Auflauf von Perücken und Statisten; was nicht statthaft ist.

Die Gipfelung, nämlich der Bericht von dem Selbstmord, mußte wenigstens theatermaschinell eine Gipfelung sein, wenn sie schon völlig sinnlos ist. Legband rückte hier von Kaisern ab.

So wie Herr Stahl-Nachbaur sich der Begünstigung nicht schuldig machte. Pflichtgemäß hat er mit aller (durch die Zungenlage leicht getrübten) Sprechkraft nur eben die Rolle wacker gestaltet. Er gab sie – doch er gab ihr nichts.

Durch keinen starken Menschenklang riß er den Filmepigonen heraus.

Weshalb aber wird heute den Gästen der Volksbühne, den ringenden Siebzigtausend, den Aufstieghungrigen, den werdenden Zöglingen aus einer bestimmten Entwicklungsecke ... weshalb wird ihnen so ein mystisches Brimborium vorgetischt? Die Volksbühne war ein Weltanschauungstheater – sie werde kein Konsumverein.

29. September 1919

Ernst Toller: „Die Wandlung"

Tribüne

I.

Ein kernhaftes junges Mädchen in Bayern sprach von der Münchener Kommunistenzeit. Leviné hatte nach ihrem Gefühl einen blutdürstigen Zug um den Mund. Ich wußte nicht Bescheid. „Der Toller", sprach ich, „wollte jedenfalls kein Blut, – glauben Sie nicht, daß er, Politik hin, Politik her, ein über seinen eignen Vorteil weit hinaustrachtender Mensch war?" (Denn ich glaube das.) Sie sprach altklug: „Aber unreif! So a junger Kerl, net viel über zwanzig!" Ich sprach: „Um reif zu sein, muß man zwölf Millionen Europäer schlachten; und zwischen Fünfzig bis Siebzig stehen, um diesen geläuterten Standpunkt zu erklimmen." Sie sprach: „A Anmaßung is' halt doch!"

II.

Auch dieses Stück ist unreif und eine Anmaßung. So wie rotgrüne Flämmchen oder Knospen der Weinranke, die jedesmal im April in diese Welt eines späteren gemeinen, naßkalten Novembers dringen, unreif und eine Anmaßung sind. Als kümmerten die sich kaum um das Vorhandensein lastend öder Mächte: sondern sproßten im Frühstrahl drauflos, voll unreifster Anmaßung, voll Zuversicht in allem morgendlich bitteren Lebensweh; und voll hoffender Herrlichkeit.

Ja, es muß immer Menschen geben, die noch glauben, daß es lohnt, sich die Finger für diese Erdsippe zu verbrennen. Finger verbrennen – das geht. Aber sein Leben dafür einsetzen? Ich tät's nicht. Nur, die Zärtlichkeit für solche, die es immer wieder tun, stirbt nicht aus. Allenfalls durch Schreiben, womit man sein Dasein ja auch verströmt, stückweis hergibt, mag Opferung zulässig dünken. Aber mit dem

Bewußtsein, daß es kein Opfer ist, sondern ein Laster: etwas, das einer, selbst bei Lebensgefahr, nicht lassen kann.

Wer nur handelt, wie der Held dieser losen Szenen, ist gefaßt, daß sein Tun verhallt; daß sein Name von gleichgiltigen Menschen einstens neben andren rasch gemurmelt wird. Er hat jene Genugtuung nicht einmal, etwas zu hinterlassen: Gestaltetes. Denn was er selbstlos schafft, bedeutet mehr „Arbeit" als „Schöpfung". Er ist sichtbar der Heldischere – und der Dümmere. Der Held von Tollers „fünf Stationen" ist so dumm. So erschütternd. So umleuchtet. So unreif. So anmaßend. So kenntnislos. So ganz mit dem Blick des Beginners. So wundervoll. So heilig. Und er soll gesegnet sein, für und für, heut und immerdar.

III.

Es bleibt über dieses Stück nicht viel zu sagen. Höchstens, daß ein Dichter darin steckt, der vieles Vorausgegangene zwar nur ebenso empfindet wie Viele, doch es kraft einer inneren Musik, stärker empfinden macht als die Vorgänger. Das ist etwas. Toller zeigt einen jungen Menschen, der die Wandlung durchmacht... vom Groll zur Vaterlandsliebe; von der Vaterlandsliebe zur Arbeit für alle. Diesen jungen Menschen läßt er Jude sein. „Jude" heißt hier: einer, der Unrecht erfuhr. (Vielleicht auch: einer, der vor dreitausend Jahren das höchstentwickelte Sittengesetz dieser Erdkugel besaß?)

Als Wanderer geht er durch die Schichten. Ja, wie Bouvard und Pécuchet bei Flaubert, ich sagte das schon, die Schichten der Erde beschauen und am Ende den Kopf schütteln: so schüttelt hier „Friedrich" nicht nur den Kopf; sein Herz schüttelt sich – und der Schluß heißt: handeln!

Toller selbst stellte sich zu Kriegsbeginn freiwillig, wie hier der Mann in der Mitte –, vielleicht wird er deshalb von Unentwegtheitsliteraten angepiepst, wie jeder, der sich damals erfrechte, Deutschland zu lieben.

IV.

Das ganze Werk ist eine stärkste Anklage ... nicht gegen den Krieg: sondern gegen eine Weltanschauung. Gegen eine Lebensführung, auch im Frieden. In der Tongebung erinnert manches an Sturm und Drang; an Büchner. Das Meiste kurz gehalten. Kein wahlloses Geschwafel.

Die Unübersichtlichkeit des Gesamtbaues ist kein Merkmal für die Ausdruckskraft einer vollen Seele. Daß jedoch Toller die besitzt, verrät sein Zugreifen. Er packt den Stier an den Hörnern. Er bringt alle

Furchtbarkeiten des Krieges ... nicht in langem Lamento, sondern mit wuchtiger Schlagkraft wie niemand bisher auf die Bretter. Die Rückenmarkverletzten, die Blindgeschossenen, die veitstänzerisch Zuckenden, die Gasvergifteten, die Lungenpfeifer: alle dämmern herauf. Auch die von der Luftseuche Zerfressenen. Einer davon dreht die Leier, sein Weib zeigt ihre Schwäre – wie zu Ulm jener Holzbildhauer Syrlin (welcher die unsterblichen Leiber und Köpfe des Altargestühls vor Jahrhunderten gemeißelt hat) seinen Hiob voll verwegener Offenheit, mit allen Blattern und Geschwüren darbot.

Der tapfere Toller forcht sich nit.

V.

Spricht hier ein Demagoge? Das Gegenteil. Er wirft dem Volk verletzendste Wahrheiten ins Gesicht. So ehrlich wie gütig.

Ob ein solcher Mensch Führer sein kann, steht dahin; die Ereignisse haben es nicht entschieden. Daß Toller jedoch unter die keimvollen Erdkräfte zu rechnen bleibt, welche die Welt vorwärts stoßen; daß er zu uns Besten gehört: das ist gewiß.

Und daß ein Dichter in ihm lebt, würde sich zeigen, wenn er nur jenes Dämmerbild hüpfender Gerippe im Drahtverhau gemalt hätte, das verweste Gerüst eines kindhaften Mädels in ihrem Kreis, welche durch die Brust vieler Helden starb. ... „Mein Herr, wir wollen tanzen!“ – musikhaft wie dieser Klang ist etliches in Tollers Jugendwerk der menschlichen Stationen und Etappen – das freilich diesen Stern Erde nur vom Standpunkte des Gewissens ansieht, kaum zwischendurch einmal vom Abendberg der Schönheit.

Immerhin: Schönheit ist auch im gehämmerten Ethos.

Das Leid der Welt fühlen, die Hoffnung dennoch nicht zum Teufel jagen: darauf kommt es an. Als Losung ließe sich Folgendes über das Werk setzen:

Mensch, raffe dich!
Straffe dich!
Entaffe dich!

VI.

Die Andeutungsbühne hat an diesem Abend eine Schlacht gewonnen. Sparsamkeit in den Mitteln war nicht Kärglichkeit. Sondern Gesammeltsein. Herausheben des Wortes. Förderung der Innenkraft. Dung für Seelisches.

Andeutungsbühne? Mit wenig Winken, durch Herrn Neppachs Kunst auf wenig Leinwand gemalt, war sie, wo es drauf ankam, so stark wie eine ganz phantastische Augenbühne. Das Spiel der einzigen Geige zwischen den Vorgängen tat so viel wie ein halbes Orchester. Ob Skelette je auf einer Attrappenplanke so stark wirkten, noch für den vordersten Sperrsitz, bleibt fraglich.

Herr Martin, mit dem freundlichen Vornamen Karl Heinz, hat in der Theatergeschichte hier einen Schritt vorwärts getan.

Ihm half der Schauspieler Fritz Kortner vor allem. Da ist Sprachwucht; verschweißt mit Gefühl. Ein neuer Mann; ein neuer Wert. Weiter!

1. Oktober 1919

Dada

Tribüne

I.

Von Dadaisten traten diesmal in Tätigkeit: Huelsenbeck (ein im Grunde kluger und straffer Sohn Berlins; chaotisch wird er nicht aus Dionysiertum – sondern wohl aus Überdruß, aus Ungeduld, auch Schlamperei; und wenn er Geld braucht).

Zweitens: Walter Mehring; vielleicht erstens Walter Mehring. Die satirische Begabung der Gruppe. Denn er hat *pectus*; oder Leidenschaft. Er spuckt witzige Saloppheiten, aus Haß; aus Ekel vor allerhand Widerlichem der Zeit; vor kaffriger Mode; vor der platten Roheit des neuen Volksmunds; vor dem Phrasenschwindel; ist antimilitaristisch, antinationalistisch.

Drittens: der Zeichner Grosz. Er tanzt Foxwalk und Caketrott (das wäre schon ein dadaistischer Witz! denn es gibt auffallend viel unzureichende dadaistische Witze) – er tanzt also fast wie ein Berufstänzer aus dem Wintergarten. Nur fast. Jedoch der Jubel seiner Getreuen (welcher mäßig wäre, falls ein Berufstänzer so tanzte) schwillt glückselig an, weil er „fast“ so gut tanzt. ... Obwohl doch, wie mir scheint, der Jubel dann so schwellen sollte, wenn er besser als ein Berufstänzer tanzte – nöch? Merkwürdig.

II.

Aber der Grosz ist in jedem Fall ein guter Stegreifsprecher. Neulich hat er, als die Hörerschaft in einer Pause kribblig nach der Fortsetzung trampste, beschwichtigend gesagt: „Haben Sie noch einige Minuten Geduld – Sie hatten ja vier Jahre lang eine grenzenlose Geduld!“

(Das sind Lichtpunkte, Glanzstellen in der Entwicklung des Dadaismus; die man mit ehernem Griffel, schon wegen der Seltenheit, verzeichnen muß.)

III.

Viertens: Wieland Herzfelde. Wenn es einen Wein „Ruster Ausbruch“ gibt: so ist Herzfelde der Ausbruch im Dadaistischen. Er hat ein Ausbruchsgeblüt.

Wie beim Hebbel der stumme Daniel in Bethulien plötzlich furchtbar schreit: „Steiniget ihn! Steiniget ihn!“ – so belebt Herzfelde die Versammlungen durch einen markschneidenden, jähen Ton, daß die Schlaganfälle sich in der Hörerschaft häufen.

Er hat jedoch ein Gedicht an seinen Bruder gemacht (oder sein Bruder an ihn?), das von den Mitdadaisten verachtet wird –, indem es wirklich wundervolle Klänge seelischen Schweifens birgt; und fahrig-schönes Empfinden aus der Tiefe.

Fünftens: Raoul Hausmann. (Mußten seine Eltern ihn Raoul nennen? „Raoul“ ist das Gegenstück zu „Rolf“. Beides gleich lieb.) Raoul, welcher an diesem Vormittag meinen Namen in Beziehung zu Shakespeare brachte und so den einen von uns beiden ehrte – Raoul wurde bei der vorletzten Dada-Versammlung mit Unrecht niedergeschrien, übertäubt, verbrüllt – obschon er sorglich und emsig gefügte Arbeiten vorliest, welche, falls man das K ... Ko ... Kosmische hartherzig entfernt, fast einer mittleren Bierzeitung die Waage hielten.

IV.

Dies Kosmische bleibt halt ein Verdunkelungsmittel. Man zwinge die Menschen: ohne jede Weltanschauung, ohne Schmonzes, ohne Vertiefung witzig zu sein – und sie befinden sich in der größten Verlegenheit.

Das gilt für *extra et intra Dadaismum.*

V.

Siebentens, achtens, neuntens: ein Unbekannter, welcher, wenn mir recht schwant, dadaistische Lyrik zu bespaßen wünschte. Dadaismus ist Wurstigkeit gegen alles Heroische; gegen alles Ernstzunehmende; gegen alles Kulturlose; gegen alles Pathetische; und wenn Huelsenbeck Geld braucht.

Also Nummer Sieben-Acht-Neun verspottete die Lyrik der Dadaisten; ein kleiner Auto-Aristophanes. Er tippte neckisch an mancherlei Abkürzung für das Empfindungsleben ... und bediente sich der mathematischen Formel *pi* derart, auch mit Wiederholungen, daß die Hörerschaft sich eines Entzückens über solcherlei Glanz nicht erwehren konnte. Sie konnte halt nicht.

Auch als er immer dasselbe sagte – die Zustimmung war gleich stark.

Vergaß ich den Dadaisten Baader? Beinahe. Baader ist eine starke Kraft im Wiederholen der gleichen Sätze. Fachmann für das Tellurische. Die Sprechweise schwäbisch. Er hat sich am innigsten, am dauerbarsten hineingekniet.

Ein Dada, still und für sich, der mehr Vergnügen empfindet, als er bewirkt. Vergaß ich etwa Baader? Niemand vergißt ihn.

VI.

Also es gibt in Berlin eine Gesellschaft „Schlaraffia". Leute, die sich mit Lust zum Narren machen.

Ist hier auch eine Schlaraffia? Sie hat sicherlich andre Ausdrucksformen. Der Satz erklang am Sonntagvormittag: „Laß dir den Bauch bemalen." Dazwischen (mit einer Literatenanspielung auf das Buch Leonhard Franks „Der Mensch ist gut") der parodistische Satz: „*Der* Mensch ist gut! der kann so bleiben!"

Diesen Witz würde genau so ein Thielscher (wenn er von Leonhard Franks Existenz etwas ahnte) bei vollem Jubel von zweitausend Bürgern (wenn sie von Leonhard Franks Titel etwas ahnten) im Palast-Theater machen.

Ein Minister wird erwähnt. ... Liest man derlei, so zuckt kein Mensch mit der Wimper. Völlig witzleer. Wird es vor dreihundert Menschen bloß erwähnt – so geht ein jubelndes Rauschen durch die Versammlung.

VII.

Aber das ist im Grunde der Schwank von Leon Treptow – oder wie hieß der Mann? Nein, es ist Dadaismus.

Hier genügt ein Anspielen: ein schlampiges Ungefähr. Der Jubel stellt sich ein.

Alles wird umläutet von Bumbum, Kindertrompeten und Schnarren (oder „Waldteufeln", wie man das in Schlesien heißt).

Es kommt mir vor, als ob jemand, dem nichts einfällt, zum Geburtstag schreibt:

Viel Glück zum neuen Lebensjahr,
Ich bringe dir ein Blümchen dar,

wobei er die Kindlichkeit schelmisch betont ... weil ihm halt nichts einfällt. Man verbiete dem Mann das Kindlichtum – und er ist in der größten Verlegenheit.

VIII.

Das Ziel der Dadaisten ist gut: Ulk mit Weltanschauung. Aber die Weltanschauung allein darf die mangelnde Kraft zum Ulk nicht vertuschen.

Geht auf das Märtyrergebirg' (obschon Frankreich unsere Gefangenen immer noch zurückhält). Seht, wie dort Zeitsatire gekonnt ist. Bewältigt; gemeistert; schlagend; klappend.

Nicht gestümpert – unter dem Vorwand von Lebensgefühl und so, Kulturlosigkeit, meine Lieben, wird nicht mit Kulturlosigkeit bekämpft. Können muß man auch was.

IX.

Um unsere tolle Gegenwart zu zeichnen, sind ... ich will nicht sagen: andere Kerle nötig; man könnte sogar von diesen hier den einen oder anderen fast brauchen. Bei erörterungsfähiger Führung.

Doch eine andere Gesammeltheit, ihr Dadas, tut not. Ein anderes Ethos.

Ein wirkliches Ethos im Künstlerischen.

Ein Blitz – und nicht eine Verabredung. Ein Mensch – und nicht eine Schlaraffia nova. Ein Genie – und nicht ein Verein.

1. Dezember 1919

„Wilhelm Tell"

Schauspielhaus

I.

Und neues Leben blüht aus den Ruinen. Wir haben ein ernstes Theater mehr.

Auch einen Theaterskandal mehr – denn dunkle Herrschaften waren erpicht, die Versammlung zu sprengen. Es müssen keine bezahlten Macher gewesen sein. Vielleicht Stammgäste des alten Hauses, kitschgewohnt ... die wehrten sich gegen das Gute. (Monarchisten der Kunst.)

Die Parkettgäste riefen gegen sie hundertstimmig: „Raus!!!“ Und Bassermann, obschon das Gute nicht immer von ihm kam, hatte recht, wenn er die planmäßige Störung derb zurückwies.

II.

Sie wehrten sich gegen das Gute. Jessner hat in dieses Haus einen neuen Geist, will sagen: einen menschlichen Ton gebracht – nach so kurzer Frist. Nicht zum Wiedererkennen! Zwar die Stufen, womit er seine Andeutungsbühne schmückt, rechts und links und in der Mitte sind anfechtbar. Aber die Stufungen im gesprochenen Wort sind wertvoll.

Warum Treppen? Warum immer dieselben Treppen auch mitten in der Wohnung? So steingehauene Regelmäßigkeiten passen für die „Braut von Messina“. Hier wird ja das Rütli zum Kapitol. Hier erlebt man eine stilisierte Schweiz: eine naturlose Schweiz; eine begriffliche Schweiz; nicht eine greifbare Schweiz. Die Schiller-Schweiz ist aber greifbar.

Immerhin: die Leute reden jetzt wie Menschen. Früher war alles umgekehrt: die Landschaft war echt und die Menschen unecht. Dann schon lieber so wie heut!

III.

Im einzelnen wurden Kraußneck und Kortner der stärkste Gewinn des Abends. Dieser Attinghausen ging durch die Welt und aus der Welt mit dem Klang, dem Blick eines Erfahrenen, Gütig-Wissenden, Echten. Herrlich.

Kortner versetzte dem Landvogt Shakespeare-Züge. Das war ein Sadist. Ein anderer Richard. Ein Zukurzgekommener, der sich rächt. Mit Orgiasmus in der Grausamkeit. Bei alledem keine Filmgestalt: sondern eine medizinische.

Wundervoll. Aus einem Stück.

IV.

War Wilhelm Bassermann-Tell aus einem Stück? Er braucht es nicht zu sein. Auch ein Älpler ist zusammengesetzt.... Bassermann war mehr ein sonniger Familienmensch. Mehr ein behender Mensch. Mehr ein zwischendurch bedächtiger Mensch. Auch läßt jenes Erregtsein, das die Folge des wüsten Lärms war, bloß Vermutungen über manches in seinen Absichten zu. Fest steht, daß der weißblonde Schopf ihm etwas ungewollt Greisenhaftes gab. Und daß er an den Stellen der stärksten Empfindung nicht einfach warmes Blut zeigte ... sondern allerhand Angelegtes, Vorgehabtes, klug Hergerichtetes.

Melchthal, nämlich Herr Theodor Becker, war ein romanischer, siedehitziger Gaisbub – wenn auch mit künstlich deutschem Haar.

Ich blieb nicht bis zum Schluß: Schiller selbst hat ja für Weimar die Parricida-Szene gestrichen, – (freilich tat es der „Räuber"-Poet aus Rücksicht auf die russische Großfürstin, die nicht an die Ermordung eines Zaren erinnert sein sollte).

Wichtiger als die Einzelgestalten sämtlich blieb die Hand, die sie zusammenhielt. Es gibt ein ernstes Theater mehr. Ihr könnt es nicht niederschreien. 13. Dezember 1919

Herbert Cranz: „Freiheit"

Proletarisches Theater des Bundes für proletarische Kultur (Philharmonie)

I.

Ein Widerspiel zu der „Seeschlacht" von Goering. Die letzten Stunden Verurteilter. Hier nicht im Panzerschiff; sondern im Gefängnis.

(Ihre Sprechform hat zwischendurch Sokratisches, wie bei Goering.)

Die Verurteilten sind Aufsässige gegen die Viecherei des Krieges; Meuterer; menschliche Menschen.

II.

„Tödlich graute mir der Morgen", singt ein unsterbliches Lied von Hugo Wolf. Vor dem Morgen gibt ein junger Wärter ihnen die Schlüssel. Sie könnten jetzt fliehen; einzeln und verstohlen.

Da regt sich das Tier der Selbstsucht: niemand will der letzte sein. Und bis dahin ist alles recht eindrucksvoll. Aber nun ... Also, eine Frau unter ihnen schmäht und verschmäht solche Freiheit, – aus dem Türloch der Zelle wirft sie die Schlüssel.

Besiegeltes Geschick.

III.

Die Rasenden zähmt am Schluß ein bisher stummer Genosse: was liegt an dem Einzelnen! Alles liegt am Weiterwirken der Bewegung!

Das wäre für mein erzwungenes Ableben kein voller Trost. Bewegungen lebendigen Leibes zu fördern macht mehr Spaß.

(Man könnte trotzdem erschüttert sein: wenn die Sprache dieses Schlußwortes hinreißender wäre; voll Musik. Und das Drama könnte mehr ein Werbedrama sein: wenn es mehr das Handeln predigte, nicht das Erleiden.)

IV.

Wie steht es um Stücke mit politischer Weltanschauung? Nach welchem Grundsatz wird sie der Kritiker werten? Fragt er einfach, ob künstlerisch was drinsteckt ... und pfeift er auf ihre Predigt? auf ihre Verkündung? auf ihre Lehre?

Darf er einen anderen Maßstab hissen als den der Kunst? Er darf es nie.

Jedoch er soll es trotzdem, in drei Teufels Namen, wenn er kein Waschlappen ist.

Vieles kommt auf das Jahr an, in dem ein Kunstwerk erscheint. Vieles kommt auf die Zeit an, in der seine Hörerschaft lebt. Der wahre *criticus* müßte sich verachten, wenn er in dem unerhörtesten Heute, dessengleichen dieser Stern Erde nie gesehn hat, ... wenn er, entmannt, nach falschen und richtigen Monologen äugte; nach unbegründeten Abgängen; nach anfechtbarem Versklang.

V.

Hat man die Wahl zwischen einem schlechten Stück mit einer guten Weltanschauung – und einem guten Stück mit einer schlechten Weltanschauung: dann entscheide sich der Kritiker heut bedenkenlos für ...

Doch nicht für das schlechte Stück. Das ist unmöglich. Aber man könnte das Stück zerblättern – und seine Weltanschauung preisen.

Mir wäre so ein Drama wertvoller als ein mittelgutes Drama, das Entwickelungen in gar nichts vorwärtspeitscht.

Noch an einem Kerl wie Hebbel (der anno 48 für den Absolutismus focht) schmerzt es, daß er politisch ein Rückwärtser war ... und ein Kampfhahn bloß in der Kunst.

Er besaß freilich ein Pflaster für seine schlechte Politik.

Herr Cranz besitzt eine Weltanschauung für sein bloß mittleres Drama – (das Hoffnungen zuläßt).

VI.

Die proletarische Bühne, die, ohne viel Aufmachens, Arbeitern sozusagen eine Gewissensrichtung in der Oblate der Kunst zu schlucken gibt, wirkt nicht umsonst.

Auch sie hilft zum erlösenden Zweck, daß die geistigen Menschen eines Tages das Heft wirklich in die Hand bekommen – nachdem man gemerkt: wie hart es ist, von Dümmeren und Rüderen in seinem Schicksal beeinflußt zu werden. 15. Dezember 1919

Heinrich Lautensack: „Die Pfarrhauskomödie“

Kleines Theater

Zölibat, das Ungeheuer,
Liegt bei uns in düstrer Zelle;
Weib, ich freie dich zur Stelle,
Auf geht mein Gelübd' im Feuer.

Lenau

I.

So ruft in dem „Don Juan“-Drama, das Lenau hinterließ, der Mönch neben einem Frauvolk – indes ein andrer Mönch (in der bei Lenau rhythmisch so oft holpernden Sprache) betont: „O, was war Gregor der siebte ... für ein Narr, daß er nicht liebte.“

Bei Lautensack betont es erstens ein Pfarrer; zweitens ein Hilfspfarrer; doch nur insgeheim. Beide nisten im selben Haus. Beide wandeln ihr Gefühl zur Tat an der gemeinsamen Irma Prechtl, Köchin. Aber die vormalige Köchin, Ambrosia, hatte der Hauptpfarrer allein. Bis Niederbayerns Insassenschaft um einen kleinen Menschen durch sie bereichert wird; dies am Anfang des Dramas. Am Schluß vermehrt Irma Prechtl die Bevölkerung. Ohne zu wissen, ob vom Hilfspfarrer oder vom Pfarrer.

II.

Und alles dies ist nicht leichtsinnig-locker hingezeichnet; sondern halb ernst; gut-menschlich; und nur mit einem verstehenden Schmunzeln; und mit allerhand Sommer; und mit einem fernen Widerglanz des Bewußtseins, welches meinen Glauben bildet: daß die paar Jahre zwischen dem Nochnichtsein und dem Nichtmehrsein halt doch die schönsten sind.

(Deshalb darf dem Lautensack, welcher, ein paar Frühlinge nach dem Abfassen dieses Stücks, in Wahnsinn und Tod ging, ein Dank übers Grab gerufen sein... ohne viel Feierlichkeit und Umstände; – nur mit jenem seltsamen Wohlwollen für jemand, welcher die Echtheit seiner Absicht durch den Heimgang, so scheint es uns Toren, gewissermaßen verklärt und bekräftigt hat.... Wenn er lebte, wäre man vielleicht kritischer.)

III.

Giftig also gegen den Katholizismus ist er nicht. Paul Heyse war giftiger, als er einen jungen Pfaffen in der Erzählung von den „Zwei Gefangenen" sagen ließ: „Ein einziges Mal beichtete ich meinem alten Pfarrer den Zustand meines Gemüts. Werden Sie es glauben, daß er mich ganz unverblümt auf ein paar junge Weiber in unserer Gemeinde aufmerksam machte, die mit ihren Männern im Unfrieden lebten?"

Vollends eine Betrachtung von Abälards irdischer Liebesfahrt fiele giftiger aus; der Eingriff, den Heloisens Onkel an ihm vornehmen ließ, würde heut als zu unfreundlich gelten!

Lautensack meint's (wie man bei Irma und Ambrosia daheim sagen würde) net schlecht mit die Priesterleut'. Garnet schlecht. Was mir lieb ist; denn unsereins, obschon das Gegenteil von gläubig, läßt auf den Katholizismus mit seiner bildlichen Holdheit nicht gern was kommen. Die kann auch für Seelen voll Erwachsenheit zauberisch wirken: als Anmut und Schlaflied.

(Wie man Moscheen im Morgenland und Beduinenfrommheit und Muezzinrufe freundwillig sozusagen schmeckt. Dinge, von denen man sich ebenso getrennt weiß... und die man ebenso lieb hat.)

IV.

Sehr, aber sehr hübsche Sachen stehn in dem Stück. Wenn die Irma, das umhergetriebene Küchenmädel, sich in saftfrischer Liebe mit dem Herrn Hilfspfarrer, ihrem frischerwachten geistlichen Vinzenz, gefunden hat, im Pfarrhaus mutterseelenallein beide; wenn sie Dorfbier trinken, nicht zu wenig; und beide die Schuh ausgezogen haben; wenn das wirrhaarete Weibsbild (die Höflich gab sie anders) trotz allem kirchlich weiter glaubt, und glauben will bis an ihr End' – und ruft jetzt in einem zwiefachen Durchschauen voll doppelter Bedeutung: „Ich glaub' an eine – ewige Seligkeit!", das ist schön.

Man denkt an den Florian Geyer, wie er sagt: „Trink, du Schleck, dein Haar ist mir lieber als das Haar der allerseligsten Jungfrau!" Aber dies zu sagen verbot damals der verfl... offene Zensor. Es ist schon eine Erleichterung, daß man solche Stücke heut spielen darf.

(Genau betrachtet: Daß sie gespielt werden, ist nicht immer schön. Aber daß sie nicht verboten werden können, das ist schön – halten zu Gnaden.)

V.

Seid nicht allzu vergrämt und verknurrt. Man soll in dieser (außenpolitisch unseligen) Zeit nie vergessen, daß sie allerhand sehr gute Dinge gebracht hat. Fortschritte – die man bloß billiger hätte haben können! Der Zusammenbruch eines edlen Landes tat hierfür nicht not. Aber es gab ja zuviel Esel bei uns; Esel mit Luchsgebiß. Heut sind ihnen die Zähne zum Glück ausgeschlagen (bloß noch nicht ganz).

Die rein literarischen Esel, die mit dem nachgemachten Gebiß aus Pappe, die kein Blut vergossen, sondern fern vom Schuß „Lever dodt als Sklav'" schnatterten (aber noch am Leben sind) – die literarischen Esel müssen zur Aufhellung der manchmal trüben Gegenwart erhalten bleiben.

(Mitunter haben sie Anfälle, der Domestikenwut vergleichbar; das bringt Betrachter in aufgekratzte Stimmung.)

VI.

Wollte sagen: gut gesehn sind auch die Liebesbeziehungen der zwei Paare bei Lautensack.

Die Eifersuchtsangst der älteren Köchin – beim Blick auf den Oberhirten. Die Verführungslust der jüngeren Köchin – beim Blick auf den Unterhirten.

Köstlich, wenn der Hilfspfarrer morgens mit seiner ihr Kind erwartenden jungen Eurykleia spricht – und sie ihm antreibend sagt: „Du mußt zur Frühmess, Vinzenz."

Schön, wie er, vor der wachsenden Mutterschaft, ihr Absolution gibt, als Priester. Auch wie die zwo Weibsbilder gegeneinand' losfahren, das ist sehr schön. Und alles, wie gesagt, nicht gewissenlos; vielmehr mit einem Anlauf zum Besserwerden. Alles endet unter zwar stark triebhaften, aber ganz guten Menschen, in freundlicher Sonne.

Sollst gesegnet sein, armer Lautensack.

VII.

Die Sprache des Ganzen ist abermals recht hübsch. Nachdrucksam, fast altertümelnd-schwer, rund, um-und-um, langsam; nicht norddeutsch flitzverwischte Dramenrede, nicht zergriffen; von unabgewetzter Kraft (so daß die Trottel sagen dürften, er sei ein Stil-Akrobat).

Manchmal klingt eine menschliche Melodie heraus. Auch seelengrabende Bemerkungen – zumal in dem kleingedruckten Spielhinweis. (Das hat er vom Shaw.)

Armer Lautensack.

VIII.

Den Spielhinweis sollte Herr Licho verwirklichen; als Oberleiter. War jedoch nicht hinreichend gestuft im Stumm-Seelischen. Zusammenziehen kann er nicht.

Keine Morgenstimmung im Beginn des letzten Aufzugs. Das hätte sein müssen, wie in dem Lied von Hugo Wolf zu Mörikes Worten: „Früh, wenn die Hähne kräh'n, eh' die Sternlein schwinden, muß ich am Herde steh'n ..." Kein Dunst.

Ein guter Handwerker. Er selbst war nicht schwer genug als Pfarrer. Er ließ Herrn Pröckl den Hilfsprediger verniedlichen; etwas verzierlichen; der schien lange nicht Bauer genug.

Die Grüning, o Köchin Ambrosia, wirkte gut in der neugewonnenen Unverzagtheit, nach der Entbindung. Und die Höflich ...

Erfüllt zum Zerspringen; randvoll; blutheiß; ein hitziges Stück Jungvieh. Von draller und praller Lüsternheit; drängend gesund. Zwischendurch ein bißchen süße Puppe. Verführerin, Maidl. Wie sie die weißbestrumpften Beine stellt, – wenn ihr Hüftgemächt auf der schmalen Sofalehne sitzt! Ihre himmlische Wut; das Aufkochen; das Toben gegen die andere; hier offenbart sie eine künftige „Bißkurn", wie das im Alpensüdland heißt, – eine Zanktippe.

Dunkelhaarig hätt' sie sein sollen (der selige Lautensack wünschte sie zigeunergleich). Sie hatte jedoch was Bildsauberes. Spielte nicht Lautensack, sondern ... man möchte nicht sagen Ganghofer. Doch einen Ganghofer, der durch den Naturalismus gewatet ist.

Und in allem doch eine Spur von... Darstellerei. Nicht letzte Schlichtheit. Man spürt manchmal Hingelegtes. Einen Hauch Theater. (Bei der Lehmann ist kein Hauch mehr davon.) Aber herrlich macht sie das.

Hauch hin, Hauch her. Hol's der Deubel. Sie war eine einzige Wonne.

6. Januar 1920

Arnold Zweig: „Die Sendung Semaels“

Das junge Deutschland. Deutsches Theater

I.

Starker Beifall nach dem Gerichtsauftritt in Südungarn, dem packendsten von allen.

Das Werk ist manchmal erschütternd, spannend, packend. (Aber mehr packend als erschütternd.)

Etlichemal wurde der Dichter gerufen; ganz wenig bezischt. Ein Dichter mag er sein – wenn auch hier nur gelegentlich. So die Aufnahme; so der Grundeindruck.

II.

Seelisch ist in dem Ganzen ein wertvoller Augenblick. Wenn den Judenknaben Moritz Scharf allerhand Folterung zu falschem Zeugnis wider seine Nächsten gebracht hat; wenn er, mürbegekriegt vom Untersuchungsrichter, die Lüge des Ritualmordes an einem Christenmädchen zu Protokoll gab; wenn sein Lügen herauskommt ... und er zuletzt nicht mehr weiß, ob er gelogen hat; wenn ihm das fälschlich Behauptete fast Wahrheit wurde; wenn er im eignen Innern den Sachbestand nicht auseinanderhält – –: dieser Augenblick des Schuldig-Schuldlosen, vor dem Selbstmord, ist seelisch der einzige Gewinn, in mehr als drei Stunden.

Die Frage, wer aus diesem Film wenigstens ein Volksstück, wenn auch kein Drama machen wird, meldet sich vorher zu oft. An der Seine geistert Verwandtes im *Théâtre de l'Ambigu.* „Der Schandfleck seiner Familie.“ Oder *„Roger la bonie“*. Unschuld vor Gericht. Beinah schon verurteilt! Es gibt aber zum Glück noch wackere Menschen. Und so.

Gegen den Schluß wird von Zweig manches eingelenkt, eingerenkt; die Gegenpartei nicht als schurkisch geschildert: sondern als menschlich verstehbar.

Zusammengefaßt: *Ambigu,* durch den Naturalismus gewatet. Oder der veredelte Propagandafilm.

III.

Als Goethe den schwankenden Clavigo schuf, goß er den Bericht des Zeitgenossen Beaumarchais über ein spanisches Erlebnis in Akte. Zweig tat so mit einem zeitgenössischen Prozeßbericht.

Die Juden von Tisza Eszlar wurden des Christenmords zum Osterfest beschuldigt – von geweckten und liebreichen Mitmenschen, wie im Hexenhammer. (Der Name des tapferen Advokaten Dr. Edtvös lebt aus dem Dunkel und Dreck der damaligen Erbärmlichkeit leuchtend fort; sein Andenken sei gesegnet.)

Aber Tisza Eszlar, der Einzelvorgang, bekommt hier die Geltung eines Gleichnisses. Menschenhatz; Seelenhatz. Ein im Grunde tierisches Begebnis: ja, wie Sperlinge, wo sie können, jedes abweichend aussehende Vöglein totbeißen: so bäumt sich manchmal die Umgebung voll dummer Wut wider Fremdes. Das plattdeutsche Wort: „Wat de Bur nich kennt, fret hei nich" müßte man, im Hinblick auf Judenfresser, umkehren: „Wat de Bur nich kennt, *fret* hei."

Haß gegen die „Landfremden". Furcht, wenn einer auf hundert kommt. In Deutschland sie landfremd zu heißen, ist unhistorisch. Jahrhunderte schon vor Christi Geburt war in Worms eine Judenschaft auf deutschem Boden sässig mit bloß einem Gott, mit hochstehendem Sittengesetz; und sie dichteten später mittelhochdeutsche Liedchen, – als im heidnischen Preußen-Pommern-Mecklenburg die Väter der deutschnationalen Partei noch einen Slavendialekt redeten, und Houston Stewart Chamberlains Ahnherr auf dem Baum (am Ärmelkanal) saß.

Bei Zweig wandeln durch die landfremde Schar Patriarchen, Teufel, Verräter. Eine Symbolgestalt wird bei ihm der jüdische Renegat Pfefferkorn, der zu Kaiser Maximilians Zeiten ein übler Judas war. Israel erzeugt solche Schurken und Heilande – glaubt Zweig.

Hinter dem Schurken Pfefferkorn standen freilich die Franziskaner. ... Doch wie arglos berührt es die Heutigen, wenn jemand um Geld ein Renegat ist! Viel wesentlicher ist Renegatentum aus gesellschaftlichem Vorteil. Hartlebens Gedicht mit dem Beginn „Hosenverkäufer der Alte" durchleuchtet in darwinianischem Ulk hier den raschen Entwicklungsmarsch der nächstfolgenden Geschlechter; Hosenverkäufer der Alte; dann „Heissa! nun geht es ans Taufen! man tut es mit möglichster Sorgfalt; und aus dem ‚Christen' ersteht herrlich – der Antisemit." So Otto Erich. Renegatentum um Geld ist also die belanglos gewordene Form. Und jenes Blutmärchen, lieber Herr Zweig, die belangloseste Form des Hepp-hepp. (Belangvoll wird alles erst, wenn es mit den infamen Worten beginnt: „Sie wissen, wie sehr ich den einzelnen Juden schätze ...")

Schreiben Sie mal keinen Film. Sondern eine Psychokomödie.

IV.

Vorspiel und Nachspiel des Films wurzeln im Buch Hiob. Wie das Vorspiel zum „Faust". Wie der Rahmen bei Beer-Hofmann in „Jaakobs Traum". Zweigs Werk erschien vor Beer-Hofmanns.

Sein Semael redet mit Gott. Gott, der nach tiefster Ödnis neuen Frühling sprossen läßt, wird von dem Daseinshasser gehaßt. Semael wünscht für die Welt das Nichtsein. („Ich lobte mir dafür das Ewig-Leere" – sagt es nicht so Mephistopheles im zweiten „Faust"? Ich muß aus dem Kopf zitieren.) Zumal den Messias haßt er.

Der Messias wird von dem Juden Zweig, merkwürdig, noch erwartet, wie von manchem seiner frommen Geblütsvettern, da sie, merkwürdig, nach zwo mit Schlächterei gestopften Jahrtausenden die Menschheit, merkwürdig, noch nicht ganz für erlöst halten.

Aber Semael, Hasser des Seins, will nicht Erlösung der Welt, durch den Messias; sondern wohl Erlösung der Welt von Messiassen. Er bringt sie um, große wie geringe, der Reihe nach: (und scheint manchmal im Edenhotel zu wohnen).

Gott selber befiehlt ihm daher den Schwindel vom Ostermord auszuhecken: damit Israel neu gepeitscht werde zur Sehnsucht nach dem Messias. Er bürdet so dem erwählten Volk eine Last auf, – wie Beer-Hofmann Qual häufen läßt, damit es durch Qual zur läuternden Stärke kommt. Kurz: Arnold Zweig wählt eine Handvoll Jahre vor Beer-Hofmann, den gleichen umständlichen Weg, eine Menschengruppe zu kräftigen ...

V.

Semael (er ist offenbar gleichbedeutend mit Samdon, dem Fürsten der Geister, in den Ursagen: welcher einmal mit einem Neugeborenen kämpft, als dieser Neugeborene Licht anzünden soll, damit ihm seine Mutter die Nabelschnur durchschneide; so drollig-seltsame Sagen gibt es in der grauen Zeit – und der tüchtige Neugeborene fährt mit selbstbewußtem Wort keck dem Geisterfürsten Samdon über den Mund; herrlich!) – – wollte sagen: Samdon, hier Semael, verliert bei Zweig das Rennen; denn an dem gefolterten, schuldlos-schuldigen Lügner Moritz Scharf hat, wie es vor hundert Jahren hieß, von oben gar die Liebe teilgenommen.

Ja, wie Goethe zuletzt seinen katholischen Olymp aufmacht: so endet Zweig mit einem „Versöhn' dich, oder ich freß' dich." Er ist kein Ankläger wider Gott – was Hiob war, bevor dessen trotzendes Bibelwort von manchem (Ein-)Schieber umgebogen, verfälscht, verwässert, beschwichtigt, zersänftigt, durchsüßelt worden. Zweig Arnold kriecht sozusagen auf mesopotamisch zu Kreuze.

... Sein Werk ist im übrigen gute Zimmermannsarbeit. Mit andrem Gleichnis: es erinnert an jene Puppe, welche statt des umgekommenen Mädchens (sie erlag der Gier eines ungarischen Junkers) vom Gerichtshof auf den Tisch gebreitet wird. Täuschend ähnlich – aber nicht von Fleisch und Blut. Echt im Aussehn: aber das Beste fehlt. Nicht nur eine Puppe. Sondern eine beachtliche, nirgends unechte Puppe. Doch eine Puppe.

Sein Wertvollstes bringt Zweig anderswo.

VI.

Die Darstellung von Heinz Herald gelenkt, von Stern mit einer guten, saftgrünen Theißlandschaft geschmückt, gab Gotte nicht, was Gottes ist: sie hinderte die Stimme des Allmächtigen verständlich zu sein – aber sie gab den Menschen, was ihrer ist. Den Übermenschen auch; den Heiligen. Weniger den Untermenschen oder Teufeln.

Semael selbst, der Schauspieler R. Lange, übertraf den HErrn an Stimmkraft. Er bot einen Umriß; zwischendurch etliche Wucht.

Ernst Deutsch streckte dem schuldlosen Verräter Moritz Scharf erst eine junge Helligkeit, hernach ein schlechtes Gewissen vor. Den Selbstmord hätte man wirklicher, naturalistischer, kurz: japanischer gedacht. Wenn schon, denn schon.

Sein Gegenspieler: Jannings; der Untersuchungsreferendar. Nicht aus Ungarn; sondern vielleicht aus Schlesien. Doch mit eitler, leiser, gedankenloser Schlechtigkeit haftend.

Graetz, verzweifelter Vater und Schammes war Leben. Auch der tiefe, mütterliche Schrei seiner Frau: der Schauspielerin Elsa Wagner.

Der Gestalter des Elias verwechselte zwischendurch einen Propheten mit einem Konsistorialrat.

21. Januar 1920

Wedekind-Aufführungen

I.

Wer den „König Nicolo" aufführt (das ist Meinhard in der Königgrätzer Straße), hat es leicht. Warum?

Weil auf die Frage: „Traf er Wedekinds Stil?" die Antwort kommt: „Den traf Wedekind hier selber nicht." Ist der Spielordner zu mehr verpflichtet als der Poet?

Auf alle Fälle weicht Wedekind hier von sich ab. Er schuf das Werk in einem müden Augenblick. Der Lachende wird wehleidig. Schwächezustand. Er malt nur Schmerzensseiten.

Ein König wird verjagt; ein Schlächter kommt auf den Thron. Der Vertriebene wird vom Schmerz gereift. Er stirbt: kleiner, als ehedem seine Stellung war, – doch größer, als ehedem sein Menschentum war. (Nietzsche murmelt mal etwas vom Leiden, das den Erdensohn adelt. Aber das Glück, argloser Schatten, adelt ihn mehr.)

II.

In diesem Stück ist nicht eine bohrende Tragik: nur eine flüchtige Tragik. Nicht ein dringlicher Schmerz: nur ein flacher Schmerz. Nicht ein heulendes Weh: nur ein huschendes Weh.

Ergo: kein packendes Geschehen; bloß ein farbiges Abrollen.

Was soll nun der Spielwart machen, wenn alles im Bild abgetrapter Romantik mit Galgen und fahrendem Volk und Mond und einem Lied gipfelt (aufgefrischter Lenau, verdünnter Baudelaire)?

Was er machen soll? Dies Galgenbild! Herr Meinhard hat es glänzend gemacht.

Aber hier fehlt bei Wedekind das in Worten Schlagende. Dem Wedekind fiel das Treffsichere, zugleich Dichterische halt nicht ein. (Beispielshalber könnte der König, wenn er bei der Schmierentruppe spricht, Geschliffenes, Haarscharfes sprechen – er spricht jedoch nur Halbfertiges, Mittleres, Ungedichtetes.)

Man sagt sich also: „Die Menschen auf der Bühne scheinen von seinem Wort ergriffen." Man sagt jedoch nicht: „Wir Menschen im Parkett sind von seinem Wort ergriffen." Das ist es.

Wedekind, statt mit hinreißender Melodie zu singen, versichert: sein König singe mit hinreißender Melodie ...

Was ist für den Spielmeister hier möglich, was unmöglich?

Möglichkeit: Von der Dichtung zu verkörpern, was sie hat. Unmöglichkeit: zu dichten, was sie nicht hat.

Ergebnis: ein dämmerstarkes Romantikerbild – ohne viel Gehalt.

Ergebnis: für den Sperrsitz: ein Betrachten; kein Erleben.

III.

Bleibt noch das Erinnern an den Schauspieler.

Hartau ging durch die Wandlungen als ein gramvolles Bild. Unter Handwerkern mit Nadel und Zwirn saß er wie ein Heiliger. In der Qual sehend geworden. Im Schmerz zum Erkennen geläutert. Durch Leid erhöht. Immer noch mit dem weichlichen Zug des früheren Schlemmers. (Man denkt: „Was für ein Richard der Zweite!")

Sein Kind, Alice Verden. Frisch, saftvoll, ungelenk und lieblich. Man wittert etwas von der Blume heurigen Weins.

Alles an diesem hochgeschossenen Mädel ist unzulänglich – doch von kernhaft holder Artung. Lachen müßte sie, volksmäßig, drauflos; nicht schmerzvoll sein, wo sie langweilig wird.

Der Schauspieler Richard Leopold versah zwischendurch einen Rechtsanwalt mit seinem ulkigen, jäh hochflitzenden Kastratenton: mit dem rhythmisch überstürzenden Gehops der Stimme. In seinen Worten war Wedekinds Stil – weil hier Wedekinds Stil zufällig in den Worten war.

Nur wo nichts ist, hat der Spielwart das Recht verloren.

IV.

Wo sehr viel Wedekind ist – so im „Marquis von Keith" – steht sein Recht in Vollkraft. Doch etwas Seltsames vollzog sich.

In der Königgrätzer Straße war Wedekind noch nicht Wedekind. Bei Jessner, im Schauspielhaus, war Wedekind nicht mehr Wedekind.

Jessner zeigte nicht einen Stil – sondern häufte Stilisiertheiten faustdick über, unter, neben das Ganze. Wie absonderliche Trachten! Der Genußmensch, Graf Trautenau, ohne Kragen, die Binde auf dem bloßen Hals, schemenhaftes Matrosenjackett, unwirkliche Nimmerleinshosen. Alles auf der Andeutungsbühne. Kargheitspodium. Nur spanische Wände. (Ein Diwan fehlt im Zimmer des Keith? Undenkbar! Alles fett symbolisch. Das Symbol aufs Butterbrot geschmiert.)

Vor dem Rahmenbild vier bayerische Bauernstühle, weißblau, wie bei Aschinger, das deutet an: Schauplatz ist München. Trommelwirbel statt Klingeln. Absicht über Absicht – bei genial tobendem Tempo.

V.

In alledem steckt ein Grundfehler. Nicht Andeutungen der Unwirklichkeit, etwa durch gelegentliches Flimmern. Sondern: „Großer Flimmer- und Flitzabend". Von Sieben bis Zehn echtester Cagliostro-Märchenstil in bisher nie dagewesenem Umfang. Ausstellung von schwirrendster Husch-Husch-Phantastik mit Benutzung einer Idee von Wedekind.

Alles verfehlt; alles grundfalsch. Nur staunenswert als ... losgelöste Leistung.

Warum verfehlt?

Weil hier kein Gegensatz mehr erfolgt. Und weil Wedekinds Humor doch auf einem Gegensatz ruht: auf gelegentlichem Durchbrechen der taghellen Wirklichkeit durch den phantastischen Seitensprung.

So aber wird kein Durchbrechen und kein Seitensprung möglich: weil die ganze Aufmachung schon ein phantastischer Seitensprung ist – von vornherein ... Deutlicher: das Abweichen von der Wirklichkeit geschieht bei Jessner in der Sekunde, wo der Vorhang aufgeht – und dauert bis zum Schluß. Da kann ja nichts durchbrochen werden! (Es besteht also kein Gegensatz mehr zwischen dem richtigen Alltag und einem Dazwischenblitzen. Denn es ist nie ein Alltag da – bei Jessner. *Ecco.*)

Völlig verfehlt – aber als Leistung stupend.

VI.

Nein: als Leistung stupend, aber völlig verfehlt. Jessner verwechselt letzten Endes die Darstellung eines Stücks mit: Glossen über ein Stück. Die soll der Zuschauer machen!! Die Darstellung hat nur die Grundlage zu liefern. (Greift aber die Darstellung dem Zuschauer alles vorweg, so ist es die Agonie von Wedekinds Humor.)

„Bei Wedekind müssen die Darsteller ernst sein. Damit man ... gewissermaßen unfreiwillig über die ernste Situation lacht. Nichts dürfen die Schauspieler vorwegnehmen – nicht etwa zwinkern: jetzt spielt eine ulkige Sache ... Sondern wir allein sollen es ulkig finden." So schrieb ich es in dem Buche „Das Mimenreich".

Der Regisseur soll auch nicht zwinkern: „Es ist phantastisch." Sondern wir allein sollen es (zwischendurch) phantastisch finden.

Jessner zwinkert nicht, sondern brüllt schon mehr: „Ha, wie phantastisch alles bei mir ist – von A bis Z!"

Jessner braucht, *in summa,* das volle Geschütz des handwerklichen Expressionismus. Wedekind ist aber kein Expressionist gewesen. Sondern ein Gelegenheitsexpressionist. Hier Jessners Irrtum ...

Was er macht, ist falsch. Doch wie er's macht, ist glänzend.

VII.

Fritz Kortner: ein Feuer, das sich verzehrt. Er durchseelte den Hochstapler Keith mit allem Furioso der Willensübertragung: mit aller Zerrüttung beim Zusammenbruch ... und allem Aufwärtsdrang zum Weiterschuften.

Ein Stehaufmensch, herrlich! Am stärksten war er – das spricht für ihn – im Niedersinken: mit einer großen funebren Einfachheit.

Glückstifter ... und glücklos. (Doch im siebenten Akt, im elften Akt wird er das Glück vergewaltigen.)

Die Durieux wirkte hier wundervoll. Im roten Haar. Mit vorgesträubtem Antlitz. Und mit Frauenzimmerzartheit zuletzt.

(Herr Müthel, welcher den Genußmenschen gab, hat geschrien und geheult. Statt arglos zu sein; statt hierdurch zu lächern ... und wie Gregers Werle, der Idealistenschlemihl, zu erschüttern.)

13. März 1920

Goethe: „Stella"

Kammerspiele

I.

Antescriptum. Das Telephon hat ein paar kurze Bemerkungen über den ersten Eindruck sprachlich ungenau wiedergegeben. Sie hatten folgenden Wortlaut:

„Man gab (mit Recht) die erste Fassung des Dramas, – wo der Held nicht zugleich mit seiner Stella stirbt, sondern mit zwei Gattinnen weiterlebt. Die Hörerschaft nahm freudig für diesen Ausgang Partei.

Entzückend wirkte die Thimig. Neben ihr standen Fräulein Straub und Herr Aslan. Die Stufung war so, daß der Erfolg durch die Thimig, mit der Straub, trotz Herrn Aslan eintrat."

II.

Das vorausgeschickt, meldet sich die Frage: Warum ist also die erste Fassung des Dramas besser? – Weil sie kühner ist. Weil sie menschlicher ist. Weil sie doppelt abweicht: erstens vom dramatischen Herkommen, dem ewigen Selbstmord, sogar Doppelselbstmord – geht's mir weg mit der Schlächterei. Zweitens, weil sie vom bürgerlichen Herkommen abweicht; weil sie eine von Menschen stammende Satzung nochmals furchtfrei beklopft. Am Schluß dieser ersten Fassung, die vom noch jungen Goethe stammt, heißt es nicht etwa: „Hoch die Bigamie!", sondern: „Wenn man die schreckliche Wahl hat zwischen ..., dann schon lieber die Bigamie!"

Auch im Parkett, wie gesagt, gab es nur eine Stimme: „Dann schon lieber!"

III.

Auf alle Fälle muß von vornherein der Ton des Stücks beide Mal verschieden gestuft werden – je nachdem es tragisch ausgeht oder morganatisch.

Im tragischen Fall muß alles mehr lyrisch gebracht werden; bei dem verträglichen Ausgang muß zuvor alles ruhiger, täglicher, irdischer, zergliederter gesprochen sein.

Welchen Sachverhalt erblickt man? Alles hier stammt von einem ganz erfüllten Menschen aus dem Mainland, der mit sommerfrohem Auge noch die Schmerzen der Welt sieht.

Das Werk bringt leichte Ware, was die Beobachtung angeht. Es wiegt schwer, was das Gefühl angeht.

Äußerungen fallen wie: „Die Gestalt des Menschen ist der Text zu allem, was sich über ihn empfinden und sagen läßt." Kant käme dabei nicht gut fort; auch der Apostel Paulus nicht. Oder Lucie hat eine Vorliebe für Soldaten: „Sie verstellen sich wenigstens nicht, daß man die Guten und Bösen gleich das erstemal kennt." Das gute, draufgängerische Mädchen lebte vor unserer Zeit.

Weit stärker das Gefühlsmäßige. Damals war Sturm und Drang, was heut' Expressionismus heißt. Aber damals war der kommende Mann gekommen; heute nicht. (Noch nicht.)

Die Ausdrücke damals weichen in der Erhabenheit vom Expressionismus, noch mehr vom Naturalismus ab. Stella schildert sich so: „Mein Herz ist zerrissen, die Tränen stürzen aus meinen Augen und ich fliehe!" Heut' würde sie besonders nicht sagen: „Und ich fliehe". Vielmehr etwa: „Nu nee-nee – man kommt nich drieber weg!" Oder der Offizier Fernando sagt zu der wiedergefundenen Stella: „Gott im Himmel, du gibst mir meine Tränen wieder!" Er würde heut' lediglich sagen:

„Stel –!!!"

IV.

Die Männer der damaligen Zeit lassen einer Geliebten immer gleich in verschwenderischer Großmut Rittergüter und fürstliche Vermögen – während heute doch Erwägungen über den jeweiligen Kurs oder die vom Gericht festgesetzte Alimentenhöhe düsterer und schärfer in Betracht gezogen sind.

Zur Stellazeit täuscht man Empfindungen körperlicher, sinnlicher Art in vorgeblich seelisches Empfinden um. Man will nicht eingestehen, daß im Menschen Tierisches leider noch die Grundlage bildet. Der

Naturalismus dagegen hat indes bekennerstark das Tierische von neuem festgestellt. Mit Wehmut? Nein, fast mit Genugtuung. (Manchmal mit humorhafter Genugtuung.)

Auf solche Tatsachen muß der Ton des gespielten Stücks eingestellt sein. Am Schluß hat es dennoch jene ganz erdhaft-ruhige Wendung. Am Schluß winkt jene Triole. Fernando knallt sich nicht nieder.

Ja, der Versuch, ein Graf v. Gleichen zu sein, bleibt immerhin besser als rettungsloses Verrammeln des Atmens ein für allemal. Denn Sitte, Herkommen, Gepflogenheit, Satzungen einer zufälligen europäischen Gesellschaft sind immerhin kaum so wichtig wie: weiter hierzusein. Deshalb hat Goethe zuerst jenen frecheren, doch menschlicheren Schluß verfaßt. Die schweifende Sucht jedes Mannes findet hier treuherzig einen Wahnfried.

Der tragische Schluß ist für mich komischer. Ungewollt komisch – indessen der Zweifrauenschluß nur etwas heiter ist. Bei dem tragischen Schluß lacht man über die Menschen; bei dem getrosten Schluß schmunzelt man mit den Menschen. Der junge Goethe hat von jenem „Lever dodt!“ also nichts wissen wollen, das dem Liliencron von trübseligen Maulhelden immer noch unehrlich nachgeschwatzt wird, nachdem die Gelegenheit, es mit der Tat zu bewähren, leider von ihnen versäumt worden ist.

... Lieber ein Graf v. Gleichen als tot? Stellas Nebenbuhlerin fordert ohne Zaudern für die Drei: „Eine Wohnung. Ein Bett und Ein Grab“. Worauf Fernando: „Welch ein Strahl von Hoffnung dringt herein!“ Die Drei tun sich keinen Zwang an.

Später fand Friedrich Schlegel sogar wider eine „Ehe *à quatre*“ nichts „Gründliches“ einzuwenden. Und Schiller trug sich vorübergehend mit der Absicht, zwo Schwestern zu heuern. Die Zeit war gelockert.

Gelockert oder nicht: der tolle Schluß ist hier der weniger tolle. Darum wird er mit Recht gewählt.

V.

Das Werk zerfällt musikalisch in zwei Bezirke. Erstens: Alltagsrede, mit süddeutscher Färbung. Zweitens: Arien in Prosa.

Beim tragischen Ausgang muß ein Spielwart die Dialektfärbung abschwächen. Beim glimpflichen Ausgang muß er die Arien abschwächen.

Reinhardt war also zum Verzicht auf manche Cavatinen befugt. Er durfte die Worte gliedern, zerlegen. (Ein paarmal hätt' er trotzdem ein bissel Gesang mehr bringen können; es handelt sich um geringe Stufungen für ein empfindliches Ohr; die Stella muß manchmal, in beiden Fassungen, reden wie beim d'Annunzio – nur deutscher, grüner, durchsommerter.)

Was die Thimig aber bot, war mit alledem schlechtweg bezaubernd. Die Glieder lebten in Schmerz und Lust. Sie ging nicht – sie flog. Oder sie vermochte nicht einmal zu gehn ...

Dabei war der jung Verlassenen, dann Erlebnislosen, dann Wiedergefundenen etwas von ihrer Sechzehnjährigkeit geblieben. Ihr bangendseliges Mädelgesicht wurde zum holden Kaleidoskop, mit aller wechselnden Lieblichkeit, in Trauer und Hoffnung – auch wenn zwischendurch manchmal was Altweibchenhaft-Verzehrtes durchdrang; etwas Entwestes, wie ein fahler Schatten. Sie blieb wundervoll.

Herr Aslan blieb weichlich-behäbig. Mit sehr großem Kopf – der noch größer beim Laufen wirkt; als ob der Kopf alles kutschierte. Zuletzt hob dieser Schauspieler auch menschlich-ruhige Gaben, die er nebenbei hat ..., wenn er an dem für ihn richtigen Ort benutzt wird; wenn er stiller ist; wenn er nicht drückt und drückert.

Allzu oft jedoch gab er einen Ton, als ob er in Verzogenheit und Wehmut riefe: „Ausgerechnet Montan-Aktien, – Stella, mein Kind, also ich bitt' dich!"

VI.

Die Straub nahm als ältere Gattin die Maske zu alt. Sie kann ja sonst reizvoll aussehen – warum ein so reizarmes Äußere gewählt? Zu sehr verlassene Eulalia.

Die Straub hat, scharf betrachtet, auf den tragischen Schluß von Anbeginn losgespielt – indem zu dieser schon etwas klapprig dargestellten Halbmatrone doch der Untergang des Fernando besser gepaßt hätte; statt jenes Zusammenlebens zu Dreien, wobei der Verdacht entsteht: nun wird Stella bei der Rationierung des Fernando neun Zehntel erhalten; während man für Cäciliens Abschnitt fürchten muß.

Die Straub kann wirklich ganz anders aussehn.

Glänzend aber, wie sie trotzdem zusehends jünger wurde. Glänzend, wie ihr die Worte manchmal just einzufallen schienen.

(Glänzend wird sie beim Darstellen der zweiten Fassung sein.)

14. März 1920

Carl Sternheim: „1913"

Kleines Schauspielhaus

I.

Zwei Gruppen malt Sternheim. Hier Volkshelfer; dort Volksausbeuter. Hier ein deutscher Tugendbund; dort verbündete Goldgier. Ideal gegen Kapital.

Der Idealist, Wilhelm Krey, ist Privatsekretär bei dem Kapitalisten Baron Maske von Buchow. (Wie bei Shaw der Euripidesfreund Adolphus Cusins ein Stück Privatsekretär bei dem Riesenunternehmer Andrew Undershaft ist, – in der Komödie vom „Major Barbara".)

Doch Wilhelm Krey, der keusche Verfechter des Ideals, läßt sich am Schluß vom Kapital bezaubern. ... Er läuft nicht über; sondern er gleitet über. Die angenehmen Äußerlichkeiten und eine Kapitalistentochter fangen ihn. Mann über Bord.

Sein Freund jedoch, Friedrich Stadler (die Freunde heißen also Friedrich und Wilhelm), weiht sich ferner dem Kampf der deutschen Tugend gegen den Mammonismus.

Wahrscheinlich verlegt er seine Schriften bei Diederichs.

II.

Der Idealist wird vom Kapital bezaubert. Und der Kapitalist? Er wird zeitweilig vom Ideal gelockt; er hält seine eigene Klasse für untergangsreif; er wendet sich fast jenem Weltbesserer zu; er tut beinahe schon mit; alles hängt an einem Haar. Doch Wilhelm ist ihm eine zu schwache Nummer. Kein Zug! Daran scheitert es. Der Kampf geht fort.

So der Grundriß des Werks. Es ist ein Gleichniswerk.

... Der Ausbau dieses Grundrisses zeigt kapitalistisches Rasen in Herrn v. Maskes Haushalt – (während jenes Erliegen des Reformers nur kurz behandelt wird).

Kapitalistisches Rasen: der Vater kämpft gegen die Tochter – nicht nur einen Kampf um Geld; sondern um Geltung. Machthunger gegen Machthunger. Ein Todhaß tobt. Beider Mittel sind Gesinnungslosigkeiten.

Vater wie Tochter: beide schachern mit dem Religionsbekenntnis. Die Tochter dieses Rüstungsfabrikanten erschleicht eine Gewehrlieferung für Holland: indem sie ihren Protestantismus für die protestantischen Niederlande betont. Der Vater will die Lieferung durchkreuzen – deshalb wird er katholisch. ... Aus zwei Gründen. Idealer Grund: er mißgönnt ihr den Ruhm dieses Erfolges. Realer Grund: er will die Flinten zu höherem Preis für den Kriegsfall an Deutschland liefern.

Es ist ein Gleichniswerk!

Wer siegt? Der Vater siegt – und stirbt hierbei am Schlaganfall. Er hat sich tot gerast. Der Apostel, jener Friedrich, zieht in die Welt. Durch die Nacht sucht er seinen Weg.

Es ist ein Gleichnisdrama.

III.

Bei alledem scheint es fast nebensächlich, daß der Baron Christian Maske von Buchow einst jener Christian Maske war, den Sternheim im „Snob" gezeichnet hat. Ganz nebensächlich doch nicht. Sternheim gibt in diesem Besitzer von hundertzwanzig Millionen und von vierzehn Fabrikwerken einen Grundriß für den ... nicht nur gesinnungslosen, auch zwecklosen Emporstieg des gierenden Bürgerlings.

Gesinnungslos und zwecklos? Was hat er erreicht? Womit hat er's erreicht?

Der Snob hat, im ersten Stück, das Andenken seiner Mutter geschändet; sie lügnerisch verdächtigt – um in den Augen eines Grafenmädels blaublütig dazustehen. Lieber ein Bankert als ahnenlos! Dieser Figaro des zweiten Standes, der in den ersten klimmt und kriecht und klettet (das Wort kommt von Klette, nicht von Klettern), wird zunächst aristokratisch-reaktionär, sobald er nur kann. Der Parvenü will eine „Tradition". Er versteckt natürlich seine Eltern. (Im zweiten Stück hat er sowas nicht mehr nötig.)

Die Eltern versteckt, die Mutter geschändet. Und die Kinder? Der Schwiegersohn ist eine gräfliche Null. Der Sohn ein Kleidernarr. Die Tochter hysterisch, in der Sucht, sich fallen zu lassen. Die andere Tochter ist eine Bestie.

Was also war sein Erfolg? Der Sohn ein Nichts? Die Tochter geht zum Feind? Die andere Tochter wird sein Feind? Krampf und Tod war der Erfolg. Es ist ein Gleichnisdrama.

IV.

Schippel: der Prolet, welcher bürgerlich wird, sobald er kann. Genosse Wilhelm Ständer (aus „Tabula rasa"): der Sozialist, welcher Ungenosse wird, sobald er kann.

Schippel klomm aus dem vierten Stand in den dritten. Ständer klomm aus dem dritten Stand in den zweiten. Maske klomm aus dem zweiten Stand in den ersten. Wilhelm Krey klomm vom Ideal zum Kapital. Es ist eine Symphonie des Strebertums.

Geld wird nicht so sehr entscheidend; nicht nur entscheidend.... Gut beobachtet, wie der Apostel Wilhelm Krey durch Einflüsse der Kleidung, des Wohllebens, er wird sagen: der Schönheit oder Ästhetik angesteckt, langsam bestochen, heruntergebracht wird. Geschwächt in der freien Denkart; in dem Willen zum Aufwärts.

Also Geld ist nicht so sehr lockend für Gesinnungslosigkeit; weit stärker die gesellschaftliche Streberei. Die Menschen, bei uns und überall, wechseln das Bekenntnis oder bekennen eins, das sie nicht haben, – nicht aus Geldvorteil; sondern, wenn das Geld längst vorhanden ist: um in Kreise zu kommen; zu den „oberen" (die unter ihnen sind).

V.

Sternheims Schaffen ist eine dünne, dennoch gedrängte Symphonie des Strebertums, von einem kaltherzigen Kopf erdacht – aber von einer Hand gezeichnet, die heut und hier nicht mehr tändelt. In den einzelnen Werken scheint er mehr Hänselei als Haß zu geben. Doch in allen Werken zusammen gibt er, eins ins andere gerechnet, doch mehr Haß als Hänselei.

Auch dieses halb prophetisch vor dem Kriege verfaßte Schauspiel eines Mannes, der sich links und rechts unbeliebt gemacht hat, was ihm hoch anzukreiden ist, – auch dieses bringt keine Lebensfülle; sondern ... Zeichnung. Der Übertritt zum Katholizismus, sozusagen als Wendung im Dialog, ist unglaubhaft. Doch Sternheim schreibt Satiren, da braucht einer nicht lebenswahr zu sein. (Immerhin: besser wär's, wenn man auch lebenswahr bliebe.)

Hier ist also kein fülliges Kunstwerk: doch der Ausbruch einer Natur. Die Verkündung eines zwar kühlen Geistes, der sich aber nach dem Besseren sehnt. Er hat (und so ein Zug ist nicht ohne Herrlichkeit) in die Mitte dieser Kleinwelt voll Gier und Krampf und Gefauch und Gekrall Robert Schumanns unvergänglich dahinklingendes Lied gestellt: „Es war, als hätte der Himmel die Erde still geküßt." Auch das muß ihm angekreidet sein.

In summa: das Werk ist nicht sehr bühnengerecht, nicht sehr voll, nicht im einzelnen glaubhaft. Aber es ist wesentlich.

VI.

Bassermann hat schon damals den Snob sehr geschrien. Jetzt noch stärker. Der Baron Maske soll allerdings nach Sternheims Wunsch gelegentlich brüllen. Doch rein akustisch war es auf die Länge nicht ertragbar. Der Vollmensch, den Bassermann zu kennzeichnen suchte, läßt sich noch anders kennzeichnen.

Auch dies andre kam in einer gewissen Fülle heraus – jedoch vom Lärm übertäubt. Stark war das Äußere des wundervoll wallungsflinken und pöbligen Siebzigers. Es haftet lange. Die Bewegungen wurden schon halb expressionistisch im Hinundher der Glieder.

Diesen Gliederexpressionismus traf der Schauspieler Hubert von Meyerinck, welcher einen hirnlosen Prinzen machte, noch stärker. Fahriges Dahinschießen eines halben Hämmlings mit Entartung, Denkschwäche, sichtbarem Spätlingstum und Umgangsformen.

Den Sohn stellte belustigend Herr Georg Alexander: indem er ein Kleidergeck war, dessen seltsam-blöder Kicherausbruch Waßmann beunruhigen könnte.

Der echte von den zwei Aposteln, Friedrich, wurde bei Herrn Rodegg ohne viel Krimskrams glaubhaft. Der unechte, Wilhelm, bei Herrn W. Kaiser insonders durch einen Zug im Äußeren: er schien für diese Gestalt wie von der Straße heraufgeholt.

Frau Bassermann, die harte Tochter, störte wenig. Frau Roma Bahn, die hinfällige Tochter, reichte zu.

(Nicht so ihr Kleid – dessen Kürze *anno 1913,* wenn ihr schon historisch sein wollt, unerfunden war.) 10. April 1920

Hans Müller: „Die Flamme“

Lessing-Theater

I.

Der Abend hieß: Dorsch.

Deutschlands Bühne hat einen Menschen mehr. Eine Kraft mehr. Eine Wucht mehr. Eine Pflanze mehr. Eine dufte Nummer mehr. Eine Seele mehr.

Wir sind nicht arm. Die Fortsetzung der Sorma heißt: Lossen. Die Fortsetzung der Lehmann heißt: Höflich.

Aber die andere Fortsetzung der Lehmann heißt: Dorsch (Käthe). Das ist die süddeutsche Fortsetzung.

II.

Ich sah sie zum erstenmal. Sie scheint aus der Erde gewachsen. Eine Volksgestalt. Von der Tiefe kommt sie. Kennt keine Furcht vor der Roheit; keinen Mangel an Blut; keine Not an Lieblichem und Wildem und Mädelstarkem. Sie hat einen Schrei und ein Antlitz.

In diesem Stück macht sie ein Straßenfrauenzimmer, das ein junger Musikus, vernarrt und erfahrungslos, für sich retten, für sich bergen, für sich hegen will. Sie scheint lieb und gutartig von Hause her – bloß mit einem haltlosen und zum Krachen prallen Geblüt. Sie kann's halt nicht lassen. Bricht aus ... und fällt zurück.

Die Schauspielerin Käthe Dorsch gibt hier ein blond-blutjunges, herrliches, springsaftiges Ungeheuer. Mit aller frischen Arglosigkeit im Dreck. Mit Dirnengeschrei; mit Ausbruchshysterie. Auch mit Weibrufen; und mit Menschenblicken. Wunderbar.

Wir sind nicht arm: wenn so was nachwächst.

III.

Über Herrn Hans Müllers Stück, welches immerhin der Anlaß war, kein böses Wort. Es ist der äußerste Kitsch.

(Zumal er geschmackvoll im Kitschigen waltet.)

Die Grüning, Pröckl, Götz fanden eine Menge Beifall. Der Autor kam – das Haus rief: „Dorsch –!" 24. Oktober 1920

„Richard der Dritte"

Staatstheater

I.

Was gibt Jessner? Statt der Vorgänge des Richard-Stückes gibt er ... einen Abglanz ihres Inhalts. Statt aller Wirklichkeiten gibt er ... ihren Widerschein. Statt vieles Tatsächlichen gibt er ... seinen Extrakt. Statt einer Außenwelt gibt er ... eine hypnotische Welt des Wortes. Statt einer Bilderfolge gibt er ... eine Ballung. Statt einer Farbenreihe gibt er ... eine Wucht. Statt einer Aufzählung gibt er ... ein Symbol. Statt eines Umrisses gibt er ... den Kern; den Kern; den Kern.

Sein Ganzes bleibt eine große Kühnheit. Das Gesammeltste, was die neuere Bühne gezeitigt. Nicht Limonade: sondern Quintessenz. Die Guten grüßen ihn. (Nein: er grüßt die Guten.)

II.

Nach der Vorstellung erschien alles wie ein expressionistisches Märchen. Was bedeutet hier expressionistisch? Das Exprimieren, das Herausdrücken des Gehalts ... Dieser Begriff lebt jenseits von der Unfähigkeit so vieler Expressionisten, der Mitläufer, – die schlaffen Sinnes niederschreiben, was ihnen grade durch den Kopf zieht. Zu denen etwa Hasenclever neuerdings hinschwankt – während allein der Toller im Drama von der „Wandlung" den wahren Sinn des Expressionismus, das Herausdrücken eines Kerns, begriffen hat. Auch Jessner hat ihn begriffen.

Seine Art, Richards Aufstieg, Herrschversuch, Tod zusammenzudrängen, ist nicht die einzig mögliche: doch ein zukunftsträchtiges Prinzip; etwas höchst Kennenswertes; ein Novum der Bretter.

Ja, die Linie von Richards Werden und Vergehn bekommt ein bisher nie vorhandenes Licht. Und Einzelheiten ins Auge gefaßt, begibt sich das folgendermaßen.

III.

Er benutzt eine Kargheitsbühne. Eine Andeutungsbühne. Eine Puritanerbühne. Eine kasteiliche Bühne. Kurz: eine Bühne, welche der shakespearischen aus der Shakespearezeit verhältnismäßig nahekommt.

Was ist hier das Ergebnis? Das Wort rückt in den Vordergrund. Man erinnert sich wieder, daß William Shakespeare nicht zuletzt ein Sprachkünstler war. Ein Wortherrscher. Ein Mann des Prägens. Ein Literat.

Was liegt uns an diesem Schlächterstück, mit seinen unverwickelten Charakteren? mit dem arglos knotigen Bösewicht – der offenherzig seine Pläne dem Parkett enthüllt? Was geht uns dieser heuchlerische Metzger an, mit klobig dicken Moritaten... dem alles fehlt, was heut einen Menschen zur Macht bringt; der für eine rüde Vorwelt, für ein Blutkino mit wenig Seelenkunde von Belang scheint. Hand aufs Herz.

Er fesselt unsereinen höchstens als Mensch mit „*ressentiments*", wie der deutschpolnische Schriftsteller Friedrich Wilhelm Nietzsche (*alias* Niesky) mit einem französischen Ausdruck zu sagen liebt. Der Krüppel ergiert als Entschädigung für Krüppeltum die Krone. Wilder Antrieb zur Macht – wegen eines körperlichen Minus. Genugtuung des Zukurzgekommenen. Aber sonst? Kein gestufter Charakter.

Nein, die Tatsachen seines Emporstiegs und Untergangs locken nicht – der Sprachreiz überlebt sie. Die Sprachkraft lockt. Die Worte bleiben, unsterblich. Die Sätze des zur Nachtzeit kritzelnden Kaffeehausbesuchers W. Sh.

IV.

Das Wort wird von Jessner geehrt, beflügelt, in allerhand rauhes Leuchtgewölk versetzt. Wunderbares Tempo ... in jedem Augenblick, flitzend und blitzend, alle Umrisse des Worts ausstrahlend – man will sie fassen, sie rasen vorbei, doch sie sind gewesen, gewesen, in ihrer unverkürzten, unabgelenkten, unerniederten Hoheit. (Nicht Kritiker danken hier, sondern ... Schriftsteller.)

Ja, die Bretter sind schmucklos. Mauern, Tore, Rechtwinkligkeiten. Der Tower ist ein Kellergeschoß; ein paar Stufen. Die Prologe (er läßt altertümelnde „*prologi*" auftreten) stehn vorn auf dem Sockel – auch wenn es im Buch heißt: „Eine Straße". Mittendrin, gegen den Schluß, ein Treppengestell. Darauf spielt sich alles ab. Das Treppengestell ist die Ebene bei Tamworth. Dieselbe Treppe war das Thronzimmer. Die gleiche Treppe wird zum Zelt. Die Treppe bleibt Schlachtgefild.

Manchmal stehen die Gestalten bloß davor wie Figuren aus einer Chronik. Aber sie bringen das Wort! Wieviel gute Sprecher stampft da ein Kerl, ein ganzer Kerl aus dem Dung des alten Hoftheaters. Hier ist ein Wunder, glaubet nur.

Um alles wird zwar mit jener Kargheit, aber doch mit ahnend schweifendem Sinn ein Blutrahmen gespannt; blutfarbener Streif. Auf der roten Treppe liegen die Niedergesunkenen. Die des Kampfes; zuvor die Niedergeduckten der Untertänigkeit ... Hier wird Jessners Gleichnisgier gar zu vignettenhaft. Das steht nicht im Shakespeare. Das ist eine Randleiste zu seinen Schriften. Das ist nicht mehr „Richard der Dritte", – sondern eine Phantasie über ihn. Ein Gleichnis zu „Richard dem Dritten". Ein Ornament für „Richard den Dritten". Zuviel! Dennoch wird es eine Vision; die haftet, haftet, haftet.

V.

Auch die Geister haften – obschon man sie nicht schaut. Nur ein Raunen. Ein Geschwirr. Ein Geflüster, schwellend, verebbend, bedräuend, albschwer. Erschütterndes, allein durch das Ohr; keine Gefahr läuft man, für das Mißlingen der Scheinwerfer zu fürchten; für zeitiges Verschwinden zu sorgen; eine Gespensterkomik zu erleben.

Sondern unsichtbar nisten schrecklichste Mahnungen, Erinnerungen, Vergeltungen; kriechen in das Herz eines, ... der auf der Treppe liegt. Die Geisterszene hat nie so menschenernst, so heutig, so sehr wie ein traumhaftes *Dies irae* gewirkt.

VI.

Wie oft ist Richard gespielt worden; von wievielen! Otto Brahm, der große Reformator unserer Bühne (dessen posthum gehaßte Bedeutung als Pfadbrecher oder als Eckstein heute nicht mehr vertuscht wird – mag schon die alternde Schwindelkraft von Neidharden einen auskratzenden Versuch in dieser Richtung unternehmen; ach, abgetakelte Meinungsschieber sollten dem Geheg des Echten, der Kunst fernbleiben – sie wendeten ihre Tätigkeit besser an das Zergliedern linksradikaler merkwürdiger Stinnesverehrer; dies unter der Hand) ... wollte sagen: der Ahnherr des modernen Seelenspiels, Brahm, gab in seinem Beginn den Richard an Kainz. Mit Recht. So gewiß Kainz das wuchtende Scheusal nicht war, – so gewiß fuhr unvergeßlich die blitzende Geisteskraft eines erbitterten, wildgewordenen Siebenmonatskinds funkenloh über die Planken. Elektrizität schien zu knistern, wenn er die Hand eines Gegners, eines Moriturus, kosend umtätschelte ...

Mitterwurzer war das wühlende Schwein. Überlegen. Von zynischer Gleichgültigkeit – und Macht. Mitterwurzer blieb wuchtend und lässig in einem Atem.

Wegener kam als der brennend verzehrte Zivilist; ein kränklicher Privatmann, der sich lastend hinaufbugsiert.

Als Kortner den Landvogt gab, schrieb ich: „Ein andrer Richard." Jetzt war er es. ... Ein Geier saß im Beginn auf dem Sockel. Einer, bei dem andren das Blut gefriert.

Aber doch ein menschlicher, ein besessener Mensch. Wenn er zu der Anna spricht, scheint er sie wirklich zu begehren. Wenn er von der Mutter spricht, wird er um eines Schattens Schatten gedämpfter.

Kein bloßes Monstrum – sondern eine leidenschaftliche Kreatur, zu kurz gekommen; von großem Schnitt. Nicht nur ein Zynisch-Überlegener. Sondern ein Opfertier ... (Ein hackendes Opfertier.)

Wenn er Amen ruft, als die Macht sein ist, wird es ein fast schmerzensvoller Schrei der Erfüllung.

Wenn er am Schluß mit nacktem Oberleib nach einem Pferd brüllt, ist es ein Verzweiflungsrasetakt. Ein Pferd – ein Irrsinnstakt. Ein

Pferd – ein Rettungsgelall. Ein Pferd – ein letzter Wesensruf. Ein Pferd – das Bewußtsein eines Verlorenen. Furchtbar.

Bei alledem stand hier ein Sprecher hohen Ranges.

VII.

Frau Hofer gab die Anna (nach der Triesch, welche die Dummheit dieses Weibwesens teuflisch mit großen blöden Augen betont hat). Die Darstellerin jetzt gab Schönheit, Witwenschmerz. Sie war ein Gegenstand für den Anteil, nicht für das Schmunzeln.

Die Bertens, alte Mutter der Gemordeten wie des Mörders, zeigte Blutsverwandtschaft und Fremdheit – mit einem haftenden Schimmer fernen Stumpfseins, wie das Alter es der Geschlagenen bringt.

Frau Emilie Unda strich um die Menschen herum; als Schatten.

Müthel sprach den Richmond korrekt und edel und taktvoll.

Winterstein war ein wackerer breiter Hastings. Er hätte noch erstaunter sein können vor der jähen Hinrichtung.

Einzelheiten hin, Einzelheiten her. Statt bloßer Vorgänge gab es einen Abglanz. Statt aller Wirklichkeiten einen Widerschein. Statt vieles Tatsächlichen einen Extrakt. Statt einer Bilderfolge die Ballung. Statt einer Farbenreihe die Wucht. Statt eines Umrisses den Kern. Und über allem das Wort.

Eine Kunst des Zusammendrängens. Die Fortsetzung ... nicht der Meininger; sondern der innerlichen Brahm-Kunst. Mit dem Blick ins Kommende.

6. November 1920

Carl Zuckmayer: „Kreuzweg"

Staatstheater

I.

Soll der Dramatiker dichten ... oder die Zuschauer? Zuckmayers Stück müssen die Zuschauer dichten.

Er gab drei Stunden lang nur Geharftes, Weichexpressionistisches, Zufälliges, Hingereihtes, Ballungsloses, Ungestaltetes, Willkürliches, zu rasch Wechselndes, Verschwommenes (nicht Verschwimmendes, das könnte schön sein; Verschwommenes), allgemein Blühendes, Fragen der Welt Bedichtendes.

Inkonsequent, daß dies gegen viertel Elf aufhört – das könnte monatelang so weiter gereimt, so weiter gerhythmet werden ... und gäbe noch immer kein Drama.

II.

Der junge Zuckmayer ist also kaum ein Einzelgeschöpf: sondern wie eine Münze des modischen Münzkastens. Dieselben Züge stets. Einer wie der andere.

Um das Gleichnis zu wechseln: die kreißende Welt unserer Tage lockt leider jedermann, die letzten Menschheitsdinge zu reimen, zu skandieren, zu verbrettern.

Nur diese. Bei Zuckmayer kommt alles Allgemein-Menschliche vor. Alles Ethische, Psychische, Politische, Erotische, Soziale, Volkswirtschaftliche, Sommerliche, Religiöse, Naturwissenschaftliche, Dräuende, Schaffende, Revolutionäre, Versöhnende, Liebliche, Sittliche, Werdende, Lenzliche, Leidende, Verlangende, Wechselnde, Symbolische. (Nur die Orgesch kommt zufällig nicht vor.)

Und alles zusammen ergibt keine Spur von einem Drama.

III.

Es bleibt somit ein Werk aus der großen Fabrik für Erlösungsliteratur. Einer wie der andre. ... Kunst ist aber nicht bedeutend, wenn ihr Gegenstand bedeutend ist. Kunst kommt selbst in kreißender Zeit von Können. Was wollen Erlöser voll schlaffen Sinns, voll Unmacht, voll Sammlungsmangel, voll Bequemlichkeit? auch wenn sie gleich dem wohlbedachten jungen Zuckmayer sind, welchem ein Bronn oben, unten, an der Seite, vorn, hinten ständig fließt, fließt, fließt.

Talbauern empören sich wider das Bergjoch. Ein Scheusal mit Peitsche. Fliehende Gattin. Ein Schmied, Verschollene Tochter. Brückenmann. Bauerngott. Buhlerei. Arbeit. Irrsinn. Liebesschmerz. Gewalt. Gewaltlosigkeit. Ich will die Zusammenhänge dieses Dramas gern erklären, sobald ein Andrer sagt, was vorgeht. Schwer ist nur zu sagen, was vorgeht, weil alles vorgeht ...

Nicht einmal die Zuschauer dichten das Stück, welches Zuckmayer dichten sollte. Welches die Zuckmayers heute nie dichten. Und die Kornfelds nicht. Und die Steindorffs nicht. Ist kein zweiter Ernst Toller da? Stets die Irrenden, die bloß „Geblüte“ sind – nicht Künstler? Seid nicht Ziegel – seid Turm! Wann wird der Retter kommen diesem Chaos? In der Reformationszeit war es auch so: eine Pest von Dramen und Schriften, – gemacht zum Vergessensein.

IV.

Nicht zum Vergessensein gemacht ist, was Ludwig Berger an diesen holderen Massenartikel aus der Weltbesserungs-Stegreif-Industrie beim Einüben an Straffheit gewendet hat. Warum die Wahl? Lockt es ihn justament, Straffheit an Schlaffheit zu tätigen? Nicht wie Jessner an einem fertigen Ding: an „Tell", an „Keith", an „Richard"?

Gleichviel: sie ziehn am selben Strang. Manches, was unsereins immer gefordert hat, scheint erfüllt: Einfachheit – (womit man, nach Beerbohms Hamletvorhängen, endlich begann); und Herrschaft des Worts.

Daß vier Urbäume zu Säulen werden, zum Rahmen, fällt als Mode nicht ins Gewicht. Eher der große Zuschnitt in den Linien alles Geschehens.

Etliches erinnert zu treu an Hodler. Etliches, in schwindenden Augenblicken, an Rodin; an allerhand Bürger von Calais – sekundenlang.

Alles ist sozusagen dicht. Kaum etwas dem Zufall überlassen. Keine Sucht nach dem Auftragen einer Stimmung. Kein Raum für das Zerstören einer Stimmung. Feinheit und Kraft für den Schutz des Halblächerlichen. Vertiefter Ernst. Vollkommener Ernst.

Allzu sehr herrscht manchmal Symbolisches in Bewegungen. Wenn ein Mensch zertrampelt wird, gibt es nur einen Ruck des Zertrampelns. Bloß eine Gebärde, nicht ein Vorgang. Die Wirklichkeit ist Nebensache.

Sie kann es nicht immer sein.

V.

Die Sprechkunst scheint auf eine wundervolle Höhe gebracht. Was ist binnen kurzer Frist geleistet worden in diesem Hause – nach aller Unfähigkeit eines verschwundenen Regiments!

Wieviele Sprecher sind hier aus dem Nichts erstanden. Wie hat geschlossene Kraft sie zurechtgeknetet. Ein ganzes Personal spricht nun jessnerisch – wo es nicht bergerisch redet. Sie sprechen so sicher getönt, daß bei Berger die Einzelnen hinterher kaum unterschiedlich sind.

Höchstens bei der Frau Unda (sie gab ein Buhlweib) gelang es ihm nicht. So bleibt sie die Unterschiedliche. Noch einer, welcher den wuchtenden Jochherrn gab, Herr Katsch, tritt vielleicht mit einem Schimmer von polnischem Akzent neben ihr heraus.

Die andren sind ... Berger. (Ihre Namen waren Decarli, Müthel, Legal – und der ganze Zettel.)

Wobei die Schauspielerin Annemarie Seidel dennoch Eignes an mädelhaft Innerlichem, die Servaes ihr Feuergeblüt hindurchahnen ließ.

... Alle redeten in Zungen. Es war ein Oratorium. Voll Menschenmusik. Und mit vieler Hoffnung. 11. Dezember 1920

Arthur Schnitzler: „Reigen"

Kleines Schauspielhaus

I.

Darf man Stücke verbieten? – Nicht mal, wenn sie schlecht geschrieben sind und schlecht gespielt werden (was ein Standpunkt sein könnte).

Hier aber ist ein reizendes Werk, – und es wird annehmbar gespielt.

Der Erfolg war gut; die Hörerschaft wurde nicht schlechter davon. Und die Welt ist, zum Donnerwetter, kein Kindergarten.

Schnitzler schrieb das Buch vor vierundzwanzig Jahren. Er hat's damals nur den Freunden geschenkt. Im Deutschen Reich war es nicht druckbar – unter einer Regierung, die für aller Wohl so sehr sorgte, daß es allen heute so gut ergeht.

Einen Augenblick Rast und Besinnung! Es wird auf die Dauer zu fad, vor allen wichtigsten Begleitumständen der menschlichen Fortpflanzung sich tot zu stellen; sich dumm zu stellen. Eine langdauernde Hypnose. Die Einteilung „Altertum", „Mittelalter", „Neuzeit" ist im Grunde verfrüht.

II.

Reigen heißt hier Liebesreigen. Und Liebe heißt hier nicht platonische, sondern ... Also: angewandte Liebe.

Sie wird angewandt (ohne Gröbliches, Lüsternes, Schmieriges) zwischen zehn Menschenpaaren. Und zwischen allen Gesellschaftsklassen.

Stets das Hinübergreifen von einer Schicht zur andren. Folgendermaßen. Dirne, Soldat. Soldat, Stubenmädel. Stubenmädel, junger Herr. Junger Herr, junge Frau. Junge Frau, ihr Mann. Ihr Mann, süßes Mädel. Süßes Mädel, Poet. Poet, Schauspielerin. Schauspielerin, Graf. Graf, Dirne. ... Der Reigen ist geschlossen.

Voltaire hat im „Candide" Ähnliches vorgemacht. Die Reihenfolge bei ihm ist: Stubenmädel; Franziskaner; alte Gräfin; Rittmeister; Marquise; Page; Jesuit; Matrose des Columbus ... Auch hier ist also von der so oft erstrebten Überbrückung der Klassenunterschiede wenigstens einiges durchgeführt.

Die seelische Tragikomik des körperlichen Begebnisses hat ja auch der himmlische Hogarth in zwei Bildern unsterblich festgelegt: „Vorher“ und „Nachher“ benannt. Die Welt steht immer noch.

III.

Schnitzler ist mehr launig als faunig. Er gibt mit nachdenklichem Lächeln den irdischen Humor der unterirdischen Welt.

Nicht Schmutzereien: sondern Lebensaspekten. Auch das Vergängliche des Taumels; das komisch-trübe Schwinden des Trugs. Alles umhaucht von leisem, witzigem Reiz.

Herr Hubert Reusch, der Spielwart, hat es nicht ganz ohne Glück nachgestaltet. Der Erfolg ließe sich verstärken, wenn man die Musik streicht – und einen Teil der Darsteller auf die Höhe der Ausstattung bringt.

(Sie war von Stern; manchmal zu üppig – so im Zimmerl des Poeten.)

Alles müßte leiser, leichter, ironisch-zarter im gesprochenen Wort sein. Aber alles war, o Polizei, dezent.

Der Gewinn des Abends hieß Poldi Müller. Das ist niemand, der Leopold heißt. Sondern jemand, der offenbar Leopoldine heißt. Sie war das süße Mädel.

Ja, sie war es ...

Von der Schauspielerin, die es mit dem Dichter und dem Grafen hat, holte Fräulein Dergan (Blanche mit Vornamen) bloß einiges heraus. Die Rolle schreit, brüllt nach der Sandrock, – wo die noch keine grauen Herzoginnen gab.

Fräulein Dergan war liebenswürdig – aber die Gestalt braucht noch mehr Feierliches, Unzusammenhängendes, Erhaben-Hundeschnäuziges, Unbeirrbar-Ruhevolles – daß man vom Stuhl fällt.

Das köstliche Abschiedswort an den Offizier, „Adieu, Steinamanger!“ verkitschte sie durch eine Weglassung.

Wie auch der Schauspieler Curt Goetz Ersatzwirkungen durch freiwilliges Sichbegießen mit Wasser beitat. Er war nicht recht ein wienerischer junger Herr.

Seine junge Frau, Fräulein Magda Mohr (neulich Magda Madeleche) hatte den Namen geändert. Jetzt, wenn sie noch einiges ändern möchte.

Herr Etlinger kam als Poet in der Maske Schnitzlers; wodurch er ihm zu nahe trat. Undankbar gegen einen Autor. Doch im Phlegma blieb er ganz ulkig.

IV.

Zum Beginn und zum Schluß erschien die Prinzipalin, Frau Eysoldt. Sie trug mit Recht ihre Klage wider die Polizei vor die Anwesenden.

Die Aufführung ist bei sechs Wochen Haft verboten worden, – dabei hat die hineingreifende Stelle das Werk nur gelesen, nie gesehn.

Das alles geht vom Kultusministerium aus? Bestimmt nicht von Hänisch.

24. Dezember 1920

Gerhart Hauptmann: „Florian Geyer"

Großes Schauspielhaus

I.

Als die komischen Mängel der Zirkusmode festzustellen waren, schrieb ich in diesen Blättern vor Jahresfrist: „Die amphitheatralische Reitbahn taugt für Massensturm ... Auch für Etliches vom ‚Florian Geyer'." Dies Etliche sind eben die Massenszenen. Sie haben (indes der seelische Eindruck früherer Darstellungen unerreicht blieb) – sie haben eine gute Kraft bewährt.

Wenn vereinzelt in den großen Beifall für Hauptmanns Riesenwerk ein Zischen drang, so vermutlich deshalb: weil manches Herrlichste, jeder leisere Menschenton in manchem von Sterbenshumor durchdämmerten Auftritt hier durch den Zirkus geschädigt blieb.

Die Wirkung des Ganzen wurde dennoch fortreißend.

Sie war, im Angesicht einer glücklos ringenden, in Wehen kreißenden und kreischenden Gegenwart, erschütternder als in einem Theaterwerk sonst. Ja, was man erblickte, was man erfühlte, war: ein großes deutsches, allzudeutsches Trauerspiel – gefugt von einem seherischen Menschen.

II.

Dies ist das einzig wirkliche Gegenwartsdrama. Oder das einzig wahre Kriegsdrama. Oder das wahre deutsche Revolutionsdrama. Und erschien 1896 ...

Dies ist unser Nationaltrauerspiel. Alles geschieht nur zufällig im

Bauernkrieg um fünfzehnhundertsoundsoviel. Es ist das Stück des neuen Frühlings ... und des raschen Erkaltens. Das Stück der ewigen Kopflosigkeit; der wirren Spaltung; der Charakterschwäche; das Stück des vergeudeten Augenblicks. „Den besten Handel, die edelste Sache, die heiligste Sache ... eine Sache, die Gott einmal in Eure Hand 'geben hat und vielleicht nimmer – in Euren Händen ist sie gewest wie im Saustall ..." Wer sagt das? Für welche Zeit ist es gesagt? ... „Ein jeder von Euch hat gedacht wie der Narr in der Komödie: ‚Ich sollt' billig König sein.' Hanswurste seid Ihr gewesen ..."

Ein seherischer Geist schuf dieses Trauerspiel. Es heißt nicht „Florian Geyer". Deutschland heißt es.

III.

Das war die dritte Wiedergabe des Werks. Vor fünfundzwanzig Jahren (und einem Tag) hat es Otto Brahm zuerst gespielt. Vor siebzehn Jahren hat er's wiederholt. In der ersten Aufführung wirkten Reicher, Nissen, Hanns Fischer, Reinhardt, Kayßler, Biensfeldt, Rittner, Gregori, Marie Meyer. Bei jenem ersten denkwürdigen Riesenwagnis kostete Parkett, vorderste Reihe, vier und eine halbe Mark. Der teuerste Platz (Fremdenloge) kostete sieben Mark fünfzig. Der billigste Platz ein Drittel weniger, als heut ein Theaterzettel kostet ...

In der zweiten Aufführung wirkten Rittner, Bassermann, Sauer, Marr, Meinhard, Reicher, die Triesch.

Die Gestaltung des Werks ist ungemein schwer. Der Verantwortliche des dritten Wagnisses, Herr K. H. Martin, hat getan, was im Zirkus möglich ist. *Ultra posse nemo obligatur*. ... Er hat früher manchmal die Volksmenge nicht als Schwarm dargestellt, sondern als eine Reihe von Symbolpuppen. Er gab früher manchmal nicht den Haufen, sondern gewissermaßen Abgeordnete des Haufens. Die Unregelmäßigkeit der Masse hat er manchmal geregelt – zu einem Sextett oder Oktett. Hier war das undenkbar. Bei Hauptmann atmet alles Wirklichkeit.

Man sah somit ein naturalistisches Trauerspiel. Bewußtes Wirrsal in der Aufstellung. Stimmen kamen von der Peripherie, bald von der Mitte; wie es traf.

Hintergrund war ein brauner Fels in jedem Akt. Der Felsen für alles. Manches Wort verstand man; mehrere gingen verloren. Manchmal wurden die Leute Renner ohne Grund. Sie mußten! Ihre Schuld war es nicht – sondern der Arena ihre.

Das Unterbrechen der Täuschung nahm seinen üblen Fortgang, wie stets in so einem Hause. Hinten sah man die Ritter heraufkriechen, um eine Stellung einzunehmen, – wie bei Liebhaberaufführungen. Das waren nicht die Geyerischen ... sondern schlechtweg die „Mitwirkenden". Man ist von Hauptmanns wunderbarer Aufwärtsstimmung eben erschüttert, da kommen Theaterarbeiter, schieben Tische, tragen auf den Schultern Geräte, stellen das umständlich hin – wie in einem Theaterverein.

Ein kindisches Zurückschrauben. Ein lächerliches Aus-der-Stimmung-Reißen. Alles was vom Kunstgefühl adliger Nerven seit etlichen hundert Jahren ermöglicht ist, wird zu einem freiwilligen Sichdummstellen zurückgeführt. Die Seelenstufung, die Abschattungen des Wortes, die leise Regung des Auges, die kaum sichtbar huschende Stimmung im Antlitz eines Hoffenden oder eines Unterlegenen wie Geyer es ist, wie seine letzten Genossen es sind: das geht natürlich verloren. Das Edelste.

Dennoch braust (nicht erst in dieser Darstellung – sondern selbst in dieser Darstellung!) das Flügelwehen der dichterisch ungeheuren Schöpfung hindurch.

Noch über hundert Mängel hinweg soll Herrn Martin gedankt sein. (Er hat immerhin die Sprache manchmal beherrscht; ein allgemeines Süddeutsch, was Schwabenähnliches wird gesprochen; zwischendurch spricht freilich einer aus Preußen „verbrüdat" statt „verbrüdert". In dieser Art. Das ist nicht zu vermeiden.)

IV.

Auf den Schauspieler Eugen Klöpfer wies ich mehrfach als auf den Keimvollsten des Nachwuchses – er war bei Barnowsky. Eine fast altertümelnde Kraftmelodie des Tons; Fülle süddeutschen Wesens; schwirrende Farbigkeit; alles dies läßt ihn herrlich zum Volksführer werden im Wirrsal und im kurzen Leuchten einer nächtigen Zeit.

Emanuel Reicher war damals zu klug; Rittner haftet im Gedächtnis; Klöpfer steht als ein aufrechter Nachbar daneben. Ein freier Franke. Trägt hier einen goldrötlichen Schopf; ein fast jungnapoleonisches Antlitz. Was im Mann Kindhaftes und Unbekümmertes ist, strahlt hindurch. Ja, er ist mildherzig wie die Starken. Dennoch kein ethischer Duckmäuser. Dieser Schauspieler steht nun an seinem Platz.

Sein Feldschreiber Löffelholz, Herr Kühne, sieht aus wie Winckelmann, mit dem Tuchstreif um den Kopf. Recht wacker. Sterbend muß er Drucker aufsetzen. Nicht seine Schuld – wenn einen die Leute mit dem Feldstecher suchen. Da heißt's auftragen. Oskar Sauer war einst Löffelholz. (Sauer in der Manege? — o Gott, o Gott, o Gott!)

Tellermann, Geyers Getreuer, fand in Herrn Dieterle keine volkstümliche Wirkung. Erstaunlicherweise – trotzdem die Gestalt ja mehr Sichtbares als Fühlbares hat. Sogar das Brutale wirkt auf der geschlossenen Bühne viel stärker. (Trotzdem blieb die Szene der gepeitschten Bauern weg. ... Warum auch Schärtlins Kosen mit einem Büblein?)

Die Landsknechtsroheit im Schäferhaus verpufft gleichfalls im Verhältnis zur Rahmenbühne –, nicht nur, weil Herr Raoul Lange mehr laut ist als hundsroh; sondern, weil statt einer Sammelwirkung alles gewissermaßen verteilt, also verflacht wird. Liegt es nur am Hause? Nein, es liegt auch daran, daß ihn Herr Jannings nicht spielt.

V.

Gute Köpfe sieht man; so den Jakob Kohl eines Herrn Henckels; so den kleinen, gedrungenen Berlichinger.

Hier zeigt Martin mehr Glück als in einer gewissen Melodram-Nähe, – wenn es rastend und besinnlich zuging. Es gab manchmal einen gewissen Kinocharakter der Szenen vor dem Schluß ... Der Schluß aber selbst war eindrucksvoll.

Das plärrende Bauernweiblein, die Mutter des Kriegsblinden, war lange zuvor dahingehumpelt. Hier ergriff durch Klang und Anblick die Schauspielerin Elsa Wagner.

... Und alles zusammen, einschließlich der Musik von Klaus Pringsheim bald choral- und fanfarenhaft, bald dämmerig vorbereitend (man wünscht ihm jedoch einen umfassenderen Anlaß zum Wirken) – alles zusammen half, eine edle, halb verschüttete Kreatur an ihrem derberen Teil wieder freizulegen.

Es ist eine Warnungsgestalt. 6. Januar 1921

Shakespeare: „Der Sturm"

Staatstheater

I.

Vom Dichter dieses Zauberspiels bis zu Ferdinand Raimund: welcher fast beschämende Rückschritt! Schwächlich wirkt ja hiergegen der Ferdinand – wie ein Mehlspeistrottel.

Doch nein; immer nicht; er hat zwar nirgendwo See. Flutwolken, Hauch im Hirn ... aber was Schmiegiges, was Österreichisches, was Hold-Feierliches, was Herzlich-Stilles: kurz: etwas von einer gewissen Zerline, wo sie zu einem gewissen Masetto halblaut in C-Dur singt: „Wenn Du fein artig bist ...“ (So jener Ferdinand, zum Unterschied von jenem William.)

II.

Unter allen Umständen: Raimund ist im Grunde luftlos. Er kennt Kolophoniumlicht, Schnürbodengewölk, Soffittenglanz; Weihnachtsbeleuchtungen.

Etwas davon lag, bei Berger, in dem Felsgekrengel aus Märchenland; in dem rot herabfallenden Licht (wobei Prospero zwischendurch erfrorene Hände zu haben schien); auch in dem nobel-gehaltenen Magier-Ton des Schauspielers Decarli.

Dieweil doch Shakespeare – Sohn einer Insel, einer windumfauchten, flutumtosten, salzumspritzten – hier kulissenfern bleibt. Ein Kerl mit Lüften, Gebraus und Feuchte.

Ja, dies war ein Irrtum des Einübers: er gab vorwiegend ein schönes, schlichtes Landmärchen; wo nicht zu sagen Stubenmärchen; statt eines Inselmärchens. Das ist es. Vier Fünftel Raimund, ein Fünftel Shakespeare.

Trotzdem wirkte manches höchst lieblich.

III.

Von den Begriffen Abendlied, Zauber, Schlaf, See, Musik, Luftgeister, Unholde, Wehmut, Ausgleich, Abschied ... von diesen Begriffen schuf Berger am schönsten den verzückten Bann eines absonderlichen Wachschlafes; den Traumzwang junger wie grauer Menschen. Ein zartes Tagwandeln. Das war hervorragend; es war auch wunderhübsch.

Liebenswert wie alles andere. Still; treuherzig.

... Nur halt mit zu viel Innenluft. Mit zu viel Boden unter dem Fuß. Ich dachte: man soll doch unten ein meterhohes Stück Tüll an der Rampe querziehen, dann könnten sie mehr schweben; die marschieren ja – (dacht' ich).

Noch anderes blieb zu gekrampft. Genauer: zu gespannt. Der Ariel muß lockerer sein, gelöst-flinker, mehr schmiegsam-fliegsam, tupfender-hupfender als die – sonst anmutende, doch mit etwas Ernst beschwerte Heimatkünstlerin Annemarie Seidel.

(Ihr fehlte was von der Musik des Kapellmeisters H. Tiessen, der kurz und gelegentlich etliches Geläut, etliches Gepfeif, etliches Quinkelieren zumal mit der Celesta, auch mit der Clarinette flüchtig hinwirft – bis er, vor dem Schluß, einmal ernster und getragener und besinnlicher durch die Geigen wird, welche zwar möglichst lange sich vor dem Einklang sträuben, indem er ein Musikus von heut' ist, zuletzt aber doch lieb sind und einen Schluß finden. Das über die Musik.)

IV.

Sollte man einen Darsteller für den Prospero wählen, – ich wählte Herrn Decarli nicht. Statt eines hohen überlegenen Sinns hat er Anständigkeit ... und etwas Hoftheater. Herr Decarli ist nicht wertlos, doch sozusagen neutral.

Mein Prospero müßte nirgends und überall sein; er muß aus naher Ferne wohlwollend auf das junge Paar eine Pupille senden; er muß mild vor dem Fürstenkonzern stehn; im ersten Akt vor der kindlichen Seligkeit eines Fremden und seiner Tochter ... etwas raunzend, mit gemachter Bedrohsamkeit; mit verborgenem Lächeln; mit künstlicher Barschheit, mächtig und verstehend – wißt ihr? Mein Prospero muß auch eine Spur vom Hans Sachs haben – „Wahn, Wahn ..." Oder vom König Schelómoh, schlechter Salomon genannt, welcher einst die Eitelkeit, Eitelkeit der Eitelkeiten, umrauscht von entfließendem Klang, durchblickt hat. Wißt ihr?

Soll er auch Vetter einer Hauptmannschen Gestalt sein? ... Die Vermutung der Forscher, daß Ophelia Mutter geworden, hat Hebbel boshaft bejaht, – denn ihre Tochter heiße Gretchen. Nun? Die Vermutung, daß Prospero Söhne gehabt, ist minder boshaft mit einem Blick nach dem zaubermächtigen Wan auf Bergesgipfel über der Pippa-Welt zu bestätigen; wo auch ein Kenner der geheimen Mächte bändigend vor dem Urmann, dem Vorzeitler, steht. Die Vermutung, daß Caliban Söhne gehabt, mit einem Blick auf den „Alten Huhn".

Jener Caliban war schauspielerisch (als Gegenstück zu einer Miranda namens Elisabet Horn, einem Stadtkind ohne Ferne) das Haftendste des Abends. Kortner blieb, weil doch alles glimpflich ausklingt, mehr im Geheg des Drolligen als des Furchtbaren. Ein fast gutmütig gurgelnder Ton durchklingt seine Wüstheiten. Plumpes, fettkehliges Niggertier – doch mit heiterer Anwartschaft auf Erlösung; er atmet ja doch in Prosperos Bereich.

Kurz: im Tierisch-Menschlichen prachtvoll.

V.

Berger hat in der Prägung des Expressionistischen bisher sein Bestes getan. Das war außergewöhnlich.

Er hat hernach in einem „Tasso"-Versuch (zu früh gesandt in diese Welt des Atmens) Mittel-Hübsches gezeitigt; es war, für mein Gefühl, das Achtungsvoll-Enttäuschende; das Geschmackvoll-Unerreichte. Berger kam damals hinter die Musik des Werkes zwar mehr als Reinhardt – doch weniger als Goethe. Bei alledem enthielt sein Versuch Keimvolles.

Auch der jetzige. Jetzt waren es die sachten, glättenden, abendlichen Linien. Das Innig-Arglose. Die Schlichtheit. Die Kinder-Erdenwelt.

... Schlichtheit noch in einem Punkt. Ich wollte just eine glänzende Neuerung vorschlagen folgenden Inhalts: „Die Schauspieler bleiben auf der Bühne – statt ins Parkett zu gehn; diese kühne Wendung könnte den größten Reiz haben."

Berger selbst hat nun diesen Versuch gemacht. Er ist vollständig geglückt. Die Schauspieler blieben tatsächlich auf der Bühne.

Die Hörer machten das aussichtsvolle Experiment in freudiger Entschlossenheit mit. 19. Februar 1921

Walter Hasenclever: „Jenseits"

Kammerspielhaus

I.

Wie schon gesagt: als eine Frau den jähen Tod ihres unendlich geliebten Mannes erfährt, gibt sie sich dem bisher nie gesehenen Überbringer der Nachricht sofort körperlich hin und macht bei dieser Gelegenheit seine Bekanntschaft.

Die antike Witwe von Ephesus tut sowas erst im Laufe der Leichenwacht – nicht schon bei der Nachricht. Vollends ohne sinnliche Wallung bleibt jene Berlinerin, der ein Droschkenkutscher den tödlichen Schlagfluß schonend meldet: „Sind Sie die Witwe Müller?"

Der Halb-Expressionist Hasenclever schrieb sozusagen die Witwe Müller von Ephesus.

II.

Er tut es in einem fünfaktigen Zwiegespräch (das er tragisch meint; oder als tragisch vorsetzt).

Gleichviel. Der Rest behandelt weniger die Reue der Frau ... als, merkwürdig, die Eifersucht ihres Lieblings auf den Toten. Obgleich der Tote, bei Licht besehn, mehr Anlaß zur Eifersucht auf sie und ihn hätte – wenn er jene notdürftigen Grundlagen ihrer Bekanntschaft ins Auge faßt.

Eifersucht hin, Reue her – der Mann (ich meine Hasenclever) weiß keinen anderen Ausweg, als die Witwe zu erstechen. Klllx –!

Und am Schlusse steht in flammend-revolutionären Buchstaben der Aufrührersatz:

„Unrecht Gut gedeihet nicht."

III.

Alles ist natürlich Symbol. Alles nicht ein Wirklichkeitswerk, sondern ein Gleichniswerk. Oder ein Rebuswerk. (Aber weshalb immer die Umwege? Der Augenblick wird kommen, wo sie nicht mehr in Geltung sind.)

Also: Symbol für eigenen Lebensdrang – auch nach dem Tod eines geliebten Menschen.

Daß eine Frau hier nicht die billige Rolle der stimmungsvoll Trauernden spielt, sondern weiter um irdische Seligkeit kämpft, – das ist aber gar nicht Symbol geworden. Sondern: eine unendlich liebende Frau, die sofort bei der Todesnachricht...

IV.

Hasenclever wird sagen: auch das ist Symbol. Er soll recht haben. Über alles das läßt sich reden. Er soll nicht an Shaw erinnert werden, bei dem heitere Schlichtheit über der schönen Jennifer und dem sterbenden Maler Dubedat glänzt; sie geht in ein andres Glück – mit einem Andren.

Nicht reden aber läßt sich über Schwachheit und Flachheit; über Stegreifgeschlamp; und Kitschmittel. Kindlich passen bei Hasenclever klimatische Veränderungen jeweils zu dem Vorgang. Also wenn jemand stirbt, gewittert es zufällig. Wenn Glättung der Seelen kommt, erscheint der Regenbogen. Die Sternschnuppe sogar wird in Betrieb gesetzt ...

Auch tellurische Phrasen, mein Lieber, sind Phrasen. Von den Schauern der Dinge, von ihren wahren Tiefen ist hier schandenhalber ein bißchen was gespenstig angeordnet. Schmus als Füllsel. Kurz: es soll nach Dichtung aussehen ... und ist sozusagen Journalismus der Poesie. (Dabei mit der Gebärde des Sturms und Drangs!)

Nicht ein überraschender Zug festgehalten ... Ja, auch für Expressionisten bleibt Seelendurchdringung und Bergmannstum höchster Wert unter allen Werten. Nicht bloß fortgesetzt Ausbrüche mit Gefühlsbums – was barbarisch bliebe.

Dies nebenbei.

... Gemacht-Kindliches ersetzt alles das nicht. Die Leute leiden hier am ältesten „*Voilà-comme-je-suis*" – die Frau sagt (wörtlich): „Schon als kleines Kind auf der Schaukel sehnte ich mich nach dem großen Schicksal." Jesses.

Mitunter fast ein Zustand wie bei Tieck, wo der heilige Bonifacius vorn an die Rampe tritt und zum Parkett äußert: „Ich bin der heilige Bonifacius."

Das war schon bei den Romantikern eine nachgemachte Kindlichkeit: jetzt ist es das Nachmachen von was Nachgemachtem.

Dahinter steckt: Schlappheit; Schludern; Unkraft zu Ballungen. Worauf es jedoch ankommt, ist nun: entweder den Versuch zu gesammelter Kraft machen; oder einen bürgerlichen Beruf ergreifen.

(Die Heimat des Künstlers heißt nicht Schluderbach; eher Ballenstedt – möcht' man sprechen.)

V.

Der Spielwart, Stefan Großmann, hat Anfänge getätigt – bei vielerlei Mißgeschick, als hätten Theaterarbeiter sich wider ihn verschworen. Denn zwischen je zwei Seelentrauerbildchen gab es auf den Brettern einen Ziehtag – mit allem frohen Gewimmel rüstiger Möbelverladung. In der Brust erwachten Begriffe wie: Wohnungswechsel; Übernahme ganzer Umzüge; auch auswärts; eigne Waggons.

Das kann sich bei späteren Versuchen bessern. Was Großmann unabhängig von den reichbelebten Pausen gab, ist eine künstlerisch wertvolle Handhabung der Hinterbühne. Zuweilen auch dies unfertig; wenn die Hälfte dem linken Parkett verborgen blieb.

Es war (da ich die Gestaltung menschlicher Begebnisse nicht *moro mathematico* betrachte, sondern bloß die hieraus fließenden Heiterkeiten abschöpfe) ... es war hier ein räumliches Entrücktsein durch Hasenclevers Gesichte-Vortäuschung bedingt und gezeitigt – noch in andrem Sinn, als der herrliche Stanislawski diesen Versuch bei Tschechow als Erster gewiesen hat.

Im Klang war Großmanns Bestes; wo er sich (hinter der Kaminszene besonders) als Regisseur mit dem Musiker verschmolz. Pringsheim gab hier eine vorzügliche, bewußt umrißlose Musik; nicht mehr Komposition – sondern Klänge.

In Wechselwirkung mit Musikalischem zeigt Großmann seine Hoffnungen.

VI.

Neben dem Schauspieler Dieterle (ein ungelenker Anfang; ringt mit Zufällen) erschien die Straub fast zu frei vom Zufall.

Sehr viel Kopfarbeit. Sie liefert bisweilen eher die Angaben für eine Gestalt ... als die Gestalt selber.

Achtungswerte Kälte des Kunstverstands. Doch etwas Unjunges in der Stimme. Ist sie nicht kalt, so ist sie süßlich.

... Und alles das gilt nur für Wesenheiten von solcher liebenden oder prangenden Art.

Nicht für ihr Stärkstes: wo sie wilde, dringliche Farben wundervoll mischt.

Sie bleibt, jenseits von dieser Witwe, doch ein Wert hohen Ranges.

25. Februar 1921

Georg Büchner: „Woyzeck"

Deutsches Theater

I.

Woyzeck ist der Mensch, auf dem alle rumtrampeln. Dem Hauptmann dient er zur Hänselei. Dem Doktor dient er zum Kaninchen. Dem Tambourmajor dient er zum Püffefang. Seiner Marie dient er zur Wurz'n. Woyzeck ist der Mensch, auf dem alle rumtrampeln.

Somit ein Behandelter – nicht ein Handelnder. Somit ein Kreisel – nicht eine Peitsche. Somit ein Becken – nicht ein Quell. Somit ein Opfer – nicht ein Täter.

Somit ein Dramenheld?

II.

Woyzeck wehrt sich nicht ... Und als er sich doch wehrt, einmal: da mordet er nicht den Tambourmajor: sondern die Geliebte. Nicht den Räuber: sondern die Geraubte. Nicht den Feind: sondern das eigene Herz.

Eine veraltete Ästhetik (die heut in der Kritik wieder vorkommt; umgekämmter Gervinus; Theoretasterei; toter Strang; voll Spaß, doch aufrichtig gemeint) – eine veraltete Ästhetik müßte den Woyzeck untauglich zur Dramengestalt nennen. Er ist sehr tauglich hierzu.

Denn Dramengestalt wird sozusagen die Mitwelt – nicht Woyzeck. Täter wird sozusagen die machtvolle Selbstsucht – nicht die machtlose Beute. Kernpunkt wird sozusagen die quälende Menschheit – nicht ihr gequälter Mensch.

Das Werk läßt sich sehr gut so erblicken. (Oder: Albert Einstein.)

Je von hier, je von dort, ist ... bald die Fiedel Kernpunkt – bald der Bogen. Bald der Reiter – bald der Gaul. Bald die Orgesch – bald die Linke. (Nein; bloß die Orgesch! deren Relativismus ist Leim!)

III.

Bei alledem bleibt wahr: daß der Woyzeck sich wehrt, indem er sich nicht wehrt. Daß er durch seine Machtlosigkeit justament furchtbarsten Einspruch erhebt. Daß er am tiefsten angreift, weil er nicht angreifen kann.

Hat also jemand Lust, einen Woyzeck als dramatischen Kernpunkt zu nehmen –: bitte! von mir aus! los! immerzu! spielend! in Vaters Hause sind viele Wohnungen. (Und kein Mietsamt mehr.)

Aaaber – so murmelt etwas im innersten Kritiker – alles jetzt auf die Wirkung betrachtet, so steht wiederum fest, als Erfahrungstatsache: daß man stärker wachgehalten wird, wenn das Opfer sich auch sichtbar wehrt. Wenn vorübergehend ein Zweifel herrscht: „Wird er ... oder werden jene ...?" Kurz: wenn ein Kreuzweg erscheint.

Sicher, daß man auf diese Art mehr wachgehalten wird. Doch, erstens: ist dieser „man" der beste Zuschauer? Und zweitens: ist dies Wachbleiben das beste Zuschauen? Hm?

Gibt es nicht Betrachtungen, Nachdenksamkeiten ... statt einer Form des Wettens? Nicht ein Versunkensein ... statt eines Knöpfeabzählens? Nicht Einblicke ... statt einer Spannung? Nicht Empfindungserkenntnis ... statt einer Lotterie?

Etwas murmelt: „Gewiß. Aber im Drama –?"

Es gibt solche Dramen – und *solche* Dramen. Es gibt Dramen für solche – und Dramen für *solche*.

(Einstein.)

Woyzeck ist sehr wohl ein Held fürs Drama. Woyzeck darf nie ein Dramenheld werden. Das ist klar.

IV.

Selbst in Oldenburg, der kleinen, entzückenden Gartenstadt, wo ich dieser Tage war, als der schönste Sommer dort ausbrach, hat man den „Wozzeck“ schon gespielt, – seit Barnowsky vor Jahren das Beispiel erst mit Steinrück, dann mit Klöpfer gab.

Damals „Wozzeck“, heut „Woyzeck“; nach der von Wittkowski besser gelesenen Handschrift. Viel ist hierdurch nicht geändert am Grundriß. (Slaventum deutet in jedem Fall schon die Endung „ck“ an. Nicht erst das „y“.)

... Reinhardt begünstigt beim Sprechen mehr als Barnowsky die Pause. Worte, die ihm wichtig scheinen, hebt er dadurch hervor, daß er vor dem ihm wichtig scheinenden Wort eine Pause machen läßt. Einzelheiten wirken unterhaltender. Es ist – wenn ich den technischen Mimenausdruck anwenden soll – mehr herausgekitzelt.

V.

Anlaß zu expressionistischem Tempo, für das ich, lang' ist's her, den Ausdruck „Ballungen“ gebraucht und den Begriff „Ballungen“ gefordert habe, liegt nicht vor. Dennoch hat Reinhardt in dieser realistisch-historisch-volksmäßigen Darstellung zwischendurch einen kurzen Versuch zum Expressionismus gemacht: als er den zwei an der Leiche Vorüberkommenden plötzlich die geregelt-fache Gebärde von Schreckbürgern auftrug. ... Unvermutetes im Stil.

Manche Nebengestalten gut ausgefeilt. Nichts in Herrn Dieterles Tambourmajor. Auch nicht im Handwerksburschen von Schweikart (welcher sonst, mit physisch eignem Klang, bei getragener Rede, verborgen etwas schwingen läßt).

Aber in dem zweiten Handwerksburschen des Schauspielers Helmut Krüger – mit einer wolkigen Vertrunkenheit. Oder in dem Kameraden Andres, den Herr Fritz Kampers voll aus dem Leben (Süddeutschlands) nahm. Oder: in Frau Eberty, welche die Märchenerzählung einer Alten durch Zahnlosigkeit und gebrochenen Schielblick zum Himmel anheimelnd stufte. Oder: in einem Ausruferich vor dem Dorfzirkus – wenn auch mit mancher eigenen Zuwag'; es war Herr Fritz Richard.

VI.

Bei Fräulein Pünkösdy stockte nur selten die Leitung (die bei dem langen Diegelmann, einem Bilderbuchmajor mit kennbarer Gemachtheit, diesmal nicht erst eingesetzt hat).

Ich will nicht orakeln, wie die Erwähnten insgesamt nebst Büchners Bruchstück sich zum „Raum“ verhielten, schon weil es halt leider ein Bruchstück ist, so daß von der Dimension und dem goldenen Schnitt und der unsichtbaren Summe zweier Quadrate über den Katheten des Werks mit seinen inneren Gesetzen (die leider so schwer kontrollierbar sind) ausnahmsweise diesmal abgesehen werden kann.

Sondern man will nur leichtsinnig feststellen, daß bei der Schauspielerin Pünkösky die benötigte Frische des Triebmenschen in einem Winkel von mindestens neunzig Grad herauskam.

...Und vor allem, daß Klöpfer wiederum prachtvoll eine Gestalt erdwüchsigen Leidens schuf. Das war ein Namenloser, verloren in der Menge. Der arme Kommißknecht – mit irrender Seele wie beim Verlaine der Kaspar Hauser.

Mehr betäubt als traurig; mehr kompaßwirr als betäubt.

Auf dem Boden – und im Gewölk. Prachtvoll.

Ein Henschel-Wilhelm aus dem Biedermeier.

6. April 1921

August Stramm: „Kräfte"

Kammerspielhaus

I.

„August Stramm" heißt ein merkwürdiges Geschick. Der Weltlauf gab ihm den Ruf eines Dichters; den Beruf eines Postbeamten; den Tod eines Kriegers; die Bitternis eines Zwangshelden.

Als ich dem „Jungen Deutschland" vorwarf, daß es diesen Kerl darzustellen vergessen hat, standen vor dem Auge die echten, die eigentlichen, die besonderlichen Stramm-Dramen. Reinhardt hat ein mittleres gewählt; nicht völlig kennzeichnend für Stramm; nur ein Kompromißwerk.

Er wollte nicht zurückstehn. So hat er zwar August Stramm *gespielt* ... aber nicht August *Stramm* gespielt (möcht' man sprechen).

II.

Stramm wird am verständlichsten als Lyriker: ein Peitschenlyriker. Sein Expressionismus dort heißt: Weglassen des Unwesentlichen. Er hämmert Hauptsachen ins Hirn. (Etwas blitzt, wie beim Hieb aufs geschlossene Auge.)

Nur manches in der Lyrik ist gedämmt. Anderes zergleitet. ... Auch der berserkernde Derwisch soll aber die Schaffensmacht nicht verlieren.

Stramm ist, als weiland Postbeamter, ein Gegenstück zu dem Zollbeamten Henri Rousseau, „*le douanier*". In den Dramen übertollt er anfangs den Maeterlinck, überschreit er den Hauptmann. In einem schaurigen Nonnendrama will er den Kloster-Maeterlinck durchaus unter sich lassen; in einem Zuhälterstück den Armeleut-Hauptmann. Er bleibt hier unter beiden.

Dann erst findet er sich: als Dichter leibloser Schöpfungen. Er bringt nun statt des Einzelerlebnisses bloß noch ... ein allgemeines Geschehen. Er gestaltet nicht mehr Gestalten; sondern bloß Regungen irgendeiner Dimension. Nicht Menschen: sondern Stimmungsteile. Nicht Umrisse: sondern Hauche.

Er wird sozusagen ein Es-Dichter. Ein Sach-Poet, innengewendet. Jenseits von fast allem Sehbaren.

Kurz: Luftregungsgebilde.

III.

Was begibt sich in dem vorgeführten Halbheitswerk? In der Mitte steht eine ungestillte Frau – die leidet, weil ihr Mann hinter anderen Frauen her ist. (Jetzt hinter ihrer Freundin.) Aus Wut lügt sie, sein Freund habe sie „angefaßt". Duell; der Mann wird erschossen. Sie ersticht oder verstümmelt hernach die Freundin ... und nimmt ein Giftpulver.

(Ganz nebenbei: das Duell bleibt bestürzend unglaubhaft; man kriegt förmlich einen Puff. Durch gehäufte Moritat wird man abermals herausgerissen. Was es mit dem köstlichen Einwand auf sich hat, Expressionismus dürfe nicht psychologisch sein, davon ein anderes Mal, nächstens. Ich werde fürrrrchterliche Musterung halten.)

In summa: der Kern ist in diesem Stück etwas Technisches. Die Vorgänge werden fast wortlos ausgedrückt. Also nicht mit Sätzen, sondern mit Stichworten, mit Andeutungsrufen. Ein Taubstummendrama. Mindestens ein Stenodrama.

Schön; man taste nun schärfer hin. Belangvoll ist zwar die Technik, womit hier etwas (wortkarg) ausgedrückt wird. Nicht belangvoll ist, was durch diese Technik hier ausgedrückt wird. *Ecco.*

Eine äußerst ungewöhnliche Dramentechnik ... für ein äußerst gewöhnliches Drama. So liegt der Fall.

IV.

Manchmal erinnert August Stramm insofern an Arno Holz: als auch er wie ein Patentnehmer in der Dichtkunst manchmal wirkt. Stramm hat jedoch nebenbei tausend Blutflüsse – welche dem Holz fehlen.

Nicht tausend, aber drei noch in diesem Halbheitswerk. Ein Hinundherschießen von Regungen. Freilich lernt man sie nicht kennen.... Aber doch ihren Umriß. (Bloß ihren Umriß ...!)

Man sieht Menschen, deren Gefühl wir nicht durchschauen – aber sie reißen uns fort. Wenn sie uns gleich stärker fortrissen, falls man ihr Gefühl auch durchschaute ...

Bewundernswert bleibt allenfalls, wie die Tatsache des Selbstbetrugs, der Selbstbelügung, des eigenen Wirrschwankens zwischen Schwindel und Wahrheit in der ungestillten Frau so wortarm durchbricht.

Ja, es ist sehr schön, daß man mit solcher Technik ganz sparsam so vieles ausdrücken kann. Seelisch ist aber dieser Punkt in dem Skätsch der einzige Pluspunkt. Der Kern bleibt: matte Dagewesenheit und Bums. (Es wird halt nicht genug durchschaut...)

V.

Und was gibt Stramm, der Expressionist, vom Expressionismus hier? Nur etwas. Man kommt auf die Vermutung, daß er nicht Postbeamter war, sondern Telegraphenbeamter.

Wesenszüge des Expressionismus sind: eindringliche Glut; Abwendung von der Wirklichkeit; Revolution; Telegrammstil. Davon hier bloß Telegrammstil (und etwas Glut).

An die Stelle der Unwirklichkeit schiebt sich ... die Unlogik; in dem wenig glaubhaften Duell usw.

Im Grunde wird eine Spannung nur äußerlich gezeitigt: der Kunstgast muß viel schärfer die Augen spitzen, weil er bei Wortlosigkeit folgen soll. Seht genauer hin. Dies Werk hat streckenweise fraglos den Vorzug des Kinos, weil nicht gesprochen wird, – also weniger Falsches gesprochen wird ... folglich wird man weniger aus der Täuschung gerissen. Gewiß, aber die falsch verstandenen Tatsachen, die reißen aus der Täuschung! aus der Versunkenheit! Hiernach sagt man sich, mit innerem Schmunzeln: „Wie schlecht muß der Dialog sein, den er nicht geschrieben hat ..." (Expressionismus heißt: Weglassung des Unwesentlichen. Manchmal auch: Weglassung des Wesentlichen.)

VI.

Wo ist Stramm kompromißlos? In einem Werk etwa (lies: Luftregungsgebilde) mit dem Titel „Geschehen". In diesem Es-Drama (das Wort scheint mir die Sache zu treffen) wirkt Stramm-August so unpersönlich, vielmehr so unpersonenhaft, daß nicht alle Gestalten mehr im Nominativ auftreten. Eine Gestalt (aber es ist keine Gestalt) heißt vielmehr im Akkusativ „Mich".

Mich ist zunächst „verschlafen". Jedoch erwacht es und sagt zu „Er", mit der Regiebezeichnung „zärtlich", unter anderem die zunächst etwas irreführenden Worte: „Du Mich!" (statt zu sagen, was ein Erwachen des Bewußtseins andeuten könnte: „Ich Mich!")

Mich sagt trotzdem: „Du mich!" wobei vielleicht zu ergänzen ist: „Du kannst mich" mit dem Zusatz: verstehen, oder: gern haben. Im Grunde heißt jedoch: „Du mich!" hier, wie die Zusammenhanglosigkeit ergibt: „Du bist Mich." – was Mich ja auch in die Worte: „Du bist Ich" hätte kleiden können; Mich ist aber eigensinnig.

„Er" wiederum, seinerseits, äußert später: „O meine, meine Mich!" so daß Mich zweifellos ein Femininum ist, – und „Er", laut Regiebemerkung, „gellt ein reckes Lachen". Das Drama beendet „Sie" durch den Satz (es ist der Schluß des Werkes): „Du Ich Dich Mich … Wir!", der als übersichtliche Zusammenfassung der persönlichen Fürworte manches Treffende hat.

VII.

Im Ernst – der Leser sieht: es kommt auf die Worte nicht an. Die Worte sind nur Hindeutungskern … über den eine Frucht erst schwellen muß. Andres Gleichnis das Wort bei Stramm ist ein in Papier gewickelter Feuerwerkskörper; die Wirkung hat es erst, angezündet, im Sonnenrad, im Raketenschweif, im Kugelglanz. Item: alles ist auf das Entzünden durch die Spieler gestellt.

Darum justament ergeben sich für ein Strammsches Drama hundertfach mehr Möglichkeiten verschiedener Darstellung (Auffassung) als für ein wortreicheres, also genauer bestimmtes Drama.

Um die Sachlage durch ein letztes Gleichnis zu erleuchten: Stramm liefert nur, was die alten Musiker einen „bezifferten Baß" nennen. Fest steht der Baß mit Akkorden – aber die Melodie kann hundertfach verschieden dazu gesetzt werden. Wie es jedem liegt.

Wie lag es Reinhardt?

VIII.

Reinhardt ist ein Pausenregisseur. Ihm hätte somit ein Werk zunächst sehr getaugt, das aus Pausen besteht. … Also die Rückkehr zur *commedia dell' arte*, zum Kasperl, wo nur die Gerüstlinien der Handlung feststanden – und es dem Stegreifkönnen überlassen blieb, sie zu füllen.

Jetzt kommt es auf die Füllung an. Sie war vortrefflich, aber...

Reinhardt gab Fleisch – wo Stramm Linien gewünscht hätte. Reinhardt wurde rund – wo dem Stramm das Spitze geschwant hat.

Und er gab zwei Stile durcheinander. Erstens: realistisches Drama (nur: von Taubstummen gespielt). Zweitens: expressionistisches Drama: dies jedoch allein in der Straub. Stramms Stildurcheinander hat mit Reinhardts Stildurcheinander nichts zu tun.

Das schuf den Riß. Zumal die Straub abhebliche Schärfe zu Beginn mit Theatralik verwechselt. Zu dickes Unterstreichen, auch durch die Glieder. Absichtlichkeiten. Ganz zwischendurch, doch nur einmal, das süßliche Singgezerr dieser starken Darstellerin, – die am stärksten halt eben doch dann ist, wenn sie tobt. Mänadisch sein muß sie. Ein Ungetüm werden. Nicht lieblich, in ihrer Machtgestalt. (Als Porzia war sie neulich eine Unproporzia.) Sie hat aber das Zeug zu einer deutschen Wölfin gleich der Mimi Aguglia. Größer als die. Im sanftesten Fall mit allen reglosen Härten mancher Mona Lisa.

Bei Stramm war sie am Schluß Entfesselung, zuvor kalte Gewolltheit.

IX.

Dahingegen floß die Thimig in einem Lauf hin. In einem schönen schmalen liebwerten Lauf. Nicht unterbrochen von störender Stauung. Sie haftet im Herzen. Die Straub im Nervensystem.

Zwei Männer des Stückes, Klöpfer und Thimig, bleiben belanglos. Das blieben sie jedoch in guter Art.

... Und für innerliche Gesichte des Expressionismus, für ihre Stufungen vorbildlich bleibt heute Jessner (nicht nur in den „Sedemunds"): wo Schärfe des Tags wunderbar mit Unwirklichem zusammenfällt. Klares wunderbar mit Verschwebendem. Logisches wunderbar mit Phantastischem. Das Wort wunderbar mit dem Traum.

13. April 1921

Schiller: „Fiesco"

Staatstheater

I.

Es ist verdammt schwer, heute dies Werk auf die Bretter zu bringen. Spielt man es unverkürzt mit allem Knabenhaften: so quillt nichtgewollte Heiterkeit zu häufig über den Ernst.

Jessner gibt entschlossen einen starken Auszug. Wucherungen sind fortgestemmt. Zwei Beispiele nur. Allzu Kindliches – da auch die Bertha sich als Mann verkleidet und von ihrem feurigen Brrrräutigam nicht erkannt wird – hat er mit Bedacht getilgt. Vieles in dem Auftritt nach Leonorens Tötung abermals: wo der überlegene Held aus Versehen seine Gattin erstach. Doch justament hier...

Justament hier zeigt sich am gewissesten Jessners Kraft zum großen Inszenator. Da, beim Übertuschen einer dichterischen Schwäche, wächst ihm die tragischeste Seelenwirkung; etwas Feierlich-Menschliches. Wenn in dunkler Luft alle die Siegesfahnen sich heben, irgend ein unbestimmtes Grauen zwischen den Dingen irrt, ein Abstieg dämmert ... und eine Fermate seltsam hereinbricht: das haftet im Herzen. So wie auf der Netzhaut.

Niemals wird es nur Außenreiz.

Eine machtvolle Hochzeit von Bild und Beseelung überall. Der Glanz nach innen verlegt – aber der Glanz ist da.

Was man zu schauen kriegt, wirkt also nicht kasteilich; sondern wesensvoll. Nicht etwa kahl: sondern gedrungen. Voll schmuckloser Gewalt – weil Jessner den Weg mit herrlichem Tastgefühl findet.

Ja, die rembrandtisch gedämpften Umrisse bleiben ein Bestand des Innerlichen.

Aus der halbtheatralischen Schiller-Szene steigt eine stumme Schicksalsmusik. *Incipit tragoedia.* In alledem steckt ein Trauermarsch um Leonore. Grandios. Eine Trauer um Fiesco. Und in keiner Sekunde war es ein Schaustück.

II.

Man könnte diese Zusammendrängung expressionistisch heißen – wofern das nicht eine ganz schwache Benennung für olle Kamellen wäre.

Wofern die Bezeichnung „Das Bild-Symbolistische" nicht genügt, die z. B. ich vor zwei Jahrzehnten angewandt. „Eine bestimmte einprägsame Symbolhaltung in einer entscheidenden Szene": worin „schlimmstenfalls" ein ganzes Sachverhältnis oder Menschenverhältnis zusammengedrängt sei; (oder ein bestimmter Gefühlskern exprimiert ist: es kommt auf dasselbe hinaus; lacht und erkennt es!)

Zwei Punkte springen hier noch Theoretastern in die Augen. Erstens: daß die komische Behauptung, Klassiker könnten heute nur expressionistisch gespielt werden, inhaltslos ist. Zweitens: daß dieser Jessner der symbolistischen (lies: expressionistischen) Regie nicht bedarf, um ein großer Regisseur zu sein.

Eins ins andere gerechnet: so verwendet er jene Methode höchstens noch bei einem dunklen Zusammentreffen Fiescos mit Gianettino, vor fahl-verdächtig belichtetem Hintergrund. Symbolhaftes Begegnen zweier sich messenden Kräfte. Fast ein Traumgesicht.

III.

Aber sonst?

Keinen Symbolismus hat er gespielt – sondern Schiller.

Eine Verschwörung: nicht nur den Widerschein einer solchen. Den Aufstieg Fiescos: nicht nur den Abglanz irgendeines Aufstiegs.

Er bändigt Schillers gehobenen Sprachschwang mit Herausarbeitung von Gegensätzen: doch seine Treppen, Brücken, Bastionen werden in keinem Fall etwa mit jäh-starrem Ruck zu Gruppenpuppenkuppen ... der Klassiker war weit vom Symbolismus – und nah bei seiner törichten, herrlichen Jugend.

Mit „psychologischem" (entschuldigen schon!) Ausheben der Grundzüge.

IV.

Jessner hat in seiner Leuteschar brüchigen Stoff zu kneten. Doch er schmilzt seinen besonderlichen Kitt hinein – und sie halten stand.

Am wenigsten diesmal die Verschworenen. Aus ihrem Dunst floß ein gewisses Maß von Ungefährlichkeit. Sie sollen von dem Fiescer abstechen – doch es geschah zu sehr. (Nicht aus Abstand in Genua ..., sondern aus Abstand in Berlin. *Ecco.*)

Weit gefährlicher als ihr kleiner Schwarm war Bourgognino nebst seiner Bertha: doch nicht für die Tyrannen, sondern für die Vorstellung.

... Gianettino hält sich auf der Grenze: Herr Forster. Er deklamiert – statt zu wuchten. Nun, bei Schiller muß er halt auch deklamieren.

Hart am Grenzstein wiederum der Mohr des Herrn Legal. Er ist ein guter Behelf. (Schildkraut gab hier wunderbar Überschüssiges.)

Guter Behelf ist mancher noch, manche noch. (Dagny Servaes kommt hierüber hinaus: wenn die Gräfin Imperiali duldendes Liebesweib wird.)

V.

Ernst Deutsch, in lichter Seide, schmales Antlitz, patrizisch-geistig, im Blick Feuer ... und Erliegen vor der Versuchung. In der Tierfabel stark als Sprachbeherrscher. Alles in allem bleibt er für innerlichere Seelen gemacht als für den Fiesco.

Ein Hort schmeidigen Wachstums.

Der Verrina wurde Kortnern offenbar anno siebzehnhundertsoundsoviel auf den Leib geschrieben. Sammlung; lastende Gehaltenheit.

Das Feinste: daß er nicht schemenhaft ein „starrer Republikaner" ist: sondern ein redlich-fester Mensch.

... Deutsch und Kortner schritten die schwarzumschlagene Treppe zum Orchester hinab – bis der Mantel und der Herzog fällt. Ein symbolischer Zug... zugleich ungezwungen ein ganz wirklicher Lebenszug.

Ein glühendes, von der Zeit beknabbertes, halb fragliches Werk war zu etwas Bewegendem, Erschütterndem geworden. 7. Mai 1921

Ernst Toller: „Masse Mensch"

Volksbühne

I.

Ein Märtyrerstück. Das freiwillige Todesopfer der Sonja Irene L.; Führerin einer Aufstandsbewegung; verhaftet von den Häschern des alten (pfäffisch-militaristischen) Staats – nach dem Scheitern jenes gewaltsamen Aufruhrs.

Sonja könnte durch Tötung eines Wärters befreit werden. Sie lehnt es ab; weil sie Gewalttat ablehnt.

Weil sie schon begangene Gewalttaten, widerstrebend mitgemacht, jetzt bereut. Sie wird erschossen.

Der Anblick des Beispiels, ihres Opfers, mag die gewaltlose Weltbesserung in Zukunft fördern.

II.

Ja? Auf jeden Fall etwas langsam. Es ist ein sehr christliches Drama ... Über seine Lehren läßt sich streiten.

Exempelshalber auf der folgenden Grundlage. Tollers Märtyrerin setzt Befreiergewalttat *praeter-propter* gleich mit Unterdrückergewalttat. Sie verwirft zwar Kriegsmörder – doch einem zur Gewalt entschlossenen Massenführer hält sie entgegen: „Sie glaubten gleich wie du an ihre Sendung." Sonja sieht da „keine Unterscheidung".

Das eben ist ihr Mangel. Ich will deutlicher sagen, worin er besteht.

III.

Mir scheint, es gibt Ideen, die absolut richtiger sind als andere. Wer für Abschaffung der Folter eintritt, verficht einen absolut richtigeren Gedanken, als wer für Ausübung der Folter eintritt. Ja oder nein?

Also: für absolut richtigere Ideen mit Gewalt zu wirken ist weniger schlimm (obgleich es schlimm ist!) als für absolut falsche Ideen mit Gewalt zu wirken. Kein Widerspruch bleibt möglich.

Wünschten die alten Germanen ein Orakel, so warfen sie einen Menschen in die Luft, fingen ihn auf den Spitzen dreier Speere – und ermittelten aus der Art seiner Wunden den Spruch der Götter. Das ist ein absolut falscher Gedanke. Absolut richtiger ist Einführung von Rettungsbällen.

Absolut richtiger ist Verwenden der Narkose bei Blinddarmentfernung.

Die Gleichstellung wird somit Unsinn. Es gibt in Wahrheit Ideen, die absolut richtiger sind als andere. Ich sehe die „Unterscheidung".

IV.

Der Hund, der mich beißt, hat auch keine „Schuld"; er handelt vielleicht aus überzeugten Hundemotiven – aber ich mach' ihn doch unschädlich: in drei Teufels Namen! Weil es ein absolut richtigerer Gedanke ist, daß der Hund das Dasein eines Schriftstellers nicht blutig stört, als daß der, in seinem Tun durchaus entschuldigte, Doggerich es trotzdem tut ... Mitleid hab ich mit ihm. Ich will einen Kranz auf sein Grab legen – doch ihn zuvor erschlagen.

Ja; ihn zuvor mit Schmerz erschlagen – solange kein Serum entdeckt ist, jede Hundswut zu hindern. Das zu entdecken bleibt höchstes Ziel. Doch mittlerweile ... Man lebt nur einmal.

Hunde sind nicht Menschen – ich weiß. Darum verzehnfacht sich der Schmerz.

Kurz: für einen Pazifisten ist es nicht so unangebracht, schlimmstenfalls ein kriegerischer Pazifist zu sein. Das sind Standpunkte des Einzelnen. Wallungen des Geblüts. Im Kern doch von durchgehender Geltung.

V.

Guckt vorläufig auf den Werdegang. Wie sieht er aus? Die französische Revolution – kam die durch Überredung? Die Überredung hatte ja schon durch Voltaire stattgefunden! durch Beaumarchais, und wen man sonst in der Schule lernt. War noch lange kein Bastillensturm.

Dumm ist es in der Welt, – aber Tatsache: daß körperliche Veränderung hier erst erreichte, was kein geschriebenes Wort (und ob's ein Engel schrieb!) erreicht hatte. Dumm! Mit dieser Dummheit muß jemand rechnen, – der nicht Lust hat, auf Besserung zu lauern, bis diese gequetschte Kugel, auf der man atmet, vereist ist.

Sogar das bißchen Umkramung in Deutschland kam durch Soldatenrevolte. Ein gewisser Schubs scheint nötig. Dumm, sehr dumm.

VI.

In Tollers „Wandlung" trat seine Friedsamkeit so scharf und lehrhaft nicht hervor wie jetzt in dem Traumspiel. Auch blieb der Vorgang dort mehr bildkräftig.

Bisher war Toller der einzige Dramenexpressionist, an dem sich merken ließ: er ist ein Könner. Er ist es auch jetzt. Aber das Greifbare schrumpft hier manchmal bis in die Nähe der bloßen Allegorie. Expressionismus bietet im Grunde ja wenig anderes als ein zusammengedrängtes Symbol. (Weshalb man ihn auch Symbolismus taufen könnte. Oder Kernkunst.) Aber es gibt verschiedene Arten von Symbolen: straffe und schlaffe. Bei Toller sind sie am straffsten in dieser Zeit. Nicht am straffsten in diesem Werk. So liegt der Fall.

VII.

Und wenn man dennoch tiefbewegt ist; wenn eine fast religiöse Stimmung über die Menschen kommt; wenn politisches Erörtern, Abwägen, Meinungsaustausch fast zum Oratorium wird: so läßt sich kein anderer Grund hierfür feststellen, als daß ein Mensch mit einem ... unfeststellbaren Fluidum, nämlich ein Dichter, dies schuf.

Der Hörer lächelt über die seltsame Verbindung von Jambik mit taghellen Zeitungsausdrücken. Wenn eine Gestalt skandierend äußert:

„Ich leistete den Staatseid ... Frau.
Der Referent für Personalia ist unterrichtet."

Hebbel hat über solche Verse gespaßt, die er bei einem Schauspielschreiber des verflossenen Jahrhunderts fand – und woraus er, meines Erinnerns, folgende zitiert:

„Vor allem fehlts an einem Handelsrecht
Und überdies an einem Seerecht auch." Usw.

Teure Dramatiker, – Erörterungen sollen möglich sein auf der Bühne ... doch besser in schlagender Prosa, stahlgehärtet.

Jedenfalls: man vergißt Minuten im Theater nicht wie diese seltenen – wenn der Ruf nach der Erde hundertstimmig von den Ärmsten erschallt; wenn Verurteilte vom Harmonikaspiel dieser Ärmsten schemenhaft umklungen sind; wenn die Internationale, die Arbeitermarseillaise, blutaufpeitschend, sehnsuchtsvoll, zukunftsträchtig aus den Kehlen vorläufig Besiegter zum Himmel, nein, zu den Menschen braust. Das ist kein Theater mehr.

Dichtung ist es. (Mag auch ein Politikus dahinter stehen, der mit vierundzwanzig Jahren schon eine Iphigenie ward.)

... Man hat ihn zur Festung verurteilt – läßt ihn aber in Wirklichkeit eine Gefängnisstrafe büßen. Er ist lungenleidend – und bekam nie Urlaub. Seine Mutter lag sterbenskrank – er bekam nie Urlaub.

Er darf nicht vier Monate 'rumreisen, denn er schoß nicht auf Erzberger. Er darf nicht auf einem Schloß hausen – denn er ist kein meineidsverdächtiger Standesherr.

Seltsames Gefühl, wenn man den Wert dieses Dichters mit dem Wert seiner Schergen vergleicht. ... Und er predigt Sanftmut.

VIII.

Die Volksbühne besann sich nun, wer sie ist. Jürgen Fehling half ihr, jenseits vom Stoff und seinem Volksbelang, zu starken, zu künstlerischen Werten.

Toller scheidet zwar zwischen realen Szenen und verschwimmenden Traumszenen, – und am Bülowplatz war der Traum nicht recht abheblich vom Alltag. Das Ganze trotzdem hohen Ranges.

Alles zusammengepackt, zusammengefugt. Fehling läßt Menschen mitunter nicht „hineinhuschen", wie Toller will, sondern irgendwo auftauchen. Die Ferne bekommt gewissermaßen einen Klang bei ihm. Die Stimmen verdämmern. Oder sie wittern empor. Der Bau ist gegliedert – wie bei Toller selbst.

Im einzelnen: Lichtkegel von oben. (Manchmal blicken dann die Gestalten augenlos und lemurenhaft, auch wider Willen.)

Natürlich die Treppe der Expressionisten. Symbolisch wirkt sie falsch. Die Menschen der Tiefe müßten ja rechtens aus der Tiefe steigen; während sie hier weit eher von oben nach unten gravitieren.

Gleichviel. Fehling ist als Regisseur mitschöpferisch ohne Mätzchen. Das Beste, was man von dieser Berufsklasse sagen kann.

(Was hätte sein Großvater Geibel für Augen gemacht! Ihn enterbt; vielleicht bloß verflucht.)

Mary Dietrich stand ihm zur Seite mit einer gewissen schlichten Seelenkraft, – neben allen sonst, die hier ergreifend Masse Mensch wurden.

30. September 1921

„Don Carlos“ bei Jessner

I.

Von aller Puppenstarre der ganz-expressionistischen Darstellung ist Jessner abgerückt.

Es gibt nur gelegentlich Symmetrien. Sonst jene herrliche Straffung, die keiner ihm nachmacht. (Obschon mehrere sie ihm nachmachen.)

... Die Symmetrie wird hier ein Gleichnis für Spaniens Abgezirktheit. Immerhin: Carlos und Alba stehn, jeder, in einem Türrahmen. Carlos links. Alba rechts. Der König in der Mitten. Fast eine Vignette – statt eines Spiels. Fast eine Glosse – statt einer Darstellung.

Gar so symmetrisch war nicht einmal Velázquez in Spanien. So symmetrisch sind eher Präraffaeliten (und viele treuherzige Gestühlbauer – die allemal links das Paradies, rechts das Fegefeuer bildnerisch-symmetrisch tätigen) ...

Der wenn auch nachher geborene Velázquez gibt ja verhältnismäßig Ungezwungenes – mitten im streng-spanischen Kodex. Nur wenn bei Jessner die Granden aus Anhänglichkeit für ihr gekröntes Ekel blank ziehn, erscheint mir, Sekunden hindurch, jene Breda-Versammlung mit den Spitzstangen, deren (vorhodlerischen) kalt-regulären Glanz ich einst im Prado besah.

II.

Jessners eindrucksvollste, ja wundervollste Bildwirkung: wenn der König aufsteigend am Horizont naht, die ritterlichen Böcke zur Rechten, die priesterlichen Schafe zur Linken. Philipps ganzes Spanien in Auswahl. Diese zusammenfassende Bildwirkung ist von sehr ... gemilderter Symmetrie. (Kaum noch rechtgläubiger Expressionismus.)

Auch könnte das Schlußbild: Saul weitab unten; Samuel ditto weitab oben; da der tiefgeneigte Thronherr, da der uralt-aufrechte Pfaff' – das Bild könnte von einem Nichtexpressionisten gestellt sein. Und die diesmalige Treppe ...

III.

Die diesmalige Treppe (der Verfasser davon ist Professor Dr. Strnad in Wien; der auch die Gewandung schuf und vielerlei in rot-mit-gold, oder in schwarz-mit-gold und entzückend goldene Wendelsäulen; er verdient ein hohes Lob) – die diesmalige Treppe erweist sich nicht rohgezimmert: sondern höfisch-glatt; ausgebuchtelt.... Drüber Horizont; oder Wölbungen; nichts wird vermißt. Man denkt hier kaum noch an die Bühnenmode des Expressionismus. Bloß an die Möglichkeit, das Wort zu vereinsamen – also zu heben. Jessner hat gut getan.

Expressionismus? Zwar Lothar Müthel kroch auf dem Erdboden eine Weile herum. (Als F. Schillers etikettefreier Mensch; wer ein solcher ist, darf auch in Spanien herumkriechen – denkt wohl der Szenator.) Einmal sogar kroch er mit einem Hupf oder Dreh dort im Staube zu der Geliebten lang. Eben als vom Zeremoniell gelöster, menschlich-selbständiger Akrobat. Es war jedoch nur kurz. (Er hatte sonst edle Stellungen im guten Sinn.)

Expressionismus? Ein Zuviel: wenn bei Posas Wort: „Königin!" plötzlich *ex machina* der Himmelsäther hell sichtbar wird, – damit jener nun erst sagen kann: „O Gott, das Leben ist doch schön!"

Nein, Jessner. Keinen Apparat. Das muß nur so wirken wie beim Hebbel, – wenn ein für den Tod Bestimmter ein Glas Wasser sieht, und fragt: „Soll ich nie mehr trinken?" Ein zusammengefaßtes Dasein. *Ecco.*

(Die Klügelei jedoch mit dem Äther machte kein Expressionist.)

IV.

Kommen die Kürzungen. Den „Don Carlos" hat jeder Spielwart sozusagen auf dem Strich. Auch Jessner läßt diesen walten. Mit Recht – noch mehr.

Manchmal zu viel... Hartgeherzt schnitt er dem Prinzen das letzte Beisammensein mit der Königin ab; hartgeherzt sein allerspätestes, endgültig-tragisches und bereits todumwittertes G'spusi. Zehnfach hartgeherzt, zumal sie „im Nachtkleide" vor ihm gepflanzt sein soll und „mit stiller Wehmut auf seinem Anblick verweilend", wie der edle Volksdichter bemerkt.

Alles das tilgt Jessner-Leopold. Auch Karls „letzten Betrug", und so. Nur als der König mit dem anheimelnden Großinquisitor seinen Plausch hat, setzt Philipp das berühmteste Wort eines übersprungenen Abschieds der Vollständigkeit halber an den Schluß: „Kardinal, ich habe das Meinige getan. Tun Sie das Ihre.“ Scharf betrachtet, geht es auch so.

V.

Die Seele des Abends ist: Ernst Deutsch – unter den Einzelnen. Ein seltener Sprecher. Dennoch kein tönendes Erz im Artikulieren ... sondern durchglutet von Menschlichem. Nie vernahm ich das Wort von der Gedankenfreiheit, innerste Forderung eines Menschen, so heilig ernst.

Man beleuchtet ihn immer noch schief. Diese infamen Scheinwerfer sind eine Zerr-Störung. Auch der Schauspieler hat sozusagen das Recht am eignen Bild. Neulich mit der Lossen war's nicht anders. Der Unsegen kommt von oben.

VI.

Den Carlos stellt Lothar Mittel; genauer Müthel; und ist (wie Frau Hofer) edler Durchschnitt.

Er hat Wohlanständiges. In aller Glut eine ziemende Zurechtgekämmtheit. Dabei geht er diesmal über sich hinaus: er gibt oft Vortreffliches. Der Funke fehlt. (Kein Kubik-Jessner kann ihn schaffen. Den schafft bloß Urzeugung).

Ein Alba ohne Schrecken. Ein Inquisiterich ohne Schauer. Eine Königin ohne Musik. Ein Philipp frei von Neurose des Zweifelns. Dies wären also: Stahl-Nachbaur; R. Forster; Johanna Hofer; Decarli (statt Kortners) ... Verfeintes Hoftheater – von einem Überlegenen gelenkt. (Die Schauspielerin Margarete Anton, der Stolz Leipzigs, versetzte der Eboli neben höherer Beherrschung einiges wilde Losgehen – das versprechend scheint.)

VII.

Jessner muß Kräfte mieten – er hat Beamte.

Verfeinte Beamte, durchgeknetete Beamte, sublimierte Beamte – doch Beamte.

Bürgerlichkeiten. Früher sagte man sich: „Seine Schauspieler sind Mittelgut – doch prachtvoll knetet er sie zurecht.“ Auf die Länge sagt man: „Er knetet zwar seine Schauspieler prachtvoll – aber sie sind Mittelgut.“

... Köstlich, was d'Albert vielleicht auf einem Familienpiano zustande bringt – doch man wünscht ihm einen Blüthner.

Denn ... nehmt alles nur in allem: Jessner hat aus dem früheren „Königlichen“ Theater bei diesen Mängeln doch erst ein königliches Theater gemacht.

(Kräfte mieten!) 14. Februar 1922

Romain Rolland: „Wölfe“

Deutsches Theater

I.

Der reich begabte (und weich begabte) Verfasser glaubt in diesem älteren Schauspiel: der Mensch ist für den Menschen ein reißender Wolf.

Ich las jedoch in einem unbekannten Stück des 16. Jahrhunderts den Vers: „Ein Mensch kann 's Andren Engel sein“ – und schrieb ihn mir auf. Es kommt auf den Standpunkt an. Oder: Glück muß der Mensch haben.

Raubtier; Cherub. In der Politik sind Wölfe häufiger als Engel; alles was wahr ist. (Justament alles was wahr ist, spielt hier keine Rolle ...) Dies wußte Henrik Ibsen, als er sein unsterblich-politisches *exemplum* vom Volksfeind schuf. Und Rolland, als er von diesem schweigsam-ernsten *exemplum* einen grelleren Ableger vor vierundzwanzig Jahren pflanzte. (Minder umfassend, zur Propaganda passend.)

II.

Die Welt muß erkenntlich sein für tragisch-edle Menschen solchen Schlags, – wenn auch der leisfühlige Rolland wie ein europäischer Spätling des josephinischen Zeitalters anmutet, ein heutiger Sonnenfels ... und wenn auch die allein Edlen Minderes durchsetzen als die Entschlossenen, Lachend-Peitschenden, Verwegenen – die politisch bereit sind, Unrecht zu tun; Gewalt zu brauchen ... für ein höheres Recht, und für Gewaltlosigkeit in kommender Ferne.

Ja, die blutigen Heilande des Jakobinertums haben der Entwicklung mehr auf die Beine geholfen als die seelisch Noblen, – deren Beruf ein schmerzliches Lächeln, ein schauderndes Kopfschütteln, ein tragisches Erkennen der höheren Ethik war.

Die Welt will den Schubs.

III.

Im belagerten Mainz haben die Revolutionsmänner einen Aristokraten unter sich. Der tollkühne Führer, wilder Prolet, Schweineschlächter von Beruf, haßt ihn.

Beim ersten Anlaß bringt er den schuldlos Verdächtigen unters Beil. Ein sittlich besserer Führer will es hindern. Doch der Oberführer und Alderman drückt ein Auge zu: weil der tapfere Fleischerkerl Volksheld ist und gebraucht wird ... und weil das Einzelwohl hinter dem Allwohl zurücksteht.

Gerechtigkeit wird also der Zweckmäßigkeit geopfert.

... Ein Punkt, über den sich reden läßt. (Mit Bedauern reden läßt; doch reden läßt.)

Auffallend nur, daß Herr Rolland als Beispiel grade den Justizmord an einem Aristokraten durch das Volk wählt – wo er doch unendlich viele Justizmorde durch Aristokraten am Volk hätte wählen können. Auffallend ist es.

IV.

Das Beispiel des hochstehenden, ein bißchen schwammigen Schriftstellers ist auch sonst schlecht gewählt. Denn man könnte gegen die Belagernden erfolgreich handeln, ohne daß just dieser Einzelmensch geopfert wird. Zweitens: Rolland stellt die Frage: ob es erlaubt ist, den Einzelnen bei Gefahr der Gesamtheit zu opfern, nicht in der höchsten Gefahr, – etwa vor der Schlacht; sondern als die Schlacht bereits gewonnen ist.

Gewiß, auch für die Zukunft müssen alle hier gewappnet bleiben ... doch der gewählte Dramenaugenblick ist kaum der zwingendste.

Alles scheint nicht so folgezäh, nicht von so tiefer und weiter Schlagkraft – wie bei dem zivileren Ibsen im großen, vielästigen Gefild seiner Volksfeindschaft.

V.

Es bleibt ein Ziel menschlicher Wünsche, daß der Staat (oder ein zusammengehöriger Menschenschwarm) so gewissenhaft handelt wie der Einzelne. Daß also die Staatsmoral nicht schlechter ist als die private. Daß folglich der für den Einzelnen geltende Satz: „Du sollst nicht töten" auch von keinem staatlichen Divisionspriester in den Weihesatz: „Töte mit Gott!" umgesegnet wird. Gewiß. Unser aller Ziel. Immerhin ...

Ich glaube halt, daß es Ideen gibt, die absolut richtiger sind als andere (die Abschaffung der Folter ist etwas absolut, absolut, absolut Richtigeres als ihre Einführung) – und daß nötigenfalls diese absolut richtigeren Ideen auch mit Gewalt durchzusetzen sind.

Auf die „Entwicklung" allein könnt ihr warten ... bis ihr schwarz seid.

VI.

Zwar ist jeder Sieg der Gerechtigkeit ein Fortschritt – aber (wem sagt man das?) bedingungslose Gerechtigkeit kann ein Hindernis werden.

Ich spreche nur für mich. Ich sehe die hochstehenden deutschen Mehrheitssozialisten. Ihnen fehlt der Entschluß zu einem durchgreifenden, starken Unrecht. Nicht weil sie zögernd sind – sondern weil sie Ethiker sind (und sich unter früheren Machthabern auf eine bestimmte Ethik festlegten). Sittlich höchst wertvolle Menschen ohne den verdammens- (und rühmens-)werten Schneid zur Gewissensforsche; zum robusten Schritt; kurz: zum Unrechttun ... was Rechttun bedeuten kann.

Die hochstehende Bürgerschaft überall besteht aus ganzen Hamletregimentern.

Das ist ein Zustand, wünschenswert für alle ... doch erst, wenn alle diesen Zustand haben.

Ich wittere stets die Gefahr des Überranntwerdens durch Entschlossenere; die Knechtung durch Dümmere; durch physiologisch Muntere mit unbedenklichem Gewissen.

VII.

Erwäget immer eins. In der Politik sind übertriebene Forderungen oft berechtigt – weil vom Geforderten nur zehn Prozent erreicht werden. Anno achtundvierzig forderte man so Komisch-Winziges, daß hernach ein Einzelner nicht zu hindern war, Untergangspolitik für sechzig Millionen durchgebildeter Menschen zu machen.

Zu fordern ist Zehnfaches.

Im übrigen braucht der politische Mut zur Unethik nicht so klobigkraß, nicht so hintertreppig zu sein wie bei dem sanften, doch als Ibsen-Enkel recht groben Rolland.

(Als Friedenseuropäer bleibt er uns willkommen.)

VIII.

Wenn Rollands Beispiel etwas dickdeutlich wirkt: so macht es Herr Viertel, der Einüber, noch deutlicher und noch dicker. Eintöniges Gelärm. Zuweilen, wie man in der Provinz Oper spielt. Gewiß ist jene Zeit als aufgeregt zu denken. Doch die Sprecher sind Franzosen. Nicht Kaschuben; nicht wildgewordene Ruthenen.

Dies ewige Aufhauen mit dem Säbel, mit dem Stock, mit der Faust; dies gleichbleibende Mordsgebrüll tilgt Steigerungsmöglichkeiten.

Vollkommener Irrtum, die geistigste Gestalt des Stückes einem Verkörperer des Körpers, Herrn Dieterle, zu geben; statt einem rein durchseelten Menschen.

IX.

Prachtvoll deckend Krauss – der Alderman. Wie aus der Erde gewachsen. Mit Haut und Haar aus dem Dasein geholt. Ein schwerer, von Leibesqual etwas umgebeugter, getreuer Knecht öffentlichen Wohls.

Eine Redlichkeit ... mit schwachmerklichem Schmerz in den Augen, daß er nicht redlich sein darf. Die Gestalt zählt zum Wertvollsten dieses Künstlers.

Der Schlächterprolet zählt zwar zum Einprägsamsten Klöpfers – doch nicht zu seinem Wertvollsten. Kostbar für fünf Minuten: nicht für einen Abend.

Alles war auf jener Grenze, wo der Zuschauer schwankt (genau: wo auch der Zuschauer schwankt), nämlich, ob die Vorstellung zu Ende geführt werden wird. Die Sektflaschen, unten beim Stuhl hingestellt, schien der Revolutionsmann allein geleert zu haben.

Hierdurch kam es zu jener tollen Gleichförmigkeit im Gepauk; auch zur zufallsmäßigen Umkrempelung des Textes (der Darsteller lallt was von „buckligen Hunden", kein Wort hiervon steht im Buch); zu fortwährenden Fußtritten, Ohrfeigen, Fuchteleien, Gebums.

... Für die seltne Begabung des Schauspielers Klöpfer spricht: daß er trotz alledem den Ethiker des Stückes hätte spielen können.

21. Februar 1922

Rostand: „Cyrano von Bergerac"

Deutsches Theater

I.

Ein Erfolg; und, sonderbar, dieses Werk hat heute mehr Daseinsrecht als vor einem Vierteljahrhundert. ... Warum.

Weil es (als ein Stück ältesten Herkommens!) dazumal in den Aufschwung eines neuen Dramas in Europa fiel – der aus Nordland und Deutschland kam. Weil dieser Aufschwung heute Stillstand ist. Weil über dem Dramentor heute geschrieben steht ... ich sage nicht „Niedergang", sondern „Übergang". Und weil der Ekel vor dem Chaotischen die Rückkehr zum Schlagend-Gekonnten zeitigt.

Kurz: weil an die Stelle des „Nicht mehr" nun das „Schon wieder" tritt. (Was mancher 1918 ... nicht mehr sehen konnte, vermag er heut ... schon wieder zu sehen.)

II.

Es gibt jedoch in diesem Werk Dinge, die man immer sehen kann. Den Cyrano selbst.

Den edlen, verrückten, köstlichen Cyrano. Den Raufbold, der nicht wankt. Der im Sterben noch Witze macht. Der vor seinen Gegnern ruft: *„Je me bats, je me bats, je me bats!“* Und dieser herrliche Schrei ist die Losung aller besseren Menschen. Es sei denn, sie hätten den noch herrlicheren: „Nicht mitzuholzen, – mitzulieben bin ich da!“ Himmlisch, wenn Cyrano Worte spuckt, die man auswendig weiß:

Et je voudrais mourir, un soir, sous un ciel rose,
En faisant un bon mot, pour une belle cause.

Das möcht’ er. Ich auch. (Aber spät; aber spät.)

III.

Cyrano? herrlich. Rostand? schätzbar. Rostand hat mit Cyrano wenig Verwandtes. Ein vorsichtiger Mann, ein erfolgsicherer Mann, ein vermittelnder Mann. Kein Sucher. Er sucht bloß den Heimweg in Vergangenheiten. Er handhabt mit einem alten Lächeln kindliche, frühere Mittel, als: Rollenvertauschen, verstellte Stimme, verwechselte Briefe, Mißverständnisse, Tändelspiel. Konservenkunst. Er wendet sich vom wildwirklichen Tag... zum Theater. Vom Ringen... zum Kugelwerfen. Vom Wagnis... zum Rezept.

So eine Rückkehr vollzieht sich bei Köpfen, die in der wesentlichen Kunst ihrer Zeit wenig leisten würden. Denen es wichtiger ist, ein Vorbild zu haben – als eins zu werden.

Trotzdem sagt’ ich ihm, als wir in einem Zimmer der Sarah Bernhardt beieinand saßen, wie schön der Vers *„Je me bats, je me bats, je me bats“* ist. Er, um sich erkenntlich zu zeigen, sprach auf deutsch vier Zeilen aus dem „Faust“ – und äußerte seinen Plan, ihn zu übersetzen. Da trat die Sarah ein.

IV.

... Cyrano muß wie ein Kater herumgehen, absunderlich, kauzhaft, wunderlich, ein Edelmann bis in die Fingerspitzen und ein Künstler; bei allem Aufdrah’n doch mit einer gewissen Schrecklichkeit behaftet, weil er die Tat dem Worte folgen läßt; sarkastisch, eitel, gutherzig; ein humorhaft Gekreuzigter; von der letzten Durchgeistigung. Wie gibt ihn Krauss?

Manchmal fast als einen Mitleidskrüppel. Packend im Schmerz; packend im Sterben. Sonst ... nicht überlegen genug. Zwischendurch bescheidenes Format. Das Blut fehlt. Das Geblüt. Der letzte Schmiß. Was blitzig-witzig strahlen soll.

Immer ein Hauch von Phlegma. Eine (gewiß überwundene) Schwere. Doch man weiß, daß sie zu überwinden war.

Krauss ist für diese Gestalt ein mittlerer Sprecher. Er federt nicht. Kein Feuermund wie Kainz; keine Pflanze wie Coquelin.

Ein bürgerlicher Cyrano. (Doch packend im Schmerz; packend im Sterben.)

V.

Neben ihm steht ... Karl Walser, der ein entzückendes Häuschen für den Nachtauftritt entworfen hat; und ein entzückendes Klösterle für seinen Tod.

Sonst: Fräulein Christians, mit heiterer Anmut; (die Klosterfrau glaubt man ihr halb). Herr Janssen; (die puppige Hübschheit glaubt man ihm ganz.) Und Gülstorff, der als Garkoch Verse zwar liebt – aber nicht gut ausspricht. Obschon hier Ludwig Fuldas allerbeste Arbeit ist.

Die Spielordnung (Iwan Schmith) ohne Feinheit ... Ganz unrussisch.

18. März 1922

„Macbeth"

Staatstheater

I.

Hier ist ein Beispiel dafür, was Jessners Jünger von ihm zu lernen haben (wenn's zu lernen ist). Eine Darstellung, die bei allem straffsten Tempo nicht etwa Drill bedeutet: sondern Gedrängtheit und Erfülltheit. Mit Sprachmeisterschaft. Mit unaufhaltsamer Steigerung. Mit etwas von innen Dringlichem. Das kann bloß ein Inszenator ersten Ranges.

Sein Werk hinterläßt noch manchmal den Eindruck statuarischer Starrheit. Ja, trotz vielfältiger Bewegung (die aber eine zu deutlich gewollte Bewegungsform ist). Wobei der Ton weniger auf Starrheit als auf statuarisch liegt. ... Man könnte sagen: leidenschaftliche Gemessenheit. Oder: wildestes Gebändigtsein.

II.

Ein Beispiel dessen, was zu lernen ist – und was nicht zu lernen ist. Denn mitunter wird es einprägsame Kälte.

Sie strömt nicht aus einem Mangel. Nicht aus der Veranlagung dieses

Könners: sondern aus dem noch manchmal gewählten, bereits halb abgestorbenen Darstellungsmittel – das so drollig reaktionär war.

III.

Die Treppe scheint mir, wie Macbeth selbst, reif zum Untergang. Nebst allem, was mit ihr zusammenhängt. (Jessner bedarf keiner Stufen mehr als unterscheidliches Merkmal.)

Zwar, diese Treppe schrumpfte nun. Er zeigt sich nur als Freund eines guten Treppchens. Kaum zwo Ellen schmal blieb sie. Aber noch dieser Vorzustand der Abschaffung wird gelegentlich ein Hindernis; ein Unterbrechen des Gefühls; ein Zurückrufen aus der Seelenwelt in die Gerüstwelt.

IV.

Was, in drei Teufels Namen, verschlägt es ihm, wo Hexen, Himmel, Heide sprechen sollen (und sprechen!), vier Meter grüngrauer Leinwand über das Gestell zu schmeißen, hä? ... Warum nicht?

Wie Schicksalsfrösche sitzen die Hexen im Erdpfuhl; hinten, dämmerig, erscheinen die Schicksalsopfer: der künftige Mörder, der künftig Gemordete, von dunkler Macht geschoben, umhext, nächtens, in Allwildnis; ... sobald hier der erste Schein auf ein Trepperl fällt, ist es aus.

Sobald bringt einem dieser Zivilisationsgegenstand was Beruhigendes; und ein Lächeln. Wo man baut, sei sorglos, unberufen, – böse Geister haben keine Stufen.

V.

Solche Rückstände sind vereinzelt. Mit Recht.

Nämlich: Shakespeare hier auf Regularität oder Symmetrie oder mathematischen Stil ausgeruhter Regisseure (nebst nachstammelnder Kritik) zu spielen, wäre ja doppelter Ulk. Diesen Ungebremsten; diesen tobend Übertriebenen; diesen Überschwangskerl; diese wirr-saftige Vielfalt!

Ja, den Unsymmetrischesten, trotz manchmal stupendem Aufbau. Er leimt gern aneinander. ... Was für Corneille paßt, ist für William die Faust aufs Auge. (Von dem Antikenrest war ja die Welt losgekommen. Ein spaßigeres Zurückschrauben sah die Bühne seit langem nicht. Sie hat's überstanden.)

Jessner tat also gut, auch die Treppe nur als Rudiment zu lassen.

Wesenheit, Seele, Zusammensetzung der Lady oder des Thans von

Cawdor scheinen ihm vielleicht wichtiger, als: ob sie zwei Meter fünfzig „im Raum“ entfernt von ihm und rechtwinklig zum Hinterbau sitzt. Oder, daß der sittlich Feste räumlich zwanzig Zoll über dem Bösewicht steht, was mancher Mystifizinski zu fordern wagt.

Der Regisseur, welcher es vorgetan, somit Anlaß des Gestammels wurde, begegnet seinem eignen Irrtum in konfuser Gestalt; und der Schauspieler, wenn an ihn „Forderungen“ voll unkontrollierbaren Blödsinns ergehen, wird Fascist.

VI.

Ein Mißverstehen meiner Kritik ist es: wenn dem Schauspieler ... das Betonen verleidet wird. (O Gott!) Ich nahm etwa den ersten Auftritt eines Shakespeare-Werkes. Freundliche Wechselrede zweier Hofleute. Da war meine Forderung: es hätte, unabhängig vom Einzelbetonen, „nur zu wirken wie ein einziger Akkord gegenseitigen Komplimentemachens“. Der Akkord wurde verlangt; gewiß. Aber ich fügte zu, daß auch die Einzelheiten erklingen müßten. Richtig betont. Oder ich nahm den Shakespeare-Auftritt zwischen einem Königspaar und seinem Gast. Ich verlangte, jenseits von der Einzelbetonung, den musikalischen Akkord. Das Ganze hat „ein einziger Akkord liebenswerter Weltlichkeit zu sein“; gewiß, liebe Nachläufer. Doch ich verlangte zugleich: „Die Feinheiten dieser Reden müßten klingen. Nicht nur den Tisch fliegen.“ Das ist recht lange her. ... Shakespeare ist an Sentenzen (Verstandesinhalt) zu schwer, um bloß Unterlage für eine Tonart zu sein. Zu voll von Beobachtung – also zu gut zum Drüberweghaspeln in einer bestimmten Tonlage. Die ich rief, die Geister ...

VII.

Was lebt in Jessners neuer Arbeit an Starkem, was noch an üblem Rest? Ganz kurz:

Banquos Geist blickt fleischlich, gesund; hat frischere Farben als der Mörder.

Wundervoll, Nebenklänge; Sphärisches; durch Lüfte Sirenengesumm; Schicksalsgewucht und Geratter; Paukenpiano; Höllenstimmen, klagend, lachend.

Dann gelegentlich ein Abklingen, prachtvoll, wenn ein alter Mann, ja, wenn ein alter Mann nach dem Entsetzlichen mit gefaßt-wissender Stimme (war es Herr Gronau?) in die Welt hinein spricht, mit einem Klang wie: „Es ist schade um die Menschen.“

Blutluft, nachts.

Ein Mittel Jessners, um etwas hervorzuheben, um den Zuschauer zu wecken: die Nichtredenden starren still – bis ein wichtiges Wort des Redenden fällt. Da zuerst, machen sie eine Bewegung. Sehr gut: weil sinnfällig und seelenfällig.

Rückstände jedoch sind: etwa, daß zwei gemietete Mörder mit rotem Haar kommen. Ballade? Ja. Es ist aber schon Tuschkastenstil.

VIII.

Duldbarer die ewig vorhandene Brücke; bald Zugbrücke vor dem Schottenschloß; bald Londoner Brücke; bald sonstwo; stets dieselbe Brücke; die Grundbrücke; man will sie zuletzt nicht mehr seeeehn. Auch damit weg.

Oder: Macbeth liegt vor dem letzten Kampf so auf der Erde, daß der Gegner nur einen Griff braucht, ihn alle zu machen. Staunen. ... Dann erst (obschon er im Text sich weigert, den Staub zu küssen – den er bei Jessner küßt) Beginn des Zweikampfs.

Die Stellungen werden ja (auch das ist ein Wirrwarr von konfusen Theoretikern) justament beim bankrotten Expressionismus fast immer ohne Grund gewechselt ...

Ich sage nichts, wenn der Bote jener Nachricht, welche dem Macduff Tod von Frau und Kindern meldet, ihm den Rücken, dem Sperrsitz die Front kehrt; laßt es. Aber warum schreien (allemal, nicht bloß bei Jessner) Macbeth und Macbethin ihren geheimsten Vorsatz derart, daß noch der betrunkenste Knappe des Schlosses aufwachen muß? (Nicht nur der Pförtner, der leider verfehlt, in Stilisierung, statt in Saftnatur vorging – er ist ja der gewollt komplette Gegensatz zur Moritat.)

IX.

Mit alledem wird Jessner hier wiederum durch den tiefsten Kern des Ganzen erprobt als ein Hirn und eine Faust von seltnem Belang für die Bühne. Gehämmertes gibt er. Lächelt allmählich über Unhaltbarkeiten – und er half diese Gerda Müller beseelen.

Sie bedeutet, was es an der Spree kaum in dieser Art gibt: eine wilde Kraft, die aber zugleich eine Frau ist. Ein Intellekt – aber sie hat auch eine Pratze.

Ja, eine Frauenpratze ... die Macbethin spricht nicht zwecklos von ihrer kleinen Hand.

In Schleiern kommt sie; fast eine Schicksalsschwester; fast ein Urwesen – mit Urlauten (neben dem sogenannten Verständnis, das ihr nicht zu sehr als Laster angekreidet werden darf).

Behend. Katzlsicher. Sinnlich packt sie ihren Ehekerl. Ein Dämonen-Duo bricht an. Kortner ...

X.

Kortner, ihr Unter-Tan, geängsteter Psychopath, fast Epileptiker, zwischen König Claudius und Richard, früh wahnsinnsnahe, geht für mein Gefühl nicht genug vom graden, unverwickelten Heldentum aus, was einen Teil seiner Dummheit erklären könnte.

Kortner bezeugt eindringlichste Kraft. Wundervoll als gehetzter Hetzender. ... Doch er suche Wandelhaftigkeit: auf dem Wege der schärfsten Charakteristik; nicht nur auf dem Wege des „Akkords". Herrlich bleibt er.

... Das Stück selber, noch als Ballade, hat für uns eine Oberflächenpsychologie. Seid offen. Wir genießen es historisch. Raskolnikoff hat es erledigt. Trotzdem ist Shakespeare größer als Dostojewski, – (Dostojewski war nur weiter). 11. November 1922

Molnar: „Liliom"

Theater am Kurfürstendamm

I.

... Liliom ist ein Strolch und Strizzi. Schlimme Pflanze – dennoch nicht hoffnungslos im tiefsten Kern.

Jahrmarktsraufbold, arbeitsscheu ...

Inmitten wüsten Wandels pflegt er Minne mit einem Dienstmädel. Und ihm blaut einmal das Paradies: ein Kind zu haben.

Beim Gelderwerb für die Seinen, versuchtem Raubmord, kommt er um.

So sein Erdenwallen.

II.

Im Himmel wird Liliom zu vierzehn Jahren Hölle verknackt. (Auf der Bühne zu sechzehn – damit Käthe Haack ein lieblichster Backfisch sein kann.)

Er darf, nach soviel Jahren, dann einmal auf die Erde zurück. Naht, unkennbar, der Wohnung jener nun grau gewordenen Dienstmagd und seinem Kind ... Aber den Schluß des Werkes muß man erleben. Er haftet nicht in einer Schilderung; sondern, je nachdem, in einem letzten Gefühl. (Ohne Spur von Weinerlichkeit.)

III.

Der köstliche Schmarren wurde zuerst *anno* 1914 dargestellt. Er leuchtet von Kitsch und Genie.

Dem einen Werk zuliebe, vielmehr dem Schluß zuliebe, wird Molnar unter die Sucher und die Seligen versetzt. (In das *purgatorio;* unter die Sucher.)

Und wenn jemand sagt, daß dieser kleine Stückmacher auf uns Heutige zwischendurch Wirkungen hat, wie man sie bei dem klassischesten Euripides nicht findet: – wird Euripides dadurch herabgesetzt? Nein.

Wähnt Ihr, Shakespeare sei herabgesetzt, wenn Dostojewskis Wirkung auf die heutige Seele stärker scheint? Im geringsten nicht.

Ist Newton (um einen Gipfelfall zu nehmen) herabgesetzt, wenn Einstein ihn berichtigt; ihn ausdehnt? – Niemand ist herabgesetzt, weil er fortgesetzt ist ...

IV.

Man glaubt hoffentlich an Entwicklung; nicht an Stillstand? Nun also. (Nur dürfen es, das nebenher, nicht Entwicklungen voll Willkür, nicht um jeden Preis, kurz: gewaltsam, aus Mangel an Hirnstoff sein.)

Ach, darin liegt ja die Relativität aller Kunst: daß Größe zwar nicht abläuft mit dem Ablauf der Zeit. Daß aber sehr wohl der Einzelinhalt von Großem ablaufen kann mit dem Ablauf der Zeit: weil alles in ewigem Fluß ist; („*panta rhei*" nannte das der Einsteinianer Heraklit –, ein halbes Jahrtausend vor Christo).

Und so gewiß Molnar ein Knirps gegen den Euripides ist: so gewiß ist er weiter als Euripides. Weil die Zeit halt weiter ist ... (Wäre das Gegenteil der Fall, – welche Melancholie!)

Also: stoßt euch weder hieran; noch an jener andersgearteten Vergleichung Dostojewskis mit Shakespeare. Und betrachtet nun die Darstellung des Schmarrens.

(Des Edelschmarrens.)

V.

Pallenberg, wenn er den Liliom gibt, ist nicht schwach. Doch bestürzend stark ist er auch nicht.

Er entspricht wenig dieser Gestalt. Irgendetwas Männdelhaftes in seiner Art hindert ihn.

Man glaubt ihm nur, daß er halb unschuldig zu dem Mordversuch kommt. Aber den wild-scharfen Hallodri aus einem Guß glaubt man ihm nicht.

(Liliom ist mehr ein Jau als ein Schluck. Pallenberg mehr ein Schluck als ein Jau.)

VI.

Pallenberg wird am gespenstig überglasteten Schlusse nicht Geist genug. Und wiederum, davor, zu sehr zerfasernder „Geist" – um so ein trieblebiger Kerl aus schierem Saft zu sein.

(Vor acht Jahren hat ein in diesem Stück sonst unzureichender Darsteller am Schluß mehr und einfacher gepackt.)

Man bleibt im wesentlichen also kühl. Warum – trotz manchem prachtvollen Augenblick?

Wegen der Gleichartigkeit seines Mittels. Kommt Pallenbergs Stichwort: so macht er vier, fünf Bewegungen des Zauderns, Schwankens, Beschlußänderns, inneren Widerspruchs, Einlenkens – bevor er zu sprechen beginnt. Sehr oft macht er das ... zu oft.

Er braucht für den Übergang von der Possenwelt zur Menschenwelt heut' ein Moratorium.

VII.

Der Spezi, Herr Morgan, stammt aus der tagrauhen Wirklichkeit – und verläßt sie nur zwischendurch (Lauern, Abgehn) für das Volksstück mit Gesang.

Indeß die Grüning Sechserln als Karusselbesitzerin trägt und ein ulkig enthülstes Armpaar ...

Die Höflich wird hier ein blonder, nach innen gekehrter Mensch wie von der Weide; sehr vom Land. Fest – und ihrem Kerl herzlich verfallen. Seinem Zwang erliegt sie. Mehr als der Zuschauer.

VIII.

Schleppender Schritt in der Regie. Ist das Stück länger geworden? Doch nicht durch Polgars Bearbeitung?

Ein erstaunlicher Breiten-Grad wird jedenfalls erreicht. Und (im Dilettantismus der guten Freundin) die Auflösung des Zusammenspiels.

Der Schwindsuchtskeim für die, immer noch, beste Theaterstadt der Welt.

... Ein Arzt, der alles Andere heilt, nur der kann's heilen.

17. November 1922

Strindberg: „Christine von Schweden"

Lessing-Theater

I.

Ist dieses Werk nur schwedengeschichtlich – oder ist es allmenschlich? Fesselt es also jemanden, dem Historisches wurst wäre?

Es ist vorwiegend schwedengeschichtlich. ... Außerdem dämmert Menschliches: in einem Strindberg-Weibchen.

Gekrönte Lulu – die mit Mannsbildern Paarungskünste treibt, das Land auspreßt oder ausprаßt ... und abdankt. Jener Übergang der schwedischen Krone von M. 1,30 zu 2014 – was sag' ich! ... der schwedischen Krone von Christine zu Carl Gustav ist uns Hekuba.

Auch daß am Schluß eine tote Schwedin nicht lutherisch, sondern katholisch wird: was läge Menschlich-Allgemeines hierin?

II.

Eher was in Folgendem. Der Einzige, den sie liebt, schert sich weg. Abgetrumpft wird sie.

Der Weibhasser Strindberg ruft hier mit erwachender Schadenfreude: „Eetsch!"

Auch mit erwachender ... Billigkeit: „Armes Ding!"

Vorwiegend schwedengeschichtlich. Nennt man (zur Probe!) die Hauptgestalt Mieze Werner, statt „Christine von Schweden": so bleibt nur Tonloses; Mittelmäßiges.

Das Stück zählt zu solchen, wo man zuletzt fragt: „Nun, und –? Zugegeben, daß dem so ist, – ...? Als wahr unterstellt ... Hm?"

(Aber es birgt eine Rolle.)

III.

Der Abend hieß demnach: Bergner. Mit Vornamen Elisabeth.

Denn das gleichgültige Stück verblaßt hierneben. Die Triesch hat vor einem Jahrzehnt mehr die Tragik herausgeholt; Fräulein Bergner (man hat nun zu sagen: die Bergner) hundert Mannigfaltigkeiten.

Das ist ein zartknochiges, ganz durchfeintes Geschöpf. Sie bringt die wechselnd-vielen Unterschiedlichkeiten menschlicher Seelenwallung ... im Angesicht; in Haltung; in der Stimme.

Was für eine Schmeichelstimme; was für eine sacht gliedernde Stimme; was für eine unwillige Stimme; was für eine befehlende Stimme; was für eine eigensinnige Stimme; was für eine furchtsame

Stimme.... Doch sie gibt kein Glockenzeichen: alles kommt aus einer – Versenktheit.

Ja, versenkerisch ist sie (statt Virtuosin zu sein; was die Jenny Groß war, der sie ähnelt; – sie steht zur Jenny Groß wie Strindberg zum Scribe; das nebenbei).

Sie zieht nicht Register; sondern hat Zustände.

(Bloß einmal, wenn sie von stibitzten fünf Millionen spricht, unterstreicht sie mit den Augen. Bloß einmal.)

IV.

Gesicht spielt; Haltung spielt; Stimme spielt ... Nicht gewissenlos – nur gewissensfrei. Leichtgeherzt – und bange. Gefährlich – und furchtsam. Selbstverliebt – und zag. Hundert Nuancen (namenloser Quatsch, einer von vielen, daß der Schauspieler auf die Nuancen verzichten soll; sie sind erstes Bedürfnis).

Neulich gab diese Schauspielerin Bergner Richards des Zweiten Frau. Sie machte das in einem etwas gleichbleibenden Armen-Vögelchen-Ton. Sie gab, was ich den Grundakkord einer Gestalt oder eines Auftritts nenne – und wofür Abrakadabrakritik, umschreibend, die Spur verwischend, Hokus-Pokus-Ausdrücke wählt. (Was als gelegentliches Mittel 1905 empfohlen wurde, wird von freundlichen, doch hilflosen Theoretastern als Dauer- und Hauptprinzip angefaselt.)

Also dort, in einer Beigestalt, ging das: in einer Tonstimmung zu werkeln. Jetzt hat sie, von Natur begabt, sich zu der Annahme erfrecht, eine Dramengestalt habe viele Charakterseiten; viele Seeleninhalte – statt einer gediegenen Opernbanalität.

Die Vielfalt macht es. Was not tut, ist nicht ein Gefühl, das aus technischen Künsten erzeugt wird, – sondern unendlich viele Züge glitzernden Einzelreichtums, hinter denen ein (nie loszulösendes) Grundgefühl steckt: ein Ich. So hieß es. Das scheint alles bei ihr dazusein. (Bloß Haltungen von der Seite wirken etwas verbuckelt: Kopf hoch!!)

V.

So Bergner. Strindberg hat beinah jede Veränderung in der Gebärde vorgeschrieben. (Beinah wie Shaw.) Er machte eine Mimen-Partitur.

Für den Regisseur liegt nun – eine Erleichterung in der Vorschrift; eine Schwierigkeit in der Erfüllung. ...

Folgendes scheint mir möglich für historische Dramen. Z'erscht amal: ist ein Stück historisch treu; will es das vorwiegend sein: so spielt man es lebenswirklich. Zweitens; ist aber Geschichtliches nur Anlaß für abweichend geschaftete Vorgänge: so mag man's feierlich spielen oder wedekind-spukhaft oder maeterlinck-träuselnd oder shaw-witzig oder plautus-derb oder dumas-spitz oder hebbel-brütend oder toller-betont oder strindberg-trüb oder scribe-glatt oder sonstwie. Der Tiergarten unseres Sterns ist groß.

VI.

Bei Unruh („Ein Geschlecht") wird ganz gelegentlich auch jener 1903 empfohlene Seitenweg der Darstellung angebracht sein – „symbolisch" genannt, jetzt falsch „expressionistisch" –: wo was Ornamenthaft-Symmetrisches hineinkommt. Nur ganz zwischendurch. Dies jedoch als allgemeine Richtung oder „Lösung" vertuschend hinzustellen, ist Merkmal einer anheimelnden, geistigen Schlichtheit.

VII.

Strindberg wird hier nur einmal, im Schlußakt, phantastisch; in einem fast wedekindschen Maskenauftritt. So bleibt für den Regisseur als Grundton: das Komitragische.

Herr Wendhausen (dem die wirkliche Kahlheit der Riddarholm-Kirche wohl unbekannt ist – obzwar sie hier in Strindbergs Bewußtsein mitspricht; denn die Königin flieht jenes Land) – Wendhausen bringt, in einem oft vorzüglich durchgearbeiteten Ineinander, den Ton gedämpft und wenig gestilt. Also nicht lebenswirklich, sondern ... halb dramenwirklich.

Dann sehr gut leichterer Ton zwischen Kanzler und Schatzmeister.

Am Schluß, mit etwas Recht nur dort: eine Symmetrie der zwo Gesandten, die sich geisterhaft-geometrisch (wider Strindbergs ausdrücklichen Befehl!) als zwei Ornamente hinsetzen – bloß, um gleichzeitig aufzustehen ... und abzuwandeln. Man lacht. (Weil das in dem phantastischen „Dybuk" begründet, hier ganz unbegründet ist.)

VIII.

Sonst hat er Herrn Decarli (wertvolle Provinzgediegenheit), Herrn Karchow (betont mit den Augen, zieht Register, gibt Glockenzeichen) und den Theodor Loos, abweichend von ihnen, als eine von innen leuchtende Kraft, recht wohl eingegliedert.

Gegen den matten Schluß (starrendes Volk; grundloser Abgang des Hähnchens; der Kalk des Dichters tickt) kann kein Regisseur an.

Bloß den letzten Schluß kann er kappen: jenen wurstigen Übertritt zum Papsttum.

Er versäumte dies. Aber das Stück ist wirklich nicht viel wert.

IX.

Die Arbeit hat, für Stockholmer, einen Sachinhalt. Kommt es bei Dramen auf Sachinhalt niemals an?

Doch. „Richard III." (was neulich ein Konfusionar zu entstellen versuchte) sagt heutigen Menschen „bloß" als dichterisches Werk etwas: nämlich durch die Sprache. Kaum etwas durch die (überholten) Tatsachen. (Etwa: klobige Metzgerei; dicke Verstellung eines hahnebüchenen, leicht durchschaubaren Scheusals; – das ist überholt.)

Bei Shaw jedoch, am Cäsar, sieht man (weil er heutig ist) nicht überholte Feinheiten: wie etwa jemand es macht, Herrscher zu werden oder zu bleiben. (Das wird erst in etlicher Zeit überholt sein.)

„Richard III." wirkt also „bloß" als dichterisches Werk hinreißend: durch die Sprache. Wie hinreißend erst, wenn er auch durch Tatsachen wirkte! ... Die Wirkung wäre natürlich gesteigert, ihr Köpfchen.

Bloß wer zu sehr an die Dunkelphrase des Nachsprechens gewöhnt ist, sieht es nicht.

X.

Nein, ganz gleichgültig für ein Kunstwerk ist auch der Sachinhalt nicht. Ganz gleichgültig ist für ein Kunstwerk der „richtige" Inhalt gar nicht; so gewiß der richtige Inhalt allein kein Kunstwerk macht. Und justament Ihr merkt es nicht, die Ihr schematisch mühsam aus dem Verstande schwitzt.

Das ließ sich, als man Hofmannsthals „Elektra" gab, vor einem blutigen Werk mit Schlächterdurst, so prägen und satzen: „Dieses Stück von vorn bis hinten ist: die Erfüllung eines Gefühls. Wir haben keinen Schlächterdurst; wir sehen daher einen Menschen, dessen Gefühle wir nicht teilen; der aber in einem riesenhaften Gefühl ganz aufgeht und untergeht. Und dies ist das Fortreißende ... Wenn es gleich mehr wäre, falls er in *unseren* Gefühlen auf- und unterginge."

(Verstanden?)

XI.

Schreibt nicht länger ab – manchmal mit umgekehrten Vorzeichen. Alles Winden hilft nichts. Übt immer Treu und Redlichkeit. Es ist hier (vor ihrem Bankrott) festgestellt worden: was an abgetanen, reaktionärsten Dingen verschollener Zeit ratlose Theoretasterei ausscharrt und als neu vor ... legt.

Auch wenn so eine Kraft jetzt den Rückzug antritt und schon „Mißverständnisse" hervorhebt. 15. Dezember 1922

Bertolt Brecht: „Trommeln in der Nacht"

Deutsches Theater

I.

Als der Verfasser mir vor bald fünf Jahren das Manuskript des Schauspiels „Baal" schickte (beiläufig: das Durchlesen von Manuskripten bleibt manchmal, die Zurücksendung nie möglich – man ist kein Speditionsgeschäft; Herr Brecht bekam seins zurück) ... waren das allerhand Szenen mit Dämmer, Licht, Stuben, freiem Himmel – ungefähr in Büchners Art; oder wie wenn's bei Goethe heißt: „Nacht. Offen Feld." (Kein Schauspiel; ein Chaos mit Möglichkeiten.)

Sein späteres Stück, „Trommeln in der Nacht", hatte vor Monaten an der Isar einen Erfolg – und war jetzt, ohne Flausen und Fisematenten, was halb Enttäuschendes. Bei kenntlicher Begabung ist es ein, trotz Brechts Naturfrischheit, wenig selbständiges Becken. Bestimmt minder schlecht als die meisten expressionistischen Dramen, doch bestimmt schlechter als das Beste dieser Gattung. (Dabei nicht „expressionistisch"-expressionistisch –, sondern Schule Georg Kaiser.) Im Bau manchmal wie die schlechteren.

II.

Im Bau. Fünf Akte. Erster Akt: Annas Verlobungsfeier mit einem Pachulke – da, just, aus vierjähriger Gefangenschaft, Eintritt des früheren Bräutigams in das Zimmer der Familie Sternheim. Zweiter Akt: Piccadilly-Bar; die Familie Georg Kaiser setzt sich mit dem Soldaten auseinander. (Der beste Akt; der einzig wertvolle: Kontrast zwischen Kriegsgewinnlern und Kriegsopfer; Dräuend-Gespanntes; Explosiv-Menschliches; zwischendurch billiger Eingriff eines Kellners und einer Dirne; billig auch, wie bei A. Bronnen, daß ein „peinlicher" Auftritt möglichst lang hingezogen wird; doch kein bloßes Chaos, nichts Gelalltes; ein Keim zu dem, was man Drama nennt.) Aber dann ...

III.

Es ist ein altes Recht der dramatischen Dichter, daß ihnen im fünften Akt nichts einfällt. Hier schon im drittletzten. (Der dritte darf, nach Brechts Angabe, wegfallen: Suche der Braut nach dem Heimkehrer auf den Straßen.) Vierter Akt: der Heimkehrer im Schnapsladen; Wiederholungen, Lärm. Kein Vorwärts.

Fünfter Akt: Begegnung mit der Braut. Er vernimmt jetzt, daß sie von dem andern im dritten Monat ist (das bedeutet keinen Gipfel, sondern es gibt hier immerfort gleiche Klamaukgipfel); ganz kurz nennt er sie Hure, ganz kurz, fast ohne Abtönung, eint er sich mit ihr; ganz kurz, ohne daß nennenswerter Widerstand zu überwinden war, daß ernstes Schwanken des Entschlusses vorlag, schwört er den Spartakismus ab. Ganz kurz; fast ohne Kraftunterschied. ... Das könnte bis Weihnachten beliebig fortgehen; so dies an das geleimt.

Ein betrübend schlechter Bau. (Die Linie vom Graus zum Abebben schafft nicht Brecht; sondern der gutmütige Zuschauer denkt sie.)

IV.

Mit dem Rhythmusbluff (dem Anlaß für minder kontrollierbares Gerede) hat man großes Pech. Denn Zuckmayer wurde für „rhythmisch“ erklärt nach Ulrich Steindorff, der wabbligste. Justament in diesen Zerrinn-Stücken sämtlich (Toller ausgenommen!) ist ja nicht halb so viel Rhythmus wie in einem einzigen Sardou. Heillose Phrasenmacher drücken sich noch um die Beichte. Von Ibsens rhythmischem Bau nicht zu reden. Der zählt nicht. Rhythmus heißt offenbar: Leim.

V.

Ich sehe Brecht, nach jenem „Baal“, mit mildem Blick an – ohne doch in ihn durchaus hineinzutun, was nicht drin steckt. Er ist kein Mürbekuchen wie Kornfeld; nicht so schiech wie *tutti quanti*... doch weder so selbständig im Expressionismus wie Toller, noch so leuchtbeseelt. Aber frisch; aber frisch.

Wer mit Gewalt Dramatiker „grüßen“ will, auch wenn sie nicht da sind, ist wie ein in Badeorte gesandter Feuilletonist, der beim Mangel an fesselnden Gestalten bißl nachhilft. ... Oder wenn jemand, der durchaus eine Wohltätigkeit veranstalten will, mit Macht einen Bedürftigen sucht.

VI.

Brecht hat bei leerem Bau jene Einfalt, welche durch Selbstironie (Untertitel: „Oder Anna, die Soldatenbraut“) nicht aus der Welt geht... Brecht, im Vergleich zu Toller, denkt etwa, daß der „Abglanz einer Zeit“ heute durch sinnloses Gebrüll, Suff, Durcheinander zu machen ist! Zurückschraubung.

Brecht hat, noch mit Toller verglichen, mehr Flüchederbes ... nebst etwas zwischen Wildheit und Wurstruhe – während Toller Willenswucht, Leidglanz, Leuchtkraft hat.

Ja, Toller ist zehnfach fortgeschrittener im Expressionismus. Mehr selbständig. Brecht nur ein Georg Kaiser, verbessert; mit Safthuberei. Er hat wohl mehr Naturalismus und Blut. (Brecht ist der umgekehrte „Grenadier“: er reitet dem Kaiser übers Grab.)

VII.

Noch hat das Expressionistenchaos nur den einen Stern geboren.

Expressionismus ... Ich schrieb vor Jahr und Tag: „Mir bleibt er wertvoll: Ziegel für einen Bau – der nicht da ist.“ Brecht muß eine Hoffnung bleiben.

Aber der – Raum? Die „Raum“-komik findet sich in den Rezensionen, auch wenn sie in den Stücken fehlt. Jemand, der schon öfter Anlaß zu ungebundener Fröhlichkeit gab, plauschte freundlich aus, daß „der Raum“ hier „die Menschen überwächst“. Nun, sollen vielleicht die Menschen den Raum überwachsen? Er ist halt größer.

VIII.

Brecht und Bronnen stehen dem sogenannten Naturalismus nah' – und machen im Grunde gar nicht Expressionismus. (Brecht nur bis zur Kaiser-Schule.) Brecht hat hierbei (unexpressionistische) Vorzüge –: wie gut ist in Anna die Mischung von Mädelernst und Falschheit zu Beginn. Er hat, zu Beginn, auch die Gabe kurzen Kennzeichnens. Sie wird früh gröblich verschmiert. Wie hübsch verwendet er das Mittel: Menschen im erregten Augenblick wenig sagen zu lassen. (Nachher alles um so wirrer.) Brecht arbeitet emsig mit Nacht, Luft, Mond. Wie zur Büchnerzeit; zur Sturm-und-Drang-Zeit. Manchmal zum eigenen Überdruß mechanisch.

IX.

Die Sprache wird bei diesem begabten Ragoutkoch ein Sammelsur. Im dritten Akt (nach Sternheim; nach Kaiser) plötzlich Töne wie von der Bibel. Im vierten Shakespiralen und Büchnereien. Ein Tohuwabohu; mitten in Berlin spricht Anna, nicht gegen seinen Willen, aufgeklebt-poetisch von Wiese, Wäschetrog, Ahorn. ... Ist er sprachlich Expressionist? Hat er von Johannes R. Becher Neutöne gelernt? Man hört noch in seinem Balladenlied ältere Kunst – (den Becher nicht zugleich).

Und der Ausgang des Stücks: „Jeder ist sich selbst der Nächste! bloß keine Romantik!“ ist ein Schluß, dem die Schieberfamilie Balicke zustimmen wird. Holdrio! Juhuuu!

X.

... Pilartz gab Räume mit (unerhört!) Requisiten. Das darf man also doch? Spaß muß sein. ... Der parodistische Mond (das ist: vertuschte Sentimentalität; damit die Zuschauer nicht die Parodie machen) scheint in Wohnungen ohne Dach. Obschon das Werk etwas zu realistisch dafür – im November – ist.

Falckenberg, Spielwart, brachte das Stück zu gutem Abebben nach dem Graus. (Nicht als Komödie.) Doch mit Gekreisch dreier Schlußakte bleibt nicht viel anzufangen; dies hat er getan.

XI.

Er bändigte den Ton des Vaters freilich kaum – als welcher mit Hustlachen schauspielerisch seine Verlegenheit barg. Auch nicht Herrn Hollmanns Ton – beim Übergang von Realstimmung zu Suffekstase.

Er brauchte nicht die treffliche Kupfer, hier eine gute Dirne, zu zähmen. Auch Graetz nicht zu belehren – der einen Zeitungsmann zerknautscht und gelind so gab, als ob kein Parkett wäre.

XII.

Die Ebinger hat im Phantastischen Absichtlichkeit. Unbewältigte Bewegungen *ad hoc.*

Ihr Gleiten von der Alltagspflanze zur Bilderbuchgestalt war fein – (wenn sie auch nicht mehr gab, als Brecht zuließ). Granach endlich, der Heimkehrer: metallener Schrei. (In mir war ein zufälliges Gedenken an die Stimme Rittners). Granach hat im Schmerz mehr zusammengebissene Wut als Schmerz. Dennoch ...

Er war mehr als ein Schreier, weil er weniger war als ein Schreier. (Brecht meistens mehr.) 21. Dezember 1922

Sternheim: „Bürger Schippel“

Lessing-Theater

I.

Schippel, der thüringische Prolet, ringt ... aber nicht um Geld, sondern um Ehre. Was er will, ist nicht erhöhtes Einkommen – sondern erhöhte Stellung.

Die kriegt er am Schluß: als Bürgerling.

Schippel scheint sehr im Anfang sozialen Trachtens. Das Stück wurde schon vor zehn Jahren verfaßt. ... Ein thüringischer Prolet von heute fühlt entschlossener, machtklarer, tatrascher – und weit ruhiger. Er ist heut in schwächerem Grade verbittert, weil er heut in stärkerem Grade wirkungsträchtig ist.

Tja, zehn Jahre sind immerhin zehn Jahre.

II.

Doch zehn Jahre sind nur zehn Jahre. Nicht Schippel allein – auch der heutige Proletarier liegt auf der Wickelkommode noch in den Windeln. Der Proletarier, in allen Ländern, ist noch unfähig, durch einen Weltstreik etwa die Ruhr zu entlasten. (Geschweige, durch einen solchen die Voraussetzung von Ruhrgreueln für allemal im Keim zu kappen.)

Dieser, dieser, dieser Weltproletarier steht heute zur Erörterung ... eher als das gesellschaftliche Glück eines kleinen Thüringers.

Meine Teuren, – in der Provinz wohnt nicht nur Sternheims Schippel: sondern auch Schippels Sternheim.

III.

Doch in einer köstlichen Provinz. Mit Vereinsmeierei, Männerchor (Ludwig Thoma ließ deutsche Politiker vierstimmig singen: „Still ruht der See, die Vöglein schlafen“); mit Sommerlust, Gemütlichkeit, einer Stammburg, erleuchteten Abendfenstern, Kleinpatriziat, junger Blondheit und einem Alt-Heidelberg-Prinzen, hier zersetzend gesehen. Mit Untertanentakt, Männerbrust, Sangeslust, Manneswert und abgestaubter Konsole. Manchmal zum Klettern.

IV.

Jenen Schippel gelüstet es nach der bürgerlichen Tochter; er merkt ihren Fehltritt; verzichtet; siegt im Sangeswettstreit; verdankt einem

Duell den bürgerlichen Aufstieg. Das ist natürlich „ein Symbol“: Verschiebung der Stände. Steter Fluß.

Sternheim zeigt somit Entwicklungen: wie der Sozialist zum Bürger; wie (nachher) der Bürger zum Aristo-Snob wird.

Aber ... die brennende Zeit verbog und stürzte sein Gebälk. In zehn Jahren. Denn diese Stockwerkstufen gesetzmäßigen Emporstiegs krachen jetzt im Feuer und Chaos der Erde. Schippel ist überholt; Christian Maske, der Snob, überholt.

Wenn einstens das heutige Muspilli, hochdeutsch: Weltbrand, gelöscht ist (erleben wir es?), da mag sich ein Mensch wieder um Übergänge der Schippels zu den Maskes kümmern; der Maskes zu „von“ Maskes. Heut aber fragt ein Schicksal weniger nach dem Verhältnis der Schippels zu den übrigen Ständen ... als nach dem Verhältnis aller Schippels untereinander.

Nicht nach dem bevorstehenden Übergang einer Schicht; sondern nach dem bevorstehenden Untergang einer Welt.

Und nach den Sanierern.

Sternheims Schippel schrumpfte zum Idyll.

V.

Zu jenem lustigen Idyll. Die Leute schütteln sich und wackeln auf dem Stuhl. Sternheims Sprache, die er ernst genommen wünscht (denn er braucht sie nicht anders in ernsten Stücken), wird ein Anlaß mehr zur Ausgelassenheit im Parkett.

Ein Quell des Lachens, woran ihn das Lachen mehr als der Quell erquickt.

Das Abkürzende seiner Sprachtechnik (also das Expressionistische nur Stichworthafte) schien vor einem Jahrzehnt bereits nicht neu.

Denn es war in der Kritik vorgemacht. Damals (ohne jeden Grund zur Bescheidenheit, die meistens falsch ... und sogar für die Träger schmerzlich ist) schrieb ich, als ausgemachter Expressionist, über Sternheim, 1913, 7. März:

„Die Bühnendichter kommen hinterdrein. Auch sie wählen den Stil der – Abkürzung, den meine Kritik zuvor der Zeit gegeben hat.“ Ich stellte damals Ursprünge fest. Ein anderer tut's doch nicht. Da kann man lange warten. Laßt's mich aus mit der Zimperlichkeit.

VI.

Sternheim (dann seine Kopistenschar wiederum) wünschte: den Wegfall des Unwesentlichen. Nun also! Wacker, wacker! In dem Vorwort von 1904 schrieb ich den eignen Grundsatz, als Gebot an mich – oder Analyse meiner: „Die innere Form ... sei Zusammendrängung. Lieber Extrakt sein als Limonade; lieber mit Blitzlicht arbeiten als mit angereihten Petroleumfunzeln." November 1904.

Das versuchten auch die Dramatiker jetzt. Sternheim voran.

Wären die Expressionisten doch soviel wert gewesen wie der Expressionismus! Carl Sternheim blieb von ihnen bis zum heutigen Tage wenigstens der geschlossenste. (Nicht ihr stärkstes Geblüt!) Und in expressionistischer Dramensprache, der Zeit nach, Erster. Also, Sternheim, oller Klassiker! entrückt in feierliche Vorbildhöhen! säckeln Sie den Lacherfolg ruhigen Gewissens. Er gab kein aufreizendes Weltbild. Aber ein reizendes Weltmannsbild. Das eine doch auf dem Weg zum andren. Und Prusten ist so wichtig wie Atmen.

VII.

Die Schauspieler Julius E. Herrmann und Eugen Rex schenkten als Buchdruckereibesitzer und als Beamter, der eine mit ausbrechendem Vorhemd und prachtvoll provinziellem Manneston, der andere mit einer magerzarten Wehsanftmut, so Ulkiges, daß ihr untereinander vorgenommener Charaktertausch (der Sanfte war der Derbere, der Derbere der Sanfte) verblaßt. Einen Gruß, lieber Victor Arnold, immerhin ans Firmament!

Vallentin ersetzt einen dicken Mannesblondäng mehr, als er ihn vertritt. Er gibt jedoch im rasch minutiösen Mienenspiel Gutes.

Meyerinck vertritt einen (von Sternheim ersetzten) Erbprinzen mit zeichnerischer Anmut. Roma Bahn dessen Thekla.

VIII.

Granach ist bedrohlicher als Abel in der Hauptgestalt.

Er wirkt etwas eintönig: mit fast handwerklichen Spitzklängen. Er ist „eine Stimme" – denkt man zuweilen.

Diesmal etwas unzerlegt für einen Menschen. Straff, aber wenig. (Mit Sinn für das Spaßige nur in dem Affensprung beim Duell.) Er kann Menschlicheres.

Und Martin, der Spielwart, müßte (weil Schippel am Schluß glückselig als Bürger zu sein hat) diesen jetzt entstehenden Knick stärker betonen: durch mehr Pause; durch mehr Klangänderung; durch Wetterwechsel.

Der Schluß, regiemäßig gesehen, heißt ja nicht: nachgrollendes Ausklingen. Sondern: neue Wendung.

Kurz: Herr Martin stand noch auf Schippels Seite – statt schon über Schippel zu lachen.

20. Februar 1923

„Fräulein Julie" – „Lanzelot und Sanderein"

Kammerspiele

I.

Ein wundervoller, ein denkwürdiger Abend. Hauptschuld hat Elisabeth Bergner. Und selbst wenn man wünscht, sich mit der Regie auseinanderzusetzen ...

Wer Strindbergs Auftritte der Gräfin mit dem Diener lenken und renken soll – welche Möglichkeiten öffnen sich dem? Ich glaube, ich glaube: heut am ehesten die eines schaurigen Halblustspiels. (Heut!)

Denn daß eine Person weiblichen Geschlechts wegen des unwillkommenen, doch sehr natürlichen Erlebnisses der Julie sich kurzhin den Hals abschneidet: ist das noch tragisch?

Dringt nicht heut' ein Lächeln hinein: weil hienieden alles nur eine bestimmte Zeit läuft, auch solche Tragik (wie eine Metallfadenbirne bloß tausend Brennstunden hat). Was empfindet jetzt ein Hirn im Sperrsitz?

II.

Tragisch ist ihm – nicht der Zustand dieser Person: sondern der Zustand einer Zeit, wo dieser Zustand tragisch ist ...

Denkbar, daß man der freiwillig sterbenden Komteß ein „Hab' dich nicht!" entgegenschmunzelt.

Indem die Gemeinschaft mit strafferen Säften Jeans eine Blutauffrischung erhoffen läßt. (Hab' dich nicht!)

III.

Dies alles bleibt wahr. Doch was sind Hoffnungen, was sind Entwürfe? Bei der Schauspielerin Bergner vergißt man den Zustand einer Zeit – und fühlt halt nur den Schmerz eines Menschen.

Sie stellt ein widerstandsmattes, belastetes, fallreifes Wesen auf zwo schwanke, schlanke Beine. Unsicheres Gestell! Zart wie die leis knakkenden Knöchel gebackener Froschkeulen – möcht' man sprechen.

Dies Wesen duckt und sinkt auf den Stuhl ... und herrscht. Platonisch!

Die Bergner macht ihre Julie durchfeint. Überfein. Aber vom Schicksal gelähmt.

Hemmungslos kommt im Beginn der Zug heraus, daß Julie (jede Julie!) nicht nur Opfer, sondern Verlockerin ist.

Sie redet in Wiederholungen; in Zusätzen – fast wie Pallenberg...

IV.

Der Hauptpunkt bleibt: etwas von unbekannten Flügeln Getroffenes. Etwas Umtürmtes; Umzingeltes; Eingeschlossenes. (Was für eine Maeterlinck-Spielerin wäre sie!)

Die Bergner ist von versenkerischer Kraft, wie kaum eine andere bei uns.

Etwas bleiern Insichgekehrtes. Stets allein spielt sie, ohne Parkett. Stets für sich. Versunken in jenen Schlaf – welcher die Pforte für bohrendes Eindringen ist.

Mit – Stillegung des Ablenkenden. Mit Sonderschärfungen. Mit Gesammeltheit auf den glänzenden Punkt. Wo das Hellsehen beginnt. Jeder wahre Künstler kennt es.

(Dabei hundert herrliche Tönungen, Nuancen, Schattungen. Die seelische Vielfalt – letztes Erfordernis aller großen Kunst.)

Man denkt: „Hier steht eine deutsche Bühnen-Russin" ... Aber vielleicht ist sie mehr.

V.

Herr George macht den steigenden Diener. Der braucht neben dem Dienertum Rechtfertigungen des Steigens.

Herr George schießt ihm das Aussehen eines Hoteliers vor. Etwas reif. Etwas behäbig. Etwas zu gepatzte Tonart.

Auch Dienerinstinkte? Ja. Nur Dienerinstinkte? Nein.

Denn Jean bleibt als Daseinskämpfer aufrecht – nicht nur weil er niedrig (bedenkenlos): sondern weil er stark ist.

Weil er vielleicht, letzten Grundes, der Adligere von beiden ist. ... Die Julien sind nicht gewissenhafter, nur scheuklappiger.

Schief an dem Stück scheint mir: daß Julie nicht Mittel zum Aufstieg für Jean ist. Der Steigende setzt sich gar nicht an die Stelle der Fallenden. ... So wär' aber der Gleichnisfall viel größer. Viel weitergültiger. Monumenthafter.

(Fräulein Stobrawa gab die Köchin – an der die Grüning scheiterte. Hier jambenlos ... Noch nicht ganz jambenlos; aber hoffnungsvoll.)

VI.

Die liebtraurige Legende „Lanzelot und Sanderein“ hat Fr. M. Hübner aus dem Altflämischen übersetzt.

Das einfältigliche Werkchen wispert und talkt und rinnsalt und träufelt von der Liebe des Königssohns zur Magd. Ein Ritter heuert sie. Alles gar trüb-kindhaft. Der Tönigssohn (wie szade!) tirbt.

Durch Peterchen Eysoldt, als Ansager, wird es noch tindlicher. Der Schmerz noch smucker. Noch mehr Dott-wie-süß!

Die Musik hat Tlaus Pingsheim demacht.

Den Duten, Sßönen pielt Sweikart. Etwas in seinem Stimmklang ergreift ... mehr als die Melodie seines Wortes. Er muß Getragenes sprechen.

Sein Lieb ist Fräulein Julie von vorhin.

Bei der Bergnerischen denkt man abermals: „Was für eine Maeterlinck-Spielerin wäre sie!“

... Die Leute gingen sehr mit. Eine Huldigung an diese große deutsche Schauspielerin fand statt ... wie das Haus kaum eine gesehen.

23. Februar 1923

Hermann Essig: „Überteufel“

Junge Bühne (Staatstheater)

I.

Dieser Mittag in der „Jungen Bühne“ war historisch – im Doppelsinn.

Nach hinten gesehen: weil ein geschichtlicher verstorbener Ahnherr des Expressionismus erschien. Nach vorn gesehen: weil Jessners Darstellung in der Bühnengeschichte bleiben wird.

Ein haftend hinklingender Eindruck schattenbunter Scheuel – von Spielmeisters Gnaden, statt von Dichters Gnaden. Trächtig ist mehr der Einüber als der Dramatiker.

Hat jedoch der Einüber wirklich diesen Dramatiker gespielt? Er gab eine Tragödienwirkung. Ist das geschriebene Werk eine Tragödie? Man sehe zu.

II.

Es beginnt mit dem sinnlichen Angebot einer Schwester an den Bruder. Die verheiratete Mutter hält es mit dem Kaufmann Hecht. Vater sitzt. Onkel versucht's, um zu prüfen, bei einer Nichte. Der Sohn schwingt eine Peitsche gegen die ältere Schwester. Mißhandelt Mutter. Die Schwester verfällt einem Manager, namens Lüstling. Der Sohn verlobt sich mit einer Dirne.

Der Zuchthäusler liebt seine Frau immer noch. Sie und ihr Freund schicken ihm, damit Scheidung möglich wird, die mit dem Sohn verlobte Dirne-Kellnerin in das Mansardenstübchen, wo der Greis, aus dem Zuchthaus entlassen, hockt. Er will die Dirne zwar erst mit Petroleum begießen und anzünden; läßt es aber dann. Der Sohn trifft sie (nachts) bei Vater. Er „gibt Johanna einen Fußtritt". Umsonst beteuert der unschuldige Greis ... Wo nebenan das dreizehnjährige Schulkind Marie unschuldig schläft. Dies Kind; das Frauenzimmer; im Bruder regen sich Beziehungen jetzt zu der jüngeren schulpflichtigen Schwester.

Der Meineid wirkt. Vater kommt zu der Hochzeit seiner früheren Frau. Bei dieser Hochzeit erschießt sich der neue Mann.

Auf das Gehetz der Kellnerin-Dirne spaltet Sohn Karl seinem Vater den Kopf. Die Mutter und die Kellnerin, welche zuvor den Selbstmörder ausgeplündert haben, treten zueinander in ungewöhnliche Beziehungen. Hiernach zeigt sich im Bordell der Geist des getöteten Vaters. Der Sohn verabredet ein leidenschaftliches Stelldichein mit Muttern. Die Dirne tut, ihrerseits, Gift in den Kaffee. Die Mutter wirft nun der jüngeren Tochter vor, mit Vater „etwas gehabt" zu haben. Eine andere Braut des Sohnes Karl, namens Brigitte, stirbt an dem Kaffeekannengift. Als er darum klagt, äußert die Mutter: „Karl, du hältst das Maul hier!" Karl ersticht sich. Jener. Der Manager der älteren Schwester nimmt hierauf vor den Kaffeegästen die jüngere Schwester hin. Die Dirne selbst wird verhaftet. Die jüngere Schwester folgt jenem prüfenden Onkel. Mutter bleibt mit dem früheren Manager der zwei Töchter. Sie nimmt eine Schnapsflasche. Schluß.

III.

Es klingt roh. Doch der Gesamtumriß entroht es. Der Mensch ist meistens ein Überteufel – (heißt das). Strindberg-Pessimismus. Zwischendurch zweifelhaft gute Verse, nein, zweifellos schlechte, wie bei Wedekind.

Oft ein dumm-aberwitziges Zeug: Seitenfüllsel. Das D... Dr.... Drama hört zufällig auf – indes wochenlang so fortgedichtet werden könnte bis Neujahr. Bilderbogen; Begebnisse voll Grauen draufgezeichnet, aber mittelmäßig gezeichnet. Dämonisch, doch bequem.

IV.

Also Leichen in Fülle; wie vormals bei Shakespeare; und heut bei Sekundanern. Ist das ein Rückfall ins Frühstufige?

Nein: ein Symbol ... Denn Shakespeare mordet arglos, weil seine Gäste das verlangen. Essig mordet absichtsvoll: damit ein Gleichnis für die Greuel der Welt herauskommt. Weißte. Ich verpflichte mich, alles damit immer zu bemänteln.

Man darf somit sagen: Essig gibt kein Abbild – sondern ein Sinnbild. Er gibt kein Ebenbild – sondern ein Merkbild ... (Zumal ihm die Fähigkeit, die gestufteren, heutigeren, uns angehenden Schattungen der Seele zu erreichen, aus Mangel an Gaben versperrt ist ... Er steht für viele Expressionistenbrüder – die meistens Dramatik per Symbol machen.)

V.

Eine Tat Jessners ist es, aus alledem das Trauerspiel so herauszuheben: daß die wuchtende Wirkung erwächst. Daß sie nicht unterbrochen wird.

Jessner hat das Stück ganz falsch gespielt; aber ganz wunderbar. Wieso? Ein Wede-Enkel spricht ja in Essig – der Schwankungen zwischen Komik und Ernst will.

Doch aus oft blödem Stegreifgeschwätz ein Trauerspiel zu machen, mit so hinreißender Wirkung: das bleibt große Kunst.

Bis ins Letzte gefeilt. Gedämmt, wo alles doch sickert und leckt.

Neben der Kunst ein Kunststück: aus Nichts diesen Eindruck zu holen. Ein Kunststück, wie wenn Garrick mit einem Blatt Papier „totes Kind“ spielt.

VI.

Jessner hat den Humor nicht ganz verhehlt – doch nur durch was Bannend-Sinistres ihn erzeugt... das immer noch real bleibt.

Kaum faßbare Märchenstimmung. Fern von Aufgetragenem. Ein Wirklichkeitsstück: nur umwittert; nur durchwittert.

Ja, er hat ein ganz anderes Stück wunderbar gespielt. In zeitlosen Zimmern, fahl beschattet, die doch aus der Gegenwart sind. In ruhig-unheilvollen Örtlichkeiten. Und das Wort herausgeholt. Die Aufdringlichkeit eines bestimmten Stils gekappt. Also nichts dumm Ablenkendes. Ein Meisterstück.

Das in einer Zeit, wo fast jedes Theater zum „Schauspielertheater" wird.

VII.

Twardowski, der Sohn; in Gebärden und Klang eingefügt; von haftender Menschlichkeit. Wie seine Schwestern, Paudler und, sacht, Lucie Mannheim.

Wie Klöpfer: der fast zur „Erscheinung" wird, auch ohne Magie-Umschweif.

Die Straub, schlankgeworden, langbeinig, wie damals, als sie eine spinnige Spätjungfer gab; jetzt gut mit einem Stich ins Vettelhafte. Was Andersen-Wirkliches. Und ohne Gewolltheiten.

Gronau, mit dem an Wedekinds Sprechart selber merkwürdig erinnernden Ton. Gerda Müller mit tollen Fluoreszenzen der Sinnlichkeit und Kraft; herrlich.

Selbst Herr Forster, aus der Vor-Jessnerzeit, ein Überbleibsel, und, ob noch so zurechtgeknetet, schwer zu verdauen, dämmte den Theaternasenton.

VIII.

Alles blich oder schmolz in ein Etwas, wie von Munch, nein von Goya, durch den entwirrten Wirrwarr seltsamer Worte – zu einer großen Phantasie.

25. September 1923

Eugene O'Neill: „Anna Christie"

Deutsches Theater

I.

Ich komme mir vor wie O'Neills Pate – denn ich sprach in diesen Blättern, ha, vielleicht in Europa zuerst von ihm.

Doch er hätte mir das danken müssen ... und hindern, daß man „Anna Christie" als erstes Werk in unserem abgelebten (immerhin dramatisch recht verschmitzten) Erdteil gab.

Der Mammut-Erfolg, den Anna jetzt in London hat, ändert nichts an der Undankbarkeit des Firmlings.

II.

Wenn du etwa denkst, Gevatterboy, daß ich die Bürgschaft für dich in jeder Hinsicht übernehme, bist du auf dem Teak-Mahagoni-Weg.

Es steht schon in „New York und London", daß du auch Talmihaftes bringst – aber doch eine Kraft bist.

Die Negerphantasie *„Emperor Jones"* erscheint im Oktoberheft der „Neuen Rundschau" – (das ich noch aus einem anderen Grund empfehle; aus welchem sag' ich durchaus nicht; ich sag's halt nicht).

III.

Aber der *„Hairy ape"* ist bisher dein Gipfeldrama – (nachdem du Strindberg und etwa die lose Technik des „Traumspiels" kennengelernt). In dem Waldaffenstück war ein billiger Gegensatz zwischen Heizraum und Erster Kajüte. Oder zwischen Heizraum und Fünfter Avenue.

Doch im Hagenbeck-Park jener Gorilla, zu dem schließlich der Heizer flüchtet, macht einen ganz grandiosen Schluß ... wenn er dem „Bruder" ahnungslos (und wie zerstreut) den Brustkorb eindrückt.

Hier war ein tapfer-sinnliches Symbol – für Fühllosigkeit der Natur.

IV.

O'Neill findet einen Teil seiner Wirkung in der Sprache. Sehr Örtlich-Amerikanisches und mobhaften Argot gibt er. Geht das bei uns verloren?

Man hat die verdammte Pflicht, in jeder Sprache zu wirken, wenn man eine Macht ist. Was von „Anna Christie", die Sprache weggedacht, bleibt, ist Überlebtes; eingemottete Dramenmode; mit viel unwesentlichem Hinundhersprechen; mit mehr Genauigkeit als Schlagendem; und nicht mal mit der letzten Genauigkeit; etwas Rühr-Ei zwischendurch ... Gewesen; gewesen.

V.

Anna, mutterlos, wenn Vater auf dem Kohlenkahn herumfährt; Verwandten überlassen; früh entblättert; erst Kinder-, dann Freudenmädchen; – Anna liebt zum erstenmal ... einen Heizer, der mit ihr sowohl ein reines Glück wie ein neues Leben usw.

Sie bekennt ihm alles. Er käme drüber weg. Aber sie? Nein. Anna fühlt jene Selbstsucht aller Männer. Ein Schuß. *Fare well, sweet Annie – eoh! eoh!*

VI.

Amerikas Anteil an der Förderung des irdischen Theaters bleibt – Anna hin, Anna her – trotzdem gewiß. New York ist heute dramatisch viel weiter als London. Die *Theatre Guild* und die *Province town players* gewinnen eines Tages Neuland. Herauskommen wird nicht ein Prrrogrrramm – sondern ein Leuchten. Etwas dort ist auf dem Wege.

Die Bildkraft O'Neills, vom Busen amerikanischer Regisseure gesäugt, schuf nicht nur dies Bootsdeck in der Nacht, (um dessentwillen das Stück im Deutschen Theater sehenswert ist; Krehan!); aber das kann schließlich Charpentier in der „Louise" auch; ... sondern vormals ersann er die sechs schaufelnden Heizer – und das Zoologische des *„Hairy ape"*.

Neuer sinnlicher Wirkungen (mit „Tiefe") darf man gewärtig sein.

O'Neill vielleicht, New York bestimmt, ist für das Drama der Welt heut eine große Hoffnung. Wenn die mal anfangen, – na!

(Und alles das wird die jetzt gegründete Zeitschrift *„The American Mercury"* belichten; geleitet von G. J. Nathan und H. L. Mencken; gestützt von einem Verleger mit dem Yankee-Namen Knopf.)

VII.

... Der Irrtum des Einübers, Wendhausen, war: daß er so eine Handlung nicht bodenschlicht, nicht flausenlos, nicht mit einer anständigen Trockenheit spielen ließ – sondern beinah mit verborgenem Gemütszimt. Gewissermaßen: Vautier. Menschenliebelei ... unter der Hülle.

Selbst Gülstorff kam dadurch in Verlegenheit – so gut er ost- und westpreußelt. Oder die saftige Kupfer ... sobald sie den Herzenston anschrob. Mit dem zerdrückten Mitmensch-Biederschmerz. Der alte Gott lebt noch. Mir ist was ins Auge gekommen.

Der Schauspieler Walter Brandt, ein riesiges Gemisch von George plus Raoul Lange, bekam noch als Heizer hiervon sein Fett, mitten im Bärentum. Spielwart, unterlassen Sie die Vertraulichkeiten!

VIII.

Ja selbst meine Dorsch ...

Es geht nicht, dies naive Gewächs in ein sentimentalisches zu krempeln. Mit der stillen Zähre.

Man zwingt sie, fast abwesend zu spielen? als lautloses Bild; als edles Seifenplakat? Neinnnn!!!

(Manches an dem Stück lohnt des Sehens – weil man eines Tags die Vorgeschichte O'Neills vielleicht kennen muß. Er ist Mitte Dreißig.)

10. Oktober 1923

Toller und Brecht in Leipzig

I.

Das Alte Stadttheater (welches der mutige Dr. Alwin Kronacher leitet) bot an zwei aufeinanderfolgenden Tagen Tollers verzweifeltes Trauerspiel „Der deutsche Hinkemann" und Brechts naturschlemmenden Bilderbogen „Baal".

Tollers Werk war an zwanzig Abenden schon gespielt. Brechts hatte wenig Glück: Skandal, Pfiffe, Gelächter, Trampeln, halbstündige Ulkrufe – so daß am folgenden Morgen der Obmann des gelesensten Blattes schrieb: „Ich habe die Leipziger nie so völlig außer sich gesehen."

II.

Dabei lag die Stadt am Tage friedlich (in einer Art von Erholungsglück über den schrumpfenden Wucher), aufregungslos, beherrscht, fleißig, ohne Sucht nach Exzessen in der Wintersonne.

Leipzig macht jetzt einen vorzüglichen Eindruck. Soviel emsige Regsamkeit muß das Bewußtsein stärken: wir gehn nicht unter.

Was aber nun Baal betrifft ...

III.

Herr Baal ist ein sinnlich-rücksichtsloser Mensch, der sich, wohl nach der Universitätszeit, auslebt. Sein Ausleben beruht nicht im Denkversuch. Sondern im G'fühl. Neben dem Naturgenuß: in Schnaps, Schnaps, Schnaps – und nackten, nackten, nackten Mädchen. Er ist somit ein Kämpfer gegen seine Zeit. Das Naturschenie, so nicht mit dem Hirn, sondern mit Muskeln und sonstwas arbeitet.

Kurz und gut: das Wort All-Verbundenheit wird fällig.

IV.

Er nimmt seinem Freunde die Braut weg, verstößt die Frau eines Fabrikanten, rafft zwei junge Schwestern gemeinsam übers Lager (weshalb ihm die Wirtin aber auch kündigt), hält sich hernach an einen männlichen Begleiter, lebt mit ihm und einer geschwängerten Sophie, verläßt diese samt ihrem Kind im Leib nachts auf der Landstraße, mordet jenen Genossen, trinkt als ausgemachter Naturfreund einmal an elf Glas Schnaps bei offenem Vorhang, stiehlt zwischendurch einem Leichnam den Branntwein – und stirbt als ein solcher Kämpfer gegen seine Zeit verkannt in einem Bretterbau. So Baal.

V.

Er ist äußerlich ein Gorilla und hat, als Urgeschöpf, den Beruf eines Kabarettdichters.

Jenes alt-brahminisch-buddhistische Wort, das aus den indischen Veden zuletzt eine feierliche Umprägung in Lhasa durch den Dalai-Lama von Tibet erfuhr, „Die Liebe und der Suff, die reiben den Menschen uff", gehört auf Baals Urnendeckel, als einer deutlichen Begabung.

Ist es ein Zeitstück? Aus unsrer, unsrer, unsrer Gegenwart? – Etwas, das uns angeht, könnte man sagen, wofern Grabbe, Büchner, Sturm und Drang an einem *post-festum*-Beispiel repetiert werden sollen...

Der begabte Brecht ist ein schäumender Epigone.

VI.

Begabt im Lyrischen. Als ich sein Schreibmaschinenheft, „Baal", 1918 am Starnberger See las, troff schon damals ein dampfender Dämmer aus dem Bruch-Stück. Waldfeuchtes; auch Schummriges verschollener Stuben; Schein umbuschter Schänken; Hauch vergessener Lichtungen. Oder so.

Brecht ist neben der Krafthuberei ein Poet ... und „Baal" mir lieber als das unvermochte Gellwerk „Trommeln in der Nacht" – (das mit dem Tiefsten der Zeit soviel Ähnlichkeit hat, wie ich mit Hitler).

Manches aus dem Manuskript blieb im Gedächtnis. Dunkelnde Fenster; witternde Luft; etwas wie der Spessart.

VII.

Jetzt, bei der Aufführung, zog mir ein Studentenvers durch den Kopf: – „Als er nun, auf Universitäten, in die Kneipen sank so tief, wurden wütend seine Eltern, schrieb'n ihm einen groben Brief: Komm zurück aus Erlangen ... auf der Eltern Verrrlangen!"

Das Balladige, der Bilderbogenzug, das Bänkelhafte trat hervor.

Was bedeutet letzten Endes dies: wenn ein Autor sein Werk in halb spaßiges Licht setzt?

Was Doppeltes. Er bemängelt, wen er eigentlich bewundert. Und er bemäntelt, was er eigentlich nicht kann.

(Ist es ein Kunstmittel? oder eine Ausflucht? – Es ist ein Kunstmittel als Ausflucht.)

VIII.

Das Naturhafte flutscht in dem Stück. Allmählich etwas zu viel. Darf ich sagen, wie ein berlinisches Unter-Ich das roh ausdrücken würde? –:

Wetterfabrik; Ätherzimt; Horizontkiste; Frühlingsmechanik; Sterngefinger; systematischer Duft; Wolkenfeez; grundsätzlicher Ruch – mit Schwadenrezept und planmäßig quellendem Himmelsdach.

Alles in allem: ein Elefantenidyll.

Man spielt es heut: als Merkmal, was in der Zeit geschaffen wird; nicht, was aus der Zeit geschaffen ist ...

Rein literarischer Fall.

Ach, so eine Baalade hat nur als posthumes Fragment wirkliche Aussichten ...

IX.

Wer schafft aber die prähumen Stücke des jetzigen Tags? Wer ist ... nicht ein Enkel, wie Brecht; sondern ein Ahn? Wer gibt, statt Stimmung, Zufall und Sprechdelirium, ein Drama? Wer statt des Steinbruchs ein Haus? Wer unsre zerlegten Inhalte – statt das Zurück-zum-Viechsgefühl?

Ich will ihn salben, wenn er kommt.

X.

Toller für den Hinkemann schwerlich. Von dem, was die Zeit bewegt, ist er tief erfüllt – aber zum erstenmal auch von Kitschigem. Er scheint in diesem Werk ungewiß; wo er in drei anderen gewiß war. Der Übergang zum Halbnaturalismus ist nicht leicht ...

Was bildet hier den Kern? Die Tragik eines zeugungsunfähig gemachten Kriegers. Eines athletischen Mannes. Dank dieser Verletzung sinkt ihm die Welt.

Toller schöpft zwei Dinge heraus. Ein Symbol: den äußerlich Strotzenden vergleicht er mit ... Deutschland. Wie es vor dem Weltkrieg war. Etwas peinlich, für mein Empfinden. Und er faßt, Nummer zwei, einen Zorn wider Priapus, den Gott der Geilheit. (Brecht weniger.)

Halbkomisches kommt hinzu. Schwer faßbar. Als hätte die Courths-Mahler sich des Naturalismus bemächtigt. Ja, ja, ja. Walter Mehring, vielleicht Barlach, zeigen dann ihre Spuren. Wedekind im unvermeidlichen Budenbesitzer. (Sogar Hauptmann borgte sich den – er las ihn mir, in einem ursprünglichen Entwurf zur „Pippa“, vor.)

Greuliche Längen am Schluß. Wiederholungen – bis zur Erkrankung. Und dennoch ...

XII.

Mit alledem ist Ernst Toller dennoch ... nicht nur ein Zeitgenosse – sondern ein Genosse dieser Zeit. Der Unterschied zwischen den zwei Begriffen war an Brecht zu sehen.

Man lebt nicht im Heut, weil man heute schreibt. Doch Toller schreibt, wie man heute lebt.

Diesmal schlampet, weich, finster. Allerdings: Mitte Zwanzig – und an der Kette. Nicht gegen kleines Ehrenwort auf dem Gut.

Wenig heiter guckt sich's in die Welt
Aus der Festung Niederschönenfeld.

Wenn er raus ist, soll er andre Stücke schreiben.

XIII.

Doch er schreibt schon andre Stücke – hier im Verhältnis zu seinen früheren. Ob den Parteien schwebt er. Wichtiger als politische Not ist ihm heut menschliche Not. Wer hilft (ist seine Frage) der Seele des Einzelnen?

Jedermann sich selbst, Lieber ... dünkt mich.

XIV.

Toller gibt ein erziehliches Stück. Ein Volksstück – neuer Art. Er will nicht literarisch sein – obschon er papieren ist. Das reißt, letzten Endes, den Betrachter hin.

Toller spricht Zeitung. Doch saget nichts dawider. Es kommt drauf an: wer.

Ich stellte schon bei Shaw fest: daß auf den Planken gewisse Dinge heut ... erörtert werden müssen. Daß sie eben durch ein „dichterisches Gefühl" nicht mehr auszudrücken sind. Warum? Weil wir zu vielfältig geworden sind; zu verfeint; zu abgeschattet; zu erwägungshaltig. „So daß also," schrieb ich, „manches Drama künftig nur Vorspiegelung eines Dramas (im alten Sinn) wird sein können; *de facto* jedoch Zeitung ... mit verteilten Rollen."

Ich wiederhole das. Toller hat ganz recht. Das bloße G'fühl ist alte Schule.

XV.

Was Kindlich-Ungeschrecktes liegt in der Behandlung des absonderlichen Themas. Ein herzhaft-reines Bis-ans-Ende-Gehn. Bei eklig Abgedroschenem eine gütige Kühnheit. Das ist es. Etwas zittert nach. Selbst als Volksstück ist alles das unter der Kanone, wenn ein Spielordner nicht rasend streicht ... doch es zittert vieles, vieles, vieles nach. Hier predigt ein Dichter-Johannes dieser Zeit. Er sei gerüffelt ... und bedankt.

XVI.

Mein Leipzig lob' ich mir ... Es hat zwar den „Hinkemann" mit Provinzpathos dargestellt (wenn auch redlich in dem Schauspieler Engst – fesselnd nur in Hans Zeise-Gött). Aber schön ist, daß überhaupt vor ernsten Hörern solcherlei gemacht wird.

„Baal" dagegen war, nicht nur relativ, eine Leistung. Voll eingehender Liebe. Klappend. Furchtlos. Mit Luft und Duft in schattenhaften Bildern von Friedrich Thiersch.

Wieder mit Zeise-Gött ... neben Lothar Körner, der kein „Elefant" als Baal sein kann, wie nötigenfalls Klöpfer – der aber vier, fünf Register sprachlich zieht.

Margarete Anton nebst zwanzig Namenlosen gut eingeordnet.

Alles in allem: der Kritiker schwärmt nicht – hebt aber den Hut ... Beide Poeten schließlich auch: der Nachfahr wie der Landsucher.

11. Dezember 1923

Fünfundzwanzigmal Valentin

I.

Alle lachen. Manche schreien. Woraus besteht er?

Aus drei Dingen. Aus Körperspaß. Aus geistigem Spaß. Und aus gewollter Geistlosigkeit. (Bei einem Gast ist sie gewollt ...)

II.

Der geistige Spaß. In der Antwort eine sozusagen bayrische Talmudik. Ein Wortzerklauben. Bayrisches Gegenstück zum zerklaubenden Ulk des Schauspielers Morgan. Oder gar Pallenbergs. Oder: zu der leisen, rabbulistisch-berlinischen Antwort des Menschendarstellers Falkenstein.

Geistig auch die Parodie. Man brüllt, wenn (bei dem Autor Valentin) der Tapezierer auf die Bretter bummert, aber die edle Sängeeerin unentwegt störungslos weitersingt, weitersingt.

(Schmierenkomik. Valentin ist sein eigener Johann Lumpe, Theaterdirektor aus Dobern bei Bensen.)

III.

Körperspaß. Körperlich ein *excentric* oder *musical clown.* Wie aus dem *London Hippodrome.* Spielt fünf Instrumente. Nur steht er nicht mit einem Fuß auf Stuhllehnen – wie ein Angelsachs. Höchstens, daß er gespaßig die Beine ringt.

Auch die Äuglein ringt er.

IV

Drittens: Gewollte Geistlosigkeit. Manchmal wie ein Gespräch in der Manege zwischen zwei Partnern. Unwesentliches Hinundher.

Ist Valentins Art hier bayrisch? In Norddeutschland sagt man: „Wie geht's?" Antwort: „Danke." Schluß.

In Süddeutschland vernahm ich Folgendes zwischen zwei Mädeln: „Grüß Gott, Cenzl, wie geht's?" – „Dank schön, gut geht's." – Jetzt aber weiter. „Dees freit mi, daß Da guat geht." – „Ja, dank scheen, mir geht's gut." – „Des ist also hübsch, daß Da guat geht."

Dieser liebenswürdige Geisteszustand erklärt manches der Hitlerbewegung. Es ist halt ein Ausspannen... (Valentins drittbeste Komik.)

Soviel über die drei Bestandteile.

V.

Sein Mittel: die Ruhe. Die Unbeirrtheit.

Er scheint ohne Bewußtsein vom Parkett.

Er hat, mit einem Worte, das Geheimnis jeder Könnerwirkung: daß man allein da ist, sein Wesen hinsetzt und sich um die Welt einen Dre... Dreier kümmert.

VI.

Der Humorist Pallenberg wird (nötigenfalls) zu einem Raimund. Der Komiker Valentin ist ein Nestroy.

VII.

Wer ihn sieht, mag an einen Ausspruch Richard Wagners denken. An das einzige Mal, wo (wie ich herausfand, D. R. P.) in Wagners Äußerungen das Wort Käfer vorkommt.

Als er heiter in Palermo rief: „Nu aber kee vernümftiges Wort mähr!"

10. Oktober 1924

Shaw: „Die heilige Johanna"

Deutsches Theater

I.

Was Shaw hier gibt, ist (selbstverständlich!) weit mehr als die Geschichte des Mädchens von Orleans.

Zwar nennt er das Werk „dramatische Chronik". Doch es ist eine ganz andere Chronik. „Wohin ich forschend blick' ... in Staats- und Weltchronik ... warum gar bis aufs Blut die Leut' sich quälen und schinden in unnütz toller Wut!" In *b* erklingt es. „Wahn, Wahn! Überall Wahn!" Dur oder Moll? – Durcheinander. Meistens Dur, trotz alledem ...

Schließlich Dur. Einstens Dur.

II.

Es sind keine nürnbergisch halb heiteren Beschwerden, wie um den Hans Sachs bei Wagner. Sondern allerfurchtbarster Ernst.

Schreckliche, schreiende Bedräunis durch die Hirnbestie. Durch grause Ichsucht der denkenden, nicht enttierten Kreatur. Durch die in ein System gebrachte, mit Regeln begründete Viecherei.

Das alles ist unweinerlich dargestellt. In sechs drollig-bitteren Szenen. Und in einem bittersten, hoffnungsarmen, dennoch irgendwie anfeuernden Nachspiel. Aufwärts!

Des unfeierlichen Bernard Shaw im Innern feierlichsten Werk (neben dem Methusalemgedicht). Ein Archiv der Menschlichkeiten.

III.

Technisch gesehen ist alles wie der erste Akt der „Hugenotten": lauter Mannsen um eine Frauenstimme.

Die Frau: hier die leuchtende Minderheit. Die Frau: grade zustoßend; hemmungsärmer; unschwieriger, vernünftiger; auch törichter ... (Johanna kommt zu Gefangenschaft und Tod, weil Fraueneitelkeit sie ihr „Gutes" in der Schlacht anziehen hieß; dadurch fällt sie dem Fänger auf; – ein himmlischer Zug.)

IV.

Johanna wird mit vielen Begründungen verbrannt. Mit allen Vorbehalten; allen Berechtigungen.

Es ist etwas Ungeheures: das Mädel, das Kind, gegenüber den vielen

Mönchen, Bischöfen, Aldermännern, Prinzipreitern, Brüllern, Tüftlern, Fanatikern, wohlwollenden Vätern ... und Wölfen – die letzten Endes nicht Wölfe sein wollen, sondern halt wölfisch handeln.

Ein sachlicher Blick sah sie.

V.

Ist ein Kerl wie Shaw heut unzeitgemäß? Leider nicht. Allenfalls für uns. (Keineswegs für Euch!

VI.

Technisch ist von den sieben Auftritten fast jeder ein Drama. Der Bau: Johannas Anstieg; hernach Abflauen; Abhalfterung – nach getaner Arbeit; dann ihre Menscheneitelkeit; dann ihr Untergang (erst Nachgeben, darauf Starkbleiben); dann ihr Hochflug.

Über allem ... ein Schmerz. Im Schmerz ein Spaß. Im Spaß ein Schmerz.

(Des unfeierlichen Bernard Shaw im Innern feierlichstes Werk.)

VII.

Shaw ist auch hier Skeptiker ... doch aufhellend; werkfrisch; bejahend; mit dem Satz: *aude sapere* – habe den Mut, dich deines Verstandes zu bedienen.

In der Machart, im Ton ist es eine Überlieferung Englands, nicht erst seit Oscar Wilde: leichte, sehr sachliche Plauderfärbung zu bieten auch für schreckliche Dinge.

VIII.

Von Schiller bei diesem Anlaß kein Wort. ... Shaws Johanna verliebt sich niemals. In ihrem Mannesgewand wiese Magnus Hirschfeld die Person zur Transvestitenschar. Bei Voltaire ist höchste Heldentat der Jungfrau von Orleans, ihre Jungfernschaft nicht zu verlieren. ... Bei dem Nordländer Shaw bleibt sie Soldat, Vernunft, Opfer – fast ohne Leib.

Nur handelndes Prinzip. Und ringsum Haß gegen die Könnerin.

Johanna mogelt etwas (mit den „Stimmen“, die sie hört) – auch sie! Zwischendurch ist sie halb feig; wie der Homburger. Auf der Höhe leicht in der Eitelkeit verstimmt. Fast hochfahrend – obgleich im Grunde Dunois ihren Erfolg strategisch durchgesetzt hat.

Es ist aber nicht Wildenbruchsche Geschichtsprophezeiung, wenn sie voraussagt, sie werde, für den Fall der Verbrennung, in das Herz eines ganzen Volkes eingeh'n.

Sondern es ist ... ihr Stolz. Ihr Trost mitten im Neid. Ihre Entschädigung. Ihr Glück. Und ihr, zutreffendes, Bewußtsein.

Der Mensch im Übermenschen. Der Übermensch im Menschen.

IX.

Das schrieb einer, der seine Mitwelt zur Aufrichtigkeit erzieht. Zur Einkehr. Zum Ablaß vom Schwindel. Er ist, was man einen Dichter nennt. Oder Schriftsteller?

Mit wachsender Heiterkeit las ich, wie die Grenze zwischen Dichter und Schriftsteller erörtert wird. Mühsam und fleißig. Der Fall ist ja längst erledigt.

Im Jahre 1910 schrieb ich („Die Welt im Drama", zweiter Band, S. 98), was man für Shaw wiederholen muß: „Der ‚Unterschied' zwischen ‚Schriftsteller' und ‚Dichter' wird umschmust. ... Die Wahrheit ist: daß mit vorrückender Zeit, mit dieser Gegenwart, ja eben die Grenze zwischen ‚Dichter' und ‚Schriftsteller' zu versinken begonnen hat. Daß eben heut gewisse Dinge nicht mehr durch sogenannte dichterische Symbole ausgedrückt werden können, sondern daß sie erörtert werden müssen ...

Daß sie eben allein durch ein dichterisches Gefühl nicht mehr auszudrücken sind: weil wir zu vielfältig geworden sind; zu verfeint; zu besonderlich; zu zwischenstufig; zu abgeschattet; zu erwägungshaltig. Dafür gibt es keine Symbole: sondern Erörterung.

So daß ein reiner Dichter, will sagen: ein rein gefühlsmäßiger Symbolerich, heute zugleich ein Banalissimus wäre. So daß also manches Drama künftig nur Vorspiegelung eines Dramas (im alten Sinn) wird sein können; *de facto* jedoch: Zeitung... mit verteilten Rollen – (zusammenpackend ausgedrückt). Dennoch eines Dichters Werk.

Der ‚Schriftsteller' ist heute längst ein ‚Dichter', ohne gestempelt als ein solcher zu sein. Der ‚Dichter' jedoch wird künftig ein ‚Schriftsteller' sein müssen – oder ein Esel sein." So 1910. So 1924 für Bernard Shaw.

X.

Im Vorwort erwähnt Shaw die Winifred Lenihan, von der in New York *Saint Joan* gespielt wurde. Er sah sie nicht; ich sah sie.

Der Bergner kommt sie schwerlich gleich. (Sybil Thorndike in London muß furchtbar gewesen sein – nach ihrer Tosca.)

Die Bergner geht mehr auf Rührung als die Amerikanerin. Das Opferhühnchen unterstreicht sie. Doch köstlichster Besitz für die Gestalt ist ihre Unbefangenheit. (In dem Geisterauftritt nur etwas damenhaft.)

XI.

Die Aufführung in New York war glatter und in größeren Räumen. Bei Reinhardt gähnt keine Hallentiefe des Mittelalters. Strnad macht alles beengt und kostbar. Perspektivischer nur den schönen Dom. Eine Gestalt wie der Marschall (Ledebur), wird bei uns fast Märchenerscheinung.

In New York war mehr ... Konversation. Bei Reinhardt ist alles dramatischer, effektreicher. Der Kern wird bewußt herausgepolkt.

Es mißlingt bei Vallentin – sein Wort ist nur wie heutige Straße. Besser geht's bei Paul Otto ... wo man den Spielmeister gelegentlich durchhört. Glänzend bei Kühne – Erzbischof in jedem Zoll. Halb im Überdramatischen, im zu Absichtlichen des begabten Walter Franck, welcher den englischen Kaplan macht. Halb auch, weil zu schmetternd (statt einer zurückhaltenden Menschlichkeit) bei Müthel, der für Johanna unter den Priestern eintritt. Prachtvoll bei Hartmann: weil er Ekstase mit heutiger Überlegung diesmal im Ton mischt. Halb und halb bei Forster, wenn er den Dauphin versucht. Er soll nicht Offenbach sein. Er ist es auch nicht. Nur im Gespräch mit Johanna holen die New-Yorker mehr ganz leisen Ulk aus ihm. Der Schluß (Apotheose, vom Spielwart eingelegt) klappte noch nicht. Das Ganze wird seinen Weg machen.

XII.

Gegen Shaw bleibt ein Einwand. Seine Johanna verlangt nichts für sich – inmitten von Machtschiebern, weltlichen und geistlichen. (Ein Gespräch zwischen denen bildet das Kernstück.) Johanna verlangt nichts für sich ... aber Genugtuung, Ehre, Erfüllung inneren Sehnens – ist es nicht auch Ichsucht?

Nur versteckter. Nur minder greifbar ... als Landbesitz, als Kirchengewalt. Sind die zwei nicht im Grunde harmloser, durchschaubarer?

Ist Johanna nicht am Ende wölfischer?

... Der Nächste schreibt dieses Drama. 15. Oktober 1924

Bertolt Brecht: „Dickicht“

Deutsches Theater

I.

Ich halte mich nicht für verpflichtet, über Derartiges eine „Kritik“ zu verfassen. Der Versuch des Mißbrauchs wird freundlich abgelehnt.

Ein Regisseur mag zeigen, was er kann, wo nichts ist. Herr Erich Engel, mit Falckenberg in München der „Entdecker“ Brechts, tat sein Bestes. Aber es ist Kraftentziehung an der ebbenden Dramatik einer Übergangszeit, wenn man ernste Sorgfalt und erste Nummern für so Gestaltungsunfähiges bemüht. Schluß der Höflichkeit: es handelt sich hier um völlig wertlosen Kram. Um völlig wertlosen Kram.

II.

Bums ohne Inhalt. Sinnleer. Weil Grabbe Schnaps trank.... Ein Auftritt hier in der Wirkung fast wie der andere. Bald sehr langweilig: weil fast gleich im Bums. Steigerungslos. (Also „dynamisch“ hat hier der Schmock zu sagen.)

Der „Untergang einer Familie“, heißt es abgebraucht-naturalistisch. Auch das abgebrauchteste Mittel eines „unheimlichen Chinesen“ oder Malaien ist üble Dagewesenheit.

So ein Rudolf-Stratz-Chinese. Er „kämpft“ mit George Garga in Chicago – hier immer gesprochen: Tschortsch – einen „Kampf“. Frei von Inhalt. Nur Schicksal ... und so. Ältestes Klischee. Der Chinamann heiratet Tschortschs Schwester Jane (Tschähn); liebt zugleich den Bruder. Er nimmt am Schluß Gift. Alle verkommen selbstverständlich. Das bekannte „Bild eines Untergangs“ soll halt erreicht werden. Es ist ein Wust aus Tertia.

III.

Die Stimmung der Hörer zeugte von der Bereitschaft, sich mißlungenen Bluff nicht länger bieten zu lassen.

Um Schonung bat zu Beginn ein Prolog. Man solle sich nicht über die einzelnen Szenen den Kopf zerbrechen – sondern auf das *finish* achten. Der Schluß war jedoch wieder nichtig und schwächlich! Ein Postlog hätte daher sagen sollen: achtet nicht auf das *finish*, sondern auf die vorangegangene Unfähigkeit ...

Chaos durch Chaos nachzumachen – das trifft jedes einlaufende Dramenmanuskript; es wird aber nicht gespielt.

IV.

Der Epigone Brecht (ein Epigonster; ein Grabboid, Büchneroid, Stratzoid mit aktueller Firma) zeigt hier nicht einmal die Lyrismen oder Delirismen (Schnaps) der vorausgegangenen Bruchstücke; wofür er als Hoffnung bei uns eingetragen ist. Nur Geladenheiten ohne sichtbaren Grund, die nicht mehr ziehn. Man brauchte den Grund ja nicht zu wissen – aber sie müßten ziehn.

Item. Ihr sollt in die Zukunft sehn, nicht in schlaffste Vergangenheiten. Schwaches ohne falsche Scham abweisen. Und wenn keiner da ist, warten, bis einer kommt.

Das lesende Publikum denkt: das ist vielleicht modern; da steckt vielleicht was dahinter; „Bekundungen unserer Zeit", oder so; man versäumt vielleicht was.... Es ist aber nur Sammlungsmangel, Nichtskönnen. Auch wenn eine Handvoll Komisch-Willige darüber schmust. Hört ihr die Zeit nicht lachen?

V.

Walter Franck, dessen blutvolle Begabung in einer Mönchsgestalt neben der „Heiligen Johanna" vortrat, hat zusammendrängende Wirkungen hier gesteigert. Das ist einer. Nicht nur Wucht... sondern im Stoß etwas von leidender Kreatur.

Er gab den Tschortsch – in der von Engel alltagswirklich und glänzend gedrillten Buntwelt.

Gerda Müller, in ihrer Pracht überseelter Sinnlichkeit oder angeseelter Sinnlichkeit mit aufrecht fragendem Schmerz, widmet sich der Schwester, Tschähn.

Kortner wahlt ein *piano* der Stimme, ein *glissando* der Füße, wenn er den Malaien als Chinamann darstellt. Fuß, Blick, Stimme haften. Den Kitsch dämpft er.

VI.

An dem Elternpaar des Tschortsch üben sich die Eysoldt und Walter Fried. Die Frau: verhärmte Mutter mehr im Blick... als in der Sprache, worin ein bloß geringes Maß von Lehrhaftigkeit selten hindurchschwingt. Der Mann: genrederb; mit Schnurrbart und Augenbrauen wie ein Theatersoldat; halb in der Maske von Lloyd George-Tschortsch.

VII.

Engel wirkt mit Flinkheit, Farbe, Sicherheit; nicht mit Steigerung und Stufung. (Wo soll er hier sie hernehmen?) Doch er bringt, in augenfälligem Geheg, nicht nur Paul Bildt zur goyesken Verleiblichung eines Galgenvogels – sondern den sonst getragen-edlen Lothar Müthel bis zum Scharf-Skurrilen. Für diesen Darsteller eine neue Möglichkeit.

Engels Talent steht heute Reinhardts Art näher als Jessners. Er zaudere nicht, es an Dinge zu wenden, mit denen sich zu beschäftigen lohnt. 30. Oktober 1924

Bertolt Brecht: „Leben Eduards des Zweiten von England"

Staatstheater

Nur wer die Gähnsucht kennt,
Weiß, was ich leide.

I.

Die Kritik ist kurz.

Noch ein Auftritt. Noch ein Auftritt. Steigerungslos. Angeklebt. Vier Stunden fast. Wer nicht schläft, wächst aus.

Jemand kann Zitherspieler werden. Jemand kann Möbeltischler werden. Jemand kann Lithograph sein oder im Baugeschäft.

Aber warum Dramatiker – wenn ihm just diese Fähigkeit mangelt?

II.

Diesmal sagt Brecht wenigstens, von wo er's hat. (Marlowes „Eduard II." wurde vor einem Jahr bei uns gespielt.) Modernheit liegt darin, Schriftsteller aus dem sechzehnten Jahrhundert zu verarbeiten.

Zwei Fragen melden sich: warum ist Lion Feuchtwanger, der an dem „Werk" beteiligt sein soll, auf dem Zettel verschwiegen? Zweitens: sind Stellen aus älteren Autoren sonst ent... verwendet?

O laßt solche Fragen, alles in allem, zu.

III.

Marlowe ist technisch unbeholfen. Ihn zu modeln hat nur Sinn, wenn man ihn dämmt; ihn steigert.

Brecht macht ihn noch viel ungeschickter.... Durch dicke, gedehnte, belastende Beitat. Ohne Schimmer von Gliederung. Ohne Schein von Akzent. Das Urbild bleibt ja konzis gegen diese Vierstunden-Wurst.

In der Chausseestraße war Marlowe knapp auszuhalten. Im Staatshaus hat man Brecht bei etlichem Beifall bepfiffen und bezischt. Wie griff er ein? Was tat er zu?

IV.

Worte. Sodann etwa: der „trotzige" Rebell Mortimer muß den Plutarch lesen; über den trojanischen Krieg eine Rede halten. Er ändert sich. Die Königin muß zur Säuferin werden. Eduards Lustjunge Gaveston muß vor der Hinrichtung sich das Grab graben – und wird gefragt, ob er sein Wasser abschlagen will. Mortimer flieht nicht aus der Haft, sondern der König läßt ihn selber frei. (Der König wird jedoch in anderen Zügen gemeiner als bei Marlowe gemalt.) Alles willkürlich, sinnschwach, zufällig.

V.

Fehling, der Spielmeister, zerrt. Ein *crescendo* vermag er nicht. Die Fleißarbeit ist schätzbar. Sinn für stufendes Tempo fehlt ihm. Überdies verwechselt er Historie mit Ballade; (Mullvorhang). Dauernd neblige Finsternis. Gleichförmig.

VI.

Faber versieht in zureichender Fülle den König mit Entartung und Tonlosigkeit. Manchmal mit Sprechkunst.

Die Straub hext sehr freigebig sein gutes, spät verkommenes Weib.

Indessen Krauss ihren Mortimer mit manchem Pandurenzug belehnt – auch mit einem gewissen Humor (welcher dem Drama zu gelten scheint).

... Über Jessners Ziel und Haus ist nächstens Musterung zu halten.

5. Dezember 1924

Rudolf Leonhard: „Segel am Horizont"

Volksbühne

I.

Sechzig Mann Schiffsbesatzung. Der Kapitän verschwunden. Man wählt seine Frau zum Kapitän.

Ergebnis: Schwierigkeiten. a) durch Geschlechtshungrige – weil eine Frau an Bord ist. b) durch einen Mannsrechtler – weil eine Frau Kapitän ist. (a: Geschlechtsgier; b: Geschlechtsstolz.)

Zur Gruppe a gehört: die Besatzung. Zu Gruppe b: der Telegraphist.

Welche Folgen stellen sich ein?

II.

Bei der Mannschaft: Wirrwarr, Zwietracht, Eifersucht. Bei ihr selbst: Beklemmungen, Wallungen ...

Als der Zustand ein paar Menschenleben gekostet hat (Selbstmord und Mord – Mann über Bord!); und als Verhaftung durch Hafenpolizei bevorsteht: da nennt sich die Frau bereit, alle Schuld zu übernehmen; Opfer zu sein. Auch beichtet sie: der verschwundene Kommandant hat ihre Liebesahnung für zwei Matrosen gefühlt – und sich im Freudenhaus abgekehlt.

III.

Sie will sich opfern? Sie beichtet? Das versöhnt fast alle: den Weibverächter wie die Weibgierigen. Frohe Fahrt! – zurück in See! von ihr gelenkt!

Es hat sich gezeigt: daß eine Genossenschaft zwischen Frau und Männern möglich ist ... sagt R. Leonhard.

Kern: der Mannestrieb wie der Mannesstolz (das Tierische wie das Rechthaberische) treten zurück: vor dem Willen zur sachlichen Tat ... sagt R. Leonhard.

Ein etwas theoretischer Ausgang. (Beklopfet stets ein Werk, ob es mehr von der Zeit hat – oder von Literatur der Zeit.)

IV.

Ist es ein Zeitstück? Der Flettnersche Rotor wird genannt. Man funkt. Genossenschaften, Gewerkschaften, Sowjets bilden Male der Zeit. Schön.

Auch die dramatischen Mittel sind aus der Gegenwart. Leonhard scheidet sich vom katalaunischen Bronnen, der trotz Grammophon und äußerer Modernheit älteste Kulissentricks braucht.

Leonhard spricht; er läßt nicht nur Sinnbilder sprechen. Und es ist ja schwachköpfig, zu glauben, daß Heutiges allein durch Symbole dramatisch auszudrücken sei. Durch Sinnbilder „von"; nicht auch durch Gesprochenes „über". (Die veraltete Forderung nach dem Nur-Symbol ist von mir widerlegt.)

Aber ... es gibt einen Unterschied. Zwischen gedrängt-schlagendem (kurz: dichterischem) Zwecksprechen – und zwecklosem Füllselsprechen.

Zusammengefaßt: Leonhard ist nicht leer genug, ideenfrei zu sein – aber nicht wuchtig genug, die Idee durch Sprache zu ballen ... (wo er sie nicht durch Bilder versinnlicht).

V.

Das Schiff ist ein gutes Sinnbild: für enges Aufeinandergewiesensein. Als Boden für das dramatische Gleichnis. Und nur in einem Punkt irreführend:

Warum sechzig Mann und eine Frau?.Warum nicht sechzig Männer, sechzig Frauen?

So wird ja die Frau zum Ausnahmegegenstand. Durch Ablenkung behindert: weil sie sich wehren muß – erstens gegen die Männer, zweitens gegen sich.

Beim natürlichen Verhältnis (sechzig Frauen, sechzig Männer) fielen die zwei Extraschwierigkeiten fort. Sie hätte Ruhe vor den andren und vor sich.

Hier ist also der ungewöhnliche Fall. Wahrer, allgemeingültiger blickte Weibeswert bei sechzig zu sechzig heraus.

Wenn, das ist die Umdrehung, beim Boccaccio ein Gärtnerbursch mit sechzig Nonnen wohnt: ist etwa Durchschnittstauglichkeit des Mannes für die weibliche Gesamtheit hier maßgeblich festgestellt? Also!

VI.

Doch dieses Drama war gedacht als Abbild von Schwierigkeiten beim Gemeinschaftshandeln. Von Entsagungen, die nötig sind für das Unterordnen, das Einordnen.

Leonhard ist in alledem kein Gipfel – doch auch kein Irrweg. Und weil der (nicht überreiche, doch ganz liebliche) Poet zwar flüchtig, doch etwas zusammenhängender arbeitet als viele: deshalb wird auf ihn das Schmockprinzip gewiß nicht angewendet, welches die großen Könner der Weltliteratur strafend auf Zuckmayer weist.

Leonhard hat seit der „Vorhölle" (1919) mehr sich als die Entwicklung entwickelt ... doch er gibt einen tröstlichen Versuch. Eine Anregung. Er steht im Bild und Gedanken über manchem Gestümper der Zeit – im Wort bleibt er durchschnittlich.

VII.

Der wahre Regisseur muß Dramaturg sein. (Brahm war es beispielshalber, als er den Bahr zusammenstrich.) Ein „Dramaturg", der nicht die Programmzeitung, sondern den Autor redigiert.

Nur das ist an der vorzüglichen Waltung Piscators auszusetzen.

Ein klappendes (nirgends expressionistisches) Zusammenspiel.

Darin gibt Gerda Müller der Frau des Schiffs zwo Züge: Dulden und Straffung. (Das leidende Weib; das leitende Weib.)

Erdulden betont sie mehr, in Klang und Miene. Nur selten bedräut von einem Strich ins Romanweiche. Herrlich in der dunkel-hellen Gesamtmischung von Lockendem und Zierlosem.

Ein Element ist sie – nicht eine Retorte.

VIII.

Wangenheim und Fröhlich (zwei bevorzugte Matrosen) leisten schützbar Explosives – namentlich Wangenheim ist fern vom „Matrosen mit dem Matrosenkragen".

Daneben, selbstgefällig vordrängend, Herr G. Ritter; wohl ein Ruhm Sachsens.

Der Schiffskoch, Aribert Wäscher, im Anblick deckend; manchmal im Wort. Hannemann macht einen Moslim, „Kaleb". Bißchen asphalt-exotisch. ... Dann Henckels, Telegraphist; der sprödes Mannstum hier – entweder kennzeichnet ... oder betont. (Er hat was Unschauspielerisches; worin der Begriff „Dilettantismus" mit dem Begriff „zivile Lebensechtheit" verschmilzt.)

IX.

Den Schwarm lenkt also glücklich (symmetrielos) Piscator – seit O'Neill Fachmann für Nautisches.

Er siedelt seine Menschen auf einem prachtvollen, wirklichen Segelschiff an. (Von Traugott Müller.) Statt zu wogen, dreht es sich – was nicht nur der Allseitigkeit, sondern der Augentäuschung des Fahrens dient.

Bloß Verknöcherung mutet einer (nicht kostspieligen) Volksbühne die langweilige, theoretisch-platonische Andeutungsdekoration zu: statt einer saftigen, wenn auch billigen Buntheit – welche die Sinne labt ... und Menschen ins Theater lockt.

Meinen Sinnen gefällt es, daß dieses Schiff ein Schiff ist; nicht ein Zwang zur produktiven Durchdringung der zeitlichen Intensität innerer Beziehungen.

16. März 1925

Barlach: „Die Sündflut“

Staatstheater

I.

Daß dieses Werk einen Preis bekam, weil andre Werke noch weniger einen verdienten, erhellt die Sachlage.

Seine Wirkungsohnmacht bei der (guten) Aufführung blieb sichtbar. Reihenweis floh die Hörerschaft. Selbst die Verzweiflung der Mitläufer war so groß, daß sie einen Fortschritt des Dramas feststellten.

II.

Wenn einer öffentlich „mit Gott ringt“, darf man im Theater auf was gefaßt sein – wofern an Beherrschung der Szene kein Zellchen lebt.

Buchdrama. Oder die gefürchtete Klasse „dramatische Dichtung“. Oder ist es vorwiegend eine Bildfolge?

Aber nein. Wenn's nicht bekannt wäre, daß Barlach Bildhauer ist, kein Mensch würde das hiernach vermuten; seid's ehrlich. So zerfahren, so umrißarm bleiben die mehrsten der einschnittschwachen, monotonen, fortrinnenden Bildgruppen.

(War es nicht Jean Paul, der gesagt hat: die Langweile muß wohl elastisch sein, weil sich soviel davon in einen einzigen Abend pressen läßt?)

III.

Barlach, der in einer gewissen Schwere mit „Gott“ arbeitet, findet Achtung als gediegen, auch wegen des Wohnsitzes an der Waterkant (Mecklenburg) – nicht bloß weil Paul Cassirer ihn verlegt.

„Mancher Mensch genießt die vollste
Achtung nur als Schleswig-Holste“

sagt ein Dichter.

Weil Barlach die Dinge „ernst nimmt“ – muß man ihn darum ernst nehmen? Auf die Leistung, liebe Brüder in Apoll, kommt es an ... allein, in der Kunst.

IV.

Barlach ist ein Sucher, wenn auch kein Seliger. Aussprüche, Wendungen, sehnsüchtig und ernst, hat er. Doch soll das eine Betätigung im Drama sein? Er kann keine Dramen schreiben. Just diese Form fehlt ihm.

Episodensammelsur, Zerschwommenheit, Szenchencholera, Konzentrationsmangel, Themenflucht machen kein dramatisches Werk. Aussprüche? Wendungen?

Folgendes ist ein Denkfehler. Wenn ein Schriftsteller fünftausend solche, nein: stärkere Wendungen und Aussprüche in seinen Schriften hat, nimmt man es wie selbstverständlich hin. Kein Hahn kräht, es anzuerkennen. Bringt jedoch ein vorgeblicher Dramatikus sechs bis sieben Stücke davon in einem Undrama vor: so bricht Ehrfurcht aus.

Nur weil sie nicht klare, stählern-einsame Kernstücke sind: sondern in einem schwammigen, nichtgekonnten, unverständlichen Wust sogenannte „Lichtpunkte" – wo man... mal was versteht. Woran man sich endlich halten kann. Nun schätzt man den Rest.

Putziger Denkfehler.

V.

Barlach (der als modern gilt) hat kein Weltgefühl als das billige der Zerrissenheit; als das einer gewissen bellenden Skurrilität mit Grotesk-Getu. Weißt du: wie der Narr vom Lear im Heidegraus. Also „Tiefe".

Sie geht nicht schwer. Talent zu haben ist schwerer.

Talent zu haben ist schwerer als Genie. Ich lasse Genie nur da gelten, wo es auf der Grundlage von Talent gewachsen ist. Kurz: wo das Talent zum Genie wird.

Dies lass' ich gelten. Nicht Genie ohne Talent ...

Solches geht wirklich zu leicht. Es kommt nur auf den Entschluß an. Barlach ist in der Lage des Entschlusses, nicht des Könnens.

(Der ganze Fall, das „Genialische" betreffend, ist in dem Band „Die Sucher und die Seligen", Seite 326, stabiliert.)

VI.

Kein Groll, Barlach. Man ist in Kritiken nicht auf Geltung erpicht, indem man etwa auf Mord lobte, wo nichts zu loben ist. Oder gar tadelte, weil etwas einer bestimmten Gruppe zugehört.

Ich suche das Drama. Willkommen, wenn es neu und kühn ist. Bedingungslos neu muß es nicht mal sein. Das Neue der künftigen, der wahren Kritik ist: ein Jäger von Werten zu sein: nicht ein Jäger von Entwicklungsfaktoren. Die decken sich nicht unbedingt.

Als Relativist (und als schreibender Mensch, dessen Wert nicht abhängt vom Zusammenhang mit einer Gruppe, sondern vom Schreiben selbst) – als Relativist weiß der Kritiker, daß im Drama alles mehr hinauskommt auf Veränderung als auf „Fortschritt". Daß Wichtigtun hier komisch ist. Daß aber ewig das Gesetz der Abwechslung lebt. Und daß in kritischen Künstlernerven Raum ist für Fisch und Fleisch; für

Weiß und Schwarz; meinethalben für Papst und Luther: nur nicht für das Ungekonnte.

(Und daß es doppelt blöd ist, gar Ungekonntes für Gekonntes auszugeben.)

VII.

Was nützt es mir, daß Noah hier offenbar die Seele vertritt. Calan den Leib: wenn sie die Seele so schwach, so breiig, so wässrig vertreten?

Was nützt es mir, daß man herausmerkt: Noah ist der Gottesfreund, Calan der Gottesfeind; oder: Noah demütig, Calan kämpferisch: wenn Demut und Kampf so wirr dargestellt sind, so matt, so unhervorragend, so übersandet, so todlangweilig –?

Auf den bloßen „Inhalt" kommt es doch nicht an. Das ist in zwei Sätzen besser zu äußern von einem Herrn der Sprache ... ohne das, was der Ahndl Gotthold Ephraim die „saure Arbeit der dramatischen Form" nennt.

„Wozu", fragt er, – „wozu ein Theater erbaut, Männer und Weiber verkleidet, Gedächtnisse gemartert"..., wenn man mit einer Aufführung „weiter nichts hervorbringen will als einige von den Regungen, die eine gute Erzählung, von jedem zu Hause in seinem Winkel gelesen, ungefähr auch hervorbringen würde?"

Eine gute Erzählung? Zwei gute Sätze!

(Aber noch in den eingeflochtenen Sätzen, „Aussprüchen", Wendungen findet diese Sippe nicht die letzte schlagende Form. Letztens wird ein großer Dramatiker der sein, der auch ein großer Sprachkünstler ist.)

VIII.

Lieber rückständiger Barlach! ... Die Aufgabe heißt heute nicht, sich mit Gott auseinanderzusetzen. Sondern es ist keine Aufgabe mehr, sich mit „Gott" auseinanderzusetzen.

Wie geschieht es bei Dir? Ungefähr so. Ein Buckliger tritt auf. (Sinnbild für die Zukurzgekommenen, für schuldloses Leiden, für Ungerechtigkeit.) Gott als vornehmer Fremder tritt auf, *Harun al Jehova*... und zitiert Strindbergs „Es ist schade um die Menschen" in der Abwandlung: „Es reut mich, daß ich sie gemacht habe". Gott straft Calan durch Verlust seiner Herden. (Sühne für Gottlosigkeit? Was tun wir damit?) Noah nimmt den Verlust seines Besitzes demütig hin. Calan schenkt ihm eine schöne Dirne, Awah. Noah verzichtet zugunsten des Sohnes – so schwer es ihm fällt. Ist nun dies das Drama?

Nein, es kommt anderes... das auch kein Drama ist. Etwa.

IX.

Gott erscheint als Bettelmann. (Auch wenn Gott allein ist, geht der Schauspieler, Valk, wie ein Bettelmann weiter ... Seltsam!) Zwei Engel kommen zu Noah; künden Gottes Besuch an. Noah zweifelt, glaubt hernach. Noah will kein Menschenopfer, Calan jedoch läßt einem Hirten die Hände weghacken; o Gloster, man heftet sie, blutend, sichtbar, an einen Pfahl auf der Bühne. Calan will Gott in einem Sack fangen. (Aberglaube!) Noah jedoch verehrt seelisch Gott. (Glaube!) Gott, als Bettelmann, rät nun dem Noah: zu bauen; auf dem Gebirge, wegen der Sintflut. Was ist alles das? – Naivheit? Doch nun kommt es ganz wirr.

X.

Der bucklige Aussätzige prügelt Gott. (Symbol für den Fetischanbeter, der seinen unfolgsamen Heiligen haut. Offenbar. Vage Beziehung.)

Tritt auf der Hirt mit den blutigen „Armstümpfen". Durcheinanderzeug. Skurrilgetu. Immer mit „Gott"phrasen – ohne Bildkraft. (Eine zweite Schwiegertochter, Zebid, hat Fehlings Hand gestrichen.) Calan kommt jedenfalls ins Gebirg', zur Arche. Sein Knecht Chus rebellt. Geschrei, willkürlich. Konzentrationsmangel. Der Aussätzige samt dem Hirten mit den blutigen Armstümpfen tappt herein, der Knecht Chus ist gestorben. Noahs Söhne fürchten Versklavung durch Calan, Calan schlägt wiederholt den Aussätzigen-Buckligen. Die Noah-Söhne binden Calan und den Bucklig-Aussätzigen mit Stricken zusammen. Sie versuchen, Calan zu töten, lassen es aber. Hernach, als Calan und der Aussätzige zusammengeschnürt sind, „schleicht und kriecht" wiederum der Hirt mit den blutigen Armstümpfen heran. Er fällt und schlägt um sich. „Zwei unkenntliche Gestalten wälzen sich am Boden." Noah gibt ihnen zu trinken. Dem Calan haben indes „Ratten die Augen aus der Höhle gerissen". Daher ist er natürlich „sehend geworden". – „Ich ertrage den Anblick Gottes, ich sehe Gott." Aber freilich! ... Calan sieht den „anderen Gott", von dem es heißen soll: „Die Welt ist groß und Gott ist winziger als Nichts." Es kann beliebig weitergehen. Calan vereint sich mit Gott. Das ist der Weisheit letzter Stuß.

XI.

Spielend kann der Ausleger Symbole liefern. Das Wort „apokalyptisch" flösse mir wie Öl von den Lippen – wenn es erlaubt wäre, Chaos durch Chaos darzustellen.

XII.

Dies Werk (Szenen aus der deutschen Zergangenheit) ist von Fehling mit herzlicher Sorgfalt, ja Hingebung, eingeübt worden. Als ob er zeigen wollte, was ein Regisseur ohne Substrat vermag.

Die Füße der Darsteller dick umwickelt wie bei Barlachs gemetzten Rußlandbauern.

Steinrück, der trotzige Calan, bringt ein haftendes Profil. Aus einem Guß die Gestalt mit Umhängeschwert.

Georges Noah legt sich einen, sozusagen, kindhaften Urton bei von patriarchalischer Arglosigkeit. (Bißchen zusammengesetzt mit sichtbarem Plan.)

Granach malt Aussatz und Buckel im Gang, im heißen Quarrschall. Carl Ebert ist ein schön disziplinierter Engel – der nächstens den Intendantenposten bezieht. Und die holde Awah, Fräulein Lucie Mannheim, muß in diese ferne Urgegend einst aus Berlin verkauft worden sein. (Die Anmut hat keine Ortszuständigkeit.)

XIII.

Barlach zählt zu den Immerweiterdichtern. Ohne Widerstand, aber nicht wachsend. Er hat einmal bar gezahlt: in köstlichem Alltagsvolk von der Elbmündung. Warum dies scheintiefe Mißdrama?, es gibt kein anderes Wort.

Eingefangenes Bild starken Lebens ist besser als dilettantisch verfehlte Metaphysik.

6. April 1925

Grabbe: „Hannibal"

Staatstheater

I.

Wer eine heutige Dramenkunst will: was soll dem Grabbes Hannibal?

Von jetzt aus die Dinge zu betrachten, habt Ihr das Recht. Ob der Verfasser dieses Werks den historischen Namen trägt oder sonst einen: das ist außer Betracht.

Fragt nicht nach Suggestionen. Fragt nach Werten.

II.

Nicht einmal die politische Gegenwart ist hier verwandt mit dem Stoff. Wir taten, Deutsche, keinen Sturz wie das punesche Volk. Hannibal floh mit keiner blauen Brille nordwärts vor den Huldigungen seiner Landsgenossen: sondern vor dem Feind – zum König Prusias.

Die zwei Mächte, die heut gegeneinander ziehn auf Dasein oder Untergang, sind nicht zwei Völker: sondern zwei Wirtschaftsideen ... in allen, allen Völkern: Alleinwirtschaft oder Sammelwirtschaft. (Auch kein Grund zum Pathos!)

Schon der Kampf Römer–Punier hat was Komisch-Primitives heut'. Falls er nun vollends komisch-primitiv dargestellt ist wie beim Grabbe ...

Nichts Berührendes ist in diesem Werk mit der Gegenwart.

III.

Vermutlich hat Hannibal Karthago zugrunde gerichtet; nicht ihn Karthago.

Das empfand ich auf dem afrikanischen Hügel, damals: worunter sie bleichen; wo man sie heut' ausgräbt, arme Toren von einst – welche dem „Helden" kein Halt gesetzt. (Die karthagischen Kaufleute taten mit Knickrigkeit bloß die Hälfte der Arbeit.)

Hannibal hat Karthago zugrunde gerichtet; nicht ihn Karthago.

IV.

Aber was Christian Dietrich Grabbe (mehr ein Fuchteler als ein Bauherr; mehr ein Raßler als ein Sieger; mehr ein Schreihals, Übertrumpfer, Mundvollnehmer als ein Schöpferich; mehr ein Geniekopist als ein Genie; mehr ein Vorzustand – für den Hebbel! – als ein Eigenwert; ... und dennoch hat man als Knabe den „Don Juan und Faust" angebetet) – also, was dieser Rechtsanwalt, Sohn eines Kerkermeisters mit einer Trinkerin, am Hannibal tragisch findet: das, Leser, find' ich tragisch an den Puniern.

Nochmals: nichts hat sein Drama gemein mit dieser Gegenwart.

V.

Zumal es kein Drama ist. Hallo! Allenfalls, daß es kein Drama ist, hat es gemein ...

Doch es besaß die Selbständigkeit und Vorbildlichkeit, kein Drama zu sein – nicht die Nachahmung, auch keines zu sein.

Das Werk (von spottschlechtem Bau) birgt statt eines Wertes nur etliche Reize. Welchen Inhalts?

Etwas gute Komitragik; etwas historischen Blick, für damals. (Tut nichts, daß Hannibal hier Karthagos Untergang erfährt – der geschichtliche war seit einem Menschenalter tot.) Etwas lyrisches Gut. Auch allerhand Sinnfälliges.

So ein Sklavenmarkt in Karthago! Oder: Grabbes König Prusias, wie eine saftige Parodie auf Ludwig von Bayerland! Oder die Abfahrt Hannibals vom Land Hesperien, wenn durchs Waffengeklirr unmerklich die Trauer tönt: ein Stück Eden verlassen zu haben.

Hannibal wird etwas sprachstärker, wo er Hasdrubals Zug über die Alpen malt: jedoch meistens ist Grabbe nicht sprachstark. Sein Reden bleibt kahl ... wie sein Mann in der Mitte.

VI.

Hannibal bleibt kahl. Ich ermunterte 1902 die Dramatiker, einen besseren Hannibal zu dichten. Dieser sollte sein:

„Der einäugige Semit; komisch und tragisch; und ein ‚Held'." Ich mahnte: „Gehet hin..."

Der Schriftsteller S. Lublinski ging hin. Er gab ein schwaches Stück – doch Hannibal selbst zeigte hier „eine Luftschicht voll wirrer Bestialität; sie läßt ihn wüster und grandioser erscheinen als den Grabbischen Hannibal". Warum? Dem Grabbischen Hannibal „gebricht das Wüstenhafte, das Afrikanische. Ihm fehlt das Starrende; ein Abglanz von Wildnis; das Ungeheuertum. Das hat er bei Lublinski. Und hierin – um vorurteilsfrei abzuwägen – kommt Lublinski tatsächlich über den Grabbe hinaus; es besteht ein Fortschritt." So 1902.

Man war also vor einem Vierteljahrhundert schon über Grabbes Werk emporgewachsen – was hat es heute mit uns zu tun?

VII.

Geht einen Schritt weiter. Seid nicht reaktionär, sondern offenmütig.

Diese bei Shakespeare und Schiller, ach, schon ausreichend erledigten Sachen; immer die Geschichte vom Glück und Sturz eines Anführers; immer mit „Peripetie", wie voll unhörbaren Paukenwirbels, als wenn dem Schicksal der Magen knurrt; immer so mit Höhe, Umschwung, Abstieg –: der Ort, aus dem es uns wächst, ist fraglos der Hals.

Was hat es irgend mit einer neuen Zeit zu tun? Lenin starb lächelnd, von Europas besten Ärzten betreut. Selbst wenn Trotzki einst gehängt wird, waren die Wesenspunkte seines Laufes von ganz, aber ganz anderem Inhalt ... als im literarischen Schema dieser Vergangenheiten. Seid aufrichtig: warum setzt man uns entmodertes Zeug vor?

„Symbol" –? Noch ein Wort, und ich schlage zu.

Schreibt unsre Symbole ... in drei Teufels Namen.

VIII.

Aber wer, wer schreibt sie? Längst Gewesene nachzulallen, grabboid nach Grabbe zu sein; oder scriboid nach dem verwesten Scribe: das tut es nicht. Zwergiges Stegreifgestümper macht noch kein Rennen. Es genügt nicht, Pirandello und Shaw, Hebbel, Ibsen, Hauptmann und alle Kerle der dramatischen Weltliteratur geweckt auf Zuckmayer zu verweisen.

Die Form ist für das Künftige fast schon da; der Expressionismus (nämlich: Zusammendrängung) bringt seine Kraft – bloß der Kerl selber fehlt, immer noch, welcher den Saft hineingießt, sein blühendes Blut, aus dem Zukünfte sprossen.

Ihm bedeutet Grabbes Hannibalstück kaum in wenigen Punkten Anregung. (Beim Grabbe zählt nur Einzelnes.)

IX.

Grabbe zeigt hier einmal den Blick für Geschichtsironie: wenn Hannibal Capua geräumt hat – und der vom Feind nicht mehr bedrängte Ort sogleich wieder beengt wird vom heimischen Monarchen – den späterhin das abermals befreite Volk in eine Kiste steckt.

Diesen höchst kennzeichnenden Zug hat Jessner auffallenderweise getilgt, gekappt, unterdrückt ... (Was er übrig läßt, ist etwas allgemein Historisch-Vaterländisches.)

X.

Jessners Bearbeitung wird verdienstlich im Dämmen der Dauer.

Er zerteilt Auftritte, verlegt Zimmerszenen ins Freie, um hier gleich fortzuspielen; beschneidet Hannibals Beziehungen zu Capua, verschmilzt leider die mehrfach geäußerten Sehnsüchte Hannibals, die Cäsuren überschüttend; streicht (was voll stärkster Abschiedskraft ist: Hannibal blickt vom Schiff gen Italien) das Schiff; dämmt Gisgots Gastmahl, läßt nach Hannibals Ankunft bei Prusias aber sogleich die Römer um Auslieferung bitten (er lebte sechs Jahr' bei Prusias), legt für den Brand Karthagos einen Fackelreigen mit Fräulein Straub ein; und läßt Hannibal nicht im einsam-letzten Zimmer sterben, wie Grabbe will, sondern in großem Raum am Thron des Prusias.

XI.

Der Grundstil müßte tragikomisch sein ... oder er ist nicht grabbisch. Jessner zögert. Etwas ängstlich. Macht einen recht platonischen Anlauf (im Fabius; im Prusias). Anderswo jedoch trägt er auf: im Gezirp der Allochlin-Truppe.

Der Römerton – mit Ebert als jungen Scipio – birgt Klangvolles: statt positiv und klar-kalt zu sein.... Jessners Hauptwert bei seinem Anfang lag in der Sprachdämmung – sie ist heut lässiger.

Mancher Kopf, so des älteren Scipio, sieht berlinisch aus.

Jessner geht einseitig durch Staub und Graus mit Straub und Krauss. Die Alitta gibt er den Straub... obschon hier ein Mädel, das zur Heldin wird, in Frage kommt – nicht ein stimmkräftiges Heldengeschöpf von vornherein. Die Peinlichkeiten der Brandszene vergessen sich schwer.

Alles zusammen (mit gut blühenden und linearen Bildern von Siegfried Sebba – bis auf Karthagos Triumvirn, die gewiß in der Kanalisation tagen) ist ein Versuch – der Gleichgültigkeit nicht hindern kann.

XII.

Jessner breitete über Hannibal beim ersten Auftritt ein (symbolisches) Dunkel. Die Züge von Krauss schwer zu erkennen – in der fünften Reihe, wohin die Kritik aus der ersten verschoben wird.

Krauss gibt hier Bildhaftes wundervoll. Den tragischen Schimmer um eine Gestalt des Verzichtens. Die Schwermut des Erkennenden, der verspielt hat. Mit elegischem Unterklang... leider auch Gleichklang – in dem häufigen Atemziehn nach je drei Worten.

Das Ungetüm Afrikas, wovor die Weltherrscher bangen, gibt er nicht ganz. Hier wäre Kortner zuständig.

In summa: mehr ein vorzüglich ausgemaltes Bild ... als der Wurf eines Geblüts. (Doch vorzüglich ausgemalt.)

XIII.

Neu ist (neben Laubinger, Valk, Harlan, Florath, Witte, Hart und Kraußnecks herrlich ragendem Konsul) – neu ist Shelaso, welcher den Mohren macht: bemerklich in Klängen, im Verwalten des Antlitzes, im Streuen der Glieder. Er sei willkommen.

... Und den Abend zusammengefaßt: so zeigt er den heute typischen Vorgang: daß etwas dem Regisseur weit mehr Sorgen macht, es zu spielen, als einstens dem Verfasser, es zu dichten.

Achtungswert; aber kaum fruchttragend. Was allmählich nottut, ist: Heimkehr von Bums – als welcher das oberflächlichste Merkmal dieser tieferen Läufte bleibt.

(Grabbe hat, nebenbei, Anleihen bei Carl Sternheim im voraus gemacht – wenn Cato ruft: „Elendes Ende, braune Bastard-Enkel, schlösse Niederlage der Weiber unsere Annalen!")

19. Oktober 1925

Klabund: „Der Kreidekreis"

Deutsches Theater

I.

Schneewittchen-Aschenbrödel, schlitzäugig und grausam-zart, im fernen Osten. Oder: Gärtnerskind und Königssohn.

Aber den Königssohn hat Klabund zugefügt. Den gab es nicht bei Ho-ei-lanki (oder Li-hing-tao?), welcher den „Kreidekreis" in alter Chinazeit verfaßte.

So ist es viel weicher geworden.

II.

Ja, das oft liebliche Klabundstück – mit Möglichkeiten für Gesang, angenehme Rollen und Ausstattung – will mitnichten die Schererei um das Drama der Gegenwart mitmachen: sondern sie freundlich unterbrechen.

Hübße Trauer, kindlicher Smerz und ein Fremdreiz um die süße-süße-süße Destalt der armen tleinen Haitang, die zuletzt belohnt, aber vorher kardätscht wird. (Es geht über die Kraft, zu sehn wie die Bergner Keile kriegt.)

Alles arglos: so umsungen-umklungen; umtönt-umsehnt... und am Sluß verßönt.

III.

Nimmt man hierzu die gar prächtigen Gewänder der Chinesin Lot-te Prit-zel, die Bilder und Gestelle des Malers Ne-her, die waltende Hand des Ober-Hausleiters Mak-se Rei-nar-tschu, so enthüllt sich die tupfende Ahnung „Weihnachtsstück für den Kurfürstendamm" als ein viel zu höflichkeitsbarer, unchinesischer Ausdruck.

IV.

Beim Ho-ei-lanki muß Heitang aus Not in ein Freudenhaus gehn. Von dort heiratet sie der reiche Herr Ma. Dessen Hauptfrau, kinderlos, vergiftet mit einem Liebhaber ihren Ma; – und behauptet, Mutter von Haitangs Kind zu sein.

Zeugen bestochen: Richter bestochen: Haitang verurteilt. Jedoch der gerechte Oberrichter des gerechten Kaisers („*nous vivons sous un prince*“ ... sagt Molière) tilgt alles Unrecht. So:

V.

Man lege das Kind in einen mit Kreide gezogenen Kreis! Jede der zwei Frauen packt einen Arm; wer es herausreißen kann, der gehört es.

Doch die wahre Mutter scheut sich, ihm weh zu tun ...

„Sprach Salomo-Schelohmoh: ‚Teilet das lebendige Kind in zwei Teile; und gebet dieser die Hälfte und jener die Hälfte ...‘ Da sprach das Weib: ‚Ach, mein Herr, gebt ihr das Kind lebendig, und tötet es nicht ...‘ Da antwortete der König und sprach: ‚... Die ist seine Mutter.‘“

Tausend Jahre hiernach kam der Chinese drauf.

VI.

Bei Klabund wird alles märchensüßer. Der König richtet selbst – und es ist jener Prinz!, der Haitang einst im Freudenhaus besucht, ihr den ersten, nicht ohne Folgen gebliebenen, Schmatz geraubt hat: das Kindchen war von – ihm.

Sie kommt auf den Thron als seine Tönisin.

VII.

Mancherlei bei dem Dichter Klabund ist lockend und anmutvoll. Zumal, wenn Hans Thimig – der jüngste, nicht der letzte seines Geschlechts – einen fast mädchenhaften Liebreiz absendet.

Wenn der prachtvolle Franck (mit Vornamen Walder ... er würde den so aussprechen) zwecks willkommner Bitternis einiges Aufruhr-Sozialistische hinspricht: um sich mit der Erkenntnis „*nous vivons sous un prince* ...“ begeistert niederzulassen.

VIII.

Oder: wenn Hans Herrmann-Schaufuß zuweilen Schnalzrhapsodien, Verbeugungssprünge macht – hach nee. Wenn Gronau höchst kennenswert einen lauernd-gemütlichen Hämmling nuschelt und zwinkeräugt. Wenn Brausewetter und Berber ein Kuli-Duo revuezelebrieren. Wenn Frau Koppenhöfer die schlechte Gattin gut schlangenhaft zischt und bösblickt; neben ihrem betörten Herrn Bildt, dem Assessor Tschao. Und wenn ...

IX.

Wenn die Bergner, den schwarzen Block um ihren Hals, madonnig ahnungslos (höchstens heut mit einer Ahnung ihrer Ahnungslosigkeit) still in die Welt blickt. Kniend. Vor Gericht. Ohne zu sprechen. Doch sonder Wort – so beredsam.

Und wenn sie dann zum Schluß das Schnullerjöhr nimmt. Es herzt. Es nicht hergeben möchte. Fast es wurstelt und verborgen knautscht in unbändig-wehem Glück. Das ist etwas Herrliches.

Hier scheint sie wieder ganz ohne Kümmernis um das Parkett. Darin aber lag ihre Stärke ... und wird sie liegen. (Vorstufe zu aller Kunst: Versunkenheit.)

X.

Klöpfer ist hier auf seiner ... auf einer Höhe der Schauspielkunst.

Er führt jenen Herrn Ma zu einem unvergeßlichen Wandlungsbild: vom gemalten oder modellierten Schreck-Chinesen, voll grotesk-furchtbarer Pracht – zu einem gesänftigt-gütigen Erdensohn, Geliebten, Vater. Ja, unvergeßlich.

Bildmacht; Blutmacht; dazu Sprechmacht. Die Dreiheit: Anblick; Seele; Klang.

Zumal eine Seele.

Der herrlichste Menschengestalter jetzt in Deutschland.

XI.

Reinhardt lenkte: sachlich und witzig.

Bald gab man eine Ballade, bald ... das Theaterspielen einer Ballade. Also, man spielte bald einen menschlichen Vorgang, bald spielte man „chinesisches Theater".

Das chinesische Theater, soweit ich es von Chinesen gespielt sah, ist natürlich ganz anders. Aber es kommt manches entzückend heraus.

So bleibt alles eine fesselnde Stil-Mandschurei.

21. Oktober 1925

Lunatscharski: „Der befreite Don Quixote“
Volksbühne

I.

Der Volkskommissar Lunatscharski kam nicht nach Berlin, um sein Stück zu sehen. Sondern die Volksbühne gab sein Stück, als er, zu andrem Zweck, nach Berlin kam.

Er sah es bis jetzt nicht; war nicht bei der Aufführung; nicht bei den Proben.

Gleichviel. Der Vorwurf, er mache diesen Besuch nicht als Volkskommissar, sondern als Autor, wäre haltlos: denn der Autor ist hier Volkskommissar.

Sein Stück ist politisch.

II.

Er verwendet eine klug ersonnene Fabel – zum Beweis des folgenden Gedankens.

Wer bei dem Versuch, diese Welt zu bessern, allzu weich vorgeht, allzu ethisch, allzu gewissensbedenklich: der wird eher Unheil stiften als Unheil tilgen. Eher Schmerz bereiten als Schmerz lindern.

III.

In Wahrheit haben viele nichtbolschewistische Regierungen immer diesen Satz befolgt. ... Nur ohne sich ethisch Rechenschaft zu geben.

Bei mancher nichtbolschewistischen Regierung, die ein mangelndes Ergebnis aufweist, blieb es zweifelhaft: ob dieser Mangel von zu großer Gewissenhaftigkeit kam – oder von zu großer Unfähigkeit.

Im zweiten Fall ist es ratsam, sich auf den ersten zu berufen.

IV.

Ich habe denselben allgemeingültigen Gedanken (der nicht nur bolschewistisch ist) hier gegen Toller vor Jahren geäußert: als er in „Masse Mensch“ ein Drama wider jede Gewaltanwendung schrieb.

Ich vertrat hier damals den Standpunkt: daß Gewaltanwendung nicht unter allen Umständen verwerflich ist. Es komme sehr darauf an, wofür man sie verwendet:

„Es gibt Ideen, die absolut richtiger sind als andere. Wer für Abschaffung der Folter eintritt, verficht einen absolut richtigeren Gedanken, als wer für die Ausübung der Folter eintritt. Ja oder nein?“

Dann: „Also: für absolut richtigere Ideen mit Gewalt zu wirken ist weniger schlimm (obgleich es schlimm ist) als für absolut falsche Ideen mit Gewalt zu wirken. Kein Widerspruch bleibt möglich."

V.

Nichts anderes meint Lunatscharski. Er fühlt, wie alle Gewissensmenschen, den Schmerz: unethisch zu handeln, um einen ethischen Vorteil zu erreichen. (Sehr nahe liegt hier, wie gesagt, Goethes Erkenntnis: daß der handelnde Mensch ungerecht sein werde.)

Jedenfalls: der verrannt immer „gerecht" handelnde Mensch ist – so findet Lunatscharski – ein Don Quixote.

Leiblich steht bei ihm der traurige Ritter auf den Brettern. Ein greifbares Exempel.

VI.

Dieser Held von der Mancha befreit edeldenkend drei Gefangene des Herzogs. Ihn befreien dann die Drei aus dem herzoglichen Gefängnis. Die Drei stürzen den verrotteten Staat. Volkserlösung. Ein Schritt aufwärts. Verringerung des Jammers.

... Aber der sinnlos gerecht und weich handelnde Manchaner hilft einem gefangenen Despoterich edelgesinnt, gerechtigkeitstoll, aus der Haft. Folge: Mord, Qual, Rückfall, Niedergleiten.

Der Überfriedsame wird also die Kraft, die stets das Gute will und stets (stets nicht) das Böse schafft.

Er selber ist hierbei unglücklich.

VII.

Ein Tendenzstück? Allmächtiger ...

Ja, in drei Teufels Namen. Warum nicht? – Gute Gedanken für ein menschliches Ethos, auch gute Gefühle, werden hier in schlagender Form geäußert.

Alles auf Erden ist relativ – auch das Axiom (mehr war es nicht): daß Kunst keine Tendenz haben dürfe. Das galt für einen begrenzten Zeitraum.

Genau wie der Satz mir heut' überlebt scheint, daß es in der Malerei bloß auf das Wie, nicht auf das Was ankomme. Dieser Satz ist jetzt unwahr. Es blieb nur eine Weile berechtigt, daß etwa – wie ich es in diesen Blättern schrieb – „ein gutgemalter Nachttopf gleichviel gelten sollte wie ein gutgemalter Hiob. Die Zeit ist um! Fallt nicht auf den Rücken."

VIII.

Fallt nicht auf den Rücken. Die Welt ist für tendenzlose Kunst unreif. Zwölf Millionen Leichname, schwachsinnig zerfetzt, bewiesen es.

Die Kunst mit einer bestimmten Lehre wird für die Zukunft, meine Teuren, sehr wichtig sein. (Es wird auch da gute Kunst und schlechte Kunst geben.)

Die Lunatscharski und Gémier – Gémier, der vom Theater die neue Menschenreligion verkünden will, die *religion laique* – ahnen das.

Seid also nicht nur Äfflein, oder Hämmlinge ... habt keine Angst vor dem Grandios-Erziehlichen.

Daß gewisse Dinge schon oft gesagt sind, ist kein Grund, sie nicht zu sagen ... Wenn sie bis jetzt erfolglos gesagt sind.

Menschen, Menschen! Mir soll alles recht sein. Mein'thalben weniger Kunst. Aber macht diesem Chaos ein Ende.

IX.

Der Regisseur Holl gibt eine fast antibolschewistische Darstellung. Von der Tragikomik des Don Quixote wird hier die Komik so gut wie abgezapft. Er ist beinahe nur verheiligt.

Kayßler wirkt humorschwach. Vielleicht mit Bewußtsein. Jedenfalls: humorschwach. Der Sparren fehlt ihm.

Mehr störrig als (bayrisch zu sprechen) „spinnet". Kein halb lächerliches Phantasto-Gespenst ... sondern ein still Rechthaberischer aus Mittelnorddeutschland. Ein trotziger Wackerling.

Er soll ja nicht Malvolio sein, doch einen Schuß davon haben. Er hätte mehr ergriffen, wenn er lächerlich gewesen wäre.

Durch so sentimentalen Ernst, den die Regie geduldet hat, wurde der Gewichtspunkt der stofflich fesselnden, meisterhaft volkstümlichen Arbeit so verrückt – wie es Kayßler nicht war.

X.

Herr Kalser (Machthaber und glatter Schurke des Stücks) taugt zu sogenannten Charakterrollen mehr als zu Liebhabern.

Die Revolution ist vorzüglich besetzt: mit Reuß und, vor allem, Granach. Zwar wiederum zu weich; fast weinerlich. Doch hier klomm die Vorstellung über ein Mittelmaß. 28. November 1925

Arnolt Bronnen: „Die Geburt der Jugend"

Junge Bühne. Lessing-Theater

I.

Auch der wohlwollende Beurteiler wird sagen: ein ziemlich harmloser Lärm. Ein ziemlich tönender Titel. Ein ziemlich schal gewordener Inhalt. Auch der wohlwollende Beurteiler.

Bestandsaufnahme. Wedekind: „Die junge Welt." Wedekind: „Frühlings Erwachen." Hasenclever: „Der Sohn." Wildgans: „Dies irae" ...

II.

Die zwei letztgenannten Werke stehn wohl mit Unrecht hier. Denn Bronnen gibt an, daß er sein Stück 1914 schrieb.

Man hätte, wenn er das nicht angäbe, freilich allerdings sozusagen beinah geglaubt, er habe doch Hasenclever und Wildgans nachgemacht. Ja, man hätte Bronnen auch hier als einen ganz gewiegten Jung-Epigonen angesehn.

Aber wenn er es 1914 schrieb.

III.

Gymnasiasten und Schülerklassen. Die Luft ist dick. Die Mädel schwül. Von den Jungens schreibt einer dem jüngeren Lehrer einen Liebesbrief. Ein anderer trachtet „unter schwindsüchtigen Mädchen berauscht zu sein; sie riechen so unzüchtig". Einer: „Meine Gebärden sind heimlich zerfressen." (Er sagt es noch genauer.)

Der Held, Karl, wird von mehreren hintereinander angespuckt. Das Motiv des Anspuckens verwendet später auch der unvergeßliche Brecht. Ein junger Freund trocknet dem Befeuchteten die Spucke. („Die Klasse steht schweratmend da.") Einer findet: „Außerhalb der Lehrbücher existiert nur die Verführung von Minderjährigen, sage ich."

IV.

Das alles ist ein Symbol für die kräftige Gärung unter der Jugend. Fort mit der Versklavtheit. Fort mit dem Druck!

Sie begeben sich zwischendurch in dunklere Zimmer. (Robert Musil hat solcherlei stärker, und vorher, in den „Verwirrungen des Zöglings Törleß" dichterisch erschaffen.

V.

Bei Bronnen, dem Enkel, gibt es fortwährend unbegründetes Aufschreien. Fortwährend Kampfstellung. Fortwährend Ausbruch. Fortwährend Bedrohung. (Alles nicht gesteigert, sondern sich abschwächend, also gleichförmig – was ja auch der Fehler des Orchesters in der fortgeschrittensten Opernmusik ist; mangelnder Sinn für Stufung; fehlendes Organ für Einschnitte.)

Auf jeden Fall wird bei Bronnen der Schülerstreik erklärt. Von dem Rädelsführer Karl. Die Mehrzahl macht aber zuvörderst nicht mit.... Immerfort Ausbrüche. Das zweite Wort: Jugend! Alles Abgetrabte – das einmal mehr gewesen ist: als es zuerst verkündet wurde.

Der Autor scheint im großen-ganzen weit mehr mit, also, Temperament als mit Verstandeskräften begabt. Das Temperament wird hergestellt, ich will zeigen, wie: es lehnt sich an Literatur.

(Bronnen hat für die Aufführung noch eine fette Kellnerin zukomponiert, welche dem Buch mangelt. Auch sie hat einen Ausbruch.)

VI.

Der Angespuckte, Karl, ist eingesperrt. Der Schüler Pap haut indessen seinen Vater. Der haut verhängnisvoll zurück. Karl flieht aus dem Fenster. Er haut sogleich einen Kameraden blutig ... „ins Gesicht". Heut abend zum Schulfest wollen sie trotz dem Verbot – und Karl, der Held, sagt wörtlich: „Da gibts keinen Widerstand, wenn die Jugend aufsteht." (Da gibts keinen Widerstand, wenn die Jugend aufsteht.)

Als der Vater eines Schülers und einer Schülerin nach seinen Kindern greift, da „haut" ihm Karl „seine Hand weg". Jener Vater äußert, „losbrüllend", Einiges – doch Karl „ohrfeigt ihn, daß er ... zurücktaumelt".

Karl Hau ... nein: Karl haut, er droht überdies hernach: „Wir kommen alle nicht mehr nach Haus'".

Der zweite Akt schließt hiermit.

VII.

Nun das Schulfest. Als in der Abendluft ein Mädchen fürchtet: „Papa kommt gleich wieder", sagt Karl: „Ich hau ihm eine Weinflasche ins Gesicht". Ein Schüler, Ulrich Kröll, „haut" nur „das Glas an eine Laternenstange". Später bemerkt ein dritter Kamerad, Euler, seinerseits: „Wir hauen rotes Licht hinein in die Alten". Ein im Grunde wohlwollender junger Lehrer kommt; Karl „packt ihn am Hals und würgt ihn". Als er ablassen muß, stöhnt er: „Küß mich". Der Jugendfreund Ulrich äußert nunmehr zu seinem Vater: „Ich hau Ihnen eine Flasche an die Nase". Frisch gewagt, ist halb gewonnen. Gesagt, getan. Er „haut eine Flasche gegen ihn". Weil jedoch Vater noch steht, heißt es: „Rohr haut eine zweite, die ihn trifft am Kopf." Endlich fällt Vater um. Was schließlich den im Grunde wohlwollenden Lehrer zu der Drohung anspornt: „Ich hab' auch einen Schlagring in der Tasche".

Dazu kommt es leider nicht. Rote „Raketen" des Buches fallen bei der Aufführung weg. Sondern Karl stürmt nur schwungvoll gegen den sinkenden Vorhang. (Da gibts keinen Widerstand, wenn die Jugend aufsteht.)

VIII.

Der nun folgende Wildgans-Teil, in Versen (den Bronnen auch wohl 1914 schrieb), findet bei der Aufführung nicht statt. Einige gelungenere Stellen wie:

Glühen und blühen,
Rennen und brennen,
Lodernde Flammen
Treibt uns zusammen,
Alle Jugend in eins,
Heja!

dürfen jedoch nicht unerwähnt bleiben. Oder:

Seht, wie voll von Tieren ist der Wald,
Jauchzt, daß es schallt.

– während am Schluß August Stramm unzulänglich nachgemacht wird. (Alle Jugend in eins, heja!)

IX.

Dies frische Werkchen, wo der Vater die Flasche kriegt, aber an den Kopf, ist nur das Vorspiel zu dem späteren Stück unseres Autors, wo der Sohn temperamentvoll den Vater erwürgt und mit Mutter ein Verhältnis hat, nachdem sie ihn mit einem Schulfreund erwischte.

Von diesem diskreten stofflichen Reiz entfernte sich Bronnen, als er immer heja stieg, zu einem wackeren Trick-Spiel, den „Rheinischen Rebellen", das er im geeigneten Augenblick für die andere Hälfte der Nation zu Papier gab – bis hinwiederum ein überstaatlicher Ziegenbock bei Gerda Müller die Geburt des Kaffeehauses, hoch die Jugend, in Ausbrüchen literarisch betrieb.

Und so kam es denn, wie es kommen mußte.

X.

Nachdem die Schauspieler Homolka und Walter Franck ihre Rollen festlich niedergelegt, teilte Moriz Seeler, der sonst verdienstvolle Patron der Jungen Bühne, den vor Beginn in gehobene Stimmung versetzten Hörern freiherzig mit, daß im letzten Augenblick auch der Regisseur Neubauer sich weigere, die Aufführung zu verantworten. Gleich war der Kontakt gefunden.

Neubauer ist zu ehrgeizig. Der Kontakt kam auch durch ein ganz hübsches Zusammenspiel. Durch Camilla Spira, die so lecker, durch Twardowski, der gut umdüstert (in Titelblattstellungen), erschien; durch den geballten Proletarier Veit Harlan; durch den sprachstufenden Lehrer Mathias Wiemann; durch die nur selten schematische Aufstellung mit ganz wenig Expressionismus; (auch Zuckmayer soll vom Schenie-Expressionismus abgefallen sein, durch Kritik verändert, und ein Stück verfaßt haben). So zeigte das Spiel, Neubauer, immerhin ein Ergebnis.

XI.

Aber diese Vormittage sind überhaupt ganz ulkig. Man lacht. Geflötet wird. Nicht bloß der Mund gespitzt. Noch bei den Mänteln der Garderobe lockt etwas zum Dasein. Selbst wenn der Autor nicht vortritt und seinen Anteil an der Dichtung heftig bestreitet. Man „fühlt sich leben", auch vor dem Viertelswert, dem Achtelswert. Nicht von Werten hängt alles ab, sondern vom Drumunddran. Von der Fülle des Mangels an düstrem Ernst, im Betrachter. Mir ging das schon mal durch den Kopf.

Ihr zittert zag im Zeitenwind;
  Seht gleich (nach Maeterlinck und Ibsen,
Nach Strindberg, Hauptmann, Wedekind)
  Apokalypsen!
    Stillt Euer Grausen:
    Es sind nur Pausen.
Der Dichter-Hohlkopf guckt zerbeult;
  Der Gesten-Mime kriegt den Kater;
Der dürftige Krito-Krüppel heult
  Im Dampf um das Theater.
    Sie alle drückt der Alb;
    Weshalb? —? Weshalb!?
Weil nach der Foxtrott-Zeit nicht prompt
  Die Zeit des Seelen-Shimmy kommt ...

Liebe Brüder, es gibt eigentlich noch Andres in der Welt. Die Versuche seien dennoch fortgeführt. Verzagt nicht. Überstürzt nicht. Übertreibt nicht. Laßt uns warten, laßt uns hoffen, laßt uns lugen – aber niemandem was vormachen. 14. Dezember 1925

Carl Zuckmayer: „Der fröhliche Weinberg"

Theater am Schiffbauerdamm

I.

Oder: der bekehrte Zuckmayer. Die Inflationsdramatik, vorher von allen Göttern, wird nun auch von den Autoren verlassen.

Nicht bloß Zuckmayer-Carl wendet einer unrhythmischen, undynamischen, völlig impotenten Episode den Nordpol zu.

Das „Stück" wird geschrieben.

Ausweg aus der Sackgasse? Gewiß. Führt aber der Weg aus der Sackgasse gleich in den ersten Stock zur Theateragentur? (Es gibt irgend etwas dazwischen) ...

Ein oft sehr hübscher Spaß bleibt's trotzdem.

II.

Der bekehrte Zuckmayer. Der gar zu bekehrte Zuckmayer.

Wirklich gleich vier Verlobungen. Dieser junge Mensch ist katholischer als der Papst. (Extrem-Berührung. Auch Bronnen lebt ja von abgetakelten Mitteln – bloß anspruchsvoll.)

Sollte dieser hier von bewußter „Parodie" sprechen (wie G. Kaiser mit „Kolportage") – das gilt nicht!

Zuckmayer spricht jedoch ehrlicherweise nirgends von Parodie. ... Das können die Deuter tun.

III.

Zuckmayer ist vielmehr in diesem Stück ein denkwürdiges Abbild der ganzen dramatischen Zeit. Guckt hin. Die heutige Übergangsära kennt nur zwei Sorten Stücke: entweder das hoffnungslos gelallte Stück ... oder gleich das gefingerte Stück.

Es gibt aber etwas dazwischen!

Exempli causa: Brecht ist noch kein Dramatiker – Bronnen gleich ein Theatraliker. (Der Ulk lag darin: daß der Undramatiker wie der Theatraliker von einem und demselben Pleitestandpunkt angeschmeichelt, von einer und derselben Verdauung hinabgeschluckt wurde.)

IV.

Zuckmayer, in solchem Dilemma des komischen Zwischenzustandes; Zuckmayer, am Kreuzweg zwischen leerer Kohldramatik (die er selbst im „Kreuzweg" einst beging) und sicheren Abendfüllern – Zuckmayer entschied sich ... für Ludwig Thoma (wo der bereits anfängt, Ganghofer zu werden).

Auch für Presber, für Oskar Blumenthal – und zuletzt, wenn in der Ligusterlaube mehrfach goldige Hingebung erfolgt, für einen ins Pfälzische übersetzten Schlierseer-Kitsch, der zwar nicht sagt: „Wann i am Murgen in Gottes freie Natur tret', da blinken die Tautröpferln gleich Diamanten in die Blüamerln" – sondern (S. 77 des Buches, der Weinbergbesitzer äußert vor der Paarung zu der Seinen, einer Rheinschiffersschwester): „Hast du mich lieb?" (Man hört innen die Prägung: haddumilieb?) – und, im Hinblick auf jene Ligusterlaube, wo es stattfinden soll: „Da is es warm un grün un dunkel, dahinte, in der Ligusterlaub', da hab ich als Bub die dicke grüne Raupe geholt." ... So er. Er fügt hinzu: „Annemarie! Annemarie! Der Weinberg guckt uns zu ... und der Weinberg is fröhlich drum, der lacht und juchzt" ...

(Mundartliches verdeckt mancherlei – aber das denn doch nicht.)

V.

Ein Spaß bleibt's. Im ersten Akt, wenn das Lied vom „Rehlein" gesungen wird; wenn die Rheinländer sich sehr streiten, was man eigentlich singen soll; wenn dann die große Holzerei ausbricht – wie beim Ganghofer, wie beim Kotzebue-Original der „Meistersinger", und wenn dazu g'soffe wird, was im deutschen Herzen einen Widerhall findet: da brüllt das Haus, noch mehr als die Mimen.

VI.

Ich verderbe den Spaß nicht. Warum? Weil er das Theater heute vielleicht vor dem hemmungslosen Literatenmist rettet: vor der anspruchsvollen Unmacht; vor dem sabbernden Chaos ... und einen letzten Damm baut gegen das bereits überlegene Kino.

Ja, Zuckmayer vollzog an seinem Privatmenschen, was die Unterernährungsdramatik allgemein vollzieht: die Flucht vor sich selbst.

Die Flucht vor der Richtung. Vor dem spärlichen Rummel. Vor der Auflösung. Vor dem Ballungsdefekt. Vor dem Nullpunkt.

(Für wie lange das noch schützt, steht dahin.)

VII.

Nachtrag. – (Wenn die Handlung nicht erzählt wird, setzt es Briefe.) Somit:

Ein Weingutsbesitzer will die außereheliche, sehr hübsche Tochter, Kätchen Hack, dem Mann verloben, von dem sie ein Kind tragen wird. Sowas geht über Kadelburg hinaus. (Sei' eigne Frau war unfruchtbar.) Der Doktor kann es nicht. (Falkenstein, himmlisch, norddeutsch, Korpsstudent.) Aaaber: der Rheinschiffer kann's. Der heiratet sie.

Vater heiratet dessen Schwester Annemarie. Isidorche, Weinreisender, heiratet Fräulein Stenz, katholisch, Weinhändlerstochter. Und der abgewiesene Kotzebue-Beckmesser, duhn auf dem Misthaufen, heiratet, denn Zuckmayer hat ein gutes Herz, die Gastwirtstochter. Vier Paare. *Sic transit gloria expressionismi.*

VIII.

Da Reinhard Bruck die Regie hat, bleibt alle Goldigkeit ungestrichen.

Eine Schauspielerin Scherk (die sich auf dem Programm selbst Gretl nennt, obschon eine sprödere Kraft), spricht von allen am besten das Pfälzische. Welches Eduard v. Winterstein mehr gelegentlich unterkriegt. Zwischen beiden Herr Schlettow. Das Köl'sche kommt bei Gondi gut heraus.

Waßmann sprudelt hoch; thaddädelt wild – in einer sehr unterhaltenden, nicht völlig unbekannten Art.

IX.

Jedoch den Schauspieler Lobe sollte man hindern, Juden allemal in der widerlichsten Form darzustellen. Er war schon bei Pottasch peinlich. (Sein Glaubensgenoss' hier im Stück, Herr Ebersbacher, ist ihm ein Beispiel für diskretere Stufung.)

X.

Also der bewährte Heimatspaß. Alles in Wonne. Zuckmayer wird volkstümlich. Ein deutscher Besitz.

Ja, so endet jener Expressionismus – den, in der Sprache (man macht sich verhaßt, wenn man es feststellt ... doch ein andrer stellt es nicht fest), ich einst schuf.

Nein. Auch im Drama endet er nicht! Was keimstark ist, wird hier fortleben.

23. Dezember 1925

A. Bronnen: „Ostpolzug"

Staatstheater

I.

Die „Reise um die Welt in achtzig Tagen" ist gehaltvoller und gekonnter. Dazu ohne das Greuel einer mit schwacher Kraft aufgesetzten Großspurigkeit.

Diese Improvisationen tatkräftiger Kleintalente wirken mäßig anheimelnd in ihrem Gestovten. In ihrem Anspruchsvoll-Flüchtigen.

Phileas Phogg vergleicht sich hier mit Alexander. Die zwei Personen verschmelzen wirr in eins. Es sind Parallelhandlungen: bald ein Akt Alexander der Große, bald ein Akt Forschungsreisender von heut.

II.

Aber zufällige Daten aus Alexanders Geschichte, wie daß er den Klitus tötet, kommen auch vor – und stehn in gar keinem Parallelismus zu dem Forschungsreisenden. Manchmal wird's herbeigerenkt; und mißlingt.

Man sieht eine Absicht, ... ohne die Fähigkeit sie zu dichten. Da stellt ein Bluff zur rechten Zeit sich ein.

Irgendeine wichtigtuende Anspielung auf den „gordischen Knoten". Immer wieder mit knallmodernem Requisit. Bronnen klebt sich an Aktuelles. Im Bewußtsein, nicht zu wirken; da soll es der Stoff statt seiner tun.

Geräuschvoll-Billiges plus Zeitplakat gibt noch keine Schöpfung.

III.

Einen Umriß hinfetzen; ihn dem Regisseur, dem Ausstatter überlassen – das kann bald einer.

Ihr habt es, in Deutschland, den Dramenschreibern zu leicht gemacht! Waret immer bereit, wenn einer nichts geschrieben hatte, das zu deuten. Hierauf verlassen die sich. (Schreiben aufs Ungefähr ... und weisen euch, daraus etwas zu finden.)

Kleine Belaster der Geistesgeschichte. Nur ein Anlaß für den Spielmeister: um frohlockend Kunst noch am billigen Objekt zu zeigen.

Fraglos ist die „Reise um die Welt in achtzig Tagen" ein höheres Kunstwerk.

IV.

Neun Bilder bei Bronnen. „Über den Hellespont"; Alexander der Große wird König. Dann „Der gordische Knoten". Hier der moderne

Forschungsabenteurer. Jemand fällt am Nachbartisch tot um. (Symbol für den glücklichen Zufall? Aber gewiß.) Dann „Sprung in Babylons Mitte". Jetzt wiederum Alexander der Große. Im Wort lauter dünne Zusammenhanglosigkeiten. Dann „Der Sieg von Kabul". So recht als Gegensatz zur Antike justament mit einem Lautsprecher, einem Diktaphon. Dann „Das äußerste Alexandrien". Klitus – und Sonstiges. Dann „Autokolonne durch Nepal". Das Wort überbumst, kaum verstehbar; ohne Schaden. (Tempo.) Dann „Die Shimsha-Gletscher-Katastrophe". Einer von den zwei Alexandern stößt, über dem Abgrund hängend, auf die Inschrift eines Engländers. Dada. Dann „Todeskampf". Alexander im Palast zu Babylon. Er „stürzt hinunter", am Schluß. Dann „Triumph der Möglichkeit". Jener, der Moderne, hat den Gipfel des Mount Everest erreicht.

V.

Alles das ist ein Monodrama: immer nur ein Mensch auf der Bühne. (Dies Alleinsein wird öfters künstlich zustande gebracht: der Held öffnet eine Tür, spricht hinaus; oder von der zweiten Person darf man bloß die Hand seh'n.)

Sicher läßt sich für das Monodrama eine Begründung herbeiziehen, etwa: der Mensch sei im Grunde „stets allein"; oder „das Leben ist eine Kettenbrück' ". Oder ähnlich.

Das Wesen des Dramas bestand meistens darin, daß mehr Personen aufeinander wirkten. Also: nur eine Person! Bloß mit dem linken Arm Klavier spielen. Ersatz für anderes. Unterscheidlichkeit als Ablenkung.

(Das edelste Beispiel, auf höherer Fläche, bleibt jenes Lied von Peter Cornelius, das „Ein Ton" heißt und alle Worte nur auf denselben Ton singt.)

Daneben der Klavierspieler Geza Zichy. Der hat aber wirklich bloß einen Arm gehabt.

VI.

Was hier in neun Bildern geredet wird.... Es fällt ihm kaum etwas ein, deshalb spricht er so viel.

Man sehe zu. Wenn mal ein Satz vorkommt, der Sinn hat, soll er die Meinung vortäuschen, auch die anderen Sätze hätten Sinn.

Dieser eine Satz hat jedoch bloß mehr Sinn als die Sätze, die keinen Sinn haben. Hat einen ziemlich flachen Sinn. Im Relativen ruht hier die Wertlosigkeit – die zur Wohltat in der Umgebung wird.

VII.

Jessner, der vor Jahren öffentlich den Zweifel am Wert gewisser Dramen äußerte, sucht witzig die Dramatiker durch Aufführung zu entlarven.

Er gibt hier Wundervolles: an Geräuschen, an Schreien, an Lichtern, an Marschgang.

Zum Beginn sogar mit einem Trickfilm: Schlängellinie vom Hellespont zum Everest. Und lauter Vorhänge mit Vignetten: jede wie ein Filmprogramm.

Dazu diese strahlverschwimmenden Bühnenbilder (von Herlth und Röhrig), welche Bronnen leider durch seine „Worte" stört – für die Reise um die Welt oder: Das Seil über dem Abgrund.

(Jessner spielt nicht Bronnen, sondern mit Bronnen.)

VIII.

Kortner findet hier den Wunsch jedes Schauspielers erfüllt: ein Stück allein darzustellen.

Als Zwanzigjähriger ist er nicht zwanzigjährig. (Er hat auf's Außenbild zu achten – bedenk's, Coriolan!)

Doch in allem bringt er, bei gedrängter Kraft, Hervorragendes. Hier steht ein Kerl voller Ballungen. Ein Sieger.

Soll man von der Stimmleistung sprechen? Von der Gedächtnisleistung? Es war grandios.

Nietzsche dächte vielleicht: nicht dies ist wichtig, daß ihr euch anstrengt – sondern wofür ihr euch anstrengt.

Tolstoi hat gesagt: Lohnt es, eine Oper mit so vieler Anstrengung einzuüben? (Und er hat eine gute Oper gemeint.)

Ja: ihr habt es, in Deutschland, den Dramenschreibern zu leicht gemacht. Waret immer bereit, wenn einer nichts geschrieben hatte, dies zu deuten.

Das schlechteste Züchtungsmittel. Es fördert die fatale, leere Gattung des „Als-ob". Den Simulanten.

30. Januar 1926

Bronnen: „Die Exzesse“

Königgrätzer Straße

I.

Also: die ältesten, abgetakeltesten Mittel einer sogenannten Komik, die Kotzebue bereits überwunden hatte. Dies alles zusammenhanglos und mit Schweinerei versetzt. Es gibt keinen anderen Ausdruck.

Gewiß wundert sich der Schriftsteller Bronnen selber: daß jede Willkür, die einer hinkliert (subalterner als die mehrsten Bierzeitungen mittlerer Abiturienten), nicht nur einmal am Vormittag, sondern später auch noch abends mit hoffnungslosen Unkosten aufgeführt wird.

II.

Hinter wieviel Berliner Ladentischen stehn witzigere Leute, Namenlose, welche derlei weniger plump machen. Wem fällt es ein, das etwa zu spielen? Wer fände sich, sie zu deuten.

Lächelnd sieht man die spaßig-spießige Verschüchterung einer kompaßlosen Übergangszeit.

III.

Desselben Schriftstellers „Ostpolzug“ ist ja ganz flaches, dünnes Zeug; Musterbeispiel der aufgeplusterten Leerheit; so daß ein Werk wie „Der Mensch“ von Emmerich Madach, oder „Der Meister von Palmyra“ des verblichenen Wilbrandt als unsterbliche Meisterwerke zu bewerten sind.

Was veranlaßt Leute, irgendeine läppische Unreinschrift zu beschönigen, nur weil sie heut’ erscheint?

Bei Manchem ist es eine Existenzfrage: weil er davon lebt, Schuldiener einer bestimmten Gruppe zu sein ... und sonst nicht einmal das wäre.

Bei Besseren ist es die Furcht, nicht für heutig zu gelten.

Ein fesselnder kulturhistorischer Ulk.

IV.

In dem ... Werk „Die Exzesse“ findet sich zwar kein so komischer Satz wie der ernstgemeinte des Ostpol-Alexander war: „Die Größe meiner Zeit ist ungeheuer“ (leider ohne den Zusatz: „... und ich ziehe jetzt in den Dreißigjährigen Krieg“).

Dafür gibt es hier moderne Einfälle, wie: daß jemand unters Bett kriecht; daß ein anderer dessen Schuhe bemerkt; daß der Scherz des Betrunkenseins erfunden wird; daß ein Angestellter seinen Chef unter Jubel ohrfeigt; daß eine alte Jungfer im Büro (o August v. Kotzebue, du Dichter des „Schneider Fips"!) in Ohnmacht fällt.

Abiturienten aller Länder, vereinigt euch.

V.

Ihr braucht allerdings nicht, um den Mangel an Wesentlichem zu vertuschen, folgende grundeinfache Ziege ... Züge, wie daß ein prächtiges, ach, gar zum Platzen sinnliches Mädchen erst im Bett, hernach neben einem Bock in freier Lust knallbanale Regungen veröffentlicht.

Bluff zur Ablenkung von dem, was ein Autor alles nicht kann.

Vorwärts. Es werden frischausgezogene Unterhosen von Weibern in verschiedenen Akten, zweimal im Lauf des Abends, nach vorn geworfen und von Männern, mit ausdrücklich erläuterndem Text, an ihre Nase geführt – Abiturienten aller Länder!

Jede dieser Hosen deckt eine Blöße des Autors.

Schmock wird es deuten. Wie man Zuckmayer begrüßt hat, nachdem immer phrasenhaft erklärt worden ist, man wolle das Theater von solchen Erscheinungen befreien.

VI.

Vorwärts. Wie schlecht eine dicke, alte Frau riecht, dieser ausführliche Zug hilft gleichfalls über einige Mängel weg. Hernach, wenn an ihrer (alten) Begleiterin auf der Bühne festgestellt wird, welche Form deren Bauch hat; daß man sich im erotischen Fall bei ihr die Nase zuhalten müsse: so wird wiederum ein kleiner dichterischer Mangel des Verfassers spielend übermalt.

Ich rede hier davon – denn was dargestellt wurde, darf mitgeteilt werden.

Ladentische, Büroschemel Berlins, wie schlecht behandelt man euch.

VII.

Hilpert und Krehahn müssen dafür heran. Fräulein Servaes, Fräulein Klokow, Fräulein Kersten, Fräulein Braut, Fräulein Neumann, Fräulein Wyda – warum seien sie nicht wenigstens genannt? Warum scheute man die Feststellung, daß gelegentlich eine davon im Stadium der Enthüllung befremdend wirkt. Wenn schon, denn schon. Auch das gehört zum kritischen Beruf.

An Männern: Neben drei jüdelnden Bankdirektoren (Elzer, Bressart und Leopold) gibt es den Konsul Twardowski. Den herzfrischen Tiroler des modernen Dichters: Herrn Dieterle. Den Abgeblitzten: Herrn Aribert Wäscher (o hoffnungsvollerer Benedix!). Den Georg-Engel-Plattdeutschen: Herrn Jul. E. Herrmann. Den Theater-Wälschen: Herrn Hasse. Den Hirten aus der Komischen Oper: Veit Harlan.

VIII.

Ein Berliner (mit den modern-originellen Beinamen Puffke) wird von Curt Bois ... auf eine sehr liebliche, sehr still-spaßige, manchmal bezaubernd schweigsame Art hingeäugt, hingeglitten, hingeschnoddert.

Das ist ein jüngerer Graetz; mit leiserer Anmut.

Dieser Schauspieler war der Gewinn des Abends ... außer dem kulturhistorischen Reiz der eingeschüchterten Übergangsepoche.

3. Februar 1926

Bertolt Brecht: „Baal“

„Die junge Bühne“. Deutsches Theater

I.

Ein matter Vormittag. („Tödlich graute mir der Morgen“, beginnt ein Lied von Hugo Wolf.)

Als im letzten Bild jemand Herrn Baal zurief: „Wer interessiert sich für dich!“ stimmte das Haus mit Gelächter bei.

Jemand sagt Baals Ende vorher. Im Hause: Bravo.

Der Unterschied zwischen dem Leipziger Theaterskandal und dem gestrigen in Berlin liegt etwa darin, daß in Leipzig mehr Widerstand, in Berlin mehr beruhigter Ulk herrschte.

Was über die Epigonenarbeit zu sagen blieb, ist hier vor zwei Jahren gesagt worden. Es war nun die dritte Begegnung. 1918 im Manuskript. 1923 in Leipzig. 1926 in der „Jungen Bühne“ – mit welcher das Ganze so wenig zu tun hat wie mit der Gegenwart.

Es dient als Merkmal, was in der Zeit geschaffen wird; nicht, was aus der Zeit geschaffen ist. (Man lebt nicht im Heut, weil man heute schreibt.)

Vorläufig nicht mehr Baal.

II.

Dabei tat Brecht nun selber, was die Kritik ihm vorgemacht; er hat sein Werkchen etwas verspottet. Sogar seine Lober darin angeulkt.

Aber was nützt es, wenn ein Inhalt und eine Potenz hier mangeln?

Ja, was tut ein heutiger Mensch mit dieser Gestalt in der Mitte, wofür etwa die Unterschrift paßt: „Übles Tun und Bestrafung eines rücksichtslosen Burschen". Selbst wenn das nun schon in der Form eines Bilderbogens vorliegt! Selbst wenn, wenn, wenn der Autor es von sich abrückt. Damit kommt noch nichts hinein – falls der Zeichner des Bilderbogens es nicht im Handgelenk hat.

(Daß er sein Werk in halb spaßiges Licht setzt, ist eine Ausflucht. Noch keine Leistung.)

III.

Herr Baal nimmt immer noch einem Fabrikanten die Frau, einem Freunde die Braut weg, rafft (in Leipzig) zwei junge Schwestern gemeinsam übers Lager (in Berlin fallen die gleichzeitigen Schwestern fort), hält sich hernach an einen männlichen Begleiter, lebt mit ihm und einer geschwängerten Sophie, verläßt diese samt ihrem Kind im Leib auf der Landstraße, mordet jenen Genossen, stiehlt zwischendurch einem Toten den Branntwein – und stirbt in einem Bretterbau.

Sobald man sich damit einverstanden erklärt hat, fragt man: „Und –?" Keine Antwort.

Es kommt nämlich auf die Art an. Die Art ist krafthuberisch, aber matt. Es empfiehlt sich, das Wort „Bilderbogen", das Wort „Ballade" gefurchten Antlitzes in der Verlegenheit hinzuschreiben – damit ist aber nichts wettgemacht. Es muß halt ein guter Bilderbogen, es muß halt eine gute Ballade sein ...

IV.

Der Bearbeiter Brecht hat für Berlin die frühere Luftstimmung fast unterdrückt; Wetterbetrachtungen gekappt. Er läßt vor jedem Bild einen „Ansager" (im *dinner jacket*) an die Rampe treten, welcher die Ironie der Hörer vorwegnehmen soll. Auch das mißlingt. Die Zuschauer ulken sogar über den versuchten Ulk.

V.

Der Held, Herr Baal, soll stark sein – und Herr Homolka ist fett.

Er ähnelt hier, im Äußeren und im Laut, einem wienerisch-polnischen Zahlkellner. Solches mehrt an dem Stück, das nicht problemhaltig ist, das Problematische.

VI.

Der Schauspieler Bildt wiederholt eine frühere Leistung: den groteskfragwürdigen Gentleman.

Sybille Binder, im Schmerz ein bißchen ohne Versenkung, oder Blandine Ebinger, in der Knospigkeit prachtvoll, oder Gerda Müller, im Dasitzen und Blicken für das Werk völlig ausreichend, helfen der zuglosen Regie des Verfassers nicht auf die Beine. Brecht ist eine berufsmäßige Hoffnung.

VII.

Tödlich graute mir der Morgen. 15. Februar 1926

Hasenclever: „Mord"

Deutsches Theater

I.

Die These dieses Schauspiels (oder sein Kern?), aber man darf ruhig von These sprechen ...

Die These des Stückes heißt: Mord begeht manchmal nicht der wegen Mordes Verfolgte – sondern den wahren Mord begeht 1. die Justiz, 2. die Presse, 3. die Gerichtsmedizin, 4. das Advokatentum, 5. der auf seine Bürger schießende Staat.

Mit einem Wort: nicht der wegen Mordes Verfolgte war schuldig, sondern schuldig war die män-schli-che Gä-säll-schaffft!!!

II.

Eine These, die wahr, aber nicht mehr frisch ist. (Hört sie damit auf, wahr zu sein?) Allzuoft in den letzten Jahrzehnten hat man sie dramatisiert.

So daß der Eindruck wächst: das viele Verkünden schadet ihr.

III.

Ich glaube fast: nicht nur jeder Irrtum, auch jede Irrtums-Erschütterung lebt bloß eine gewisse Zeit.

Wenn die „menschliche Gesellschaft" oft genug angegriffen ist, steigt sie für eine Frist in der Betrachtung und Achtung.

Wenn eine gerechte Wertung bis zum Überdruß revolutionär verkündet ist: dann gibt sie dem Unrecht eine Chance ... (Verdammte Relativität.)

Ja, rückschrittlicher fühlt eine Welt, falls die Revolution banal wird. Falls Kühn-Heutiges (es war beim erstenmal kühn!) zum Ewig-Gestrigen sinkt. Bisweilen durch Dramatiker.

IV.

Das von Hasenclever Verkündete bleibt also manchmal wahr. Aber es ist peinlich ... Worin steckt hier der letzte Grund?

Eben darin: die Beweisführung wird kaum neu-erlebt; sondern halb durch Gewohnheit literarisch übernommen. Und wenig geballt. Ein bißchen geschludert.

Immerhin: Hasenclever gibt Auftritte, die ein Anlaß für den Spielordner werden ... und etwas mehr verdichtet sind als die letzten seiner, auch seiner Zeitgenossen Fragmente.

Die Heimat dieses Schauspiels ist zwar nicht Ballenstedt, aber auch nicht bloß Schluderbach. Es liegt zwischen Ballenstedt und Schluderbach.

V.

Jemand hat (nur in Gedanken) seine Frau gemordet: weil ihr Hirn zu andren Männern schweift. Somit brach sie (nur in Gedanken) die Ehe.

Der Mann geht von der Straße mit einem Weib in deren Wohnung. Und obgleich ein Schlafender dort liegt, ist es kein Hinderungsgrund für ...

Nachher zeigt sich: der scheinbar Schlafende war ermordet. Als Mörder verhaftet man den Gast. (Jedermann ahnt: Sühne für den Gedankenmord an der Gattin! Vielleicht auch, o mystische Gerechtigkeit, Sühne für den Seitensprung.)

VI.

Nun die Gattin. Sie hat ein Stelldichein mit einem Herrn. Jetzt, genau wie der Gatte seinen Ring dem Straßenweib gibt ... und von einem imaginären Griff an die Kehle seiner Gattin spricht: so spricht nun die Gattin beim Stelldichein vom Ring ... und fühlt einen Griff an ihrem Hals. (Mystik. Symbol für Sühne.)

Sie begeht nachher wirklich Ehebruch – und ihr Liebhaber gewinnt im Spiel ... den Ring zurück, zufällig von jenem Straßenweib. (O Verkettung.)

Die Gattin wird irrtümlich als Dirne verhaftet: wie der Mann irrtümlich als Mörder. (Wohl mit einem ungesagten Gruß an Strindberg – als er Inferno, Rausch, Damaskus träumte.)

VII.

Die Presse – hier etwas provinziell gesehen – verschlimmert angeblich alles. Die Medizin, bei „Beobachtung auf den Geisteszustand“, mordet noch mehr. Der Gerichtshof mordet erst recht. Vollends der Staat mordet schuldlose Bürger durch Maschinengewehre. Doch die wirkliche Mörderin, das Straßenweib, entlastet Unschuldige ... durch einen Brief.

Man mordet ihn, den Entlassenen, zum letztenmal: durch gezwungene Rückkehr in die Freiheit.

Wieder daheim. Dem Ehebrecher, bei seiner Frau, gibt er versöhnlich die Hand. Denn wer ist schuldig? Hat er selbst nicht in Gedanken. ... (Sogar durch die Tat, bei der Dirne?) Schluß. Weiterarbeiten.

VIII.

Der letzte Kern ist also: auf die Schuld in Gedanken kommt es an; nicht nur auf Schuld in Handlungen. Der Mann fühlt sich schuldig, obschon er nicht getötet hat. Wieviel schuldiger ist, so meint er, der Staat, welcher durch Maschinengewehre häufig schuldlose Menschen hinmordet. Hier wird Hasenclever volkstümlich ... und ein Teil des Publikums lebhaft.

Manches in dem Stück ist ein recht naheliegendes Epigramm – aber der Aufenthalt in Paris hat ihn doch etwas gerafft.

So daß beispielshalber die Frauengestalt, mit ihrem Gemisch von Gleichgültigkeit, Abnutzung des Gefühls in der Ehe, mit ihrem tonlosen Kampf zwischen Verzicht, Glücksgier, Sorglichkeit ... so daß diese Frau das Wertvollste des Stückes wird.

(Zumal bei der Schauspielerin Charlotte Schulz, die sehr fein hier seelisch reifsten Takt – und unhörbar schwingendes Leid verwaltet. Etwas Haftendes.)

IX.

Klöpfer, mit schüttergrauem Haar; mit den Augen eines Erkenners hinter der Brille; zwischendurch mit der Handregung, die er mittendrin unterläßt; manchmal mit einem Worte, das er ... nicht mehr sagt; mit einer schamvollen Rechtlichkeit; gefaßt, ohne Aufhebens: – dieser Eugen ist wieder einmal der leuchtende Seelenschauspieler ... der man sein soll.

XII.

Wer noch bleibt zu nennen? Es kommt nicht darauf an, daß der Liebhaber, Fernau, Reste (oder Anfänge?) von Schauspielerei, daß der Gerichtspräsident, Friedrich Kühne, mal Auftragungen tätigt; daß Ferdinand Bonn einen alten Zeitungssetzer zum Sonderdrama macht; daß L. Steckel den Freud-Jünger phantastisch pinselt; daß Vallentin einen Untersuchungsrichter wie selbstverständlich deckt; daß Franck einen stapelnden Schieber halb ins Verschimmernde rückt; daß Bildt einen Anwalt im Außenblick mehr als im Sprechton bannt; daß die Koppenhöfer Resolutheit einer Straßenperson prachtvoll mit fescher Härte vom Alltag her in wolkigere Gefilde hinüberspielt – bis man sich an ihr Chinesenweib erinnert …

X.

Alles dies tritt zurück oder ist nur Hilfe … für Erich Engels Gesamtbild.

Er arbeitet, wie Reinhardt, „Züge“ heraus. Hält sich vom drahtbewegten Drill einer abgetan reaktionären Mode fern und gibt jedem Auftrittsbündel einen sicheren Fluß.

Grundwesen: bei dunkler Tönung doch eine gelingend bewegte Leichtheit. Vor Gericht hat er das Populäre leider nicht gemildert.

In jedem Fall stützt er, deutlicher: trägt er, vielleicht überragt er das Werk. Dieses nicht unleckere Sammelsur von Mystik, allzu vertrautem Ethos und einer gewissen menschlichen Feinheit … zwischen Ballenstedt und Schluderbach.

(Hoffentlich auf dem Weg von Schluderbach nach Ballenstedt.)

24. März 1926

Hebbel: „Herodes und Mariamne“

Staatstheater

I.

Dieser Mann aus Wesselburen, nicht der aus Marbach, hat im deutschen Jambus das Größte getan.

Hier ist eine dramatisch nirgendwo sonst gehörte Melodie: Paarung von Wild-Brennendem und Schlagend-Klugem. Von Rasendem und Zerlegendem. Von Gier und Bohrung. Von Flammen und Grüblertum. Von Schmerz und Witz.

Alles ohne Nachbarschaft.

II.

Diese Sprache bezähmt zu haben: das ist Jessners Kraft; und Jessners Gipfel.

Eine Zahl von wunderbaren Sprechern und Bewegern (Sprechern und Bewegern): wie aus der Pistole geschossen. Beispiellose Gesamtheit von Laut und Gebärde. Von Zungen und Seelen. Von Akzenten und Menschen. Von Klang und Anblick ... und Erschütterung.

III.

Dabei kann ich alles das mir noch liebesdramatischer denken. Kortner (in der Sprache für Dich geboren, Hebbelfriedrich!) packt einmal die Lossen, Mariamne, von hintenher um die Schultern.

Ich sehe jedoch diesen Augenblick: wie er sie von vorn, das Auge bohrend ins Auge, nehmen, halten, fassen, heften, klammern muß, in sie sich senken, stürzen, in ihr verloren, das Letzte suchend aller irdischen Beziehung von Mensch und Mensch. Den Pol – in ewiger Flucht und ewigem Fluß.

Also das Ding, das im Grunde doch nur bequeme Sicherheit für eine – wenn ich schon mal gebildet reden soll – physiologische Selbstbehauptung ist. (Da liegt der Hund begraben.)

IV.

Nicht, daß Herodes allerhand ausgefressen hat: nicht, daß er einen Bruder der Geliebtesten mordete; nicht, daß ihm eine makkabäische Schwiegermutter auf die Nerven tritt; nicht, daß ein römischer Antonius hinter Weibern durch die Welt jagt: nicht alles das ist letzter Grund für sein Tun. Sondern ...

Sondern, wie mir scheint: Liebe, Liebe, Liebe; gesteigert, namenlos und ohne Schranken mächtig. Gier vor der Schönheit; der Wunsch eines seelischen *Jack the ripper:* in das Innerste der Begehrten zu dringen.

Was ihre Vernichtung zur Folge hat. Jetzt ist er gestillt; und jetzt ist er zerstört.

(Doch zuvor muß er Aug' in Auge, ganz von vorn, sie gehalten haben, in sie gesehn ... in ihr gesucht. Nicht über die Schulter.)

V.

Gegen Kortner läßt sich einwenden: daß er sein Außenbild wieder vernachlässigt ... oder drückt. In einer Art von polnischer Schubitze, mit Leuchtknöpfen, seidenschwarz und zwängend, steht, liegt, geht, kauert, lauert er. Der Kinnbart Pfeffer und Salz.

Somit nicht ein löwenhafter, letzter Herr in Juda.... Der Matkowsky war nur Löwe; nichts ahnend von Hebbel.

Kortner ist vielleicht zu wenig Halbheide – was er sein soll: vielleicht zu wenig Soldat; vielleicht schon Ghetto – das weit später kam; vielleicht zu sehr Mensch der Verbannung, statt Mensch der großen Heimat. Aber ...

Aber das alles versinkt vor diesen Sprachwundern. Vor diesem Treffend-Genialen, mit jedem Unterstrom. Gleichblütige Kräfte, Hebbel und sein Sprecher, finden sich. In dieser Sprache liegt schon alles: der letzte Kern einer Gestalt. Die Sprache verändert noch ihr Außenbild. Ihr Mensch haftet.

VI.

Jessner hat sie alle gestuft. Alle geknetet. Alle vereint. So im Klang; so im Bild. Er gab sein Stärkstes hier.

Ob er gleich gekappt hat! Himmlische Stellen fielen weg. (Wo blieb Mariamnens ewiges Wort: „Das kann man tun; erleiden kann man's nicht"; Zusammenfassung unterschwelliger Regungen in diesem Menschendrama.)

Er hat, mit größerem Rechte, den Schluß genullt: wo der Kindestöter noch einmal wie im Traum sich zu der Abgeschiednen wendet.

Einzelheiten sind es.

VII.

Nichtig vor dem Marschgang, oder vor dem Strom des Ganzen – das ein Ganzes war.

Matkowsky und Poppe; Hartau und Triesch; Krauss und Straub; alles verblaßt – beinah sogar Hartau und Triesch, obschon sie haften ein Leben lang.

Hier und gestern war die Premiere dieses Stücks.

VIII.

Die genannte Triesch wurde zur Schwiegermutter Alexandra. Herrlich in der Wucht des zerlegenden Wortes. Aus einem Guß gliedernder Haß.

Die Schwester-Witwe Salome daneben: hysterisch von heut. Helene Weigel; wie aus Kautschuk oder molluskig voll Gift und Weh. Jeder dieser Menschen wird bei Jessner ein Drama. (Die Weigel fast zu gesondert.)

IX.

Dann scheiden sich die Sprachgeister. Zwei Gruppen. Sameas, bei Ferdinand Hart, ist noch ein Hebbel-Sprecher. Mit Gliederung und scharfem Schiedston. Hernach, Erwin Faber steht etwa in der Mitte, wenn er den Römer macht. Mit Fug. Jedoch Laubinger, der Schwager

Joseph, äußert sich nicht mehr kennzeichnend, sondern bühnlich. So ein Teil der Knechte; Florath ausgenommen.

X.

Zwei Welten sind es; die einen sprechen europäisch, die anderen hebbelsch … hätt' ich fast gesagt. Wenn dieser ungeheuere Kerl nicht waschecht ein Schleswigholsteiner wäre. Was ist Ethnologie? Ein Mist. Was ist Rassenkunde? Ein ziemlicher Bluff.

Kraußneck, ältester von drei Königen aus dem Morgenlande, spricht (und blickt) wie ein grauer Herzog des Mittelalters. Valk spricht hier europäisch; Gad Shelaso spricht … hebbelsch.

Wo ist noch ein Pol?

XI.

Die Lossen spricht unhebbelsch.

Immerhin: bloß im Anfang. … Wär' es ein Wunder? Sie hat ihre ganze Laufbahn heut einmal noch zurückzulegen. Verschollen und verschüttet: wiedergezeugt.

Befangen ist sie zuerst. Entwöhnt. Fremd. (Wie lange hielt man sie fern vom vordersten Feuer? Das Schiller-Theater ist Etappe.)

Fast akademisch gibt sie Laut. Herkömmlich, im Beginn.

Da blitzt was aus der Naturbetrachtung hoch. Gibt es nicht ein phylogenetisches Grundgesetz? daß im Mutterleib jegliches Wesen den ganzen Kursus noch einmal zu durchlaufen hat, vom Anfängertier bis zu dem schließlich im Rathaus Grunewald eingetragenen Menschen? daß der Mensch erst ein paar Wochen hindurch Kiemen trägt, bevor er Lungen kriegt? daß er den vollen Gang der Entwicklung noch einmal in neun Monaten zu durchmessen hat – bis er am Schluß dasteht als einer von uns? … So war es.

XII.

Die Lossen beginnt ihre Laufbahn zum zweitenmal. Konservatoristin im Anfang. (Kiemen.) Hernach kein Karpfenschwanz mehr, sondern ein Menschenleib. Sie wächst und wächst. Einsam geht sie noch an dem Hebbelschen Kortner vorbei; wie an ihm hin, nicht zu ihm. Um neun Uhr hat sie Lungen; ein wirkliches Herz, Augen, Lippen, Hände.

XIII.

Nun hebt sie diese Augen, nun lächelt erkenntnisvoll dieser Mund. Nun weicht sie … nicht nur vor Herodes. Vielmehr vor allem, was niedrig ist – und doch hinieden schön. Was schmerzlich ist ... und am besten doch vermeidbar. Nun gibt sie, was heut' keine Andre geben kann – soweit die deutsche Zunge klingt.

(Die Konversatoristin wurde gleich zum Hochmenschen? Sie springt übers Ziel? Dreistigkeit.)

XIV.

Jessner – in Traugott Müllers hellen und kargen Bildern, die nur vor dem Fest fast opernhaft werden, doch sogleich durch eine fahle Pracht sich berichtigen. ... Jessner verließ endgültig den Blak reaktionär-modischer Gruppen-Puppen-Kuppen-Truppen-Treppen-Komik.

Er stieg: durch das geballte Wort, durch das gedämmte Bild. Durch Wagemut, durch Überzeugung ... zu seiner Kuppe.

Ein großes Echo drang hinauf. 27. März 1926

„Faust" in der Volksbühne

I.

Diese Aufführung, die so stark war, indem sie das Werk zeitweis in langen Hosen, gesteppten Paletots und im heutigen Melonenhut spielen läßt, blieb nur in manchem Nebenpunkt schwach: in der Besetzung; in der Auffassung; im Durchdringen; im Können; und im Gesamteindruck.

Bei der entschiedenen Begabung des Regisseurs Fritz Holl für Streichungen und für Buntheit an Stadttheatern ist seine Hauptschwäche doch nicht ganz zu übersehn: die Regie.

II.

An dem Stück fällt folgendes diesmal auf. Wie der zweite Teil des deutschen Kämpferdramas im katholischen Olymp endet; so ist eines Denkers Umkehr kraft österlicher Glocken der Vorklang hierzu.

Dann: um ein Mädel zu gewinnen, wird vom Himmelsstürmer Juwelierschmuck eingesetzt. Weiter. Ein Mann, der mit allem Wissen, auch mit Hölle, Teufel, Zaubertrank, Zaubermantel, Zauberwein, Zauberpferden eingedeckt ist, kann die Folgen der Empfängnis bei einem Bürgerkind leider (in der Melonenzeit sogar) nicht kappen; den Tod einer Mutter nicht wenden; den Bruder nur durch Mord nullen.

Aufgefallen ist es diesmal ... Weil die Regie klärend wirkt! (Weil sie zwischen unsterblicher Wortschönheit Raum zum Besinnen läßt!)

III.

Die flinke Darstellung währte nur dreieinhalb Stunden; die Kritik darf noch kürzer währen.

Faust (George) tut ein Übriges und singt herzhaft den Osterchoral mit. Gretchen (Kinz-Franziska) tut ein Übriges und äußert am Schluß (nach „Ist gerettet!") nochmals „Ach neige ..."

IV.

Kinz (herrliche Kraft für wuchtig-rücksichtsloses, drängendes Entschlossensein); eine pralle Gretelmadam; überlegen; klug; nicht unxanthippig; die hätte sich den Faust gelangt ... bis er verschüchtert sagte: „Bin weder Ritter, weder kühn, kann ungeleitet zum Schreibtisch ziehn" ... mit etwas Angst.

V.

George dann. Mit seiner schweren Sprache. Mit schwerer Hast. Er faucht als Denkerich wie ein Äschoffierter, der zu rasch gelaufen ist. Faucht, erster Teil.

Öfters: der Ton eines Naturburschen, der nicht recht weiß, wie er was herausbringen soll. Wen spielt er? Der jedes Wort mit schämiger Verwunderung „findet". (Wen spielt er?) Im Lieben ein beleibter Walther Stolzing.

VI.

Genug. ... Allein Granach: verteufelt-köstlicher Teufel (der zum Schluß freilich schrumpft). Ein Kerl – dabei fast ein armer Kerl. Mehr ein belustigender als ein gefährlicher. Dennoch Gefährliches wundervoll in der peitschenden Stimme.

Genug. ... Er, Granach, ist (neben hübsch-volkstümlicher Farbheit von Pilartzbildern – obschon der Himmel fern von einer Rolljalousie zu sein hätte) ... der Ertrag des erfrischend-komischen Abends.

7. April 1926

Marieluise Fleißer: „Fegefeuer in Ingolstadt“

Junge Bühne. Deutsches Theater

I.

Etwa zwei der vier Akte sind stärker, als von den Jüngeren einer bisher es imstande war.

Gedrungen; sogar zusammenhängend. Beherrscht; nicht diffus.

Diesmal erst im dritten Aufzug wird es das Kuddelmuddel – welches Dilettantismus zu nennen ist ... oder jugendlich-produktiv.

Nachdem die Dichterin zuerst eine Haßlust um kämpfende Parias im theokratischen Städtchen herrlich wiedergezeugt hat, wird sie leider, es ist nicht zu bemänteln, jugendlich-produktiv, manchmal droht sie Exponent der Zeit zu werden, kurz: sie kann's nicht.

Anzukreiden ist jedoch, was bis hierhin geschah.

II.

Schärfe des Umrisses ist keine Forderung. Man weiß nicht immer, worum sich's handelt; – doch! man weiß allgemein, worum sich's handelt. Einzelheiten entziehen sich, mit Fug, der Feststellung. Die Atmosphäre kommt ... ich hätte fast gesagt: meisterlich heraus. Derlei ist prall und schier und gekonnt und sitzt.

Eine Familie Berotter. Mit Töchtern. Die ältere, die Olga, hat's nicht lassen können. Aber der Kerl, dieser kaffrige Protz, geht jetzt mit einer Ansehnlicheren.

III.

Begehrt ist sie von einem halb demütigen, halb aufdrahenden Feigling (mit Kropf und stinkt); einem Krüppel wie Arnold Kramer beim Hauptmann; oder wie Tobias Buntschuh; der sich hier vortun will durch Schwarmgeisterei, durch neblig-religionshaften Krimskrams ... und auf den die Menschen dort insgesamt einschlagen, fromm-stramm, die Rohlinge des von alten Glocken überläuteten Bayernstädtles mit dem schweren Turm.

(Die jüngere Berotter, die Klementin', freilich nicht. In ihrer dienstfertig-arbeitsamen Häßlichkeit-Häuslichkeit. Die möcht' ihn.)

Und nachher ...

IV.

Nachher wächst man aus. Nachher wird die Dichterin Exponent der Zeit, jugendlich-produktiv, bis der arme Zuschauer die Bescherung hat. Du solltest, Seeler-Moriz, ehe man hier richtig Entdecktes aufführt, eine solchene Kraft anweisen zum Fertigmachen des im Anfang wohlvermochten Werks – das nachher schwirrpuffig sich verquält und verschwält; denn im dritten Bild kommt, heiliger Barlach, dies Immerweiterdichten, immer weiter, immer weiter ... wie einer auf dem Rad immer weiterfährt, bloß weil er nicht absteigen kann. *(Ecco.)*

V.

Begabt-naturalistisch ist die Fleißer – wenn's die gibt ... und so sie nicht ein Pseudonym für den Brecht ist.

Doch Ingolstadt wirkt eindringender als dessen Augsburg: die ersten zwei Akte so gehalten-stark, wie Brecht mit seiner hübschen Luftstimmungsfabrik sie bisher nicht gekonnt hat. (Ist er mang?)

Wenn somit eine Anneluise Fleißer existiert, scheint sie: eine Beobachterin; eine Festhalterin (nicht ranzige Naturepigonin); eine kostbare Abschreiberin kleinmenschlicher Raubtierschaft, im hiesig-heutigen Mittelalter; und nur eins ist sie nicht: Führerin der Vorgänge.

Immerhin: statt eines, Baal genannten, einsamen Triebtiermenschen in Wäldern (Problem der Gegenwart) malt sie furchtbare Residuen eines noch jetzigen, eines vielleicht immerwährenden Zustandes; die tapfere Fleißerin – wenn sie existiert.

VI.

Im dritten Akt ist sie aber wirklich mit Brecht zu vertauschen (haben sie's zusammen gemacht?): ... in der Suffstimmung, wo jener Autor halt nie weiter kann; wo partuh nichts einfällt als die Hoffnung auf Absolution durch angaschierte Kritik –, während im letzten Akt bei der Annaluise, nach so vielem Können, schon beinah Schlüsse wie von Barlach (siehe: Rad) bauchgrimmig herandämmern.

VII.

Moriz, Moriz, du hast eine Hälfte der Fleißerschen entdeckt – warum hast du die andere nicht zuvörderst verwehrt, belehrt, zurückgestellt, begossen, großgezogen, zum Blühen gebracht? Du mußt wieder eine Aussprache mit mir haben, die für beide Teile durchaus zufriedenstellend verläuft. Diesmal warst du mit einer Hälfte fast am Ziel.

„Morgen ist auch noch ein Tag", singt Peter Cornelius, in *Des*, glaub' ich.

VIII.

Schaut heute, nach den Niederlagen, welche der dramatische Pegasus am Hum-Bug erlitt, rückwärts. Nach dem heiteren Durchhalten.

Hauptquell der Irrungen war: daß man (in einer – ganz begreiflichen – Ära des Übergangs, des Vakuums) durchaus glücklichere Epochen äffen wollte. Daß man mechanisch-dumm von „Jugend" sprach, wo diese noch kaum ihre Knochen zusammengeklaubt, ihre kargen, armen Pupillen kaum entkrustet hatte; daß man den Begriff „Hoffnung" wie etwas Konstantes kitschig hinsprach; daß der kritischen Mitläuferei nichts gemangelt hat außer der Begabung; und daß die Vorstellung „neue Zeit" von dramatischen Kleintalenten journalistisch mißbraucht wurde.

Bronnen, der noch im Auftrumpfen leer ist (und Lautsein gern mit Kraft verwechseln lassen möchte), wünscht natürlich, man möge nicht von Nachkriegszeit, sondern von neuer Zeit sprechen. Neue Zeit hieße: die ältesten Mittel versuchen und trotzdem keinen Erfolg haben. Das glaubst.

Falls die Fleißerin existiert, ist sie wirklich eine Hoffnung: wofern sie der ersten Hälfte des Stückes folgt.

IX.

Die Inszenatoren sind auf einer gewissen Höhe bei uns. Auf dem Zettel steht: Paul Bildt. Er macht es etwa so gut wie ein anderer. Bis, um die Mitte, das Jugendlich-Produktive wieder zusammenschlappt. Da hat er die Kraft des Dazwischensausens nicht. So daß ihm vielleicht da was einfiele, wo der gehätschelte Autor bankrott wird. Die Inszenatoren sind auf einer gewissen Höhe bei uns – aber soweit langt es nicht.

Der Rest: aller Ehren wert.

X.

Das Stück zeigt nur zwei Stile. Der Einüber gibt ihm drei: weil der Krüppelheld, der Infantil-Sehnsüchtig-Niedre (welcher doch in die dortige Luft hineingehört) vom Schauspieler Wiemann ausgesprochen-norddeutsch gebracht wird.

Wiemann, wertvoll am andren Ort, kann das Außenbild, er kann den Sinn der Rolle; doch die Erschütterung der Rolle nicht.

Er hat in seiner Sprechform etwas von *ratio*; hierfür zu sehr. Das ist nicht bloß ein von der Ingol-Stadt im Wesen Geschiedener: sondern rassisch Geschiedener. Wiemann stirbt, weil er ein Preuß' ist.

XI.

Seine Mutter, Frida Richard – wie herrlich! Nicht eine Mutter; die Mutter aller Söhne. Dies Weiblein ...!

Das Schwesternpaar, Weigel und Koppenhöfer, die zweite wundervoll auf eine bayrische Art, schicksalsverbost, von Schlägen betroffen und sozusagen ewigkeitsgrantig, ein glücklos verfolgter Mensch.

Die Weigel wiederum, unter Hebbel-Jessner neulich an die Nerven packend, ist hier sehr tapfer ein Familienmiesnick; es bleibt ihr anzurechnen.

XII.

Den Vater läßt Franck nicht aus, als weil er ein Süddeutscher ist. Man glaubt ihm halbliterarische Worte – o Hilfe der Mundart!

Zwei Stromer bringen jetzo den zweiten Stil. (Hier den dritten.) In das Dumpf-Katholisch-Bürgerliche (neben lebfrisch-rüden Buab'n von Hasse, von Helmke): die Stromer bringen den überwirklichen oder nebenwirklichen oder eulenbergischen oder brechthaften Stil; Wäscher und Twardowski. Der erste frei, der zweite hat es diesmal ein bißchen angelegt.

... Es bleibt ein Ruhm des deutschen Schauspiels, daß Regisseure, die es noch nicht waren, doch gleich welche sind.

Und hätte Seeler zwei Aufzüge der Dichterin erzogen, unnachgiebig mit Forderungen zurückgestellt: so besäße man ein Drama, statt wieder eines Versuchs.

(... Des-Dur.) 26. April 1926

Hanns Henny Jahnn: „Medea"

Staatstheater

I.

Dieses Schauspiel eines jungen Deutschen, der früher auf dem Plan war als lärmende Problematiker der Zeit, stößt Hofmannsthals „Elektra"-Linie orgiastisch-dunkel in letzte Tierhaftigkeiten fort.

Hofmannsthal hat den Sophokles nordisch verfinstert. (Aus der „Nachtigall" Elektra das Katzentier gemacht.) Jahnn macht aus der wundschweren Frau beim Euripides ein rasendes Niggerweib.

Eine Heulwilde mit Fettbauch, mit üblem Körperduft, mit ungestillt später Geilheit. Ein Vieh.

II.

Wenn die Mythos-Medea von Jason bloß verlassen wird: so muß Jahnns Jason auch noch den eignen Sohn ins Mark treffen – dem er die Braut stiehlt. (Häufungen!)

So muß Blutschande gewissermaßen Alltagskost in der Familie sein; nicht, wie bei der dramatischen Zeitgenossenschaft, etwas feiertäglich Begangenes – sondern die natürliche Voraussetzung.

So muß Medea ein ausgestochnes Augenpaar längere Zeit auf der Bühne handhaben ... das sie nachher einem vom Chor zum Halten gibt.

So müssen der Nebenbuhlerin, jener Kreusa, „Bauch und Brüste" sich „rissig blähen", hernach jedoch „platzen", zu „eklem Schleim und Blutgerinnsel".

So muß der. Monarch in gesetzten Jahren, Kreon, in „zwei Hälften" geschnürt werden; nachdem ein verderblicher Ring „auf dem Fett des Nabels wie ein Bauchgurt sitzen blieb". (Zusammenfassend heißt es: „Den Bauch zersprengt, die Füße abgefallen, dreifachen Tod starb König Kreon" – der Sorgfältigkeit halber.)

Dreifach ... ist hier alles. Fünfundzwanzigfach. Dabei jedoch gewisse Sprechfähigkeiten. Die Sprache spricht für Jahnn.

III.

Ein unbeirrtes Hindrängen zum Untergang. Untergang. Untergang. Somit immer noch die Welt der Gasangriffe?

Ja, Elektra längst wild überboten.

Wie der Hofmannsthal sich zum Sophokles verhält: so Jahnn zum harmlosen Hofmannsthal. Dessen Katzentier ist wieder Nachtigall – gegen die Medea Jahnns. Voller Betrieb. Rastloser Fluß. Unermüdliche Fortarbeit. Kein dramatischer Stillstand. Entschlossener Fleiß.

IV.

Medea, nachdem sie das Augenpaar weggelegt hat, schleppt zwei blutige Stümpfe, die von ihr durchbohrten Knaben, über die Bretter.

Dieser ihr Schritt war, in der Kammer, nicht einfach. Die zwei Knaben-Brüder feierten miteinander just eine stille Hochzeit – da gibt ihnen Mutter, nicht wegen solchen Einfalls, vielmehr aus Überdruß, „spitzes Eisen", welches „den weichen Bauch durchdrang".

Mit einem erläuternden Zusatz: „Mein dickes Blut entblödete sich nicht, zu glucksen"; bis zu dem „letzten Zucken ihres Bauches".

Hernach steigt Medea nicht, wie beim Euripides, in einem Flugzeug wolkenhoch; sondern sie versenkt, treusorgend, den ganzen Niggerchor auf den Meeresgrund. „Gebrochene Augen, gebrochene Münder, zwecklose Leiber. ... Wir haben's reichlich." Untergang, Untergang, Untergang.

V.

Auch wir haben's reichlich. Wird es nicht Zeit, von dieser Gewohnheits-Apokalypse fortzukommen? Das Deputat, nach jener Richtung, ist erfüllt! Der Mensch von heute denkt ja, meine Teuren, in ganz anders gegliederten, in recht mehrfältigen Zusammenhängen.

Greuel, Scheuel, Schauernisse. Der Jahnn dieses Stücks zählt letztens zur Enkelschaft des Dichters Lenz, aus der Drangzeit, in dessen Dramen etwa sich einer festlich entmannt (beinahe auf der Bühne).

Die Dränger von damals – (um einen Platen-Vers hier einzusetzen) „wo sind sie nun?" Gar: die Dränger-Enkel – wo werden sie sein? Wo, eines späten Tags?

Habt um Himmels willen nicht zu viel Achtung. Kritik ist Widerstand, in gewissen Zeitläuften. Die Esel machen alles mit.

VI.

Medea zaubert ihrem Jason ewige Jugend an. Für den eigenen dicken Leib ist ihr die verwehrt. (Hallo, dein Gewicht!) Zu diesem Problem (er jung, sie alt) kommt ein anderes: er Griechensohn, sie Fremde. Das Weh der Ausländerin.

Dies alles ist Symbol. Doch fast gleichbleibend wird hier das Gebrüll, worin so ein Symbol dramatisch „kommt".

Ist es Künstlertum, was Abstumpfung zum Ergebnis hat? Ist es wirklich schwer, den Pelion auf den Ossa zu türmen? Ist man dramatisch begabt in diesem Fall ... oder nur, wie Jahnn, sprechbegabt? Genügt es, den Begriff „Bauch" oder den Begriff „Speichel" öfter als vormals wiederkehren zu lassen? Genügt es, daß Kreon in zwei Teile platzt, daß die Braut platzt? (In einem Jugendschauspiel Richard Wagners starben fünfzig Menschen. Schön. Aber wo ist heute der Tristan?)

VII.

Zwei Pflichten gibt es bei alledem: man soll euch spielen; sei's zur Widerlegung, sei's zur Erkenntnis.

Zweitens: man soll euch die Leviten lesen ... statt euch im Wahn zu kräftigen. Pflicht ist: unpopulär zu sein – nicht aufdringlich. Ebenfalls, euch zu sagen, wie geistlos ihr im Grunde wirkt. Noch wenn ihr Fähigkeiten habt wie Jahnn.

Die Zukunft heißt nicht: Bumm-bumm-bumm. Trennt euch vom Krieg.

VIII.

Die Pflicht hat Fehling eingelöst. Das Was. Nicht ganz das Wie. Freilich, wenn ein Autor von vornherein fast nur Gipfelschreie bringt, wie soll sie der Einüber ... Doch; auch dann soll er sie gliedern, stufen, steigern. Nicht gewissermaßen einen Quartsext-Akkord, der ja erst auf der Höhe zu kommen hat, schon früher fünfmal vorwegnehmen.

IX.

Bisweilen hat er trotzdem getönt. Auch in gewissen Bewegungen des Nigger-Affen-Chors. Wie aus einer sinistren Operette mit finsterem Schluß.

Harlan war ihm zur Hand, das Weh des älteren Sohnes wie ein Ringer durchwühlend. (Das andere Kind macht Heinrich Schnitzler, der Sohn Arthurs.) Auch Erwin Faber, der Gatte, zeigt sich durchgeknetet in antiker Feschheit.

Matter der Bote Kreons nach der Blendung, Heinrich Witte. Mit sicherem Sprecheindruck der Knabenführer, Fritz Valk. War die Amme Frau Sussin? Ich glaub's nicht. Unerkennbar.

X.

Die Straub ist für wilde Rollen am ehesten angetan. Als Außenwert. Von einem schmerzerlebenden Niggerweib wird sie das Niggerweib eher können als den Schmerz. So hier.

Tobendes übertobt sie – und läßt kalt. Auch wenn man sie achtet. Sie hat zum „Häßlichen" einen Ehrgeiz; tut sich mit Betonung darin hervor. Ihr Schmerz ist eher süßlich-empfindsam.

Bestimmt ist sie „tapfer" – doch hiermit bleibt nur die Hälfte getan. Tapferkeit heißt Sache des Entschlusses.

Sie bleibt eine prachtvolle Gestalterin. Und wo sie aufhört, fängt es an.

5. Mai 1926

Paul Zech: „Das trunkene Schiff"

Volksbühne

I.

Die Regie dieses Werkes bedeutet abermals: Näherung des Sprechstücks an den Film. Piscator (erfinderisch, beherzt, stark im Gruppieren) hat schon Ähnliches in dem Drama „Sturmflut“, Jessner hat Verwandtes vorher und nachher versucht.

Was ist hier der Kern? – Kino-Glossen; farbige Filmzeichnung oder *laterna-magica*-Bilder, die zu dem Begebnis Passendes großvignettenhaft malen.

Genullt wird hier die *impassibilité*, wie Flaubert sie nennt; nämlich dies reglose Durch-sich-selbst-Wirken der Vorgänge schwindet. Hierfür tritt ein: die Erläuterung durch Zeichenkraft.

II.

Nun gibt es da zwei Möglichkeiten: die gezeichnete Erläuterung (hier stammt sie von dem wundervollen George Grosz) kann ablenken – oder stützen.

Ist sie derart eigenstark wie bei diesem großen Könner: so lenkt sie leicht ab ...

III.

Ja? Bleibt es gewiß? Ich prüfe nach. ... Wird hier wirklich der Schauspieler verdunkelt? – oder in ein stärkeres Licht gehoben?

Die Antwort heißt: Wenn die Zeichnung skizzig ist (mit Nebenstrichen wie aus dem Schreibheft): so zerreißt es die Täuschung auf den Brettern ... und schadet.

Ist sie aber ausgeführt; ist sie rund-geschlossen (beispielshalber in der farbigen Gestalt jenes Zellenschließers im Zuchthaus, der nicht nur eine hogarthsche Inschrift hat, sondern eine Erscheinung ist): dann verstärkt sie – statt zu schwächen. Dann hilft sie – statt abzulenken durch Erinnerung an Skizzenbücher, *id est:* an zeichnerische Literatur.

IV.

Mit einem Wort: je mehr die Zeichnung Vision wird; je mehr sie frei ist von technischem Ursprung und von Herstellung: je mehr wird sie auf den Brettern ein Tragbalken statt eines Fallstricks. (Ein Tragbalken statt eines Fallstricks.)

Und prachtvolle Werte dieser Art sind im Lauf des Abends nur einmal überholt worden durch etwas anderes, nämlich ...

V.

Nämlich auf dem Schiff. Da gab es keine Vignetten: keinen gezeichneten Kommentar: sondern eine Filmaufnahme ... der Meereswellen. Und ein unkommentiertes, greifbares Schiff.

Und kein Erinnern an ein Atelier. Und kein Zurückdenken, kein Abdenken an ein zeichnerisches Genie namens G. Grosz ... sondern einen reglosen, durch sich selbst wirkenden Widerschein dieses irdisch-hiesigen Lebens, das mein Leben und dein Leben ist, und morgen sein wird wie es gestern war; und ohne zugefügten Witz – in seiner furchtbar-simplen, durch Tusche nicht verschönten oder verhäßlichten, durch kein Reißbrett symbolisierten Gestalt dieses einmaligen, von jedem zu durchfrettenden, scheußlich-wundersamen Daseins ... mit Fischen und Stürmen und rollender Finsternis und unerkannten Seerätseln. Und dies, dies, dies wirkte hier weitaus am stärksten ... vom ganzen Abend.

VI.

Wenn also der Held, Arthur Rimbaud, vor der Literatur flieht in die Tatsächlichkeit, in die hart bestehenden wirklichen Dinge: warum begleitet man ihn hier mit Literatur?

(Statt, wie bloß einmal, mit solcher Tatsächlichkeit?)

VII.

„Warum?" – Weil sich's um eine Ballade handelt. Weil das Improvisiert-Vorgetragene hier angedeutet werden soll.

Darum zwischendurch eine, nicht schlecht wirkende, Klavierbegleitung; (neben gestopften Hörnern). ... Doch wieviel Stilmischung! Sind wir nicht im Abstieg? erstens ein reales Schiff, zweitens wirklich gefilmte Wellenstürme, drittens Klavierbegleitung dazu ...

Auch bei Piscator (der mein Mann ist!) donnern solche Fragen an ein gestufteres Ohr der Gegenwart – falls jemand nicht stumpfsinnig bejaht ... und mit negativen Vorzeichen plagiiert.

Rimbaud entrann der Literatur ... in die Liteatur?

VIII.

Piscator! Menschenfischer! Freund! – Inszenierte Rimbaud dies Werk: er hätte den reinen Film gebracht ... als ein Gegenwartsmensch. Oder das klappend-runde Visionsdrama – als ein positiver Regisseur ... und hätte das Atelier des Schorsch Grosz zerteilt; drei Caféhäuser zerschellt ... und bei alledem gewußt, wer, in seinem Gau, dieser herrlich unvermißbare Zeichengenius ist. Er hätte fernerhin –.

IX.

Er hätte fernerhin die Verwandlungen lieber im Dunklen gemacht. Ballade hin, Ballade her. Warum läßt, wer heutige Rampenmittel hat, Bühnenarbeiter in hellem Licht Soffittenstücke schieben?

Das ist ja chinesisches Theater; dort greifen Kulis in modernem Anzug ruhig fortwährend in die Szene; Liftboys mit Knöpfen schieben dort mittendrin eine Dekoration entlang.

Haben wir aber deshalb gestuft, gesiebt, verfeint: um auf Züge der ältesten Vorzeit zu kommen? Ist mit solcher freiwilligen Rückschraubung ein Höhepunkt überschritten – ja oder nein?

Soll man es den Heimfall des Abendlandes nennen – oder, unsanft, Geschmäcklerisches, Trickhuberei, weglose Neusucht? (Und Piscator ist bei alledem doch mein Mann.)

X.

Letztens erinnert man sich – o Rimbaud, Literaturfeind von je wie ich selber –: daß alles dies nicht feierlich zu nehmen ist.

Nicht feierlicher als der Bubikopf nach dem Langhaar. (Denn wäre der Bubikopf das Frühere: so wäre das Langhaar heute die Errungenschaft. O Ihr Kulturtrottel!) Es liegt kein tiefer Sinn im Künstlerspiel.

Allenfalls eine Komik in sekundierenden Schwachköpfen.

XI.

Weiter. Wenn Paul Verlaine hier versunken am Tisch sitzen soll, ja, leidenschaftlich versenkt in das Manuskript vom „*Bateau ivre*“ des Rimbaud: so eilt hier ein Schauspieler (Steckel, in der Maske des Alphonse Daudet) neben hantierenden Bühnenarbeitern an den Tisch, setzt sich, tätigt auf Kommando Versunkenheit, eins, zwei, drei ...

Wo es doch heut Bühnenmittel gibt, solche Frühstufigkeit justament zu hindern. (Dennoch ist Piscator, dennoch, mein Mann.)

XII.

Rimbaud wäre jetzo siebzig. Der Siebziger ist ein Vorbild literarischer Jungdo’s in Berlin. Nicht nur. Sondern ein Initiator, längst gewesen, für die Lyrik von Frankreich.

Er befreite sie, nach Victor Hugo, vom Festgemauerten. Rimbaud ist für uns aber lange nicht so wesentlich wie für Frankreich: denn wir haben schweifende Lyriker hinreichend gehabt. Frankreich nicht.

Neben ihm, hinter ihm steht Verlaine. Doch was liegt in dem ganzen

Fall vor? Gewiß, Rimbaud hat eine Tür geöffnet – aber wer eintrat, war ... Verlaine.

Das trunkne Schiff in Ehren (etliche Strophen sind von Zech lockrer übersetzt, als Rimbaud sie schrieb). Doch der Unterschied zwischen Rimbaud und Verlaine scheint mir so: Rimbaud war bloß der Entwicklungsfaktor, Verlaine der siegende Poeterich.

Wenn es noch anginge vom Täufer und vom Heiland zu sprechen, so weiß man, wie die Rollen vergeben sind ... Der Hochmensch kennt Rimbaud; doch er singt Verlaine. Arthur ist ein Markstein; Paul eine Nachtigall. Arthur drang in die Geschichte; Paul aber in die Welt; in die Seelen; in die Musik. Arthur war; Paul ist.

So geht es zu.

XIII.

Bleibt Zech. Zech darf nicht mehr in den geweckt-prächtigen Ruf „Die Jugend hoch!" schmetterfröhlich ausbrechen, da er schon über dreißig ist.

Er zählt nicht zu dem munteren Nachkriegsgeschlecht, das eine frische Menge Kalks auch bei unkontrollierten Abstimmungen schlagfertig betont – sondern er gehört zu der bedauerlichen Jahrgangsklasse, die von der neueren, unverwüstlich-regen Problematik bereits verstoßen ist. Zech hat zu Verlaine und Rimbaud nicht ein so ganz heimliches, verborgen liebendes Verhältnis wie Brecht, welcher beiden *incognito* gehuldigt hat mit hochherzigem Verzicht auf Quellennachweis, sondern Zech teilte (vor Brecht) redlich mit, daß er schöne Stellen aus Rimbauds Büchern in dieses, ja nicht in Chicago spielende, Stück übernahm.

XIV.

Zech gibt nicht nur das Leben eines gallischen Dichters, wie späterhin Sternheim den Oscar Wilde gemalt hat; oder wie das „Dreimäderlhaus" den Franz; (obschon das „Dreimäderlhaus" himmlisch war). Sondern er malt einen, der von heut' ist – und gegen drei Dinge tobt: wider Europens Schlappheit; wider den Kunstdusel; wider die Kirche. (In Wahrheit ist Rimbaud katholisch entschlafen.)

Zech hat, bei Sachruhigem, auch Rimbaud-Verlainesches Geblüh der Sprache. Das Schlürfende des Vagantentums. Zwischendurch freilich die „Idee" mit einem trockneren Ausdruck.

Die Idee wider das tintenklecksende Säkulum – mit hellem Blick auf das Tatgenie. (Das gestrandete Tatgenie.) ... Zech hat wenigstens nicht, in der Sprache, den vollkommen blöden Dada-Füllselquatsch.

XV.

Der Schauspieler Achaz besitzt in der Gesichtsbildung mit Rimbaud, wie Fantin-Latour ihn gemalt hat (es soll übrigens unähnlich sein), ein gewisses Maß von Ähnlichkeit ...

Ein geringeres mit Rimbauds Intensheit bei Zech. Was ihm fehlt, ist letztens die von Bismarck ersehnte Halbflasche Sekt. Sonderbar: in getragenen, melodeienden Rollen hat er sie. Hier aber ist Stromunterbrechung auffallend.

Es ließe sich immerhin äußern, daß Zechs Rimbaud ja kühl sein soll. Kühl gewiß, aber auch gegenwärtig. Nicht manchmal nur halb da. Die Fähigkeiten dieses Schauspielers sind fraglos; es haftet von ihm der Eindruck eines zivilen Menschen – der nicht Rührendes zeitigt, aber irgendwo Rührendes nachklingen läßt.

Wein muß in sein Herz.

XVI.

Neben Steckel, Grete Bäck, Ellen Widmann, zweimal Nunberg, Ihle, Reuss, Manz, Therese Thießen (aber nicht Julius Schmidt), Ilse Baerwald ... neben ihnen ist Fränze Roloff eine Krankenschwester von erhöhter und verborgener Menschlichkeit.

Und ich rechne dies alles *in summa* zu den szenisch reizvollsten Abenden einer Übergangszeit – der man die Wahrheit sagen soll.

22. Mai 1926

Rehfisch: „Nickel und die 36 Gerechten"

Schiller-Theater

I.

Was ist ein Volksstück? – Ein Stück mit Leuten aus dem Volk? oder ein Stück für Leute aus dem Volk? ... Manchmal beides.

Das zweite jedoch sicherer. Also: für. Dazu mit einer Lehre; gern mit einer Aufforderung zum Wackersein.

Hierin liegt ein Teil Anmaßung: weil die Lehren auch für hochgestellte Kreise, so nicht Volk sind, gut passen. (Daher eine Beleidigung für das Volk.)

Und indem solches der *criticus* edel-gerecht feststellt, schreibt er, neben dem Volksstück, gewissermaßen eine Volkskritik, rechtlich-redlich-treu-voll-Schrot-und-Korn.

Das langwierige Dramerl zwingt hierzu.

II.

Rehfisch, bei welchem die Bravheit siegt, das Laster jedoch den verdienten Lohn in milder Weise findet, unterläßt es nicht, mit dem goldigen Auge des Humors abendfüllend zu plinkern. (Beinah wär' ihm „was hineingekommen" – am Schluß, bei der so befreienden Rechtlichkeit.)

Wenn da Kaspar Nickel (eine Volksgestalt, wie Berthold Auerbach sie vor dem zweiten punischen Krieg verfaßt hat) ... wenn „der Kaschper" sich die Handschellen selber so befreiend anlegt: um halt zu sühnen!

III.

Angeblich soll hier das Kasperlestück von vordem aufgefrischt sein. Ja?

Ist es bewußt eine Huldigung aus Herkommen? oder unbewußt ein Rückfall ins Herkömmliche? ... Man weiß nicht. Doch, man weiß.

IV.

Beim Einbruch ist der Hausbesorger Kaspar Nickel entwischt, sein Helfer verhaftet. Nickel hört indes von den sechsunddreißig gerechten Männern, die es auf derer Welt geben soll. Solange sie unsträflich wandeln, kommt keine Sintflut.

Der Kaspar Nickel will fürderhin einer von den sechsunddreißig Gerechten sein. Er trinkt nicht mehr ... wollte sagen: nimmer. Er schwatzt von der Tugend. Laßt sich aber von an Weibsbüld, einer frömmlerischen Wirtschafterin, aus Geldgier fast zur Untreue locken. Seine kernbrave Lebensfreundin verjagt er. Erst wenn die Not am größten ist, da freilich ...

Aber solche literarhistorischen Beschönigungen (Aufleben des alten Kasperle) kommen hinterher. Es lebt Andres weit sicherer auf als Kasperle. Nämlich:

V.

Ein toter Kommerzienrat wird als Heuchler entlarvt; ein falsches Testament umgestoßen; ein fleißiger Sohn ins Erbteil gesetzt; eine Betschwester als Schangsonette gestäupt; jene Missetat auf sich genommen – indes zu alledem ein Arzt, mosaischen Bekenntnisses, dauernder Wohltäter und heiterer Berater des Volks, dabeisteht.

Der Vorhang fällt, „während unsere drolligen, schlichten, aber rechtlichen Freunde ..." Das gibt es also noch.

VI.

Schon zuvor ließ Rehfisch zwischendurch nicht den Kasperle, sondern den Nieritz aufleben – oder den Benedix? ... Ein Erbonkel aus dem staubvergrabenen Schwank hatte sich mal totgestellt, war jedoch lebend – in „Erziehung durch Kolibri". Das gab zu denken.

Ebenso die Verbindung von Abgegrastheit mit Philosophischem. (Aus Auerbachs renoviertem Keller.)

Schon ein grübelnder Schofför war, vor dem gotttrunkenen Hauswart Kaspar Nickel, ins Nachdenken und auf die Nerven gefallen...

Immerhin: Rehfisch kann eine „Handlung" formen. Und an dem letzten Stück bleibt als Gutes: daß man sich bei Nickels wirrer Schwafelei den Hitler vorstellen kann.

VII.

Volksstück. ... Die Hörer des Schillerhauses fühlten sich aber nicht verletzt. Sie ahnten sich nicht als ahnungslos dessen, was einem neuen Volksstück zukäme. Sondern waren fast hingerissen. (So geht es zu.) Entzückt. Allein durch das Spiel?

VIII.

Kaum durch dessen Ordner, Florath: der nicht strich, sondern schlich.

Florath, statt einen halbechten Naturalismus zu beschleunigen, hat ihn durch Drückerchen im Sich-Ausleben der Darsteller verpeinlicht.

Das war ein munteres Gliedergewerf; ein Sichrundspielen; ein prächtig gelungenes Theater.

Ein L'Arronge-Ton bei dem Doktor; ein strebsamer Vereinston bei dem Schangdarm. Ein nasengezogner Komödiantenton bei Forster, – der mit österreichischem Humor eine Zeitlang anziehend, eine lange Zeit minder anziehend ist. (Hier steckt jedoch sein Wertvollstes: falls er sich das latente Süßeln abmachen kann.) Endlich die gewollte theatralische Rotbäckigkeit der Straub mit eifrig hinweisender Bauernderbe.

IX.

Das Beste des Abends hieß: Lucie Mannheim. Von Komik und Lebenszeichnung ein kostbares Amalgam. Voll neuer Aussichten für sie.

Das Wirtschaftsfräulein, nicht mehr jung, mannsgejückt und irgendwo schiech, aber noch einladend, das Kreuzel vorn auf dem Kleid, mit einem Ton von argloser Niedrigkeit bei norddeutschem Unterklang. Himmlisch.

Im Keifen, im Locken, im Schumm, zuletzt in der Enttäuschung. Zwischendurch kommen ihr die weißen Hosen vor. Treuherzig-gemein, kühl, mit nettem Grundzug. Und berlinisch ...

Man kann den Blick, man kann das Ohr nicht von ihr wenden.

29. Mai 1926

„Die Räuber"

Staatstheater

I.

„Abwechslung ist die Seele des Lebens" – schreibt Bismarck.

Ziegel gab in Hamburg dem Franz Moor Monokel und Zigarette. Das Deutsche Theater gab dem Tartüff Bügelsaum und Zigarette. Dazu einen Füllfederhalter. Holl gab dem ersten Teil „Faust" lange Hosen, gesteppte Paletots, Melonenhut. Wien gab dem Hamletprinzen den Smoking – und meine Frage, weshalb da der Königsmord nicht mit Bertillons Fingerabdrücken geklärt wurde vom Polizeipräsidium in Helsingör, blieb ungestillt. Ein altmodisches Gespenst klärte den Smokingmann.

Doch wenn die jambischen Leute modern gekleidet werden, gab K. H. Martin modernen Arbeitern das kanarigelbe, das violette, das dunkelrote Versgewand.

Abwechslung ist die Seele des Lebens.

II.

Bei Piscator trägt alles lange Hosen. Spiegelberg braunen Gehrock, Melone darüber. Der dort ist ein Versicherungsagent mit Zwicker, Scheitel, Samtjackett. Franz Moor: Autojoppe, Hosenträger.

Das in manchen Verkettungen recht veraltete Stück ist heute fast unmöglich. Die Unmöglichkeiten des Stücks werden, natürlich, viel stärker sichtbar, wenn es auch noch in heutiger Tracht gespielt wird. Was?

Ach so: das jetzige Kleid will andeuten: dieses Stück wäre zu jeder Zeit denkbar. Während es eben verdammt zeitgebunden ist. Das nicht mehr Zeitgemäße wird hierdurch schlechthin unterstrichen, vorgekehrt, ausgebrüllt. ... Also?

III.

Dabei ist Piscator ein ganzer Kerl – welcher die Mode nicht braucht. Er könnte so gut straffen, wie er strafft; er könnte so gut einen herrlichschlagenden Rhythmus bringen, wie er ihn bringt: ohne die grassierenden Kniffe der Ratlosigkeit zu äffen. (Auf die er von selbst nie gekommen wäre.)

IV.

Hier unternimmt er im Kern den willenszähen Versuch: ein russisches Experiment auf Deutschland zu übertragen. Er behandelt Schiller in den „Räubern", wie Nemirowitsch den Bizet in „Carmencita". Das gegebene Werk wird nur Substrat. Nur Stoff zum Anlaß, für den Regisseur. (Wie Gémier etwas ganz von fern an den „Kaufmann von Venedig" Erinnerndes in sehr selbständiger Knetung hinstellt.)

V.

Bei Nemirowitsch-Dantschenko sproßt aus dem Blutstrom des gemordeten Bizet Wunderbar-Haftendes. Bei Piscator wird Schiller ganz entdichtert und entwest. (Die Verkürzung ist hier nicht Ballung ... sondern Nullung.)

Wo bleibt, Piscator, das Wort? Nicht nur das geschwärmte Wort (wenn in verschiedenen Stockwerken eines Armenschlößchens mit niedrigen Zimmerlein zur selben Zeit geredet wird, so daß zur selben Zeit alles verpufft – aber die Simultan-Forderung des Dadaismus erfüllt ist) ... Wo bleibt – nicht nur das geschwärmte Wort: sondern, was wichtiger, wo die Raskolnikow-Erwägungen des Verbrechers Franz? Ist es um sie nicht schade?

VI.

Weiter. Muß ein Regisseur nicht so viel Praktiker sein um zu wissen: wie bei Nestroy („Zu ebener Erde und erster Stock") fast allemal gleichzeitiges Geschehen bei geteilter Bühne zerstreuend und totmachend wirkt?

Hat er nicht bei O'Neills „Gier unter Ulmen" die Vierteilung der Bühne, mit Berthold Viertels Versagern, erlebt?

Wenn auch sein Szenenarchitekt Traugott Müller auf die kärglichen Stübchen ein Dach setzt, wohin die Kino-Flucht Franzens möglich wird.

VII.

Kosinsky fällt weg; das Meiste fällt weg; alles rast in wenig über zwei Stunden hin. (Was ein Vorzug sein kann.)

Grundgefühl, als würde der „Erlkönig“ folgendermaßen gehaspelt: „Reitet, spät, Nacht, Wind, Vater, Kind.“ Bis zum raschen Ende: „Kind, tot.“

VIII.

Aber was bleibt, ist ... ein Rhythmus. Unabhängig von diesem Werk. Ein Tempo – „an sich“. Eine Straffung ... als Straffung. (Die Unterlage dazu hätte, lieber Piscator, auch von Lehmanns Kutscher sein können.)

IX.

Trotz allem – diese gar zu selbständigen Werte waren ... Werte. Piscator bleibt, auch nach solchem Irrtum, einer der stärksten Spielmeister in Deutschland.

Die Art, wie er Töne scheidet, wie er stuft, wie er stellt, wie er bewegt, wie er anbläst, wie er mit einem Schlag abbricht, wie er den Marschgang im Blut hat, ins Blut bringt: das ist nichts Alltägliches.

Er muß nur einen Gegenstand finden! (Warum also macht er die Turnübung an einem edel verwitterten Sessel der Zopfzeit?)

Piscator ist Spielwart für kommende Massen. Das bleibt gewiß. Auch für kommende Menschen? Nicht so gewiß.

X.

Ebert wollte sich vom Räuberlärm abheben und stiller sein. Er kehrte das Feuer somit nach innen; wirkte jedoch nicht schlechthin blasiert ...

Amalia (Frau Koppenhöfer, die blutvoller Dinge fähig ist – und ihr Letztes vielleicht noch sagen wird) glich statt dem edelreichischen Mädchen einer entschlossenen Wirtschafterin.

Franz, bei Faber, drang zwar glänzend mit der Artikulation in den Vordergrund, doch nicht mit der Sprache – was verschiedene Dinge sind. (Das Innere blieb entfernt.)

Die Sprache des Schauspielers Ferdinand Hart verriet, daß die Wälder böhmisch waren. Die Gliederung erfolgreicher als die Färbung.

Herrn Florath (welcher den Hermann verkürzte, das Unwahrscheinliche durch Kürzung mehrend) hätte Fritz Valk, der regierende Graf jener Stübchen, bei sehr viel Kraft im Anfang durchschaut und zum Teufel gejagt.

Ein mißvergnügter Spiegelberg prägt sich bei Bildt als Umriß ein. Und Harlan, Roller, vom Galgen befreit, ist ein geschundener Mensch – dem es zustieß.

XI.

Nach allen Schrecknissen der Gewalt sprach ich dreiviertel Stunden mit Rabindranath Tagore.

Wir waren allein. Friede kam aus seinem Augenpaar. Dreihundert Millionen seiner Landsleute sind geknechtet – und er glaubt an das Gute. Dies bricht gewaltlos, doch sicher seine Bahn. Etwas langsam vielleicht.

Nun ja, Tiere zähmt man heut mit Leckerbissen und Lohn statt mit der Peitsche. (Doch alle Tiergattungen?) Aber vielleicht muß jeder Mensch ein Androklus werden.

XII.

Weißfließendes Barthaar, weißfließendes Haupthaar, beigefarbenes Gewand aus Rohseide. Vor dem milde dringenden Dunkelblick ein europäischer Kneifer. Sehr viel formvolle Güte. Fest glaubt er an die Güte.

„Sie sind ein glücklicher Mann", sprach ich – und schrieb diese Besprechung.

13. September 1926

B. Brecht: „Mann ist Mann"

Landestheater in Darmstadt

I.

Es wird mir schon fast schenant, über dieses Brechtsche Stück wieder zu sagen, daß es nicht viel wert ist. Ich hätte, wie gern, einen Gewinn für das deutsche Drama festgestellt – wenn man die Reise schon einmal gemacht hat; (allerdings auch eine unserer feinsten Städte gesehen – und einen Guck nach Wiesbaden getan hat). ... Ich hätte, wie gern, ein Plus für das deutsche Drama bei dem Anlaß verbucht.

II.

Es geht nicht. Lieber soll der Mensch unpopulär sein als unwahr.

Die programmliche Jugendanschmeichelung (gleichviel, in welcher Zeit man lebt: ob Flut oder Ebbe) hat etwas von der urteilsschwachen Komik des Lokalpatriotismus. Man macht Subalternheiten solcher Art nicht mit. Sei der Mensch auch erzbereit, jeden wirklich bestehenden Vorzug, so er morgen erscheint, bei dem oder bei dem, ob er Brecht oder Barlach oder Schmidt heißt, als etwas Gekonntes mit Lust anzuerkennen ... inmitten dieser etwas belangloseren Enklave, als der Kubismus eine war.

III.

Picasso malt nicht mehr kubisch, zur großen Verlegenheit seiner kritischen Schmöcke, die stets mit trocknem Schweiß (es gibt einen trocknen Schweiß) begründeten, daß man würflig malen muß.

Nein. Wir wollen zu ernsthaft neuen Ufern. Nicht Wirr-Kleines mit Gewalt „hochpinschern" (wie der unerbittliche Spreesiedler sagt) ... und hernach allemal wenigstens zufügen, es sei der „Rhythmus unserer Zeit". Wenn es der Rhythmus eurer Literatur war.

IV.

Gewiß: an einer Schicht, die kaum was von der Weltliteratur weiß – und beispielshalber einen Kerl wie Tristan Bernard nur als gepflegten Lustigmacher hinstellt ... ohne jede Kenntnis, daß er in zwei Romanbüchern den Dostojewski mehrfach unter sich ließ (und daß dieses vereinbar ist): an so blutleeren, wenn auch oft wohlmeinenden Gruppen ist der Lokalrummel in der Dürre verständlich.

Das wird kein Grund, ihn zu beschönigen.

Ihr dürft, bei langer Sicht, in der Kunst nicht an die Stelle wahrhaft leuchtenden Könnens den prächtig-besoffenen „Hast-a-Schneid" etablieren, oder, wie bei Barlach, den vag-rumorenden Vorsatz. ... Bei langer Sicht.

Das ist heute der komische Zustand.

V.

Es bleibt manches Freundliche, sehr gern anerkannt (wenn man die Reise schon einmal gemacht hat) in Brechts Bilderbogen. Zu harmlos, um Widerspruch heftig anzuregen.

Statt mit dem Ausdruck der Büchner-Zeit arbeitet er nun mit der englischen, gravitätisch-umständlichen Sprechform – die fast wie eine Übersetzung aus Tauchnitz-Bänden klingt.

Zwischendurch wird ... Aber ich will sagen, was vorgeht. (Immer, wenn's stockt, läßt seine Schöpferkraft einen Jazz spielen. Es ist der Rhythmus unserer Zeit.)

VI.

Was vorgeht. Der Packer Galy Gay zieht aus, einen Fisch zu kaufen. Doch englisch-indische Soldaten locken ihn an sich. Zu welchem

Zweck? Sie sind in einen indochinesischen Tempel eingebrochen; hierbei wurde dem einen Rotkopf ein Hautstreif abgezwickt. Galy Gay, Rotkopf, soll an Stelle des diebischen Rotkopfes beim Appell das Vierblatt ergänzen.

Somit ein Schwankthema. Den Kriegsmann spielen! (Redet keinen Schmus: ein Schwankthema).

Er nimmt des anderen Namen an, heißt nicht mehr Galy Gay, sondern Jip.

Zu einer Verwechslungsposse reicht nun das Handwerk nicht. Also muß die Vertiefung dran; schwerer kontrollierbar. Der Verfasser muß darum symbolhaft werden ... oder der Betrachter?

Ich behaupte: Vertiefung ist schlechter als ein gelungener Schwank.

VII.

Kurz: wie Odysseus beim Gerhart Hauptmann seiner nicht recht bewußt wird, weil er einer ist und einen spielt. Wie beim Pirandello (aber bei dem gekonnt) Leute sich zwieteilen zwischen Schein und Sein: so weiß der Packer Galy Gay schließlich kaum, ob er nicht wirklich der Soldat Jip ist.

Auch, wo hab ich das schon gelesen: Kaisers doppelter Oliver hatte ja auch den Pirandello studiert, oder den Dorian Gray, bevor er den oder sich anschoß. Pirandello, dieser Hund, hat's gekonnt ...

Hier ist etwas, ärmlicher als im Durchschnittsfilm. Literatur der forschen Dürftigkeit. Wo es einfach nicht langt.

VIII.

Der Packer wird stets übler von den Soldaten behandelt. Wie? Ein Soldat verstellt sich: als Elefant. ... Man steckt nämlich einen Elefantenkopf auf einen Besenstiel, behängt ihn mit einer Landkarte, welche, klar, die Elefantenhaut ist.

Der Packer denkt also, klar, einen Elefanten zu kaufen; verkauft ihn an die Wirtin, die Unechtheit des Elefanten wird ihm als Betrug ausgelegt. Er deshalb zum Tode verurteilt ...

Das alles ist, lieber Brecht, nicht einfallslos und kindlich-armselig, sondern heitere Vertiefung. Bewußte Parodie. Daß der Zuschauer dabei sich häutet. Ein munterer Film? Ach, ein Film ist ein Film ...

IX.

Galy Gay wird zum Schein dann erschossen. Schließlich kommt ... liebster Brecht, ich muß die Wahrheit mitteilen, schließlich kommt eine

Suffstimmung zusammenhanglos dazwischen (auch sonst sind Worte wie von einem Fuselinvaliden als völliger Quatsch hingesetzt, selbst wo es das „Drama“ nicht erfordert).

Und plötzlich, ohne Spur von Entwicklung, naht wiederum überraschend ein Bilderbogenbild – der Packer, der plötzlich bei seinen quälenden Kameraden zu Ansehen gelangt ist, erobert eine Stadt in Tibet. Schluß.

X.

Klar, daß alles dies, aber selbstverständlich ganz prächtig-forsch folgendes bedeutet: ein Mensch, der ursprünglich weich und zag ist, kann trotzdem der Ersatz eines anderen Menschen werden, durch die bloße Vorstellung seinen Charakter ändern, aus dem abseitigen Menschen ein Truppenmensch, Herdenmensch, ganz offenbar, aber wer sieht das nicht, ein Gemeinschaftsmensch plötzlich werden – trotzdem jedoch als einzelner dann in Tibet eine Stadt führend erobern. Individualismus. Tiefe. Nein Gemeinschaft.

XI.

Das ist, oder ich will ein schlechter Kerl sein, die Idee. Mann ist Mann. Ein Mann ist wie der andere. Aber er ist eben doch nicht wie der andere. Sondern er ist ein einzelner Eroberer.

Seltsam bleibt folgendes. Alle kritischen Mitläufer sagen vor Stücken solcher Art immer, eine „Idee“ dürfe nicht drin sein – sie deuten aber dauernd. Als ob eine Idee, eine Idee drin wäre! Das wird zum Kugeln. (Zerbrechen sich den Nackenwirbel, um aus dem oft ungekonnt Harm- und Sinnlosen die verbotene Idee zu polken – welche dann immer mit dem Rhythmus unserer Zeit zusammenhängt.)

XII.

Wenn dieser ungekonnte Verwechslungsschwank, nach den verborgenen Grüßen an Pirandello, nicht Vertiefung und rhythmischen Zeithumor an langweiligen Stellen besitzt: so müßte das mit wem zugehen? Mit dem Teufel.

Einmal macht der Chinesenwächter aus dem Betrunkenen „einen Gott“. Völlig zusammenhanglos und sinnlos. Aber mit dem bunten Rhythmus unserer Zeit. Während „Pension Schöller“ ... seid aufrichtig!

XIII.

Es ist staunenswert, daß Herr Jakob Geis, der Spielhüter, welcher auf dem Programmzettel durch ernstgemeinten Unsinn den Leser in Darmstadt viel mehr erheitert, als das Stück, – daß er trotzdem in dieser Verfassung eine recht hübsche Regie zustande bringt. Alles was wahr ist. Er hat ja Brecht gemeinsam mit Engel und Falckenberg entdeckt.

Legal, einstens der Unsre, hat an der preußischen Staatsbühne so starken Wert kaum entwickeln können wie jetzt hier.

Deutschland, kurz gesagt, darf stolz sein, daß in einer mittleren Stadt so gespielt wird. Legal war, mit etlichen Hebungen bestiefelter Füße, mit Armschlenkern, wirklich ein zages und verwegenes Innenabbild. Ausgezeichnet.

Und der redselige Jakob Geis gab hinter einer mittelhohen Leinengardine prachtvolle Farbigkeit, schlagsicher; in den Gesangschören einen schieren Marschgang; in der Bilderbogenparodie einen (bei Brecht notgedrungenen) Selbstulk.

Sonst magerte die Schauspielerin Hoffart reizbeweglich ihre Barwirtin – mit drechselflinken Gliedern und guteingestellten Falten des Blasiergesichts.

An diesem Abend ließ Darmstadt sich nicht lumpen. Man möchte so gern kein Störenfried sein.

XIV.

Darmstadt, was dies betrifft, seinerseits, hat einen herrlichen Hochzeits-Turm, von Olbrich erbaut.

Man sieht auf den Odenwald, auf den Spessart, auf die Rheinebene mit dem Fluß. Und über die feine Stadt weg.

Als ich hinabstieg, war die Zeit im Turm etwas lang – und ich dachte, schrecklich an den Bühnenabend erinnert:

Den Rhythmus unserer Zeit trifft Lehmanns Kutscher, wenn er an vielen Stellen Jazz einlegt. Ich gehe nicht so weit zu behaupten, daß (Einschnitt) „man den Abend schlecht verbringt – wenn man einen Brecht verschlingt“, wie ein mir nahestehender Mensch weiblicher Gattung schüttelreimend fand. Nein. Brecht, werde wesentlich, und ich sag's morgen.

XV.

Fest steht jedoch: den Grundriß irgendeiner Idee (auch wenn sie verpönt ist) kann jemand ... auch mit einem noch schlechteren Stück ausdrücken. (Es lohnt jedoch nur, ein Stück drum-herum zu schreiben, wenn es zugleich ein wertvolles Stück ist.)

Dies war ein ... harmloses Stück. 27. September 1926

Frantisek Langer: „Peripherie"

Deutsches Theater

I.

Wie der gutmütige junge Mensch (im Weichbild von Prag) aus dem Gefängnis kommt; wie er das hübsche blonde Straßenmädel Anna gewinnt; ihren Nachtgast im Zorn totschlägt; die Leiche fortschleppt: – das ist bei dem wohl noch jungen Tschechen Frantisek Langer (nicht zu verwechseln mit seinem mährisch-deutschen Landsmann Felix Langer, welcher die Erzählung „Erotische Passion" schrieb) – das ist in genrehaften Zügen sehr anziehend und in einer arglos bequemen Romanbreite gemacht. So gewiß es nicht neu ist...

II.

Im Tschechischen mag die (von Otto Pick offenbar gut verdeutschte) Sprache noch örtliche Sonderfärbung haben. Reinhardt bringt Ersatz dafür, indem er die Schauspieler Homolka und Hörbiger, Freunderln des Kellners (kostbar gespielte Beigestalten), nicht nur gefärbtes Deutsch, sondern fast gebrochenes Deutsch reden läßt. Mit ausgezeichneter Wirkung.

III.

Der junge Mörder wird von der Justiz nicht gefaßt. Das drückt ihm auf die Seele. Nicht so der Wunsch, zu büßen, wie der Wunsch, zu beichten (also doch unterschwellig der Wunsch, zu büßen).... Kurz: die Tat wächst ihm über den Kopf; Erinnerung sprengt ihn – obschon der Gemordete nicht Mitleid weckt.

Der junge Mann gesteht; jedoch weder die Polizei (wundervoll humorig hier der Schauspieler Kühne) noch die Freunderln glauben ihm. Darum kommt nun der kitzlige Punkt in dem Drama.

IV.

Nämlich ein Trunkenbold von der Stadt-Peripherie, vormals im Richteramt, rät dem unerlösten Mörder: noch einen Mord zu begehen, den man ihm glauben wird. ... Das Parkett müßte so betrunken sein, wie der Richter, um wiederum das zu glauben.

Nein: in so einer seelischen Trunkenheit – die vielleicht eher bei slawisch feuchteren Ganglien als im trocknen Spreegehirn zuhaus ist. Ein Spreemensch sagt sich hier: „Wie ausgefallen! Der Mann könnte doch die Justiz zum Glauben an den ersten Mord bringen, ohne daß die Anna so sehr hineingezogen wird – es gibt Mittel und Wege." Das ist wahr.

Doch der in tschechischer Luft Aufgewachsene sagt vielleicht: „Diesem dauerhaft erregten Mörder bohrt sich ein fixes Gefühl in den Hinterkopf; die bekannte, von Fachleuten so getaufte ‚Enge des Bewußtseins' erfolgt. Und wenn ihm das Mädel beinah die Hand an ihre Gurgel führt, drückt er halt zu." Auch das ist wahr ...

Bei Hebbel wäre der ausgefallne Rat des betrunkenen Richters hinzunehmen. Bei Freud die Folgen des Rats. Bei Langer-Frantisek der nicht mehr ganz überraschende Standpunkt: daß Armeleut' und Parias oft überraschend reine Seelen sind. ... Mit dem Zusatz vielleicht: mag der dort auch Einbrecher, mag die dort auch Dirne, mag jener dort nur Hundefänger sein. ... In dieser Art. In Gorkis Art. Das ist an dem Stück sehr, aber sehr überholt.

V.

Sein Wert liegt ... einmal im Festhalten des farbigen Augenblicks; dann in der warmen Welle, der brüderlichen Luft, der kleiderlosen Menschlichkeit: ja, in etwas Urtümlichem, das auf sarmatischem Acker blüht.

Und Reinhardt könnte darum für die Rolle des „Betrachters" (eines weichen Räsonneurs, der zwischen den Begebnissen vortritt und lindepisch darauf eine Pupille wirft – wie bei den Stanislawski-Russen Massalitinow in bürgerlichem Anzug den Zusammenhang für die Familie Karamasow still erklärt). ... Reinhardt könnte dafür keinen Besseren finden als den mit schlichtem Zauber bedachten Wladimir Sokolow aus Rußland – den man vor etlicher Zeit in einer Menge gleichgültiger Mimen mit dem Bewußtsein empfand: das ist jemand. Er war herrlich.

VI.

Wenn ein Beurteiler für das Analysieren von Dramen unbegabt ist, soll er geweckt äußern: bloß die ewig durchfallende dramatische Gattung der sinnlosen Dürftigkeit liege der Zeit so recht am Herzen. (Als Eigentrost.)

Bei der Analyse des vorliegenden Stückes meldet sich die dramaturgisch allgemein-fesselnde Frage: welcher Ausweg ist möglich?

VII.

Also man spürt, wie der Verfasser schwankt. Ihm schwebt vor: ich muß und will den zweiten Mord machen. Festgeklammert hab' ich mich daran, ich lasse das nicht los, ich muß irgend zu diesem eigensinnig gewollten Ende! (Dramatiker sind so; alle Künstler sind so; Flaubert hörte den Marschgang der letzten Bovary-Seiten, ohne zu wissen, was darin stehen würde; Dramatiker versteifen sich auf einen Schluß, gleichviel, wie einer dazu gelangt; lehrt mich die Sippe kennen; sie ist blutsverwandt; manche sagen es bloß nicht.)

VIII.

Jetzt schwankt also mein Frantisek: soll ich das Dirnentum der Dirne zum Anlaß nehmen, daß er sie mordet – weil vielleicht abermals ein fetter Greis in ihrem Zimmer gefunden wird; also weil sie doch Dirne bleibt. ... Anläufe dazu sind da.

Der Verfasser hätte zweitens die witzige Möglichkeit: den Polizeikommissar, der an den ersten Mord nicht glauben will, selbst ermorden zu lassen – so daß er im Verröcheln doch gläubig würde... Nein; nicht sein Ausweg.

Oder, drittens, er hätte die witzigere Möglichkeit: den trunkverkommenen Richter, welcher den zweiten Mord anrät, selbst Opfer sein zu lassen. (Hebbel!)

Langer nimmt jedoch eine vierte Möglichkeit, welche die schönste schließlich ist: das Mädel, freiwillig, satt von Aufregungen, verrücktumdämmert von Liebe, überströmend von hoffnungsloser Dankbarkeit, ungierig auf das Weiterleben, ... das Mädel verübt gewissermaßen einen – passiven Selbstmord. Sie bringt in sozusagen prostituierter Isolden-Stimmung den Franzi zum Liebesmord; nicht in *As-Dur*.

Das hat ihm vorgeschwebt, dem Verfasser. Schön. Bleibt noch seine Art Vorgeschwebtes zu äußern.

IX.

Man wird in diesem Stück öfters ungeduldig: weil man voraussieht, wozu der Autor erst nach etlichem Verweilen kommt. Das Drama braucht jedoch Abkürzung! Die abgekürzte Form, der ich so nah' bin, wie der Vater dem Kind, ist auf der Bühne blutnotwendig.

Aber die Abkürzung muß, allerdings, einen Inhalt haben ... Die lauteste Kärglichkeit, wie öfters heut, bleibt mit Abkürzung doch nur laute Kärglichkeit.

Ein Stück wie das Langersche hat leider die Abkürzung nicht – aber einen gewissen Inhalt. Während andre Stücke bei uns die Abkürzung, aber keinen Inhalt haben. ... Diesen Doppelmißstand zu beobachten, ist ein leiser Spaß.

Auf der einen Seite: Umriß ohne was drin. Auf der andren: was drin, aber kein Umriß. (Jener Hebbel sagt: „Bald fehlt uns der Wein, bald fehlt uns der Becher.“)

Versuchet trotzdem weiter zu atmen!

X.

Es ist schon erwähnt, wie glänzend Reinhardt alles hier ins Werk setzt. Mit einer Fülle herausgestrichelter Kleinkunst. Ersten Ranges. Und nur in einem Punkt hat ... nicht er versagt, sondern seine sonst fortreißende Darstellerin, die Franziska Kinz – (an die man trotzdem denken wird, so oft man sich an diesen Abend erinnert. Noch lange wird man sich erinnern).

Nur in einem Punkt. Der Punkt ist dieser: – (Mitbürger, Freunde, Römer, hört mich an):

XI.

Die zweite Mordtat geht nur dann allenfalls durch das Ziel der Zustimmung bei dem Parkettgast: wenn alles in einer verdämmernden, wie hingegossenen Sphäre halb leidender, erwägungsloser, seelenverschimmerter, dienender Weichheit mit Kismetglauben sich abspielt.

Die genannte F. Kinz bleibt kostbar in dem, was blühbrutales Fleisch ist; und (an anderem Dramenort) was Aufbegehren ist, praller Vorwurf, Sichdurchsetzen, Zusichkommen. ... Aber dies Unnennbare, das Schmiegig-Benebelte, das magdhaft Duckende, Schicksalhinnehmende, das heilig an einen Menschen Verfallene: das bringt sie nicht auf ... in ihrer Widerstandsgesundheit. (Beim Schmerz meldet sich Routine.)

So die Kinz – was mit ehernem Griffel verzeichnet wird in der Chronik jenes Nebenpunkts (nicht übertreiben!), den man Theater nennt. So, mit Donnerstimme noch einmal, die Kinz. Mitbürger, Freunde, Römer.

XII.

Was nun den Thimig, seinerseits, betrifft: so legt er den ganzen Abend eine gespannte Kraft an den Tag (wofern man abends etwas an den Tag legen kann) – und steht mit seiner durchaus unversüßten, an das Gute der Menschen gerichteten Willigkeit (auch mit fortreißendem Tänzerschmiß bei spaßig gedrungenem Hinterteil, indem er glückselig beim Tanz „Baburka!" ruft) ... dieser Satz kommt nie zu Ende – steht, wollt' ich sagen, zwischen den ersten Darstellern junger Männer. Ihm glaubt man beinah den zweiten Mord.

XIII.

Wenn der zweite Mord nun angeraten wird (vom Gülstorff, dem verkommenen Richter, unter der Eisenbahnbrücke wunderbar verleiblicht, – aber man weiß dabei doch immer vorher, wann er aufs neue rülpsen wird; also Nachbarschaft der Charge – trotzdem unvergeßlich: denn auch Chargen, o Trockenbolde mit dem Rohrstock im Tornister, können lebenslänglich unvergeßbar sein). ...

Wenn der zweite Mord angeraten wird, glaubt man ihn dem Gülstorff nicht. Wenn er ausgeführt wird, glaubt man ihn dem Thimig fast. Daß er ausgeführt wird, der Kinz nicht genug.

So liegt der Fall. Eherner Griffel. Verbucht. Chronik. Thimig, Gülstorff, Kinz.

XIV.

Strnad, Bühnenmaler, macht unverspitzte Lebensbilder, schlicht aus dem Leben. ... Und alles mitsammen eins ins andre gerechnet: so bleibt bei dieser Bekanntschaft mit einem talentvollen Nachzügler und bei solchem, was Reinhardt hinzutat, ein haftendes Zurückdenken an vielen Glanz.

2. Oktober 1926

Wedekind: „Lulu"

Staatstheater

I.

„Erdgeist" und „Büchse der Pandora" zusammengezogen; in sieben Bilder. Wedekind hat's einmal selber gemacht. Mit Recht.

Wird „Erdgeist" allein und ausführlich dargestellt: so sieht man mehr von inneren Beziehungen der Leute. Gewiß. Hier jedoch mehr vom Grundriß des Ganzen.

In dieser, dieser Form wird Frank Wedekinds Doppeldrama künftig zu spielen sein. Nebeneinander gehören die zwei Teile. Für denselben Abend. Sonst ist es wie ein Vordersatz – ohne den Abschluß.

II.

Im ersten Teil bringt Lulu die Opfer zur Strecke. Sie wird im zweiten zur Strecke gebracht: als ein Opfer. Das gehört zusammen.

Schuld und Sühne? Wäre das nicht ein banales Volksstück? Hier heißt es vielmehr: Unschuld (denn Lulu weiß von ihrer Verderblichkeit nichts) ... und Sühne für Unverschuldetes. (Dies tappend wuchtende Schicksal straft: für das von ihm selbst Angeordnete. Büßen muß die Jägerin – die selber Wild ist. Büßen muß die Henkerin – die geköpft wird.)

III.

So, zusammengefaßt, wirkt heute das Doppelwerk.

Und auf der Staatsrampe vollzieht sich – wenn es sein muß, o Schmutz- und Schundköpfe – durchaus ein moralisches Geschehen. Im Kern als Warnruf und Nachmittagsvorstellung für Jungfrauen; von welchen die möglich-schlimme Wirkung ihres anatomischen Reizes zu bedenken ist ... oder die innere Schwäche der Mannsbilder (was zu ihrer eignen Vernichtung führen kann!).

Die Staatsschaubühne wird also zur moralischen Anstalt. Meckert keinen Ton dagegen –!

IV.

Lulus Obermedizinalrat, Lulus Porträtmaler, Lulus Entdecker-Mäzen, Lulus Gymnasiast, Lulus Freundin, Lulus zweiter Gemahl, Sohn des von ihr Gemordeten – alle gehn mit Tode ab. Verderben!

Lulu selbst erliegt jedoch dem Bauchaufschlitzerich, dem *Jack the ripper*, im Dachverschlag, zu London. Und wenn sie geschlachtet wird, ahnt ihre zerrinnende Seele nicht: warum.

V.

Hierüber, insgesamt, verstreut Wedekind Schrecken wie Gelächter in solcher Dosis: daß ein waltender Künstler sichtbar wird. Ein Anordner. Nicht irgendein Drauflosbrüllerchen. Nicht ein bumsendes Hohlköpfchen. Nicht einer, der Ungestuftes hinpatzt, alles im gleichen Klamauk. Nicht ein kümmerlicher Diadoche.

Der, oft schludernde, Wedekind ist heut: ein gewissenhafter Klassiker.

VI.

Es gibt für die Darstellung zwei Möglichkeiten. Sie kann real sein oder flimmernd-schwirrend-witternd. Nur eines darf sie nicht sein bei Wedekind: berufs-expressionistisch. (Weil man Wedekinds humorende Seitensprünge vom wirklichen Leben sonst nullt von vornherein. Der Witz wäre vorweggenommen.)

Erich Engel bringt also Wirklichkeit; getönt; leichtgemacht. In einer prachtvollen, beschleunten, klappenden, sich steigernden Darstellung des ersten Stücks. Herrlich. Mit einer die Grundlinien heraushebenden Ballung des Mittelakts vom zweiten Stück: im Spielklub.

Nur im dritten Aufzug des zweiten Werkes bringt er zuviel Alltag. Hier, wenn der letzte grause Liebhaber, schlagdunkle Gewalt, erscheint, müßte schon etwas Phantasma-Kunst heran.

Der Zielsetzer; der Stummacher; der letzte Liebhaber. Er darf nicht (was Kortners allzukluger Irrtum war) die Wesenheit nun irgendeines verlumpten Arbeiters, verdreckten Stromers haben.

Sondern beim ersten Schritt an der Schwelle muß, unbetont, Nichtnennbares, Abschließendes von ihm ausgehn; ausschwirren; ausgreifen; auskälten. Gewiß keine Theaterunheimlichkeit.

Sondern ein stumpfer Hauch der Finsternis. Nur geahnt. Nicht Whitechapel-Realismus. Denn das ist kein Galgenvogel von den Docks: sondern die Ananke; sondern das Schicksal; sondern der schwarze Schluß, wandelnd.

VII.

Der Schöpfer des Bühnenbildes, Caspar Neher (dessen Mitarbeit längst bestimmt war, darum in der Presse „gefordert" wurde – wie der Dramatiker Lernet-Holenia „gefordert" wurde, nachdem er für den Kleist-Preis ausersehen war) – Neher gibt wertvolle Simultanbilder, mit durchscheinenden Kulissen: man sieht von einer ganzen Wohnung auch den Treppenflur; hinter einem Pariser Klub auch den Eiffelturm und Häuser. Bis er zuletzt ...

Bis er zuletzt in dem Bilde des dunkelsten Ernstes, mit Recht, kein erläuterndes Kunststück mehr anbringt: sondern die Ödnis einer wirklichen Mansarde. Beweis für den Künstler – der hier nicht mehr abzulenken wagt ... und, wo es am wuchtigsten wird, nur Sachverhalte reden läßt. Alles das vorzüglich.

VIII.

Das Leitmotiv dieser Symphonie des Verderbens: Lulu (einst von „Tilly Newes", heut Wedekinds Witwe, gespielt, die von keiner Bühne beschäftigt wird) – Lulu war bei der Gerda Müller in den Händen und in dem Leib einer auf deutschem Grund gewachsenen Person.

Bei der Orska, damals, in den Händen eines ... Wesens; ortlos; umfassend; allgemeingültig. Die Orska, mit ihrem Genie, war nirgends anzusiedeln.

Die Müllersche war aus München; wenn sie nicht ostpreußisch geredet hätte. ... Mit alledem herrlich – im Stärksten am Schluß: wenn aus der Dirne was Bettelnd-Liebes, Unverschuldetes, als ob sie noch einmal in ihre Jugend hineingeboren wäre, mit einer unterirdischen Macht des Rührens, hoffend-hoffnungslos redet, ruft, schweigt. Das war ihr Gipfel.

Die Orska, eine Geige mit fünfzig Saiten, oder ein Kaleidoskop vieler Schönheit in tausend Spiegelungen, hatte bei alledem, wie damals festzustellen blieb, dennoch jenes „Ich weiß es nicht", das sie ein paarmal befremdet zu sagen hat. Die Gerda hat dies noch mehr ... ohne die tausend Spiegelungen.

Ja, sie war aus Masurisch-München – und am Schluß herrlich von irgendwoher aus der Welt.

IX.

Im Silbergewand als Modellsteherin außen unzureichend. Glaublich verlockend als Malersgattin im Schlafgewand. Wippend und federnd im Ballettrock als Tänzerin. (Seltsame Assoziation; zwischendurch bei dem Tanzauftritt Lulus dacht' ich: wenn hier ein liebenswürdig-nachahmender Feuilletonjournalist etwa Fandango tanzte, das müßte sogar sehr unterhaltend sein; seltsame Assoziation.) Lulu wippt, sie flitzt hinter eine Vorsetzwand, springt fast tanzend ihrem Herrn und Opfer auf die Brust. Hernach, als Schloßfrau, ahnungsvoll-ahnungslos verführend, im langen Kleid, mit verständnisschwachem Blick und schließlich, weil es das Schicksal verlangt, mit ein paar Mordschüssen aus dem Revolver. Wie kommt sie zu alledem?

„Ich weiß es nicht ..."

X.

Ihr Herr und Opfer, der Tätigkeitsmensch, der alternde Freund.

Der Puppenzieher, der mit Schicksalen spielt ... und dem sein Schicksal bereitet wird. Also den Dr. Schön macht Kortner.

Es darf jedoch keine Ähnlichkeit im Stimmklang zwischen ihm und dem letzten Jack sein. (Sonst streicht man die Schicksalstragödie zu sehr aufs Brot.)

Kortner ist als mystikfreier Kraftmann, in München, auf seiner Höhe. Bewundernswert so in der Energie, so im Nachlassen dieser. So im Henken, so im Gehenktwerden.

Hartau konnte hier ausführlicher sein – denn man gab nur den ersten Teil. Hartau gab denkwürdig den Versinkenden; Kortner denkwürdig den Versunkenen.

XI.

Der Abend birgt Herrliches. Wovon einfach zu berichten bleibt. Der Schauspieler Josef Karma macht schließlich den Negerfürsten und zuvor, mit einer aussichtsreichen Gespanntheit, den Einleiter in Versen. Harlan den verfallenen Sohn des verfallenen Vaters: ein unaufheblicher, ein unwissentlich geschlagener Mensch.

Aribert Wäscher wird von allen Schigolchs der beste Schigolch bleiben: in flimmernd realer Abgebrühtheit. Danegger, Wedekinds himmlischer Athlet und Springfritze, findet seinesgleichen eher: weil er nicht alle Möglichkeiten des Ulks herauslockt. Der Mädchenhändler bei Paul Bildt wird haften: durch überzeugendes Vermeiden des Übermaßes.

XII.

Und haften wird: Höflich, Lucie. Das Zwittergeschöpf; die Freundin; außerhalb des Geschlechtsüblichen.

Die Höflich, mit blondem Kurzhaar und dunklem Kleid, geht hier durch das Werk ... wie ein Vorwurf an das Schicksal. Am Schluß, wie ein armseliges, mißhandeltes Fragezeichen sinkt sie, wenn der Nachtgast sich an ihrem Rock die Finger abgewischt hat, zum letztenmal aufbegehrend, verständnislos und sehnsüchtig, vom Lumpendivan – in das Nichts.

XIII.

Alles zusammen zählt, in Erich Engels Form, bei gebändigter Kühnheit eines dichtenden Suchers, eines vorstoßenden Genies, zu den guten Entschädigungen.

23. Oktober 1926

Gorki: „Nachtasyl“

Volksbühne

I.

It's a long way to the Volksbuehne. Da bleibt auf der Fahrt Muße für Betrachtungen.

Unabhängig von dem Stück, das man sehen wird; unabhängig von den Schauspielern – über die man wieder berichten wird, daß Herr Müller die Gestalt Neumanns nicht so deckend verleiblichte, wie seinerzeit der zu früh verstorbene Schmidt ...

Unabhängig hiervon die Betrachtungen. *It's a long way to the Volksbuehne from the Grunewald, eoh!*

II.

Betrachtung 1. – Im Auto zum Wittenbergplatz. – Die Selbstüberschätzung eines Durchschnittlauchs besteht darin, sie bei Andren mißzuverstehen.

Betrachtung 2. – Unsere Gegenwart wird in der Kulturgeschichte schlecht wegkommen. Urteilsgründe: die Moral des Knierocks; die Moral der Abgefundenen; die Moral der Gerichte; die Moral der Fassadenkletterer; und die Diktatur in Südeuropa.

Betrachtung 3. – Wär' ich Kritiker, jedoch zuvor in Wien als Regisseur durchgefallen: so würde dies zwar auf meine Weltempfindung drücken; aber mich nicht versauern lassen. „Kopf hoch, Herr Stiefel!“ sagt Wedekind.

Betrachtung 4. – Für den Bühnenerfolg tut es heute not, ein Stück zu schreiben, welches dem Nationalisten gefällt, und wogegen der Intellektuelle nichts einwenden kann ... Der seelisch kurzen Puste hilft ein geschichtlicher Blasebalg. ... Stücke, die nicht übersetzbar sind, also nur zu Hause gelten, wecken mir eh' Verdacht. Können jedoch gutes Heimatstheater sein, wenn man sie glänzend spielt ... (Station Gleisdreieck.)

Betrachtung 5. – Ich schrieb mal: „Was ist Manier? Der Defekt im Leser.“ – Neuer Standpunkt: „Manier ist, was man erfolglos nachzumachen sucht.“ (Station Inselbrücke.)

Betrachtung 6. – Ein Unhold (nicht ein Hold, sondern ein Unhold) geht jetzt im Gewühl herum und zerstört Damenmäntel hinten durch Ätzendes ..., das langsam rote Riesenflecke frißt. Verdient er Schonung durch die betroffene Familie? Bedeutet er Abteilung Plötzensee – oder

Abteilung Krafft-Ebing? … (Aber auch in diesem zweiten Fall: wie käme man dazu, dem seine Vergnügungen zu bezahlen?) … Station Schönhauser Allee.

III.

Als Müller jetzo die Gestalt Neumanns nicht so deckend wie der früh verstorbene Schmidt …

Etwas länglich kommt einem dieses prächtige Stück heute vor. Das Erinnern daran ist mehr ein Erinnern an Darstellungen als an ein Werk.

Denkt man aber an das Werk: so denkt man eher an Rußland als an das Werk. (So ist es.)

IV.

Mittlerweile hat sich Rußland verändert. Statt 1903 ist 1926. Die Nachtasylisten haben, mittlerweile, den Herbergsvater aus dem Oberstock in den Keller gesperrt – und sie zogen aus dem Keller in den Oberstock.

Das Bewußtsein hiervon wirkte noch viel stärker: wenn bei Gorki die Kellerinsassen einen Plan statt einer Passivität hätten. Einen Tatwillen statt Betrachtungen und Gesänge.

Sind sie gestiegen? – Nein, man hat sie hinaufgeschleppt. … Diese Schlepper jedoch gehn mich heute weit mehr an als die Geschleppten.

Das ist der Unterschied. 1903; 1926.

V.

Bloß der Spielhüter darf nicht schleppen. Piscator tut's; es wird unerträglich; man zermalmt mit dem Sitz den Sitz.

Dafür gibt er zwischendrin, unvermutet, Wunderbares, Bleibendes, Bildhohes – das ihn wiederum als herrlichen Inszenator von Gruppen beweist.

Ja, so gewiß er mehrstens hinter Stanislawski und Reinhardt zurücksteht (in den Einzelgestalten): so gewiß kommt er, in einem Bild, über sie hinaus.

Da ist Entwicklung; da ist Neuland; da ist unsre (nicht gestümperte, sondern gekonnte) Gegenwart.

Gegenwart, Ausweg aus der Sackgasse. (Die Sackgasse glotzt und starrt und bockt allemal, nach Zeiten der Vollendung, nach Höhepunkten, – und, mit verändertem Gleichnis, es ist Sache der spielenden Jungens, für den Kreisel einen neuen Hüpfschlag zu finden. … Was macht Piscator?)

VI.

Piscator benimmt sich längere Frist wie eine geniegroße Darstellerin, die verhältnismäßig abwartend bleibt, ruhige Füllseleien bringt, Vortastendes, Unbetontes ... bis sie plötzlich, hastdunichtgeseh'n, eine Ballung zeitigt: daß der Hörer aufwacht, die Grundmauern beben, die Gewässer im Munde stillsteh'n, die Hände katarakten. (Das vollzieht sich am Schluß eines Aufzugs.)

VII.

Der Burjui liegt nämlich erschlagen. (Es war Schwanneke, niedersächsisch anstatt russisch, er ruhe sanft.) Fräulein Straub heulsirent, fletscht Augen, tobt Plakat. Rings ein Strawinskysches Durcheinander, eine Massenhysterie, ein Oben-und-Unten. Ein Buchumschlagsbild, so mit unbestimmten Gängen und Steigpfaden in die Höh', mit jenen starrfestgehaltenen Zuschauern, die ein halbgebogenes Bein vor dem andren tätigen, weißt du, alles mit skizzigwildem Umriß aus der Literatur des Buchhandels und der Sezessionen, lebendes Bild des abgeschwächten Halbfuturismus und aus dem Zeichenheft des kleinen Zukunftsmoritz – mit symphonischem Gröhlschrei, Super-Gell-Rhabarber und kostbarem Schluß-*rubato, rubato, rubato,* bis ein Vorhang fällt.

Es war, in dem Äffungsspiel der irdischen Kinder, etwas Unverlierbares.

VIII.

Hier steckt Piscators Plus ... zu Stanislawski und Reinhardt.

Den Auftakt macht eine andre Zuwag'. In Kinoschrift: „NACHTASYL". Mystische Kojen. Gestöhn. Geschnarch. Blinklichter wie von Platzanweiserinnen im Film. Geräusche früher Straßenbahn. (Bei Stanislawski erinnert man sich nach zwei Jahrzehnten an einsam bellende Hunde. Piscators Asyl ist im Stadtzentrum.)

IX.

Was dazwischen liegt, bleibt länglich-bänglich. Sitz, o Sitz. Die Einzelmenschen. ... Fest steht, daß Müller die Gestalt Neumanns nicht ganz so deckend verleiblicht wie seinerzeit der zu früh verstorbene Schmidt –.

X.

Also: Kalser, der Baron, holztrocken leider und überschußarm. George, der Satin, mit mehr Ausdehnung als einem gewissen Sarmatenschwung.

Steckel: erschütterungsreiner Durchschnitt jenes verkommenen Schauspielers. Granach: sehr wohl in der dickfellig-gefestigten Güte des Pilgers.

Wundervoll Maria Leiko zwar im Körper, doch nicht im Wortausdruck der Dirne. Das Verdienst der Schauspielerin Roloff: die Spitznasigkeit ihres Leichnams.

XI.

Weiter. Das menschlich Zureichende des verbrühten Mädchens bei Ilse Baerwald. Das aufgetragen Unzureichende bei dem Polizisten. Prall-Genügendes bei der Hökerin, Johanna Koch-Bauer. Dies war die Liste ...

Müller, welcher die Gestalt Neumanns nicht so deckend verleiblicht wie seinerzeit der zu früh verstorbene Schmidt –.

XII.

Schlepper gehn mich heut an. Geschleppte nicht. Schlepper soll die Volksbühne zeigen!

(Und Striche machen. ... Sonst war ihr Bemühen auch dieses Mal wertvoll.)

11. November 1926

Tschechow: „Drei Schwestern“

Schiller-Theater

I.

Kostbar, dies dösende Novellenschauspiel bedrückter, geduckter, willensgelähmter Menschen in der Provinz. Ohne Sendung – mit Versandung.

Heute darum ein geschichtliches Schauspiel: ein vorbolschewistisches. Dann jetzo kennen ja diese Russen eine Sendung. Einen Inhalt. Einen Verstoß, einsam in der Welt – bei dem es um Dauern oder Verrecken geht.

Tschechow malt noch die Lebensinhaltlosigkeit.

II.

Als historisches Werk ist es entzückend ... mit aller eintönig-hintönenden Leere fahlen Undaseins. Des Aussichtslosen. Des kümmerlich-schmerzlichen Humors der Ödnis.

(Kern aller Tschechowschen Spiele bleibt: Novellistik der Schlappen, auf die Bretter gesetzt.)

III.

Drei Schwestern und ihr Bruder sind aus Moskau nach dem Tod eines glänzenden Vaters in die Provinz verbannt.

Einmal schneit aus Moskau Glanz hinein. Der Oberstleutnant Werschinin; wertvoller Herr – der, auch er, an der Ehe krankt. (Tschechow zeigt in diesem Stück das Elend aller, die heiraten ... und das Elend aller, die nicht geheiratet haben.)

IV.

Ach, bald wird Werschinins Batterie versetzt. Aus. Abschied. Zwei der Schwestern bleiben gewissermaßen verwitwet; die Älteste nicht einmal Witwe ...

So stehen sie (denkt ihr an Stanislawski noch, an das feinstüberlegene Genie der Bretterkunst?) – so stehen sie zuletzt am Zaun, die drei; starren leer, umflort in die Welt.

V.

Bei Fehling stehen sie nicht am Zaun, sondern sitzen auf einer Bank. Eine Bankgruppe. Das geht aber auch.

Nicht vergleichen – Fehling bringt Wackeres. Ob er schon zwei Dinge verwechselt: slawische Lässigkeit ... mit Dehnung. Lax Verrinnendes ... mit Schleppendem. (Es ist ein Unterschied.)

VI.

Sonst jedoch bleibt es ein schöner Abend. Trotz dem wichtigsten der Männer. Trotz dem sonst achtbaren Herrn Schauspieler Riewe ... dessen Hauptgestalt Subalternes zeigt.

Jedoch Tiedtke, jedoch Etlinger – ein Schulprofessor, ein Militärarzt – decken jeder seine Gestalt und haften.

(Auch Faber, Witte, Brose, Schnitzler, der Sohn Schnitzlers, Werner und Frau Wagner, Herrn Menzel nicht zu vergessen.)

Also, gut.

VII.

Was aber sind sie gegen die Frauenschaft. Vier Stück. Sämtlich an einem Abend: Höflich, Lossen, Mannheim, Gerda. Wenn vier solche nicht Eindruck machen. Der Leser weiß, mit wem es da zugehn müßte ...

(Mit dem Teufel.)

VIII.

Herrliches Quartett. Die Lossen herrlich durch den Blick; nach dem Schluß zu. Die Höflich mit schlechthin einziger Intonation; dies Frauenbild redet wohl das klingendste Deutsch. Die Mannheim durch Mädelanmut zu Beginn; hernach mit allem tapferen Entschluß zum Älterwerden, Mickrigwerden. Endlich die Müller-Gerda durch Kaffernköstliches einer Provinzpute.

IX.

Jetzt, wenn statt des Schwebend-Stumm-Verrinnenden Fehling nicht Langsamkeit, als ein Zerberus. ... Man lese den Abschnitt IV.

Aber trotzdem. Trotzdem. Wirklich ein schöner Abend.

22. Dezember 1926

Jules Romains: „Der Diktator“

Lessing-Theater

I.

Dieses Werk ist immerhin ein Griff in die Gegenwart. (Auch wenn es 1912 geschrieben sein will.)

Nach dem durchaus überalterten Grundsatz, daß in die inneren Angelegenheiten eines Staats kein fremder Staat sich mischen dürfe (Vorschrift, welche nur durch Reaktionsmächte bis jetzt allemal übertreten worden ist), sieht man heute ruhig, inmitten eines vorgeblich kultivierten Erdteils, die Diktatur der gewaltsamen Rückwärtserei bestehn und blühen.

Ach, und fesselnder als ein dicker südeuropäischer General ist hier schon ein Parvenüsozialist – weil sich bei ihm die zwei Begriffe: 1. Emporstieg, 2. Renegatentum hübscher und spannender abzeichnen.

II.

Mindestens ebenso fesselnd wie das belehrende Schauspiel des Diktatorwerdens scheint mir die brenzliche Komödie des Diktatorseins.

Romains hat jedoch den ersten Teil gewählt; das -werden. Und nur kurz, etwas plötzlich, gibt er den Beginn vom -sein.

III.

Beides in einem handlichen, wirksamen, vernünftigen Stück. Das Stück ist so vernünftig, daß niemand weiß, ob Romains die Laufbahn des Volksmannes ... melancholisch beklagt, oder satirisch belächelt, oder gar menschlich rechtfertigt – oder ob Romains nur „feststellt".

Er stellt fest. Doch. Er stellt fest.

IV.

So daß er, ambivalent, beiden Parteien recht gibt – und beiden unrecht gibt, hier dem exsozialistischen Abgeordneten Denis, der Ministerpräsident und Gewaltherrscher der Monarchie wird ... hier aber auch, dem unbeugsamen Revolutionär Ferreol, der kein Abschweifen kennt, nur ein Fortsetzen; nur ein Festhalten am ersten Ziel.

V.

An beiden (die zunächst beste Freunde sind) zeigt Romains ambivalent, ihre Schwächen. An dem Diktatormenschen Ehrgeiz, bißchen höfisches Erliegen, Selbstbeschönigung – beim Losrücken von der Gruppe. (O Unanimismus!) ... An dem Revolutionärmenschen: Aufruhr um des Aufruhrs willen, blinden Mangel an Taktik, Planlosigkeit im Beharren.

Endergebnis: der über mechanische Machtmittel Gebietende sperrt (wenn auch ungern) den Getreuen, den Unentwegten, den Freund ins Loch. Schluß.

Romains hat vielleicht eine Neigung für den Häftling: begreift jedoch völlig den Verhafter ... Ist es nicht Poetenpflicht?

VI.

Ich glaube, daß ich dieses Ambivalentsein, dieses Beide-Seiten-Verstehen für die notwendige Eigenschaft eines Dichters mein Leben lang oder die größte Zeit hiervon gehalten habe ... daß es mir aber heute vorübergehend nicht als ein Wert erscheint (ich bin gleichfalls ambivalent, zum Donnerwetter!). Sondern als toter Punkt. Als toter Punkt.

Und daß ich (heute) lieber ... Unbedacht, lieber minderes Ausgewogensein, lieber sogar ungerechtes Parteinehmen vorzöge. (Weil alles relativ bleibt; und weil die Zeit heute, für mein Gefühl, das erfordert.) Ich bin mit Ferreol.

Heut' (in einem Chaos, und nach dem Chaos) – dann schon lieber mit Ferreol. Ich spreche nur für mich. Denn sein Gegenspieler hat sechstausend Jahre lang unter dem Vorwand, zu erhalten, bloß fortgewurstelt. Ferreol muß nur diszipliniert werden.

VII.

Immerhin: auch dieser Gedanke macht einen Menschen im Hinblick auf das vorliegende Schauspiel nicht zufrieden – denn man ist (außer einem privaten *zoon politikon*) kritischer Dramaturg – der findet, die zwei Gegenspieler in dem Stück sind ... gewiß nicht nur zwei Prinzipe; doch zwei Prinzipe vielleicht eher als zwei Menschen.

Man weiß von jedem der zwo nicht genug. Kaum etwas, das über den politischen Standpunkt hinausgeht. Ich weiß nicht, wie der Ferreol bei sich zuhaus ist. Ich weiß nicht, was der Diktator Denis in seinen Mußestunden möchte. ... Wer, lieber Romains, stellt sie mir vor? (einem Freunde schöpferischer Dichtung – nicht nur dramatisierter Idee).

VIII.

Sie, J. Romains, waren in der Erzählung von den *„copains"* oder Kumpanen, Sie sandten Sie mir vor dem Krieg in dieser Geschichte mit fast deutscher Suffstimmung ... Sie waren üppiger, voller, überschüssiger.

Hier geben Sie ... Richtiges. Es stimmt; aber *„the poet's eye in a fine frenzy rolling"* fehlt.

Sie geben, lieber Romains, in einem klugen Stück zutreffende Züge – doch nicht bestürzende Züge. Alles ist unbestreitbar – doch nicht in einem höheren Sinn bedeutend. Wir nämlich sind in Sachen des Dramas Mystiker. Selbst ich.

(Kennen Sie übrigens den „Volksfeind" ... von einem Skandinavier. Es ist – mehr Gliederung darin. Obwohl es auch ein Stück aus dem Tageskampf bleibt.)

IX.

Trotzdem: *Dormez sur vos deux oreilles,* hieß es in Flauberts Welt. Ich wünsche mir solche Journalisten im Drama, wie Sie einer sind. Bei uns verschwimmt alles ... (die Jünglinge wollen zuviel umarmen und bleiben unmächtig). Ihr Diskussionsdrama regt immerhin an. Für wie lange ... das ist fraglich.

Ein Vorteil jedenfalls, daß der von Romains begründete „Unanimismus" mit diesem Stück nichts zu tun hat – sondern erledigt und vorbei ist. Romains hat sich davon frei gemacht. Mit Recht. (Denn Systeme sind, wenn auch nicht in diesem Fall, oft Reklamegründungen oder Anlässe zur Mogelei ... oder zur Ausbeutung von Mitmachern.)

X.

Kurz: Werke wie der „Diktator" schleppen, in einer Zeit europäischer Flachheit, Menschen zwar nicht aufreizend empor – doch sie schaden gewiß nichts für die Klärung. Auch das ist etwas. ... Deutliche Diskussionswerke besitzen ihren Tageswert.

Romains ist auf manchem Gaul geritten. Gruppen- und Einzelmensch haben ihn immer beschäftigt. Er hat gesucht. Er fingierte sogar Lyrik. Seine, sozusagen, Dichtung ist für den Einzelmenschen. Dieses vernünftig-zureichende Stück nähert sich den Gruppen. Ein wackeres, bescheidenes Nützlichkeitswerk. Es beherrscht aber die Form – und ist nicht zu verachten.

XI.

Ferreol: Walter Franck. Von den Eindrücken des Abends der tiefste.

Was ergriff?

Ein gütiges Verdammtsein: Ein Nichtlassenkönnen. Alles fern von umdüsterter Verbohrtheit. Dazu ein schwer beschreibbar gütiges Lächeln, wenn er an die frühe Freundschaft erinnert wird. Ein Erliegen vor dem gehaßten Freund, zeitweilig. Und etwas Einfach-Unbeirrbares bei alledem. Ja, das Haftendste dieses Abends.

Bassermann, sein Gegenfreund. Wundervoll, als wenn man ihn von neuem kennen lernte. Zwanglos. Alles Gesprochene völlig im Augenblick erlebt; das Wort im Augenblick erst gefunden. Die Maske wohl zu alt, mitunter.

Mitunter, prachtvoll, der Dämon im Blick. (Durch Aufreißen der Augen.) Er selber bleibt im Auge. Sein Wort im Ohr.

XII.

Goetz zeigt, als der König eines heutigen Landes, dermaßen überlegene Sicherheit im Einwerfen, im Abtrumpfen, im Vorherwissen: daß man zweifelt, wozu er einen Minister braucht.

Goetz ist ein schlagsicherer Künstler; allemal sieht man ihn gern. Doch ich kann mir nicht helfen: er bringt Poängten zwar sehr, sehr gut – jedoch die Art, wie er sie auf der Zunge zerfließen läßt (oder weißte, so recht sarkastisch-ruhig abschnellt), hat für mich eine Spur von Provinziellem. ... Dankenswert hier seine Blicke voll Hoffnung und Mißbehagen auf Bassermann: auf den Erwünschten und Gehaßten seines Bezirks.

XIII.

K.H. Martin leistet gutes Tempo; Neher guten Hintergrund. Der Schauspieler Schnell trefflich einen Tipptopp-Grafen wie von weiland Oskar Blumenthal. Hollmann eine Beigestalt für die Pupille. Frau Kinz mit zwei Strichen die Lebensbegleiterin des Erfolgmanns. Sybille Binder eine leckere Königsfrau. Das wären sie.

XIV.

Und beim Überlesen dieser Sätze ...

Jetzt weiß ich wirklich kaum, ob auf Mussolini nicht geschimpft werden darf. Indem er vielleicht unser Freund wird. (Ich tät' es trotzdem so gern!!)

24. Dezember 1926

Kadelburg: „Familie Schimek“

Künstlertheater

I.

Pallenberg ist ein Schriftsteller. Mit einem Darsteller verquickt. Das wird hier die kostbare Mischung.

In verschollenen Jahrhunderten gab es das öfter. Es heut zu können, muß man ein Genie sein. Er ist aber eins. Ein Schriftsteller.

Ein Sprachzerpflücker. Ein Sprachstufer. Ein Sprachulker. Ein Sprachfühler ... Ein Schriftsteller.

II.

Wenn er bloß das Zeug aufsagte, das die Autoren verfaßt, – Allmächtiger!

Er ist so frech, auch den Beaumarchais, auch den Molière nachzudichten, zu überdichten, umzudichten. Und hier den Kadelburg erst.

Jedes Stück, worin er spielt, ist von M. Pallenberg, Schriftsteller; Kollege; Nichtmitglied der Akademie. (Schade, bißchen Sprachgefühl käme hinein.)

III.

Mit Zawadil, dem Tschechen, soll hoffentlich die Tschechoslowakei nicht gehöhnt werden. In allem Ernst (und in allem nötigen Nationalismus): bitte, keine Völkerhatz!

Immerhin: man ist nicht Antisachse, wenn man Blümchenwitze macht. ... Der Punkt wäre somit erledigt – in allem notwendigen Rationalismus.

IV.

Irrational bleibt, wodurch dieser Herrliche, Gesegnete, mit keiner Sekunde des Nachlassens, ein Haus erschüttert, zum Wälzen bringt. Wertvolle Stunden, die der Mensch hier im Theater durchlebt.

Ja, ja, ja – in einer langen Laufbahn. Das Ergebnis der Nachkriegszeit ist im Dramatischen von jugendlich-schwerem Schmerz durchirrt; von der Pfadlosigkeit Ringender, Edler, Vorläufig-noch-nicht-Könnender.

Es scheint fast, es scheint: der ruhende Pol dieser Zeiten war Pottasch, Perlmutter und Zawadil.

Hier blieb ein sicherer Verlaß.

V.

Die Leute rasten ... Zum Capitol ist von der Nürnberger Straße nur ein kurzer Weg. Um zehn Uhr schlug ich ihn ein. Zum Bergner-Film. (Und um die Mafalda singen zu sehn.) 25. Januar 1927

Ehm Welk: „Gewitter über Gottland"

Volksbühne

I.

Ein Freund sagte mir, wie sich dieser Ehm Welk (zwischendurch Zeitungsmann) in einer drohenden Schicht von rüden Rückwärtsern, harten Ungenossen, mutvoll, senkrecht, streitbar hielt vor Jahr und Tag.

Ja man fühlt einen suchenden Menschen ernsten Wesens, – der sich mit aller Glücksverteilung auf diesem torkelnden Stern, mit allem Unrecht einer Gegenwart, mit aller Hoffnung des besseren Einst ehrlich auseinandersetzt.

II.

Als *dramaticus* lüpft er diesen Grundzug. Er bringt im ersten Teil seines Werks den Zusammenschluß einer geschichtlichen, einer beispielhaften Begebenheit – die uns heut angeht. Heut wieder angeht. (Bolschewistische Bewegung der Vitalianer auf Gotland vor einem Halbjahrtausend.)

III.

Im zweiten Teil kommt statt jenes *propter hoc*, welches den Kern eines Dramas schließlich am besten bildet, immer nur ein *post hoc, post hoc, post hoc.*

Auf deutsch mehr ein Hintereinander als ein Infolge-einander. Mehr ein sachlich-zufälliges Geschehen als ein dramatisches Geschehen. Kurz: mehr eine Reihung als ein Kunstwerk.

Dann wird alles dilettantisch-wüst. Immer noch was. Immer noch was. Kein Bau.

IV.

Schmerzlich (oder doch besinnlich) fühlt man, wie groß die Kluft, wie weit der Weg ist von einem graden, ringenden Kerl zu einem leuchtenden Halunken von Künstler.

Der Gewissensmann Ehm Welk bringt ein Sammelsur vom Florian Geyer; vom Dostojewski mit seinem Kirchenherrn aus den Karamasows (der hier ein Abt ist) und von lokalen Geschichtswerken.

(Ich sah drei Fassungen seiner Manuskripte.)

V.

Man spürt bei alledem immer die Beziehung auf die Gegenwart. Aber bei alledem spürt man das Eine nicht: einen Hund von Poeten.

Das ist es.

Nicht einen Blick jenseits vom literarischen Bestand. Nicht einen Blick jenseits vom ethisch Notwendigen. Nicht einen jenseits vom dramatischen Herkommen und, erstens-letztens, nicht einen für das dramatisch Blitzende. (Menschen seiner Art haben trotzdem ihre großen Meriten.)

Was bleibt, ist ein Anlaß für Piscator, den Bühnenherrn.

VI.

Was macht Piscator aus diesem Stück. Was macht er zu diesem Stück.

Bißchen viel? Ja. (Er verlängert es auch, nebenbei.)

Er „gebraucht", goethisch gesprochen, „das groß' und kleine Himmelslicht". Er schonet Prospekte nicht und nicht Maschinen.

Die Verwandlungen werden jetzt sinnvoller geschafft und heutiger. Nicht von Bühnenarbeitern ohne Vorhang; wie bei dem Rimbaud-Spiel vom „Trunkenen Schiff".

Sondern hinter zwei spanischen Wänden, die sich im Halbrund vorschieben. (Geschmalzte Rollräder tun hier not.)

Alles in sehr weitem Horizont. In ferner Luft unter halbnordischem Grauhimmel.

VII.

Hier vollzieht sich also das Geschick der armen Viktualienbrüder. Der Gleichteiler (Likedeeler), die auf der Insel Gottland einstens Gerechtigkeit für die Besitzlosen um Vierzehnhundertsoundsoviel durch Seeraub ertrotzen gewollt. Das Reich der Armen gestiftet.

Die einen Junkerling, den Störtebeker, zum Haupt nahmen.

Bei Welk scheitert alles an diesem kleinadligen Ungetüm, diesem Viech (von George mit nacktem Fettbauch, wucherndem Kopf- und Barthaar gelben Einschlags, bei grölend-greller Stimme hastend, schnaufend, üppig verkörpert).

Störtebeker giert Vorteil: nicht Gerechtigkeit. Er will sich: nicht die Sache. (Wär' er dabei jemand!)

Das Geschichtliche kommt hier dem Logischen des Dramas in die Quere. Gestürzt wird er zwar; mißhandelt wird er zwar; geköpft wird er zwar; doch seinem Sturz entblüht nicht Freiheit; nicht Freistaat; nicht Brüderlichkeit; nicht Recht ... sondern trotzdem vorläufig: Untergang.

VIII.

Vorläufig.

IX.

Eines von den erschütternden Filmbildern, die Piscator zeigt (er gibt fortwährend Erläuterungen auf dem Flimmerlaken; auf zwo Leinwänden zugleich neben der Bühne, zugleich mitten auf der Bühne – manches erinnert in ergreifender Kraft an den „Potemkin"-Film) ... eins der unvergeßlichen Kinobilder ist: wie dort irgendein Lenin allemal wieder enthauptet wird ... und allemal in neuer Gestalt, in neuer Wirkung zurückkehrt. Ja, so schrieb ich, beim Sterben dieses Mannes, für sein russisches Gedenkbuch Wort für Wort: „Dieser Tote wird immer wieder auferstehn – in hundert Formen – bis im Chaos der Erde Gerechtigkeit herrscht."

So stand er hier auf.

X.

Was heute sich bei Welk-Piscator Bolschewismus nennt, was bei Friedrich Schiller anders hieß; bei allen Dichtern, allen Kämpfern, allen Heiligen anders hieß, und doch ein Teil davon war; das kann ich selber nicht vertreten, selber nicht verantworten, ich möchte nicht getan haben, was „die" tun: doch es ist ein tiefes Daseinsglück, zu wissen, daß Menschen leben, die es tun.

Die es wieder versuchen; die es aufs neue wagen; vielleicht mit falschen Mitteln; die zusammenbrechen müssen ... und nicht fruchtlos gestorben sein werden.

Bolschewismus? In allen Bibeln heißt es anders.

XI.

Als auf der Kinowand jetzt vollends Schanghai erschien, brach ein Sturm los, von unten bis hinauf zu den Rängen, ohne Beispiel – aus dem Bewußtsein dieser Läufte, Niegesehenes zu erleben.

Wie einer politisch dazu steht, fällt kaum noch ins Gewicht. Die Gefühlstatsache redet, redet, schreit.

Der tapfere Piscator forcht sich nit. Er ficht für seinen Glauben. Das tun viele. Doch er ist ein Regisseur. (Was seltener vorkommt.)

XII.

Wie wundervoll: diese menschlichen und atmosphärischen Stimmungen – in der Sehnsucht alter Fischer hinüber gen Gottland, wo ein irdisches Recht neu gesatzt wird.

Sonst ist vieles auf Masseneffekt gestellt. Ohne Maß. Mit Übergebrüll.

Wenn man schon zutut, muß man auch schneiden.

Wenn einer den Autor nur zum Substrat benutzt: warum da nicht ihm Steigerung einpfropfen; etlichen Bau: Wichtiges der Dramatik. Es wär' ein Aufwaschen.

XIII.

Hier hapert es. Und oft am Einzelmenschen. Piscator ist massenmanisch.

Daneben ... ein Schiffsfreund. Nur aus der Phantasie. Seit Rudolf Leonhard, seit O'Neill, mit „Segeln am Horizont", mit einer tropischen Matrosenschicht.

(Und bleibt doch nur eine Kulissenwelt. ... In New York, vor dem

Krieg, sah ich Theaterschiffe noch viel schöner. Ist es für Rampenvögte das letzte Ziel?)

Dies alles her, dies alles hin: da ist ein stärkster Bühnenmeister.

XIV.

Das gute Horizontbild stammt von Traugott Müller. Vorwärts! ... (Steckel, Hannemann, Ihle, Steinrück zu erwähnen; Kalser zu loben.) Granach hoch zu preisen.

Granach macht hier den Mann, welcher den Störtebeker kappt. Den innerlich gemarterten, unabdränglichen Retter der Republik. Er trägt hierbei Lenins Maske.

Stimmklang, Gesichtsmuskeln, Gesagtes und Verschwiegenes: Granach wäre fast ein Florian Geyer.

XV.

Zischende gab es auch. Zuletzt Ermüdung. Man kann diesen Abend mißbilligen. Aber man wird immer an ihn denken.

24. März 1927

Shaw: „Der Arzt am Scheideweg"

Deutsches Theater

I.

Zehn Minuten nach Schluß der Vorstellung spricht man durch das Phon zu späten Setzern absonderlich bewegt etwa folgendes: „Das war einer der größten Abende dieses Winters, vielleicht der größte – in der Darstellung dieses Stückes, worin Shaw am deutlichsten ein Genie ist."

Dabei läßt sich soviel einwenden ... Gegen die Darstellung, die manchmal sehr auftrug, jeden Chargenspieler sich ausleben ließ – und wunderbar gewesen ist.

Gegen das Stück, das an Allzudeutlichem keineswegs knausert – wenn etwa Walpole, der verhöhnten Doktoren einer, sein Steckenpferd vom Wurmfortsatz fast possenmäßig bei jedem Anlaß vorbringt, wie jemand ein Couplet wiederholt ... also wo der Regisseur, Engel, nicht gedämpft, nicht vertuscht hat – (indem er dabei der Lenker eines Meisterspiels trotzdem blieb).

Es läßt sich so viel einwenden.

II.

Es läßt sich im Anblick zugleich lachender, zugleich erschütterter Menschen, auch geweckt und normal folgendes äußern:

„Mit diesem Stück haben wir wenig zu tun, weil es reich und sichtenträchtig und in herrlicher Vielfalt gekonnt ist. ... Mit dem Stück haben wir kaum was zu tun, weil es, statt strebsam, zu stümpern, jottedoch, geniehaft leuchtet; weil es leider hundert innerliche Spiegelungen dasiger Geschöpfe gibt – mit aller deren Gier nach Kunst, oder nach Medizinmannsgeltung, oder nach der Frau, oder nach Zeitungsruhm ... oder nach Gewissen (und seiner frühen Beschwichtigung); weil über allem eine Schönheit hinterhältig, eine Sehnsucht unausgedrückt, ein Lebens-Endgefühl verstandesgedämpft recht unsterblich schwebt.

Darum haben wir mit so einem Stück wenig zu tun: weil es ein hochmenschliches Werk ist mit dem Blitz, während wir, jottedoch ...“

Es läßt sich so viel einwenden.

III.

Aus früheren Jahren, 1908, weiß man den Kern des denkwürdigen, so fast säkularen Schauspiels.

Erstens: in medicos – gegen die Ärzte. (Mit halbem Unrecht natürlich.) Zweitens: die Strahlkraft im schoflen Ethos eines Künstlers und Lumpen ... gegen ansehnliche Problematiker oder wissenschaftliche Mörder aus einer gesicherten Welt.

Hierzu etliches vom Grundwesen eines Phantastoschöpfers, mit Namen Dubedat; er ist Maler, Pumpnepper, Lügner, Bigamist, Könner und Todeskandidat ... voll überlegener Ahnung; voll untermeerisch-überirdischen Triebs; voll amoralischen Witzes.

Auch mit neuen Anweisungen etwa für das Verhalten bei Todesfällen: rasche Wiederheirat; keine dunkle Trauertracht, Schönheitsgewandung!

Alles durchflochten von A bis Z mit jenem Lachen ... und jenem Erschüttertsein; fern von Rührung; bis zum Ende mit Spaß, in letzter Menschentrauer, und voll aufrechter Lebensfeststellung.

Ein Freund schrieb dieses Werk.

IV.

Der Abend ist schwer zu schildern. Man sieht klar wie Krauss in der glänzenden Gestaltung eines unbedenklich-frohen, weltlichen Mordpfuschers Wirkungen hinlegt, köstlich, von zu betonter Art, die aus dem Rahmen gehen. Man sieht klar, wie der himmlisch-dicke Wallburg die Kulissenrückfälle Bernard Shaws nicht vertuscht ... und doch hinreißend mit seiner prallen Kummerlosigkeit aus einem Guß wirkt. (Wie er dann einmal beleidigt ist, als ein Sterbender seinem Steckenpferd zu nahe tritt. Ein Geniezug.)

V.

Man sieht die Schauspielerin Toelle diesmal nicht nur blond und lecker wie eine zartere Henny Porten; sondern diesmal mit menschlichem Einsatz innersten Gefühls; diesmal vom Beginn bis zum Schluß hingeschenkt an die ganz echte Besorgnis einer liebenden Frau, für das unselig-selige Mannkind, das verfluchte, geliebte, das ihr unter den Händen wegstirbt. Hernach mit neugewonnener Festigkeit vor dem doch fortklingenden Leben – wie er, er, er es gewollt. (Und noch der Kitschtitel, den sie dem Buch seines Andenkens gibt, „Ein König der Menschheit“, paßt ergreifend zu ihr.)

Es ist fraglos ein Höhepunkt bisher der Frau Toelle.

VI.

Wenn Ernst Deutsch als schwindsüchtiger Maler Dubedat stirbt: so stirbt er nicht auf den Brettern.

Überrumpelt vom Tod, dennoch heimlich mehr von ihm wissend als die Klügsten der Umgebung. Einen Schimmer des Wissens zuvor im Auge – neben dem Selbstbetrug aller Todkranken.

Früher, ehe man ihn ganz mordet, ist in dem Lächeln dieses Darstellers nicht nur unbewußter Trieb (wie seine Frau treuherzig wähnt), sondern etwas von der Überlegenheit, von der Denkerkraft eines Wachgewordenen – der nicht mehr lange hier sein wird (und absieht von der Etikette wider die Umstehenden).

Der Künstlermensch, der nicht nur ein Naturbursch, sondern im Grunde ganz was andres ist. (Beardsley stand vielleicht Modell.)

Unsterblich bei Shaw bleibt es immer noch, daß er vor dem Tode murmelt: „Ist der Reporter noch da?“

VII.

Theodor Loos streckt seine zögernde Art gut einem fast unappetitlich-freudlosen Proletarier vor, Schroth Weltlich-Ausgeglichenes einem englischen Traditionsmann, Hörbiger die Kennzeichnung einem offenmütigen Juden, der mit billiger Praxis hochgekommen ist.

VIII.

Shaw sagte mir, daß man den Schlußakt in England gestrichen hat. Er lächelte wie ein Erfahrener dabei. Sein Publikum sitzt in Deutschland, das hat er damals festgestellt.

Wenn er im letzten Akt Homolka gesehen hätte (den Arzt, welcher die Frau des Kranken liebt ... und abfällt); wenn er bei Homolka, der jetzt schon Deutsch kann, diesen geschlossenen Menschen, an einer Wende des Alters, mit einem Verfallensein an die Frau gesehen hätte, mit allem unbefriedigten Einblick in das Dasein, in die eigene Scharlatanerie oder Halbscharlatanerie; wenn er diesen angegrauten, in sich versenkten, mit äußeren Merkmalen eines weltlichen Klinikers kostbar und unaufheblich behafteten Darstellers erblickt hätte: er würde bestätigt haben, was er damals geäußert.

IX.

Und hätte Shaw zuvor, im ersten Akt, Frida Richard gesehen, grimmiggreise Wirtschafterin; mit ihren lieben Runzeln; mit ihrem Gang: mit ihrem Aufblicken; mit ihrem vorwurfsvollen Altweibleingroll; dann mit leichtem Schmelzen ihrer Züge; mit ihrem schmunzelnden Begütigtsein; —— er wäre heut um ein Glück reicher.

X.

Erich Engels erster Akt (ein Drama für sich: das Gebändigtste des Abends) bleibt von nun an diesem Mann, Spielhüter der Wirklichkeit, ruhmvoll angekreidet.

Es gibt in Deutschland ein Theater. 26. März 1927

Hauptmann: „Florian Geyer“

Staatstheater

I.

Das nationale Trauerspiel, von Herrlichkeiten schwer.

In fünf Gestaltungen hat man es erlebt bis heute. Lenker waren: Brahm, K. H. Martin; Jessner. Schauspieler waren: Reicher; Rittner; Klöpfer; Franck.

Viermal in Berlin; einmal in den unverlierbaren Hauptmann-Tagen von Breslau. Fünfmal zusammen.

Und immer, wenn eine Zwischenzeit verstrich; wenn der leuchtende Schatten wieder heraufzieht; wenn er in aller dunklen Fülle kommt: immer ist man übermannt von einem unbeschreiblichen Gefühl; ja, seltsam und im Innersten erschüttert ... von diesem zerreißenden Revolutionsgeschehen; von schmerzlicher Liebe zu Deutschland; von einer Hoffnung neuen Frühlings – und allem Gram raschen Erkaltens.

Es ist: ein deutsches Trauerspiel.

II.

Doch wie zur Sonnenschicht wird man erhöht in dem Bewußtsein: dies war immerhin einer von den Versuchen zur Besserung.

Der letzte nicht. Stärkere werden folgen, siegreichere. Nichts ist verloren in der ewigen, blutend lastend schweren Bemühung; nichts war umsonst. Auch wenn es unterging.

Deutsche Revolution. Deutsches Trauerspiel.

III.

Hauptmanns herrliche Wortkraft, verschweißt mit halbverlorenem Spracherz der Vergangenheit; Hauptmanns beispiellose Wiedererzeugung eines versunkenen Begebnisses, als ob es heut stattfände; mit allen Unmündigen, Armen, die dennoch Zeitgefährten sind: für alles das gibt es zwei Gestaltungsmöglichkeiten.

IV.

Entweder man spielt etwas fast Ungekürztes: das ist sozusagen Geschichte, „wie es sich vollzog"; (denn Hauptmanns Genie hat, als einziges Denkmal einer solchen Dramatik, den historischen Ablauf gewisser Dinge fast ohne Zustutzung – fast! – darzustellen gewagt) ... in diesem Werk ohne Nachbarn.

Hierbei sitzt man halbgeschlossenen Auges und läßt ein Stück wirklicher Gewesenheit (wie durch die *time machine* allerhand fabelhafter Einstein-Märchen) an sich vorüberrollen. Geschichte, von Lebenden erlebt.

V.

Zweite Möglichkeit: man bändigt alles; drängt es zum Grundriß; offenbart sein Knochengerüst ... und macht aus einem Stück Geschichte straff ein Geschichtsstück.

Das ist Jessners Fall.

Also nicht wirkliches Geschehen, sondern Ballung ist sein Ziel. Natürlich gibt er dabei manches auf. Es wird fast: Aneinanderreihung von Episoden. Das Füllsel dazwischen, welches die Wirklichkeit bedeutet, fällt beinahe weg. Alles ist am Schluß nicht: Geschichte; sondern: Drama.

Das hat seine Vorzüge. Beim fünften Mal. Das Werk ist auch von dieser Seite zu versuchen.

Und Hörer mit heutigem Hirnwuchs, mit hastigen Ganglien, reißt es hin.

VI.

Nicht nur das: der Grundzug, der Bau, der Kerngehalt strahlt heraus.

So wie (man sage, was man wolle gegen allen Humbug heutiger Tracht in Shakespearestücken) ... so wie der Kerngehalt vom „Hamlet" mir lebenslang nie so lichtvoll erschien wie bei Jessner. Mit Kortner.

Jessner gibt von Hauptmanns Werk ... soll man sagen: einen Grundzug? Oder: einen Auszug?

Den Grundzug.

VII.

Einwände lassen sich erheben. So wie er die Thekla grausam verkürzt, im „Wallenstein", wenn sie gottbehüte zu harfen anfängt („Der Eichwald brauset" ...): so läßt er, nur ja nicht empfindsam zu scheinen, den Bänkelsänger das Lied vom Florian Geyer stehenden Fußes rasch abmachen ... statt in einem Nebel der Versunkenheit beiläufig erklingen.

Jessner hat Angst vor dem Melodram. (Es wirkt jedoch, als ob jemand sagte: „Jetzt muß noch rasch das Florian-Geyer-Lied getätigt werden.")

VIII.

Der Schluß Aufatmender, „Der Florian Geyer ist tot" (weil der menschlich-göttliche Versuch zur Besserung wieder einmal mißraten ist) – dieser Schluß wird bei Jessner nicht gehört.

Und wenn der Florian Geyer zur Zeltmagd spricht: „Dein Haar ist mir lieber als das Haar der allerseligsten Jungfrau" – so heißt es im Staatstheater (o Zentrum, wann arbeitest du mit uns, und wir grenzen unsre Weltanschauungsbefugnisse streng ab ...) heißt es vorsichtig: „... als das Haar der allerseligsten –"

(Die Jungfrau wird verschluckt; in der deutschen vorwärtsstürmenden Republik.)

IX.

... Trotzdem: eine herrliche Kraft wie Jessner wird von zu vielen Seiten politisch heute bedrängt: so daß man Zugeständnisse hinnehmen muß, ihn einstens nicht ganz zu verlieren. (Die deutschen Trauerspiele werden manchmal deutsche Komödien.)

Jessner hat kostbare Arbeit getan. Ein Bau ersteht. Stellen, die sonst verpufft sind, kriegen einen Umriß. Von den unendlich vielen Zweigungen des Werks wird ein Rahmen, scharf und knapp, erzeugt, mit innerer Wirkung. Für die Bühnenmöglichkeit wird Herrliches geleistet.

(Hastiger muß der Auftritt zwischen Wilhelm v. Grumbach und Geyer auf der Burg sein – wenn der trunkene Militaristentrotz jeden Augenblick, träger Herr Ferdinand Hart, kommen kann. Wundervoll deckend jedoch seine Frau, die Anna, ganz ein Triebweib, mit kurzer Sicht und nahem Entschluß: Margarete Schön.)

X.

Die Galerie (es gibt noch eine, meinen Gruß an sie!) hat ein feines Gefühl: wenn sie nach dem Löffelholz des Herrn Faber mit Recht unterscheidlich-stürmisch ruft.

Löffelholz war einst Sauer. Hernach Kühne – mitten im Zirkus, wo er, unter dem Beifall der alles begründenden, folgsamen Abra-Kadabra-Kritik, üble Drucker aufsetzen mußte ... mitten in der Manege.

Jetzt bot Faber sein Bestes, was man je von ihm gesehn hat. Verhalten. Gedrängt. Süddeutsch. Ein willig-edles Opfer. So ist er gestorben; und bleibt haftend im Gedächtnis. Ja, dieser Schauspieler hat sich einen Platz erobert im Paradies. (Beneidenswertes Land, wo die Galerie Recht hat in unterscheidlichen Zügen.)

XI.

Namen sind zu nennen. Heinrich Witte: Schäferhans; der Feme-Landsknecht; prall und mit dem Knall. Oder: Hadank, der verfolgte Karlstatt. Oder: Tiedtke, rund als Jakob Kohl. Oder: Valk, ein Feldhauptmann Tellermann; mehr breit als rasend-blutvoll (man hat ihn stärker vormals gesehen). Flammenbecker – das ist Veit Harlan; der schädliche Spaltkommunist, wie er heut' umgeht.

Die Zeltmagd Marei: eine Ruth Hellberg; prachtvoll; ich dachte mir jedoch: Toni van Eyck; ein Gipfel wär' sie gewesen, die Marei aller Mareien; wie sie das Käthchen aller Käthchen war.

Oder: Shelaso: der Jude Jöslein. Die Elsa Wagner: wiederum eine Mutter, ans Herz greifend, samt Heinrich Schnitzler, dem geblendeten Sohn, mit hoher Stimme schauerlich.

Aber die Kritik soll nicht eine Liste sein: sondern einen Gesamteindruck wiederzeugen. Erschüttert war man.

XII.

Franck ... Wenn Klöpfer keine Schlacht verlor, Franck verlor sie wahrscheinlicher und blieb doch wunderbar. Noch hat er Mängel; noch ist er manchmal ... nicht eine Volksgestalt, sondern ein Darsteller. (Empfindsam als Darsteller.)

Auch nicht ein Feldherr, nicht überragend, nicht ein Ex-Junker, der volksfreudig wird. Sondern ...

Sondern ein inniger Genosse. Das ist er. Ein wahrhaft „bäurischer Bruder".

Sitzt nicht „richt und strack als ein Bolz" auf dem Gaul, gewiß nicht; sondern er hat eine schmucklose Gestalt, verloren in der Menge, ganz das Gegenstück zu allen Junkern ...

Nicht nur ein „bäurischer" Bruder; sondern ein Bruder von uns allen; von heut, ohne Schwindel, ohne Sichdarstellen oder Repräsentation; ein Mensch mit einem Gewissen; mit der Bereitschaft zu führen, sich zu opfern; ein Kerl nicht mit einem Brustkorb – sondern mit einem Auge.

XIII.

Von allen Geyers der zivilste, der schmuckloseste. Herrlich am Schluß: wenn dieser Unreisige mit dem Fahnenstumpf vor die schmierige Rechtswidrigkeit hintritt, vor die Machtbrutalität – und ihr erliegt.

Nur einmal noch erliegt. 7. Mai 1927

Shakespeare: „Maß für Maß"

Staatstheater

I.

Gewiß: ein für allemal weiß man, daß nicht Bacon diese drei Dutzend Stücke schrieb. Dagegen spricht vieles. Oder: dafür nicht genug.

Jawohl; jawohl. ... Doch wenn man plötzlich, nach langer Zeit, so ein von Gedanken strotzend gesprengtes Werk wiedersieht; erstens ist es zum Platzen voll von Rechtsfragen für den Staatsmann; dann voll Gewissensfragen für den Einzelnen; und alles wird verblüffend lebendig mit einer Tiefe, nein, mit einer Klarheit hohen Ranges – was ja viel mehr ist ...

II.

Nämlich: Tiefe bleibt mir ein Entschuldigungszettel für mangelndes Ausdruckskönnen.

Die tiefste Tiefe besteht halt in Klarheit. Tiefe bleibt, ach, wesentlich leichter als Klarheit. Tiefsein war in Deutschland zu oft ein Schutz gegen schiere, herausgehämmerte Leistung. Tiefe: der Strohhalm von Schwachen mit Autoritätswunsch. Tiefe: Augurenrettung. Tiefe: Kniff der Dumpfbegabten. Tiefe: Schwindel auf folgender Grundlage: Vieles bleibt unverständlich; wenn aber zwischendurch etwas mal verständlich wird, bricht großer Respekt aus. (Man schließt voll Ehrfurcht aus dem wenigen Verstandenen auf das viele Nichtverstandene.) Dies Verstandene darf banalst sein; inhaltsarm; gradezu untief.

Tief (nämlich schwer) ist vorwiegend die Arbeit des Betrachters: etwas herauszuschälen aus dem Halbkohl – und einen lächerlich bedeutungslosen Inhalt achtungsvoll zu destillieren ... der sich auf, oh, viel einfacherem und nicht furchterweckendem Weg darstellen ließe.

Was, lieber Spengler, wollt' ich sagen?

III.

Der Ausgangspunkt war: in diesem Lustspiel ist ein solches Maß an Staatsphilosophie; zugleich an Gewissensphilosophie; soviel an Erfahrungsweisheit, Prüfungsreife, sinnierendem Lebensdurchschauen klar herausgearbeitet: daß ... Der Leser wird sagen: daß es nicht von einem Staatsmann sein kann. Ich meine, daß man (trotz allem, trotz allem) wieder zweifelt, ob ein Landlümmel aus dem Drecknest Stratfort sowas allein gemacht hat.

Ob er Zeit und Gesetztheit hierzu fand, als ein in London rasend beschäftigter Schauspieler, Verwalterich, Geldmann, Bühnenunternehmer.

(Item: daß ein Schauspieler es gedichtet hat, wäre noch annehmbar. Ein Direktor: nie.)

Halten zu Gnaden!

IV.

Ob ihm einer geholfen hat oder nicht: er steht auf unsrer Seite heut' – in der Wehr gegen die jedem Erwachsenen drohende Kinderstrafe durch Schundgesetzgeber. Durch *viri obscuri* mit strenger Maulfalte.

Wohinter nicht Widerwille steckt gegen Schmutz: vielmehr (viel mehr!) Widerwille gegen die berechtigte Regung der heut' Erkennenden. Widerwille gegen das Freiwerden von vertuschender Theokratie.

Dies alles war (im Bremsen) früher manchmal nützlich. Ja, in vergangenen Läuften sogar nötig gegen körperliche Rohheit. Ja, das muß dieser wichtigen Macht angekreidet bleiben.

Gleichviel. Unsereins haßt niemals diesen Feind so, wie man die einfach rüden Brutaliker von anderswo haßt. Aber auch hier ist nur ein taktischer Waffenstillstand möglich. Nur ein Vertagen der letzten Auseinandersetzung.

(Falls mein Ausgleich nicht zustande kommt mit wechselseitiger Nachsicht: wir lassen euch selig werden – doch hindert uns nicht. Wir lassen euch alle Mythen – doch stört uns nicht. Ihr könnt fern bleiben – doch büttelt uns nicht. Kurz: wir sind nicht Gegner: bloß reinlich Getrennte. Alles das gibt ein Auskommen ... und ist heut leider nötig.)

V.

Shakespeare (vielleicht sein Mitarbeiter?) schoß in diesem Stück wider das Puritanertum.

Was dem Heutigen spaßhaft nur ein Astlochgucker in würdiger Tracht ist: das war dem Sohn jener dunkleren Läufte pathetisch gleich ein schurkenhafter Regent mit doppeltem Gewissen. Ein Keuschheitsfanatiker auf dem Herrscherstuhl, voll wütender Lustgier: Angelo.

Züchtiger Schuft voll geheimster Sinnlichkeit. Oder doch: ein schwacher Mensch, der trotzdem Schwache straft. Geiler Puritaner. Splitterrichter mit dem Balken im Rock. Rhadamantys, streng gegen Schuldige, der selber schuldig wird. Der, was er am schroffsten verbietet, selbst begeht. Der die furchtbare Kraft sinnlichen Begehrens am eigenen Fleisch durchprobt. In solcher Weise.

Dieser Sittenfanatiker wird also bestraft.

VI.

Aber auch die Sittenlosen straft William (oder sein Quivis?). Die Sittenstrengen sind der eine Pol, die Sittenlosen der andere Pol.

Im Äquator jedoch steht – wer? Der ganz edle Fürst ... des Hofdichters. Jaaa – des großen Menschengestalters, des Menschendurchschauers, des Freiblickenden ... der einem üblen Jämmerling wie dem ersten Jakob unbesehen duckdienert. Ist es nicht eine von den besten Tragikomödien auf diesem Stern?

Davon blieben, bitte sehr, die antiken Kerle doch frei! Sie dachten sorglich bloß an eine Gemeinschaft. Nicht an einen sogenannten Tyrannos. Waren halt Republikaner.

Gewiß!!! in drei Teufels Namen! stille!!!

VII.

Häufig ist an diesem Lustspiel der bittere Grundzug bemerkt worden. Mit Recht. Aber hat man nie gesehn, wodurch hier Shakespeare Schuldige straft?

Durch Heirat. ... Ist es nicht lustig und bitter zugleich? Der Hauptverbrecher Angelo muß, muß, muß heiraten. (Statt der Hinrichtung.) Claudio, vorzeitig Schwängerer einer Jungfrau, muß nicht unterm Beil sterben ... sondern heiraten. Lucio, Wüstling und Lästermaul, muß nicht gehängt werden ... sondern dafür heiraten.

Wer prüft mal (was man bis heut unterließ), Bacons Ehe?

VIII.

Mehr als ein Gedanke des „Lustspiels" ward natürlich nun gegenstandslos. Etwa, daß ein Fräulein lieber, als einem Mann sich hinzugeben, den Bruder köpfen läßt: dieser Einfall scheint heut leergelaufen. Aber vollständig.

Das Heute siegt auch sonst über alle Genies. Nicht das Heute der Kunststümper – sondern das Heute der Menschengemeinschaft; der sich wandelnden; ins Unbekannte schreitenden.

Die Sperrsitzler lachten am stärksten gestern, wenn Florath statt shakespearisch berlinisch-heutig sprach. Nicht bestreitbar!

IX.

Ich habe meinen Theaterzettel verloren. Aus dem Gedächtnis: – welches Bild haftet? Welcher Klang? Welcher Grundeindruck?

Fehling, der Ordner, macht in der Mitte von Rundgardinen, auf drei Stufenbrettern, sehr schlicht, alles fix und munter, nicht zu gedrängt, auch nicht zu langwierig: so daß weder Kargheit noch Ungeduld aufkommt. Kurz: harmonisch. Sehr gelungen.

X.

Aus dem Gedächtnis, ohne Zettel. ... Auf den Angelo, Faber, wurde viel in der Pause geschimpft. Nicht von mir. Sprechen kann er nicht. Nein: sprechen kann er schon – artikulieren bloß nicht. Es ist ein Unterschied.

Man schaut, ganz überzeugt, ihn sprechen – versteht ihn bloß nicht immer. Das ist ... technisch. Die Gestalt selber (wenn auch in einem Russenkittel) holt er, sinnlich verzehrt und mit räudigem Bewußtsein, stark heraus.

XI.

Die Müllerin, Frau Scherchen jetzo. War zuweilen schlecht beleuchtet; aber zuweilen auch schön bestrahlt. Von einem gewissen Schimmer. Dabei mit einem Klang. Mit einem herrlichen Unterton aus Memel. Dennoch ganz Isabella.

XII.

Ebert: würdig; Äquator-Fürst. ... Der junge Claudio: Harlan mit märkischem „r".

Lucio, wundervoll bei dem Schauspieler Bildt: mit zerfreßnem Kopfhaar und Kalkbewegungen ... als welcher für Verkommen-Humorhaftes taugt; mehr als für den kessen jungen Mann bei Hasenclever und so.

XIII.

Steffa Bernhard: mit fühlsamer Tongebung bemerkenswert, in einem zu kurzen Auftritt, als Liebesopfer. Dann (außer dem genannten Florath) Elsa Wagner: haftendes Bild einer phantastisch flitzenden, spuknahen Bordellmutter – kostbar.

XIV.

Und alles zusammen: das merkwürdige Spiel eines ... nicht nur in der Mitarbeit, sondern .... Seele noch immer unbekannten Schriftstellers.

13. Juni 1927

Toller: „Hoppla, wir leben“

Piscator-Bühne, Nollendorfplatz

I.

Toller hat in der Wahl dieser Handlung einen Griff getan. Hinter der Wahl blieb die Ausgestaltung zurück. Das ist, ehrlich zu urteilen, hier der Sachbestand.

II.

Prachtvoller Grundriß. Ihn zu finden, zu erfinden, mußte jemand nicht nur mit einer politischen Sehnsucht bedacht sein: sondern mit Witterung für Volkstümliches von einer gewissen Beispielskraft. Jawohl.

Tollers dramatischer Griff: daß ein Revolutionskämpfer acht Jahre lang im Irrenhaus die Entwicklung von 1919 bis 1927 versäumt hat... und nun in diese Gegenwart mit erstauntem Blick hineingelassen wird.

Ein Kampfkamerad von einst ist lavierender Minister. Die andren verzagt; geduckt. Kaum etwas ist, im Grund, erreicht.

Er schaut auf einen Hieb die Bescherung – welche den Übrigen, bei unmerkbar täglicher Rückentwicklung, minder klar geworden ist.

Ein Griff.

III.

Bis auf den Schluß. Ich liebe nicht, daß jemand aus Verzweiflung sich hängt. Sondern daß dann die Gegner sich lieber hängen.

Wenn schon ein Volksstück behufs Weckung von Zeitgenossen verfaßt werden soll: dann müssen sich die Gegner hängen.

Das gibt frischeren Mut.

Freilich: auch die Gedrückheit jemandes kann ein Sporn für Überlebende sein: entscheidender zu handeln; endlich zu erwachen; zu sehn, wieviel verfahren ist; zu spüren, was droht; zu retten, was allenfalls zu retten bleibt; entschlossen zu lachen und vorzustürmen.

Du hast schließlich, Toller-Ernst, immerhin den Griff getan. Deine armen Helden sitzen am Schluß zwar im Gefängnis; doch sie sagen, wenn es auch nicht im Buch steht, schandenhalber wenigstens bei der Aufführung: daß man nicht erlahmen soll.

IV.

Ein Volksstück. Reinster Sudermann, wenn Toller einen Grafen und einen Baron als zwei Verschwöreriche patent-elegant einherschleichen läßt. (Aber nein: sie femeln ja heute wirklich so – ist es Tollers Schuld?)

Reinster Sudermann, wenn Piscator dauernd Filmgegensätze zeigt, wie: tiefstes Elend, aber frivole Blues-Beine. Die verfluchten Tatsachen sind aber doch heut reinster Sudermann.

Ein geschmackvoller Regisseur dürfte das nicht erlauben; er müßte darum die Zeit ändern. Vermutlich will das Piscator.

V.

Doch allzu reinster Sudermann wird es, wenn mit solchen Verschwörern auch gleich die Tochter des Republikpräsidenten, des sozialistischen Verräters, geheim-sinnlich kramt; es lotterhaft mit ihnen tut. Und so. Das ist mehr Volksstück als nötig. (Obschon auch hier vielleicht ein Symbol verborgen liegt.)

VI.

Symbol hin, Volksstück her: der Autor gibt heut Unterlagen, rasch gezimmert, für den Spielmeister; der Spielmeister schafft Unterlagen für den Film. Das der Grundriß.

Der Autor bringt, mehr oder weniger, eine Stegreifsache; verzichtet auf Durchführung eines Charakters; auf Innenzeichnung eines Menschen.

Der Einspieler, wiederum, legt Hauptwert nicht auf einzelnes Menschtum, sondern auf Mengen – und verzichtet sogar auf das Wort. (Kaum die Hälfte versteht man; so war es schon bei den „Räubern".)

VII.

Also der Dichter gibt hier dem Regisseur so ziemlich Generalvollmacht. Musikalisch gesprochen: er überläßt ihm nicht nur einen bezifferten Baß; vielmehr gleich einen unbezifferten – mit freiestem Spielraum zu Kadenzen, sogar Zusätzen, wo, wann und wie lange.

Schön. Einverstanden. Immer los. Nichts dawider. Bitte. Denn:

Wenn zwei Autoren manchmal Kennenswertes zeitigen; wenn vollends ein Dumas *plus* einem Verdi das Wunder der Traviata zustande gebracht: warum soll nicht ein *dramaticus* und ein kundiger Mimenvogt selbander was zeugen? Aus ihrer gemeinsamen Bettstatt hebt sich das Factum: Theater.

VIII.

Der Einwand hiergegen bliebe somit hinfällig. Nicht hinfällig der Einwand: daß der leidende Held bloß, bloß, bloß ein sogenannter „Typ" ist; gar nicht ein Einzelmensch mit etlicher Besonderheit.

Der Einwand gegen diesen Einwand hieße: „Soll ja nur ein Typ sein! – nicht ein Einzelmensch, da sei Gott vor, sondern (in der Kollektivzeit!) justament bloß einer aus der Menge."

Nein. Fehlende Charakteristik wäre hier ein Grab ... des unbekannten Soldaten.

Es bleibt jedoch, scheint mir, Erfahrungstatsache, daß Anteil halt nur an jemand genommen wird, auf der Bühne, den man kennt. Erfahrungstatsacheee!! Mit andren Worten: der „Typ" darf nicht zu sehr Nur-Typ sein. Sonst bleibt er, statt eines Bruders, ein Begriff.

Er bewirkt allenfalls Feststellungen ... statt einer Fortgerissenheit.

Darauf aber kommt es an. Auf das Fortreißen. Auch bei einem Typenwerk. Ja, auch bei dem wertvollen Erziehungsdrama muß der Typ, außerdem, bißl ein Besondertyp sein.

(Warum reißt Raynal fort? Weil er nicht nur den unbekannten Soldaten gibt: sondern sein unbekannter Soldat ist auch ein sehr bestimmter Soldat ... trotz der sämtlichen Allgemeingeltung.)

IX.

Waren das ästhetische Vorhaltungen? Nicht ohne daß es zugleich Vorhaltungen für eine bessere Propaganda wären.

Ich will Propagandawerke heut. Oft genug stand es hier. Vor zwei Jahren schrieb ich:

„Ein Tendenzstück? Warum nicht? Alles auf Erden ist relativ – auch das Axiom (mehr war es nicht): daß Kunst keine Tendenz haben dürfe. Das galt für einen begrenzten Zeitraum. Die Welt ist für tendenzlose Kunst unreif. Zwölf Millionen Leichname, schwachsinnig zerfetzt, bewiesen es. Die Kunst mit einer bestimmten Lehre wird für die Zukunft, meine Teuren, sehr wichtig sein. (Es wird auch da gute Kunst und schlechte Kunst geben.)"

So 1925.

X.

Gute Kunst, also dichterische Kunst, findet sich auch bei Toller. An folgenden Punkten etwa:

Der zermürbte Kämpe (der wie der Mönch von Heisterbach aus dem Totenhaus kommt – und in die fremdgewordene Welt guckt) spricht mit einem jungen Geschwisterpaar. Der Lümmel dort wie das Mädel erweisen sich seinem Hirn und Herzen siriusfern in aller Unschuld ... nach einer geringen, doch so langen Zeit, die für ihn gar keine Zeit war. Hier ist wieder ein Griff. Von einem Edlen und Offenmütigen getan.

Oder wenn die Liebste von einst ... zwar nicht aufhört, sachlich-körperlich Liebste zu sein, doch mit bewußter Ablehnung sentimentaler Beitat. (Worin sie gegen Toller durchaus recht hat.) In diesem Auftritt einer verborgen-seelischen Erschütterung webt abermals Ungreifbares, Verschimmerndes, Dichterisches.

Das waren Beispiele.

XI.

Ob dies Werk ein Wein ist, steht nicht fest. Fest steht, daß es eine Medizin ist. (Wunschziel: eine Medizin, die wie ein Wein wirkt. Nächste Pflicht für Dramatiker!)

XII.

Fortreißendes hat Walter Mehrings Einschublied: von Kate Kühl deutlich vorgetragen. Fortreißendes die glühend-geistvolle Signalmusik Edmund Meisels.

Fortreißendes der Anfangsfilm, den Piscator stiftet. Als Technik nicht ersten Ranges. Als Gehalt prachtvoll. (Vorgang und Rückgang einer wirren Weltzeit.)

Manches im Film, auch später, geht hier zu schnell. Gleichviel: es erinnert nochmals an allerhand Furchtbares, das heute vergessen zu werden droht. Die Forderung nach der Propagandabühne wird hier erfüllt. Sie arbeitet ehrlich: von vorn. Im Gegensatz zu soviel feindlichen, hintenrum schmuggelnden Kinos. Wacker!

Künstlerisch wertvoll: dies Durcheinanderflirren angedeuteter Erscheinungen – die mitunter nicht vom Wort ablenken ... Der Film überleuchtet vignettengleich hier die leibhaft Redenden.

Alles dies ist noch im Anfang. Leisere seelische Wallungen werden späterhin aufblitzen. Das fühlt man. Wacker, wacker!

XIII.

In Traugott Müllers Bühnengerüst (mit erhellten und verdunkelten Quadraten, bei Kreislerbelichtung) herrscht heute noch Halbheit und Zögern: kraft unvollkommener Handhabung der Finsternis. Auch das wird sich einrenken.

Was aber sich einrenken muß, muß, muß, ist für Piscator die Meisterung des Worts ...

Da liegt vorläufig seine *crux*. Was er diesmal gab, ist Provinz oder Probe. Das Wort, entschuldigen schon, bedeutet genau besehn etwas für das Drama.

Piscators Ziel für die nächste Zukunft heißt: nicht Maschinen und Prospekte; sondern das Menschliche herausarbeiten; mittels der Sprache ...

XIV.

Dann: eine solche Vermählung des Films mit dem Wort ... daß der Film nicht Unterbrechung wird; sondern Stärkung. Vorläufig spielen Zufälle hindernd mit. Man sieht aber die Möglichkeiten.

Granach, Sybille Binder, Steckel, Frau Stobrawa, Hannemann, Oskar Sima: sie waren schlecht und recht, fast ohne Gelegenheit zum Start. Selbst Granach verlor sich in dem Ganzen (das wie ein entfernter Kessel wirkte). Paul Graetz hob daraus den Kopf – und guckte, mit weißem Haar, als ein schnurriger Kleinstadtmensch, wirksam über den Rand.

XV.

... „Die Kunst mit einer bestimmten Lehre wird für die Zukunft, meine Teuren, sehr wichtig sein. (Es wird auch da gute Kunst und schlechte Kunst geben.)"

Macht es mit guter Kunst. 5. September 1927

Ad: Lucie Mannheim

Kurfürstendammtheater

I.

Sie hat, einmal, soviel „Brennstoff in sich". Dann singt sie mit Vata'n und Mutta'n auf dem Hof. Oder macht eine stille Nutte von Taschendiebin mit Jugendflaum. Oder sucht am Schluß erfolglos zu sächseln.

II.

Erfolglos: weil Berlinerin bis auf's t-z. Alles Liebenswerte dieses Menschenschlags (sie haben auch Liebenswertes) ist heut in ihr gesammelt: zu bodenwüchsiger Adrettheit, zu vernünftig-gutsitzendem Reiz ... und man hat sowas Ansprechendes, Na-Selbstverständliches, wir und keene, klar, allemal.

III.

So ähnlich muß die ... ja, wie heißt sie doch, gewesen sein, von der meine Großmama geschwärmt hat, aus Helmerdings Zeit. Ich komme heut nicht auf den Namen. Aber so ähnlich muß die gewesen sein.

(Mensch, es gibt einen Zauber, vom Molkenmarkt her, der nicht unterging im *would-be*-Amerikanismus dieser Stadt.)

IV.

Voraussetzung für solche Züge der Mannheim'schen war ... gewiß nicht ihr Hannele Mattern. Eher schon eine Tochtergestalt bei Angely, welcher das „Fest der Handwerker" schrieb. Oder: karikaturspinöse Wirtschafterin, bei Rehfisch; (für die Erinnerung der ganze Rest eines Nickel-Stücks).

V.

Friedrich Hollaenders Nummernabend (Revue) „Das bist du", gefällt abermals. Es ist ein Anfang. Das Lied vom Wilhelm, der nicht wiederkommt, mehr als das.

Neben Staatskomik und Modenkomik ließe sich Komik der Schreiblinge dort behandeln. So Literaten, die ein Literaturblatt als Aktionäre stützen. Das gibt Möglichkeiten zu allerhand Spaß.

VI.

Nachtrag. Jetzt komm' ich drauf ... Ernestine Wegner hat sie geheißen.

So ähnlich muß die gewesen sein.

12. September 1927

Emma Gramatica
Renaissance-Theater

I.

Sie spielt an einem Abend zwei Stücke. Zwei ganz entgegengesetzte Stücke. Zuerst eine junge Person; dann eine sehr alte Person. Damit man fragen soll: „Ist es dieselbe Schauspielerin beidemal?"

Aber das fragt man wirklich.

II.

Sie kann sich verwandeln wie Novelli. Und auftragen wie er. Genauer: das Charakteristische recht ostentativ machen wie er.

Und soviel „machen" wie er ...

III.

Sie hat also keine Angst vor dem Häßlichen. (Bei uns ist nur die Werbezirk da zu nennen.)

Für alles das ist sie eine Meisterin, technisch – ohne Furcht.

(Nur manchmal gibt sie ein bißchen zu viel von derselben Art. Virtuos. Aber die Tapferkeit bleibt herrlich.)

IV.

Sie spielt eine greise Scheuerfrau, die keinen Sohn hat; die niemals was vom Leben genoß; die lügnerisch sich für die Mutter eines „braven Jungen“ im Weltkrieg ausgibt; die hernach diesem erlogenen Sohn sich wirklich gegenübersieht; die einen Tag mit ihm verlebt; die sich deshalb am Schluß in ihrem sonst nichtig-dreckigen Dasein selig wie eine wirkliche Mutter fühlt; die mit ihm glückvoll protzt; und die letztens, als er, natürlich, gefallen ist ... die ohne nur ein Wort zu sprechen, bloß mit hochgezogenen Schluchzern seine Kleidungsstücke, ja, völlig stumm in die Truhe packt: –

V.

Das alles ist ... vielleicht nicht Angelegenheit einer ganz großen Schauspielerin, sondern einer ganz großen Ostentiererin ... (nicht höchste Schauspielkunst im Sinn der Duse, mit der sie vormals gereist ist, sondern eben dem Novelli verwandter).

Gleichviel: mag sie schon Plakat mimen, hier ist eine mutige, sich aufopfernde Könnerschaft – im starken Stil jener Lateiner, welchen szenische Darstellungsmacht als ein Erbteil des Blutes zufiel.

Komödiantin und Histrionin kostbaren Schlags. Das muß es immer geben, solang eine Bühne besteht.

(Und sie macht niemals den Eindruck der Unechtheit. Bloß zuviel macht sie ...)

VI.

Oder: zu lange macht sie es. Zu lange dies breitbeinige Gehumpel der Greisin – immer dasselbe. Zu lange dies Händepaar, irrend, sozusagen synkopierend. Zu lange diesen pfeifenden Stimmklang ... wie der einer morschen alten Maus. (Herrlich bleibt es trotzdem.)

Kurz, der Grundriß: wunderbar. Doch er währt zu lange. Doch er kommt zu häufig wieder. Doch er bleibt fast auf demselben Punkt.

... Bis am Schlusse der Auftritt mit jenem wortlosen Geschluchz ein virtuos-innerliches *Novum* zufügt.

Das ist es: virtuos-innerlich.

VII.

Also dies betraf ein Genrebild des Schotten Barrie: „Die Medaillen der alten Frau“.

Zuvor, in d'Annunzios prosa-lyrischem Einakter „Traum eines Frühlingsmorgens“, macht sie die Irre.

Bei der Beurteilung d'Annunzios ist heute schwer abzusehen von politischem Groll. Doch bei der Beurteilung seiner Dramatik bleibt hiervon abzusehen.

Wo Politik im Spiel ist, gibt es für gewöhnlich keine Brücke. (Noch bei den faden Fehden innerhalb desselben Landes hat bei politischer Getrenntheit keiner auf Ethos auch nur der ordinärsten Art zu rechnen, pfui Deibel, – es gibt keine Brücke.)

Desto mehr besteht vor Kunstwerken die Pflicht zu unpolitisch-sachlicher Wertung.

So will ich denn sachlich feststellen: daß der „Traum eines Frühlingsmorgens“ kein wesentliches Werk ist.

VIII.

Schön bleibt hier ein gewisses Fluten leuchtender Stimmung. Strömender Frühling. Licht und Gnade. Mittendrin ein zerstörtes Geschöpf – geisteskrank nach der Ermordung des Liebsten.

Die Sprache wird alles: doch nur durch den Klang – nicht leider durch den Sinn. Klang vertuscht hier die Banalheit einer abgewirtschafteten Ophelia-Welt.

IX.

Die Gramatica (bei Barrie durch derben Verzicht auf Frauenreiz noch eben der Werbezirk vergleichbar) erinnert hier, seltsam, an die Bergner.

Natürlich älter ist sie um ein ganzes Stück, sogar spindeldürr und halssträhnig; dennoch weist eine Spur von körperlicher Eindrucksmacht auf die liebliche Deutsche.

X.

Jedenfalls: manche Künstlerin bei uns könnte diese Gestalt eines romantelnden Sprachschmeichlers glaubhafter, stiller, bewegender spielen. Doch der Akt bekommt seinen Wert hinterdrein: durch die Gegenrolle bei Barrie – wenn man sieht, was dieselbe Frau an demselben Abend kann ...

Keine bei uns vermag beides.

XI.

Eine Einzige nur, Romanin wie die Gramatica, bleibt als Gipfel auch bei d'Annunzio vorstellbar, in Ewigkeit: die Duse.

(Blasphemie jedes Wort, das etwa nach Vergleich aussieht. Genug. Sofort ganz still!!!)

XII.

In Sachen der Duse las ich vor Wochen einen Brief, den Yvette Guilbert an Theodor Wolff schrieb. Und worin sie recht hat.

Ein Film soll jetzo das Leben der Duse malen ... Aber nicht als Darstellerin mit der Duse (man hielt ihr Ewiges ja nicht fest): sondern mit einer Andren.

Und wenn es die Beste wäre der heute Lebenden insgesamt. Undenkbar!

Ja, hast zehnmal recht, Yvette.

Ich bin kein Unmensch – doch lieber wär's mir: nicht die Duse müßte tot sein sein, und eine Andre spielte sie ... Sondern, daß lieber eine Andre ———, und sie würde von der Duse gespielt.

7. Oktober 1927

Gramatica und „Blaue Bluse"

Renaissancetheater und Nollendorfplatz

I.

Als „Kameliendame" bewundert man sie wieder. Im dritten Akt am stärksten – wenn der Vater kommt.

Schwerer Menschenschmerz, still, floskelfrei, schicksalsvoll und ganz echt. Es wird grau um sie.

Bewundernswert.

Obschon sie für Charakteristik tausendmal eher geschaffen ist als für Lyrik.

(So gibt sie weit mehr den ernsten Begriff der Kameliendame ... als die Kameliendame.)

Sie bleibt eine spröde, fast männliche Kraft.

II.

Wohnt nicht sogar im Durchschnittsitaliener ein Genie für Darstellung? Da ist ihr (ganz unnotabler!) Partner, Benassi, – der spielt mit einer ...

weichen Leidenschaft, ja: weichen Leidenschaft. So daß es hartgesottene Menschen süß packt und hold erschüttert.

Auch Namenlose sind bei diesem Volk – wie oft! – Überraschungen.

III.

... In der zwölften Stunde war es aus. Um Mitternacht begann die „Blaue Bluse".

Von der „blauen Blume" der Novalis-Romantik siriusfern.

Die blaue Blume hat rätselhaft geduftet – aber die Welt nicht vorwärtsgebracht. Die blaue Bluse kann es.

IV.

Da sind Arbeiter und Arbeiterinnen, die nach Feierabend (Feierabend? Romantik! also: nach Fabrikschluß) nicht bloße Tändelkunst machen im Theaterverein.

Sondern die mit allen Heiterkeiten jedes bunten Spiels – durch Tanz, durch die spottende Singstrophe, durch Gruppenakrobatik – ihre Schicksalsbrüder und verurteilten Schwestern dort fassen, wo sie am leichtesten erziehbar sind: in der Lust.

Kurz: indem sie der sogenannten Revue einen Gehalt geben ... und noch die ausgemachte Verblödung nutzen für einen hohen Zweck.

V.

Vormals hieß es: *„Patriae est, dum ludere videmur"*; „wir spielen, aber zum Vorteil des Vaterlands" – heut und hier heißt es eher: *hominibus est, dum ludere videmur;* wir spielen ... für Alle.

VI.

Sie spielen eine bunte Fibel für Revolutionslehrlinge; für Erziehungsmassen; *id est:* für Nullung von Unvernunft; für Ausgleich in der Verteilung.

Alles geht leicht von der Hand. Alles knallmodern, lockend, unterhaltend, gekonnt. Frische Mädel; unverschüchterte Männer; Gesundheit; Zuversicht. Herrlich; herrlich.

VII.

Es ist ein Glück, wiederum zu sehen: wie ein ganzes Volk hier mit mancherlei Gnaden der Kunst von Hause her bedacht ist. Neben allem andren.

8. Oktober 1927

Zuckmayer: „Schinderhannes“

Lessing-Theater

I.

Schinderhannes ist (wie auch das neue Buch von Elwenspoek merken läßt) unleugbar in Mainz 1803 hingerichtet worden. Vierundzwanzigjährig.

Mit Karl Moor, mit Rinaldo Rinaldini (welchen „seine Rosa weckt“) als Räuber ein Liebling und ein Abscheu der Bevölkerung.

Indes unser Schlesien seinen eigenen unvergeßlichen Pistulka hervorgebracht hat – von einem verräterisch befreundeten Förster durch Opium im Schnapsglasel eingeschläfert; ausgeliefert gegen Belohnung; hingerichtet. (So Pistulka.)

II.

Seit Schiller ist der Räubersmann ethisch. (Nicht bloß romantisch.) Er fühlt mit dem armen Manne, dem geholfen werden kann.

Ja, wenn er mal nicht ethisch ist, wie der Störtebeker neulich bei Ehm Welk, sondern selbstisch und junkerlich statt allgemein-hilfsam: dann endet er als Ungetüm, verabscheut. In der Schlucht.

So werden die Räuberstücke von Jahr zu Jahr nützlicher, moralischer und vorteilhaft im Gebrauch.

III.

Bei Zuckmayer wird Schinderhannes wieder verehrt von jener Schicht, der geholfen werden kann. Die Hunsrückbauern – na!

Seine Rosa weckt ihn nicht ... sondern das Julche zieht mit ihm. Halb gern, halb ungern. Aber doch letztens nicht ungern.

Am liebste’ tät das auch ihr kloi’ Schwesterche, Ruth Albu mit ’em hübsche Profil.

IV.

Die Dorsch ... Julche! Julche! – Sie hat nicht viel zu reden (Weibsbilder geraten Dichtern allemal am innigsten, wo nicht viel reden; dies ist nämlich der Anfang von der Überlegenheit des Kinos über das gesprochene Drama; denn sobald sie weniger sprechen, reißt es einen seltener aus der Stimmung).

V.

Auch der Betrachterich kann hier nicht viel sprechen. Er empfindet etwas, wie man kurzweg einen sehr geliebten Menschen empfindet –

und das namenlose Glück seiner Nähe. Wo noch Einfallsreichen kaum Andres einfallen wird als etwa der blöde Ruf „Süße!" oder so ähnlich.

VI.

Wenn die Dorschin, Käthe, hier im Ährenfeld (Liebermanns Bilder geben prachtvoll allerhand Ortschaften und Wirtschaften und Gewese – nur das Ährenfeld ist in der Ausführung durch R. Schön bloß gewissermaßen eine Reihe plastischer Ähren, dahinter sichtbar Gemaltes beginnt) ...

Wenn die Dorsch in Ähren ein Kind gezeitigt hat; und hält es im Tuch; und man sieht's nicht; und sieht nur ihr Antlitz ... Was? wie schaut sie aus? Nein! Umgekehrt: die Madonnen könnten froh sein.

VII.

Oder wenn sie ein Glas hochhebt, vor dem *moribundus*, dem zur Hinrichtung Verurteilten, und (wie es in einem Gedicht an den bereits toten Schriftsteller Poppenberg hieß: „Sollst leben! —— hätt' ich gern geschrien") ... wenn sie dazu ihm gleichfalls versehentlich sagt: „Sollst leben" und aufblickt –.

VIII.

Süße!

IX.

Und Klöpfers „heilige Kraft", homerisch gesprochen, leuchtet neben ihr, über ihr, um sie, durch sie. Zwar, die Dorsch verläßt ihn einmal, ist halt ein Weib, aber wie könnte sie nicht zurückkehren? Aus der Erde gewachsen steht hier ein Kerl, eine Volksgestalt wie sie; nichts mehr vom Theater. Mit seinem breiten Edelrost in seiner Riesenstimme. Zueinandergehörig die Zwei, wie der Baum zum Wald. Boden dampft rings, nicht daß ein Rampenbrett quietschte, wenn sie reden oder stocken.

Kein Theater mehr.

X.

Und mein Zuckmayer kann tun, was er will, sogar den äußersten Kitsch bringen (wenn er statt des Liedes vom Florian Geyer jemand ein Lied vom Schinderhannes mit Musikbegleitung von sich geben läßt – hinter dem Verfasser des „Gneisenau", der schon Ähnliches beging; es ist ein Kreuz und eine Seuche ... nur das Original bleibt in seiner Pracht).

Also der Zuckmayer kann tun, was er will: er kommt gegen die Zwei nicht auf.

XI.

Zuvor hat er oft Reizvolles gegeben für unverkünstelte Zuschauer: wenn die „Streiche“ des Schinderhannes ein Parkett belustigen, das nicht wie er dem Bestohlenen seine eignen Felle wieder verkauft. Sondern ein Parkett, das ja viel intelligentere Transaktionen in Fell zu tätigen heut in der Übung ist – aber trotzdem über solche Harmlosigkeiten lacht. Seltsam. (Leben wir in der Gegenwart?)

XII.

Manchmal hat Zuckmayer Erinnerungen an sein Indianerstück, wie einst im May. Nicht oft genug an Schiller, als welcher auch die Nebengestalten umriß (Ton auf der zweiten Silbe), Zuckmayer gibt ein Mitwirkenden-Verzeichnis, das nur in einer Doppelnummer des Berliner Tageblatts wiederzugeben wäre. Die Wesentlichen sind jedoch wirklich schon genannt.

(Reinhard Bruck, Spielvogt, bändigt ihre Pfälzersprach' nicht schlecht; etwas durchwachsen. Die Anblicke sind lecker.)

XIII.

Hübsche Lustspielzüge zwischendurch. Manchmal etwas rhein-mainische Lieblichkeit. ... So schreitet ein Revolutionär, vom „Kreuzweg“ über das fröhliche „Weiße Rößl“ zum Heimatstück – das jedoch erwünschter ist als Heimatstücke sonst und bisher. Und kräftiger.

Zuckmayers Kraft liegt in bodenwüchsiger Frische. (Doch auch die Frische, lieber Sohn der Gegenwart, hat ihre Grenzen.)

Zuckmayers *pro*: das Volkstum, Zuckmayers *contra*: das Volkstümliche.

15. Oktober 1927

Else Lasker-Schüler: „Die Wupper“

Schauspielhaus

I.

Ein Schilderungsdrama. Mit Phantasto-Naturalismus.

Was bedeutet hier Schilderungsdrama? – Zustände will es formen, die an der Wupper bestehn.

Nicht also Schicksale, die irgendein Einzelner hat – und er wohnt zufällig an der Wupper. ... Sondern gewissermaßen Schicksale, die kennzeichnend sind für Leute, wenn sie an der Wupper wohnen.

Des genaueren: das Werk heißt nicht: „Herr Schmidt, der an der Wupper lebt.“ Sondern vielmehr: „Diese Wupper, wo Leute leben wie Schmidts.“

Das der Kern. (Phantasto-naturalistisch.)

II.

An der Wupper gibt es: Vorderhaus und Hinterhaus. ... Hier das Kommerzienrathaus, dorten das Arbeiterhaus.

Die Dichterin (sie hat ein stets verkündungsbereites Glüh-Herz) schlägt sich auf die Seite der wirtschaftlich Schwächeren. Trotzdem fern von einseitigem Haß wider die wirtschaftlich starke Partei. (Die zuletzt nicht mal wirtschaftlich stark bleibt.)

Ringsherum, da wie hier, findet ihr Herz Trostloses; Niedriges; Mangel an Aussicht.

Sie malt Untergangsstimmungen.

III.

Nämlich der Sohn des Kommerzienrats bringt ein armes Arbeitertöchterchen zur Strecke. Und die Tochter des Kommerzienrats? Sie bringt zugleich den Arbeitersohn ins Unglück.

Die Schuldigen sind also wohl doch Kommerzienrats? Freilich; indes die Opfer werden von der Dichterin durchaus nicht verklärt.

IV.

Die Knospe, halbes Kind, das ein reicher beherrschungsloser Wüstling schändet, ist keine Paradiesgestalt; (nur poetenhaft bißl mondsüchtig).

Und ihr armer Bruder, den die geile Kommerzienratstochter verrückt macht, um ihn wegzuwerfen, ist gleichfalls kein Seraph – sondern bloß ein aufsteigender Prolet nicht frei von Härte.

Das Herz der Else Lasker ist zu gütig, um ungerecht zu sein.

V.

Zwischen den zwei Paaren geistert ein edleres Geschöpf, Priester *in spe;* doch Edelsinn stammt hier vielleicht vom Kranksein: er ist todgezeichnet.

Kaum fühlbar tasten reine Regungen von ihm zu dem Mädelchen. Von dem Mädelchen zu ihm ...

Vergebens.

VI.

Nirgends an der Wupper scheint somit ein Liebesgefühl zu herrschen, das den Menschen ins Gewölk trägt, auch wenn es ihn erschüttert; das noch in halber Unerfülltheit sonderbar den Kern des Lebens bedeutet. Das zwar schneidend und beglückend spürt: „Ich habe keine andre Sehnsucht als dich" – aber in dem Bewußtsein, aus jedem Seelenverhängnis gerafft hervorzugehn; jedem bezaubernden Innenzwist stark zu entkommen ... für das eigne Dasein.

Sondern hier ist rings: Verzweiflung; Niedergang; Stumpfsinn; Unentrinnbarkeit. Weh von Geschlagenen. Schließlich im Vorderhaus wie im Hinterhaus. Bei Schlotbesitzern wie bei Schlotheizern. Aussichtslos. Beklemmend. Jammerdumpf.

Sie malt Untergangsstimmungen ... statt Kräfte zu malen.

Alles das ist Sache des zufälligen Geblüts. Hier eines edlen Geblüts.

VII.

Balladengestalten (worin der Naturalismus phantastisch wird) spenstern durch die Mitte des Schilderungsschauspiels und seiner Düsternis.

Leute, wie bei dem frühen Gerhart etwa der Hopslabär, zu dem die Umwohner sagen: „Hopslabär, hops amal!" – oder wie bei uns im schlesischen Gebirgsdorf der „Eierkarle".

So an der Wupper: der Pendelfrederich, die lange Anna, der gläserne Amandus ... neben nüchtern-realeren Arbeitern.

VIII.

Nicht ungenannt sollen die Darsteller sein, wie sie alle heißen mögen, bei so deckendem Ineinanderspiel.

Also jetzt kommt das Verzeichnis: Dunskus, Weber, Menzel, dann Keppler, Witte; Marta Seemann, ein kostbar zu schauendes Riesenweib; die Dienstboten Elsa Wagner vollends und Margarete Schön; Frau Pategg auch; ein Karussellmensch, Herr Toni Zimmerer – nebst Beteiligteren.

Doch hier gilt auch die herrliche Höflich nur im Schwarm als eine der Beteiligten; Fritz Valk, wertvoll als der Verfallsbrutaliker (die Aufzählung ist bald zu Ende); Müthel, der geistliche Sohn, mit Recht allzu Empfindsames meidend (katholisch); Florath, ein Großvater-Prolet mit seinem spröden Günther-Hadank-Enkel (evangelisch); oder Viktoria Strauß, die sinnenhysterische Tochter; Frau Sussin, ein Arbeiterweib; vor allem Alexandra Schmitt, mulmige Matrone, die von der Fabrikstraße gekommen scheint ... und nie „Zauberin" wird.

Letztens (nicht letztens) Lucie Mannheim: der kleine, dahingenommene Fürsorgezögling, weißblond ... mit vorguckenden Hosen – und schmal vorguckender, armer, verhinderter Seele.

IX.

Fehling, der Spielwalter, hat am Phantasto-Naturalismus entschlossen den Naturalismus betont. Ohne daß die seltsamer schillernden Gebiete zu kurz kämen.

Er gibt ein bewundernswertes Zusammen: von Brodem und Brutalität; von schmierigem Mangel und Aufschreien; von Geladensein und Verfall und zerfleischten Gierern mit Menschenantlitz.

Gut im Bund mit Cesar Kleins Rampenbildern: wo noch ein kahles Herrschaftsgärtlein von den Essen zweckhaft bedrückt wird ... oder ein Rummelplatz in fettem Geleucht abendlich glänzelt.

X.

Es ist alles durchgearbeitet. Keine Längen. Keine Lücken. Der Alltag so zwingend gemeistert wie das Imponderabile: das Schwerfaßbare, welches um den Alltag schwebt. Eine von Fehlings besten Leistungen im Staatshaus.

Was ist aus dieser Bude geworden! 17. Oktober 1927

Hauptmann: „Dorothea Angermann"

Deutsches Theater

I.

Wer in diesem lässig, oft staunenswert lässig und breit zusammengeschriebenen Trauerspiel das Genie nicht wittert, der wird mich kaum versteh'n in allem, was nun darüber zu sagen ist.

II.

Es wird sehr leicht, Angriffspunkte zu finden. Minder leicht: zu gewahren, worin dieser stärkste Gestaltenkneter über seine mächtige Vergangenheit empordringt.

Wer diesen Koch, dieses Mädel, die Verstrickungen beider, das

Hinüberspielen in eine Bürgerschicht, dies Gleiten und Verweben von Menschenschicksalen in einer Gruppe (mit allen Bequemheiten, Längen, wahllosen Zufällen, ja Schlampereien) schuf – dieser Dichter hat seinesgleichen in der Gegenwart bestimmt nicht.

III.

Die schlesische Pastortochter wird von dem lumpenleichten, flitzbrutalen Koch verführt. Sie verscherzt sich dadurch die Ehe mit einem innerlich wertvollen Mann (wertvoll, doch nicht eben soviel Mann), Privatdozenten aus Breslau, der sie auf seine Art leidenschaftlich und zögernd liebt.

Der Pastor, jovial, selbstisch, zwingt sie, das gestuftere Mädel, zur Heirat mit dem Koch.

In Amerika jagt sie der auf die Straße. Doch als der frühere Bewerberich sie wiedersieht, der sie noch immer nicht vergessen kann; als der Gelehrte mit seinem Bruder den Ludewig verhaut: da nimmt sie (das wird hier der Angelpunkt), in ihrer dirnenhaften Gewandeltheit die Partei des Gatten – des Prüglers und Geprügelten ... den sie doch verabscheut. Das schuf ein Genie. Da gingen die Wiener, vor einem Jahr, nicht mit.

Wohl aber nun die an der Spree jahrzehntelang in der Erkenntnis Gehärteten, Geschulten.

Das war der Unterschied zweier Aufführungen.

(Dorothee ... sie hält zu dem, der ... zuhält. An dieser Wendung birst ihr Glück – zum letztenmal.

Schließlich, in einem Gärtchen bei Hamburg, haust sie eine kurze Weile noch ... und erlischt.)

IV.

Notwendig schien mir damals in Wien, „von den fünf Fünfteln des geschriebenen Buchs unbeirrt zweieinhalb wegzusäbeln“. Denn es ist in den Worten keineswegs erste Wahl.

Jetzt wurde viel gestrichen; sehr zum Besten des Eindrucks. Für mein Gefühl noch lange nicht genug.

Wie kann man etwa folgendes heute stehn lassen? Es geht, geht, geht nicht, daß jemand in Amerika, längst ohne Zusammenhang mit der Familie, scherzend-ahnungslos auf den Brettern äußert: der Bruder werde wohl aus Europa kommen, ihm den jungen Sohn bringen, – und daß kurz hernach dieser Bruder mit diesem Sohn aus Europa wirklich eintritt. Selbstverständlich, derlei zu kappen.

Derlei war noch nicht gekappt. Aber die Gesamtwirkung schwoll hoch darüber hinaus. Warum? Weil in allem Schleppenden, in aller „just“-Technik, in aller Willkür und Schlamperei des Baues ein Schöpfer sichtbar wird. Mit allem Verzweigten, Verteufelten, Heimlichen, Unterflächigen, Vielfältig-Starrenden, Seherischen des Menschenmeisters, – der über seine Jugendkraft und sein Allerbestes hier zwischendurch emporwächst.

Die Ordnung matt. Das zu Ordnende ganz hochstehend, ganz vereinzelt.

V.

Schon in Wien hat Reinhardt zwei Dinge vermocht: das Tempo geschärft; die Striche getätigt. Heut zwar Striche noch immer nicht genug – aber alles wundervoll gesteigert.

Es sitzen nicht sämtliche Tüpfel auf sämtlichen I's; es läßt sich eine dritte Regiefassung denken, die er vielleicht machen wird, aber die Art Reinhardts, noch Halb-Episches zu dramatisieren, noch Stockendes zu befeuern, noch Rastendes zu peitschen, ist bewundernswert.

Er hat im Grunde getan, was die Vorgeschrittenen tun, die Avantgarde der Regie: das Manuskript als Unterlage betrachtet. Sogar das Manuskript dieses Menschen.

VI.

Die Darsteller ... wo soll man anfangen? Kayßler, welcher den älteren der zwei Brüder macht, wirkt zwar auf das Parkett hier wie in Wien stärker durch die sentimentale Falte vom Mundwinkel zum Nasenwinkel – doch auf die Stärkeren stärker durch die Haltung am Schluß: wo er barsch, floskelfrei, schicksalsgefaßt wird.

Seine Frau: Charlotte Schulz; die wenig zu spielen hat, – sie wird als Mitspielerin ergreifend bemerkenswert. Die kleine Toni van Eyck heute pralljugendliche Pastorsgattin, ist um einen Hauch zu drrramatisch. Die Eysoldt und Frida Richard prachtvoll in Beigestalten, von unauffälliger Wahrheit.

VII.

Wiemann hat den jungen Gelehrten von der Stadtbibliothek in Breslau nicht nur verleidlicht, sondern ... ihn auch manchmal gehißt: in etlichen Bewegungen. Er ist nicht unbeobachtet. Sondern macht Beobachtern etwas klar.

Hier war in Wien Dirmoser vielleicht eher zurückhaltend. Wiemann (beinah mit Gesichtszügen des verstorbenen, uns wertvollen Georg Reicke) hält im Erinnerungsbild am nächsten Morgen trotzdem stand.

VIII.

Homolka: skeptisch-ordinäre Selbstgefälligkeit, bei frecher Parodierlust; anziehend-abstoßendes Stück Pöbel; zwinkernd, funkelnd; halbbewußt – und in vollem Saft. Der Koch.

Er ist hier so hinreißend wie vor einem Jahr in Wien. Ein Spielgipfel des (reichen) Abends.

IX.

Kommt Krauss. Damals blieb der erkrankte Stahl-Nachbaur dem Pastor Angermann vieles schuldig. Krauss wächst ... zwar nicht aus der ostpreußischen, sondern (für ein zweifelndes Ohr) wohl aus der pommerschen Erde. Rustikaler Sohn mit leiblich-festem Triebsystem. Blond bis auf Kragen und Augenglas. Stattlich. Provinziell-kernhaft. Treuer Blick.

Zuerst spielt Krauss vielleicht ein bißchen Sudermann, mit leicht erzielbaren Wirkungen – aber am Schluß, wenn das Unglück da ist (für ihn zunächst kein großes Unglück): da schwillt sein Antlitz kostbar zu einer verdutzten, überwältigten, fassungslosen Röte ... wie das eines vom Schicksal überraschten, wild getroffenen Menschen. Das alles muß man sehn.

X.

Dagny Servaes in hohen Ehren: anno Wien. Jetzt steckt in der Dorothee die Thimig. Das ist ein besonderes Kapitel.

Entzückend im Beginn als wahre, deutsche, leckere Pastorstochter. Das Weiblichste, Blondeste, Mädelhafteste. Wunderbar dies verkniffene Lachen der sauberen Schlesierin auf der Kochschule – wenn sie schon vom Gram angefressen ist ... aber nicht widersteht und lachen muß sie, kann sich's nicht verbeißen, wenn der gehaßte Halunke spaßig gurrt und guckurruut. Sie lacht, in einem sehnsuchtsvollen Augenblick, wo sie ihr Leben verloren sieht; ein Schicksalsdrama.

XI.

Die Thimig steht, schlechthin genial, dann als ein gereifteres Wesen von guter Herkunft (zweiter Akt) mit einem werdenden Kind im Leib da. Nicht nur der Zuchthäusler Dr. Weiß (Henckels, der wieder prachtvoll deckend ist), sondern der Zuschauer gewahrt hier fast mit physischem Nachempfinden das körperliche Geheimnis dieses Mädels. Alles das ersten Ranges. Von einer Menschlichkeit und Feinheit – für die man bloß zu danken hat.

XII.

Die Thimig hat im folgenden einen Schritt hinausgetan über ihr bisher Bekanntes. Eine „Gesunkene“ ... Bei ihr wandelt sich die Tochter aus Schlesien – nicht in ein schlechtweg zerrüttetes Straßentier. Sondern man fühlt, um ein paar Grade stärker, Überbleibsel – in aller flakkernden Berufshysterie, bei aller beruflichen Lockenfülle. Das ist ohne Spur von Sentimentalität erschütternd.

XIII.

Dann (am größten, sonderbarsten Punkt des Werkes, im vierten Akt), ist sie etwas zu sehr „Schrei“; wenn sie – an diesem verteufelten Kreuzweg der Dichtung – sich für den mißhandelten Zuhälter entscheidet; schon siriusfern vom Bürgertum, das ihr ein verblichenes Paradies ist ... Hier wird mir die Thimig zu sehr „Schrei“ (nur über meine Leiche), statt pathosleeren Dirneninstinkt zu weisen, der unfreiwillig in ihr so gewachsen ist – wie vordem das Kind von dem Kerl.

Aber zuletzt ...

XIV.

Zuletzt, im Ruhestadium vor dem Hinübergehn, kehrt etwas von dem ehemaligen Tochterantlitz wieder – zerbleicht und entwest. Ein gewesener Mensch. Das alles ist hervorragend.

So erlischt sie. Was? Betontes? Sprunghaft manchmal? und „einsetzend“? Ja: dies Schillernd-Zuckende, nämlich etwas zwischen Bürgermädel und prostituierter Morphinistin, gehört ja zum Handwerk, nicht der Darstellerin, sondern der Dargestellten.

Zu der neurasthenischen Verwirrung einer geschändeten Harmlosigkeit ... vormals aus Liegnitz.

Sie ist ja bloß eine kleine Hure. Nur eine mitteldeutsche Anfängerin – mit Merkmalen der Gewöhnung. ... Und zuletzt ein gewachsener, gestiegener, schmerzüberlegener Mensch, der endlich die Welt von oben sieht – und sich davonmacht.

XV.

Nicht in allen leicht erkennbaren Wirkungsspielern lag das Wesentlichste des schwer vergeßbaren Abends – sondern, letztens, in dieser Frau.

19. Oktober 1927

„Rasputin“

Piscator-Bühne. Nollendorfplatz

I.

Das ursprüngliche Stück ist von A. Tolstoi und T. Schtschegolew. Jetzt auch von Piscator. Und heißt nicht nur „Rasputin“, sondern „Rasputin, die Romanoffs, der Krieg und das Volk, das gegen sie aufstand“. Wie vor drei Jahrhunderten: wo der Buchtitel noch Einzelheiten des Inhalts ausführlich beredt angab.

Jetzt wie zur Lockung der Massen auf dem Jahrmarkt ... Es ist jedoch ein erzieherischer Jahrmarkt: erzieherisch zum Wachsein und zum Handeln.

(Das ursprüngliche Stück, in Moskau von einem Privattheater gespielt, soll ein ziemlich straffer Schmarren in drei oder vier Akten gewesen sein, der nur übles Treiben und schauerliche Beseitigung Rasputins malt.)

II.

Bei Piscator bekommt alles, mit Lichtspielen und Inschriften und mit historischem Rückblick (durch manchen zweckvoll geborgten Ausschnitt aus alten Beständen des Russenfilms) ... bei Piscator bekommt es „Verlängerungen“, wie eine Russin treffend im Zwischenakt fand.

„Zutaten“, wie der milde *criticus* findet – die es aus dem Durchschnitt eines Sensationsreißers emporziehen ... in Höhen der Gerechtigkeit; der Weltbesserung.

Als straffes „Stück“ verliert es. Als Erziehungswert und Ethos gewinnt es.

III.

Ja: Wachsein, Entschlossenheit lehrt es in Piscators Fassung stärker. Nicht für Premierengäste; die sind bereits wach und (nach der andren Seite hin) entschlossen. Doch für die nachkommenden Arbeiterströme ... mitten in einer von Rückwärtserei tief durchsetzten Republik.

Zutat ist hier: Zuwachs. Das Manuskript wird nur als Unterlage behandelt.

IV.

Und warum soll der Regisseur das Manuskript nicht als Unterlage behandeln? Es kommt natürlich drauf an: bei wem ... Aber ein mittleres oder ein ziemlich gutes Werk vorausgesetzt: warum soll der

Regisseur nicht Mitarbeiter sein? Wenn ein Stück von zwei Autoren gemacht ist, stammt es ja auch von Zusammenarbeitern. Und ist's nicht besser, wenn der eine davon kein Literaturmensch ist, sondern ein Bühnenmensch?

Hier steht auf dem Zettel der Mitarbeiter Piscator genannt. Alles in Ordnung! (Wird jedoch ein Unterhaltungsstück, meinethalb von Curt Goetz und von Paul Rosenhayn und vielleicht von Rudolf Lothar, gespielt, ohne daß die Mitarbeiter genannt sind: das ist viel weniger in Ordnung.)

Kein Vorwurf gegen Piscator. Er schmückt zwei Russen mit eignen Federn ... statt sich mit fremden.

Dies ganz nebenher.

V.

Zutat ist: Zuwachs ... Eher läßt sich über die szenischen Mittel streiten für diesen Zuwachs.

Man sieht eine Zeltkugel, nein: Zelthalbkugel. Wie eine Riesenschildkröte langsam die Pratzen bewegt und sich mühsam wendet: nicht anders schleichschleppt hier eine derbe Linnenkonstruktion samt sparsamer Eisenkonstruktion (o, du mein Taïrow!) sich um sich selber; öffnet manchmal schwerfällig Hebedeckel, wie auf Schlachtschiffen; und preßt oder drückt ein paar in höchster Wohnungsnot befindliche Mieter zum Aufsagen hervor.

Wilhelm; Franz Joseph; Niki. Manchmal oben Volksbeteiligte. Sämtlich im Bewußtsein der Bodenteuerung. Oder, gehorsam, herein-und-heraus wie Wettermännchen volkstümlicher Barometer – außi, eini ...!

Der Architekt, Müller-Traugott, welcher erklärt hat, an der Abschaffung des Bühnenbilds zu wirken, knausere nicht mit der Abschaffung des seinen.

VI.

Gleichviel ... Alles das hat einen menschlichen Wert.

Seltsamer Sachverhalt. Der Autor gibt Unterlagen für den Regisseur; der Regisseur gibt Unterlagen für den Film ... Bitte. Von mir aus.

Alle jedoch befassen sich – darauf kommt es an! – mit der Glücksverteilung auf diesem torkelnden, unvollkommenen Stern. Wunderbar ist es. Mehr wert, als irgend ein schimmernder Dreck der sogenannten Kunst.

Wenn ihr Abschied nehmt von der Erde: dann sollt ihr wissen, wie ihr sie zurücklaßt.

Ob ihr sie vorwärtsgebracht habt um einen Millimeter. (Nur millimeterweis geht es vorwärts.) Rettet eure Seelen! – selbst wenn ihr Kraft habt, Schönheit zu schaffen. Denkt an die Dunkleren! – selbst wenn ihr Künstler seid bis in die Fingerspitzen; und Leuchtkönner; und Vollender; und Dichter bis ins Letzte.

Lebt eine Weile für sie.

VII.

Das alles geschieht hier von einem tapferen Kerl. Werfet keinen Stein auf ihn, auch wenn er sich wiederholt. Werfet keinen Stein auf ihn: auch wenn ihr seine Mittel durchschaut.

Sie dienen einem Zweck.

VIII.

Im Einzelnen: ... man beobachtet Rasputin. Pope. Schwindelpriester, Bauernviech. Welcher in Scheinheiligkeit alles ist am Hofe der Zarenfrau; einer fürstlich-deutschen Renegatin.

Solcherlei mag ... tiefer von Shakespeare gestaltet sein. Um anno 1600. Hier in gröberen Zügen – als bei dem damaligen William.

Doch wie Wegener (ein „Ramper" beinahe nochmals, mit bärtig behaartem Antlitz) ihn hinlegt, nein: hinstellt; mit Backenknochen; mit einem tierischen Bauerngeblüt: das ist etwas. (So gewiß es kaum zu verfehlen bleibt.)

IX.

Sie morden ihn. Spannung, Spannung, Spannung. Wird er die mit Blausäure getränkten Küchel essen? Wird er vergifteten Wein schlürfen? ... Es tut ihm vorläufig nichts ... Schüsse ... (Herr Edthofer, Fürst Felix Jussupow, ist hier in seiner Qual eindrucksvoll) ... Noch mehr Schüsse ... Mausetot ... Versenkt.

Wenn das ein Drama wäre, wie Dramen meistens Dramen sind: – nur Sensation! Hier jedoch ist es ...

X.

Hier ist es auch Sensation.

Aber der Spielvogt geht halt, allem zum Trotz, hinter höheren Zwecken her. ... Und wenn Rasputin tot ist, kommt Rußlands Aufruhr. Volksrat. Trotzki.

Lenin (Lenin auf der obersten Planke – wundervoll von Granach in den Erdenraum gegellt). Die Kämpfe des Inneren kurz zusammengefaßt im Wort.

Alles nur eine Geschichtsrevue der letzten Zeit: nur ein Jahrmarkt.

Aber ein Jahrmarkt mit einem Ziel ... inmitten einer von Rückwärtserei tief durchsetzten Republik.

Wacker! wacker! wacker!

XI.

Die Durieux verstellt sich als alternde Frau. Zarin mit haftenden Augenbrauen. So dialektisch klar in der Satzbildung, wie es die wirkliche nie gewesen sein kann. Und, einmal, gegen den Schluß, mit vorgebeugtem Spannungsleib ... suggestiv.

XII.

Kalser, kühlfetter Stimmklang, ihr Trauermann; der Zar; Niki. Wilhelm den Zweiten gibt ein Herr Adalbert Kriwat ...

Sybille Binder, reizvoll, als Hofdame Wyrobowa ... von der ein russischer Vetter mir versichert, daß sie nicht nur in Wahrheit gehinkt hat, sondern – o schlanke Sybille – den Umfang eines Fasses besaß.

XIII.

Steckel macht ein Zaristenreptil; gut scharschenhaft.

Ich verzeichne: Der Marschall Foch bei dem Schauspieler Ernst Busch. Kerenski: Stahl-Nachbaur. Liebknecht: Leopold Lindtberg. (Doch ich lese vom Zettel; wußte gar nicht, daß Liebknecht wirklich auftrat.)

Trotzki: Oskar Sima ...

XIV.

Tausend Einwände lassen sich machen. Bloß ein menschlicher Einwand nicht.

11. November 1927

„Der Kaufmann von Venedig"

Staatstheater

I.

Mit diesem Stück ist nichts mehr anzufangen, als daß man sein Gegenteil spielt.

Fehling hat es getan – doch in zu flüchtiger Arbeit. An etlichen Punkten trotzdem über Vormaliges hinauskommend.

II.

Ich bin immer noch auf seiten Shylocks; nicht auf seiten der zwei Zuhälterlümmel – an denen dieser Charaktervolle zugrunde geht. Was für Lumpen und Luden, die gegnerischen Venezianer. Der eine sucht (immer noch) aus Geldbedürfnis in eine völlig ihm unbekannte Dame, die als vermögend gilt, einzuheiraten. Der edle Venezianer kennt sie nicht; will sich nur von ihr lebenslänglich aushalten lassen.

Der andere läßt sich sogar von einer Diebin mosaischen Bekenntnisses aushalten. Er schlägt sich von dem ihrem Vater schmierig gestohlenen Mammon schmierig den Bauch voll. Zwei Zuhälter. Mit Edelmannsbewußtsein.

Ich glaube, der Gegensatz heißt nicht: hier Jude, hier Christ. Sondern: hier Jude, hier Lude.

III.

Da soll es zweifelhaft sein, für wen man sich entscheidet? Immer noch wissen die verhüllten Strichjungen in ihrer sonnigen Gemeinheit keinen Ausweg: als daß ein Frauenzimmer sie rettet. Übrigens durch „talmudische" Mittel. Durch Auslegung. (Als wäre Bluterguß nicht untrennbar verknüpft mit dem Ausschneiden von Fleisch.)

Item: Einheirat, Geldgier, rabbulistischer Schwindel – wo sind hier die Shylocks? – ... Andrerseits: wessen Ja ist hier Ja? wessen Nein ist hier Nein? Des Vereinzelten – der von Mehrheitsfeiglingen umheult und umheppt ist.

Kurz: die Erbärmlichkeit der Shakespeareschen Konzession an das dumme Publikum seiner (seiner?) Tage wird stets haarsträubender bewußt.

IV.

Fehling entschied sich auch in diesem Sinn. Er nahm gegen die triumphierenden Venezianer Partei – indem er sie durch Besetzung strafte ...

Zu sehr strafte. Den Bassanio, bei diesem Aussehn eines Struwelpeters mit zu knapper Perücke, bei diesem unlateinischen Schmetterton, ihn der leisen Bergner nahen zu lassen: das ist vom Übel. Schon die Nerissa der Frau Schöne mit ihrem widerstandsfesten Farbgrund so dicht einer bergnerischen Zartheit gesellen: das ist für ein musikalisches Auge beunruhigend. Mehr Abschmeckung! Abtönung! Abstimmung! Ach, und fast alle Freunderln des Antonio, Paul Bildt eingeschlossen: soviel Nerven gibt es nicht, wie sie einem drauf gehn. (Ungestuft und lieblos und irgendwie.)

V.

Heinrich Schnitzler, Sohn Arthurs, in heutiger Tracht gut und ernsthaft, kommt hier im Farbengewand mit einem blauen Auge davon – als Nutznießer der verkommenen Jessica. Diese von Sybil Rares, einer begabten Halbexotin, gut geraunt.

Indes Müthel und Florath sich als Gobbo-Sohn, Gobbo-Vater um Heiterkeit anstrengen, die akademisch und, wenn man ehrlich sein soll, für unser Bedürfnis entsetzlich zurückgeblieben ist; ich kann dabei nicht lachen.

VI.

Was liegt für eine Übertragung vor? Hermann Kroepelins neue kaum. Und Schlegel schrieb kaum das von der Venezianerpartei hier gesprochene, bißchen auffallende Wort „Orakeles".

Die Ausstattung? Es ist meine Schwäche – doch ich liebe halt mehr Opernbilder, vom Aravantinos vor allem, als hier das von Cesar Klein bestellte Venedig, welches nicht ganz als Seestadt erfühlt; als dieses Belmont, welches nach Museumskenntnis gemacht scheint ... Beides nicht aus einer – Stimmung.

VII.

Worin kommt Fehling über Bekanntes hinaus? Nicht im Aufbau. Diesmal alles etwas lasch.

Das Tribunal: ohne Steigerung. Ja, noch mehr: das Tribunal ist hier keine Steigerung. Die Stellungen unwirksam. Ein gemütliches Durcheinander.

Dann aber, wenn Shylock abgeht, erwartet ihn ein Judenschwarm. Das ist neu – für Berlin. (Bei Gémier tritt Shylock allemal umringt von Ghetto-Genossen auf. Nicht der Jude: die Juden sind verurteilt. Gegenüber, bei Gémier, eine kompakte Gruppe von Venezianern; beide Gruppen die Arme zum Himmel gereckt; ein ewiges, hoffentlich nicht ewiges, Symbol; das ist bei Gémier unvergeßlich.)

VIII.

Am Schlusse läßt Fehling, nicht eindruckslos, den Kaufmann, Herrn Hadank, melancholisch als Letzten auf der Bühne. Gewissermaßen: der Unparteiische, so über den Dingen steht: über der seelenstarken

Rachsucht des Einzelmannes ... und über dem schäbigen Frohsinn der siegreichen Lumpen.

Nämlich Antonio gilt allen Literarhistorikern als der Edel-Vornehme. Weil er, seine Mittel erlauben ihm das, von Bekannten keinen Zins nimmt. Weil er von ganz anderen Geschäften Einkünfte bezieht – die Gesetzesmittel erlauben ihm, ihm, ihm das.

In Wahrheit ist er gleichfalls ein schofler Schubiak – Dulder wie Täter von Erbärmlichkeiten. Ein Mitmacher der feigsten Ordinärheit. Ein schlimmster Wucherer, der in Ausbeutung einer Notlage die Erpressung an dem zu Boden Geschlagenen übt: sterben oder Christ werden. Zwangsweise bekennen, was jemand nicht glaubt. ... Alles, nachdem ihn das Frauenzimmer gerettet.

Er hat gut melancholisch und edel gucken, am Schluß.

(Mit diesem Stück ist nichts mehr anzufangen, als daß man sein Gegenteil spielt.)

IX.

Kortner spielt das Gegenteil. Auch die Bergner spielt einiges davon.

Die Bergner, nachdem sie zu Beginn, entzückend, Unbefangenes ohne Kümmernis um das Parkett mit hohem Reiz getätigt: nachdem wird sie vor Gericht sozusagen eine ethische Macht. Herrlich.

Als ob sie ahnte, wie es um Shylock steht; als ob sie das Unrecht seines Vergeltungswillens dennoch ahndete. Sie tritt zu ihm ... fast wie bei Hauptmann der Himmelsbote zu dem Maurer Mattern. Sie redet ihm (warnend, nicht lieblos) ins Gewissen. Eine Gesandtin.

Er scheint Gefallen an ihr zu finden, der Alte, Gehetzte, Tapfere. Wie auf eine Enkeltochter guckt Fritz Kortner wunderbar einen Augenblick auf sie. Gesegnetes Kleinchen. Wer weiß – wenn sie früher gekommen wäre. ... Nein: auch wenn sie früher gekommen wäre. (Wenn man sich schlägt, kuscht man sich nicht.)

X.

Kortner ist Held eines unauslöschlichen Trauerspiels. Alter Mann. Mit mehr Sorgen als Haß, im Beginn. Bloß im Keller des Bewußtseins das Gefühl ewig erlittnen rohen Unrechts ... durch bald frohe, bald zurückhaltende Schurken.

Es gibt in Deutschland keinen Sprecher, der das Wort von dem blutenden Menschen, wenn man ihn sticht, so hinreißend, so einfach, so dringlich, so tief erlebensvoll herausbrächte wie dieser Kerl. Etwas

Einziges –; über Schildkraut, über Krauss, über Bassermann, über ... Ich sah keinen, der ihm gleicht.

XI.

Wenn er am Schlusse sein Haupt bedeckt. Wenn er ... nicht schreitet; sondern geschlagen ist. (Aber von wem?) Gebrüll rings. Er bedeckt sein Haupt.

Er war der Mittelpunkt eines ungeheuren Trauerspiels: Endbewußtsein für Zuschauer. Es war ein Trauerspiel um Shylock. Eine Menschenleistung hat man erblickt. Fürs Leben.

18. November 1927

Brecht: „Mann ist Mann"

Volksbühne

I.

Ich beschloß, dieses (laut Zettels) Lustspiel so auf mich wirken zu lassen, als ob ich es nicht in Darmstadt schon gesehn (und vor Jahresfrist hier besprochen) hätte.

Die Bearbeitung tilgt allzu Sinnloses, was damals vorkam. Der treue Mimentreiber, Erich Engel, sucht Schlagsicherheit und *crescendo* gegen den Schluß (an Marschgang wie an Geräusch) hineinzufegen.

Manches Infantil-Heitere der Anfangsbilder ist (für sehr Nachgiebige) kurze Frist aushaltbar. Jedoch die abstruse Langweiligkeit und lärmdumpfe Leere des größeren Teils geht löchernd, rädernd auf die Nerven ... von Zuschauern, denen der Vorsatz zur Dürftigkeit mangelt.

II.

Hieran ändert die Versicherung nichts, daß man sonst keinen Anschluß an die dramatische Jugend habe.

Gemacht. Ich lasse mich, o lieber Zeitmensch, nicht zu reaktionär lallendem Stumpfsinn zurückschrauben. Hierin ist man komisch. Herzlichen Anteil für Inflationsdichter: gemacht. Bewedeln ihrer Kleinwirrnis: nicht zu machen.

III.

Damals schrieb ich: „Nein. Wir wollen zu ernsthaft neuen Ufern. Nicht Wirr-Kleines mit Gewalt hochpinschern (wie der unerbittliche

Spreesiedler sagt).“ Man vergleiche heut so eine Nuttigkeit mit Piscators Tun: und im Blitz ist aller Sachbestand erhellt.

(Nicht nur die lederne Komik der Phrase; der subalternen Stümperanwälte mit ihrem „Rhythmus unserer Zeit“ – wenn es die Rückbildung zur Kinderstube war. Und was zu angeregter Stimmung sonst gelegentlich beitrug.)

IV.

Hier lebt also eine Harmlosigkeit, die zur Belanglosigkeit wird. Unexportierbares; – für drollig-beschränkte Lokalpatrioten.

Seid ehrlich: der Elefant, den zwei Schauspieler mit umwickeltem Gebein auf der Bühne vorturnten, dieser von Darstellern geschaffene Zirkusulk war die Höhe ... nicht ein ungekonntes Dramengleichnis.

V.

Dramengleichnis? Wofür? (Jessner – der Stärkste, welcher je einem Staatstheater zu Ehren half, was ihm nie zu vergessen ist – hatte recht, als er diese sechsbildrige Bedeutungsschwäche nicht annahm ... wohl deshalb auch: weil das Gleichnis darin kümmerlich und schief ist.)

Gleichnis für folgendes: Der Packer Galy Gay zieht aus, einen Fisch zu kaufen. Englisch-indische Soldaten locken ihn an sich; brauchen einen Ersatzmann; stecken ihn kurzweg ins Heer. Er muß den Krieger spielen. (Schwankthema.)

Nun kommt jedoch Pirandello dran; der zerteilt ja das Ich der Menschen, der belichtet ja immer den Unterschied zwischen Schein und Sein. Somit sagt Brecht gelehrig, wenn auch mit geringerem Können: Der Packer hier weiß zuletzt nicht, ob er wirklich der Packer Galy oder doch der Soldat Jip ist ... als den man ihn vorspiegelt. War öfters da. War besser da.

Verkauf eines Elefanten, der kein Elefant ist, sondern (o Theodor Körner) von Soldaten fälschlich als Elefant in Verkleidung vorgestellt, bildet hier eine Episode ... kindisch-armselig. Aber das Gleichnis, das Gleichnis –

VI.

Dies alles bedeutet natürlich ... was? Daß ein Mensch, der zag ist, am Ende doch Ersatz eines anderen unzagen Menschen werden kann. Klar. Durch bloße Vorstellung ändert er seinen Charakter; aus dem abseitigen Einzelmenschen wird ein Gemeinschaftsmensch. Trotzdem erobert er, als Einzelmensch, über die Anderen gesetzt, eine Stadt in Tibet für die reifere Jugend. Klar – oder nicht? Frei von sträflicher Weltgeltung. Ein Genuß für Heimatsfreunde ... der vorletzten Generation.

Die letzte wird schon wesentlich. Gutentag.

VII.

Caspar Neher bringt Sparsames in der Umwelt, Inschriften, Film, Kinotitel gut hinter einer halbhohen Ziehgardine. Beim Schlußbild (Tibet in Eis für die reifere Jugend) noch kräftiger als damals Jakob Geis in Darmstadt – welcher mit Falckenberg und Erich Engel einst zu Brechts Entdeckung vorschritt.

VIII.

Frau Weigel, Marketenderin, tut sich hervor: durch einen festen Dauerschrei; straffes Gegell; Peitschenton; Schenkelprofil; Prallsprung. Wacker.

(Steffi Spira tut sich durch ein Lächeln und zwei Lippen hervor.)

George: durch einen angelegten Treuherzigkeitszug (einen angelegten Treuherzigkeitszug) vom guten Jungen: weißt du? abendfüllend fixiert. (Wie Beerbohm-London die tragische Träne zu fixieren gewohnt war.) Treuherzigkeit mehr beigebogen als gehabt. Das ist es. Mehr Anschaffung als Wuchs. Doch in solchem Arglostun wirksam.

IX.

Endlich Leibelt; mein Leibelt; aus der Kommandantenstraße zum Licht gezerrt. Mit jener sächselnden Überzeugungsstimme, die Alltagsmusik werden kann.

Mit seinem gut irdischen Maßhalten. ... Er macht aus einem von Brecht erstrebten Schwankoffizier jemanden, dem es trotzdem widerfahren sein könnte.

5. Januar 1928

Hauptmann: „Rose Bernd“

Lessing-Theater

I.

Nach der Lehmann und nach der Höflich die Dorsch. In diesen paar Nennungen steckt eine ganze wunderbare Geschichte deutscher Spielkunst; menschlicher Kunst.

Abwägen ist hier kaum am Platz. Wo drei Menschen sich herrlich offenbart. Wo drei Geblüte sich verströmt haben.

Wo auf drei Wegweisern eine Schrift strahlt, ins Bleibende.

II.

Bei alledem fühlt unsereins, daß, von der Regie zu sprechen (K. H. Martin), die vormalige Dichtheit nirgends erreicht ist.

Nachkriegszeit hat vieles schlapper gemacht; ein gewisses Ungefähr hochgelockt. Vormals war dies ein deckend schlesisch-wirkliches Drama – heut' ist es ein kostbares Theaterstück, von irgendwo.

Doch mit der Dorsch, mit der Lossen; mit George, mit Wegener.

III.

Statt jenes billigen, löchernden, mechanischen und spaßlosen Geredes über die „neue Zeit", deren Aspekte vorläufig anregend sind, – statt dessen habt ihr in solchen Stücken, o Spielmeister, alte Kraft einzuholen. Ich spreche von dieser Art Regie. Dabei war sie verhältnismäßig gestrafft – bis auf die Dehnung am Schluß.

Sie fühlt aber nicht etwa das mit den Fingerspitzen wahrnehmbare Herausfallen des Herrn F. Hart ..., welcher den „Leutnant" Flamm nicht nur zu jung leiblicht (ein reifer Mann behält hier den Leutnantstitel); sondern der, in vorbeugend gestellter Haltung, zwischendurch etwas Theater macht.

Während alles Vollblütige gut bei ihm herauskommt. (Hier allein darf jemand an die gedämmte Kraft Rudolf Rittners denken.)

IV.

Menschenkunst gibt, zeitlos, auf einer ganz innerlichen, frauenhaften Höhe, die Lossen.

Im Rollstuhl; mit bewegtem Antlitz voll Erfahrung, voll Verzichts, voll bürgerlicher Güte. Das ist ersten Ranges.

Wenn sie von dem herrenhutischen Kleister-August (Paul Günther) ganz wenig unangenehm berührt abrückt: meisterhaft.

In zwei Auftritten enthüllt sie das Dasein einer Bürgerdame der vorfeministischen Zeit. Alle gestuften Regungen telegraphisch im Gesicht. Die stärkste Frau Flamm. Wunderbar.

V.

Wegener: gehalten-stark als alter Bernd. Kostbar bei dem Besuch im Herrenhause – mit einer kaum festzustellenden Betretenheit. (Außen ein Schiffer mehr als ein Landmann.)

Eines ist nicht genug vorbereitet bei ihm: jene doppelte Gläubigkeit – an die reine Tochter und an die Bibel. So daß am Schluß dieser Punkt etwas unvermittelt hervortritt. (Bei Oscar Sauer floß es zusammen.)

VI.

Aus einem Guß bei George der „schöne Streckmann". Das Schöne bleibt unbetont. Und Animalisches über das erdwüchsige Werk hinaus gesteigert in ein halb phantastisches.

Daraus entsteht eine sozusagen absolute Leistung. Am Grenzrain des Sprengenden; oder allzustark Heraustretenden. Doch prachtvoll.

VII.

Die Dorsch selber ... Mag sie nicht schlesisch sein; sondern süddeutsch. Mag sie, der Tracht nach, zwischendurch sekundenlang sogar statt einer Schlesierin fast eine Schlierseerin sein. Es zählt nicht.

Es zählt nicht vor der namenlosen Schönheit dieser Weibsgestalt; dieser herumgestoßenen, einherirrenden, dahingenommenen; durch eignen Glanz vernichteten; dieser verbosten und liebenden, in letzter Verzweiflung erstarrten; kurz: dieser jungen, alleingelassenen, untergehenden Menschenfrau.

Das alles ist ... ein Glück.

Nur in dem privaten Bestand einer besonderen Person zu erklären. Bloß in dem tiefen Geheimnis einer Mischung; eines holden Zufalls: wovon jeder Zauber in dieser Welt abhängt; nicht zuletzt in der Kunst.

Jeder Zauber – der noch den Stärksten bis zur Schwermut ergreift.

(Martins Aufführung bringt zwar nicht den Weg von einem Lied zu einem Schrei wie bei Hauptmann – aber die Dorsch bringt ihn.)

VIII.

Das Stück wurde vor einem Vierteljahrhundert zum ersten Male gespielt. Behandelt ist hier das Schicksal eines Einzelmenschen; nicht einer Masse. Jedoch: es ist ein Einzelmensch aus der Masse. Das bleibt der Punkt: ein Einzelmensch aus der Masse.

Jetzo wird vielfach die Forderung gestellt: das Drama dürfe, dürfe, dürfe nicht Einzelschicksale wählen (nicht „individualistisch"), sondern Massenschicksale („kollektivistisch"). Diese Forderung ist auf eine doppelte Art blödsinnig.

Erstens: weil das kollektivistische Drama kein Merkmal der Gegenwart ist („Weber", „Florian Geyer", „Wilhelm Tell", „Dantons Tod"). Zweitens: weil selbstverständlich das Drama der Einzelgestalten volle Geltung zu aller Zeit hat. Das wäre ja noch schöner.

Es ist reiner Quatsch – der mit ernstem Gesichtsausdruck von wimmelndem Zeitvolk ausgeschieden wird.

Als Anblick ein Spaß. Als logisches *factum*: eine Melancholie. (Nun, eine kleine Melancholie.)

IX.

Laßt euch (Unbeteiligte, vielleicht erkennensgewillt) durch Fehlbare nicht beirren – sondern glaubet an ihren flachsten Beweggrund.

An den flachsten: weil der Widersinn zu hanebüchen ist.

X.

So flach wie bei der versuchten Einkreisung Jessners. Es besteht eine Krise ... der Betrachter. Sehr komisch.

Als hätte jemand vor neun Jahren aus einem Stall ein Schloß gebaut mit fließendem Warm- und Kaltwasser in allen Zimmern; aber das warme Wasser bleibt einen Tag weg – und alle Dorfleute brüllen: „Der Mann muß hinaus!" Zumal königsfeste Schloßherren der Nachbarschaft, die bisher mit hinaufgeschleppten Eimern gelebt.

Mittendrin geltungsgierige Knirpse, so hinwiederum flöten: „Hinaus – oder du mußt meine Firma Stümprich & Nutt zur Installation heranziehen – aber sofort!"

Bewahret euch die Heiterkeit. Jessnern tut es nichts.

XI.

Das Rampenbild Caspar Nehers, bald sommerlich mit der Lokomobile, bald häuslich mit Jagdgerät, bald häuslerhaft mit Latten und Stiegen, ist bei alledem wertvoll. 14. Januar 1928

Hauptmann: „Die Weber"

Staatstheater

I.

Warum ist Hauptmanns Drama noch fortreißend – obschon es recht vergangene Zustände schildert?

Darum: weil es nicht nur ein „Zeitstück" ist, sondern ein ... Kunstwerk. Darum: weil es nicht nur vorübergehend-soziale Tatsachen birgt, sondern Menschen. (Von zeitloser Gültigkeit.)

II.

Mir ist, wie bei Piscator, ein Propagandawerk ohne Kunst schlimmstenfalls recht – weil Propaganda heut wichtiger ist als Kunst.

Aber ein Propagandawerk mit, mit, mit Kunst bleibt letztes Ziel.

III.

Wo sind Zeitstücke, die man vor acht Jahren, vor fünf Jahren gesehen hat? weg!

Dies aber sah man vor vierzig Jahren – und es lebt: weil es ein Kunstwerk ist.

IV.

Ja, die „Weber" sind heute kein überholtes Zeitstück: indem sie schon damals nicht ein Zeitstück waren.

Es ließe sich auch so ausdrücken: sie sind noch modern, weil sie schon damals nicht modern gewesen sind.

V.

Heute wird mit viel gefährlicheren Mitteln Revolution gemacht als mit armen schlesischen Äxten und Stangen: mit dem Tarif.

Trotzdem bleiben die „Weber" gewissermaßen der „Wilhelm Tell" einer empordringenden Menschheitsgruppe. Der Ruf zum Aufbruch.

Ein Gleichnis – trotz winzigen Verhältnissen, die es malt.

Was aber jetzo mangelt, ist: ein heut geschriebnes Zeitstück, das ein Kunstwerk wäre.

So liegt der Fall.

VI.

Jessner, gehetzt und bedroht (nicht nur vom Haß der andren politischen Welt – sondern von Leberwürsten im eignen Lager), hat bei triefend feindlichem Regen immerhin drei Akte dieses Werks gebändigt ... und zwei vertan.

Vertan: das Baumert-Häusel. Vertan: das Wirtshaus. Bei Baumerts ist im Gespräch alles ohne Zug. Beinah dösend; schlummersam. Gleichgiltigkeit bricht aus. Man sieht alle reden ... und fliegt hinauf in die Ferne. (Wohin? ...)

VII.

Die Baumerts (Frau Sussin, Walter Werner, Steffa Bernhard, Margarethe Schön): kaum was einzuwenden; auch schwerlich gegen den Ansorge bei Fritz Valk. Nur zu vermissen bleibt etwas: die stachelnde Führung durch den Leiter – welcher den Strom anknipst; (abgesehen vom Schluß).

Moritz Jäger: Harlan; auch nicht schlecht. Nein, gar nicht. Mangelt nur die letzte federnde Wucht; – falls du an Rittner denkst.

VIII.

Alles dies hat nichts zu tun mit Jessners Gehen und Bleiben. Das wäre ja noch schöner.

Sonst müßten Bühnenlenker in Deutschland nach jeder Unvollkommenheit im Wintergetrieb gleich „Verwechselt, verwechselt das Bäumchen!" spielen. Spaßiger Unsinn. (Bester Weg zur ... Zersetzung.)

IX.

Im Wirtshaus, wenn der Gendarm Eckhoff, der Schmied Wolfgang Heinz gewisse Drohsprungbewegungen der älteren Dramatik vollführen: so wird man wachgetäuscht; aus der Versunkenheit. Sogar der rote Bäcker zeitigt Erinnerungen an Theatralisches. (Nur der Schluß ist fortreißend.)

Dies wären die Nachteile.

X.

Gegenüber stehen drei Aufzüge voll starker Kraft. Der Beginn. Eine Reihe von Kurzdramen. Die wartenden Weber, geduldig aufgereiht hinter Fensterscheiben, wartend, gebeugt, etwas verschwimmend – wie ein Symbol.

Der Fabrikant Leibelt mehr behäbig-fest als hart. Ganz echt sein Expedient Pfeifer: Ludwig Stoessel. (Der kann auch schlesisch.) Ja. Durchbrechen der Mundart kann Durchbrechen der Täuschung sein.

In jedem Fall ist im ersten Akt, ob die Armen auf einer Jessnerschen Flurtreppe dem Dreißiger nachklimmen oder nicht, ein Stachel; man wird mitgezerrt. Eine Reihe von Kurzdramen.

XI.

Naheliegend bleibt es, im vierten Akt, bei der Plünderung, den Lärm und Sturm zu vermissen. Etwas naheliegend bleibt auch, das Gegenteil von Lärm und Sturm zu inszenieren.

Doch verteidigen läßt sich's: daß die Webersleute, nach eingeschlagenem Tor, hier fast stumm alles herunterholen; fast lautlos alles vernichten.

Der künstlerische Zweck ist: den ganzen Hergang nur als Auftakt zu nehmen für den letzten überraschenden Brüllruf des ruhigen Ansorge – wenn er mit einem ethischen Donnerwort den Spiegel zertöpfert.

Die Wirkung ist gewaltig ... (Es geht auch so.)

XII.

Wunderbar für mein Gefühl der Schlußakt. Ein Hilse wie Carl Götz, klein, gütevoll, redlich (und schlesisch sprechen kann er auch) – wie der ihn leiblebendig schafft, das war in Jahrzehnten für dieses Werk nicht da. (Werner Krauss gab große Zeichenkraft ... ohne doch ans Herz zu packen.)

Daneben Alexandra Schmitt, wiederum herrlich als abgestorbenes Altweiblein. Müthel, der Sohn, dem seine Weichheit hier zustatten kommt; jetzo nicht gymnasial. Und die Koppenhöfer – eine Wucht, ein Schrei. (Nicht eine Artikulation ... die hier leichter zu missen bleibt.)

Der Schluß ist erschütternd.

XIII.

Das Ganze ... Nicht unter den Darstellungen der „Weber", noch unter den Leistungen Jessners die stärkste ... (Morgen ist auch noch ein Tag.)

Kein Anlaß für Stürzer, ans Werk zu gehen. Nach parlamentarischer Abstimmung, wenn sie für die Kunst gelten soll, darf Leopold noch bleiben.

Kinder, Kinder! 6. Februar 1928

Upton Sinclair: „Singende Galgenvögel"

Lessing-Theater (Piscator-Bühne)

I.

Der rote Adams, ein Streikführer, wird von der herrschenden Klasse der Vereinigten Staaten im kalifornischen Zuchthaus erledigt.

So der Vorgang.

II.

Wie Egmont in der Haft beginnt er zu träumen – Bilder grüßen ihn. Oder schrecken ihn. Wie Hannele träumt er vor dem Sterben seinen Tod. Wie Homburg durchlebt er die Zagnis im Heldentum.

Doch von Gestalten solcher Art letztens grundgetrennt: weil hier nicht ein Einzelner steht: sondern eine Nummer; jemand von den Namenlosen; ein mit Vielen zu Vertauschender; der Mensch in der Menge.

III.

Nicht also: der rote Adams. Vielmehr: ein Weltbesserer, der unterging. Wenigen bekannt. Wie heute sie täglich untergehn. In allen Gefängnissen des Erdballs. Märtyrer ohne Zeugen. Opfer ohne Ruhm. Wegbahner ohne Glück. Schöpfer für Andre. Heilande der Kommenden. Nummern, Nummern, Nummern.

Und Sieger im Sterben. (Der Einzelheld hat ausgespielt.)

IV.

Hungerstreik; Rattenbesuch; zerhauenes Nasenbein. ... Das Rattengetier frißt, am Schluß, der Leiche die Augen aus dem Kopf. Das Augenpaar des erledigten Besserers. Der (für diesmal noch!) hingestreckten Nummer – in Reih und Glied.

Man sieht auf dem Filmtüll, vorn am Rampenschluß, Ratten, Ratten, riesige Ratten ... die einherschießen und hinabschießen, – alles von der Spielwaltung mit derselben unverzagten, gradlinigen Offenheit von dem jungen Piscator-Adepten Ernst Lönner beherrscht, wie der Dichter es gewollt.

(Der kein Dichter ist: sondern gleichfalls eine Nummer. Ein Jemand. Ein Pfadbrecher – in Reih und Glied.)

V.

Upton Sinclair wird selbst von amerikanischen Heimathassern, oder Heimaterziehern, wie Mencken in Baltimore, halb verneint. Nicht nur als ein *fanatic*; sondern weil er mit naheliegenden Mitteln arbeitet.

Auch hier tut er das. Kino-Kontraste (wie der wundervolle Pudowkin-Film von Petersburgs letzten Tagen sie bringen darf – hier arme Knechte, dort reiche Prasser) ... solche Kontraste gehen im gesprochenen Schauspiel auf die Nerven: weil die Sprache geschaffen ist für spürigere Unterscheidungen als ein summarisches, enteilendes, flink zu übersehendes Bild.

Gleichviel: bei dem Fanatiker Sinclair wird eine Traumszene zum furchtbaren Albdruck. Wenn der Prasser, der Unterdrücker, mit seinem bezahlten Bettschatz dem armen Besserer gegenübersteht, im Halbdunkel; wenn der Sozialrebell vergebens den „rächenden Stahl“ wider ihn führt; wenn der Geldmensch, unverletzlich, ihn mit Worten daniederzwingt in alle Qual seiner Nichtigkeit.

Das schrieb ... ein Propagandist; nicht ein Dichter. Jawohl. Gewiß. Der Propagandist ist kein Dichter: doch die Propaganda wird zur Dichtung – möcht' man sprechen. Beinahe-Dichtung in Reih und Glied.

Empfindung steht hier für Dichtung. Ohne, daß ein Dichter da wäre ...

So liegt der Fall.

VI.

Ein mutiger Kerl hat alles dies geschaffen – und es bleibt fast ein Ulk, daß er in der Kunstrubrik zu beklopfen ist.

Unsereins lächelt zuweilen über seine Schätzungen, Unterschätzungen Amerikas. („Yankeeland", S. 8: „Dies Buch betrachtet Amerika nicht unter dem Gesichtspunkt: ‚Aber Upton Sinclair!' Ich betrachte Venedig nicht unter dem Gesichtspunkt: ‚Aber wie schmutzig!'.")

VII.

Einwände noch anderen Inhalts melden sich. Bestimmt. Man fühlt vom Standpunkt eines Künstlers etwa folgendes:

Ethisch-soziale Forderungen zu stellen ist wichtig. Wie schon öfter betont: heut wichtiger als Kunst –, wenn es nicht zu dem Denkfehler verführt, so eine ethische Leistung dann für Kunst zu halten ...

Es ist hier wie in der Kritik: jemand kann, ohne was zu sein oder zu können, billige Vorsätze predigen (wie: Zusammenhang mit der Gegenwart zu suchen, was die Dramatiker eh' tun) und hierdurch eine Vertuschung seines totalen Mankos anstreben.

Wobei es unterhaltend ist, daß eine künstlerische Null überhaupt mitsprechen darf. Auf die Frage: „Lohnt es, im Anblick so flacher Karikaturen, je ein Künstler gewesen zu sein?" heißt die belustigte Antwort:

Allemal. Und:

VIII.

Upton Sinclair sieht nur eine Seite der Welt. Ob mehr aus Liebe zu den Unterdrückten; ob mehr aus Haß gegen die Unterdrücker: gleichgiltig ist es nicht.

Gleichgiltig wird es in der Endwirkung.

Bleibt sogar zu erwägen, ob ein saftiges Einzelgerauf nicht Subtileres und Fruchtvolleres an Möglichkeiten der Wortentwicklung, der Sinnentwicklung birgt als ein wackrer, gradherziger, simpler für die Allgemeinheit durchfochtener Kampf. (Entschuldigen!)

Bei Sinclair gibt es nicht private Kleinrempelei, nicht ein Zörnchen: sondern immer nur Feindseligkeit der „Gesellschaft". Privates Zörnchen? Mir paßt (in solchen Fällen) ein vollgerüttelt Maß, und wenn die Pinscher bellen, das macht schon Spaß. ... Nicht nur aus Bosheit.

Immer mit dem Bewußtsein, daß dabei mehr Kunst herausspringen kann. Also mehr Bleibendes. Doch U. S. (ich meine nicht sein Land, sondern mit gleichen Buchstaben ihn selbst) will handfeste Tatsachen für die Zukunft. Nicht Kunst. Getrennte Welten.

Es sind ... die zwei Welten.

IX.

Sinclair arbeitet also für die Vielen, was vielleicht einfacher ist. Er stillt nicht seine Eitelkeit (lies: das Schönheitsglück der Andren): sondern ist ein Helfer-Obmann für Zukurzgekommene; für die Dunkelnden und Gepferchten und Darbenden. Kurz: er hat die dankbare Rolle. Die einleuchtende Rolle.

(Das geht einem heiter manchmal durch den Kopf.)

X.

Ohne daß es die Erschütterung eines Menschen bei diesem fortreißenden, umwühlenden, schlechten Schauspiel verringerte.

Das Leben ist kurz. Allen helfen kann ich nicht. Im sichersten Fall mir; – solange es dauert, mit vielleicht einem, einem, einem menschlichen Stern.

Im sichersten Fall mir, – aber dies darf für keinen Anständigen der einzige Fall sein.

(Stellet fest, was ist.)

XI.

... Granach, Stobrawa, Kalser.

Granach wirkt gleich im Anfang fast immer so stark wie am Schluß. Fehler oder Vorzug? Für die Bühnentaktik ein Fehler. Für den Innenwert ein Vorzug. ... Seltsam.

Stobrawa: blond, schlicht, Arbeiterfrau. (Das Lockende wird nicht zum Leckeren. Die Sinnlichkeit geht nur bis zur Angst vor der Abtreibung. Wacker!)

Kalser stellt jenen Geistlichen, der mit den Rebellen marschiert.

(Ohne Zuziehung eines Predigers geht es in der angelsächsischen Rebellenwelt offenbar nicht.) Kalser bringt von dem amerikanischen Geistlichen etwas mehr den Geistlichen als den Amerikaner.

Rechtwinkliges Bühnenbild, von Sasha Stone. Markisenleinwand, quadratisch. Gelungener als neulich die langsam arbeitende Schildkröte, für den „Rasputin".

XII.

Und wenn abermals alles aus ist, fühlt man abermals: mir ist ein Propagandawerk ohne Kunst schlimmstenfalls recht. Aber ein Propagandawerk mit, mit, mit Kunst bleibt letztes Ziel.

XIII.

Kunstwertung hin, Kunstwertung her! Du ahnst ein Vorwärts. Den Willen zum Aufwärts.

Ein Querkopf schrieb das. Ein Beschränkter schrieb es. Ein Halbkünstler schrieb es. ... Doch ein Bruder schrieb es.

Man muß, muß, muß ihm danken. 2. März 1928

Ibsen: „Gespenster"

Staatstheater

I.

Drei Gestalten von wunderbarer Kraft stehn auf der Bühne: Kortner, Höflich, Mannheim.

Kortner: ein braunblonder jüngerer Mensch, von einfacher Art; erschütternd, wenn er ganz unaufheblich, fern von aufgetragner Düsternis, durchaus nicht wehvoll, über seinen körperlichen Zustand zur Mutter spricht. ... Über etwas Tatsächliches, Unverschuldetes.

Das ist es. Die menschliche Reinheit eines Geschlagenen – was hier hart an die Seele greift; bei fast sachlicher Darlegung.

Oswald Alving hat mit allen Schrecknissen, die er dulden muß, ja nichts zu tun. ... Er stellt sie, schon umnebelt, fest. In ruhiger Sprache.

Das ist hier der Gipfel.

II.

Nachher, wenn das mythisch greise Genie der Szene, das Urgenie Henrik Ibsen, Mutter und Sohn minutenlang ins „Vorzimmer" lockt; wo man ihr Geschrei hört; letzten Ausbruch und Zusammenbruch vor der eintretenden Stille: das zerreißt etwas im Hörer; das läßt ihn fast unbeherrscht zurück.

Am Schluß liegt Oswald, Kortner, wie ein zum Säugling abermals gewordenes Wesen da.

III.

Die Höflich ist um einen Grad kühler als die Lehmann; verhaltener. Sie hat auch nicht die umhüllenden, die mütterlich umfangenden Augen der Sorma, der hier unvergeßlichen Lina Lossen. (Diese zwei haben früher gebangt als die Höflich.) Doch die Höflich als Frau Alving hat sich durchgerungen; diese Höflich hat das „Asyl" zustande gebracht.

Die Höflich wird ihrem Sohn früher das Gift geben, als die Lossen es, vielleicht, nach dem Ende des Trauerspiels gegeben hat ...

Mutter ist Mutter. Unterschiede wesensklein. Die Höflich ist eine Mutter.

IV.

Zwischen ihr und dem Sohn steht eine der denkwürdigsten Reginen: Lucie Mannheim. Wonnevoll; wonnevoll.

Nicht nur „knackfrisch", sondern in aller armen Frechheit mit einem Schimmer des Unverschuldeten; auch sie. Etwas davon ruht auf dem kindlich fordernden Antlitz. (Nicht nur die angelnde Magd: sondern ein bißchen auch das Opfer.)

Unabhängig von Ibsens Gestalt –: ein Augenglück.

V.

Erich Engel, der Spielmeister, ist mitschuldig an der starken Wirkung. Mitschuldig auch an Versagern im Nebenpunkt.

Er darf nicht zulassen, daß Engstrand (Paul Bildt) aus dem „Fest der Handwerker" von Angely kommt.

Dies muß ein mehr verkniffener Norweger sein, aus dem schweigsamen Lande des blauen Kreuzes – nicht ein offenkundiger Süffel aus Berlin.

Überhaupt, Regisseur, – was an Humor in diesem Drama steckt, soll ja nicht abheblich wirken. Sondern durchwachsen. Lieber Herr Engel. Nicht aufgepappt: sondern verzahnt.

Noch stärker verfehlt ist Manders, bei Aribert Wäscher. Statt eines goldenen Kindes steht hier ein wuchtiger Herr – den die Alvingen schwerlich geliebt hätte. (Statt eines liebenswerten Geschöpfes mit Schwächen: ein animalischer Schulfuchs. Nein.)

VI.

Nur diese zwei Gestalten sind anfechtbar. Gegen die drei starken kommen sie nicht auf. Sie stören die Wirkung: doch sie hindern sie nicht.

Nichts kann sie hindern.

Obschon Engel manchmal die Sondersendung eines Spielwarts (vor einem gealterten Riesenwerk) vergißt: Drähte zu beschatten; nicht, sie zu beleuchten.

Zu gleiten, wo Überlebtes kommt. Zu vertuschen. Der Helfer zu werden für das sterbliche Teil eines Genies.

VII.

Sterblich ist Henrik Ibsens Baugrund. Die Gattinnen der Alvings brauchen sich heute nicht erst durchzukämpfen. Nicht erst Selbstverständliches „trotzig“ zu erringen ...

Sterblich ist, auf diesem Baugrund, Ibsens Bauart: dies langsam sich Entwickelnde. Die schleichende Genauigkeit. Wir haben keine Muße dafür.

„Wollte Gott, ich könnte fliegen,
Frech von Bannern überflaggt;
Ein entsetzliches Vergnügen,
Ist der schnöde Schneckentakt“,

sagt ein Dichter. Das zu bemänteln, war Engels Amt.

Nicht ganz erfüllt.

VIII.

Man muß aber noch, bei allem Sterblichen, bei allem der zerwühlten Zeit nicht Genehmen, deutlich herausfinden oder herausahnen: hier steht im Technischen ein Kerl, vereinzelter Gipfel im Weltdrama, welcher ungefähr wie Johann Sebastian Bach in der Weltmusik fabelhafteste Verknüpfungen, tiefinnen spät merkbare Knotungen, Beziehungen, Unterfäden wunderhaltig aufweist.

Ja, wir kommen von Bach los: die Musik niemals. Wir kommen von Ibsen los: das Drama niemals.

Andre Bauarten sind nötig. Todgewiß. Aber die Existenz dieses vielfältigen Kolosses dräut im Hintergrund.

IX.

Cesar Klein schafft einen köstlich unheildrohenden Wintergarten – und eine Gasflamme, rechts, im Zimmergang, schon tagsüber, in der nordischen Dunkelnis einer Wohnung am Fjord.

Ibsen wollte den Fjord sehn lassen. Klein, Cesar, nicht. ... Alter Henrik!

Engel und Klein verschworen sich, eine durchlässige Wand zu bieten: worauf nur das Bildnis des verstorbenen Kammerherrn bestrahlt wird. Sehr wirksam. Dahinter sieht man keinen Fjord, sondern den Asylbau. (Ist er wichtiger als der Fjord, mit naturgegebener Trübnis? Engels Angelegenheit.)

Nichts in diesem Werk ist mystisch! Außer was in den Worten liegt! Also warum Kinozauber? Nichts ist um einen Zentimeter vom Boden dieses verfluchten Erdsterns beim Ibsen entrückt. Hier, hier unten, soll sich alles vollziehen; das ist hinreichend rätselhaft. Wozu die Mätzchen, wozu der Kommentar, wozu die Hinweise, wozu die dicken Illustrationen?

Ibsen spricht selbst – bester Engel.

X.

Hiervon abgesehen: gegen die drei Starken kommt nichts auf. Gegen den Untergrund auch nicht. (Nicht Wäscher, nicht Bildt, nicht Kientopp noch Glosse.)

Wer wird nach einem tiefen Eindruck rechten? Wenn alles nachzittert. Alte Wirkungen sind nicht ganz erreicht. Ihr müßt es wieder lernen, Jungens.

Doch ein Totenfest für den Johann Henrik Bach verlief nicht unwürdig.

Die erste Landesbühne Deutschlands hat ihre Pflicht getan.

3. April 1928

Bronnen: „Katalaunische Schlacht"

Staatstheater

I.

Ich stelle mir vor, daß ich mit Bronnen eine Disputation hätte, wie neulich mit Brecht. Mit Arnolt wie neulich mit Bertolt; beide hinten mit „t" wie Gerhart. (Disputation ohne Weihbecken auf ihrer Seite; doch ohne jedes Messer auf der meinen.)

Pscht. Ich stelle mir also vor, daß ich dann sagen würde: „Deute mir, bitte, liebster Arnolttt, dein Stück; du wirst es im Programmheft schon tun, ich bin ganz sicher; doch brauche nicht allzuviel Dunkelheit, sonst verwechselt man dich mit einem armen Kritiker" – (spräch' ich).

II.

Arnolttt, er würde dann sprechen: „Rhythmus der Zeit ... Etwa nich? ... Der fällt mir bestimmt ein, also nimm mir den nicht weg ... Die Jugend hoch ... Dynamik ... (Was ist eigentlich eine Dynamik? Dasselbe wie ein Dackel?) ... also: Dynamik und der ehrenvoll heimgegangene Scribe ... nein: Scribe war frivol-modern, mein Vorbild heißt D'Ennery, im Ambigu-Theater mit dem Bums, aber wenn ich den Bums dramatisch nur erreichen könnte, verflucht! Nicht so einfach" – (spräch' er).

III.

Hierauf antwortet' ich etwan: „Bronnen, Liebster, bist du nicht eigentlich ein Stück Reaktion, von der Talentlosigkeit und Verzwoflung proteschiert. Bist du nicht (wenn ich historisch sein soll) einer mit den ältesten Mitteln, um derentwillen Noah, als er in der Arche sie noch vorbringen wollte, rausflog ... hart auf seinen Raben, der vorgeschickt war?"

IV.

Arnolt (führ' ich fort) – im ersten Akt finden sich, zufallsjust, zwei Brüder im Unterstand des Weltkriegs, sie erkennen einander nicht – wie Brüder halt sind; jählings erkennen sie sich dann, ja, auch ein als Soldat verkleidetes Mädchen ist hierbei – und jetzt um dieses aus dem achtzehnten Jahrhundert verkleidete Mädchen (Arnolttt, du Stück Reaktion, die Jugend hoch, schier dreißig Jahre bist du übrigens alt) „entbrennt" hier Bruderkampf, und zwar auf der Stelle, Suder-Mann ist Mann. Der eine Bruder schickt den andren ins Trommelfeuer, um das Weib des Brrruders ihm zu rrrauben.

Drei, vier andre zugleich, um mit dem Wweibb allein zu sein. Und mitten im Granateneinschlag erfolgt ein (Pause) – Kuß. Ihr könnt euch denken.

V.

Hat nicht Rolf Lauckner mal so ein ähnliches Kriegsbild verfaßt; wo, im Weltkampf, der oder jener geopfert werden soll? Und er macht es schweigend, bei Lauckner. Zieht das Los. Das Gegenteil vom großen Los.

... Hernach finden sich bei Arnolt alle wieder zusammen. Der Krieg ist, gewissermaßen, vorbei. Und was bleibt natürlicher, als daß in einem gallischen Lichtspielhaus, unabhängig von der deutschen Film-Oberprüfstelle, sich die Unterstandesgenossen sämtlich zufallsjust zusammenfinden. Eben in Paris. Aber auch alle.

In solchem Fall ist gewöhnlich, bei Noah, der eine davon Logenschließer; der andere mit einem falschen Umhängebart (zumal ein Franzos, man kennt das – Hilpert, Spielvogt, ließ den falschen Bart weg, er traute sich dessen denn doch nicht. Genug).

VI.

Alle die Männer Bronnens haben keine andren Sorgen als nun: an dem ehemaligen Unterstandshauptmann erstens für seine strenge Selbstsucht sich zu rächen ... und (noch viel mehr): ein Weib, jenes Weib, das im Unterstand einen unauslöschlichen Eindruck auf alle, ja auf alle drin, unauslöschlich gemacht hat, – jenes Weibbb über den Ozean zu verfolgen. Nur jene.

Keiner gönnt sie dem andren. Jeder will sie haaben ... seit dem Unterstand. Der eine handelt indes mit Radioartikeln, der andre mit ...

Aber das berückende Geschöpf konnten sie niemals vergessen. Das ist nun ihre Lebensaufgabe. O Rhythmus der Zeit. (Und wie der Franzos' dabei radebrecht – ihr könnt euch denken.)

VII.

Die Aufführung bringt nur Etliches, was Bronnen geplant hat. Hilpert kappt. Wohltätig ... der Jugendhochbronnen maskiert im zweiten Akt (in einem Pariser echt weltstädtischen Kino – wo man aber keinen Film, sondern ein Loch sieht) jenen Franzosen mit einem Umhängebart – den er später jählings abreißt. D'Ennery.

Arnolt, – ich würde ferner sagen: Bei dir nimmt ein Logenschließer (zufällig einstens der dritte Mann aus jenem Unterstand) jenem Weib die Handtasche leis weg – und flitzt verstohlen „einige Ringe“ in sie hinein. Wohltätiger Hilpert; du ließest es aus. ... Zwei Revolver werden zugleich gezückt. Ein Dolch auch. (Hilpert nullt ihn.)

Die Uhr des Toten aus der Westentasche; geheimnisvoll fliegt sie auf den Smyrnaläufer. Oooh, der Tote. Dann, wohltätiger Hilpert, – der Held (Müthel, sehr unweich diesmal, monoklig, nicht mehr Gymnasium, sondern fast Korps) ist „retirierend bis zur Logenbrüstung gekommen und will den auf den fast rasenden Margin (Franzos; Anm. d. Verf.) gezielten Revolver auf Hiddie richten“. Sie „kommt ihm zuvor und schnell aus ihrer Tasche den Revolver reißend, schießt sie ihn nieder“. Er, seinerseits, sinkt „langsam über die Logenbrüstung und fällt ins Parkett ...“

(Hilpert; genullt. Philanthrop.)

VIII.

Auch Hilpert kann im Parkett niemand schützen, daß die Justleute des vormaligen Unterstands „sich ducken ... und nehmen gierig wie Jagdhunde die Spur der Frau auf“. „In hastigen Sprüngen verschwinden sie rechts.“

IX.

Bertolt, würd' ich nun sprechen, vielmehr: Arnoltt – im dritten Akt kommt ein mühsam vorbereiteter Effekt. Leugne nicht. Arnolt: die Sache mit dem Grammophon.

Es gibt ein Gedicht von Freiligrath, – „Die Trompete von Vionville“; (dieser Freiligrath wurde damals vielleicht von irgendeinem Lumpenhund beschuldigt, daß er im Augenblick der Gefahr die Partei Deutschlands ergriff) – also wo folgendes gesagt wird ... die Verse waren damals wesentlich schlechter:

> Und er nahm die Trompet', und er hauchte hinein;
> Da, – die mutig mit schmetterndem Grimme
> Uns geführt in den herrlichen (!) Kampf hinein,
> Der Trompete versagte die Stimme.
> Nur ein klanglos Wimmern, ein Schrei voll Schmerz,
> Entquoll dem metallenen Munde;
> Eine Kugel hatte durchlöchert ihr Erz, –
> Um die Toten klagte die wunde.

Die Verse waren damals wirklich noch nicht so gut.

X.

Bronnen hat im „Vatermord“ sein geschlossenstes Werk bisher geboten. Sein Erzeuger, Lyzeumslehrer in Wien, mir wohlbekannt, als er, vom alten Bund her, ein Schiffbauerkind an der Ostsee freite, hieß noch Bronner. (War es nicht Wolgast?) Wie geht es Ihnen, lieber Herr? Was sagen Sie zu dem Jungen? Na! — — Ich? Warte vorläufig ab. Kommen Sie nicht im „Vatermord“ vor? Das hat man davon.

Wiedersehn, Bronner. „Wohl dem, der seiner Väter gern gedenkt.“ Ich bin Ihrem Sohn schließlich näher als Ihnen. Sie waren ein leidenschaftlicher Gegner der Sozialdemokratie. Haben Sie nicht ein Stück sogar wider sie verfaßt? „Familie Wawroch.“

Nicht mein Fall.

XI.

Ihr Sohn.... Wie die Männer hinter dem Weib in seinem Stück her sind. Wichtigkeit. Gegenstand.

Gegenstand? Und justament immer jenes selbe Weib aus dem Unterstand. ... Oh, uraltes Ambigu. Oh, Reaktion. Ihr Bursch, Herr Oberlehrer, ist noch ein stärkerer Rückwärtser als Sie. Und weiß es nicht. Hinter der Unterstandsfrau sind alle her? In dürren Blättern säuselt der Wedekind.

XII.

Schauerliche Phrasen stehn im Programmheft. Als hätte sie ein verzwofelter Kritiker in einsamer Stimmung verfaßt. (Wo die Fähigkeit nicht langt, muß man in einer Übergangsepoche die Jugend hissen. Das zahlt sich aus.)

... Walter Franck; und jener Diesmal-Müthel; und Maria Bard (wertvolle Schauspielerin; doch im Schmerz etwas gröber als vordem; mit herrlichem Nervenspiel; ein bißchen Eysoldt; dennoch ein Heut — und eine Zukunft); und Valk; und Franz Weber; und Brefin ... Insgesamt vorzüglich.

Mit Traugott Müllers Sachgesicht, einem denkwürdigen Oval — bloß im zweiten Akt ohne Film. (Ein Kientopp und kein Film? ein schwarzes Loch; Erwin Piscator, du zitterst.) ... Wofür aber wirkt Bronnen; für welchen Wert der Zeit; für welchen Wert der Zukunft? Drei Männerleben hinter einer Frau — aus dem Unterstand ... Äußerste Gegenwart.

XIII.

Arnolt, Liebes, ich sagte zu Weichert in der Disputation mit Brecht: „Experimentieren sollt ihr jedenfalls fernerhin!“

Vielleicht, eines Tages ... Hoffentlich wird etwas da sein, womit. Ich will es dann verkünden. Aber es muß da sein.

Die Staatsbühne hat vorläufig ihre Pflicht getan – (vielleicht für die Reaktion).

26. April 1928

„Die Dreigroschenoper“

Schiffbauerdamm

I.

Nach dem Englischen des John Gay ... Eingelegte Balladen von François Villon und Rudyard Kipling ... Übersetzung: Elisabeth Hauptmann ... Bearbeitung: Brecht ... Musik: Kurt Weill ... Regie: Erich Engel ... Bühnenbild: Caspar Neher ... Das wär' aber auch alles.

II.

Kaum heimgekehrt, bewundert man als Provinzler das Theater von Berlin; mit Recht.

Wie das klappt. Wie Erich Engel, Einrichter des Abends, das etwas lange Stück (bis halber zwölf) zu kirren weiß. Wie, fast andauernd, Unterhaltendes vorfällt. (Er trieb schon mit Grabbe seinen Spaß.)

III.

Nun, Brecht hat eine Moriballade, vom tiefgesunkenen (aber netten) Verbrecher mit mehreren Brauten, reizvoll durch Gesänge belebt. Sein glücklicheres Element.

Weill hat es lieblich vertont, ja, sehr fein in der Grobheit, mit Jazz und Kitsch und Orgelharmonium und Leierkasten. (War ein Musikkritiker, zufällig mein Freund, im Parkett? ich verstumme dann; armer Laie.)

Sicherlich schien der Beaumarchais-Spruch „Ce qui est trop bête pour être dit, on le chante“ (was als gesprochenes Wort nicht hinreichend gut ist, das kann man immer noch singen) hier nicht begründet.

IV.

Brecht, mit jener Moriballade, die jemand 1728 schrieb, fährt in seinen modernen Bestrebungen (so im „Baal“, gleichfalls einer Moriballade der älteren Zeit) fort auf der Gegenwartslinie.

Brecht hat schon Marlowe, der vor Mister Shakespeare starb, für die neue Gegenwart bereitgestellt; hernach ein älteres Lieblingswerk, die „Kameliendame“, betreut; und jetzt ein Erfolgsstück von 1728. Wenn es nicht dynamisch ist, müßt' ich irren.

V.

In diesem Gegenwartsdrama kommen aber seine lyrisch-gesanglichen Eignungen mit Vorteil hinzu. Von den zwei Linien (erstens Büchner-Linie, zweitens Tauchnitz-Linie, Rimbaud fortgelassen) schafft es neuerdings bei ihm der Angelsachs. Und man hat, ohne viel zu rechten, einen prachtvollen Abend.

VI.

Wer war dieser moderne Vorkämpfer (1728) John Bertolt Gay? – Wenn frisch erworbene Kenntnis nach der Heimkehr nicht Lapsusse zuläßt, sei folgendes mit blasierter Bildung hingestreut.

VII.

Gay wurde bekanntlich in Devonshire 1685 früh verwaist nach seiner Geburt. Er schrieb unter anderem. Und noch Fabeln. Diese, wie man weiß, erschienen sogar 1727 und 1738. Kurz bevor ihn bekanntlich die Herzogin von Queensberry herbergte. Dann starb er ja mit siebenundvierzig Jahren.

VIII.

Sein Freund aber war ... Jonathan Swift. (Das hat man schon vorher gewußt.) Jetzt kommt eine Vermutung.

Swift, mit zwei Frauen, Vanessa und Stella ... Der wirkliche Schluß bei Gay soll der gewesen sein: daß dem netten Verbrecher, weil ein ganzes Heer von Gattinnen anrückt, der Galgen süß dünkt.

Sollte verborgener Einfluß des bigamigen Swift hier ...?

IX.

Swift hat ihn politisch beeinflußt. Die Oper für Bettler war, wenn ich seit kurzem recht unterrichtet bin, voll von politischer Anspielung.

Hat nicht Brecht ihr diesen Zahn ausgebrochen? Hat er nicht Seitenhieben auf die brennendste Gegenwart entsagt? Hat er nicht bloß ein bißchen Allgemeinheit vag-ethischen Inhalts getätigt? ... Ich glaube fast.

X.

Statt dessen ändert er den Schluß mit den vielen Gattinnen – so:

Er gibt ihm, dem netten Verbrecher, nur zwei ... und eine Begnadigung durch den König. In hübscher, parodistischer Form.

Wenn der Kölner Männergesangverein, beim Wettstreit, von Gastsängern vierstimmig gegrüßt wird (Mel.: „Wer hat dich, du schöner Wald") mit dem Chor „Kölner Mä ... Kölner Mä ...", am Schluß: „Kölner Männergesangverein": so singt man hier: „Ein reitender Bote ... Bote-Bote-Bote". In dieser Art. Es ist aber sehr hübsch. (Weill auf mir, du dunkles Auge – sagt Lenau.)

Brecht weist somit in die Zukunft. Wollen Sie jetzt, so haben wir ein neues Drama. Oder einen angenehmen Zwischenfall, nach Marlowe, nach Dumas fils.

XI.

Das Tempo der Gegenw ... des Singspiels. Oder man müßte wieder irren. Der älteren Diebsstücke mit Gesangseinlagen. Der kesse Räuber. Verschärft vom Abenteuerbuch.

Fast Revue mit archaisierendem Englisch. Sehr unterhaltend. Nicht ganz so gegenwartsvoll wie „Es liegt in der Luft" von Mischa Spoliansky.

XII.

Das Drama der Zeit kommt noch. Vorläufig ...: eine Darstellung, daß der Provinzler sich alle zehn Finger ableckt.

Berlin ist wirklich bühnenstark. Hier lagert Kunst in Kleinigkeiten. Zusammengehalten sind sie; gestuft; ausgespart. Wenn auch bis halb zwölf. In der Mitte steht ...

Ein jüngerer Mann mit fast weiblich bezauberndem Grundzug: Harald Paulsen; doch singend zugleich mit herrlicher Mannskraft. Hierüber hinaus mit einem Echtheitsgefühl, welches die Operette hoch überschreitet. Ich glaube: hier ist ein Besitz.

XIII.

Gleichfalls in der Mitte rührt sich ein Schauspieler aus Dresden. Ponto. Haupt einer Bettlergilde. Diese Kraft hat in Berlin zu bleiben. Ein Zuwachs. Wie er kaltschnäuzig spricht. Ganz ausgekocht. Einer, dem man nichts vormachen kann. Manchmal mit röchelnden Äuglein. Voll der letzten Sicherheit ...

(Ein Zuwachs.)

XIV.

Sonst (neben Mutter Valetti, auf die ein Verlaß ist) zwischendurch die Vortragerin Kate Kühl. Eine von den Brauten. Sie singt nicht ins Blaue; sondern gestrafft, gerafft. Wieder ein Besitz ... Kaum bloß für Provinzler.

Die Schauspieler Gerron, Manfred Fürst, einige Herren als Galgenvögel (namens Bunzel, Hannemann, Maschmeyer, Venohr).

Dann steht auf dem Zettel: „Huren". Vier Künstlerinnen wirken hier mit – und eine davon scheint aus München zu kommen. Die war sehr, aber sehr gut. Im Stimmklang erinnert sie an Carola Neher. Ja, die war im Artikulieren besonders gut. Mit ehernem Griffel hier verzeichnet.

XV.

Und alles zusammen, Brecht, Jazz, Volkstexte von Weill durchtrieben gesetzt, Inhalte von 1728, Kleidung von vielleicht 1880 – das alles ist kein verschollenes Chinesentum. Sondern heutige Mandschurei.

Die Kulissenschiebung (Caspar Neher) vollzog sich senkrecht. Vorwärts im Weltengang. Kopf hoch! 1. September 1928

Moskauer Jüdisches Theater

Theater des Westens

I.

Das ist große Kunst. Große Kunst.

Außenbild und Seelenerschütterung. Wortklang, Blutklang, Farbklang, Bildklang. Da sind Rufe, Stimmen, Fragen, Schreie, Chöre. Das ist Spaß und Grauen ... und Menscheneinkehr zum Letzten.

Das ist, jawohl, die Pantomime mit dem Ewigkeitszug. Etwas Wunderbares.

(Große Kunst.)

II.

Dabei ist es nur halb eine Pantomime. Sterbliche Wesen mit Berufsunterschieden, Altersunterschieden, Glaubensunterschieden, Geschlechtsunterschieden, Klassenunterschieden schwirren rufend, redend, singend, klagend, zeternd, kichernd, schreiend, betend, plärrend über den Alten Markt, nachts, eines zeitverschütteten, weltverschollenen Nestes irgend in Podolien ... oder sonstwo.

Gemäuer, Graudämmer, Winkligkeit, Altersrost, Schlupflöcher – und Grablöcher ... Und Grablöcher.

(Ein jiddisch vertiefter Spitzweg.)

III.

Niederungen, Basteien, Brücken, Höhen, Ecken, Stiegen.

Da: die Synagoge (sprich: „Schul'", mit bewahrtem deutschem Wort). Oben die Kirche.

Licht in der Synagoge. Stufen zur Kirche ... Volksrabbiner („Rabbonim") huschen, schreiten, wandeln über den Marktplatz. Dechanten singen in der Höh'.

IV.

Die Leute gehn heim. Laternenzünder. Nachtwächter. Dirnen – mit nacktem Bauchknopf. Säumige. Schlenderer. Schwankende. Nachtbrutalitäten. Fratzen. Niedrigkeiten. Kinder im Dunkel. Stimmen zur Warnung. Schatten. Verspätete. Musikanten. Geräusche. Lebensmahnungen.

Alles huscht, wirbelt, springt, kraucht, stelzt, schleicht, wankt, steigt, flitzt, wandert, schwindet, leuchtet, sinkt.

Etwas Wunderbares.

V.

Wie stark ist in alledem der Spielmeister: Granowsky. Was ich im Wort hier gab: das hat er ja im Greifbaren, Sehbaren geschaffen.

Der kleine Michoels, ein großer Schauspieler, fliegt, schwebt, schießt, turnt, krönt, blitzt, propellt und melodeit: wie ein Puck aus dem hebräischen Versöhnungstag, oder Jomkippur, dem grauesten und innerlichsten aller Menschenfeste. Wie ein Todesengel, welcher den Hanswurst macht.

Ein zweiter Narr oder „Batchen", der Schauspieler Suskin, immer neben ihm, gegen ihn. Wie die Windsbraut.

VI.

Beide lachen, kitzeln, schabernacken, fliegen – und kreischen gen Himmel:

„Gott, Gott,
Is bankrott."

Auf dem Brunnenrand brüllt es einer von dem Spaßmachern ... Seelendämmerung bricht an. Die Toten ruft man aus den Gräbern. (In der Erläuterung heißt es: „Die Stunde hat geschlagen.")

VII.

Im zweiten Teil dieser beispiellosen Trauerposse klettern wirklich die Toten aus den Gräbern. (Zugrunde liegt eine Dichtung des verstorbenen Jiddischpoeten J. L. Perez: „Die Nacht auf dem Alten Markt." Es ist eine Phantasie der „Chassidim"-Sekte.)

Lemurenulk und Tempelernst. Ferne Gesänge. Verfaulte Gesichter. Sarg-Affen. Hochzeiter und Hochzeiterin. Der „Choossen" und die „Kalle" – beide verstorben. Zueinander-Wankende. Gewesen ... sagt Liliencron. (Und edeldicht komponierts Johannes Brahms.) Ist noch einmal ein Leben denkbar? erhoffensmöglich? Sie möchten alle so gern zurück in die Welt ... „Als ich noch Prinz war von Arkadien ..."

VIII.

Das ist unsterblich. Etwas auf der Bühne kaum zuvor Gekanntes. Die Toten sogar warten immer noch auf den Messias ... (Hier gesprochen „Moschiach"). Die Toten (die „Toiten") sagen ihr Gebet ...

Alles Tiefste jeder Menschendichtung wächst hier zum Herrlich-Ungeheuren. Vergleichslos.

IX.

Die durch Pogrom Geschlachteten ziehen vorbei; zeigen ihre Säbelwunden. Heiliges glänzt über allem Tanz und allem Schnak und allem Gespring und allem Funkeln und aller Schattigkeit ... auf dem nächtlichen Markt eines weltverschütteten Nestes – in Podolien ... oder wo sonst.

Am Schlusse scheint man das Totengebet oder „Kaddisch" zu sprechen – (doch für die Bühne wird noch ein Reigen gemacht, der zuviel ist).

X.

Jeder Name bleibt zu nennen. Alle. So gewiß es bei einem Viertelhundert unmöglich ist. Also nur: Alexander Krein – Musik. Und R. Falk – Farbumriß.

Von den Schauspielern ... bloß nach dem Klangreiz des Namens (denn an dreißig sind es): Finkelkraut; Lurje; Silberblatt; Rottbaum; Ingster; Askenazi.

XI.

Große Kunst. Große Kunst.

10. Oktober 1928

Hasenclever: „Ehen werden im Himmel geschlossen"

Kammerspiele

I.

Ehen werden im Himmel geschlossen ... Doch hienieden werden sie gelebt – nicht? Und in zwei Fällen geht es (bei Hasenclever) schief.

Das der Kern seiner Komödie.

II.

Sind Hasenclevers zwei Fälle schlechtweg Ehen? Oder besondere Ehen? Doch – besondere Ehen: jede mit einem Hausfreund.

Ehe mit Hausfreund scheint für Hasenclever die Grundform der Ehe zu sein. Das (nach Ibsen) dreieckige Verhältnis.

III.

Da ist er doch zu sehr Feminist. Warum soll dann, zum Donnerwetter, nicht ebensogut die Ehe des Manns mit Frau und Freundin heute die Grundform der Ehe sein? hä?

Das ist auch dreieckig.

IV.

Warum? ... Allein in Deutschland gibt es, nach dem Krieg, sechs Millionen Frauen mehr als Männer. Sechs Millionen überschüssig; nicht untergebracht. Der Mann hat zahlenmäßig die Auswahl.

Weshalb da bloß die Welt vom Standpunkte der Frau mit zwei Männern betrachten? Nicht ein kleinstes bißchen vom Standpunkte des Mannes mit zwei Frauen? Man fühlt sich zurückgesetzt. (Überdies von einem Geschlechtsgenossen. O pfui, Herr Hasenclever.)

V.

Wie sind seine zwei Fälle? Nummer eins: der Gatte bejahrt, der Hausfreund jung. Wohlstand. „Felix hat seine Fabrik."

Nummer zwei (umgekehrt): der Gatte jung, der Hausfreund bejahrt. Armut. Man arbeitet in der Fabrik. Sogar im Bergwerk. (Konstruiertes wird geahnt.)

Weiter. Der bejahrte Gatte des wohlhabenden Falls liebt seine Frau – und hat nichts gegen ihre Untreue. Der junge Gatte des armen Falls schlägt seine Frau – und hat was gegen ihre Untreue.

Beidemal ist jedoch der Liebhaber glücklos. Wirf die Katze, wie du willst ...

VI.

Nun die Folgen. Der junge Liebhaber des wohlhabenden Falls erschießt sich; die Frau begeht Selbstmord und Mord. Der ältere Liebhaber des proletarischen Falls quält sich; die Frau, ihrerseits ...

Ja: wie der zweite Fall auf den Brettern ausgeht, ist nicht klar.

Im Buch bleibt, versumpft, alles beim alten. In der Aufführung hört man jedoch einen Schrei. Was ist los? Weiß nicht genau. (Schönheitsfehler im Parallelismus?)

VII.

Zusammengefaßt: der Reiz des Stückes liegt in dem, was gesprochen wird. Nicht in dem, was bewiesen wird. (Im Rahmen für die zwei Bilder. Nicht in den Bildern.)

Hübsche Wendungen im Gespräch machen das Glück dieser Komödie. Nicht Hübsches in den zwei Exempeln. Denn in dieser doppelten Dreiecksehe gibt es dichterisch kaum Bemerkenswertes.

Jedoch: Gott, Petrus und die heilige Magdalena betrachten vom Himmel die zwei Ehen – und in ihrem Gespräch ist Bemerkenswertes. (Reizvolles.)

Kern: ein lustiger Rahmen umspannt zwei ... mittlere Bildchen.

Gewichtsverschiebung (mit anderem Gleichnis): Die einleitende Skizze wird Hauptpunkt; der Hauptpunkt bleibt skizzig.

VIII.

In diesem Stück ist keine Spur mehr von Expressionismus. O, wie weit, wie weit. Spaßdialog. Beinah These.

Hasenclever ist gelandet: abendfüllend. (Vielleicht serienträchtig.) Fern vom zuckenden Mondlicht seiner zerseelenden Duodramen. (Auch fern von ihrer Verschwommenheit.) Gelandet: zum trocknen Umriß. Zur Konstruktion vielleicht. Immerhin bretternah. (Wenn man schon fürs Theater schreibt, schreibe man fürs Theater.) Auch geistnah – wenngleich auf halbem Weg.

Er steigt auf alle Fälle von Swedenborgs Mystik zur Himmelsparodie. Wacker!

IX.

Darstellung ... So lockend mit rotem Haar die Klabund-Witwe Neher (furchtbare Vorstellung, daß dieser Knabe, der gestern antrat, schon etwas bürgerlich Verwitwetes hinterläßt – rast denn die Zeit?) – so lockend in rotem Haar die Neher; so bemeistert Gottvater Krauss im Golfanzug und Gerhart Hauptmanns Maske; so unerfahren ernst

Hermann Thimig; so erfahren-ernst Loos erscheint; so verschieden die Mosheim wirkt (als Kapitalistin unkleidsam, halbecht; als Proletin außen wie innen deckend): –

X.

Alles das verbleicht vor belanglosen Sätzen des Schauspielers Romanowsky, der immer, wenn er nichts zu sagen hat, es mit hinreißendem Humor einer stockend-bedächtigen, verkalkten Umständlichkeit herrlich erfüllt; bis ein ganzes Haus ihn streicheln möchte.

XI.

Obschon er, als Petrus, bei Hasenclever Verwaltungsrat ist – nicht, wie bei Hugo Wolf („Wie glänzt der helle Mond so kalt und fern ...") zu Gottfried Kellers Worten, ein Schuster.

„Sankt Peter aber gönnt sich keine Ruh ... Hockt vor der Tür und klopft die al-tänn ... Schuh."

Eines der unsterblichsten Lieder Deutschlands.

13. Oktober 1928

Günther Weisenborn: „U-Boot S 4"

Volksbühne Bülowplatz

I.

Gott, schaden kann es nicht. Aber logisch ist es kaum.

II.

Schaden kann eine dramatische Predigt gegen den Bau von Panzerkreuzern bestimmt nie. Gegen den Krieg bestimmt nie.

Jedoch hier wird, im Frieden, ein U-Boot versehentlich gerammt; so daß die Besatzung umkommt.

Das ist ... nur ein Betriebsunfall: wie er auch möglich wäre für den friedlichen Menschenbeförderer Zeppelin. Wie er für Taucher möglich wäre bei Tiefenmessung und Bergung. Wie er für Knappen im Kohlenschacht alle Tage vorkommt.

III.

Schachtkorb, Luftschiff, Taucherglocke sind nicht Kriegsgerät ... Kurz: Opfer der Technik? Ja. Opfer der Maschinenzeit? Ja. Opfer des Militarismus? Nein.

Aber nochmals: es kann nicht schaden.

IV.

Leo Reuss, verantwortlich für die Leitung, hat also das Beispiel gegen den Panzerkreuzer nicht zutreffend gewählt. Vielmehr: in dies vorhandene Stück den Panzerkreuzer nicht zutreffend als Beweis geschmuggelt.

Sonst ist er ein geschickter Adept Piscators. (Bei der Volksbühne wird Piscator jetzt im Hause gearbeitet.)

V.

Was bleibt ohne Panzerkreuzer? Ein neuer Mann? Günther Weisenborn? Dramatische Kraft und Hoffnung? In diesem Stück noch nicht.

Allenfalls gibt er Hinweise für Szenen ... die ein Andrer dichten kann. (Reinhard Goering hat sie sogar in der „Seeschlacht“ gedichtet.) Und Hinweise für Bühnenbilder ... die Edward Suhr malt.

So: die fabelhaft auf Meeresgrund hintastenden Taucher; Leuchtkäfern gleich, um das U-Boot. Farbiger Film ist es. Herrlich.

VI.

Wenn aber Weisenborn selber zu Worte kommt: oh, dann erklingt eine jener Melodien, wovon Robert Schumann gesagt hat: man weiß, wie sie weitergehn, bevor sie anfingen.

Dann gibt es, unter den im luftarmen Raum des U-Bootes Verschlossenen, jenen mittelmäßigen, zureichenden Wahnsinn. Den erwarteten, genügenden Raubtierausbruch. Das einschlägige Gedenken an vergangene Frauen in exotischem Land. („Datteln pflanzen“ hieß es bei Goering.) Und ein vorauszusehendes, befriedigendes Rebellentum gegen die amerikanische Marine ...

Wie gesagt: schaden kann es nicht.

VII.

Piscator im Hause gearbeitet. (Kostenlos) ... mit Film, nach Leo Lania.

Sehr gut hier das genaue Zusammentreffen je einer gefilmten Gruppe mit je einer dann leiblich dastehenden.

Man erblickt erst Kinomenschen; dann, hui, Vorhang hoch; genau die gleichen Menschen lebend in gleicher Haltung. Das macht Spaß.

Das ist noch geschickter als bei Piscator-Erwin; noch klappender, noch handlicher als bei ihm – von dem es entlehnt ist. (Genau: dem es entlehnt ist. „Von“ dem ...? Erwin hatte das nämlich von den Russen entlehnt – als die es kaum noch ertrugen; alles was wahr ist; ein ewiges Weben, ewiger Wechsel, Hinundher, Hauptströmungen der Kunst, was ist der Mensch.)

VIII.

Wollte sagen: zwölf Reporter treten zwischendurch auf. Der banale Weisenborn wettert (nun, selbstverständlich) gegen „Sensation“.

Die Schuhsohlen, woran man sich derlei abgelaufen hat, sind schon nicht mehr zu zählen. Was ist das für ein Quatsch? Glaubt jemand, eine heutige Menschheit möchte wirklich ohne flinke Pressenachricht leben? Ist es, ihr Trivialissimi, nicht ein Nachsprechen billig-ältlichen Geschwätzes, daß die Blitzmeldung ein Übel sei? Ein Mißstand, daß man in jedem Augenblick ahnt, was auf diesem Stern vorgeht? Ist es nicht eine Blödheit, hiergegen zu eifern?

Alle zwölf Reporter sind mir zwölfmal mehr wert als der fragwürdige „Dichter“.

IX.

Die Straub (einzige sprechende Frau des Abends) war sonst schon innerlicher. Hier mit etwas Dilettantenton.

George (welcher den Kitschklang eines Matrosen Pep zu äußern hat) setzt, gleich ihr, eine ferne Verwandtschaft an gerauhtes Familienblatt in die Luft.

Und weil die Luft im U-Boot rar wird, ist George beim Fauchen im Element. Selten hat er so begründet gefaucht.

(Bei alledem geht es um Linienunterschiede. Fraglos ist hier eine Kraft – aber die seelisch punktrollern muß, um straff zu werden, statt dick.)

X.

Wer war Weisenborn? Ein Anlaß. Jedoch niemand.

Kümmert euch um Kerle, die auch ein Jemand sind. Ich meine jetzt nicht mehr die Volksbühne.

Fallt nicht, individuenfeindlich, in das Extrem, wo es zu dumm wird. Einzelmenschen wie Arthur Schnitzler kennt ein Bühnenherr heute nicht; was?

XI.

Deutschland hat aber die verdammte Schuldigkeit, seine Dichter, wirkten sie gleich vor dem Krieg, nicht zu schneiden.

Schnitzler, jetzt vorübergehend in Berlin, ist jemand. (Ihr sagt irrig: er war jemand.) Er ist es in allem, was er war. Was er ist. Ihr habt ihn zu spielen. Gebt bitte deutschen Gestalten eine Möglichkeit – und ein Risiko.

XII.

Also steigt aufs Pferd. Ich bin ganz dafür. Aber fallt nicht gleich auf der andren Seite herab.

Probleme? Ja. Dichter? Auch! ...

Dichter des Landes sind unangemeldet vorzulassen.

17. Oktober 1928

Rehfisch: „Der Frauenarzt"

Königgrätzer Straße

I.

Der § 218 des Strafgesetzbuches erlaubt nur dem „Zeppelin", abzutreiben. Sonst niemandem. Doch! dem Frauenarzt, falls die werdende Mutter (rücksichtsvolle Bezeichnung für das, oooh, unzarte Wort: die Schwangere) herzleidend oder allgemein zu körperschwach ist, um ein brüllendes, fäustchenballendes, wütendes, beleidigtes, ratloses, himmlisches Kerlchen oder Knirpsweiblein ungefährdet auszuladen.

II.

Diesen Fall erwägt hier der Frauenarzt überhaupt nicht. Mit Unrecht; mit Unrecht!

Er könnte doch Käte Haack (Stenotippistin, volksetymologisch geschrieben; die einen Kolonialwarensohn heiratet; die Haack unverziert, mit zwar durchbrechender Lieblichkeit, aber gar nicht mit vergoldeten Ecken) – er könnte das mutterwerdende Mädel auf Herzschwäche, Blutungsgefahr, Tuberkeln, Gehirnerweichung hin straflos operieren; vom werdenden Kind gesetzlich befreien. Doch er läßt sich ins Bockshorn ...

III.

Im Bockshorn durch einen Klavierspieler aus dem Kino jagen. Durch Graetz – der ein glänzender Dolmetscher für flink artikulierende Schlagfertigkeit im Bezirk Pottasch-Perlmutter ist ... auch wo Perlmutter-Pottasch nie gemeint war.

(So wird hier der schlechte Kerl des Stücks, der „Losch" heißen soll, was andres – warum, Spielwart Barnowsky?)

IV.

Der Klavierfritze bedrängt erpresserisch den Frauenarzt ... fast bis zum Selbstmord. (Nun, wenn der so schlapp ist – soll, soll, soll er ... von uns aus.)

Er tötet sich aber nicht (wie Rehfisch, hach, schon befürchten ließ) – er kehrt nur zum Whisky heim.

(Das reine Problem, ob man abtreiben darf oder nicht, wird hier durch Whisky getrübt.)

Der Arzt bekam vormals Gefängnis für Abtreibung (wollte sagen: wegen Unterbrechung der Schwangerschaft werdender Mütter); das trieb ihn vielleicht ab ... zum Whisky.

Der Schutz keimenden Lebens endet im Alkoholmißbrauch? Da ham wir's.

V.

Frau von Carlow wollte sich des mit vorzüglichen Gaben ausgestatteten Doktors annehmen. Ihn aus der niederen Sumpfschicht (Whisky) befreien.

Hatte er doch ihr geliebtes einziges Kind, als es der Verblutung nahe war, mit schier übermenschlichem Aufraffen gerettet. Das vergaß Frau von Carlow nie. Zumal der stattliche Mann ...

VI.

Frau von Carlow (Eleonore Mendelssohn, anfangs in reizender Flüchtigkeit sehr gewinnend, wütete durch blaue Kopfbedeckung und ein ewiges Profil gegen sich; nicht gegen ihren warmherzigen Klang) – Frau von Carlow fern von Monte, tat was sie konnte ...

(Graetz trieb ihn halt doch zuletzt in den Whisky.)

VII.

... Rehfisch wollte hier ein Nützlichkeitsdrama schreiben: gleich dem Franzosen Brieux – der allemal Nützlichkeiten verbühnt wie als Angestellter eines Zweckverbandes.

Brieux hat ein Stück wider Rennwetten verfaßt; ein Stück wider Staatsanwälte; ein Stück wider Geschlechtskrankheiten. Zu förderlichem Ziel ... mit offener Plattheit. (Ohne daß man ihn verspotten dürfte.)

VIII.

Shaw, der andre Nützlichkeitsdramatiker dieses irdischen Zeitabschnitts, hat, wenn er nützlich wird, auch den Funken. (Es gibt gute

Zweckdramen, mittlere Zweckdramen und schwache Zweckdramen –.)

Wenn Shaw die Ärzte bespaßt: so ist mittendrin ein bißchen Ewigkeitszug. Er schafft hier, ganz nebenbei, den Maler Dubedat, seinen Tod, seine Witwe ... Das ist ... dichterisch; geht über bloße Nützlichkeit hinaus.

IX.

Gute Zweckdramen gibt es, mittlere Zweckdramen und solche mit Whisky. Der Kritiker sucht nach dem dichterischen Punkt bei Rehfisch. (Mystische Pflicht.)

In einer Sekunde nur lebt hier der dichterische Punkt; (sofern ein Punkt leben kann): als die von dem Klavierspieler geschwängerte Schreiberin, vormals in prachtvoll-kameradschaftlicher Freundschaft mit dem Frauenarzt, ein Opferwagnis von ihm verlangt; als er zaudert ... und sie (mit unwillkürlichem Bekenntnisschrei) sich enthüllt; einen menschlichharten Untergrund enthüllt; eine nichtmehrverblümte Selbstgier enthüllt.

Ihr „Na, wenn schon!", das sie entgegenruft (ob er zugrundegeht oder nicht, der bis dahin prächtige Kamerad), ist für den auf Dichtung pürschenden Kunstrichter der Gewinn des Abends.

X.

Nicht Rehfischs Abgegrastheiten aus der fälligen „birth control" oder Geburtenregelung – worüber die Amerikanerin Susan Glaspell vor fünf Jahren schon ein Stück schrieb. (Von den „Provincetown Players" am Hudson dargestellt.)

Rehfisch ... Zum guten Ziel hilft hier kein gutes Stück. Halbechter Naturalismus ...

Merkenswert immerhin die Heimkehr zum Halbnaturalismus; hier wie bei Bruckner. (Auch der halbe versagt nie ganz.)

XI.

Die Wangel gibt eine Gastwirtin, Frau Gottgetreu, – deckend. (Dieser Name kommt im Privatleben vor ... es ist ein Zufall, bitte.)

Frau Terwin: gereift; die Schauspielerin Marlise Ludwig greifbar und blond; bei Stahl-Nachbaur wird ein Kommersmensch eher wirksam als wirklich; bei Bressart ein Morphinist episodig untermalt; bei der Darstellerin Cläre Selo, Krankenschwester, mit Blickdunkel gearbeitet; bei Julius E. Herrmann ein Spießer wiederholt; bei Rudolf Platte der Kleinbürgersproß wie von der Straße heraufgewinkt.

XII.

Forster, Frauenarzt, hat zwei Seiten. Links: das Überlegene; das frei Schaltende. (Sein Plus.)

Rechts jedoch: eine Spur vom sentimentalen Aufsager ... Was Novellen-Wehleidiges mit Hauch durch die Nase.

Fest steht auf alle Fälle die Entwicklung dieses Darstellers ... aus dem Hoftheater zum Hoffnungstheater.

3. November 1928

Zuckmayer: „Katharina Knie"

Lessing-Theater

I.

Ein Seiltänzerstück. Aber nicht (wie das Bühnenwerk „Artisten") voll Tricks, mit unromantischer Sachlichkeit: sondern bei Zuckmayer dörflich, mit mehr deutscher Sentimentalität.

Zuckmayers Fall ist so:

Die Milieuschilderung biegt ab in die Dorfgeschichte. Die Sonderwelt biegt ab in das Genrebild. (Das ist es.)

... Und das Zeitstück?

II.

Ist es ein Zeitstück? An dem Elend einer Seiltänzertruppe sieht man, was die Zeit, der heutige Tag, frißt und zermalmt. Hier beinah die alte Seiltänzerfamilie. Also was an der jetzig-neuen Zeit untergeht. (Ohne daß die jetzig-neue Zeit gestaltet wäre ...)

Es ist somit ein sehr indirektes Zeitstück.

(Wo das Zeitstück wieder in das Heimatstück abbiegt.)

Kurz: ein hübsches, etwas gemütvolles Genrebild aus der Heimat. Das auch vor fünfzig Jahren spielen könnte.

III.

Wiederum Abwendung von allem, was die Phrase bis vor kurzem in einer nietenreichen Laufbahn als notwendig hingestellt und, in dem glücklichen Instinkt, allemal den Nagel neben den Kopf zu treffen, mitgemacht hat. So den Rhythmus ohne Inhalt.

Zuckmayer gibt leider den Inhalt fast ohne Rhythmus ... Es bleibt ein Kreuz.

IV.

Zwei Akte sind sehr hübsch. Der dritte (Zuckmayers tragisch-poetischer) wirkt flau. Der vierte dünn, aber mit frischem Schlußakkord.

Sehr hübsch. (Und etwas wurscht. Aber wenigstens mit Erdberührung.)

V.

An welchen Vorgängen zeigt sich das? Die Truppe des alten Seiltänzergeschlechts Knie rastet mit ihrem Umherziehwagen in einem süddeutschen Kaff.

Inflation. (Die Begebenheit könnte vor einem Halbjahrhundert spielen – es hieße nur: Mißernte.)

Katharina, mutterlose Tochter des Direktors Knie sen., stiehlt einem bäuerlichen Junggesellen drei Sack Hafer; für ihr Eselchen. Sie traf ihn früher schon – und hat sich, wer weiß, damals in den schmucken Landwirt, er ist in den besten Jahren, verschaut. Wer weiß!

VI.

Der Diebstahl bringt sie zusammen. Er nimmt sie als Elevin aufs Gütchen. Dort haust er mit einer achtzigjährigen Mutter.

Wie Bassermann hier, unvergeßbar, sein Töchterle versorgen, aus dem Jammer der Seiltänzerei bergen ... und sie doch nicht lassen will (gibt's nicht einen Kirchenvers: „Ich lasse dich mit Tränen, aber gern"?): – diese Kraft menschlichen Ergreifens und menschlicher Ergriffenheit in bürgerlich-verhaltenem Ton gab ihm sein jetziger Lebensabschnitt.

Etwas in dem Könner Bassermann scheint aufgerissen. Aufgegangen – im doppelten Sinn. Mehr als Könnertum! Er war nie größer. Er war nie so groß.

VII.

Die Truppe zieht weg. Nach Jahresfrist kommt sie zurück in das Dorf. Die Kleine hat schon das Aufgebot mit ihrem Jungbauern (Janssen) in Sicht.

Der Alte, gealtert in Sehnsucht nach dem Kind, steigt wieder auf das geliebte Seil. Zum letzten Mal. (Abstürzen tut er nicht; Dank, lieber Zuckmayer; das denn doch nicht!) Hinterher nur ein Herzschlag.

Hier, in den Worten, ist Zuckmayers zeitweilige Kitschnähe betriebstark. Wie dann im Schlußaufzug justament ein Clown (Etlinger, farbhaltiger Umriß) philosophieren, Betrachtungen anstellen muß ... Just der Bajazzo. Das durfte nicht kommen.

Weil es bereits öfters kommen durfte. (Relativität. Nur dies der Grund.)

VIII.

Als Vater tot ist, kündigt Katharina Knie doch ihrem, sonst geliebten, Bauern –: sie kann's nicht lassen, kehrt zur verwaisten Truppe zurück. Ähnlich hätte das Joachimson oder Schmidtbonn gedichtet.

Und ähnlich wie jemand anders, redet Elisabeth Lennartz. Jüngst genau im Stimmklang der Schauspielerin Toelle; nur manchmal der Mosheim.

Jetzt redet sie schon fast wie Elisabeth Lennartz – welche sie nur teilweis kopiert.

IX.

Hiervon abzusehn: so gibt sie was aus einem Guß; aus einem Stück. Am wertvollsten in dem dichterisch wertvollsten Auftritt vom ganzen Abend: wenn im Alleinsein mit ihrem Bauern das Hirn des Frauenzimmerchens fast rachitisch zu kreisen, zu drehen, zu springen anfängt.

Nur selten (Profilhaltung) bricht in der Lennartz ein Schimmer von Intellektualismus durch. Wahrnehmbar nur in Sekundenbelichtung. Doch sonst ...

Eine rückt hier (kraft Versenktheit und Nichtachtung des Parketts) in die vordere Reihe.

X.

Bleibt nachzutragen: Busch, Valetti, Odemar, Genschow; Luftspringer. Sie bringt K. H. Martin, wie den Rest, noch über den dritten Akt hinaus, gut in Trab.

Die Wangel schenkt einer fetten Invalidin ihre mutvolle Wirklichkeit – indes die, allemal ernstzunehmende, Alexandra Schmitt jetzt ein greises Bauerntier mit sparsamen Griffen aus dem süddeutschen Dorf holt.

XI.

Endlich: erlebte Bühnenbilder von R. Neppach; unexpressionistisch. Hübsch als Rahmen für dieses Werk, das nicht ... schlagende Seelenzüge, sondern eher Gepflogenheiten gibt – und ein gemütvollbuntes Genrebild aus der Heimat ist.

(Nicht mehr Liebermann. Aber auch nicht wieder Knaus. Vielleicht Meyerheim?)

22. Dezember 1928

Ödön von Horvath: „Die Bergbahn"
Volksbühne

I.

Wenn der stürmische Beifall dieses Abends die Volksbühne festigt: so wird es den Freunden einer großartigen Unternehmung willkommen sein.

Sie darf nicht gesprengt werden; sie darf nicht zerspalten werden; sie darf nicht genullt werden.

Ein Arbeiter, Neft, hat sie hochgebracht. Es ist ohne Beispiel. Sie selber hat ihresgleichen in keinem Lande der Welt an Macht und Umfang. Die Theatre Guild in New York; das Théâtre Populaire in Paris: Anfänger sind es gegen dies Werk an der Spree.

II.

Wenn wir schon etwas dieser Art haben: erkennt es. Ja, erkennt auch die Fehler. (In diesen Blättern sind sie neulich festgestellt worden.)

So gewiß das Vorgehen der Volksbühne gegen Piscator in einem bestimmten Augenblick erzfalsch war; so gewiß die Volksbühne sich (mit wachsender Zahl, was beinah selbstverständlich ist) bissl verfettet, beruhigt, ja verspießert hat: so gewiß ist sie noch immer ohne Vergleichsmöglichkeit.

Und wenn sie kaputt ginge; durch die „ideale Forderung" (die zunächst anderswo zu stellen ist) zerwackelt würde, verhetzt, gefährdet, gelöscht: so flösse der Vorteil einem sich hieran erholenden Bühnenvolksbund zu.

Bestenfalls einem weltanschauungsfreien Geschäft; schlimmstenfalls völkischer Flachheit.

Die Volksbühne darf nicht gesprengt werden; sie darf nicht zerspalten werden; sie darf nicht genullt werden.

III.

Neft hat zu bleiben. Ein künstlerischer Lenker neben ihm. Piscator, dessen Arbeit ich liebe, wäre der Untergang.

Piscator taugt für die Nebenabteilung: die freiwillig-radikale; die auf keinen Fall zu entbehren ist; die uns doppelt und dreifach am Herzen liegt. Uns. Aber wir sind nicht die Volksbühne.

IV.

Für Unternehmungen von einem bestimmten Umfang heißt Taktik: Selbsterhaltung. Es gilt endlich Relativität zu lernen.

Im gegenwärtigen Zeitpunkt (einer dem Bülowplatz drohenden Kippe) wird sogar der vorübergehende Stich Spießertums das kleinere Übel. Die „ideale Forderung" das größere.

Die Volksbühne darf nicht gesprengt werden; nicht zerspalten; nicht genullt. Der Organisator Neft hat zu bleiben. Ein neuer Kunsthelfer, ob Engel oder Martin oder Fehling, wird herzlich gegrüßt.

V.

Soviel über das Stück von Ödön von Horvath. Nein – es hat außerdem ein Verdienst: indem es Proletarier des Gebirgs mit ihrem beginnenden Dämmer von Klassenwillen, mit ihrem Übergang von Klage zur Anklage zeigt.

Ein Hinüberwehen von der industriellen Ebene zur Bergeinsamkeit. Alles in empfundener und kitschfreier Art.

Es ist (relativ) ein ausgezeichneter Griff; für die Volksbühne. Just noch das Maß, das ihre Kleinbürger willig schlucken. Das sie (wir leben in Deutschland) nicht nur nachdenken läßt, sondern sie zu einem gemäßigt-festen Handeln spornt ... ohne daß sie von der rechtsbezahlten Falle gekapert würden. Wir leben in Deutschland.

Relativität ist hier Bürgerpflicht. In allem Ernst. Ihr rechnet ja auch sonst mit „Gegebenheiten". Es scheint wichtiger, das unbeirrt zu sagen: als etwas immerhin Höchstseltenes ideal zu kippen, zu kappen.

Neft bleibt. Piscator hilft. Der Kunstmann komme.

VI.

In der Darstellung fiel Karchows Entwicklung zu breiter Brutalität vorteilhaft auf.

Staudte: schmaler, sterbender Friseur aus Stettin: Grete Bäck, einzige Frau des Stückes; Nunberg; Manz; Baumann; Kaufmann; Ginsberg ...

Der Einrichter, Schwanneke, kaum glücklich in der Stufung des Worts; doch in der Aufeinanderfolge des Worts.

Das Alpenbild von Edward Suhr: so gewaltig hinreißend: wie es hier die Wettbuhlerschaft zum Kino fordert.

Im Orkan ein Orkan des – nicht nur äußeren – Erfolges.

5. Januar 1929

Ehm Welk: „Kreuzabnahme"

Volksbühne

I.

Die Volksbühne will sich nicht lumpen lassen – bevor noch der vielfach ver-, nun wohl erlangte Hebungszustand eintritt.

Neft: Verwalter; K. H. Martin: Kunstmensch.

(Auch wenn Piscator für sich macht; Erwin *„farà da se"*).

II.

Die Volksbühne will sich nicht lumpen lassen: Ehm Welk leistet sie sich als Abschlagszahlung.

Sie wird aber nicht um die Sonderabteilung etwa deshalb herumkommen ... Die bleibt notwendig. Die soll ja das Herz der Volksbühne werden – wenn sie nicht nur mit dem wirtschaftlichen Heut was zu tun haben will: sondern mit ihrer eignen Vergangenheit.

III.

Dabei soll sie es nicht begabungslos nur mit Propagandageplärr machen: sondern klüger, auf einem Umweg, durch Lockung. Wie die Menschen schon sind.

(So wie eine radikale Zeitung aufblüht, wenn sie nicht bloß radikal, sondern gut gemacht ist. Nicht löchernd, sondern lecker. Das bedeutet keine Sünde.)

IV.

Also: der Masse nicht ihr eignes Ziel verekeln durch ewige Wiederholung ihrer Ziele. Vielmehr (auch in der Sonderabteilung) wirken durch scharfe Kunst.

Wer die trächtige Sonderabteilung durch geheimen Widerstand oder Ausflüchte hindert: der hat in Zukunft das Feld zu räumen.

Es gibt kein Drittes.

V.

Ehm Welk ist vorläufig nicht scharfe Kunst; indessen achtungswerter Stoff. Man erlebt, in keinem Augenblick heißer gepackt, hier die Arbeit eines gebildeten, ungenialen Menschen, vielleicht mit sittlichem Vorsatz.

Er zeigt (wie schon anno 1927 in dem Schauspiel „Gewitter über

Gottland“) den langen Weg zwischen einem gesinnungsernsten Kopf ... und einem leuchtenden Halunken von Künstler.

Sein Stück enthält manches beachtenswert Zureichende.

VI.

Was denn?

Hier Tolstoi; dort Lenin. Tolstoi: Weltbesserung durch Güte. Lenin: Weltbesserung durch Gewalt. (Tolstoi tritt auf; Lenin unsymmetrisch nicht.)

Verbindungsglied zwischen beiden ist Nowikoff. Ein Idealist. Ein Tolstoianer, der zwar von der Güte zur Gewalt übergeht – jedoch nicht hart genug ist ... und sich darum tötet.

(„So macht Gewissen Feige aus uns allen“: Hamlet.)

Mittlerweile marschiert, über Nowikoffs Körper weg, die (beiläufig von Trotzki, dem bolschewistischen Gambetta, geschaffene) Rote Armee. Fahnenschwenken. Jubel. Schluß.

VII.

Das alles wird mit dem etwas mythologischen Begriff „Kreuzabnahme“ getätigt. Nie hinreißend; nie ungebildet.

In der Gestalt eines Genossen Goldenring etwas provinziell-antisemitisch. Mit kleiner Tatsachenumkehrung.

Im zweiten Teil mit Verkleidung, Romanwerk, Liebesverrat.

Nicht ausgesprochen Hintertreppe, doch auf dem ersten Absatz dazu.

VIII.

Das Schauspiel, kaum ohne Recht von der Volksbühne gewählt (in deren künstlerischem Ausschuß Ehm Welk sitzt), obschon Lunatscharskis Don-Quixote-Stück den inneren Kampf zwischen Weichheit und Entschlossenheit unsentimental, dennoch sehr ernst, und nicht ohne Tatfröhlichkeit beleuchtet hat ... Das Schauspiel zeigt im ersten Teile Tolstois Tod.

Hier ist im Verhältnis zum zweiten mehr Schlichtes – das manchmal, wenn auch zur Trockenheit nicht, so zu einer gewissen Stumpfheit artet.

Kayßler, im Rechtlich-Kernigen, oft prachtvoll, hat als Lew Tolstoi was Tönernes; in der Vision was Triebleeres.

IX.

Tolstoi tritt leibhaft auf? wie der verbühnte E.T.A.Hoffmann; wie Schubert; wie mehrfach Rathenau. Zeitbetoner kann man nicht.

Die Gräfin Tolstoi wird von der Straub insonders maskisch gut gezeichnet. Ihre Kämpfe gegen den unverstandenen Ehemann dämmern entlang.

Ich habe dies Verhältnis vor Jahr und Tag, auch in dem Buch „Es sei wie es wolle ..." gemalt. Ihre Hinderungen; ihre Vernünftigkeit ... und Ahnungsferne. Sein Ausrücken vor ihr – ehe der Tod kommt. Er möchte wenigstens im Sterben durch Geschwabbel nicht gestört sein.

Hinter ihm lag längst im Schatten
Menschenwähnen, Menschenwille.
Auf der Flucht vor seiner Gattin
Zog er in die große Stille.

X.

... Paul Bildt, Spielwart, in der Sprachbetonung nicht ganz sicher, half dem achtungswerten Abend mit zutreffendem Gesamtverhalten zu einem kaum je durchbrochenen Eindruck. Auch zu dem unvermeidbaren Schwung am Schluß.

Aber nicht zu selbständigem accelerando für den (oft in kulturvolle Tonlosigkeit sinkenden) Verfasser.

XI.

Der Schauspieler Leo Reuss macht um wenig Stufungen den Idealisten zu sahnig. (Sein besseres Feld liegt in Basses Kraft.)

Hadank stellt reizlos-bewundernswert einen Mann aus dem schattigen Durchschnitt. Grete Bäck überzeugsam die beste Tochter Tolstois.

Vorwärts. Marte Hein, in bewußter Spärlichkeit, eine halbe Verrerrräterin. Karchow mit Leibesmitteln den Hartrevolutionär. Ginsberg den Genossen Goldenring, etwas zu deutlich wie eine Gestalt von, oh, Gustav Freytag.

Und ... Eine siebzigjährige Scheuerfrau – ist das Beate Finkh, die noch vor etlichen Jahren ein andres Gebiet betreut hat? Wie schnell das geht.

XII.

Schluß der Rezension: Traugott Müller, für den Szenenblick verantwortlich, ist in dieser Malerei nicht mehr ein Taïroffael; sondern gibt anstatt Gestänge lieber Wirklichkeiten.

Altmodisch. Ein elender Heimkehrer.

XIII.

Wie, bitte? Bruckner ist unexpressionistisch? Lampel ist unexpressionistisch? Ehm ist unexpressionistisch. Elende Heimkehrer.

Unterhaltend, zu sehn: wie jetzo solche Stückschreiber, die gar nichts mit den kürzlich als modern ausgepriesenen Mitteln zu tun haben, sondern das genaue Gegenteil davon sind ... wie diese betrübten, betropften Heimkehrer von denselben treuen Seelen, die sich gestern an die Gegenteiligen rangemacht, jetzt unbedenklich angehimmelt werden.

Das mußte kommen. Grüß Gott. 23. Februar 1929

Orska

Lessing-Theater

I.

Die Orska rückt in ein anderes Fach.... Doch nur für diesen Abend.

Sie gibt, in den „Medaillen einer alten Frau“ (von Barrie; Schotte; gemütvoll-hübsche Verbrauchsarbeiten; jährlich zwei Millionen Mark) die alte Scheuerfrau.

II.

Liebenswürdig. Weder Scheuerfrau noch alt. (Nicht zu machen. Du bleibst zu aristo; und zu jung.)

Dennoch ergreifend. Wenn sie zuletzt wie ein altes schrumpliges Paket zusammenkriecht, zusammensackt: weil ihr (erlogener, vorgespiegelter) Sohn zurück ins Feld muß.

(Ist ein menschliches Kriegs-Genrestück; hübsch gemütvoll.)

III.

Die Orska wirkt hierin wie eine feine Frau, die sich verkleidet, es mitzuspielen.

Drei unnotable Künstlerinnen (Monnard, Marba, Lorm) sind echtere Portierweiber. Indes ist Herr Janssen, der Hochlandstommy, so ausgelassen ... wie der eine Akt. (Welchen die Gramatica mitgespielt hat: toter Tommy; letzte Kriegsmedaillen der alten Frau.)

IV.

... Vorher gab es: „Veilchen.“ Das entzückende Werklein von Molnar. Direktor und Choristinnen. Nicht nur Schlager in jeder Wendung: sondern ulkige Menschenlose festgehalten.

Bleibendes; Lustiges; zweimal hintereinander zu sehn. Das Theater ist ja nicht ein theoretischer Quatsch: sondern Theater. Sondern Saft und Vielfalt. Sondern Lebfülle. Sondern Können. Sondern Lachen in allerlei Wind. Sondern Gemenge von Menschlichkeit. Programmtheorien bilden eine Komik in sich; für das Theater nun als Gegenstand reif ... „Und wo ihr's packt, da ist's interessant."

V.

Die Orska zeigt ihre parodistisch-überlegenen Krallen: im blöden Sprechton eines herumgestoßenen Trampels aus der Provinz.

(Und war vor kurzem doch, tragisch, die unvergeßbare Gouvernante beim Pirandello: ... „Die Nackten kleiden." Sie kann viel.)

Item; nicht zur alten Frau: zur alten Tatkraft, zur alten Tapferkeit, zur alten Jugend soll die Genesende wachsen.

Los!

VI.

Der Schauspieler Schwanneke (Direktor) focht bei Molnar einen schweren Match mit dem Text.

Umringt von einer Fülle steter Gefahren, erklomm er (nach so manchem, höchst spannendem Augenblick) doch den Sieg.

Die Hörer schauderten andächtig – und wußten, wen Gott nicht verläßt: die Seinen.

9. März 1929

Zuckmayer: „Rivalen"

Königgrätzer Straße

I.

Ist wirklich das Drama stärkstes Ausdrucksmittel? Das epische Buch von Remarque ist stärker als dieses Drama.

Zweitens. Ist wirklich das Drama dem Film stark überlegen? Manchmal schon.... Aber dies gesprochene Theaterstück dringt über den Film nicht hinaus.

II.

Nur in Schimpfausdrücken? Roheitsworten? Dreckwendungen? – (worin Zuckmayer die angelsächsische Vorlage vielleicht kernig gesteigert hat?).

Und wenn das Wort statt des Kinobilds bemüht wird: – hier meldet sich flugs die Halbheit. Es gibt nämlich zwar in dem Stück Anranzungsroheiten, Gefluchroheiten im Sinne von „merde“: aber die geschlechtlichen Roheitsworte (so wichtig für eine Mannswelt im Krieg) fallen weg. Was ein Mißverhältnis erzeugt ... und eine Halbechtheit. (Entweder-oder!)

Geschlechtsrohes wird hier nur so getätigt, wie das der Bildstreifen auch könnte. Wenn Albers und Frau Bard auf einem Tisch beinah ...

Soweit: Verhältnis des Stücks zum Film.

III.

Den Kern bilden zwei Dinge ... Vorher noch dies: Das Stück war ein Film; aus dem Stück schnitten Anderson und Stallings ein Stück; Zuckmayer wiederum aus dem stückgewordenen Film ein anderes Stück. (Oder kein ganz anderes Stück?) Einzelanteil schwer zu ermitteln.

Wie Brecht für die alte, heut, heut, heut in London fünfhundertmal gespielte Bettleroper firmiert: ebenso brechtigt ist Zuckmayers Behauptung für die Urheberschaft solchen Abends.

IV.

Und wer „Micky Quirts Lied von Alabama“ liest (unterzeichnet Carl Zuckmayer):

Ich kam von Alabama über'n großen Teich daher,
Und ich habe kein Pyjama und auch keinen Strohhut mehr.
Als ich meine Braut verließ, sprang sie hinter mir ins Meer,
Doch die beste Braut des Krieges ist bekanntlich das Gewehr.

– Wer das liest, findet folgendes. Zuckmayer würde den Brecht hier kopieren, wenn er nicht den von Brecht hier Kopierten hier kopierte; (saget einfachheithalber: Kipling).

Also Zuckmayer kann den Brecht glatt überspringen zum angelsächsischen Urquell hin, was zuletzt für unsere Gegenwart den deutschen Balladenschatz in der Fruchtbarkeit von Dichtern ergibt.

V.

Es ist folglich umoralisch, dem Brecht, was er just von einem genommen hat, gleich wieder abzunehmen.

Doch die beste Braut des Krieges ist bekanntlich das Gewehr.
O, Susanna, das ist schon lange her.
Drum wein' dir nicht die Augen aus, wenn ich nicht wiederkehr'.

Bitte, nicht wiederkehren.

VI.

Filmhaft herzerquickend ist hier, daß in dem Frontweiler (wo das Stück spielt) die Franzosen entweder komisch-klein dargestellt sind in dem Maire (zwergenwinzig; Geza L. Weisz; der Maire erglänzte weit hinaus; das waaar nicht zurückzuhalten).

Herzerquickend kernprächtig, wenn der Maire dank einem echten Soldatenfußtritt hinausfliegt. Der pazifistische Kurfürstendamm im Sperrsitz rast Glück ...

VII.

Oder: ein andrer Franzos will erpressen, mit seines Kindes verletzter Jungfernschaft; (ha, das kennt man, so ein welscher Windhund!)

Oder: die Französin ist frivol, weißte; Maria Bard, liebenswert und kaltgeherzt und voll Katzlflinkheit. Hach, solche Französin.

(So die Welschen.)

VIII.

Kernerquickend bzw. herzig der Jude Lipinsky (Felix Bressart; gut gespielt – auf der ... geistvollen Grundlage). Der Jude, komische Gestalt. Nicht etwa: Revolutionierer von stumpfen Körperlingen.

Alles ein treuherzig-liebes Gebild, wofür der auf diesem Stern preisgegebene Menschenschwarm die Sprache samt Unterschiedlichkeit erfunden hat ... Aber was wollen Sie, bitte: der Krieg –!

Nein, bitte: der Film.

(Und gute Filme gibt es dereinstens gewiß.)

IX.

Zwei Dinge bilden also den Kern ... die zu einer Zweideutigkeit unter Piscators Führung ausarten. Angeblich Kameradschaft und Krieg.

Angeblich die Glorie der Kameradschaft im Krieg. Es kann aber auch so aussehn: Im Krieg? Die Glorie der Kameradschaft!

X.

Ja. Leider. Der (beschimpfte) Krieg wird in der Kameradschaft umglort ...

Etwas unsagbar Widerliches vollzog sich am Schluß. Die Folgen der Zweideutigkeit. Übler Inhalt einer Zweideutigkeit.

„Nie wieder Krieg“ war vorher gedeichselt worden. Jetzt: Marschmarsch. Tritt-tritt-tritt. Und Jubel.

Piscator: Stahlhelmpazifist – zugunsten einer Kulissenwirkung. (Es gilt nicht mal Sowjethaltiges; wobei sein Militarismus konsequent bliebe.)

Stahlhelmer, gingen sie wo anders hin als in den Kintopp, hätten ihre Seligkeit gehabt.

Trapp-trapp-trapp. Marsch-marsch-marsch. Tritt-tritt-tritt. Juuubel.

(Piscator halb über Bord.)

XI.

Also „die Kameradschaft hoch!“ ist natürlich der Kern. An Vertuschungen wird nichts mangeln. Aber an solchen Mängeln ist nichts zu vertuschen.

Von hier nur ein Schritt bis zu „Kein schön’rer Tod ist auf der Welt, als vor dem Feind ...“

Hurrastimmung im Haus. Strammer Tritt, Vorwärts ... Zurück ... Vorwärts ... Z’rück ...

Der Hohenfriedberger Marsch kann es glatt ersetzen.

XII.

Überwanden wir deshalb Zerspaltendes, Konfliktträchtiges, das im Weltkrieg jeder bessere Mensch in sich trug – und fortgestuppst hat?

Als der Krieg dauerte, begriffen wir ihn halb. Die Vorstellung des Überfallenseins war ja stärker. Was wurde damals ausschlaggebend? Der seelenzerreißende Zwiespalt, welcher beim Kampfausbruch in jedem fühlenden Menschen Deutschlands eine Wirklichkeit war; der innere, der innerste Weltkrieg ... zwischen zwei Begriffen. Hier: Menschtum. Dort: bedrohtes Land. Eine Herzkrankheit konnte man davon erwischen: wer kein Geschäftsinhaber einer einzigen prinzipiellen Ideenlosigkeit war – oder ein Plattling.

Nur die Tierisch-Forschen oder die Mechanisch-Freiheitlichen, beide mit immer derselben Walze; die auch ihre bisherige Walze nicht empfunden, sondern geleiert hatten; ganz unfähig zu jemals starkem Anteil; die darum entweder in fettesten Imperialismus versanken – oder höhnische Knirpse blieben und zur Vertuschung ihrer Nullheit im Prophetchenkaftan ein urkomisches Winkelpathos fingerten: bloß die waren sicher vor einem Irrtum; bloß die waren gefeit gegen Zwiespalt. (Dualismus eines um 1914 lebenden Deutschen. So schrieb ich es einst.)

XIII.

„Und alles umsonst?" heißt es bei Lortzing. Marsch-marsch. Tritt-tritt-tritt. Vorr... ärts!

O dieses Parkett. O dieser Bühnenvogt. Sonst alle Geräusche klappend. (Obgleich im „Toboggan" Barnowsky seltsamerweise den Krieg ebensogut inszeniert hat. Hierbei sogar ohne die wenig geschickte Darstellung einer Schreibstube durch Caspar Neher.)

Starke Bühnenmomente. Jawohl. Dankbar ist man, im Zensuralter der Republik, für Ungeschwächtheiten. Aber das Stück dringt nicht über den Film; Piscator nicht über den Helm.

XIV.

Kortner (während Albers wundervoll in einer erdigen Art von Landsmannschaft ist, heimatfest in ruchiger Sprache) – Kortner: allgemeingiltig für Kraft und Gehaltenheit in der Welt.

Für gesammelte Wucht ... heute wohl unvergleichbar.

XV.

P.S. – Die zwei Rivalen kämpften hier um ein gallisches Mädel. Doch wenn die Fanfare bläst: da vergißt man so a Mädel halt. Da geht's gemeieieinsam in den (allerdings verwerflichen) Kriag.

Marsch-marsch-marsch. Tritt-tritt-tritt. Fridericus von Alabama.

21. März 1929

Marieluise Fleißer: „Pioniere in Ingolstadt"

Theater am Schiffbauerdamm

I.

Für den ersten Eindruck nach der Vorstellung ergab sich folgender Wortlaut:

„Eine der stärksten Begabungen des jüngeren Geschlechts malt hier, unerschrocken, Heimatzustände. Sicher im Sprachlichen. (Billiger im Satirischen.)

Ihr Werk, in einer schieren Darstellung, wurde mit starkem Klatschen begrüßt, auch bepfiffen: doch von beiden Gruppen geschmeckt und belacht."

So die imaginäre Vornotiz.

II.

Meisterlich kommt von einem Städtle, von einer Tiefschicht und einer Mittelschicht ... meisterlich kommt hier die Atmospähre heraus.

Die Verfasserin ist ein unverzärteltes, begabtes Frauensbild um Dreißig. Wohnte zuletzt in Ingolstadt, bei den Eltern. Trat, um zu leben, in ein Delikatessengeschäft.

Mit Spirituosen.

Sie wehrt sich gegen den Heimatsort: so für sie das Fegefeuer ist. Ehrenbürgerin von Ingolstadt wird sie nicht. Im Gegenteil: vielleicht Ursach' diplomatischer Verwicklungen zwischen Bayern und Preußen; so daß (könnt' man fürchten) der blauweiße Gesandte behufs Einschreitung einen dienstlichen Besuch im preußischen Ausland zu machen, ja, vorstellig zu werden hat.

Ehrenbürgerin wird sie nicht.

III.

Ich denke von dieser Stadt besser. In der Ingol-Stadt kann sich einer behaglich fühlen. Allerdings gewohnt hab ich dort nicht.

Trauliches Ingolstadt ... Früh beispielshalber fiel mir auf, daß neben sonstigem Bier es in Ingolstadt ein weizenartiges gibt. Ein prickelndes. Ein blondes. Ist das gar nichts, Fleißerin? Und spazieren gegangen wird, vor dem Dombau, abends; das bleibt wirklich schön. Aber gewohnt hab ich dort nicht.

Nun drei Tage. Wie lange die Fleißersche jedoch ...

IV.

Als anno 1926 ihr Schauspiel „Fegefeuer in Ingolstadt" erschien, wurde hier festgestellt: daß zwei von den vier Akten „stärker sind, als von den Jüngeren einer bisher es imstande war". Die Fleißer und (auf anderem Feld) Walter Mehring sind von den Jüngeren die stärksten Könner.

Die Frau zeigte schon damals Rohlinge des von alten Glocken überläuteten Bayernstädtles, mit dem schweren Turm. Ja: das Wittern einer Haßluft um kämpfende Parias im theokratischen, halb ulkigen Rückstandsnest.

Jetzt hat sie Ähnliches wieder gezeugt. Naturhaft. Im sommerlich blühenden Alltag. In aller hiesigen Dummheit lebensherrlich – wenn am Fluß die Pioniere bauen ... und im Dunkel hinter Mädeln schleichen.

Aus diesem Gegensatz fließt Humor: aus dem Nein vor dem Viechstum – aus dem Ja vor dem Dasein. (Das ist es.)

Das untilgbar wiederkommende Gretchengeschick wird an einem blutjungen Bolzen gezeigt. Flaubert hieße die Berta (gleich seiner älteren Magd): „Un cœur simple."

V.

Gegenüber von der schmerzhaften jungen Köchin, die zur Liebe reif ist; die gern wissen will, „wie man wen kennt": gegenüber der liebesfällige Bürgersohn; taprig; der wissen will, wie man es macht.

Beide ganz unsicher. Sie ein Leid; er ein Ulk.

Beide schlecht behandelt von der geliebten Person. Beide schlucken schließlich den ersehnten Apfel der Erkenntnis ... wenn die Pioniere bauen.

VI.

Gegenspieler: Erfahrene. Stellungsloses Dienstmädel, Alma; sehr gut erfaßt im Übergang zur Dirne. Zweitens: Korl, Pionier, mit komischem Hengstelstolz.

Der Ort bleibt aber das Kernstück. (Bitte, sagt mir nichts gegen Ingolstadt!! Nur die Fleißer will es!!)

Die Fleißersche Welt; Welt einer Beobachterin für die Reste der übertünchten Raubtierschaft im hiesig-heutigen Mittelalter; der Zurückgebliebenheit; Welt einer kostbaren Festhalterin ... Also die Welt dieses Stückes lehrt ... nicht: „So leben wir"; sondern: „Mit sowas leben wir"! (Es erklärt noch manchen dunklen politischen Vorgang.)

VII.

Man denkt: Vielleicht gibt es nicht so sehr Sprachgemeinschaft oder Sprachverschiedenheit, wie vielmehr: physiologisches Verwandtsein – und physiologisches Getrenntsein. Ein türkischer Soldat ist (so denkt man) dem Fleißerschen Pionier Korl eher verwandt, als dieser einem bayrischen Augenarzt ... Indes der bayrische Augenarzt einem jungtürkischen weit eher physiologisch verwandt ist (denkt man). Sowas versteht sich von selbst. Muß also heut gesagt werden.

VIII.

Marieluise Fleißer hat eine Sprachkraft. Gespräche, so gleich im Anfang zwischen den Dienstmädeln Alma und Berta: wunderbar. Man trinkt das.

Ich trank vor Jahr und Tag das (hier veröffentlichte) Gered' von einer Sach' mit allerhand jungen Wollungen und Verlegenheiten – was auch im Freien g'spielt hat. Ganz aufrichtig war es. Fortreißend.

Diese Frau ist ein Besitz. Sie macht hier auch kostbar jenes Leersprechen in mancher Tiefenschicht, voll inhaltsarmer Wiederholung und Nichtweiterkönnen. Alles von ihr wie am Zipfel gepackt.

Himmlisch das erste Liebesgespräch auf der Bank zwischen dem Pionier und der verdutzten Berta. Wenn sie zwischendurch, in der Liebe, mit Anzeige bei der Polizei droht ... Nur ein Dichtergeblüt kann das. (Zuletzt sagt sie doch zu ihm: „Geh' nicht weg." Entzückend.)

IX.

Ist Fleißer jetzt auch eine Dramatikerin, was den Bau betrifft? Und im Dramatischen vielleicht eine Satirenkraft?

Die Handlung führt sie eben so hin. Wie (sagen wir:) bei Tschechow. Nun, es geht alles; auch ohne den festhaltenswürdigen Salm vom „epischen Drama", das die Chinesen, Tschechow und noch Verstorbene sonst öfter gepflegt.

Satirisch? Ihre Schadenfreude gegen den halb aufdrahenden Feigling, den Krüppel, war im ersten Stück nicht so deutlich wie jetzt ... wider den Feigling aus dem Spießerhaus. Nicht so billig. (Schon daß er Fabian heißt ... Manches ist Simplizissimus.)

Prachtvoll bleibt sie. Wertvoll bleibt sie.

X.

Sollen Werte dieser Art von einer Kryptozensur bedrängt werden? Bitte nicht! Bei wirklichen Exzessen griff sie niemals ein. (Tat auch nicht not: weil die Kritik das Gemäße besorgt hat.) Hier ... Wenn einer malen will, wie's zwischen Dienstmädeln und Soldaten in Bayern zugeht: so muß er halt malen dürfen, wie's zwischen Dienstmädeln und Soldaten in Bayern (oder außerhalb Bayerns) zugeht.

Ein saftiger Auftritt spielt auf dem Friedhof. Nahm Bismarck an Schweningers Friedhofserlebnissen Anstoß? Nun also. Auch die republikanische Zensur, bitte, nicht.

Nicht! Nicht! Nicht!

XI.

Eine ganze Zahl Schauspieler ist an diesem Abend nach vorn in stärkeres Licht gerückt.

(Rezension.) Der jugendliche Peter Lorre, welcher den Fabian macht, wird nicht nur für diese Rollen verwendbar sein. Malerisch bemerkenswert bei vorgestrecktem Nacken, mit Hysterie, wenn er sich prahlend als „Würger der Frauen" aufspielt. Sehr verwendbar.

Stoessel, sein Bürgervater, ohne Kenntnis vom Text, aber wie von Thöny. Hoerrmann, der Pionier, nicht wie aus Ingolstadt, sondern schon mehr aus einem Schliersee. (Sowie Reuss, ein Feldwebel, nicht aus Ingolstadt, sondern aus Linz kommt.)

XII.

Und die zwei Mädeln... Kennenswert im unteren Schmerz, in leidender Aufdringlichkeit: Hilde Körber; das Opfertierl, halb sträubend und halb gewillt; in einer schlichten, unlyrischen, waschechten Lebenslage. Jawohl; Hilde Körber.

Gegenüber Lotte Lenya; die Erfahrene. Diese Schauspielerin, mit ihren Beinbewegungen, worin ein Charakter sich ausdrückt; mit ihrem Gehab, woraus ein ganzer Landbezirk äugt: die wird bald in der szenischen Front sein.

XIII.

Der Bildmann, Herr Neher, bringt kleinörtliche Veduten; sehr hübsch. Den Friedhof zu karg. Ohne Gebüsch (bei Ingolstadt!).

Jakob Geis, Entdecker Brechts mit Falckenberg und Engel, nimmt als Spielhüter gern die Leinengardine mittelhoch. Nun, schön. Hat schon vormals einen guten Marschgang (deutsch: Rhythmus) gekonnt. Jetzt spielt er im Tempo beinahe ... Tschechow: die „Drei Schwestern". Langsam; ja, wie man bei Ingolstadt spricht. In der zweiten Hälfte langsamer, als man im Theater spricht.

Vielleicht hat er ein *accelerando* in der zweiten Fassung ...

XIV.

Die zweite Fassung, mildere Fassung, vermutlich gekürzte Fassung, trat infolge der (nichtbestehenden) Zensur ein.

Wolfgang Bardach, Förderer und Hervorholer des Stücks für sein Versuchstheater, hat es abtreten müssen. Er kennt eine Zwischenfassung.

In der ganz zuletzt vorliegenden Fassung (für den freien Gebrauch aller deutschen jetzt zugelassenen Republikaner) gab es, nach verläßlicher Mitteilung, sechzehn „Vorhänge".

Will sagen: sechzehn Mal danken wollten die Leute. Somit scheint es ein großer Erfolg zu sein.

Er träfe die Richtige.

2. April 1929

Robert Musil: „Die Schwärmer“

Theater in der Stadt

I.

Das ist (im Rotwelsch des Handwerks zu reden) wieder ein „individualistisches“ Drama.

Individualistisch; kollektivistisch. (Man müßte zweckmäßig äußern: „hie“ individualistisch, „hie“ kollektivistisch; der Schmock heiligt die Mittel.)

Drama für den Einzelnen; Drama für die Masse. ... Die Forderung nach dem nurkollektivistischen Schauspiel ist ein ungewöhnlich flacher Kitsch.

Das Drama für den Einzelnen wird (natürlich) immer bestehen: weil die Kenntnis der menschlichen Seele mit ihren halb unerforschten Gängen ja nicht belanglos für die Entwicklung auf dieser tanzenden Kugel ist.

Morgen wird sowas abermals belangvoller sein als die gröberen Umrisse der Vereinspsychologie. (Alles ist relativ.)

Die Modeforderung nach dem nurkollektivistischen Drama bleibt Massenergebnis einer Denkschwäche.

(Fabelhafte Flachheit.)

II.

Musil gibt aber sozusagen ein Gipfelbeispiel des „individualistischen“ Dramas.

Dieser bedeutende Schriftsteller, in Erzählungen dramatisch, bringt im Dramatischen Überspitzungen.

Ein Klimakterium: worin die Leute sich pausenlos zerfasern, sich beklopfen, sich belauschen, sich zergrübeln, sich belauern, sich zerspalten, sich zerlegen, sich zerlähmen. Hamletteratur.

III.

Überfülle! Die Gallier sagen: *„Qui trop embrasse, mal étreinte.“* Auf deutsch: doch allzu straff gespannt, zerspringt der Bogen. Hier der Zuschauer.

Überfülle ... Sie herrscht an zwischenstufigen Ergründungen, an Erhaschungen geheimer Vorgänge. Musils Auge ...: das ist ein umgekehrtes Periskop. (Durch das Periskop sieht man aus der Tiefe, was oben vorgeht. Indes Musil anastigmatisch von oben sieht, was in der Tiefe vorgeht.)

Sein Lebenswerk starrt von Ertappungen, von Entlarvungen. Er durchleuchtet das Unterbewußtsein – bis es Bewußtsein wird. Jedweder seiner Menschen ist ein geschulter Seelendetektiv. Er selber dringt wie Gas in alle Ritzen. Diese „Schwärmer", heutige Liebeshamlets in Leid und Sigmund Freud, zeitigen ein ganz minutiöses, ganz langsam vorrückendes Innendrama – wogegen der „Tasso" von Goethe mehr ein wildbewegtes Volksstück ist.

(Oft benehmen sich Musils Menschen wie Luftgebilde statt wie Steuerzahler. Dabei hat man immer das Bewußtsein: ein Kerl ersten Ranges. Ein Pionier ... fern von Ingolstadt.)

IV.

Doch auf dem Theater? (Nur vom heutigen ist hier die Rede.) Dies alles scheint ja zu verbleichen; entwest zu sein. Manchmal ist es wie eine Versammlung von mißtrauischen, wachsamen, staniolempfindlichen Gespenstern – von keiner anderen Sorge bedrängt, als: ihre Innenzustände wechselseitig zu beargwöhnen.

Immer zwischen Beobachtung und Ahnung. Zwischen Exaktheit und Versonnenheit. Zwischen Bohrgeräusch ... und Klängen. (Ja, auch Klängen.)

Dies auf der Bühne? Heut? Nur denkbar mit Strichen ... in der Größe von Himmelsstrichen.

V.

Die Menschen bei Musil sind:

Einer, der in die Welt paßt (ein Diener). Dann ein bürgerlicher Repräsentationsmensch (Professor). Dann ein ... Rattenfängermensch, nicht hochstehend, aber lockend. Dann eine schöne, gütige Frau, welche dem Rattenfänger mit seinem Unwert, mit Bewußtsein von seinem Unwert folgt. Dann eine Träumefrau; Flattermensch: im Innersten unbetastet, unbelastet – die ein Verhältnis mit ihrem Diener gehabt. Dann ein scheinbar fühlloser Mensch, Thomas, der (gleich ihr) doch nur ein Träumer ist.

Das sind sie: Träumer; Schwärmer. Menschen, in der Welt nicht zuhause. Gucken auf Andre, die zuhause sind in der Welt. Voll Wissens, daß sie selber etwas haben, was in denen dort nicht lebt. Ist es ein Mehrbestand ... oder ist es ein Tödliches, Nihilisierendes, alle Begriffe Nullendes?

So verhallt dieses Werk – das technisch unmöglich, innerlich wesensvoll ist. Ein Schwärmer schrieb es. Ein Dichter schrieb es.

Pionier ... fern von Ingolstadt.

VI.

Robert Musils Erzählungen, von fester, von entfernungskühler Art und starkem Schnitt, stehn bereits mehr auf der Kruste des Erdballs ... als in Luftschichten.

Aber das halb Bewußtlose spielt auch hier, wie von selber zu begreifen ist, eine große Rolle. So in dem Band „Vereinigungen". So in dem Novellenbuch „Drei Frauen". Manches ist hier seelisch ein merkwürdiges „Remis". Unentschieden ... Musil bleibt ein unkitschiger Mensch. Ein Poet, bei grüblerischer Kälte. Fühlsam: bei abgerückter Sachlichkeit.

VII.

Unvergeßbar stark in seinem Hauptwerk: „Die Verwirrungen des Zöglings Törless".

Schauderhaft lange her, daß ich das Manuskript dieser großen Erzählung sah.

Etwas, das einen völlig packte. Dazumal schien mir: dieses Werk wird bleiben. Es ist geblieben.

Meisterstrecken. Voll Abseitigkeit. Voll Ungewöhnlichkeiten des physiologischen Empfindens. (Es ließe sich auch äußern: Nachtseiten. Na also.) Tatsachendarstellung. Visionär ... und real. Absonderlich wirken furchtbare Geschehnisse zur Nachtzeit im Bodenraum eines Konvikts. In Helldunkel gemalt: so daß neben wirklichen Vorgängen Unwägbares hindurchschwingt; darüber wegtönt; man fühlt über allen Scheueln und Barbareien, die sich dort vollziehn, Verströmendes wie den Gang der Zeit.

Ingolstadt –?

VIII.

Der wahre *criticus* verträgt Pole; wünscht Pole. Lacht über Zeitliches; klopft runzelkomischem, düsterpathetischem Affengetier der Mode freundlich auf den Popo. Weil er ahnt: Zukunft ist ... die andere Vergänglichkeit.

IX.

Ein Direktorich in der Kommandantenstraße, Paul Gordon, gelobte bei seinen Vätern, wenn man ihm eine Gnadenfrist lasse, den Spruch zu erfüllen: „Mensch, werde wesentlich."

Wesentlich ward gestern sein Haus; wirtschaftlichen Unbilden zum Trotz. („Was kann er schon damit verdienen? Zahlt sich ein Seelenstück aus? Es zahlt sich nicht aus.")

X.

Lherman wirkt künstlerisch. Den Aufstieg dieses Rampensüchtlings zu bestreiten, wäre für mein Gefühl jetzt unanständig.

Sehr wohlfeil, über eine Fehlbesetzung zu ulken. (Über den Exzellenzprofessor: über den Diener-Detektiv. Von der Schmiere.)

Doch es gibt keine Stadt in der Welt, wo in einer schmucklosen Nebenbühne so Innerstes mit solcher Hingebung, mit solchem Ernst, mit solcher dem Ulk wehrenden Wirkung zweieinhalb Stunden lang (es ist ein immerhin irdischer Vorgang) so tragiert würde.

Das gibt es in keiner Kommandantenstraße des Planeten.

XI.

Die Namen sollen genannt sein.

Paul Günther: um der Artikulation willen; und weil er die Kaffern zum Ernst scheucht.

Sonja Bogs: weil sie morgen eine „Frau vom Meer" sein kann. Martha Maria Mewes: weil sie nicht nur lecker, sondern verstehend ist. Rappard: weil er gar nicht ein kitschiger Verführer, sondern ein hirnlicher Verführer ... und selbst ein armes Luder ist.

XII.

Riesenarbeit: Musils Werk auf den fünfzehnten Teil zusammenzuhauen. Lherman hat es vermocht. Ist hier ein Spekulant? Oder ein Werdender?

Nach drei Proben war der Spott gegen ihn spottbillig ... Gebt ihm ein leidliches Theater: und er wird etwas. Die Bühne braucht solche Menschen. Fanatiker – ohne Sicht auf Erfolg.

4. April 1929

Jessner
Noch ein Fall Bruno Walter?

I.

Das Opfer liegt nicht – aber die Raben steigen indes nieder. Pick! pick! pick! (Vorfreude, schönste Freude.)

Rechtsblätter bringen Überschriften wie: „Jessners neuer Vertrag". (Die Gelegenheit ist günstig.) Ein deutschnationales krempelt seine Jubelstimmung in künstliche Zweifel um: „Die Hoffnungen, daß man endlich *die nötigen Konsequenzen* ... am Staatstheater zieht, sind selbstverständlich gering. Warum gering? „Politische Bindungen." (Diente Jessner denn einer einzigen Partei? Nicht von verschiedenen immer zugleich gezwackt? Und hat er nicht Etliches trotzdem erreicht?)

II.

Er will einen langen Vertrag, samt festem Ruhesold. Wenn in der Privatwirtschaft jemand mit Erfolg zehn Jahre gewerkt hat, kriegt er sein silbernes Eßbesteck und Zulage.

Jessner, der einen Stall zu einem Tempel schuf ... soll er die Türklinke des Tempels zum Lohn in die Hand kriegen?

III.

Was hat er in diesen zehn Jahren aus der Spottbühne gemacht. Hob er nicht die Kulturgeltung eines ganzen Staates? Soll es heißen: „Dank vom Hause Republik?"

Er war nicht billig. Aber die von ihm geschaffene Wandlung scheint kaum zu teuer bezahlt. Ach, als dies Schauspielhaus Wertloses bot, waren die Einnahmen fett. Liegt keine Lehre darin? Keine Beschwichtigung der Sparsamkeit? Jessner ... gab was für's Geld.

Seht es als „einmalige Ausgabe", nicht als Bedingung für die Zukunft an. Das Jahr der Witterungsunbilden, verderblich für jede Schauburg, ist ihm das Jahr der Vertragserneuerung. Ödipus war ein Glückspilz – gegen dieses Pech.

Der Reformator der amtlichsten deutschen Bühne darf es nicht entgelten.

IV.

Unterhaltend, was Herr Wellenkamp, ein gekränkter Theaterschreibling, in diesem Augenblick der Vertragsschwankung unternehmen ließ.

„Ogarow", sein im heutigen Rußland spielendes Stück (leichtwiegendes Theater; wurstig; handwerklich; halb Wedekind-Brühe, halb Georg-Kaiser-Schmarren) sollte letztens vom Studio der Staatsbühne versorgt werden.

Aber auch da kommt es nicht heraus? Warum? Jessners Theaterstaatsverbrechen oder Staatstheaterverbrechen? Nein. Diesmal bockten die Schauspieler.

V.

Wie bei Kleist vor den Kurfürsten die Unterfeldherren: so traten sie, Müthel, Granach, Franck, jeder ein Kottwitz, vor Jessner. Sie wollten halt und wollten und wollten das Zeug nicht machen. Eingabe dienstlich überbracht. Streik.

Jessner hatte gegen eine „Kraft" von Mitte Zwanzig die Schuldigkeit getan – soweit es ging. Drüberhinaus keine Verpflichtung.

Der maulende Stückmacher ist zu verstehn: doch der Intendant (darum?!) nicht zu verbrennen.

VI.

Bruno Walter ging. Soll diese Stadt noch Einen verwandten Wertes los sein? Man überschaue den letzten Zeitabschnitt. Er bot (obgleich aller Tadel berechtigt war) einen zuvor nie gekannten Reichtum ... an großen Kapellmeistern wie Schauspielvögten.

Solche Fülle, solche Blüte (trotz jeder triftigen Einwendung): das gab es nicht in Europa noch Amerika. Berlin: Weltzentrum.

Ja, was wird, alles in allem, dieser Abschnitt einstens doch gewesen sein? Es gibt keinen Zweifel:

Das (im Ernst gesprochen) perikleische Zeitalter der Republik.

5. April 1929

Eleonore Kalkowska: „Josef"

Volksbühne

(Studio-Aufführung. Unter dem Protektorat der Deutschen Liga für Menschenrechte)

I.

Der Fall Jakubowski, dramatisiert.

Binnen kurzem das dritte Schauspiel gegen die Todesstrafe. (Nach der „Ursache" von Leonhard Frank; nach der „Nacht vor dem Beil" von Alfred Wolfenstein.)

Frau Kalkowska hat ein gutes Werk getan: auch wenn sie kein gutes Werk geschrieben hat.

II.

Gewiß kann der Beobachter folgendes einwenden:

„Schnelldramenfabrik! Die gerechte Sache soll man durch dramaturgisch anfechtbare Stücke nicht gefährden... Es empfiehlt sich nun im Theater, daß, eine Zeit lang, zum Tod Verurteilte nicht an ihren

Fensterstäben rütteln. Der Anblick wird eine tägliche Gewohnheit, Abstumpfung ...“

III.

Nein. Hier ist, seltsam, die gute Sache, sogar trotz einem übertreibenden, karikierenden Drama, gefördert.

Weil das karikierende Werk so anschaulich ist; voll Saft; voll Entschlossenheit; voll Ahnung des Wirklichen.

Weil in mancher juristischen Gegend leider die Wirklichkeit schon die Karikatur ist.

IV.

Frank und Wolfenstein geben einen Fall, der sein könnte. Die resolute Kalkowska gibt einen Fall, der ist. (Nur das Schauspiel „Sacco und Vanzetti“ vom Minister a. D. Erich Mühsam wird künftig noch zugelassen.)

Die Kalkowska zeigt, zum Greifen deutlich, den sprachungewandten, gutherzigen, polnischen Knecht, kriegsgefangenen Fremdling – den man in Mecklenburg vor ein paar Jahren geschlachtet hat.

Geschlachtet: selbst wenn, im ungünstigsten Fall, dieser Jakubowski an der Tötung eines dreijährigen Kindes irgendwie beteiligt wäre; was mit nichten erwiesen ist.

Geschlachtet: weil es Barbarei bedeutet, auf einen bloßen Verdachtsbeweis jemand zu köpfen; ihn auf Möglichkeiten hin unwiederherstellbar zu nullen.

Tötung auf Grund von ... Merkmalen? Mit bockig abgelehnter „Begnadigung“ zu lebenslangem Kerker? Nein: Kopf ab! Kopf ab!

V.

Schuldig ist hier (für Literaten ausnahmsweis) nicht der Getötete, sondern der Töter: nämlich das Gericht.

Einen Trost, ein Glücksgefühl gibt menschlichen Seelen das unverdrossene, nicht hoch genug zu schätzende Tun der Männer, welche diesen beispielhaften Fall der fortwirkenden Zeit des Rads und der Folter ins letzte Licht rücken. Unser Dank bleibt ihnen gewiß.

Wie das Einzelne sich auch klären mag: Hinrichtung ist hier Schuld, Schuld, Schuld.

Und wenn bei erwiesenem Unrecht künftig der Richter wegen fahrlässiger Tötung hoffentlich ins Loch muß: so werden die Nachfolger sich den Spruch siebenfach überlegen.

VI.

Dieser Vormittag, mit dem ästhetisch anfechtbaren Stück einer gewissensstarken Person, war nicht umsonst.

Ist der Jakubowski-Fall erledigt, so wird auch ihr Stück erledigt sein. (Es kennt nur Weiße hier, Schwarze dort.)

Sie hat also kein gutes Werk geschrieben: doch sie hat ein gutes Werk getan. Das ist mehr.

VII.

Für ihre saftvolle Begabung, unbedenklich in den Mitteln, reden die Kräche, die sich bei der Aufführung abgespielt. Das tut einem wohl.

Sie erwähnt im Stück etwa den 9. November. Der arme slawische Dorfprolet (von Karchow zwar nicht polnisch, sondern russisch gesprochen, doch mit einer Innen- und Außenkraft gelebt, die unvergessen bleiben soll) ... der ratlose Dorfprolet sagt nebenbei (o Eleonore, wie demagogisch): für ihn sei der 9. November ein heiliger Feiertag. Für den Gedrückten, Armen, Gutmütigen.

Das Haus dröhnt von der unterbrechenden Kundgebung ...

Wackre Eleonore.

VIII.

Oder: die jetzige deutsche Rechtsprechung wird erwähnt – das Haus dröhnt ... von einem Ungewitter des Lachens. Augenblicke solcher Art sind wertvoll.

(Das Gegenstück sei darüber nicht vergessen. Hoffnung auf schönere Tage mit Wiederkehr des „weisen Richters" wurde neulich hier gehißt. Einer ist mittlerweile schon gekommen – der unsren Freund George Grosz freigesprochen hat. Und sein Name soll in Ehren genannt sein: Siegert.)

IX.

Den größten Krach gab es am Schluß. Vor die Gardine trat schroffen Schrittes die Kalkowsken. Ruhe. Pss ... sst. Kastriert vom Regisseur sei das Stück. Zwei beste Szenen getilgt. Gewaltsam, gegen ihren Wunsch. Mit Herzblut ... Überheblichkeit der Spielvögte ...

Recht hat sie. „Author first!" würden die Yankees, „Der Verfasser ist nicht neese" die Berliner sagen. (Er ist, ist, ist nicht neese.)

X.

Stimmen erhoben sich im Sperrsitz. Unpazifistisch. Dann Gegenstimmen. „Kein Gemecker!" Dennoch Bullern aus der Mitte. Vorn gebullert, zurück. „Schnauze!“ Weiterspielen? Gestrichenes nachtragen?

Vorn stand Kalkowska. Vertrat ihre Sache. Schenierte sich nicht. Es war eine Lust zu leben. O Deutschland, wenn du öfter so wärst.

Der Vormittag blieb keinesfalls umsonst.

XI.

Robert Musil hat gleichfalls kürzlich protestiert. Was ich nicht rechtzeitig wußte. Wohl gegen den Verlag, nicht gegen den Regisseur.

Musil hat sich beklagt – und hatte sich nicht zu beklagen; denn Lherman wirkte künstlerisch. Indes der Kalkowskische Protest ...

XII.

Endbericht und Zusammenfassung:

1. Kalkowska protestiert gegen den Regisseur.

2. Holitscher protestiert „im Namen der Liga für Menschenrechte“ gegen die Streichung.

3. Die Liga protestiert gegen Holitschers im Namen der Liga erhobenen Protest. Er sei dazu nicht befugt.

4. Der Regisseur (Trostler) protestiert gegen den Protest der Kalkowska, betont vielmehr den Protest der Liga gegen den Protest Holitschers und gegen den Protest der Kalkowska.

XIII.

Kinder! Kinder!

Es war aber doch kein vertaner Vormittag.

15. April 1929

Shakespeare: „König Johann“

Staatstheater

I.

Ist für unsere Tage dieses Stück ein Zeitstück? Es war nicht mal in seinen Tagen eins.

Damals war es allenfalls ein Aktualitätsstück: auf elisabethanische Stimmungen rechnend ... Ein Stück, worin Shakespeare die dargestellte (frühere) Zeit keineswegs durchschaut – oder mit Rücksicht auf die Königin gehorsam übertuscht hat. Somit: ein Zeitstück für uns?

II.

Ein Zeitstück nicht. Jedoch ein Stück mit allerhand zeitloser Geltung. Denn mitten im Wust zusammengewürfelter, verschollener, wurstiger, nichtssagender, durchstaubter Einzelvorgänge blinkt Menschliches von unerloschenem Wert.

III.

Shakespeare hat hier zu einem älteren Stück nur den Unterhaltungsteil gemacht: Witze – zugleich manche Seelenerkenntnis. Nachdenkliches über den dummen Gang der Weltgeschichte; Heiter-Galliges; Munter-Schmerzliches; Feuilletonismen eines doppelbodigen Betrachters.

Kurz: Äußerungen dieses abseitigen, aber eingespannten Kerls, der, siriusfern von allen Kloben und Stahlhelmen seiner grausen Läufte, doch den bodenständigen Rummel mitmachen muß; einem p. t. publico, als Theatermensch, ihn willfährig zu liefern hat – und in aller fremden Genialität ein Gefangener der Zeit ist.

Genau so liegt Shakespeares Fall.

IV.

Dazu hat er, jenseits hiervon, den frühen, fruchtlos fragenden Lebensschmerz eines Kindes inmitten der Bestienwelt wunderbar durchdacht; heilig durchfühlt; ja, trotz rhetorischem Sprachsud (den Jessner strich) ihn zum Greifen und zum Sinnen ernst verleiblicht.

V.

Jessner zeigt (an diesem wertvollen Abend) einen sehr fesselnden Mangel an grundsätzlicher Beharrung: er arbeitet mit zwei völlig entgegengesetzten Mitteln.

Denn er läßt alle Vorgänge zwar tonlos durch sich selbst wirken (indirekte Wirkung); zugleich aber (sehr direkte Wirkung) bringt er, durch einen beigefügten Sprecher, durch Landkarten, durch genealogische Tafeln sehr grell Deutlichmachungen, Glossen, Kommentare, Senf.

Es geht aber auch so ... (Nur Stumpfhirne sehen Alleinmöglichkeiten.)

VI.

Tonlos die Handlung. Diese indirekten Wirkungen sind möglich: vorbildlich nicht.

Das vermiedene rrrollende „R“ wünscht keiner von uns; doch die Gefahr der Schläfrigkeit ist auch eine Gefahr.

Auf alle Fälle: die stets von mir geforderte „Zivilisierung“ ist hier durchgesetzt. Es wird immer nur auf das Maß ankommen.

Schon Reinhardt unternahm einen Versuch: wenn er „Hamlet“ als Konversationsstück spielte. Jessner dämpft noch mehr: Jessner betont gewissermaßen die Tonlosigkeit ... Gleichviel: die, vor dem Krieg schon gepredigten, Begriffe (nicht „Histrionen-, Brüll- und Heulklang“; „statt mythischen Gewölks etwas Wohlbegrenztes“; „mit einer verhältnismäßigen Ruhe“; ja, was „Zimmerhaftes“), die sind hier erfüllt.

VII.

„King John“ ist uns nicht zeitverbunden. Jessner schmuggelt in dies etwas papstfeindliche Drama nirgends einen Hinweis auf die deutsche Zentrumspolitik ... (Doch „sag' ich nicht, daß dies ein Fehler sei“.) Die Meyerholde taten das – in einem bestimmten Augenblick mit Recht.

Belustigend, immer hinterher, kommt heute der verworrene Rat: bei uns in Klassikerstücke, nachdem man sie ihres Sinns entkleidet, jetzige Zeitprobleme zu bugsieren. Wieder ein heut schon zu spätes Hinterdreinlaufen ... nach der Klassiker-Umkrempelung in Rußland. Immer so ein beachtungshungerndes Nachtrotten mit Sachlichkeitsmimik. In Moskau ist ja die Mode halb vorbei.

VIII.

Jessner hat nicht Bugsierungen, sondern Übersichten getätigt (durch Weglassen); – und Sprechkraft erhöht.

Sprechkraft ... Nicht am stärksten diesmal in Granach; der zwar gestalterisch den Bastard wundervoll strotzend hinstellt ... aber im Sprachlichen über den Klang sicherer herrscht als über Wortgeltung. (Unterschied zwischen Ton und Artikulation.)

IX.

Am stärksten ist hier Helene Weigel. Durch Sprechkraft und Bildkraft wie auf ein besonderes Eiland gehoben.

Ihre Zunge hat sich bei Hebbel in einer Schmerzensfrau bewährt. Im Zusammenguß von Redenkönnen und Gefühl. Von Technik und Innenmacht. Jetzt ist alles gesteigert: in einer die Welt schwärzlich-schmerzlich sehenden Mutter. Erliegendes Wild vor unabwendbarem Grauen.

Im Gang, im erschlaffenden Blick, im Absterben der Wesenheit, im vorschattenden Wahnsinn ...: große Kunst.

X.

Forster verstärkt in dem waschlappigen Verbrecher Johann die Tonlosigkeit. Es ist ein gewisser Gleichfluß; wertlos nirgends – und bewegend nirgends.

(Bewegend ohne Rührsamkeit: der Mörder, Florath; bewegend ohne Rührsamkeit mit ihm das Mordopferle: das Bühnenkind Waldemar Pottier.)

XI.

Leibelt: bürgerbehäbig, bürgerschlau. Franck, Müthel, die Sussin, Riewe: nirgends eine Störung des Ernstes. Auch Heinrich Schnitzler, welcher den eingelegten Sprecher zu machen hat, vollführt seine Sendung aus einem Guß.

Der Austrommler jedoch stört – bis der Ernst Löcher kriegt.

XII.

Ein bißchen auch Nehers Bühnengebild. Links eine vergrößerte Telefonzelle. Hinten: Gleisüberbrückung auf einem Güterbahnhof, mit Telegraphendrähten. (Oder eine gedeckte Kegelbahn?)

Aber wie sein Bau hier die Gleise: so überbrückt Jessners zusammenhaltende Kraft Kleinmängel – in einem gefugten und bemeisterten Rettungswerk. Wofür ihm zu danken ist.

XIII.

Das Johann-Stück belichtet erstaunlich scharf die zwei Linien im Weltengang des Dramas.

Shakespeares Dramen sind ja nach Epischem gearbeitet. Nach Chroniken, Erzählungen, Geschichtsbüchern. Er nahm also die bequemere Form.

Abseits davon leuchtet im Rampenreich die gestraffte Form. (Griechenland, Frankreich, Ibsen, Pirandello.)

XIV.

Das waren von je die zwei Linien. Gereihtes Drama – und gebautes Drama. Raum ist für beide. Der griechische Zweig blüht künstlerisch seltner.

Vorteil des gebauten Dramas: es ist gedrungener; schlagender; einheitlicher. Nachteil: es lockt zum Zwängen.

Das gereihte Drama, das epische (China, Shakespeare, Strindberg, Inflation, O'Neill) hat einen Vorteil: es kann vieles zwangslos anbringen ... was der architektonische Bau des Griechendramas erschwert.

Nachteil: es läuft Gefahr, nicht ein Gebäude zu sein, sondern eine Siedlung.

XV.

Shakespeares Dramen stehn an Maß und Überschaubarkeit in ihrer episch-losen Form hinter dem dramatischen Drama des hellenischen Zweigs zurück. So sicher sie durch Mannigfalt, Unbeschränkung, beliebigen Ortswechsel ihm überlegen sind.

XVI.

Ortswechsel ist zwar technisch heut ein Nachteil; doch nicht mehr in kurzem: wenn das Theater des Sprechfilms im kleinsten Kaff jede blitzhafte Verwandlung sichert.

Bald wird – als Letztes – die Farbigkeit, Kinemakolor, dazukommen; die beiläufig in Marseille Herr Pathé schon vor dem Krieg in den „Bürgern von Calais" zu meinem Staunen erreicht hatte.

... Das Theater steht (wie seit dem Auftauchen des Sprechfilms, 1926, hier zum heiseren Klang der Bardenharfe prophezeiht) vor sehr neuen Dingen. 4. Mai 1929

„Happy end"?

Schiffbauerdamm

I.

Ein Spielmeister, der (wie Erich Engel) wirklich in der Spieltönung ein Meister ist, kann manches für den, also, Autor tun – bloß eines kaum: für ihn auch noch dichten. Daran hapert's.

Wenn ein Stück schließlich nicht zu leben und nicht zu sterben vermag; deshalb nimmer aufhöret bis um halb zwölf; gleichsam ein Radfahrer, der nur sitzen und treten gelernt hat, wenn ihm jemand Fremdes raufhalf, aber nicht absteigen kann, und immer weitertritt, immer weiter, bis zur Langweile der Zusehenden: dann hilft ihm kein Engel.

II.

Das Eindrucksergebnis, wenig vor Mitternacht, am Telefon war: „In diesem Stück, das unter Brechts Firma und unter der Firma einer nicht sicher existierenden Dame geht, hat Brecht bei sich selber abgeschrieben. Ein paar nette Einfälle. Eine schmeichelnde Musik. Aber manchmal ein Gipfel der Stupidität. Der Beifall kam von einem bestimmten Teil der Zuschauerschaft. (‚Bestimmt' ist hier nicht ein Partizipium.) Zum Schluß Theaterskandal."

III.

Warum pfiffen sie mitten hinein? Weil ein als Zeitdramaticus Maskierter bisher die Zuflucht zu Verstorbenen wie Marlowe, dreihundertfünfzig Jahr, John Gay, zweihundert Jahr, Rimbaud, heute siebzig, Büchner, hundert Jahr, Villon, fünfhundert Jahr, Tauchnitz-Verlagsjubiläum, nahm – jedoch diesmal auf etwa „Miss Helyett", nur fünfzig Jahr alt, zurückgriff.

IV.

Eine Helyett von der Heilsarmee rechts; der schneidige Verbrecherich, Mackie Messer nochmals, Geschäft ist Geschäft, links: zum Schluß ergibt es ... ein Paar.

Mancher hatte das, in der revolutionären Gegenwartsdichtung oder Reform der Operette, vorausgesehn.

Nicht vorausgesehn: die Verbrecher werden Soldaten der Heilsarmee. Unter Brechts Motto: „Happy entlehnt".

V.

Die glänzend artikulierende Frau Weigel sprach, nein: las am Schluß des versandenden Abends von einem Zettel rasch noch ein bißchen Sozialkritik. Angepappt. Worin das versuchte Helyettgeschäft schandenhalber dem Kommunismus fix was hinwarf; einer Zeitsehnsucht mit unfeinen Mitteln flüchtig den Mund zu stopfen. Dies war das Übelste. Dies war das Allerübelste.

Verlesene Worte – dazu schwerlich auf Brechts Acker gewachsen. (Sie könnten, wären sie geistreicher, von Tucholsky sein.)

VI.

Rast für einen Rundblick. Diese Angelsächseleien mit dem Moderduft für neue Zeitdramatik auszugeben: – Schluß!

Die Ausflucht, Abgetragenes sei „Parodie“, geht als ganz selbstverständlich zu den Akten. Aber ja doch. Parodie – auf wen?

Zeitdramatik ist: Pump mit Gesangseinlagen.

VII.

Eine Gesangseinlage hat als Kehrreim das Wort „geschi... en“. Mehrmals. Immer nochmal. Ich bin kaum zimperlich; aber die hinreißendliebe, zaubersüße, volkseinfache Menschenblume, Neher-Carola genannt, eine künftige Dorschin vielleicht, schien sich bei so geistlosem Dreck zu schämen.

Ein anderer Kehrreim: „In die Fresse!“ Immerfort: in die Fresse. Ein dritter: „Ihr könnt mich ...“ Wiederholt; wiederholt. Wenn etwas dahintersteckte! man läßt ja mit sich reden.

Aber der Kampf gegen den Schmutz- und Schundkampf wird hier bloßgestellt, in Verruf gebracht – so bloßgestellt, so in Verruf gebracht, wie zugleich hier die Kritik am sozialen Elend; wie aller Emporwille der Umschatteten bloßgestellt. Es bleibt an dem Geschäftsversuch das Niederste.

Rast für den Rundblick: Schluß!

(Die Zeit wird hier bemogelt.)

VIII.

Homolka wirkt kostbar, wuchtverkommen, saftvoll neben der himmlischen Klabundfrau.

Der Musiker Weill ... Also: Brecht hatte sich weg von der neueren Dramatik (die er nach Behauptungen, nie in der grünen Wirklichkeit getätigt) abgewandt zu Brecht. Wozu Weill Melodien, die schon längere Zeit bestanden, komponierte.

Das Publikum stimmte diesen freundlichen Erinnerungen, erlöst von Weills anderem Versuch, vierhundertmal in der „Dreigroschenoper“ zu. Was dem verstorbenen John Gay komischerweise zu Kopf stieg, während sich Brecht im Sarg umdrehte.

IX.

So hat Weill durch ältere, vorhandene, zuverlässige Melodien, wenn auch in der Jazzmaske, das Publikum von der neuen Musik weggelockt. Aber Weill ...

Schmeichler! Er setzt wenigstens entzückend, was das Volk (gegen Entree) singt. Er ist ein sehr Aparter im Unaparten.

Herzensspitzbub! mit Programm. Soll man erst noch versichern, daß er es einem „angetan" hat?

X.

Caspar Nehers Halbgardine. Inschriften, mühevoll im Film abgeschafft. (Parodie, selbstverständlich.) Lorre, Günther, Hoerrmann, Radecki, Carell, Schöller, Lingen, Oswald. Von Zeit zu Zeit seh' ich den alten Gerron.

XI.

Schauspielende Durchbildung (soweit das Vielermannsstück fertig ist) meisterhaft; im Einschnitt; in der Stufung; im Wechsel. Bloß nicht im Dichten.

Wann, Engel, schreiben Sie das nächste Drama selbst?

3. September 1929

Walter Mehring: „Der Kaufmann von Berlin"

Piscator-Bühne

I.

Ein Ostjude, mit Namen Kaftan, rettet aus dem Pogrom hundert Dollar – und seine Tochter.

Er geht nach Berlin, wo Inflation ist; in dem ruchlosen Wunsch, wiederaufzukommen ... durch die hundert Dollar.

II.

Er kommt auf, noch höher ... und gleitet wieder hinab. Am Schluß ärmer als zuvor.

(Bei Mehring zieht in diesem Augenblick ein Doppelgänger Kaftans, ein anderer Kaftan, in Berlin ein. Bei Piscator jedoch kein Doppelgänger; sondern er wird einfach verhaftet – wegen unerlaubter Transaktionen.

Die Profithyänen Berlins haben ihn zur Strecke gebracht.)

III.

Grandios-vielfältiges, wirrdunkles Bild aus der Zeit des Gelduntergangs.

Was hier aus allen Ecken sprießt und springt und äugt und droht und kreischt und gellt, lurt-lemurt und krallt und klagt und schweigt: – das Wort „Goya" für dies Gemisch aus einem gradlinigen Hexenschabbes und einem salbigen Hexensonntag (widerlich beide) ... das Wort „Goya“ kommt einem halt auf die Lippen.

Hier spricht eine große Begabung.

IV.

In allen Einzelheiten anfechtbar. Was ist ein armer Finanzpinscher, dieser Kaftan, mit seinen lumpigen 450 000 Goldmark Differenz, letztens in der großen Eigentumskrise?

Was er ist? Herausgegriffenes Beispiel. Ein Wellchen in der Sintflut.

Ein Gegenstand zum Darzeigen.

V.

Bloß: die Gründe, weshalb er stürzt, wären sachlicher, fachlicher, herauszuholen ... wie die Gründe, warum er steigt.

VI.

Mehring beging etwas schwer Bedenkliches: er macht jemanden, der ein Täter sein soll, zum fast passiven Geschöpf. Abhängig vom Rechtsanwalt Müller. Den ostjüdischen „Eroberer“ stempelt er zum Werkzeug des, also, arischen Rechtsanwalts.

Was hat nun eigentlich Kaftan für Taten, was für selbständige Handlungen entwickelt? Er läßt sich (bei Mehring, nicht in der wirklichen Ostjudenwelt, mit ihrer unverkürzten, unverglätteten, nüchternen Sprungmacht) ins Schlepptau nehmen.

Kaftan wird von Müller gemüllert.

Ein falscher Ostjude.

VII.

Nein. Mehring will sagen: dieser verhältnismäßig harmlose Gauner, der gemeinhin von primitiven Hirnen zur Gaunergilde gerechnet wird, ist in Berlin ... ein Opfer der noch schlimmeren Gauner mit Sonne im Herzen.

Widerlich beide. Von Mehring beide gemalt. Ergebnis, wie Shaw sagen würde: unpleasant play; unerquickliches Werk.

Nein: ehrliches Werk.

(Deshalb ist es von allen Theaterdirektoren Berlins abgelehnt worden.)

VIII.

Jenseits von einigen Stellen, etwa des Stückes „Hans im Schnakenloch" (Dialog): so war Mehrings Stück für mich die erste geistige Begegnung in diesem Dramenwinter.

Auch die erste Berührung mit der Zeit ... nach allen Zeitsimulanten. Nach allem Tiefstand von Revuen, welche der Zeit fern sind.

IX.

Hier ist, endlich, Verbindendes mit der Gegenwart. Voll ernster Sprachkraft. (Mehring wird in Liedern, gleichfalls in wundervoll erhaschten, schlagsicheren Antworten schöpferisch. Hier an irgendeinem Schalter; dort in der Kneipe.)

X.

Nebenher macht er freilich Sudermann. Im Gang der Handlung. Bedenkenlos.

Etwas gar zu tendenzblöd. (Müller muß ein Verhältnis mit der Frau des impotenten Generals ... und mit Fräulein Kaftan haben; also Vorstadt.)

XI.

Dann aber bringt Mehring zwischendurch Liedchen, die nicht angepappt, auch nicht geschäftliche Bedarfsartikel, sondern einer inneren Wallung entquollen sind.

Das Herzhafteste dieses Kaltblüters – der, die politische Grundrichtung einmal festgestellt, zu rasch auf den Leim der Sachlichkeit kriecht.

Er hat einen herrlichen Haß. Er ist unter den Jungen der stärkste Könner.

XII.

Sein Bühnenroman, allen Parteien unangenehm, somit hoffnungsvoll, malt Juden ohne jüdischen Zug.

Kaftan – das könnte genau so gut ein Bauer aus dem Allgäu sein. Mehrings Sprachverliebtheit (er hat ja Balzacs altertümelnde „Contes drôlatiques" mit zäher Kraft umgedeutscht) – seine Sprachverliebtheit schadet ihm: denn das Parkett am Nollendorfplatz versteht das Jiddisch nicht.

Erwin Piscator sollte dies einschränken: damit man im Sperrsitz weiß, was gesagt ist.

Komische Welt.

XIII.

Mehring macht eine Hochzeit von Geist und Phantastischem. (Realphantasie.)

Sicher viel Peinliches. (Unpleasant play.) Sogar Taktloses: wenn ein Leichnam, der eines Stahlhelmes, auf den Müll geschmissen wird. Hier gab es Krach bei den Zuschauern. Mit Recht.

Wollt ihr Kriegsgreuel ächten ... und seid nicht besser?

XIV.

Piscator zerdehnt alles. Verlangsamt und verlängert. Übertönt und schweift ab. Mit Geräuschen der Geräte. (Senkrechtes Drehgebühn.)

Wundervoll paßt aber zu der Goya-Wesenheit des Ganzen: daß eine Gestaltensippe manchmal von unten zauberluftig emporsteigt; in dieser Gespensterwelt Mehrings.

XV.

Erschüttert ist man gleich durch Piscator, wenn bloß im Beginn ein Menschenchor die Vorgeschichte der Begebenheiten meldet. („Für neu hinzutretende Leser ...")

Kein Spaß: derart einfach erschüttern kann bloß einer, der in den Dingen auch innerlich erschüttert ist.

XVI.

Hernach wird Piscator formlos ablenkend. Ohne Tastung der Einschnitte. Länger. Immer noch ein Bild.

Akzente jedoch, zum Donnerwetter, darauf kommt es an. Nicht auf ... sagte man im neunzehnten Jahrhundert nicht: Digressionen?

XVII.

Piscator verlangsamt und verzögert. Gleichviel: er hat eine ganze Zeit hier nachgeschaffen. Oft mit Schädigung des Wortes. Doch mit aller Fülle, mit allem Tausendstrom, der zu einer röchelnden Epoche gehört.

XVIII.

Wird von alledem eine Spur verändert in der Geschichte des Künftigen? Ich glaube kaum.

Ein jung-linkes Blatt fragte mich neulich nach wünschenswerten Zielen. Ich gab als Ziel an:

Nicht Weinerlich-Seelisches,
Phrasiges.
Sondern Mephistophelisches,
Aasiges.
Bis die schreibenden Manndl'n
Nicht klecksen, sondern handeln.

XIX.

Der amerikanische Spieler Baratoff und seine Tochter, Schilskaja, mit Steckel, Schünzel, Hannemann, Kalser, Simon, Emilie Unda halfen ... an diesem bestrittenen, aber sehr denkwürdigen Abend.

7. September 1929

Georg Kaiser: „Kolportage"

Komödie

I.

Ist nun diese Dramengegenwart schöpferisch ... oder nicht? (Wenn man von den Nützlichkeitsstücken absieht.)

Ein vorderes Theater gleich der „Komödie" beginnt – womit?

Mit einer Wiederaufnahme; mit einem vorgeholten, vor Jahr und Tag gespielten Stück. Und dies zur Hilfe gerufene Schauspiel ist nicht ein eignes Werk: sondern eine Parodie auf andre Werke. Dabei nicht eine Parodie auf Gegenwartserscheinungen: sondern, o Gott, auf die Courths-Mahler.

Ist alles das nicht ein Merkmal von Bescheidenheit? Die deutschen Sprichwörter, gesammelt von Simrock, sagen: „Bescheidenheit – das schönste Kleid". Kann ich nicht finden.

II.

Dies ist von Kaisers Arbeiten jedenfalls die spaßigste. Wenngleich für Kenner der abgelagerten, schon halb zermotteten Franzosentricks Kaiser auch in seinen ernstgemeinten Arbeiten eine verwandte Spaßigkeit bietet, ohne sie zu wollen.

Argwohn: dieses Stück war ursprünglich nicht als Parodie gedacht ...

III.

Wen parodiert Kaiser? Die Verfasser von Stücken der alten Schule? Nicht einen bestimmten Verfasser von Stücken der alten Schule, die aber modern staffiert sind?

Kaiser arbeitet, in seiner Produktion, auch wo sie unparodistisch ist, mit bemoosten Kniffen (weshalb er als ein, psch, Techniker in Deutschland gilt).

Noch für eine Revue, also Zeitspaß („Zwei Krawatten") fällt ihm nichts ein als die abgestandenen Motive der amerikanischen Erbschaft – für die siegende Tugend. Das dagewesenste Schema ... (für einen heutigen Zeitspaß). Auch Parodie? Aber gewiß.

Argwohn: das Kolportagestück war ursprünglich nicht als Parodie gedacht...

IV.

Unter allen Umständen streicht G. Kaiser hier die Wirkungen der Courths-Mahler, als ein Positivum, gern mit für sich ein. Denn die Zuschauer sind –

Die Zuschauer sind, nicht weil die siegende Tugend parodiert wird, glücklich: sondern weil die Tugend siegt. Scharf hinsehn! Kaiser steht zu der Courths-Mahler nicht nur als Parodist: auch als Nutznießer.

V.

Das mindert kaum die Lustigkeit dieses Werkchens. Es sei, wie es wolle: man lacht.

Die rührige posensche Gräfin Kwilecka, welche das Kind einer Bahnwärtersfrau Meier unterschob, den Säugling ins Grafenschloß schmuggelte, so daß Meier als echtblütig galt und als Majoratserbe daherging: ein Seitenstück zu der ist bei Kaiser die schwedische Grafenfrau, die, aus andren Beweggründen, ein fremdes Kind in das Grafenhaus pascht, so daß ihr junger Meier wiederum als echtblütig und Majoratserbe wandelt.

Auf die Bravheit jedoch, nicht auf Adelskronen kommt es an.... Von den Wirkungen dieses Nieritzschen Satzes lebt letztens Georg Kaisers Stück – das von der Parodierung allein drei Akte lang nicht leben könnte. Das ist es.

Parodist? ... Und: Nutznießer.

VI.

Hans Reimann ließ mal ein Stück vom Start (Kommandantenstraße), das in voller Ruhe den äußersten Kitsch barg. Unerläutert. Gleichsam ahnungslos. Man lag unterm Stuhl.

Der junge begabte Hermann Ungar, in einer bisher ungedruckten, ungespielten „Gartenlaube" fordert gleichfalls Darstellung voll ruhiger

Ahnungslosigkeit – und man würde, manchmal, bei ihm unter dem Stuhl liegen.

Ich habe das früher gefordert. Beide sind jedoch ... nicht meine Schüler, sondern Wedekind-Schüler.

Kein solcher Schüler ist Erich Engel, Einrichter dieses nun „Kolportage" benannten Stücks – obschon er vieles reizvoll macht.

VII.

„Ein Wort über den Wedekindstil, der not tut. Die Darsteller müssen ernst sein. Damit man ... gewissermaßen unfreiwillig über die ernste Situation lacht. Nichts dürfen die Schauspieler vorwegnehmen – nicht etwa zwinkern: jetzt spielt eine ulkige Sache ... Sondern wir allein sollen es ulkig finden." Der Schauspieler? „Er darf nicht wissen, welche Komik seine Rolle birgt!" (Koran, vielmehr „Die Welt im Drama", Bd. V, S. 522.)

VIII.

Erich Engel aber ließ den Gülstorff wissen, welche Komik seine Rolle birgt ... Engel hat Einfälle so hübschen Inhalts wie: der Loddergraf kriegt Angst vor dem Selbstmord und senkt den Revolver – da erscheint mit dem Tablett für die Waffe schon der gräfliche Diener und geht mit ihr ab. Das ist ... „Fliegende Blätter"; nicht Wedekind. (Nicht mal Kaiser.)

Also: der Hörer entdeckt hier den Spaß nicht, sondern wird auf ihn gestupst. Das mindert ihn.

IX.

Gestupst: sogar durch Apparate.

Ohrenapparat: Saxophon, mit dem Karneval von Venedig und Richard Wagner. (Karnelwalhalla-Motiv, denkt man.)

Augenapparat: der Bühnenbildner Schütte läßt, wie Albumseiten, die Dekorationen umblättern. Auch sehr hübsch. Auch sehr erläuternd.

Apparat! Schrieb nicht mein Jean Paul: „Die Deutschen versehen ein Epigramm mit einem Vorwort, und ein Madrigal mit einem Sachregister"?

X.

Jenseits von Erich Engels (diesmaliger) Animier-Regie sind prachtvolle Darsteller am Werk. (Oft auch Darsteller prachtvoll am Werk.)

Die Leopoldine Konstantin wächst über das Stück zu andrem Gefild: ein im Kern werthaltiger Mitmensch. Uneitel und haftend.

Wallburg: herrlich im Leichtsinn, im Erliegen. Denkwürdig wandelndes Doppelkinn.

Die Bleibtreu, eine Tante; Winterstein ein Onkel. Zwei Erbjungen –: beiden sollten weniger cis- oder transleithanisch reden; sondern allgemein-deutsch.

XI.

Die junge Karin Evans (sang sie nicht vormals bezaubernd-schüchtern was vom „kleinen Haus am Michigansee"?) trägt hier ein sommerweißes Kleid, bis auf die Knöchel; ist schlank; abermals schüchtern; was braucht man mehr?

Und die Wüst, Bahnwärterin Meier: so oft du kommst, du sollst willkommen sein.

XII.

Der Bühnenwinter ... „glorreicher Sommer" durch eine dramatische Sonne ward er bis jetzt nicht. Die Gruppe junger Schauspieler für das Abtreibungsstück: glänzend. (Das Stück selber, mit seinem guten Ziel: mehr gutes Ziel als gutes Stück. Aber ein Nützlichkeitswert.)

Das Blut stieg mir gestern einmal zu Kopf: in dem (vorübergehend?!) verbotenen, sehr starken Film „Revolte im Erziehungshaus".

17. September 1929

Ödön von Horvath: „Sladek, der schwarze Reichswehrmann"

„Aktuelle Bühne" (Lessing-Theater)

I.

Propagandastück mit Kunst? Manchmal. Zwischendurch Spuren eines Dichters.

Der Schlußteil nämlich hat bloß Zureichendes. Der Anfangsteil Überschüssiges ... was den Dichter macht.

Horvath (vor einem Jahr schrieb er beachtungswürdig die „Bergbahn") fährt hier aufwärts.

Er kommt nicht zur Firngrenze. Immerhin zum Knieholz.

II.

Propagandastück mit Kunst: noch nicht. Bloß-Nützlichkeitsstück: nicht mehr. So liegt der Fall.

(Horvath ist, mit andrem Gleichnis, ein Verbindungsoffizier.)

III.

Von Duschinsky, von Friedrich Wolf trennt ihn ein Vorzug ... und ein Nachteil.

Der Vorzug: dies Reichere beim Hineinblick in die Menschen; dies voller Strömende, wenn er sich von der Tendenz fortverliert; wenn er das Helferziel vergißt ... und innere Beziehungen malt zwischen einem ausgehaltenen Jüngling, der Kellner werden wollte ... und einer alternden Damenschneiderin, die ihn füttert, zugleich körperlich auspumpt, ausweidet.

Zuwag' zur Tendenz ... Das der Vorzug.

IV.

Der Nachteil: Horvath, Ödön, baut kein drei Stunden sättigendes „Stück" – was Duschinsky und Wolf, bei aller Zweckdünne, tun.

Sondern er streut eine Handvoll Auftritte; skizzig der ganze Bau; gibt anfangs politische Weltanschauung in runden Gestaltbildern – hernach bloß Weltanschauung in Dokumenten.

(Beides in einer Lufthülle, die über grob Tendenzhaftes hinauslangt.)

Horvath braucht nicht Verbindungsoffizier zu bleiben.

V.

Der ausgezogene Kellneraspirant geht, in einer Verfassung von leiblicher Angewidertheit mit Hunger nach frischer Luft, zur Schwarzen Reichswehr – kindisch-männlich; etwas dumm; etwas jung; mit aufgeschnapptem Halbkram; nicht schlecht – sondern in der Blödheit mit phrasiger Sehnsucht nach einem Gewissen; begeistert kompaßlos. Ein armes, ulkiges Schaf.

VI.

Er fällt beim ersten Zusammenstoß der Staatstruppe gegen die Schwarze Reichswehr. Die Oberen kommen davon.

Und Gessler (nein: im Stück ein „Bundessekretär") behauptet amtlich: eine Schwarze Reichswehr gab es nie.

So der Schluß.

VII.

Der tapfere Horvath, der also nicht einseitig tendenzelt; der wohl Hermanns cheruskischen Ausruf, beim Kleist:

„Was brauch' ich Latier, die mir Gutes tun!"

im Innern letztens mißbilligen wird: der tapfere Horvath ist nicht einseitig – aber auch nicht einfältig, die Scheußlichkeit einer Viechsschicht von Fememördern abzuschwächen.

Es gibt ja doch keine Brücke.

Dies Grauen und Staunen vor einer spät entafften Mitbewohnerschaft wird bei Horvath Gestalt. Hier sein Verdienst ... neben dem Tendenzlos-Überschüssigen.

(Die Zuwag' ist nicht draufgelegt, sondern untermischt.)

VIII.

Piscator geht hops. Die überanstrengte, die gereizte Maschine schlug ihn k. o. (Oder das verstoßene, zu kurz gekommene Menschenwort.)

Seine Kraft muß darum nicht verloren sein. Er wird auf die Gastwalze ziehn. Überall begrüßt und bedankt: wo er nicht hinüberwechselt zum Parademarsch. Zum „Richt' euch!" – von der Richtung.

IX.

Entging ihm dieses Stück? Zweite Frage: brauchen solche Stücke noch einen Piscator?

Hat sich das Wunder nicht vollzogen: daß eine herrliche Darstellerschöpfung, von der Gruppe junger Schauspieler bezähmt, bei Lampel, bei Wolf, ohne Piscator Gleichstarkes, wahrscheinlich Stärkeres bot?

Braucht man Piscatoren, wenn der Spieltreiber Erich Fisch hier mit halb unbekannten, halb kaumgenannten Mimen wie Otti Matthies (durchhaltend im Ton blödjunger Rechtschaffenheit; im Ton verführter, williger Torenschwäche); dann mit Lotte Lieven (die wirklichkeitsstramm Umdüstertes und Geladenes zu tätigen vermag); neben dem (lang)bewährten Max Schreck mit furchtlos-brutalen Darstellern namens Gretler, Weilhammer, Greif (Mermino dazwischen); mit Willi Normann, für den Schneid passend, mit Fritz Ritter, auch Thormann sei zum guten Zweck aufgezählt: ... wenn ein Fisch in so frischem Wasser schwimmt.

X.

Was bedeutet es? Demokratisierung der Szenenkunst. Republik der Darstellenden: mit selbstgewählten, unnotablen Lenkern. (Die Obleute des Schauspielerrats stechen den Star aus.)

... Einen Gruß an dies alles. 14. Oktober 1929

Bernard Shaw: „Der Kaiser von Amerika“

Deutsches Theater

I.

Ist George Bernard Shaw sich im vierundsiebzigsten Lebensjahr untreu geworden? Nein: er ist sich treu geblieben.

Nur lag zwischen seinem früheren Schaffen und seinem jetzigen Schaffen die Weltrevolution: die Republikanisierung Europas. Der Einschnitt …

Der Einschnitt – auch für ihn.

II.

Was? … Dschi-Bi-Es (so nennt ihn England vertraulich nach den Anfangsbuchstaben) – Dschi-Bi-Es oder G. B. Shaw war ein Ausdruck der Zeit, vor dem Krieg.

Seitdem erschien in seinem Werk manches zu selbstverständlich: weil die Revolution der Welt im Grund seine tapferen Forderungen erfüllt hatte. (Das war die ehrenvoll-heitere Tragödie dieses Autors.)

Er hatte gesagt, was zu sagen war. Er hatte gefordert, was zu fordern war. Es war nicht viel mehr zu fordern … von ihm.

Er hatte sich, als Widersprecher gegen Rückständiges, wundervoll bewährt. Dies Rückständige war fast geschwunden. Seine Sendung erfüllt. Er schien beruflos.

Aber der Hang zur alten Tätigkeit des Widersprechens rumorte fort. So widersprach er eben sich selbst.

Shaw wurde sich im 74. Lebensjahr untreu, indem er sich treu blieb.

III.

Wer herrscht, ist anzugreifen … denkt er wohl dunkel. Wer aber wird gegen Ende des 20. Jahrhunderts (da spielt sein Stück) herrschend sein? Demokratie. Das Königstum wird bedrückt sein und in der Minderheit.

Shaw setzt somit sein altes Geschäft fort: die Herrschenden anzugreifen, die Minderheit zu schützen … Nur vergaß er, daß die Minderheit hier ein entzahntes Schädlingstum ist: daß sie ein beseitigter, vordem vom Geburtszufall blöd abhängiger Mißstand war.

Shaws Denkfehler hieß: Minderheit ist Minderheit. Seinem vierundsiebzigjährigen Hirn entging, daß es, mit Unterschied, Minderheiten ... und Minderheiten gibt. Wie der Mensch an der Spree sagt: so'ne und so'ne.

Shaw, stellungslos geworden, fuhr blindlings auf den Begriff „Minderheit" los. Das Ende war ein schiefes Stück.

IV.

Mussolini hat auf Shaws Bewußtsein (oder auf sein Unbewußtes) gewirkt. Aber Shaw lebt in England, wo es zufällig einen König gibt.

So verwirrte sich Bewunderung für den (aus dem Volk emporgestiegenen!) Diktator ... und allerhand Mitgefühl für ein in England erblich vorhandenes Institut.

Tohuwabohu im emeritierten Kopf.

V.

Denkbar wäre der Gegensatz: „Hier Demokratie, dort Diktatur." Wenigstens klar geformt.

Aber der Gegensatz (um anno 1999): „Hier Parlament, dort (erblicher, zufällig aufgeklärter) König" ist reiner Brägenbruch. Nirgends allgemeingültig.

Ein ganzes Dasein hindurch hat Shaw Dinge von allgemeiner Geltung verfochten; hier plötzlich wird er zufallsenglisch. (Vielleicht in Erinnerung an Edward VII.) Der Insulaner Shaw hört letztens auf, universell zu sein? ...

Furchtbares Beispiel des Erliegens vor der Umwelt.

Nehmt euch in acht. Und wenn ihr statt dreiundsiebzig gar hundertfünfzehn werdet – paßt auf.

Betet nicht, und wachet. Sonst verschlingt euch die Umwelt eines Tags. Ihr glaubt zu kämpfen, während ihr euch anpaßt.

Der Ire Shaw ist zum ersten Mal ein Stockengländer.

VI.

Jeder *criticus* hat Schwellen des Bewußtseins aufzumeißeln. Was da sich bei Shaw findet, ist neben andrem ... ein Gefühl der Abnutzung. Jemand hat ein Dasein hindurch Einblick bekommen in die linke Strömung: so Shaw; niemals Einblick in die verborgenen Zustände königlicher Welten.

Er wird also nicht nur seinen Überdruß an dem Zufällig-Persönlichen der linken Seite spucken; sondern zugleich sich an dem Gegenteil, das er gar nicht kennt, erfrischen.

Gesetz der Abwechslung; Gesetz der Abnutzung.

VII.

Shaw macht einen Gewerkschaftsführer lächerlich, weil der von S. M. so rasch beeinflußt wird ... Nein, Shaw selbst ist ja der Gewerkschaftsführer, der sich zu früh von der gegnerischen Welt bezaubern läßt.

Shaw ist die (von dem Schauspieler Gerron so klobig dargestellte) „Wurzen" des Königs. Nicht Mr. Boanerges, der Volkserwählte – sondern Bernard Shaw geht hier auf den Leim.

Punktsieg Englands.

VIII.

An dem Zugang zum Unterbewußtsein klafft nun der Spalt, nach gehobener Schwelle. Was liegt noch dort herum? ... Ein Satzkomplex, vor Jahren über Shaw gedruckt. Nämlich – (so hieß es 1910):

„Bemerken Sie eins. Ich finde das: Die sogenannte Fortschrittshoffnung vertreten oft widerliche Burschen: aber deshalb zur Abwendung von ihr zu kommen, ist Sache kleiner Hirne. Auch mir sind es Abgedroschenheiten: nämlich die Menschenrechte, Freiheit, Zivilisierung, Ethik; erbrechliche Dinge: doch sie rücken mit strahlender Unaufhaltsamkeit vor; die Hänselnden kommen unter die Räder.

Sittlich-vorwärtsgehende Bezirksvereine sind Greuel. Tiefere Greuel aber die Affen, welche darum ihre Ideen verwerfen.

Affen verwechseln Ideenverkünder mit Ideen ..." („Die Welt im Drama", Bd. II, S. 66 ff.)

Shaw ist wahrlich kein „Affe" (er war ein Entaffer). Jedoch heute stellungslos.

IX.

Nur konditional wäre das Stück zu retten. (Ich würde so gern ein Retter sein für Shaw. Es geht nicht.)

Konditional? Die Fragestellung müßte so lauten:

Falls, falls, falls ein vom Volk erwähltes Kabinett derart schlapp, zanksüchtig, selbstsüchtig, uneinig, unfähig wäre: dann ist ...

Nein: auch dann ist ja kein erblicher Zufallskönig, sondern ein tüchtiger Mussolini, der Selbstgemachte, das scheußliche Korrektiv.

Bei Shaw-London ist es halt und ist es halt ein König. Weil England einen hat.

Dem Manne kann nicht geholfen werden.

(Nur gedankt für Vormaliges.)

X.

... Dieses Diskussionsstück (der alte Shaw kann sich seinen Geist zwar nicht abmachen, aber es bleibt ein Wirrwarr – mag auch oftmals herrlich eine politische Vedute blitzen, ohne daß ein hirnlicher Zusammenhang da wäre) ...

Dieses Diskussionswerk zu starten, ist für den Bühnenmeister ein Kraftstück ersten Ranges. Ungeheure Schwierigkeiten: daß kein Sperrsitzler von hinnen läuft.

Reinhardt hat in diesem puren Erörterungsstück (in „Mensch und Übermensch" ließ er die Diskussion weg) ... hat in diesem reinen Erörterungswerk einen Abend lang alle Beteiligten (auch die im Parkett) so gebändigt, alles derart gestuft: daß keine Sekunde leer bleibt.

Eine Schöpfung seltnen Ranges. Nicht nur in seinem Bezirk; sondern: in der Gegenwart.

XI.

Verfehlungen im Einzelnen sind unabhängig von dem glänzend durchgehaltenen Ganzen.

Wallburg, amerikanischer Botschafter, unmöglich wie der Gewerkschaftsführer. Wallburg verwechselt einen Diplomaten-Yankee mit einem Weinreisenden.

Die Thimig, sonst im Scheinlosen stark, unterstreicht als redende Ministerin ... bis zur Liebhaberbühne. Dabei widerspricht ihr durchaus gewinnender Anblick stark ihren Tönen.

XII.

In der Ministerschaft: Gülstorff, bißchen unbritisch in übertreibender Gebärde; Meyerinck; Winterstein; Kühne; sehr witzig Friedell. Ganz grotesk Margo Lion (nur zulaßbar, wenn für 1999 allgemeine Phantastik angenommen wird). Nebenher deckend in amtlicher Gebarung Twardowski.

XIII.

Maria Bard, Königskebse, zeigt nicht nur in dieser Vorstellung, was sie kann. Sondern sie gibt fast eine Vorstellung: was sie alles kann. (Mit Katzlhopsern, Bauchwelle, Geturn.) Aber es ist reizend.

Während Werner Krauss in der Darlegung, in der Sprechbetonung, in der Durchdringung des Textes, wenn er den König reden läßt, kaum Überbietbares schafft. Wundervoll geistige Gestaltung.

XIV.

Beim Blick auf die (wirklichkeitsechten) Bühnenbilder von Schütte (nämlich ein Zimmer: nicht ein Gestänge; ein Vorplatz: nicht ein Gewürfel) ... bei diesem gut bestätigenden Blick mahnt etwas zur Rückkehr.

Gebt ein Diskussionswerk solcher Art ohne die sogenannte Guckkastenbühne: und es ist zum Auswachsen. Nur schläfernd-graue Theorie.

Indes hier wirklichkeitsfeste Bilder die Wachheit steigern. Das ist eine wahre Feststellung. So liegt der Fall.

XV.

Gäb's nur die Andeutungsbühne: die Wirklichkeitsbühne wäre heut zu erfinden.

Alles, alles relativ. 21. Oktober 1929

Lampel: „Pennäler"

Schiffbauerdamm (Versuchsbühne)

I.

Die Sachlage heut ist so (und ich finde nicht viel einzuwenden): daß bei einer derart vorzüglichen, derart packenden Darstellung – von einem fast namenlosen Spieltreiber wertvoll bewacht, irgendeinem Hans Hinrich –, daß die Frage nach dem Stück beinah zweiten Ranges wird.

Die Frage nach dem Stück. Obgleich das Stück selber eine Frage stellt. Eine der umkämpften Gegenwartsfragen ... (die somit Zukunftsfragen sind).

II.

Es ist kein „gutes Stück": doch gut ist, daß man solche Stücke bringt.

Der Inhalt ist richtig und falsch: doch richtig ist, daß falscher Inhalt zum Sporn dient.

Kurz: wieder ein Nützlichkeitswerk; sehenswert.

(Mit Kunst? ohne Kunst? – Mit Kunst! ... in der Darstellung. Mit Werten! ... im anfechtbaren Inhalt.)

Genau so liegt der Fall.

III.

Jungens in Not; diesmal auf der Schule. Verbindung zu Curt Corrinths Schülerstück. Welches ist der Unterschied?

Corrinth ist mehr Abmalung. Lampel ist mehr Aufforderung. ... Corrinth ist mehr breit im Novellistischen. Lampel ist mehr breit im Erörternden. So der Unterschied.

Weiter. „Revolte" war Lampels geschlossenstes Werk. „Giftgas" Lampels zerflossenstes Werk ... „Pennäler" in der Mitte.

IV.

Auf Vertiefung hat er diesmal nicht gearbeitet.

Nützlichkeitsdramatikern von heut und Musikdramatikern von heut ist folgendes gemein: sie wollen ehrlich für den Augenblick schaffen. Nur dafür. Beide Gruppen bekennen das.

Die Wirkensfrist ist kurz;
Die Nachwelt schnurz.

So ließe sich die Formel melodisch festigen.

V.

Es hat was für sich. Wie schnell alles verändert wird, sich entwickelt, aufsprießt: das, zu tiefem Erstaunen, sah ich aus ein paar Nummern der Schülerzeitschrift „Schulkampf"; mir übersandt; in Mecklenburg zur Sommerzeit gelesen; mit Bedenken ... und hohem Glück.

Ich wußte ja nicht, wie weit wir sind. (Ich ging neulich sogar nicht in die Elternversammlung der Grunewald-Volksschule; weil Theater war.)

Das Theater gestern wurde zum Ersatz. Trotz falschen Inhalten ... Ich sträube mich – bin aber glücklich, obschon man sich sträubt. Nein, ich sträube mich nicht.

VI.

Also, die Jungens heut regieren die Schule. Zu weit geht es mir, wenn man im „Schulkampf" bloß von Machtfragen liest. Statt von Lernfragen auch.

Ich bin (offen gegen offen) nicht bloß für Freiheit: auch, zum Donnerwetter, für Lernen.

Ich verdanke mein Bestes einem heimgegangenen strengen Schulmenschen, Hermann Zimpel, unvergeßlich: der Übertriebenes gefordert hat. Ich fordere seitdem Übertriebenes von mir. Bis zum Erlöschen.

(Kürze sich keiner hierdurch die Wonne der Welt. Das ist es. Da grabet die Grenze, da stellet den Stein.)

VII.

Aus der Mischung von Sich-Zwiebeln und Sich-Sonnen wächst eine Zukunft ... scheint mir.

Bei Lampel werden zwar die Möglichkeiten zur Unterdrückung der Unterdrücker prachtvoll vermerkt. Nietzsche würde sagen: dies ist das „Frei, wovon".

Ich vermisse das „Frei, wofür".

Die zu vernichtenden Ansprüche von Lehrern werden rechtens gezeigt. Zeigen Sie, Lampel, nächstens ein paar der an die Schüler zu stellenden Ansprüche ...

Ja? Damit sie Einiges von sich fordern.

VIII.

Ich denke mir, Lampel, was Sie denken. Deutschland hat in der ganzen Welt zwar die kleinste Zahl von Analphabeten – aber auch die kleinste Fähigkeit zur Politik. Hand aufs Herz, haben Sie das gedacht?

Dann sind wir einer Ansicht. Es muß etwas geschehen: das die Menschen in einer Halbrepublik zu entschlossenem (und geschlossenem) Handeln bringt.

Aber ...

IX.

Aber (und hier verstehn Sie etwas nicht): man soll zwar die rückläufige Strebung bockender Schulmänner geißeln; sie ausräuchern; sie – in der falschen und beglückenden Zeitschrift „Schulkampf" – an den Pranger stellen; sie der Republik feste denunzieren:

aber nicht nur die Andren an den Pranger, sondern Ansprüche an sich stellen! Da liegt der Hund begraben.

(Auf daß ein Mensch etwas von sich fordert.)

X.

Lampel konnte zum Schutz der Homosexualität ein Stück schreiben. Er hat jedoch ein solches Stück mit einem Erziehungsstück, einem Schulstück, vermengt. (In besserem Fug zog er die tötende Tat jenes jugendlichen Manasse Friedländer begründend heran.)

Die Gleichgeschlechtigkeit erfordert schon ein eigenes Werk. Sie scheint mir nicht unlösbarer Innenteil des Gymnasiums.

XI.

Lampel, ernster als Duschinsky, undichterischer als Horvath, ist milder geworden. Hier wird kein ganzer Hausrat revoltend genullt wie damals. Nur ein einziger Stuhl geht kaputt ... und die Zensuren.

Ich bin jedoch für Beibehaltung der Schulzensur: weil sie ein Schrittmacher ist.

Weil sie ein Anspruch, Anspruch, Anspruch wird.

(Nietzsche: „Frei, wofür?")

XII.

... Schweikart: der Vize-Lampel. Mit menschlich gewinnendem, nasigfederndem, doch schlichtem Ton.

Speelmans: Gipfel des Abends. (Der Nacht vielmehr; Ende: halb zwei.) Postsekretär. Zu Haus Diktator. Waterkantisch hat er gesprochen: lächelnd-brutal; rotbäckig.

Man weiß: daran wird sich der Mensch im hundertfünfzehnten Lebensjahr gern, aber sehr gern erinnern.

An so ein Maß von gestalteter Dummheit, Nettsein, Adrettsein, Pünktlichsein und kostbarem Viechstum. Dazu die Szsprechwaaise – nöch? Speelmans hat eine bodenwüchsige Zukunft ... ohne Heimatskitsch.

XIII.

Die Gesamtheit ist nennenswert. Ginsberg stief. (Schon bewährt stief; somit andres versuchen.) Rolf Müller: gut knabenhaft.

Hollmann, Kalser, Kemp, Hannemann. (Hannemann: diesmal ernst genommen als päderastischer Ex-Offizier.)

Tony Tetzlaff. Olga Fuchs. Zeuner. Die Primanerschaft. (Der Schüler Namen meldet ein Lied, ein Heldenbuch: Stroux, Kossleck, Holmke, Greif, Wundheiler.

XIV.

Lampel schrieb jetzt ein episches Buch: „Verratene Jungen".

Der Stil ... Nicht Ansprüche genug an sich. (Der Inhalt brauchbar: Femewelt.)

Kurz: Lampel, dem die Jungenschicht in jedem Fall vertraut ist, gab hier kein Meisterwerk: aber schön ist es, daß solche Versuche gemacht werden.

XV.

Seht sie an. Stärkt noch aus dem Falschen ... nicht eure Alphabetik: sondern euren Charakter.

Nicht euer Wissen. Euer künftiges Tun. 31. Oktober 1929

„Don Carlos"

Staatstheater

I.

Im Begleitwort zu dieser ganz hervorragenden Aufführung weist Jessner auf drei Möglichkeiten, das Werk zu sehen:

Als Liebestragödie? Als Posa-Tragödie? Als Philipp-Tragödie?

Die Philipp-Tragödie scheint ihm jetzt wohl Trumpf. Philipp scheint ihm nun der beste Mittelpunkt zu sein.

II.

Er ist es. Aber nicht, weil diese dramatische Auffassung zu Recht bestände: sondern weil Philipp Kortner sein bester Schauspieler bleibt.

So liegt der Fall.

III.

Aus ähnlichem Grund kommt es zu keiner Carlos-Tragödie: weil der Darsteller des Carlos (unbeschadet seiner sonst vielleicht vorhandenen Werte) hier kein zulänglicher Darsteller ist.

Damit fällt aber auch die Liebestragödie: wenngleich diese Königin der Eleonora Mendelssohn in ihrer hochstehenden Anmut (in ihrer hochstehenden Anmut) sehr für die Möglichkeit einer solchen spricht.

IV.

Auffassungen; dramaturgische Zurechtrenkungen: ein Spielordner tut sein Möglichstes. Jessner hat es wundervoll hier getan.

Ein Kritiker jedoch wird vor mancher Zurechtrenkung zweifeln ... und nicht mittun. Warum?

Weil er die Dichternatur argwöhnischer durchschaut. Weil er vom Bau ist. Weil er die wallungsflinke Triebheit dieser Sippe merkt. Weil er den Augenblicksmenschen mit springenden Einfällen wittert. Weil er von dessen Umfällen im Lauf seiner Arbeit Ahnungen hat. Weil er aus Flickwerk nicht mit Gewalt eine Einheit machen will. Weil er nicht jeden begangenen Wirrwarr mit seinen Federn zu schmücken braucht. Weil er keine Pflicht fühlt, den Zusammenhang zu deuten, welchen der dramaticus nicht gehabt hat.

Kurz: weil er den Betrieb kennt.

V.

Schiller, mit jedem Irrtum unsrem Herzen teuer, hat – nach allerhand Versuchen – den Carlos irgendwie zuletzt unter Dach gebracht. (Mit etlichen Wirren des Wallensteiners ging es ihm ähnlich.) Aber nicht das kann ausschlaggebend sein für die Schätzung.

Ausschlaggebend ist ... ein Klang; ein Strahl; ein Stern; ein Ruf; ein Wille: durch sein ganzes Werk ewig fühlbar.

Ausschlaggebend ist (ja: trotz beliebiger Unlogik im Bau) die menschennahe Sehnsucht eines Beflügelten. An dem kein Untätchen hängt. In dem das Rebellentum feurige Liebe wird.

Nichts an dir war scheel und niedrig,
Teurer Schiller, edler Friedrich.

Diese Klänge; diese Ströme: sie hallen, sie fließen – in eine halt nicht mehr wegzudenkende Wortschönheit. Noch aus diesem warmen und so anfechtbaren Werk: ob Liebestragödie, ob Posa-Tragödie, ob Philipp-Tragödie.

Das ist mir wurscht.

VI.

Kortner schafft eine Philipp-Tragödie. Doch Müthel und Kortner gemeinsam die Posa-Tragödie.

Alles zusammen steigt ... in eine menschliche Hochstimmung.

Lang haftend.

VII.

Jessner stellt Schillers Überschwang auf Gesprächston. Das Pathos trollt sich mit ausgebrochenen Zähnen.

So wird manches rettbar: in einer, zu genauerem Zergliedern willigen Gegenwart. Es huscht vorbei. (Mildernder Umstand.) Nur manchmal wird Jessners ziviler Alltagston ... ein Widerspruch zum Wort. Beispiel?

Fällt zwischen Carlos und Posa der Schwur: „Auf ewig!“, so klingt es im Schauspielhaus wie:

„Jemacht!“ (Allenfalls wie sportlich: *„For ever“*.)

VIII.

Das große Gespräch aber zwischen Kortner und Müthel, zwischen dem Monarchen und dem Malteser, auf einen so heutig-zivilen Ton gestellt: das wird etwas Herrliches.

Hier ist die Achse.

(Jenseits von Auffassungen des Grundrisses ... und so.)

IX.

Kortner war bis dahin ein vereister Mißtrauling. (Nicht ein schreckender Popanz; nicht ein Theater; sondern eine ganz innen erhartete, ganz in den Tiefen verkniffene Natur ... bewußt aus dem Alltag; im Gegensatz zum Pathos; kostbar.)

Jetzt – weil Müthel sich so seelenhoch entwickelt; weil dieser Marquis nicht nur in Schillers Worten, sondern beinah trotz F. Schillers schwellendem Wort, nur Gefühltes, Einfach-Heutiges mit letztem, fast ungewolltem Anteil herausbringt, ein überzeugter Mensch, nicht mehr und nicht weniger ...

Da ruft in diesem Kortner etwas! Da kommt es heraus: was dieser Gezeichnete, Geschlagene hätte werden können ... Das ist die Philipp-Tragödie. Die Schickungstragödie.

Alles kaum zu vergessen.

(Und alles *civiliter.*)

X.

Müthel hat sein Ethos (wie oft war er spießerhaft, gymnasial) durchgesetzt; entfaltet; gehöht.

Irgendein Sprachfehler: das Lispel-„s“ steht nicht mehr zur Erörterung. Man fühlt nur den fühlenden Anwalt einer gefühlten Sache.

Das ist sein Tag.

Alles vorher von ihm Geleistete versinkt. (Das Nichtgeleistete zumal.) Ausgelöscht. Neuer Anfang: weil er glaubhaft machen konnte, daß er ein überzeugter Mensch ist; weil er solches Überzeugtsein auf ein Haus übertrug; und weil diese Überzeugung zukünftig ist.

Jeder Widerspruch wäre ... gymnasial.

Müthels Tag.

XI.

Die Eleonora kam zu kurz. Wie kann Jessner einer so durchbebten, distanzierten und distanzierenden, innerlich schwer nahbaren, dabei jedoch in leiser Stufung holden, umhüllten Monarchin aus jener

Schlamasselzeit ... wie kann er ihr noch den letzten Anlaß beschneiden, kappen; nullen? –: den Abschied vom Infanten Karl?

Grausamer Jessnerich.

XII.

Das Ganze ...

Nein. Den Alba zuvor abtun. Es sollten wohl nicht zwei Philippe herumwandeln. Deshalb muß der Herzog nur irgendein General sein vom Kommiß. (Fritz Reiff sein Name.)

Kraußneck: weißköpfiger Admiral mit verlorenen Schiffen. Immer ein Verlaß.

Die Binder-Sybille kätzelt jene Prinzessin Eboli; scheinlos; pathosfrei; (das „Fürstenmädchen" Schillers).

XIII.

Bildt seinerseits, neulich vormittag noch ein schwerer Junge vom Kietz, deckt hier mit gefirre-kleinen Schritten den castilischen Pater Domingo.

Während Max Pohl die höhere Stelle, den Inquisitor-Kardinal, mit einer gradhin meisterlichen Altersgewalt erfüllt ... daß Kortner, der große Wendepunkt des Abends, in seine harmlosen Mannsjahre zurückvertrieben wird.

XIV.

Cesar Klein schuf die Umwelt. Spanische Gitter; spanische Mauern; himmlisch. (Wenn sie nicht so verdammt irdisch wären.)

Ich habe stets nach Aravantinos gebrüllt – auch für das Drama.

Wäre jetzt, in der Carlosschicht, wieder nur ein Eisenbahngestänge; wieder nur eine Ingenieurprüfung ...: zum Kofferpacken!

XV.

Das Ganze ...

Seht es. Ein Zeitstück fast. Ohne Sonderstufung freilich mit Löhnen und Zöllen: weil es nur von Schiller ist. Aber mit seinem Hauch – der uns, noch uns, dienen kann.

Im Mittelpunkt: internationaler Agitator, Achtung, Achtung!

Entschuldigung des Stücks für die Deutsche Volkspartei: daß es den evangelischen Glauben Flanderns wider den Zentrums-Alba herausstreicht.

Was wird aber das Zentrum sagen? Ein Tedeum am Ende – wenn Karl zum Block muß?

(Was wird es sagen?)

XVI.

Schiller, wir leben in einer neuen Republik. Hilf ihren Anfängen.

Nichts an Dir war scheel und niedrig. Teurer Schiller, edler Friedrich.

4. November 1929

Knut Hamsun: „Vom Teufel geholt"

Komödie

I.

Man trägt sie wieder lang. Die Röcke? Die Stücke. (Kommt auf dasselbe hinaus. Bitte, kein Pathos.)

Gestern lang das Bergner-Stück; heute lang das Höflich-Stück ... Die Breite des Lebens (nur zuweilen durch die dramatische Gegenwart verdrängt) rückt zwischendurch wieder vor ...

Trotz aller Ausdehnung mit sehr starken Eindrücken. (Wobei der Hamsun hoch über dem O'Neill steht.)

Verkürzung im Theater hat ihr Gutes; Ausführlichkeit jedoch ebenfalls ... Das Stück mit der Daseinsbreite zeugt gesonderte Wirkungen; gesonderte Stimmungen; gesonderte Betrachtungszustände; gesonderte Wirklichkeiten.

Es geht also beides. (Genauer: es geht fast alles. Nur ein Programm nicht.)

Man trägt sie wieder lang.

II.

Hamsun zeichnet in diesem nachdenklichen Schauspiel: Untermenschen. Unterkittige Menschen. Kleinmenschen. Popelmenschen. Brodemsmenschen.

Mit ihrem schmierigen Gestreit, ihrem schmierigen Leid, ihrer schmierigen Häßlichkeit.

Noch der Lebstärkste davon hat eine Seele recht engen Umfangs. Noch die Schuldloseste bleibt eine dürftige Gans.

Dazwischen ein Blödelgreis. Ein Provinzkrieger. Eine zergangene Brettlschönheit. Ein gewesener Geiger.

Und ein ausgehaltener Schäbian.

III.

Alles poplig, schoflig, kleinlich, peinlich, mulmig, widrig, miekrig. (Hamsun spricht am Mikrofon.) Als bestünde die Welt nur aus Leuten fünften Kalibers.

Alles rutscht in Dünsten langsam oder plötzlich treppunter. Ödnis. Das dicke Ende. Mieser Muff. Schwund. Hühnerleiter.

IV.

Der Kern in diesem Schauspiel ist nicht: Vergänglichkeit. Sondern: Abnutzung. Der Inhalt ist nicht: Entgötterung. Sondern: Verbiesterung.

Ein Schmerzbeklommener, dennoch Trockner schrieb es – voll Haß.

Ein Strindhügel.

V.

Dies Werk soll Zickel vor einem Jahrtausend gespielt haben. (Ich sah es erst 1914 bei Reinhardt mit Schildkraut und Abel.)

Heut erscheint es umdüstert ... und voller. Reinhardt gibt ihm die russische Lebensbreite, die es fordert; ohne Längenscheu.

Hamsuns Werk ist mit russischen Augen zu sehen. Dieser Normann fuhr ja ins Moskowiterland. (Nur Technisches nimmt er vom Ibsen.)

Reinhardt, außerhalb des neuen Regisseurschwarms (am nächsten wird ihm einst Erich Engel kommen), setzt furchtlos hier ein Wirklichkeitsgemälde durch; frei von Rücksicht auf das Parkett.

Es trägt sich ganz stark etwas zu, das erlebt wird. Ein Stück Dasein zieht hin.

Die Abkürzung oder Beschleunung in der jüngeren Regie hat mehr vom eilenden Marschgang unserer Tage: doch Haftendes, Einbohrendes, Wirkliches kommt von der andren Art. Reinhardt, in seinem Beginn der heutigen Kürzungsregie verwandt, nähert sich hier den Brahmschen Wirkungen.

VI.

Aus dem wüsten Tobsal gierender Unterseelen ragt (abgehalftertes Tingelmensch, ungestillt, nur in bequemeren Bürgerstand geklommen) die Höflich.

Immer mit bewußtem Abfärben aus der Brettlzeit; aus der Schmiere; aus dem Bordell im Umherziehen; letztens aus der ... Kunst. (Aus der miekrigen Kunst.)

Sie zergeht – vor den Augen. Mit den Augen. Der Schmerz in ihr verschmalzt sich. Ihre Sehnsucht hält Schminke; die Nettheit Verzierung. Und sie war doch eine liebenswerte Person, einstens, das fühlt man; – nur in die Wechseljahre geglitscht.

Mit alledem in einer verweinten Schlußtrauer wundervoll.

VII.

Schildkraut haust in mir als Erscheinung.

Klöpfer, jetzt, als Lebkraft mit breitem Lachen – unvergeßbar herrlich. (Nur im Tod um einen Strich zu weich. Man trauert eh um den Hoffnungskerl ... den justament eine Kobra beißen muß.)

VIII.

Hieß nicht Homolka damals Abel? In meinem Gedächtnis wirkt Abel mehr ... schoflig. Homolka jetzt mehr ... gewaltroh.

Homolka betont Eifersucht; als welche nur ein Nebenzug ist. Er sieht im Frack um einen Grad zu weltlich aus. (Bei Abel rutschen die Krawatten.)

IX.

Falkenstein, Mittelstandsleutnant, unterstreicht im ersten Teil; dann menschenecht. Graetz, Antiquar, deckend in Schlichtheit.

Sokoloff, Exkünstler, zum Glück unlyrisch.

X.

Romanowsky – „ich kann den Blick nicht von dir wenden". Das ist etwas Kostbares: dieser thadelthädelnde Siebziger, wie ein junggewordener alter Papagei.

(Und sein greiser Freund, Paulmüller, rotbäckig, doof, der kein Wort spricht ... ich kann den Blick nicht von euch wenden.)

Mittendrin die Mosheim ersten Rangs. Verzicht auf Holdes. Kleinbürgerpute – doch mit fern hindurchschimmerndem Hauch eines ... ja: eines jungen Mädels. Ohne mehr.

Ersten Rangs.

XI.

Und wer hat nun das Bühnenbild gemacht? Auf dem Zettel steht: Caspar Neher.

Bei Schumann singt jemand: „Ich kann's nicht fassen, nicht glauben, es hat ein Traum mich berückt." Unstilisierte Bilder? Glatt aus der Wirklichkeit? Ohne Kommentar? Ohne halbhohen Vorhang? Ohne Gestäng? Ohne Sehschmus? Fern von glossierender Aufdringlichkeit?

XII.

Man trägt sie wieder lang. 12. November 1929

Wilhelm Herzog und Hans Rehfisch: „Die Affäre Dreyfus"

Volksbühne

I.

Rechtet nicht, Kritiker; man ist bewegt und geschüttelt. Zankt nicht, Herzog und Rehfisch. Fehl am Ort ... vor einer menschlichen Angelegenheit.

II.

In jedem Augenblick weiß der Zuschauer: das ist verbrettert. Genau so war es nicht ... Aber das bleibt letztens wurst.

Ein Widerglanz vom wirklichen Geschehen greift, blitzt, zuckt über die Rampe; zu den Sitzen; zu den Rängen; in die Hirne.

Geschüttelt wird man.

III.

So war es doch, doch, doch. Nur mit größerer Mühsal für die Beteiligten. Mit allem schweren Kampf und Krampf und Krach und Seelenjammer etlicher Tapferen ... gegen halb bewußtlose Schurkerei; gegen den Fahnenfetisch.

Gegen Das, was unsereins hernach mitten im Krieg den „elendesten Rückfall, den Vortrab der Spät-Entafften" schwarz auf weiß gerufen hat.

Ja, ähnliche Welten standen im Erdkrieg gegeneinander: als nicht ein elsässischer Jud', Hauptmann im Heer; sondern eine Menschheit Opfer wurde politisierender Kasten.

(Zivile gehörten reichlich dazu.)

IV.

Dies Werk ist eine Klitterung. Oder ein Dokumentenstück. Wertvoller gemeinhin, als wenn die dramatici selber dichten. Wertvoller: wenn das Geschehnis allein spricht. Es gibt eine mindere Komik.

Rehfisch hat nicht viel zugetan. Man merkt seine Kulissenhand immer durch. Was diesmal kein Einspruch ist.

Sondern ein Mittelding von Einspruch und Lob; denn in solcher Form kann das Stück zu den Armen im Geiste, zu den Unmündigen gehen. Sie erleuchten.

Rechtet nicht.

V.

Rechtet nicht: auch wenn ihr nicht, wie der zufällige „Schreiber dieses", aus eigenem Erlebnis erschüttert wart. Wenn ihr Männer auf der Bühne seht, die zum Teil heut noch atmen. Die bis zum letzten Tag des Hierseins gegenwärtig sind, als Tote, wenn man sie gekannt hat.

Emile Zola. Emile Zola. Emile Zola.

VI.

Jaurès ... der Edle, Hohe, man ist ihm nah gewesen – in der Wunderstadt. Und es mag dem Spielvogt Kenter, dem wackren Zusammenhalter des Abends, nicht angekreidet sein, daß er, statt Jaurès die Arme senkrecht in den Himmel stoßen zu lassen ... daß er ihn durch Karchow zum halbheiseren Durchschnittlauch gemacht hat. Das blieb einer von vielen.

Jaurès war: einer.

VII.

Alle Masken sind falsch. Rochefort ... Kennt ihr das Bild von Manet nicht?

Hier: Vorstadt; Theaterdirektor Johann Lumpe, aus Dobern bei Bensen.

VIII.

Zola ... wieder falsch. Die Maske halb richtig. Der ausgezeichnete Hans Peppler, sonst prachtvoll unpathetisch, ist jemand Bürgerliches aus der zisleithnischen Beamtenschaft.

Nicht jener wirkliche Zola ... der ein Stubenhundchen gewesen ist. Gar nicht robust: sondern melancholisch in aller Zähheit.

IX.

Ich ließ zu Zolas Lebzeit, 1901, drucken, was ich mit ihm sprach; wie er gewesen ist („So gib auch mir die Zeiten wieder, da ich noch selbst im Werden war" ... sagt im Faust-Vorspiel jemand.)

X.

... „Die Zukunft, wie Niätzsch sie malt (Zolas Aussprache für Nietzsche) ist utopisch. Sie müßte schlimm sein, wenn sie verwirklicht würde. Ich träume gleichfalls, – doch anders. Wenn man schon träumt, ... warum nicht lieber vom großen Glück für die Bewohner dieser Erde?" Er neigte sich etwas und sprach: *„Rêve pour rêve!"*

So ist es, ein Jahr vor Zolas Tod, gedruckt worden. So steht es in meinen Bänden.

Er sprach (in seinem Haus, es lag in Dreiviertelhöhe des Märtyrergebirgs): „Eine Krisis wie die jetzige hat Frankreichs Geschichte nie gesehn. Der Bürgerkrieg ist in den Geistern, wenn nicht in den Straßen ... Von fünf Offizieren sind drei priesterlich."

Dann (und es wurde verzeichnet): *„Il faut commencer par savoir pour être juste.* Weil die Leute unwissend waren, deshalb waren sie ungerecht in der Dreyfusgeschichte, *cette terrible affaire Dreyfus, cette épouvantable affaire Dreyfus.* Der Vorgang hat mir klargemacht, daß unsre größte Zukunftsarbeit auf Umbildung der Volksschule gehn muß. Das ist das Ziel."

Auch unser Ziel. Zugleich stand dort, was er am Schlusse sprach: „Ich habe das Leben einen Augenblick lang ... ganz von oben gesehn, verstehen Sie, was ich meine? Einen Augenblick lang – ganz von oben."

Am Ende des Berichts hieß es: „ – Freudlos, voll ernster Klarheit ... Ich hatte die Tür schon geöffnet. Da lief ich noch einmal zurück und packte seine Hände."

XI.

Ein Augenblick der Seekrankheit in Deutschland. Hardens edler Versuch, aus Gegenteilsport eiskalt die gerechte Sache zu sabotieren: es bleibt über das Grab hinaus ... ein Brandmal des Literatentums.

XII.

Man müßte die Überlebenden heute vor dieses Stück führen, meinethalb jenseits von Rehfisch, – nur vor dieses Parkett, vor diese Rangreihen, vor diesen Olymp. Es ist, ist, ist etwas gebessert.

Zola ruht im Pantheon; Picquart ist General; Dreyfus im Weltkrieg schwer verwundet.

Etwas ist gebessert. (Überzahlt freilich.)

XIII.

Walter Franck: Oberst Picquart. Der andre Mittelpunkt. Der zögernde Mensch ... der schließlich doch nichts Besseres kann als recht handeln.

Dieser Schauspieler, dieser Mensch, leuchtet hindurch.

XIV.

Ginsberg ... braucht nicht zu dulden, daß man ihn dauernd als israelitisch aussehenden Herrn verwendet. (Matthieu Dreyfus könnte durchaus neutral sein im Äußeren. Wie sein Bruder.)

XV.

Pamela Wedekind, hier Beigestalt namens Blanche Monnier ... bleibt zu besprechen eine harte Nuß.

Frank Wedekind, Vater, sei nicht böse. Wundervoll spricht sie, deine Tochter: doch irgendeine ... Gegebenheit macht sie für sogenannte Charakterrollen geeigneter als für halblyrische.

Das muß man sagen, Teuerster. Sie hat ja Vorzüge genug. Lautenspiel, Geistigkeit, Charakteristik ... nur, heimgegangener Engel Frank, nichts für still Novelliges oder Lyrisches.

Kraft und Macht und Artikulation und Daimonion: alles da.

Hier liegt, Pamela, Ihre Zukunft.

XVI.

Was noch? Alten, Thormann, Hart, Horwitz, Henckels; vor allem Nunberg und Grete Bäck (beherrschte Typen); Steckel zu berlinisch für Labori, Zolas korsischen Anwalt.

Suhr gibt erdwirkliche, stadtwirkliche Bühnengebilde. Man trägt sie wieder.

XVII.

... Nebenpunkt: Leontine, des Geheimagenten Braut. Eine Eddi mit dem adligen Namen Kollwitz?

Keine Eddi mit diesem Namen darf unerwähnt sein.

26. November 1929

Hermann Ungar: „Die Gartenlaube“

Theater am Schiffbauerdamm

„... Nichtigkeit und Unwichtigkeit eines verzweifelt rasch vorbeirollenden Lebens.“
Hermann Ungar †

„Mourn in hope ...“
Tennyson

I.

Alles bekommt etwas Glaubhafteres, wenn der Mensch, der es schrieb, tot ist.

Warum? Weil man (aus Zartsinn?) manchmal zögert, einem frisch Verstorbenen Unwahrheit anzumuten? Oder ... weil sich ein Gefühl regt etwa des Inhalts: du wolltest ihm nicht glauben, als er lebte; doch nun hat er durch den Tod sein Überzeugtsein besiegelt. (Dies bleibt ein schlichter Denkfehler: als könnte der Tod rückschauend irgend etwas an vorausgegangener Ehrlichkeit und Echtheit verstärken.)

Dritte Möglichkeit (die menschlichste; darum die wahrscheinlichste): man fühlt sich bereit, jemandem nicht länger zu mißtrauen, weil er wehrlos geworden ist. Weil er im Wettkampf ausscheidet. Weil er ein stiller Mann bleibt, somit ein ungefährlicher Mann. Was schadet es, dem zu glauben?

(Das wird es bei der Menschenmehrheit sein. Schändlich. Aber das wird es sein.)

II.

Ich habe dem Dichter Hermann Ungar zur Lebzeit geglaubt. Nicht weniger diesem Stück. (Bis auf Etliches im Schlußakt.)

Er starb als ein jüngerer Mann; von einem Tag zum andren; unvermittelt, unvermutet.

„Nichtigkeit und Unwichtigkeit eines verzweifelt rasch vorbeirollenden Lebens“ ... die Worte stehn vor seinem letzten Stück; an halb verborgener Stelle.

„Ich komm nicht wieder“, hat er dann gesagt, als man ihn wegtrug. Bevor, zu spät, ein Arzt ihm den Blinddarm ausschnitt.

III.

Nein: es bedurfte hier keines Todes, um zu glauben.

Greifbares, Beweisendes lag früh schon in seinem epischen Gesamtwerk. Ungreifbares (dennoch Beweisendes) lag hinter seinen Augengläsern.

„Mourn in hope.“

IV.

... Das Stück spielt in einem mährischen Provinznest. (Er selber kam aus einem solchen.) Die häufig dargestellte Spießerschaft wird hier nicht eine Komik allein. Sondern über ihr, neben ihr, unter ihr hallt, von fern dringend, etwas wie ein harter Wehschrei. Ein mißachtendes Bedauern. Ja, Erschütterung ... durch Geschöpfe, die noch auf halbem Entwicklungsweg sind.

Gefühlt von einem, der mitnichten die Welt, aber ihre Welt verlassen wollte.

V.

Der Titel „Gartenlaube“ hat einen doppelten Sinn. Ungar verspottet als marlitt-gartenlaubig das äußere Gehab dieser Talmiseelen. Zweitens gibt es aber im Garten wirklich eine Laube ... mit Sex-Appeal.

Das Stück enthält kostbare Späße: zugleich ein menschliches Grauen. Larven sieht man.

So Modlitzki: nicht nur ein Prolet mit Frostbeulen, durch grausame Wohltätigkeit scheußlicher Kleinkapitalisten in den Familienschoß aufgenommen ... und beschämt, erniedert, ausgebeutet.

Sondern er selber, der Prolet, ist gleichfalls ein Viech. Er hat recht – zwar gegen dies Mittelstandsgesindel: aber nicht recht gegen irgendeinen gehobenen Menschentyp.

Der Prolet bei Ungar ist mehr ein Inhalt von Anklagen als ein Inhalt von Werten.

(Wennschon besser als die spießig-spaßige, schnöde Schicht um ihn.)

VI.

In dieser Umschicht lechzt ein schwüler Backfisch nach Vergewaltigung – und es zählt zu den großen überpolitischen Humoren: wenn der Haushelot ihr das nur aus sozialrevolutionärer Erwägung tun will. Schier aus pedantischem Gesichtspunkt: falls er dadurch ihre Kaste straft. Aus neuer Sachlichkeit.

Ein Lachender schrieb das.

VII.

Wer ist noch da? Der Paris-Narr, einsam in dieser mährischen Provinz. Dann sein Ordnungsdrachen, mittelbürgerlich; Knallbisse.

Dann ein Onkel, bei der Marine vormals; jetzt verschnauf-schimmelnd auf dem Lorbeer des einst verfluchten Kerls.

Dann ein jüngerer verseuchter Kunstbold. Dann eine sachliche Geschäftshure (Erfüllungsort: Pardubitz).

VIII.

Zuletzt jener Hausherr: bei dem es pickt; verstiegen in seiner Provinzvorstellung von der weiten Welt; mit dem Stich; mit jenem ranzigen Traum von einem feljetonghaften Paris.

Alles das bricht am Schluß untragisch zusammen: in purer Häßlichkeit, Häuslichkeit, Miekrigkeit, Unausstehlichkeit.

Der Proletarier zieht Leine. Habt mich gern.

IX.

Ich sah das Familienbild in der Generalprobe. Von dieser Darstellung wird ausnahmsweis – warum nicht einmal? – hier gesprochen.

Hilde Körber: in der Probe vorwiegend süß. Ein flapper. Auf der Probe minder ulkig in der Brunst als bei Hermann Ungar. Aber süß.

Ponto (der spinnete Sehnsüchtler – vormals hieß das: „So'n bißchen Französisch ist doch ganz wunderschön") bleibt zu Beginn ein halb norddeutscher Kauz; indes gemeint ist: ein umständlicher Provinziale, wichtignehmend und zeremoniell.

Am Schluß wächst aber Ponto herrlich in das tiefere Meschugge des Malvoliotyps hinein.

X.

Kommt Oskar Sima. Bei der Probe läßt Erich Engel ihn, wenn er Tischbedienung macht, ein Mundtuch unter dem Arm halten, gleich einem Kellner. Ich sage mir: dies ist bei der öffentlichen Aufführung zu verlassen.

Modlitzki soll ja der Adopstiefsohn sein. Kein Strindbergscher Lakai: sondern Ziehbruder des Mädels, die sich, bequem, halb an den Angestellten, halb an den Vertrauten zwecks Entehrung ungeduldig wendet ... Er muß auch das besorgen.

Also kein Diener, vielmehr ein bockiger Schlemihl, hausgehörig – der vom Hause wegstarrt.

Klassengroll in dem beleidigten Wahlsohn dringt bei dem Schauspieler Sima, den man so gern sprechen hört, am Schluß mit stummer Kraft hervor.

XI.

Gerda Kuffner: Dienstmädel. Hoerrmann: Gendarm. Theo Lingen: Seuchling, der das Bürgerkind heimführt ... Alle genannt?

XII.

Wenn die Wangel keine Deutschmährin, sondern eine Preußin ist; keine fast hanakische Bisgurn, sondern eine Olle vom Kietz: so ist hernach die Servaes (Erfüllungsort Pardubitz) im Wesen von mutiger Entschlossenheit; in der Sprache von findiger Färbung.

XIII.

Diese Sprachfärbung (in Ungars Bewußtsein wichtig) wird bei dem Schauspieler Szöke Szakall fast ein Muster des Ganzen. (Es fällt ihm nicht schwer; ist überdies ein halber Romanowsky.)

XIV.

Den Spielmeister Erich Engel, nach Hamburg zuständig, mutet, in der Probe, die slawendeutsche Melodie fremd an.

Was ein Mensch seines Könnens von dieser Probe bis zur Aufführung noch herausholt: an Tempo; Sprecheinheit; Drängung – das ist ... ein Reiz für sich.

(Da bin ich aber gespannt ... dacht' ich still.)

XV.

Mittlerweile gibt Neher ein schlechtweg entzückendes Kleinkapitalistenhaus: das ganze Haus eine, eine, eine gute Stube. Man lacht wie bei George Grosz.

Nehers Haus ist, schon wieder, nicht mehr expressionistisch? sondern real? Ha! somit ein Haus, nicht eine innere Notwendigkeit.

Heimg'funden.

XVI.

Erich Engels Grundton könnte noch mehr ... trockner Ernst, unbewußter Ernst sein. Noch mehr Bewußtlosigkeit der Handelnden.

Immerhin: es gibt zwar mehrere Spiel-Arten für ein Stück. Die von Engel ist in jedem Fall wertvoll.

Geht hinein – und seht, was wir verloren haben.

13. Dezember 1929

Schnitzler: „Professor Bernhardi“

Königgrätzer Straße

I.

Hier ist ein Vorbild für die Gegenwart: jenes heut zu fordernde, von mir wieder geforderte Tendenzstück mit Kunst.

Im Unterschied also zu der szenischen Zweckschlamperei; zur klobigen Schnelldramatik – die jetzt umgeht.

Die zwar die Kunsthöhe mindert, aber ein Sachziel nicht mehr fördert. Die zwar das Dichterische zurückschraubt, aber das Ethische nicht mehr emporschraubt. Kurz: die jetzo die langsam angeekelte Masse nicht mehr vorwärtsbringt ... sondern allgemach langweilt.

Augenblick zur Umkehr. Halali!

II.

Die Weißen sind in Schnitzlers Tendenzwerk nicht schneeweiß; die Schwarzen nicht kohlschwarz; die Schafe nicht zur Rechten, die Böcke nicht zur Linken; das Elend nicht schmalzfett.

Sein semitischer Arzt vielmehr, der einen Gewissenskampf mit sich, zweitens einen Weltanschauungskampf mit dem Klerus, drittens einen österreichischen Kampf mit Gummiwänden durchmacht – und, österreichisch selber, zuletzt einen Halbverzicht (oder ist es ein Erkennen aller Relativität?): dieser Arzt, ob Jud oder Nichtjud, ist keine Zweckpuppe; kein Ideengestell; sondern ein seelenfleischerner Mensch rund-um-und-um.

III.

Seine Gegner sind, wie er, nicht ein Tendenzgekritzel: sondern ein Farbgebild.

In vielen Beleuchtungen. Innere Zwischenglieder; irdische Mischwesen. Leute mit Schattungen; Stufungen; Halbspuren; Einschlägen; Übergängen; Spielarten. (Das ist es.)

Darum leben sie noch; obschon die politischen Anlässe zu diesem Werk heut nicht mehr bestehn; heut nicht mehr so bestehn.

IV.

Darum führt so ein Werk zum Kunstgefühl wie zum Bessernwollen; zum einen durch das andere.

Darum ist es, als Amalgam von Gewissen und Baugliederung, in seiner schillernden Vielfalt nicht nur (thukydideisch ausgedrückt) ...

nicht nur ein „agonisma es to parautika“, sondern ein „ktema es aei“. Nicht eine Momentwirkung, sondern ein Besitz.

Darum ist es ein (heut nachzuahmendes, heut erst wieder zu erobernde) deutsches Meisterwerk.

Zweckdramatiker – halali!

V.

Barnowskys Leitung bezwingt es.

Nur der Schlußakt, mit Halbverzicht und Skepsis, verträgt im Ton unterirdisch etwas mehr Nachzittern.

Nicht ganz eine so helle Heiterkeit. Gestraffteres dafür. Noch Spannung in der Entspannung ... Es bleibt mit den Fingerspitzen anzufassen. Es geht um Gradstriche.

VI.

Schnitzler will den Professor Bernhardi „liebenswürdig“. Er betonte das gesprächsweise vor kurzem, als er über die beste Gestaltung durch Kortner im Zweifel war.

Kortner wird jedoch liebenswürdig hier. Er vergißt keinen Augenblick, daß ja dieser Kämpfer-Arzt in Wien wohnt. Daß dieser Professor ein (zugleich verringerter, zugleich erhöhter) Dr. Stockmann an der schönen, gar nicht blauen Donau ist. So stellt er ihn hin.

Bestimmt nicht weich. Aber niemals in Fechterpose. Nur von umstandsloser Menschlichkeit erfüllt; ohne Aufhebens; herrlich einfach.

Und einfach herrlich.

VII.

Monologische Zufügungen wie, am zweiten Aktschluß, man „werde sehen“, sind vom Übel.

Selbst wenn Schnitzler sie gebilligt; selbst wenn Schnitzler sie geschrieben hätte.

Hat er ...?

VIII.

Bressart – der in kennbarer Entwicklung über Beigestalten hinauswächst – gibt eine solche. (Den Fachmann für Nerven, Professor Cyprian.) Kauzhaft. Phantastowirklich. Nicht um Haaresbreite fern vom leiblichen Leben.

Kostbar auch Salfner, Bernhardis Freund, weißköpfig brausend.

Salfner war ehedem selbst ein Bernhardi – der gut im Gedächtnis fortlebt.

IX.

Rudolf Platte: völkischer Kandidat. Paul Hörbiger: Hofrat, von lächelndem Schliff und schlampeter Ethik (in diesem österreichischen Nationaldrama mit umgekehrten Vorzeichen) – beide prachtvoll; der eine durch das Außenbild; Hörbiger durch Genreton und Bewegungsumriß.

Kalser, schlagend: Herr Kinderarzt Löwenstein. Vernünftig-aufgeregt. Kein Zuviel an Effekt; kein Zuwenig an Wirkung.

X.

Gelungene Beigestalten sind Maximilian Wolf, Behal, Grünbaum, Hardt, Mamelok, Hans Otto.

Der Geistliche bei Stahl-Nachbaur um einen Achtelton zu zweckbewußt. Der Minister bei Paul Otto (sonst hier wohlverwaltet) um einen Achtelton zu norddeutsch.

XI.

Alles in allem:

Hier ist ein Vorbild für die Gegenwart. Nehmt euch Zeit: Tendenzstücke wertvoller zu machen mit farbiger Fülle, nicht mit frühstufigkargem Zimmermannsblei.

Kein Rückfall in eure Rückfälle. Lieber in fremdes Dauergut – das ihr fortbildet.

Stärkt euch an gekonnter Vergangenheit – für das Heut. Für das Übermorgen.

Die Flamme kommt vom Himmel; die Arbeit kommt von euch.

24. Januar 1930

Yvette

Komödie

I.

Eine Dame war zu Yvette Guilbert, bei dem vorigen Auftreten in Berlin, auf das Podium geklommen – mit einer Bitte: die naturalistischen Sänge des ersten Auftretens (das ist zweiunddreißig Jahre her) noch einmal zu bringen.

Das hat sie jetzt getan ... und Menschen bezaubert wie am ersten Tag.

Ein Dasein liegt dazwischen.

II.

„Die alten, bösen Lieder“ – so beginnt Schumann einmal, zu Worten Heinrich Heines. (Spenden für das Düsseldorfer Denkmal des Dichters: an irgendeine Bank, zur Überweisung an die Stadthauptkasse Düsseldorf; Hamburg hat, unter Petersen, großherzig und edel das Seine getan – jetzt kommt die Geburtsstadt dran; aus Californien ruft hierzu auf: Upton Sinclair; aus Rußland Gorki; aus Indien Tagore; aus Neapel Croce; aus Baltimore Mencken ... Nochmals: Stadthauptkasse Düsseldorf, Überweisung durch irgendeine Bank.)

III.

„Die alten, bösen Lieder“ konnte man Das nennen, was sie damals gesungen hat, aus dunkelsten Ecken von Paris. Lieder von Belleville. Von La Villette. Lieder von Straßenmädeln; von Strizzis; von Nachtgängern, Verbrechern; von Keile; Suff, Blut; und (drüberhin, drunterhin) von dem kaum vernehmbaren Gefühl mit allen Ausgestoßenen.

IV.

Die alten, bösen Lieder singt sie nach zweiunddreißig Jahren in ihrer alten Größe.

Sie stülpt heut nicht mehr schieflings auf den Deez eine Mütze, schnellt nicht um die Gurgel ein Halstuch. Sie gibt zwischendurch Erläuterungen zur Mundart; zum Rotwälsch. Aber während sie nur darlegt, was sie singen wird: schon dann steigt im Handumdrehen ein Drama herauf. In zwei, drei Gebärden der Andeutung.

Sie ist einzig.

V.

Wieviele kamen nach ihr; nicht eine kam ihr nach.

Aus Deutschland; aus aller Welt; in zwei Sprachen, in sechs Sprachen; inklusive Jiddisch, Angelsächsisch, Indianisch, Wienerisch.

Wieviele kamen nach ihr; nicht eine kam ihr nach.

VI.

Da liegt ein sogenanntes Problem. Die Zeit umfassend.

Ich liebe den Nachwuchs. Ja, schätzet, schützet, schonet, heget den

Nachwuchs (in diesem Fall Isa Cremer aus New York): aber man hat, zum Donnerwetter, ehrlich zu bekennen, was ist. Daß ihr keine das Wasser reicht.

Daß nach einer Starken bloß Kleinere gekommen sind.

VII.

Andre werden abermals kommen. Grüßen soll man sie. Abwarten soll man. Aber keine Pegelschiebung fingern. Die Fläche des Anspruchs nicht, mit der Phrase, senken.

Item. Seid gütig gegen alles Keimende. Doch nicht Schmeichler der Epigonenschaft.

Es ist heute, künstlerisch, das erste Gesetz der Zeit.

3. März 1930

Bruckner: „Die Kreatur"

Komödie

I.

Zum Schluß haut sie aber auch mal. (Bis dahin hat sie immer Dresche bezogen.) Anfangs er sie; schließlich sie ihn.

So der Umriß.

II.

Bei ihr hat ja die Liebe nimmer aufgehört; bei ihm bricht sie nun langsam durch.

In Fährden und in Nöten polkt erst ein Paar sich recht. Durch Höllen sind sie gewandert; di tanti palpiti. Eben darum.

Neues Leben angebahnt ... (Sicher? – bei Troiks kleiner Charaktermüdheit?)

III.

Seine Schwester ist ein Vamp mit Inzest. Sie trägt an der Verschärfung des Stücks die Schuld.

Erst bringt sie den Bruder dahin. Geld für sie betrügerisch zu schaffen. Dann bringt sie – als er Wechsel beging – dessen Gattin dazu, sich dem Gläubiger zu vermieten.

Er weiß es; spielt aber Grammophon indes.

IV.

Fast ein Jahrzehnt war Schwester Florence fortgewesen. Beide Geschwister stammen aus einer, vielleicht belasteten, feineren Familie.

Florence erkennt, daß sie schließlich doch nur den einen liebt: ihn. Sie macht ihm Vorschläge, die auffallend (aber jetzt amtlich nicht mehr verboten) sind. Er zögert. Ein unentschlossener Charakter.

V.

Mittlerweile geht ihm das Gastspiel seiner Frau bei dem Fabrikdirektor (dazu noch jeden Tag) leichthin auf die Nerven. Darin ist er komisch.

Halb empfindet er den Reiz eines Fernsehers; doch halb wird es ihm geradezu unerwünscht.

VI.

Sobald er argwöhnt, sie könne Gefallen an ihrer Opferung finden, macht er einen Punkt. Er gönnt ihr auch nichts. Da schreitet er feinfühlig ein.

Der angebotene Direktorposten wird spartanisch von ihm abgelehnt. So ist er. Er läutert sich; auch durch Leiden.

Er bahnt als Fabrikskuli den neuen Wirkungskreis an.

Und Florence?

VII.

Es wird zur Tragik der Schwester, daß sie nun außerhalb der Familie ein Liebesleben, das ihr dann keinen Spaß macht, fortsetzen soll.

Ungehalten begibt sie sich in die Weite.

VIII.

Was steckt nur alles in diesem Stück! ... (Sogar Bruckner.)

Eine Begabung für Schwüle mit bedrohlichem Ausbruch. Manches aus jener Welt voll Geladenheit, Brunst, Qual, Keile, die Paul Bourget vor D'Annunzio, D'Annunzio seitwärts von dem Maeterlinck der Monna Vanna, beide neben Rasemännchen und Nervlern lateinischen Stils, bis zu Henry Bernstein, pflegen.

Der Vamp entwich dem Kintopp. Er „fährt“ nicht „mit Fried' und Freud' dahin“, nur mit Freud. Alles bleibt mehr manisch als magisch. Und, Mutter, der Mann mit dem Kokain ist da.

IX.

Zwischendurch Wendungen wie (mehrmals): „Rühr mich nicht an!“. Nicht anrühren solle man. Oder (er zu ihr): „So schön warst du noch nie.“ (Ich hatte Angst, er könnte jeden Augenblick rufen, gottbehüte: „Mir ist, als säh' ich dich heut zum ersten Mal“; weißt du? Das rief er denn doch nicht.)

Therese, Gattin, duldende Kreatur und seine Kreatur, „wäre nie damit fertig geworden". Womit? „Daß ich nicht mehr ich bin, und daß ich es nie wieder werden kann."

Nun also.

X.

Während aber dies Stück des morbidisierten vormaligen „heißen Atems" gespielt wird: währenddessen vergißt man das.

Fünf Schauspieler werden von Reinhardt so gelenkt: daß die Sphäre des Stücks mehr fühlbar wird als das Stück. Die Vorbedingung mehr als der Zustand. Der Ursprung mehr als die Prägung. Die Heimat mehr als die Handlung.

Er spielt nicht Bruckner: sondern Bruckners Erntefeld.

XI.

Ein mänadisches Hinundher. Die Höflich, Schwester Florence; Fortsetzung und Steigerung ihres vom Teufel geholten Frauenbildes bei Hamsun; aber hier anfangs blutlockend und, in haltloser Verdammnis, triebhold; hernach entwest und halb zergangen; letztens zum Schemen einer schauerlichen Schlampe sinkend; ein Menschenschicksal –

Die Höflich streift hier den Grat der Darstellungskunst.

(War das eine Gestalt? Es war ein Übergang vom Begehren zum Vergehen. Grandios.)

XII.

Bei der Thimig ist nicht alles derart aus einem Guß. Sie hat Überbrückungen, Hemmungen – auch die Gestalt hat solche; die Kreatur.

Wenn die Thimig dann aus der Bescheidung herauswächst; gepeitscht; entfesselt; Geschöpf mit einem Doppelgefühl; Brust und Arme frei; dann im Luxusgewand, losbrechend, irrend, dahinschießend:

– so hegt bei ihr das Rasen immer noch eine Stille; die Verzweiflung immer noch ein Zurückdämmen; der Schrei immer noch eine Sprödheit ... wofür man ihr danken muß.

XIII.

Forsters Redeton, mit einem leisen Stich ins Mundartliche, wirkt vorteilhaft für die Glaubwürdigkeit einer nachgiebigen Lebenshaltung ...

Dieser Ton ist kaum von der Gestalt zu trennen. Nasal, dekadent, bequem – halb mundartlich. In der Bewegung ist er verspielt.

Für diese Gestalt gibt es keinen Besseren. (Es müßte denn der verjüngte Bassermann sein.)

XIV.

Dies war ein Trio ... Das Duo jetzt: der Pummel Toni van Eyck. Siebzehnjährig. Im Büro beschäftigt.

Widerstände gegen den Mann ... mit verboster Sehnsucht. (Trauma.) Kein schlechtes Gebilde des – ohne Zweifel – begabten und wahllosen Ferdinand Bruckner.

Toni (der wunderbare, sublimierte Pummel) wirkt unter diesem Regisseur auch scharf kennzeichnend. Zum ersten Mal.

Sie haftet, haftet, haftet.

XV.

Endlich: ein Kind. Christiane Grautoff. In Zuckmayers „Kakadu" schon bewährt.

Auch Hofmannsthal und seine Gattin, geb. Schlesinger, hatten ihr Kind Christiane genannt. Diese andere Christiane, die kleine Grautoff, ist von einer Sicherheit; von einer hellen Anmut, mit dreizehn Jahren: daß man schwankt, ob das Mädelchen kurzweg „die Grautoff" zu nennen sei.

XVI.

Denkwürdiger Abend. Großes Spiel und bestreitbares Stück. Wie heut öfters.

Immerhin: auch Seelenschmarren dieser Art haben allemal noch ein bißchen stärkeren Wert als vollkommene Leerheiten mit falscher Exotik, Whisky, längst vermodertem Stevenson – welche der Zeit völlig fremd sind ... und von der schlemihligen Schauspielkritik darum als Zeitwerke vorgetischt werden müssen. Das walte Phoibos Apollon.

11. März 1930

Meyerholds „Revisor"

Theater in der Stresemannstraße

I.

Das war einmal.

Ja, auch wir hatten diese Zeit: da Menschen auf der Bühne nicht gingen und standen.

Sondern man sah, in Gruppen, Puppen huppen. Ohne Grund. Alle sah man hüpfen-schlüpfen. Ohne Grund. Alle wie an Strängen hängen – oder wie an Strippen wippen. Ohne Grund. Interpreten wie an Drähten. Ohne Grund.

Ziel eines Hirnwesens: stets in Tänzen zu scharwenzen. Ohne Grund.

II.

Kunstnullen bei uns nannten das apportierend in gebildetem Hokuspokus den wahren Stil. Es war ... nun was? innere Notwendigkeit; oder organisches Prinzip, und so.

Bei Zustimmung von Stipendiaten, Korrespondenterln, Mitläufern von Mitläufern, – und bei nicht unterbrochener Heiterkeit von Widerstandskräftigen.

Längst kräht kein Hahn danach.

III.

Bloß noch der Hahn Meyerhold – der ein starker Regisseur ist: trotz seinem System.

Trotz diesem gegenwartsfeindlichen, rückwärtsgewandten, vergröbernden, überholten, zum Rumpel geworfenen, durchaus reaktionären System ... das eine Heimkehr zum kaffrigen Hanswurststil im Grunde bedeutet – und einen Ganglienaufstieg von Jahrhunderten albern zu leugnen wagt.

Solches mit dem (etwas mogelnden) Anspruch: heutig zu sein.

... Das war einmal. Und jetzt erst kommst du zu uns?

IV.

Jeden damaligen Regisseur, der es bei uns fruchtlos nachgemacht hat und beileibe nicht mehr nachmacht; jeden Schreibling, der es unsrem Regisseur nachgequatscht hat: nur solche hat Meyerhold auf dem Gewissen.

Kaum ein mildernder Umstand.

V.

Komisch ist Meyerholds Argument: aus Tanz und Pantomime sei das Theater einst erwachsen, darum solle man ...

Darum solle man froh sein, daß wir über diese Frühstufigkeit hinausgekommen sind? nicht? daß wir Menschen, mit hunderttausend kaum faßbaren Regungen, Wallungen, Seelenübergängen, hirnlichen

Zwischengliedern geworden sind? Wie? ... Nein! Darum solle man zur Frühstufigkeit zurückkehren. (Hast du Worte?)

Also: weil aus den elf, zwölf Lauten des Urwaldaffen die sehr durchstufte Menschensprache (die meine muß ich dazurechnen) entstand – deshalb soll man wohl, bester Meyerhold, auf die spießigen Untertöne des scheidlichen Sprechens verzichten ... und lieber das Brunstgejaul, den Hungerpfiff, den Warnungsschrei der Ahnenschaft gröbernd an die Stelle lichter, denkender Mannigfalt, beseelter Akzente, hochentwikkelter Sinntrennung setzen? Ja oder nein?

Das wäre logisch.

VI.

Meyerhold! der Ursprung aller dramatischen Kunst war ... in der Kirche.

Meyerhold, Wsewolod, Freund, Spielmeister von hoher Kraft: warum soll man da nicht zum religiösen Kult auch ein bissl zurückkehren – was? hä?

Entweder, oder!

VII.

Doch um vom „Revisor" zu reden ...

Ich blieb nicht bis zum Ende. Was ich sah, war (mit Nebenumständen von oft entzückender Art) eine Gröblichkeit; ein Unterstreichen; eine Provinz ...

(O moi-moi, o-o popoi – klagt Sophokles).

VIII.

Für welches Publikum ist das? Nicht für mich! (Nur Sinaida Reich: für mich.)

Es ist für ein zu kaperndes, zu ködserndes Publikum. Mit Recht. Das sind ethnologische Rücksichten. Oder politische Rücksichten. Bitte.

Hier jedoch stoppt oder stockt meine Demokratie. Soweit geht sie nicht. Im Theater nicht; im Leben wohl.

IX.

Ich grüße (nur als Privatmann, bloß für mich) Rußlands politische Entwicklung. Bin wahrhaftig kein Bolschewistenfeind.

Jedoch Bühnenkunst ... ist eine Sache für sich. In den verschiedenen Ländern sehr was Relatives.

X.

Gewiß: Wsewolod, du bist ein Kerl. (Oder warst es – in einem bestimmten Augenblick ... für deine Landsmannschaft.)

Wenn du doch bloß in das System eines andren Regisseurs gerietest! Vielleicht könntest du mehr leisten. Ach, die überdeutliche Betonung müßtest du dir abmachen. Hernach erst zeigte sich, was du vermagst.

XI.

Deine Sinaida Reich dürfte bei Stanislawski wirken: sie ist auf solcher Höhe. Fein; auch mit dem Körper spielend (was du so dick betonst); nuanciert; himmlisch in jeder Andeutung des Gesichts; keine Hopserin. Kurz: dein Gegenstück.

Lerne von ihr. Wsewolod, kehre zurück.

XII.

In Summa: deine jetzige Kunst ist ... nicht große Kunst. Aber kräftige Kunst ... für eine rückständige Welt. (Die politisch trächtig sein kann.)

Nicht für ein elendes, armes, forderndes, pestilenziges, ruchloses Individuum, – das diese Zeilen schrieb.

Nasdrobje! 2. April 1930

Credé: „Paragraph 218“

Piscator-Bühne. Wallner-Theater

I.

Wieder gegen das Abtreibungsverbot.

Traugott Müller hat (aus nichts mit etwas Gaze) zwei nebeneinanderliegende Armeleutewohnungen hingestellt: vorzüglich; lebensecht; wirklichkeitsdicht. Ohne Mathematikmätzchen. Ohne Störung durch Kargheit (während ja Darsteller meist vollständig angezogen sind).

Wie denn alles hier bedingungsloser Naturalismus wird.

II.

Entschlossenheit zum furchtlosesten Lebensabdruck; zu einer fast riechenden Elendswahrheit: das greift über die Grenzen der Volksbühne hinaus – und wächst in die Sonderabteilung.

Herrlich. Da jeh'ck ran ... schrie etwas in mir; vag beeinflußt von der Mundart meiner zweiten Heimat. Und von der Umgebung.

Einen Autor gibt es nicht; er heißt Credé.

III.

Der Unterschied zwischen einem Kunstwerk und dieser Art Vorführung ist aus folgender Betrachtung zu destillieren:

Wird eines (baldigen) Tages der § 218 abgeschafft: so ist ein Stück solcher Gattung wertlos.

Wird aber der § 218 abgeschafft, und das Stück behält in einer Gestalt, in einem Auftritt, in einer Wortfolge (trotz dem neuen Sachzustand) Anziehendes, Fortreißendes: so besitzt es halt was von einem Kunstwerk.

Das hier ist keins. Nur ein Nutzwerk, ein Zweckwerk, ein Zeitwerk, ein Massenwerk ... und wirklich kaum vom dramaturgischen Kritiker, sondern vom sozialpolitischen zu besprechen.

Hier war kein Drama: sondern eine Volksversammlung mit szenischen Beispielen. Auch gut. (Nur: in Sachen Kunst ...?!)

IV.

Piscators neuer Trick, nein: Piscators neues Merkmal heißt: Verzicht auf alles Gestänge; Verzicht auf Kran; auf Lift; selbst auf richtiges Flimmerlaken.

Das sogenannte Drama (hier Hintertreppe; von einem sonst verdienstvollen Mann) spielt nicht nur zwischen den Personen auf der Bühne: sondern (um „Cyankali", das besser gebaute Abtreibungsstück von Fr. Wolf, zu erreichen) zwischen den Personen auf der Bühne – und Personen im Sperrsitz.

„Das Publikum spielt ohne Gage mit" heißt es bei Goethen ... hier jedoch mit Gage: denn die Zustimmenden oder die Widersprechenden im Parkett werden von Schauspielern dargestellt. Ja, was das gagenlose Publikum denken könnte, billigen oder einwerfen: das wird von bezahlten Kräften ausgedrückt.

Nämlich: was die Sperrsitzler über die Handlung denken – nicht aber, was sie über das Stück denken ... (Es ist ein Unterschied. Genug.)

V.

Also durch bestellte Meinungskünder, sozusagen *agents provocateurs*, wird hier eine Hörerschaft zur Mitwirkung herangeholt; zur Erörterung.

Wie hieß es? ... „Die Wahrheit ist, daß eben heut' gewisse Dinge nicht mehr durch sogenannte dichterische Symbole ausgedrückt werden können: sondern daß sie erörtert werden müssen. ... Kurz, Ideen in einem gewissen Grade von Vielfältigkeit und Zerdrechseltheit sind heute nicht mehr dramatisch zu gestalten, sondern bloß noch zu sprechen. ... In Zukunft wird es dumpfe Symbole (Symbole sind dumpf) nicht geben; sondern Glitzerndes, Tausendfältigkeit – auch Geredetes. Von Menschen Geredetes ... Das ist es."

November 1910, Kerr, „Die Welt im Drama", Bd. II, S. 100

VI.

Aber: hier wird nicht glitzernd noch tausendfältig geredet. Überdies eine Menschengestaltung, die flüchtig, flach, undicht, undichterisch bleibt. Nicht der Mühe wert, davon zu sprechen.

Daran scheitert unwiderleglich diese ganze Stückgattung sehr früh; diese Theaterrichtung. Relativität!

Das vor Jahrfünften und Jahrzehnten von mir geforderte wie geförderte Zeitstück ist heute nicht mehr fällig: sondern hinfällig.

Es hat bei Piscator-Erwin eine Gnadenfrist. Warum, will ich dann sagen.

Zeit wird's: für die Rückkehr zur Kunst.

VII.

Das muß man einbläuen. Ja, vor vier Jahren oder fünf taten Zeitstücke not. Die Zeitforderung war wichtiger als die Kunst. Seitdem wurden jedoch Zeitdramen derart kunstlos, daß man entsetzt nach Kunst schreien muß. Im Grauen vor dem Durchschnitt.

Scheußliches Mittelmaß. Die Wirkung ist dem Vorsatz zuwider: Ekel, nicht Sporn. Abkehr, nicht Stachel.

Das könnte grundanders morgen sein: wenn ihr euch Zeit nehmt – Tendenzstücke wertvoller zu machen mit farbiger Fülle ... statt fader Spärlichkeit.

Undenkbar auf die Dauer: die Richtung für die Leistung zu setzen.

Es lebe, selbst in diesen Tagen, die Kunst! Es lebe, wieder, die Kunst.

VIII.

Noch einmal: Nur-Gesinnungsdramatik war eine Notwendigkeit – und beginnt ein Irrtum zu werden. Sie war Mittel zum Zweck: und wird

Mittel zur Verleidung. Sie war ein Weckruf: und wird ein Schlaftrunk.

Die „Stumme von Portici" hat eine Revolution entfesselt. Aber: monatlich zweimal immer wieder eine „Stumme von Portici" hätte die Revolution verekelt.

Zu fürchten bleibt: daß durch dramatische Häufung und Mechanisierung von Gegenwartsforderungen der Mensch seine Sprungkraft, seinen Ansporn im Parkett ausgibt ... und glaubt gehandelt zu haben, wo er nur gesehn hat. Und verwechselt Tat mit Beifall. Und wähnt Billigen schon Marschieren.

(Die aristotelische „Katharsis" – daß man Empfindungen durch das Drama „los wird" – ist mir: ein Vorplatz zur Inaktivität.

Hier steht der Feind ... in dieser schon zu stark eingerissenen oder zerleierten Gesinnungsdramatik.

IX.

Immerhin: für Piscator gibt es die Vergebung. Untheologisch das Moratorium.

Als Künstler sah ich eine Pleite; als Mitmensch einen Vorschritt. Und wenn man zwischen diesen beiden schwankt, gibt es kein Schwanken ... hätt' ich fast gesagt.

Wertvoll war der Abend in der Sache; mutvoll in krassester Proletenwahrheit. Herrlich: dies Bis-ans-Ende.

Da jeh'ck ran.

X.

Die Gnadenfrist währt noch: weil mein Tendenztheater, mein Zeittheater, mein Zwecktheater, mein Nutztheater sich bei diesem Erwin vielleicht zu einer schärferen Gattung auswächst; zum ...

Zum Aktivismustheater.

Dies ist: zu dem Theater, das eines Tags die Parkettleute nach der Vorstellung, wer weiß, gemeinschaftlich marschieren läßt.

Man braucht das nicht zu lieben; darf es hassen; muß es achten.

Da jeh'ck scharf ran.

XI.

Nachtrag. Die Schauspieler. Zu scheiden ist hier (besonders hier) zwischen Sprechern und Gestaltern. Zwischen Kündern und Verleiblichern.

Am besten sprach der Arzt Dr. Hodann. Er sprach besser als die Schauspieler: weil er nicht so gut sprach wie sie.

XII.

Bemerkenswert in beruflicher Sprechkraft: Kalser ... Da stock' ich schon. Hab' solche Angst. Ach, einzelne Schauspieler über andere zu setzen, ist vielleicht Indi... Indivi... Individualismus.

XIII.

Ei was, gewagt sei es.

Emilie Unda, vor kurzem noch (wie die Zeit rast!) ein flirtendes Luxusgeschöpf; hier ein graues, grauses Proletenweib – prachtvoll. Wie „mit Fischen in der Halle".

XIV.

Kanonen gibt es nicht unter den Darstellern. Sie spielen fast so gut wie die Gruppe junger Schauspieler. Walter Jung, Ellen Widmann, Venohr, Edith Angold, Aicher, Ilva Günten (Straßenmädel), Max Schreck, Maria West, Kepich, Greif.

XV.

Kameradschaftliche Wiedergabe des Zettels. Ich hab' solche Angst. Alle für einen, einen für alle. Wacker in jedem Falle. (Mit Fischen in der Halle.)

4. April 1930

Ostrowski: „Der Wald"

Meyerhold. Stresemann-Straße

I.

Ganz hübsch. Aber durchaus reaktionär. Ganz lustig. Aber durchaus vergröbernd. Ganz bunt. Aber durchaus gegenwartsfeindlich.

Kurz: wiederum systematische Heimkehr zum kaffrigen Hanswurststil. (Mit Unterschieden.)

Wenn jemand sagt: „Ich bin bewußt kaffrig" – so ist er darum doch kaffrig! Es kommt ja nicht auf das System an, kaffrig zu sein. Sondern auf das System, nicht kaffrig zu sein ... meine Teuren. (Wenn man heute lebt.)

II.

Darin ruht ja der Unterschied zwischen Stanislawski und Meyerhold. (Zu schweigen von der zehnmal größeren Kunstkraft Stanislawskis.)

Der Weg von Stanislawski zu Meyerhold bleibt ein Weg von heut nach gestern. Nicht umgekehrt.

Meyerhold ist, geschichtlich betrachtet, eine Störung. Ein Rückfall. Ein Hemmnis im Aufstieg.

Der Ahn einer fruchtlosen, durchaus rückwärtsgewandten, früh erledigten Mode. Zudem, innerhalb dieser Mode nicht ihr stärkster Könner.

III.

Ich sehe den Fall des echten Initiators folgendermaßen:

Erstens. Es fragt sich nicht: ob jemand ein Anbahner ist. Sondern: wozu er ein Anbahner ist.

Zweitens. Es gilt nicht nur, Anbahner zu sein. Sondern: auch stärker zu sein als die Nachmacher.

Mit einem Wort: der echte Initiator ist nicht nur der Erste, sondern der „Erste".

Ecco.

IV.

Meyerhold war Anbahner ... wozu? Zum Abstecher in frühstufige Vergangenheit. Ist er als erster auch Erster?

Granowski (der zwar zufallsmäßig versagt – aber heute, für einen Lebensfall, der uns angeht, offenbar der alten Puppenhopskunst sein volles Gesäß zuwendet) ... Granowski wird in der „Nacht auf dem Altmarkt" ein gesteigerter, verdoppelter Meyerhold. Und nicht grundlos, sondern auf einem Phantastofeld: wo Tote dem Grab entklimmen. Indes Meyerhold den politischen Revisorspaß, ja, leibhaft russisches Tagleben, albern in Märchenstimmung setzt ... Sinnlos mit Gehupf.

Und wenn er, in Ostrowskis Benedixiade „Der Wald", zwischen dem groben Hanswurst auf Stimmung spielt: so steht Meyerhold in der Stimmung hinter dem Stanislawski so zurück, wie im Gehupf hinter dem Altmarkt.

V.

Nach unbegründetem Hopsgeflitz („entfesseltes Theater" – jemand könnte genau so gut plötzlich ein „verlangsamtes Theater" auftun) ... nach dem grundlosen, überholten, für uns längst erledigten Hupfauf kräht heute kein Hahn; nicht mal kritische Kunstnullen mehr, welche den vorgeholten, groben Puppenstil geweckt als den wahren und neuen erkannten. Aus.

V.

Dies war der Hupfstil. Die andre Kernhälfte Meyerholds, die sogenannte Stimmung, hat er von Stanislawski, – ohne jemals ihm gleichzukommen.

Uferstimmung unter Chinesen (Klopfen auf ein Boot; unbeirrtes Teigkneten eines Bäckers im Gewirr): das ist ja reinster nachgemachter Stanislawski.

Nicht anders im „Revisor" die Klavierszene (halb Humor, halb Stimmung): reinster nachgemachter Stanislawski. Wer keinen Schimmer von diesem hat, mag erzählen: die zwei Auftritte stammten von Meyerhold.

In Ostrowskis „Wald" nun gar gibt es einen Stimmungskitsch, so seelenlos, dürftig, grob: wie der dritte Unterinspizient jenes Konstantin Stanislawski ihn von sich gewiesen hätte.

VII.

Dabei wird manches aber sehr hübsch gemacht innerhalb der abgestandenen, vorgeholten, urgroßväterlichen Richtung: für Leute, deren mens beim Urgroßvater stehenblieb. Die Masse Rußlands ist heute soweit. Obwohl sie politisch weiter ist.

Man sieht (bei Ostrowski, durch Meyerhold) lackierte Holzgebilde, die auf den Brettern stelzen, sich brüsten, rennen, Arme schwenken, klettern, hopsen, Fußtritte geben, Stiegen steigen, auftragen und Nußknacker sämtlich sind ... kurz: Theater von heute. Was?

VIII.

Lackierte Holzpuppen, so hübsch bei Tietz: so löchernd im Theater. Dazu (selbstverständlich) ohne Vorhang offne Szene: Bühnenarbeiter schieben sichtbar – wem sag' ich das? – die jeweils möblierten Andeutungen hin.

Also die Täuschung wird „systematisch" unterbrochen. Ein Zustand zwar wie um 1605 in der Schmiere, jedoch systematisch erneut (statt systematisch gekillt zu sein)!

Ergo: der wahre heutige Zustand, den man erfinden müßte, statt ihn abzuschaffen, wird durch Erneuung beseitigt. Kinder!

Seine Verwirklichung (im Gegensatz zur alten Zeit) wäre, meine Lieben, ein genialer, ein verblüffender, ein vorwärtsweisender Initiatorenzug. Ja oder nein?

Heimkehr zum Frühstufigen. Das „Neue", nach dem kein Hahn mehr kräht. Dickste Reaktion. Vorüber.

IX.

Die zwei Kernhälften bei Meyerhold-Ostrowski sind erstens Hanswurst, zweitens Stimmung. Das eine grundlos, das andere kunstlos.

Zwischendurch aber nette, zum Schluß prachtvolle Possenauftritte. Mit einem Wirrwarr von Einzelheiten. Mit einem Brio von Ulk. Famos.

(Meyerhold ist überhaupt kein schlechter Spielvogt. Nur ein mittlerer.)

Richtungweiser in Altes; in der Richtung überholt. Initiator in die Vergangenheit, mit komischem Anspruch auf Heutiges. Rückwärts, rückwärts. Wsewolodion.

X.

Der nette Schauspieler Iljinski: Scala. (Neben Carow; unter Grock.) Sinaida Reich. Dann hübsche Lackierpuppen. Herrlich ein Harmonikaspieler: Makarow.

Gruß an Makarow.

XI.

... Die Geschichte des Schauspiels ist ein Schauspiel. Die Komödienbetrachtung eine Komödie. Beides ein Quell der Erheiterung; der Erfrischung.

Man sei Relativitätskritiker. 10. April 1930

Crommelynck: „Der gewaltige Hahnrei“

Meyerhold. Stresemann-Straße

I.

Während heute der Filmhandlung die Sprache zugefügt wird: währenddessen ist hier die Worthandlung fast entspracht.

Sinnlos.

Den „movies“, also bloßen Bewegungsbildern des Kintopps, bringt man das Wort mit schwerer Mühe bei: Hier nimmt man es dem Drama – und kommt fast auf bloße Bewegungsbilder.

Dieses Maß von Albernheit ist nur übertreffbar durch die kritische: die zu beiden (entgegengesetzten) Vorgängen geweckt ja sagt.

Auch hier herrscht Auflösung der Sprachkraft oder Hirnkraft in einen Bewegungsvorgang: Kopfwackeln.

II.

Bin ich in einem Turnverein? oder in einer Dramenvorstellung? Vielleicht in einem jener Theater, welche das von den Bäumen noch nicht herabgekletterte Säugetier vormals unterhielt. Oben.

Rückkehr zum Hang der Ahnen – von Ast zu Ast. Kurz: die Zukunft der Bühne. Nicht zu missender Entwicklungsfaktor.

III.

Wenn ich bloß wüßte ... wenn ich bloß wüßte: weshalb die fortwährend rollen, klimmen, kugeln, gleiten, spreiten, klettern, rutschen, grätschen, hopsen.

IV.

Der Kern dieses belgischen Dramas der Eifersucht ist ... ungefähr, was bei der Betrachtung eines andren belgischen Stücks, „Monna Vanna", vor einem Vierteljahrhundert so ausgedrückt wurde: „Wenn du dich ihm hingabst – dann ist ja alles gut. Aber wissen will ich es!" („Die Welt im Drama", II)

Somit ein seelischer Vorgang ... Derb zwar bei Crommelynck das Dorfstück: doch mit besonderlichem Psychoboden. Aus der Erwägung wächst ein Humor. Aus dem Grübeln ein Argwohn. Herzpunkt: der Zweifel.

Offenbar ist hierfür gegebener Ausdruck die Rutschbahn. Ein nicht zu missender Entwicklungsfaktor.

Von Ast zu Ast.

V.

Ich will mich volksklar äußern. Wenn man eine Pantomime macht, macht man eine Pantomime. Aber nennt es nicht ein Drama.

Oder: man gibt ein Drama (mit gleichem Recht) als Radrennen. Oder: indem alle stottern. (Als organisch-biomechanisches Ur-Stotterwerk.) Oder plötzlich grundlos als Oratorium, wobei vorn die Darsteller in einer Reihe nur jedes zehnte Wort sprechen, schnapp.

Es geht alles, wenn man bloß eine innere Notwendigkeit ist. Und ein Zimt.

VI.

Wollte sagen: indes das Kino die Menschensprache kriegt, wird hier das Drama fast so sprachlos wie der aufgekratzte Beobachter.

Es bleibt dabei: die Komödienbetrachtung ist eine Komödie. Die Geschichte des Schauspiels ein Schauspiel. Auch die Geschichte der Kritik.

Zu dem neuen Entwicklungsfaktor, vor der Geburt krepiert (der somit als Zukunft begrüßt wurde), mangelt uns immerhin die Rollfähigkeit eines längeren Schwanzes als Stützpunkt.

VII.

Et hoc meminisse juvabit... (Auf deutsch: „Sehn wir uns wieder, nun, so lächeln wir.")

VIII.

Es lebe der Tonfilm. Es lebe der Sprechfilm.

14. April 1930

Friedrich Wolf: „Tai Yang erwacht"

Wallner-Theater

I.

Was an diesem Abend bewegt, ist nicht das Stück noch die Darstellung: sondern die Weltlage.

II.

Das Stück hätte noch matter sein können, noch gleichgiltiger, noch schabloniger, noch leerer, abgegraster, dagewesener, rückständiger, überholter; die Darstellung noch unentschiedener; die Regie noch provinzieller: so wäre doch der Gedanke nicht gehindert worden, sich an die Furchtbarkeit einer heut auf der Kippe stehenden Welt zu erinnern.

Auch nicht an das Bewußtsein einer neuen irdischen Schwergeburt: die sicher eine frische Gestaltung des Planeten zeitigen wird, aber nach der langwierigsten, qualvollsten, schwer abzuwartenden Entbindung – falls nicht ein Gott, das ist: ein smarter Mensch, eingreift.

III.

Wächst er drüben, im Lande des Höchstkapitalismus, Nordamerika? Dann geht es vielleicht mit geringerem Blutfließen ab. Denn der ganze ... ich hätte fast gesagt: nebensächliche Fall im höheren Sinn ist, wie mir scheint, unpathetisch zu betrachten.

Er bleibt ja eine lumpige, subalterne Frage der Verteilung. Der etwas mehr ebenmäßigen Verteilung von Erdgütern. Und des Transports.... Es ist ja alles da, in drei Teufels Namen. Doch wegen eines Versandsystems bedarf es, im Grunde betrachtet, keiner rollenden „r"s, keiner

Tragik, keiner Leichen, keiner Dramen. Alles hapert an einem winzigen Hirndefekt. ... Die Dramatiker gleichen ihn bestimmt nicht aus. Blinde rasen indes. Wann wird der Retter kommen dieser Bande?

IV.

Der achtungswerte Friedrich Wolf bringt noch einmal, in ausgelaugter Gestalt, das pathetisch Übliche. Der Jammer, sagt er, ist in China so groß wie bei uns, und derselbe Jammer.

Fremder Kapitalismus zwingt, bei ihm, einen chinesischen Fabrikherrn unchinesisch zu werden. Einen Ausschwitzer. Und schon zuvor ist er ein Bettsultan. Ein Jungfernbüttel. Sogar Kinder unter zwölf Jahren. Sein Kapitalistenterror peitscht Bruder gegen Schwester; Schwester gegen Schwester.

Die Harmloseste, Ma, wird erschossen, ein Mädelchen; sozusagen Ma Hilse. Der Edelste, der Sauberste, der Friedmensch Hung-ming merkt, daß es allein mit der Redlichkeit nicht getan ist (allerdings!); er tötet sich; und just sein Friedsarg wird Anlaß zu Metzeleien.

Fernerhin: die anfangs kapitalistisch verlockte ältere Schwester geht schließlich doch zu den Revolutionären. Und zu einem Hafenarbeiter, den sie heimlich ... liebt. (In dieser Art.)

Aber daneben sieht man, und hier ist Verdienstliches, Abbilder von Gewerkschaftlern, Bauern, Soldaten, Kommunisten Europas. Schwache Abbilder zwar; flüchtig-dünne, mit nicht einem Sonderzug. Und eben etwas scheint mir zu fehlen: der erleuchtete Versandtechniker.

V.

Piscator nähert sich diesen Überholtheiten (unbestimmt, wie weit sie von ihm, wie weit sie von Fr. Wolf stammen) mit dem statistisch-politischen Plakat; das erstens von der Rangbrüstung niederhängt, zweitens im Stück herumgetragen wird.

Die Wirkung – wenn man als Kritiker ehrlich sein soll – bleibt aus. Eine gewisse Unfähigkeit, etwas durch ein Drama auszudrücken, wird hier offensichtlich. Jedes mittlere Zeitungsblatt macht es besser. Kurz: das Leerstück.

Der Ausweg für dichterische Kleinpotenzen ist es, sich auf das Leerstück zurückzuziehen; die Verhüllung des Mankos ist es, sich auf politische Regie zurückzuziehen.

VI.

Drama soll doch aber Kunst sein. Höchst kennzeichnend für das Mißlingen des Abends: daß zwei Menschen, die mit dem Stück nichts zu tun haben, sozusagen zwei Zivilisten-Redner, den tiefsten Eindruck machten. Ganz jenseits von dem dürftigen Rampenwerk.

Der eine, Alfons Goldschmidt, hielt eine Ansprache; kein Theater wäre ringsum nötig gewesen, und man hätte doch einen ganz durchdrungenen, reinen Kerl voll Helferwillens ergriffen gespürt; ja, bezwingender als etwas in dem Stück.

Der zweite war am Schluß ein Schauspieler (Ginsberg; als Gestalter vorher tonlos), der ziviliter ein paar Worte sprach, etwa: „So liegen die Dinge, ihr habt euch zu entscheiden!" – und wiederum war das Stück entbehrlich; das Theater entbehrlich.

VII.

Tun solche Stücke noch überhaupt not? Ich habe sie gepredigt, als sie nicht bestanden – und bin enttäuscht, seit sie bestehn. Also nicht von der Gattung: sondern von dieser Gattung.

Vor vier Monaten schrieb ich hier: „Ein neuer Abschnitt hat loszugehn. Selbst jemand wie Piscator wird zeigen müssen, ob er auch ohne Polito-Zuwag ein Vorderer bleibt. Das Gedichtele der Mittleren mit marktgängerischer Gutgesinnung hat uns am 14. September einen Quark genutzt." Dies die Wahrheit, falls man phrasenlos sein will.

Piscator wird entschuldigt, wenn er deshalb gereizt ist. Nachteil und Vorzug der Zeit fassen heut ineinander. Ein Nachteil der Zeit ist es, daß Kräfte wie dieser Erwin so früh verbraucht sind; ein Vorzug jedoch, daß der Umfang der Kräfte früh klargestellt wird. Darum keine Feindschaft.

Nicht ohne Humor, wie Piscator im Programmheft die kritische Einordnung seines Könnens als ungenügendes Mitgehn mit der Bewegung zu drapieren sucht. Es läßt sich doch nicht vertuschen, daß die jüngeren, fast namenlosen Regisseure es heut schon besser machen. Piscator bot oft Prachtvolles (ich meine nicht den unproletischen Parademarsch in den „Rivalen" – es hieß damals hier: „Stahlhelmpazifist, zugunsten einer Kulissenwirkung") – sondern er hat in seiner Zeit wahrhaft Herrliches gegeben: bloß, diese Zeit war nicht lang.

Kein Bäumen hilft ihm drüberweg, daß bei ihm die Leistung immer verwechselt worden ist mit der Richtung; daß er an reinem Können unter den deutschen Spielmeistern wirklich einen zweiten Platz hat; in der dramatischen Kunst mehr abheblich als erheblich. Ja, es läßt sich heute jemand denken, der dieselben Gesinnungsziele mit stärkerer Kunst erreicht. Denken? Die sind ja da ...

Darum kein Geraunz und Übelnehmen. Was er geschaffen hat, bleibt ihm. Wundervoll. Es ist jedoch im Dramatischen heute so, wie es für Amerika jener deutsche Yankee mir versichert hat: „Eine Generation dauert drei Jahre." Erwin, Friede sei mit uns.

VIII.

Die Aufführung war, im Vergleich zu anderen Einübern von heute, Provinz. Nicht schlecht; doch ohne Vorzug.

Ich zweifle noch immer, ob ein politisches Theater fähig ist, die politischen Zustände zu bessern. Arbeitet bitte, statt Dramen zu schreiben und Dramen zu spielen, in Organisation. Eine Partei, die hundertsieben Landboten abschickt und über sechs Millionen Dümmere verfügt, hat kein Theater: jedoch den üppigsten Spielplan für systematische Vorträge ... der nachzumachen bleibt, Himmel, Arm und Wolken! Geht an dieses Werk. Verwechselt nicht länger Applaus mit Taten.

IX.

Während einer Krankheit wird der Kritiker auf natürlichem Weg zum Historiker, der sich auf Berichte verläßt: hiernach schienen desselben Autors „Matrosen von Cattaro" den Forderungen der Jungen Volksbühne weit eher zu entsprechen: sie haben wohl stärker die Erörterung angeregt ... und waren anscheinend auch von stärkerer Hand inszeniert. Gleichviel: es bleibt eine Genugtuung für diese Junge Volksbühne, Herrin geworden zu sein im eignen Haus. Eignen Zielen nachzugehen – und vielleicht den Stoß zu empfangen für kräftigeres Handeln. Sie soll in jedem Fall gegrüßt sein.

X.

Die Chinesenwelt (sie blieb in einer rührenden Form hinter jenen Strecken Meyerholds zurück, wo dieser beim Stanislawski geborgt hatte) fand in Konstanze Menz, wenn an die verwandte Spielreihe Neher, Lenya, Körber gedacht wird, eine Art zweiter Garnitur; doch nicht wertlos, nicht hoffnungslos.

Hadank fährt neuerdings glücklicher aus sich heraus – dennoch bleibt er straff genug, um nicht nachzugeben. Hier ist Entwicklung, wie bei der noch gestern weltfeinen Emilie Unda, die seit etlicher Frist so tapfer zum Armenweib oder zum grauen Drachen mit Selbstverleugnung aufstieg.

Ilse Trautschold, Ellen Widmann, Werther, Jung; dann erst Roth und Kepich ...

Es läßt sich mit solchen Kräften (und Heartfields bewußt einfachen Leinwänden, spanischen Wänden) eine platonisch-politische veredelte Vorstadtbühne denken; fast ein Kuriosum: wenn sie freier, deftiger, sinnfältiger, ja sogar attraktiver gelenkt wird.

16. Januar 1931

Giraudoux: „Amphitryon 38"

Stresemann-Straße

I.

Giraudoux, Ende Vierzig, verbindet (wenn man über das Stück hinaus an sein Episches denkt) zwei für alle Schreibkunst wichtige Züge: das Schweifende mit dem Genauen. Laune mit Zucht. Einbildungskraft mit Beobachtung. Erfindungsgeist mit Erkenntnis. Beinahe Traum ... mit Witz.

II.

Giraudoux hat nicht nur einen Franzosen geschildert, der in Deutschland heimisch war: er ist ein solcher. Manchmal, vor seinen Erzählungen, denkt man: „Aber der kennt wohl deutsche Romantiker?" Hat er von diesen Verschollenen gelernt, von Tieck oder Arnim? oder – wenn er durchrankte Gärten um halbverzauberte Schlösser malt – von ihrem großen Vorläufer Jean Paul: der ja Ähnliches, wenn auch so anders, mit sich in die schimmernde Versunkenheit seines fern leuchtenden Todes genommen hat.

Der Franzose Giraudoux ist ein Ahner deutscher Wesenheit ... und ein Gallier dazu.

(Im Grund ein Friedmensch; der spaßend, überlegen, diese vernunftschwache, jedoch reizende Welt erfühlt und heiter andeutet. Nicht nur heiter.)

III.

Wie schön, daß es noch solche Lächler gibt. Hier ist, auch in dem Amphitryon-Stück, jemand der nicht nur den Mut zum Geist hat (nach so vielen Zeitstücken!), sondern gar zum Geistreichsein; zu jenem sogenannt Attischen, das in dieser bekümmert-stumpfen Gegenwart mit der Acht belegt wird von allen Zweckbolden; und von Zahnlosen, die Lücken fordern.

IV.

Wahrhaftig nicht alle heut bewegenden Dinge kommen in diesem Stück vor ... das noch mit der Furchtbarkeit des Krieges Späße macht. Aber Einiges, das uns jetzt wie immer angeht, ist pathosfrei umklingelt und -durchschaut.

Über den Irdischkeiten weht arielhaft Gelächter eines sehr gestuften Planetensohns.

Mit entzückenden Einfällen, die keineswegs kaltblütig sind. Sondern gutgelaunt und mitleidsvoll. Attisch und ethisch.

Es gibt sogar Innigkeiten, die in der Aufführung nicht herausgekommen sind.

V.

In den Vorgängen weicht Amphitryon der Achtunddreißigste von den siebenunddreißig früheren ab. Von Molière wie von Kleist. Das Amphitryon-Stück dieses Jetzigen ist allein das wahre Amphitryon-Stück.

Himmlisch so ein Alltagsweibchen, die Alkmene, klug-dumm, doch schlauer als Jupiter, die von keinem Gott besucht sein will. Sie dankt. Liebt ihren Mann! Etwas nicht nur Komisches, sondern ganz Edles wohnt in ihr. Ein Iphigenerl, pathosfrei, aber gleich hoch. Da gibt es nichts zu meckern. Überlegenheit des Menschen über den Gott.

VI.

Und Überlegenheit des Gottes über den blitzblöden Jupiter bei allen Vorgängern. Ihn überkommt bei Giraudoux menschlich-göttliche Großmut. Mehr menschliche.

Alkmene (sie würde den Tod einer Untreue vorziehn) soll nicht sterben, fühlt er. Nein. Der Gott schwindelt, nachdem er unerkannt ihr beigewohnt: es sei der Gatte gewesen. Leben soll sie. Ja. Im Glück, fernerhin.

Herrlich; herrlich.

Er lügt ein zweites Mal.

Die Leda (Giraudoux bringt sie für ein kostbares Intermezzo hinein) ist irrig von dem wirklichen Amphitryon, dem Gatten, beschläfert und beschäfert worden; Jupiter nimmt es auf sich. Auf daß die Getreue nicht gekränkt sei. ... Dann haut er ab.

(In dieser Großmut ist ein Nachklang von Corneille; aber das macht ja nichts, bitte.)

VII.

Einfälle, bezaubernde, durchwachsen dies alles. Von den Späßen (wie etwa die ungöttliche Frau sich einen kleinen Herkules in der Wiege vorstellt) bis zu den ganz ernsten und „letzten" Dingen. Bis zu dem sonderbaren Lächeln von Leichen (wo blieb es in der Aufführung?).

Von dem ersten Blut im Kriege – wenn sich der General vor dem Abmarsch rasiert – bis zu komischem Ulk: wenn Giraudoux „Jupiter" sagt und den heut giftigen Weltschöpfer meint.

Er zeigt wieder, daß man (o du mein ganzes Dasein!) auch das Ernsteste lustig, das Tiefste verständlich, das Tragische fast gewichtfrei äußern kann.

VIII.

Geschätzt seien, Giraudoux, die soliden Freuden aller gesinnungsvollen Zeitwerker mit aller achtbaren Vorstadtredlichkeit. Aber ist es nicht etwas wert, flugschaukelnd und höhenluftig auf die Zeit zu husten? Selbst auf diese?

Das Komödische, noch in einer irdischen Geisterklammheit und Verbiesterung, aufgekratzt, losgelöst, eigenlustig zu erkennen, zu zupfen – und zu lieben?

IX.

Ich bin jetzt ein Volksverräter. Wenn man unsere ganze neuere Dramatik auf den Kopf stellt, schwenkt, stößt, pufft, schüttelt: so fällt kein Werk von ähnlich überlegener Geistigkeit, von solcher Durcharbeitung, Anmut und holder Ballung heraus. (Das Buch ist gemeint.)

Hier schafft noch einmal jemand, der die Ulkfähigkeit eines Volks zusammenholt, sie steigert; der nicht nur reizvoll ist, wie etwa vormals Maurice Donny, sondern eben nachdenklich dabei.

Und hier ist ein deutscher Zug ... wenn man das will.

Sind wir ein Volk von Musikern, sie ein Volk von Logikern: so läßt sich Giraudoux, falls es verlangt wird, nach den Einflüssen seines Aufenthalts in München wirklich als eine Zusammensetzung von Französischem und Deutschem ansehn.

Es ließe sich auch äußern: die Romane wie das Amphitryon-Stück sind so gedrängt voll von Geist, daß hier die Leichtigkeit schon wieder Gründlichkeit wird. Also.

(Übt Vergeltung, deutsche Dramatiker – nehmt von drüben mindestens das Schlagende; zugleich das handwerklich Gekonnte.)

X.

... Die Bergner, nicht der Einrichter Barnowsky, kam dem Kern des Stückes nahe.

Auch Ernst Deutsch in einer sehr schönen ironischen Ruhe. (Obschon er zwischendurch unruhig schien.) Gegen den Schluß mit zuviel Ruhe: wenn ein Umschlag in Jupiter vorgehen muß. Das erfordert eine seelische Cäsur; ein Selbstüberwinden muß merkbar sein. Der Gott soll zwar der Frau diese Nacht mit ihm erlassen: aber nicht ohne fern fühlbaren, von fern schmerzlichen Entschluß. Bei allem Lächeln und aller Ruhe. Herrlich Ernst Deutsch im beschwingteren Gespräch mit Merkur. (Mit Thimig, der die Heiterkeit unterstrich.)

XI.

Vergleichslos Bergner-Elisabeth von Anfang bis zum Ende. Sie war das Stück.

Sie begriff die Melodie. Alles, was in Sätzen versteckt liegt an Gelegentlich-Spottendem wie an herzhafter Innigkeit und unaufheblich Treffendem: alles das holt sie wunderbar heraus in Vielfalt und Fülle. Das Wesen dieser Gestalt, unauffälliges Gemisch von Harmlosigkeit und Klugheit, ist das Wesen des Stückes.

XII.

Die Grundmusik traf Barnowsky ... manchmal. Am besten in dem kostbaren Gespräch der Leda (Lil Dagover – die aussieht; und mit reizvollem Anstand eine mythologische Dame körpert).

Sonst hat die Regie stiller zu sein. Die Ironien fast nebenher. Bei Barnowsky wird zu sehr gespielt – für ein Sprachstück. Alles um einen Grad zu viel „dargestellt“; womit eine gewisse Lautheit verbunden ist.

XIII.

Etliches ist wenig geschickt. Der Darsteller des Amphitryon schwer möglich; nicht nur, weil er um einen Kopf größer ist als der Partner, der ihm gleichen soll.

Oder: Alkmene befragt das Echo. Bei Barnowsky antwortet ihr das Echo aus dem Schlafzimmer – wo eben die Leda sich dem Amphitryon gibt ...

Oder: die Stimme des Schicksals ruft; aber wozu ist der Lautsprecher da, wenn er hier nicht benutzt wird? Statt dessen eine matt-menschliche Stimme.

Selbst meine Frida Richard gibt einen Schuß zuviel.

Die Losung hätte zu sein: „Leise, leise, unfromme Weise."

17. Januar 1931

Brecht: „Mann ist Mann"

Staatstheater

I.

Jetzt ist es genug – sagten sich diesmal die Hörer. Es geht hier nicht um die Person Brechts. Sondern um den Unfug, der mit einem Kleintalent getrieben wird. Der angefügte „politische" Schluß konnte nichts mehr retten.

„Übt man", schrieb ich hier bei ähnlichem Anlaß, „so völlig Sinnloses, Wertloses, Gestaltungsunfähiges mit großer Sorgfalt ein, so wird der dramatischen Kunst eine Kraft entzogen, die sie heute brauchen kann." Das Staatstheater kann seine Kraft für den Versuch mit immerhin Aussichtsvollerem brauchen ... statt erlittene Reinfälle sehr umständlich zu bekräftigen.

Wo steckt hier ein Sinn?

II.

Der Fall ist aber nicht ohne Humor. Erstens: vom Standpunkte des Verfassers. Zweitens: vom Standpunkte der Mitläufer.

Auf die Frage: „Wie wagt man so zurückgebliebenes Zeug mündigen Menschen der Gegenwart vorzusetzen?" ist, vom Standpunkte des Verfassers, die Antwort so:

Brecht allein hatte zwar dramatisch nie einen lebendigen Erfolg, außer mit einem altübernommenen, zweihundertjährigen Diebsstück mit Gesangseinlagen, wo das Ganze (Handlung und Schlager) von Fremden stammt.

Er hat jedoch zur Verbrämung des Mankos – und zur Rechtfertigung des falschen Eingeschätztseins! – immer dunkel theoretelnd einhergeredet: was bei uns Achtung erzwingt; noch wenn es, wie jetzt im Programmheft, völlig wirr ist (ungefähr wie Herr Tausend, ohne sonst Vergleiche zu ziehen, sich gebildet ausgedrückt haben wird). Man lese das nach! Etwa (weil das Stück Inschriften zeigt ..., die man mühevoll im Film abgeschafft hat, also Zeitdichtung).

Die Tafeln, auf welche Titel der Szenen projiziert werden, sind ein primitiver Anlauf zur Literarisierung des Theaters. Diese Literarisierung des Theaters muß, wie überhaupt die Literarisierung aller (?) öffentlichen Angelegenheiten, in größtem Ausmaß weiterentwickelt werden.

Die Literarisierung bedeutet das Durchsetzen des „Gestalteten" mit „Formuliertem", gibt dem Theater die Möglichkeit, den Anschluß an andere Institute für geistige Tätigkeit (!) herzustellen, bleibt aber einseitig, solange sich nicht auch das Publikum an ihr beteiligt und durch sie „oben" eindringt.

Das wird, als Kommentar zu einer dramatischen Unfähigkeit, gedruckt.

III.

Soweit vom Standpunkte des Autors. Jetzt vom Standpunkte des Anhangs; das ist viel komischer.

Nämlich: Weil es einst lohnte, beispielshalber: Ibsen und Hauptmann damals dem Publikum aufzudrängen: darum wird nun die Gebärde des Aufdrängens nachgemacht (kopiert, nicht kapiert), ohne daß etwas zum Aufdrängen da ist. Nur mit der geäfften Haltung vor dem unzureichenden Objekt.

Der Nachmacher, von Nachmachern gestützt, bloß nicht von der Wirkung: das ist, für sich, ein Zeit-Stück.

IV.

Brecht wiederholt jetzt, was er mit dem „Baal" auch erfolglos versucht hat: er betont, um sich zu entschuldigen, etwas Bilderbogenhaftes in der Aufführung.

Aber selbst wenn der Autor ein Werk von sich abrückt: dadurch kommt noch nichts hinein. Daß er sein Werk in halb spaßiges Licht zu setzen versucht, ist eine Ausflucht. Noch keine Leistung.

Mit dem Wort „Bilderbogen", „Ballade" ist noch nichts wettgemacht. Es muß halt ein guter Bilderbogen, es muß halt eine gute Ballade sein ...

V.

Dies hier – nicht nur im Verkauf eines Elefanten, der kein Elefant ist, sondern von Soldaten fälschlich als Elefant in Verkleidung vorgestellt, – dies hier ist einfach geistig zurückgeblieben und kindisch-armselig. Der Schmus wird es für einen Zug von kostbarer Launigkeit erklären.

Oder die falsche Hinrichtung des Mannes. Beides ist infantil zum Auswachsen. Über den unterbrechenden Eingriff der Hörerschaft kann ich nicht jubeln: ihr unrecht geben auch nicht. Der Skandal steckt nicht in dem, was sie tat: sondern was Erwachsenen getan wird.

VI.

Der Schluß ist jetzt geändert. Der Zeitpolitik entsprechend: in sein Gegenteil.

Früher war das Thema des Stücks: Einordnung. Jetzt plötzlich: Antimilitarismus. Früher war der Ausklang schlechtweg: Eroberung einer Stadt; hei! Der Gemeinschaftsmensch wurde damals ziemlich sinnlos zum Einzelmenschen; über die andren gesetzt; und erobert jene Stadt in Tibet, hei!

Nun aber (nachdem das ganze Stück „Einordnung" hieß) heißt der Schluß, indem der Held plötzlich grausam wird: Verwerfenswert sind die Greuel des Kriegs.

Der Sache nach ist es gut. Aber: diese politische captatio kam zu spät. Nach dem Elefanten; nach der Hinrichtung; nach dem sinnlosen Gelall. Es war nichts zu retten.

VII.

Frau Weigel, die Gattin des Dichters, versuchte das trotzdem. Sprach, mit ihrer glänzenden Artikulierungskraft, möglichst gewinnend zum Sperrsitz, den sie scharf im Auge behielt. Gleichviel ...

Die Schauspieler Lingen und Heinz schritten künstlich erhöht auf Stelzen; Granach muß sich kleiner machen, als er ist, in jedem Sinn, und wirkt noch hier eindrucksvoller als die unkomische Komik oder als Paul Bildts Kaschperlmaske.

Reuss versucht einen Solo-Auftritt. Peter Lorre, der Mann im Mittelpunkt, bewahrt seine Möglichkeiten zum Humor für andre Aufgaben.

VIII.

Daß im Szenischen alles frühstufig zurückgeschraubt ist, hinter Nehers Halbgardine, versteht sich von selbst. Ein Ansager in Zivil leitet manche, nicht alle Szenen ein. Die Inschriften sind eh bereits erwähnt ... Das alles hat einen sehr tiefen Sinn.

IX.

Es geht nicht um Brechts Person. Sondern um den komischen Mißbrauch eines zusammenhanglosen Kleintalents.

Ich wünsche die Hinab-Entwicklung nicht für unser vor kurzem im Kunstsinn wesentliches Drama.

Der nächste Herr, bitte. 7. Februar 1931

„Minna von Barnhelm"

Künstlertheater

I.

Nach vielen dramatischen Schlampereien ein gutgebautes Stück zu sehn, hat fraglos die Hörer gefreut.

Es in einer ungleich-durchwürfelten Vorführung zu sehn, hat sie kaum gestört.

Es mit jener Schauspielerin Dorsch zu sehn, hat sie beglückt.

II.

Warum? Weil sie nur eine Seite dieser Frau gekannt; hier die andre kennengelernt haben.

Weil sie eine Volksgestalt war ... jedoch hier eine Dame wird; und weil aus der Dame zum Schluß die Volksgestalt himmlisch hervorguckt.

Das ist es.

III.

Erinnerungen an die Sorma, unanrührbar, an die Straub, übel, ziehn vorbei.

Die Dorschin, zuerst in ungünstiger Maske, hat einen Schuß entfernter Schmerzlichkeit anfangs in zu geöffneten Augen. Weshalb? weil es unbehaglich ist, in die neue Gestalt hineinzufinden? oder: weil dies Fräulein vorläufig auf der Suche nach einem Verlorenen lebt?

IV.

In jedem Fall: je mehr sie ihn hat, je mehr taut sie auf. Je herrlicher wird aus dem Adelsfräulein ein Mädel.

Mit Augenblicken, die nur das Genie kennt; mit einer Anmut, die nur das Schmerzensgenie hat. Sie liest einen Brief ... und (ganz ohne

Aufhebens) stockt halb und halb mit der Stimme. Sie blickt und spaßt beseligt ... daß etwas in der Brust aller Zeugen im Parkett still wird.

Das ist die Dorsch; das ist die Dorsch.

V.

Lessing scheint erfüllt ... auch in dem, was er geträumt (nicht geschrieben) hat.

VI.

Wiemanns Tellheim wird zuletzt prachtvoll warm; anfangs durch Stiefel behindert. Die Paudler ... „das ist kein unebenes Frauenzimmerchen", sagt Werner (und die Kritik).

Eine Franziska, nicht bloß theoretisch „munter": sondern über die man lacht. Sondern die vom Land und saftig ... doch im Schloß erzogen ist. Paudler beherrscht in längeren Strecken die Bühne.

VII.

Jacob Tiedtke, der statt des Schauspielers E. Siedel den Wirt hätte machen können, stellt umfänglich, vollströmend (mit Zusätzen) den Just. Indes Kampers Wernern übertreibt, unterstreicht, verdoppeltont.

Teurer Lessing: dein Feldjäger müßte preußischer aussehn ... Deine Dame in Trauer jedoch kann so takt- und leidvoll sein wie bei der Schauspielerin Adams. Und Riccaut ...

VIII.

Gotthold, er ist dein schwacher Punkt. Ich kann nicht anders.

Dein Glück wenigstens, daß du auch den Wirt schofel malst: sonst wären alle Deutschen des Stückes herzlich-edel – und nur ein Franzos, das kennt man, windig, niedrig, tadelnswert. Gotthold, dein Wirt reißt dich raus ...

Doch Forster-Larrinaga müßte den welschen Windhund, das kennt man, eher diminnendo durchheitern, vermenschlichen – statt eine längst überholte Pharisäerwirkung einzustreichen.

IX.

Als ich, in Liebe zur Gegenwart und in Haß wider die Literatur, eine Epoche des Zeitstücks von den Dramatikern forderte (das nachher durch mangelnde Könner komisch herunterkam), war auch dies Lustspiel zwar ein Vorbild im gekonnten Bau; im Gegenwartsmut; aber nicht im Inhalt.

Lessing schrieb es frisch, als Vagierer, lange vor der dürftigen Bergung bei jenem braunschweigischen – Setzer, achten Sie auf das „n“ – braunschweinischen Herzog; („Soldatenverkäufer und Quäler Lessings“ nennt ihn Hermann Wendel in seinem feuervollen, blutvollen, menschlichen Danton-Memorial mit Fug).

X.

Doch je unfrischer Lessing wurde, desto schlechter es ihm ging: desto größer ward er.

Dies Lustspiel ist noch eine Großmutsfabrik. Tellheim ist ein Corneille, gleich gegen die Witwe Marloff. Zuvor ein Corneille gegen die Stände. Ein murrender Corneille, ein heiterer Corneille gegen die Braut. Werner nach dem Gutsverkauf: ein Corneille gegen den Major. Just: ein Corneille mit dem Rechnungsbuch. Minna: Wohltäterin gegen Riccaut. Eine Corneillin vollends gegen Tellheim. Es bleibt dabei: Großmutsfabrik.

Diese Edelsinnsstauung ist vom Spielordner nicht zu kappen ... also zu dämpfen. Herr Hans Hinrich hat es leidlich vermocht. Was beginnt er nun mit Lessings Sprache?

XI.

Bei dem ist sie herrlich lichtscharf, oft magisterhaft gezirkt, wie brieflich aufgesetzt ... Fehling hat sie vormals durch Gliederbewegung vertuscht; beinah durch Hopser. Manchmal durch einen Schreiton. Er gab einen Wirksamkeits-Lessing, mit flott verdecktem Altersstaub. Und Ähnliches tut Hinrich.

XII.

Allerdings mit Zusätzen. Just lehnt bei Lessing das vierte Gläschen Danziger ab? bei Hinrich muß er dahingegen sogar grade noch zur Verbesserung die ganze Flasche kippen. Gelegentlich Prügel als Beiwag'; auch Dinge, die Lessing nicht geschrieben hat. (So gewiß nicht alles zu geben ist, was er hier geschrieben hat. Weglassen? ja. Zutun? nein. Zu Lessing: nein.)

XIII.

Sonst ... Der abgedankte Tellheim darf nicht Funkelnagelneues tragen. Oder: der Spielvogt erlaubt parodiersam, daß man sich über Lessings Sprache, die Sprache jener Zeit, lustig macht. Billige Nebenwirkung.

XIV.

Manches ist aus einem Guß. Ein Plus? Der Schluß.

Hinrich bringt hier wohlbedacht eine Steigerung: die letzten Worte zwischen Werner und Franziska nicht nur herzhaft, sondern herzlich. Somit ein crescendo statt eines Nachklappens.

XV.

Das der Gewinn.

Neben Andrem ... welches im privaten Beschaffensein gewisser Menschen liegt.

Persönlichkeit: immer noch höchstes Glück der anspruchsarmen, wichtigtuenden, todverdammten, dennoch heiteren Erdenkinder.

17. April 1931

Döblin: „Die Ehe“

Volksbühne

I.

Jetzt aber Schluß. Dieser Tiefstand einer Nutzdramatik ist nicht mehr unterbietbar. Schauerlich abgedroschenes Zeug verekelt eine gute Sache. Nieder damit.

Schreckensmänner der Impotenz. Champions des Ungeschicks. Schlemihle des Wiederkäuens. Schädlinge der Helferlust. Wohltäter voll Gottgeschlagenseins. Menschenfreunde mit Ödnis und Blödnis – wogegen das übelste Kitschkino Gold, Sudermann ein Shakespeare bleibt. Nieder damit.

Nochmals: die dramatische Ausübung der Philanthropie wird zum Kofferpacken – wenn kein Könner dahintersteht. Die Guten-Leute-und-schlechten-Musikanten: nieder damit. Wir haben sie bis da. Und ein flaches, langstieliges, leeres, spottbilliges Dutzendwerk wie das vorliegende sogar bis daaa.

Nieder damit.

II.

Sozialverekler, Nachsprecher, Modenethiker, Mitmacher, Ideenschänder, Imperativstümper, Unkönner, Schwachbolde, Wohlfahrtskrüppel, Stieflinge, Mißkünstler: nieder damit.

Aus die Geduld. An alle: das Zeitalter des schlechten Zeitstücks wird hiermit geschlossen. Döblin der Letzte.

Er ist im Roman schwerer zu kontrollieren; doch wohl beachtlich. In der dramatischen Lagunenwelt war er der banale grande.

III.

Dennoch geloben wir, so wahr ein Heiliges in der Welt (und in der Brust) lebt: mit äußerster Kraft ewig zu scheiden zwischen den hohen Dingen und ihren miserablen Vertretern.

Ich schwöre bei den Engeln (in meiner uralten Familie direkte Vettern): unablenkbar und starr der Sache selbst zu verbleiben; trotz den Verkündern; den matten-platten Schatten. Nieder damit. Nieder damit.

IV.

So wäre für diesen Abend fast alles gesagt.

Gereihte Nutz-Auftritte, die nicht mal Dramenstücke sind; und für das Kabarett viel zu salzlos wären.

Kunstreaktionär, als wenn bei dem vergrabnen Ludwig Tieck sel. der heilige Bonifacius an den Souffleurkasten tritt: „Ich bin der heilige Bonifacius".

Man muß der Zeitirrung ohne Zorn, doch ohne Mildheit in die Pupille kucken.

V.

Selbstverständlich hat er, Döblin (sonst ein gütiger Mensch), kein Drama schreiben ... wollen. Weißt du? Selbstverständlich pfeift er auf die Kunst.

Auch leider die Kunst auf ihn. Warum verwendet er sie dann? (Ich spreche nicht vom Roman.)

Entscheidend wird nur, auch für seinen Zweck: die Unwirksamkeit.

VI.

Ein Sprecher (bei Ernst Busch gut und prägsam); einst Conférencier genannt; bei den großen Russen jedoch nur im Notfall: wenn Katschalow und die unsterbliche Germanowa den Dostojewski nicht anders tragieren gekonnt. Bei Döblin aus Bequemheit; aus Schwäche.

Dann: ein Arbeiterpaar. (Speelmans trächtig-saftig wie meist); die Darstellerin Drews schlicht mit Selbstverleugnung. Sie trägt ein Kind; nicht ein tragbares. Erstens Friedrich Wolf. Zweitens Credé. Elftens Döblin. (Nicht zeitlich, ranglig.)

VII.

Dann: eine Gärtnerfamilie. Wohnungsnot. Wann endlich wird das Zweckdrama gegen den Rheumatismus geschrieben?

(Zuvor traf ich auf den Brettern die Frau Emilie Kurz, hier weise Frau. Wissen Sie noch, liebe Kurzen? ein gewisser Wedekind, mit „Frühlings Erwachen", hä? War ein Künstler; sozusagen ein Poeterich; blieb wenigstens eine Weile.)

Die Gärtnerfamilie löchert mich furchtbar. Sie entfernt viele für ein Jahr vom Sozialen und von Döblin. (Trotz dem Schauspieler Nunberg; trotz dem keß dargestellten Jöhr: Gerda Schäfer.)

VIII.

Kommt (in dieser Plattheit ein Himalaja nach unten) die hinreichend beklopfte bürgerliche Ehe.

Gibt es nicht einen Beaumarchais unter diesen Invaliden? Der es mit einem Male gut macht: statt mit vielen Malen erbärmlich?

Wirkungsloser Fabriksvorgang: ohne Salz, mit Schmalz. Döblin erinnert an die schwersten Fälle. (Doch ein gütiger Mensch.)

IX.

Hier wirkt der Schauspieler Steckel unpenetrant. Die Darstellerin Ellen Frank mit Körper und Stimme. Karol Rathaus, seinerseits, macht zu alledem eine Volksmusik (die gleich im Anfang schubertisch hold in Dur schließt, als Übergang, wie in „Fremd bin ich eingezogen" bei jenem; die sonst manches recht Gängige durchläuft – im Gegensatz zu Karols richtiger Musik für die Presse; (aber welches ist die richtige?).

Gleichviel: wenn hier bloß überhaupt irgendeine Musik ... Nein, nicht mal da schweigt der entsetzliche Text. Trotzdem: Erlösung dem Billettlöser).

X.

K. H. Martin hat (mit skizzigen Projektionsbildern der Nina Tokumbet; mit Granowsky-Masken aus dem „Alten Markt", Verfasser hier Erich Goldstaub) eine viel, aber viel zu gute Darstellung erwirkt.

Schlagend, klappend, schiebend, rollend. Mit dem großen und kleinen Himmelslicht.

Friedrich Wilhelm Nietzsche jedoch hätte geäußert: „Man soll nicht nur fragen: was für eine Regie? Sondern auch: wofür ... eine Regie?"

XI.

Warum also derart Untermittelmäßiges in der Volksbühne fördern? annehmen? spielen? Vor Jahren schrieb ich: „Man soll Bühnenhäuser für Stücke, nicht Stücke für Bühnenhäuser suchen."

Dieser Satz wird von der plagiirenden Schmuskritik selbstverständlich nachgeschrieben. (Er braucht aber den Direktor Aufricht, der ihn verwirklichen will, nicht abzuschrecken; der Satz ist diesmal richtig.)

Bei dem Döblin-Unglück fragt man sich noch einmal: „Welches Haus ist hier gewählt für welches Stück? Welches Stück ist hier gewählt für welches Haus?"

Ihr sollt nicht alles mitmachen.

XII.

Döblin! verantwortungsloses Hingeschreib ist auch Verletzung einer sozialen Pflicht. Ob schon dreimal gütig.

Dünnes Wollen bleibt ein Laster. Nichtgekonnthaben eine Schädigung. Mangelndes Messen von Kraft mit Sache: der Fluch.

XIII.

Nieder damit. Nieder damit. Nieder damit.

18. April 1931

Mistinguett-Revue

Theater des Westens

I.

Die ganze Wahrheit kann man nicht sagen. (Dies ist die ganze Wahrheit, die man sagen kann.)

Aber die halbe reicht hin, um von einer kostbaren Lebkraft zu sprechen; von einer mit Leib und Seele besessenen Erscheinung; von einer Künstlerin der Stimme (Altstimme); der Tanzbewegung; der mimischen Abwechslung; der heiteren Technik; der schmeidigen Anmut; der federnden Stärke; der ewigen, ewigen Beschwingtheit.

Zumal in Anbetracht – (das kann man nicht sagen).

II.

Verwundert, und bewundernd, stehst du vor einer menschlichen Ausnahme. Vor einem biologischen Rätsel.

Vor einer Frau, die zugleich Frau blieb, zugleich Gassenjunge. Vor einer Person, die man in Frankreich sehn mußte; die man dort gesehn hat; die letzten Endes zu sonderlich für den Export ist; zu sehr Bodenpflanze; zu sehr Ortsgewächs und Erdreichblüte ... und dieses Erdreich heißt Macadam; und diese Kunst heißt: ein Wink, nicht eine Deutlichkeit.

Und die Deutlichkeit heißt: angelsächsisches Geld. Aber dieses Genie heißt: Heimat. Diese Kunst ist Heimatskunst ... der sehr großen Städte. Die künftigste Heimatskunst; die kitschfernste; die von der Massensiedlung zurückströmt auf die Dörfer.

Die Mistinguett war ... oh, ist eine Heimatskünstlerin.

III.

Aber wieviel englische Namen auf dem Programm?

Um die Jahrhundertwende war man in Paris dem Angelsachsengeld noch nicht unterlegen. In den Ambassadeurs, gegen 1900, sang Yvette Geistiges ; Chansonniers auf dem Märtyrergebirg sangen Witziges. Die prunkende Schau, die kam von Übersee.

IV.

Das Programm in den Folies Bergères (Lokal, so bei Maupassant vorkommt, weißt du) ... das Programm trug damals nicht, neben dem Französischen, die Übersetzung in Spanisch und Englisch – für den rasta, für den Michiganprotz. Das Ausland hat Frankreich ...

Nein: es hat Frankreich nicht verkaffert. Nur modifiziert.

V.

Lebten diese Huronen im siebzehnten, achtzehnten Jahrhundert: ich glaube, Ninon de Lenclos selber müßte hopsen – für sie. Lächelnd umringt von sisters, von steppers, von girls, kurz: in anglo-puritanischer Asketengeilheit mit der heuchlerischen Aufschrift „Turnkunst".

O, holdes Frankreich. O, geistiges Frankreich. O, ehrliches Frankreich.

VI.

Mistinguett ist eine Letzte. Jedoch ... modifiziert.

Jonathan Swift sagt irgendwo: ein Witz, der gut ist im Hydepark mittags um Zwölf, kann weniger gut sein zu andrer Zeit und woanders.

Das biologische Wunder der Mistinguett besteht in Berlin, wie zwei Wochen zuvor in Madrid. Aber leben tut sie nur, tat sie nur am Seinefluß.

Eine Volksgestalt ... auf Reisen.

VII.

Frau; Gassenjunge; Tanzweib; Halbdiseuse; Skätschkraft; Luxusgestell ... Doch daneben mit einem Blick, mit einer Viertelgeste spirituell.

Es reimt sich: Luxusgestell – doch spirituell.

VIII.

Auch in ihr steckt ein Stück Frankreich ... das ich erbärmlicher Verräter meines Vater- und Hitler-Landes, entschuldigen Sie, grüßen muß.

4. Mai 1931

„Lumpacivagabundus"

Volksbühne

I.

Anton Kuh hat einen kostbar vagantigen, oft stürmischen Humor von blitzend-leichter Schlagsicherheit; er hat eine unsterbliche Tante; (zwar ich auch: aber Else Lehmann ist seine wirkliche; Friederike K. die meine nichttt); und er trägt zu allem den Namen jenes treuen Eckarts, der „Hebbel auf das Postament stellte" – wie man einst im Kolleg uns gesagt hat. War Emil Kuh, neben solcher Tante, vielleicht noch sein Onkel?

II.

Dies vorausgeschickt: so bleibt festzustellen, daß er an dem hundertjährigen Zauberstückel gut gemacht, was hernach der Einüberich verpatzt hat. (Rabenalt heißt er.)

III.

Rabenalt bringt ein Gemisch von „Götterdämmerung" (an schwerer Länge) mit einem Phantastorealismus von Strindberg. Wenn der Schauspieler Steckel als Geist Lumpacivagabundus in einer Art Zwischenmystik allemal wieder so hindurchschreitet, weißt du?

Und bei Rabenalt trägt sich dies in Preußen zu. Nestroy klingt bei ihm, wie wenn jemand sagt: das Dee-arndel; der Bu-app.

IV.

Ernst Busch: ein Wert ... und eine Fehlbesetzung. Busch: sonst markig im guten Sinn, herrlich sonst als Liedsänger („Keenen Sechser in der Tasche, nur den Stempelschein; durch die Löcher der Kleedasche kuckt die Sonne rein" – das hielt neuerdings prachtvoll eine Schallplatte fest.)

Derselbe Busch wird hier verlegen; macht aus dem Schneider abermals was im Grunde ... Markiges. Ohne Sinn: wenn man Zwirn heißt.

Ein gewisser Josef Kainz hatte das Schwebende vom Nestroy. Busch ging nicht auf die Walze: sondern war organisiert. (Nestroy konsolidiert.)

V.

Rabenalts trunkliebender Schuster ist bei Speelmans in verwandter Lage. Lumpaci von J. Nestroy? Assomoir von E. Zola.

Knieriem lastende Fuselgestalt. (Wo nicht alles täuscht, ist er ein „pathologischer Ausschnitt".)

Nestroy konsolidiert.

VI.

Am ertragbarsten der Schauspieler Heinrich Gretler: weil er für den Tischlergesellen eine Spur süddeutscher Sprachgesinung hat. Wie das eine Nebengestalt (Bruno Hübner, Herr von Windwachtel) grundlegend für die Andren hätte zeigen können.

VII.

Sonst? Peinlich hier Karchow (Dee-arndell). Anziehend, aber jenseits vom Sprachlichen, die harmloseste Tischlerstochter, zum Unterschied von der harmvollsten, beim Hebbel: das Fräulein Mally Georgi.

Alles zusammen stockend und hapernd und gewichtig und konsolidiert ... und mit gemachter Lustigkeit. O Rabenalt.

VIII.

Anton Kuh schützt Nestroy gegen Nestroy.

Zugeständnisse des Theatermanns macht er wett. Nur der Theatermensch, nicht der Mensch Nestroy schmiß den Wienern einen tugendhaften Schluß hin. (Nestroy: „Musik fällt ein, die Furien packen

Zwirn und Knieriem und versinken zu beiden Seiten mit ihnen." Auch noch zu beiden Seiten.) Der Tischler jedoch bei Nestroy: trautes Heim, Glück allein.

IX.

Dem schiebt Kuh einen Damm. („Nur diese satte Tugend nicht – und zahlungsfähige Moral" sagt in Deutschland ein Dichter; diesmal nicht ich.)

Kuh bringt also den Familienmann Leim zum Aufbruch aus dem Familienhaus. Leim zieht auf die Walze – mit Zwirn und Knieriem. O wie ist's möglich dann, daß er es lassen kann. (Die Georgi bleibt mit zwei Kindern zurück.)

X.

Entweder kommt hier der wirkliche Nestroy durch; oder (denn dieser Hundeschnauze war das eine so wie das andre wurst) ... oder das Vagantentum des witzigen Bearbeiters.

Nicht nur hier. Er mixt freilich; und gegen Bearbeitungen ist allerhand einwendbar. Er läßt auch den Pakt im Flitterhimmel (in diesem Backhähndl-„Faust", möcht man sprechen) zu lang sein. Aber die Mixung ist geistvoll.

XI.

Ihr fehlt eins: daß Kuh sie statt Rabenalts verwirklicht hätte.

29. Mai 1931

Adalbert in Köpenick

Deutsches Theater

I.

Als Zuckmayers Hauptmann ist Werner Krauss in zwei Punkten sehr stark: er bringt in scharf-maßvoller Zeichnung eine Gestalt so, daß man sie fortträgt im Gedächtnis – wie ein Bild mit festem Umriß; mit bleibendem Ausdruck.

Beinah schon wie eine Bildsäule; das Gesicht, bei allem volksmäßig Äußeren, fast unverrückbar. Krauss gibt etwas wie ... den Extrakt von dem Schuster-Offizier.

Sein zweiter Vorzug: die Sprachbehandlung; die steigernde Gliederung in so einer Tiradenwendung, wie der von der „Fußmatte". (Adalbert nuschelt mehr.)

II.

Adalbert hinterläßt nichts von Festumrissenem. Nichts von einer volkstümlich denkwürdigen Bildsäule.

Sondern aus ihm schießen (trotz ebenfalls bewahrtem Gleichmut) ... aus ihm schießen, schwirren, flitzen, fast hätt' ich gesagt: leuchten viel näher zu einem betrachtenden Menschenauge, viel wärmer zu einer aufgerissenen Empfindung, fern immerhin von Rührsamkeit ...

III.

Wollte sagen: schießen und schwirren gewisse wärmere Strömungen zu dem (entschuldigen!) Seelensitz ... von einem durch die Justizpflege zum Letzten gezwungenen Zaungast des Daseins.

Das ist es.

Dem Kraussschen Voigt will man beistimmen und etwas zurufen; dem Adalbertschen will man helfen ... Von Herzen helfen – weil man ihm beistimmt.

So liegt der Fall.

Ansonst: „Freut euch, daß wir zwei solche Kerle haben."

IV.

Nun Zuckmayer. Im ersten Teil stirbt man vor Lachen. Im zweiten merkt mancher, daß er noch lebt.

Technisch gesprochen (sogar ethisch gesprochen): im ersten Teil ist jedes Akt'l so schlagend-prall durchgearbeitet; jedes ein so für sich ausgefüllt Spaßspielchen: daß der Anblickende froh ist, einen theaterhaften Handwerker vor sich zu sehn.

Das ist ein süddeutscher Kerl, unbekümmert um Theoreme von Nichtfachleuten. ... Fern von allem, was ich vor Jahrzehnten „Psychoschmonzes" getauft habe. (Was dennoch, siehe Hebbel, wegeweisend sein kann.) Kurz: ein Sorglos-Blühender mit allen Anforderungen des Betriebs vertraut.

Zuckzuckmayer.

V.

Ich wünsche mir ... mehr von seiner Art. Er verwechselt leider „dichterisch" mit „sentimental". Das kranke Mädchen wird furchtbar. (Auch darstellerisch das einzig Üble. „Man zermalme dieses Weib.")

VI.

Aber wie soll man's ihm recht machen? Allen Zuckmayern gilt es ... die heute selten sind.

Knüpft er nicht an Vergangenes an, so sagt jeder: er hat keine Tradition. Knüpft er jedoch an, sagt man: er übernimmt!

(In des „Knaben Wunderhorn" heißt es noch immer: „Wo soll ich mich hinkehren, ich armes Brüderlein?")

Belichtet ein Dramatiker beide Seiten, so heißt es: er schmeichelt dem Parkett; er will Tantieme von rechts wie von links.

(Zuckzuckmayer! Zuckzuckmayer!)

Belichtet er jedoch nur eine Seite (o schwaches Zeitstück!): so wird es ein vollkommener Stumpfsinn.

Wo soll er sich hinkehren, der arme Brüderlein.

VII.

In jedem Fall bleibt Kätchen Haack die holdeste von allen Bürgermeisterinnen, so je dagewesen sind.

Etwas, wovon der Mensch weiß, ja, genau überzeugt ist, daß er sich bis zum Schluß (nicht nur dieses Stücks), daran erinnern wird.

Kätchen. O Kätchen ...

Vielmehr: die Schauspielerin Haack wirkte zum erstenmal als Mutter eines halb erwachsenen Kinderpaars nicht übel. (Man traut ihr die zwo verdammten Jöhren gar nicht zu. Kätchen, mein Kätchen ...)

Haack ... Von allen Bürgermeisterinnen dieses Planeten ... Gipfel ihrer Laufbahn ... Gipfel unsrer Wonne ...

VIII.

Ha, der Zettel ist so lang. Doch man müßte rechtens alle darauf abschreiben. Darstellungen von solcher Lebenskraft kommen selbst bei uns nicht oft vor.

Hilpert! Probenschulze!

Diesen an die Wand zu quetschen, war der erfolglose Versuch rezensierender Klickenbolde. Eine so strotzende Kraft zu verkennen, blieb das Dauerpech der vereinsamtlichen Kritik. Auch hier wurde der Nagel zu einem Sarg, gewohnheitsmäßig, neben den Kopf getroffen.

IX.

Was mir auffällt: man weint so oft über den Zerfluß des Zusammenspiels an einem und demselben Theater. Man will somit ein Theater mit festen Schauspielern.

Ich glaube: das ist eine Verkennung der Zeit. Was wäre denn, ehrlich gesprochen, einwendbar wider Folgendes: daß man Schauspieler, die geeignet sind für bestimmte Rollen ... daß man sie halt holt.

Von wo sie dafür verwendbar sind. Keine Flausen! Keine Phrasen. Das ist ja tausendmal besser, als wenn man ungeeignete Mitglieder, nur weil sie im Zusammenspiel gemietet sind, auch verwenden müßte. *Coûte qu'il coûte.* Verzeihung, Hitler. (Anmerkung: es ist französisch.) Joseph, stiecke! pscht!

IX.

Ein Ruhm deutscher Schauspielkunst ist hier. Eine wunderbare Vorstellung. Nichts weiter.

Soll ich den Zettel abschreiben? Diesmal eine Lust. O Vallentin. O du mein Gülstorff.

Den Zettel abschreiben. Bis auf die Allerletzten. (Dinorah Press heißt die Störerin.) Paul Kemp; Hans Deppe köstlich; Paul Wagner; die Pleureusenmieze Lotte Stein; Arthur Mainzer mehrmals. Alle Polizisten; der Zuchthausdirektor Hans Halden ...

Den Zettel abschreiben.

X.

Saftig heiteres Lebensstück. Mehr Zeitstück als die Zeitstücke.

„Wer deutet mir die bunt-verworrene Welt?" raunte raunzend F. Grillparzer. (Ich habe sonst keine Beziehungen zu ihm.)

XI.

Aber wer schreibt mir ein Stück der deutschen Geschichte; der übel erprobten tausendjährigen Vergangenheit ..., das vielleicht ihr abzuhelfen vermag?

Heute das Schauspiel einer Republik ..., die mit sehenden Augen alles zuläßt, was auf ihren Sturz gerichtet ist?

Und die nicht eingreift.

Wer schreibt es; ... wenn auch zu spät??? 2. Juni 1931

Ödön von Horvath: „Geschichten aus dem Wiener Wald"

Deutsches Theater

I.

Eine stärkste Kraft unter den Jungen, Horvath, umspannt hier größere Teile des Lebens als zuvor.

In den Stücken von einer Bergbahn, dann von einer schwarzen

Reichswehr gab er Wirtschaftliches und Kämpferisches. In der himmlischen „Italienischen Nacht“ den besten Zeitspaß dieser Läufte. Jetzt malt er ... ein ganzes Volk.

So umspannt er weit mehr als zuvor.

II.

Umspannt er es? ... In prachtvollen Einzelheiten sicher. Es wimmelt von kostbaren Stellen. Immerhin: das Wie der Teile bleibt wesentlicher als das Was des Umrisses. (Wie alles zustande kommt, ist köstlich. Was zustande kommt, nicht so.)

Das zeigte sich schon in seiner Epik. Er schrieb ein höchst fortreißendes Erzählungsbuch; es zerfällt in Teile, jeder Teil wertvoll: unter den Teilen kaum ein Zusammenhang.

Ihm liegt somit Episodiges mehr als Geschlossenes.

III.

Aber nicht mäkeln und meckern. Er lüpft als Ironiker eine Legende: Kitschlügen um Österreich.

Horvath ist ein ehrlicher Kopf mit einem Blick von heut. Einer, der zu uns gehört. Ihn ergötzt jener Unterschied zwischen dem freundlich übertünchten Außen und dem verdammt hintergründigen Inneren.

IV.

Und da er kein Spielverderber ist: so malt er auch die lockend-liaben Seiten und die höchst gewinnende Dummheit dieser angenehm Zurückgebliebenen, mit ihren schwätzigen, nichtigen, molleten Alltagssorgen. Und (neben der Schlamperei) die Grausamkeit alles menschlichen Geschicks, die noch auf so triebhaftiges Behagen einer wabbligen Sippe niederfährt.

Es bleibt halt ein Unglück für den, der es fühlt: wenn es schon uns, den Betrachtern, wurst ist. Die Betroffenen bilden eben doch einen Teil der Menschheitsfamilie. Das sind Nachbarn ... Nicht den wertvollsten Teil, sondern den trägsten, überaus netten, anziehenden, ulkigen, beschmeichelnden.

Also spricht ... Horvath. (Indes ein zurückhaltender Mensch in Berlin selbst nach mißglücktem Zollanschluß geziemend seine Zunge wahrt.)

V.

In der Mitte steht ein Mädel. Triebhaft wie alle. Von der Umwelt beeinflußt im Widerstandsschwund.

So fliegt sie, statt einen liebenden Schlächtermeister von Verlaß zu nehmen, dem ersten Nischtegutts an den Hals. Das hier gebrauchte Wort ist schlesisch, nicht österreichisch. Somit: einem Schlankl; einem gesinnungsmorschen Hallodri (den Peter Lorre, kalt und fett, mit kugligen Augendeckeln eines Kommerzialsohnes, nicht eines Früchtels aus der Wachau, dennoch überzeugend müd verleiblicht).

VI.

In der Mitte steht ein Mädel; halb schuldlos, halb arglos in der Welt. Wenn sie dem Ihrigen seinen Ring vor die Füß' geworfen hat, und hernach mit dem Rennplatzlump lebt, einem ausgehaltenen Schmarotzerich ohne Widerstand; er selbst ohne Widerstand gegen sie – was sehr fein ist; und wenn sie ein Kind von ihm kriegt; und wenn sie hernach an ein Nachtlokal mit Nacktstudio vom Freunderl des vordem Ausgehaltenen verschoben wird, via einer Wiener Baronin (der Freund in dieser langhin bemerkenswerten Darstellung wird bei dem Schauspieler Trenk-Trebitsch ganz zwischendurch verblüffend glaubhaft); und wenn der Vater, Herr eines Ladens mit Scherzartikeln, der „Zauberkönig“, sein Kind in dem Nacktbums auf den Brettern unvermutet sieht, und alle besoffen sind, jedoch ernüchtert werden (hier ist eine Wirkung mehr gewollt als erreicht; es erschreckt uns nicht; was ist schon ein Nacktkult ... für Berlin); und wenn ein zentnerschwerer, sinnlich gereizter Athletenkaffer ihr eine runterhaut, weil sie – leider „für das Kind“ – klauen wollte; und wenn das Kind stirbt, von der alten Großmutter so in die Zugluft gesetzt wie beim D'Annunzio der „unschuldige“ Säugling; und wenn dann in der allgemeinen Molluskigkeit ihr Lump zu seiner ältlichen Tabakfabrikantin zurückwechselt, und ihr liebender Schlächtermeister zu ihr hin – und sie noch nimmt: so ist, neben ...

VII.

So ist, neben solchem Einzelschicksal, wirklich eine ganze Völkerschaft gemalt.

Von diesem hochbegabten Menschen, der zwar vielerlei mixt; der Anzengruber heutig fortsetzt und Strindberg österreichisch nachholt; (jenen Strindberg auch dann, wenn etwa der pennsionierte Rittmeister jedesmal nach der Ziehungsliste fragt – wie der schwedische Herr mit dem Rosenstrauß jedesmal „Viktoria“ ruft) ...

Kurz: eine junge Kraft mit starken Aussichten schrieb das alles. Stärker zwar im Einzelnen als im Umriß. Doch ein Könner.

Unter den Jungen ein Wert; ein Geblüt; ein Bestand. Er lerne nur dramatischer denken als episch. Ansonst ist hier – kein Zurückschrauben in die Fibeldummheit: sondern ein Saft. Und ein Reichtum.

VIII.

... Auf alle Fälle gibt Horvath Anlaß zu der stärksten Aufführung, die man seit langem gesehn. (Obschon es jetzt wieder viele starke gibt.) Hilpert (den eine Seminarklicke nicht zu erkennen imstande war) bringt, abermals, Durcharbeitung aufs letzte. Lebkraft aus wahrer Wirklichkeit. Aus dieser wimmelnden Erdwelt.

Er hat vielleicht nur einen Fehler gemacht. Diesen:

Daß er den Ironiker Horvath am Schluß, wenn da halb gottselig geredet wird, nicht als Ironiker um ein Körnchen durchgucken läßt. Daß er hier den Standpunkt der Gestalten in Szene setzt: statt auch den Überstandpunkt ihres Dichters. Dies war es. (Ein paar Pfiffe von Mißverstehern hat er auf dem Gewissen.)

Belanglos gegen den wundervollen Rest.

IX.

Alles wirkt zusammen. Hinreißende Bilder von Schütte. So ein Häuserwinkel in Wien; nebeneinander drei Geschäfte: der „Zauberkönig"; die Trafik; die Schlächterei. Und oben die Fenster ... im Bürgerhaus. Ja: hinreißend. Das gibt es.

Alles schon wieder weitab von der verschollenen Kulissenmathematik, vom erklügelten Mumpitz, der gestern provinziell angehimmelt wurde.

Heimgang zur ehrlichen Illusion; doch nicht zur Phantasielosigkeit. In die Menschenwelt.

X.

Kurt Heuser macht zu alledem gute Musik – aus dem Wiener Wald. Es ist wie ein letzter (nicht der letzte) Versuch zur Beschmeichelung. Auch sie, sie, sie gehört zum Werk eines vollblütigen Enthüllers.

XI.

An diesen Abend wird man öfters denken. Wer soll zuerst genannt sein?

Früher gab es mal den Ausdruck „Meisterspiele" (Angelo Neumann). Das war oft komisch. Heut: Wirklichkeit. Carola Neher bringt nicht ein Meisterspiel, sondern eine Natur. Das wird unter Umständen mehr. Sicherlich ist sie nicht nur ein grades Kerlchen in diesem Sumpf; sondern sie spielt es auch. Aber sie kann es nur so spielen, weil sie es auch ist. Weil etwas, in ihrer Wesenheit, etwas davon ist.

Mit Bewußtsein macht sie nur dies unverdrossene, wüchsige Toneinsetzen – zum kleinen Unterschied von der glitschigen Umgebung. Einmal fragt sie Gott (ihren Gott): was hast du mit mir vor? Ich bin aus dem achten Bezirk, besuchte die Volksschule ...

XII.

Frida Richard, achtzigjährige Großmutter, halb auf dem Land, in der Wachau, hat ... nicht Blicke, sondern einen Blick; dabei auch Blicke. Wie ein verwittertes Mauerstück mit Augen. Und einen Klang schon aus der heiseren Sterbewelt mit noch nicht verzichtender Kraft. Und ein in der letzten Spätzeit aufmuckendes Erdgefühl: Bellendes, Rebellendes gegen die Nichtsnutzigkeit. Gegen die Enkelwelt.

Man erinnert sich hieran.

XIII.

Hörbiger: kaum übertreffbar in großer Episode, zumal in zisleithanischer. Der Rittmeister, der sich „Niernd'ln" reservieren läßt ... und einen norddeutsch eingestellten Jüngling von Bildung, Schneid, Schäbigkeit abhaucht. (Ich erlebte genau diesen Rittmeister mal auf einer Fahrt nach Triest mit seiner Gattin, die kaltes Fleisch zerschnitt; er gestand mir freundschaftlich: „I frei' mi schon auf das zweite Poulet!" Ich wollte, wie Altenberg sagt, ihn ausrotten.)

XIV.

Die Höflich setzt seelenerschütternde Meisterschaft in der Gestaltung zergangener Frauen, von Hamsun her, fort. Wunderbar. Ist es nicht ein Schmerz, daß sie noch gestern (es war doch gestern?) als Luise Millerin, sechzehn gewesen, dastand?

Weiter. Grete Jacobsen, in einer Kleinigkeit, blinde Schwester am Flügel, nicht zwanzig Worte, viel tiefer packend, als wenn sie ein Schneck sein will. Dahlke. Puffy. Heilinger. Wlach. Und ... Moser.

XV.

Das ist der Zauberkönig. Auch in diesem Stück. Ein weichlicher, doch verbohrter Vater – aus jener Stadt, wo man ein „Kaffeetscherl" beim Jausen trinkt.

Der ganze Mann mit seinem Spaß und seiner dicken Überlieferung: ein Kaffeetscherl auf zwei Beinen. Unvergeßlich.

XVI.

Der Abend bringt eine fast beängstigende Gipfelung im Spiel. Alle. Alle. Alle. 3. November 1931

„Die Mutter"

Komödienhaus

I.

Mildernde Freundlichkeit bleibt es, zu sagen: es sei ein Stück für primitive Hörer. Sondern es ist das Stück eines primitiven Autors.

Das „epische Drama" ist ein Fremdwort für: das „ungekonnte Drama". Für (entschuldigen!) das Idiotenstück.

II.

Was Gustav von Wangenheim einleuchtend in einer Revue macht (die also nicht mehr nach Drama aussieht), nämlich Unpathetisches, rein Sachdenkliches, Volkswirtschaftliches, nur die Kenntnis Förderndes: das wird hier vermanscht mit einer Affekthandlung.

Kinder! Kinder!

III.

Tatsächlich wirken bloß die Szenen, wo die Affekthandlung durchscheint. Der Rest ist namenlos unfähig. Flach; leer; arm; zurückgeschraubt; kurz: nichtgekonnt. (Aber mit Theoriephrasen.)

Die Mutter sagt gleich zu Beginn dem Parkett (nach Urväterart, als noch kein entwickeltes Drama bestand): Ich bin nämlich die Mutter, das dort ist mein Sohn, er hat an Gewicht in der letzten Zeit abgenommen. ... In solcher zurückgeschraubten falschen Kindlichkeit aus Impotenz.

Im Aufsageton aus Mangel an jeder Vertiefungskraft.

IV.

Wie jemand bei dem vergangenen Tieck an den Souffleurkasten trat –: „Ich bin der heilige Bonifazius".

Was heute so im Theater zugelassen wird –. Dies noch in Verbindung von „Aufricht-Produktion", jottedoch, mit „Gruppe junger Schauspieler".

Und für alles das ... eins, zwei, drei, vier Autoren. Fest haltet's mich.

Nämlich Gorki schrieb den Roman. Weisenborn machte daraus ein Stück. Günther Stark half dabei. Und Brecht hat es für das „ungekonnte Theater" zugerichtet.

Dann erst kam das heraus – was oben geschildert ist.

V.

Maxim Gorki zeigt im Roman den Aufstieg eines Jungen: aus versoffener, vertierter Umwelt zum Lebensziel; zum Freiheitskampf.

Pädagogisch prachtvoll. Und das Schlußbild bleibt im Gehirn: die Mutter, die Witwe, stolz auf ihren Sohn, auf seinen Gerechtigkeitsaufstand, überzeugt von der neuen Lehre, verteilt Flugblätter, unbekümmert um die zaristischen Büttel, – die hauen ihr in das alte Gesicht, aber sie hört nicht auf, die neue Wahrheit herauszuschrein, sie am Schluß herauszuröcheln ...

Alles das bleibt im Gehirn.

VI.

Der unfähigste Bearbeiter hätte dieses Bild als das erkannt, was es ist. Im Stück aber tritt es nicht in Kraft, wird nur zwischendurch verwendet. Natürlich aus besonderer Absicht, aber gewiß, interessantes Experiment, Bezeichnung für Nichtkönnen.

Etwas Verantwortungslos-Bequemes.

Gorkis Roman ist noch hier untötbar. Wo er durchkuckt, wacht man auf. Der Rest: platteste Dürftigkeit; infantilste Leere; vollkommener Schwund.

Bitte, nichts vormachen. Der deutsche Arbeiter (mögen schon Mitglieder der an sich berechtigten Jungen Volksbühne pflichtgemäß Beifall klatschen) ... der deutsche Arbeiter ist lange nicht so zurückgeblieben wie der Autor.

Da liegt der Hund begraben.

VII.

Helene Weigel macht beinah die schlappen Inhaltslosigkeiten wett. Sie ist einfach herrlich: in Mildheit, Zähheit, dazwischen Freundlichkeit; rechtens entfernt von allem Heldentum, eine Arbeiterfrau, irgendeine

Hoffnung aus der Masse, bloß eine Nummer ... und doch, im hervorragenden Sinn, eine Nummer. Es gibt kaum Schöneres.

Dazu Busch, als ihr Sohn – mit jenen stachelnden Klängen von Eisler (wie auf der unvergessenen Grammophonplatte mit dem Stempellied).

Diese ganze Welt, Umwelt, Armenwelt ist ja unsagbar wesentlich – es fehlt bloß ein Autor dazu.

VIII.

Auf dem Programm steht was über das „epische Drama" – von dem nichtvorhandenen Autor. Das muß man sehn, in allem Mumpitz. Es gibt kein andres Wort: in allem zugemuteten Mumpitz.

In aller schlampigen, doch anspruchsvollen Schwachgeistigkeit. Glatter Kohl. Das epische Drama; das dramatische Epos; dunkel war's, der Mond schien helle ...

IX.

Da steht etwa: „Dramatische Form des Theaters: der Mensch als bekannt vorausgesetzt. Epische Form des Theaters: der Mensch ist Gegenstand der Untersuchung." So dreister Unsinn wird gewagt. Seit wann ist im Drama der Mensch als bekannt vorausgesetzt? wenn man ihm doch mit der verpönten Psychologie beikommt? Auf der andren Seite: „Der Mensch ist Gegenstand der Untersuchung." Wenn er bloß ganz flaches Zeug aufsagt? für Quartaner?

X.

Ja, mag es unhöflich klingen: schlampigste, doch anspruchsvolle Schwachgeistigkeit. So tun als ob.

Das ganze schieche Programm ist ähnlich. „Im Drama: Spannung auf den Ausgang. Im epischen Drama: Spannung auf den Gang." Namenlos dumm. Bei Ibsen nur Spannung auf den Ausgang ...

Wie lange wird man sich solche Impotenz gefallen lassen? Analphabetischen Bluff. Ein Verein reicht nicht aus. Schluß, bitte.

18. Januar 1932

„Othello“
Staatstheater

I.

Jessner stellt in diesem (heute kaum noch möglichen) Stück alles auf einen Gegensatz – der vorhanden ist; den er jedoch betont; den er unterstreicht; den er mehrt; den er doppelt.

Nämlich:

Hier die unbeholfen-große, treuherzig-arglose Naturmacht. Dort das behende, gerissene, wendig-tückische, argvolle Städtertum.

Rechts Urkraft, links Zivilisation.

II.

Deshalb muß der Zivilisationsbursche Jago, der Stadtmensch, auf eine so übertriebene Tat wie das Erdolchen seiner Frau Emilia Verzicht tun. Jessner schenkt ihr (der Koppenhöfer; die herrlich ist, in Farbe getaucht, Italienerin durch und durch). ... Jessner schenkt Emilien städtisch das Leben.

Jago macht auch keinen Fluchtversuch; sondern, wenn er entlarvt ist, sackt er – als Zivilisationsruine – gleich schlapp zusammen, bloß mit seiner Wunde beschäftigt.

Und deshalb muß auch die holde Desdemona ...

III.

Sie ist nicht hold. Sondern kommt vom Kurfür –, ähh, Dogendamm; mindestens von der Piazetta-Jause. Mit echt-venezianischem, rotschimmerndem Gesellschaftshaar. Desdemonalisa? Vielleicht hat sie ihn doch beschuppst.

IV.

Dies ist Frau Lennartz. (Wenn ihr die Ullrichen habt, warum nicht sie!)

Deshalb muß die Schauspielerin Lennartz das Liedchen von der Weide, Weide vernünftig hinsagen wie ein beiläufiges Erinnern an die Selekta.

Arbeiten läßt sie ihre Teekleider in der Merceria Nummer 5 bei der ...

V.

Nun: das Stück ist sowieso unmöglich. Wird es durch den Alltagston möglicher?

Es wird unmöglicher.

Wenn da so plumpe Mißverständnisse (wie: der lauschende Mohr denkt, wo von der Hure Bianca gesprochen wird, von Desdemona sei die Rede; oder: das schlemihlhafte Taschentuch) ... Wenn solche nicht ernstzunehmenden Züge wenigstens durch Jambik von vornherein in den Bezirk des Unwahrscheinlichen gerückt sind: dann geht es zwar auch nicht, jedoch eher – könnte man sagen.

Wenn das aber gar unter heutig-alltäglich redenden Menschen stattfindet: so weitet sich die Kluft.

Ja: die genäherte Sprache rückt es ferner.

So liegt der Fall.

VI.

... Gutes Bildwerk; von Fenneker. Das Haus des Brabantio zwar poplig; doch prachtvoll auf Cypern der Halborient.

Eine gezähmte Übersetzung. Das Paar in der Mitte „spielt Mann und Frau", zu Beginn. Bei Shakespeare heißt es anders. Zivilisation.

VII.

George, Othello: wie König Prusias von Bithynien (zu dem seinerzeit Hannibal floh – oder nicht?). Dann aber zwischendurch mitten aus Togo. Es ist eine Sitte, daß die neueren Othellos fast auf die Palmen klettern ... und sich von Ast zu Ast wiegen. Mit kehligem Gejaul; ooouaauuaua; Miau-Großaufnahme.

Und er wackelt, echt Eingeborener, lange mit den Händen, bevor er was sagt. (Urwald.)

Nein; – der Othello (zu dieser Einfachheit wird man auf einem Umweg vielleicht zurückkehren) muß ein fast schöner, europäisierter Mensch sein, nicht mehr jung, edel, sehr innig geliebt. Ohne Nasenring; ohne Monstrumskomik.

VIII.

George gibt, jenseits vom Negertum, einen starken Augenblick. Wenn er Desdemonas Missetaten (au Bianca!) behorcht hat; und wie vor den Kopf gehauen ist; und nun alles zu wissen glaubt; und in voller Wucht jetzo die Enttäuschungen des Lebens erfuhr; und eine Rast macht; und stiller wird. –

Das ist groß. Das ist Schmerz. Und es geht über bisher an diesem Darsteller gekannte Züge hinaus.

IX.

Franck, Senator – dieser sprach, wie das Stück hätte gesprochen werden müssen.

Bejahenswert: Minetti; Patry; Hans Otto; diesmal Florath.

X.

Der Jago wird bei Krauss zu einem gefirren, hurtigen, tänzerischen Schandmaul. Ein mephistophelischer, frohsinniger Verbrecherling – aus Lust an der Sache. Canalazzo-Pflanze.

Asphal ... ähh, Brückengewächs.

XI.

Krauss hält leider seine Monologe nicht zu sich. Sondern zum Parkett. Er vertraut sich den ersten sechs Reihen an. Mit Jessners Willen? Dadurch wird ja die Modernheit unterbrochen. Stilriß; nicht?

Wie aber Krauss Sätze zerlegt, Worte bringt, Schatten hebt, Schnitte teilt, Wendungen zehrt, Strecken meistert, kurz, Charakterverse zu Arien macht: das ist allerersten Ranges.

XII.

Und wenn nach dem „Tu Geld in deinen Beutel!" mittendrin der Beifall ausbrach: so war es, in diesem Fall, ein glückliches Zeichen von Kultur.

20. Januar 1932

Gerhart Hauptmann: „Vor Sonnenuntergang"

Deutsches Theater

I.

In der Mitte dieses kühnen und erschütternden Dramas steht ... nicht die Liebe eines Siebzigers zu einer Neunzehnjährigen.

Sondern mehr: die Liebe zwischen einer Neunzehnjährigen und einem Siebziger.

II.

Auf dem andren Ufer: Maßnahmen der Familie gegen ihn; gegen den Witwer – der ihren Reichtum geschaffen; der alles für sie getan hat.

Widerstand zweier Töchter, des Sohns, des Schwiegersohns, der Schwiegertochter, des juristischen Hausfreunds. Entmündigung wird versucht. Sie bringen ihn zur Strecke.

Den neunzehnjährigen Eindringling auch? Beinah. Tochter einer Frau Peters, die auf dem Landgute des Witwers wohnt.

III.

Somit enthält dieses Drama zwei Dramen. Ein Familiendrama ... und ein Liebesdrama. Sie greifen ineinander.

Das Liebesdrama ... Man sieht nicht, wie ein Siebzigjähriger und eine Neunzehnjährige miteinander erotisch zurechtkommen. Sichtbar wird jedoch der Umriß dieser Beziehungen. Die Tatsache leidenschaftlicher Näherung. Man sieht den sonderbar-schönen, von seelischem Sturm getragenen Anfang ... einer Einmaligkeit.

Der Mann stirbt (und das ist vielleicht gut), bevor irgend Genaueres, Einzelnes für dieses Verhältnis in Betracht kam. Alles ist aus, bevor irgend eine Trübung dämmern kann. Nach kurzem Glück.

Es bleibt nur der seltne Glanz einer von aller Weltüblichkeit losgelösten, späten Begegnung zweier durch Anziehung einander bestimmten, durch Zeitunterschied noch nicht entfernten, durch Menschen gestörten, durch sie selbst nie beirrten, durch den Tod getrennten Erdgeschöpfe ... vereinzelter Art.

Herrlich.

IV.

Der alternde Mann – und die junge Beglückerin. Sie ist nicht in banaler Weise knackfrisch. Sondern ein nachdenkliches Mädel; aus dem deutschen Nordland; wo die feinsten, stillsten und anmutvollsten Menschen dieser Sprachgruppe, zu schweigender Lust Mitlebender, wandeln, lachen, grübeln, dahinblühn.

Von dort stammt Inken.

V.

Kein romantisches Geschöpf. In sich geschlossen; willensbewußt; voll junger Tatkraft. „Wenn ich ihn nicht kriege", sagt sie ungefähr, „schieß ich mich tot." Dazu muß man neunzehn Jahre sein. Später ...

VI.

Eine Spur bleichsüchtig ist sie. (Der „Naturalist" Hauptmann – um dies blödsinnige Wort zu brauchen; als wäre nicht Naturalismus oder Naturismus selbstverständlicher Untergrund für alles den Menschen betreffende dichterische Schaffen, – also der Naturist Hauptmann erwähnt ihre Blutprobe: Chlorosis; Bleichsucht.)

Keine Romantik! Nur Erdhaftes. Eine seltsame Herrlichkeit.

VII.

Einmal sagt die Mutter zu Inken: „Du bist noch nicht zwanzig, du bist ein Kind. Der Mann hat die Siebzig überschritten." – Inken: „Ich sehe ja jedesmal, es macht ihm nichts aus, daß ich erst neunzehn bin." Entzückend. Alle Jugend und Arglosigkeit und alles schmiegige Mädeltum liegt darin. Ihre Hinneigung ist ausschlaggebend. Man denkt sich: Wenn ein Mann, unter besonderen Umständen, eine liebt (und sie fühlt es gewiß): dann wird nicht er es sein, der nach ihr greift – so gern er möchte. Sondern sie muß den ersten Schritt tun; ihn nehmen. Er wartet ja nur – und bezwingt sich.

Etwas von alledem wittert, ungesagt und ungesehn, in den Anfangsbeziehungen dieses „selbständigen" Geschöpfs (so nennt die Mutter sie) zu dem „lebenstüchtigen" bejahrten Mann.

Alles bliebe zwischen beiden ungeschehn: nähme nicht sie die Führung. „Inken fliegt ihm an den Hals und läßt ihn nicht los." Sooo ist's schön! Nachher sagt sie: „Ich hatte immer einen so schauderhaften Respekt vor dir."

Das ist der ganze Fall. Ein Dichter schrieb es.

VIII.

Hier das Liebesdrama. Bleibt: das Familiendrama.

Der Mann, Geheimrat, Herr eines Verlagshauses, wird nach dem Tod seiner ersten Frau fast gemütskrank. Er hat einen Menschen verloren ... einen andren gefunden. Die tote Frau (denkt er) hat nichts dagegen.

Die Familie hat allerhand dagegen. Die Kinder, die sie ihm gebar, haben was dagegen – obschon er von ihnen sehr geliebt wird.

So wie bei Jens Peter Jacobsen, in jener unsterblichen Erzählung von der Frau Fönss, zwar die Kinder ihre Mutter lieb haben – doch sobald sie sich einem Mann zuwendet, alles Gewesene vergessen, die Liebe vergessen, die Kindheit vergessen, die Mutter vergessen ... (nur die Selbstsucht nicht vergessen).

Ähnlich ist es hier – in einer dramatischeren, kennzeichnenderen Gestalt. Der „Lebenstüchtige" wird nach dem Todesfall ein neugeschaffner Mensch. Einer, der von vorn anfängt ... und, nach allem, das Recht auf ein wiederbeginnendes Sein zu haben glaubt. (Glaubt? Hat!)

Da trifft er dies Mädel.

IX.

Seine Kinder waren einst ... Kinder. Jetzt, bei aller Liebe zu ihm, sind sie – Junge (möcht' man sprechen). Er nennt sie Katzen und Wölfe.

Der Sohn, dessen zarten Schädel er nach der Zangengeburt mit seinen Händen gehegt, fast geformt hat: der verdächtigt, mit Gerichtshilfe, nun das Hirn im Schädel des Zeugers; des Wohltäters; des Behüters. Ein großer Dichter schrieb das.

Es ist, bei dem siebzigjährigen Gerhart Hauptmann, nicht mehr der Alltag einer neurasthenischen Familie wie damals im „Friedensfest". Doch es ist abermals ein Kampf zwischen Himmel und Hölle.

„Die furchtbaren Auftritte zwischen bürgerlichen Familienmitgliedern ..." schrieb ich damals. Hauptmann zeigt wiederum, was in hunderttausend Durchschnittshäusern anonym und unbemerkt vorgeht. Es wird abermals ein Kampf zwischen den hellen und den dunklen Engeln – nur tragischer; heulender; abgründiger ... Und schöner.

Im „Friedensfest" war ein Hoffnungsschein; hier fällt ein seltener Schein zurück: auf etwas, das verging.

Hinter der jungen Erlöserin steht hier die stärkere Erlösungsgestalt: der Tod. Er hütet ... die Schönheit. Darum bleibt alles unzerstört bis zum Schluß.

X.

Es tönt aus diesem tragisch-seligen Gesang eines siebzigjährigen Dichters, der seinem Land aus großem Reichtum viel gegeben hat; (anderthalbdutzend Schauspiele, von denen manches die Urständ erfahren wird auf Grund allerhand verborgenen Werts) ... es tönt aus diesem Werk des Vor-Abschieds, des Vor-Sonnenuntergangs nicht nur der lebenslängliche Werkton eines großen Künstlers, der in der Dramenwelt meißelt und hämmert: sondern ein besonderer, privater Klang.

„Au déclin de sa vie, ce désir passionné de jeunesse ..." sagt Zola. „Im Daseinsabstieg der leidenschaftliche Wunsch nach Jugend ..."

Nicht der Dramatiker: der Mensch redet. Er in dem andren. Ein herrlicher Mensch; wer ihm begegnet ist, hat es gefühlt. Aus diesem Dramatiker spricht der Beruf; aus diesem Menschen der Ruf.

XI.

Das Trauerspiel um den „Docteur Pascal" bei Zola endet bejahend. Der alternde Pascal stirbt zwar, – aber das Schlußbild ist: die hinterlaßne Jugend mit dem Kind am Busen, im Fortgang des leuchtenden Lebens.

Das Weltempfinden Hauptmanns ist ... nicht verneinend; immerhin düsterer; mit schmerzlich zweifelndem Grundton.

Er fühlt stärker das ewige Voneinandergerissensein; den steten Abschied aller zeitweilig durch die Welt Wimmelnden. Der dauernd Wegberufenen.

(Der Fortgang des Lebens sagt ihm nicht so viel wie der Wechsel.)

Was der österreichische Raimund treuherzig in die Worte goß „Brüderlein fein, Brüderlein fein – 's muß geschieden sein": das hat der Schlesier Hauptmann, über alles Gewohnte kühn hinweg, ganz unabhängig zu einem kosmischen Liebesstück und Trennungsstück und Schönheitsstück (hinter der bürgerlichen Wand) mit etlicher Menschendurchleuchtung erhöht.

Schönheitsstück? Ja – „'s muß geschieden sein". Aber es war doch einmal.

XII.

... Reinhardt vermied sehr gut das Romantische. (Manchmal vielleicht auch eine Spur des Lyrischen. Oder war es Krauss, welcher dem auswich?)

Gleichviel; so ein Gespensterbrio, wie, vor dem Erlösungstod des Vaters, die Sippe mit Vorwürfen und Selbstanklagen und Abwälzungen, in aller Furcht, Reue, Gelähmtheit, Sterbensahnung: das macht ihm keiner heute nach.

Zerstoben sind Weltlichkeiten, Äußerlichkeiten: vor einer großen tragischen Gewalt. Hier steht, gegen das Experiment von tastenden Szenentreibern, gedrängtes Können.

XIII.

Er sollte jedoch nicht nur die Mimenschar betreuen: sondern den Dichter.

Ich hätte den Selbstmord des unschuldig verurteilten Vaters – es handelt sich um den Vater des Mädchens – etwas mehr vertuscht. Die adelsstolze Schwiegertochter gedämpft. (Sonst könnte das Drama leicht in die Gattung des Dramas der Standesunterschiede schliddern – es ist aber das Drama der Bewegungsfreiheit der Einzelnen.)

Ich hätte Wendungen wie (mit einem Blick auf das Bildnis der verstorbenen Frau): „Gut, daß die da es nicht mehr erleben muß“ gestrichen. Ich hätte vielleicht Inken verhindert als Werthers Lotte Brot zu schneiden. Ich hätte drei, vier verstaubte Stellen der Familie genullt – und hier fast ein Lustspiel vermieden. Ich hätte gelegentlich bei Repliken den Unterschied zwischen Hauptmann und Sudermann stärker betont.

Aber ich hätte ... nie ein Wort sagen können gegen ein so bezauberndes Ineinanderspiel; gegen diese Belebung toter Strecken. Nichts gegen die hinreißende Gestaltung dreier Punkte des Dramas: gegen die Anmut des Sichfindens im zweiten Akt; gegen den Losbruch beim Frühstück des dritten; und gegen den tragischen Ausgang.

XIV.

Werner Krauss. Die Thimig. Eleonora Mendelssohn ... Das Ganze bleibt so wesentlich – daß es eine gesonderte Betrachtung verlangt.

Auf morgen. 17. Februar 1932

Die Schauspieler in „Vor Sonnenuntergang“

Deutsches Theater

I.

Zunächst: Im gestrigen Abendblatt enthielt ein Teil der Auflage meine Kritik in zusammengewürfeltem Zustand – weil beim Umbruch Kolonnen eingestürzt sind. (Erschlagen war ich.) Die Verrückung der gepurzelten Stellen wurde sofort in einer zweiten Ausgabe wettgemacht. Empfängern der ersten wird versichert, daß die Reihe der Linien, nicht der Autor verrückt war.

II.

Zur Sache. Da Hauptmanns Aktreihe wirklichkeitsdicht ansteigend gebaut ist, ein modernes Drama, kein Dada-Schwachsinn: so liegt auf dem Ineinandergreifen der Menschen, auf dem Einsatz in der Fuge, mit anderem Gleichnis: auf der Verzahnung das Schwergewicht. Für diesen Punkt hat Reinhardt glänzend gesorgt.

Was bleibt, hängt mit der zufälligen Beschaffenheit einzelner Darsteller zusammen.

Drei Gruppen werden sichtbar. Die erste: der Mann; das Mädchen; die älteste Tochter.

III.

Werner Krauss prägt allemal dem Besucher ein Bild fest ein. (Wie einen Stempel aufs Gehirn.)

Hier heißt das Bild: guterhaltener Weltmann; ritterlich, aber schon bequem; das Haar weiß, aber voll; Gemäßigt-Künstlerisches im Habitus.

Ein Siebziger, der es nicht ganz ist. Zweifelhaft, ob der Stock in seiner Hand zum jugendlichen Getändel oder zur Stütze dient. Bewegung und Haltung eines mit etwas Beschäftigten – der froh sein wird, wenn die Andren weg sind. Sein halber Anteil. Häufige Stockung im Sprechen, mit einem Abbiegen, einem zu ahnenden Geheimnis, das ihn froh quält.

(Sein Partner, Gülstorff, Professor aus Cambridge, ist zwar deutscher Abkunft; könnte jedoch bißchen englischer wirken, mit etwas Reservehaltung – nicht mit so viel gegenseitigem Gepuff zwischen zwei Weißköpfen: weil man zwischendurch an Lustgreise denkt; weil es dem Auftritt beinah was Unappetitliches gibt; weil es zum Schaden des Liebesstücks ist.)

IV.

Der Maskenmacher Krauss, der Gestenmacher Krauss ... ist vor allem der Sprecher Krauss. Hier sein stärkster Zug. Sein stärkster Vorzug: die Sprache.

Sie hat mehr eine technische Beschwingtheit als – ich sage nicht: als eine seelische Beschwingtheit. Aber: als eine lyrische Beschwingtheit.

Daher fallen die dichterischen Schlußworte zu Inken („... so fühle ich, fühle ich klar und rein, wie ewige Güte am Werk ist") unter den Tisch. Die Fittiche fehlen.

V.

Krauss ist vorwiegend ein geistiger Sprecher, der manchmal das Empfinden weckt, er sei von einem zauberkundigen Ingenieurgenie künstlich erbaut als Reproduzent für fabelhaft gebrachte geistige Sätze. Man hat immer die Empfindung, daß er wunderbar spielt. (Als klaffte zwischen dem Spieler und dem Gespielten ein strichdünner Spalt ... Oder: als seien die Worte mehr ein Behang für den Spieler; nicht die Haut des Spielers.)

Man hat eher die Vorstellung eines geistigen Sprechers als eines geistigen Menschen. Sonderbar.

VI.

Er spielt (oder projiziert) kostbar die Zögerung des Verliebten: im Bekenntnis an den Freund; hernach, im zweiten Akt, vor dem jungen Mädel im Garten. (Man denkt: „Liebt er sie?“ Oder man denkt: „Zögert er?“ ... Man bewundert den Ausdruck dieser Dinge.)

VII.

Aber dann kommen zweimal Augenblicke, die – zwar auch auf unbewußter oder bewußter Technik fußen; doch in jedem Fall kraft hervorragender Artikulierung fortreißen. Er ist aktelang verhältnismäßig ruhevoll ... und bricht (das ist ein stehender Zug) ein- oder zweimal, bei schwellender Röte des Antlitzes und bei ebenso schwellendem Ton, in eine herrliche Tiradenwendung aus. Höchste Bewunderung. (Am stärksten hier nach dem Entmündigtsein.)

VIII.

Er stirbt, wieder mit einer bewundernswerten Geste, quer über den Tisch fallend.

Und man bliebe trotzdem bei seinem Tod ungerührt; berührt wird man durch die Erinnerung an zerstörtes Glück zweier Menschen. Durch eine Sache.

Sache hin, Technik her; gepackt wird alles von einem beherrschenden Könner.

IX.

... Die Thimig soll neunzehn sein; sie war es. Sie soll aus Husum sein; sie kam vielleicht von dort. (Sprachlich, kaum. Wesenhaft, schon.)

Ihr Gipfel: im zweiten Akt – im Lachen eines fest gewollten, jetzt nahen Glücks. Durch Überschimmertsein der Gesichtsmuskeln (samt diesem Lachen) offenbart sie einen ganzen seelischen Zustand ... Offenbart sich ein ganzer seelischer Zustand. Es haftet.

Darüber hinaus glaubt man ihr den Kern des Geschöpfs: nichts Trauliches, dennoch Frauliches.

(Eine wirkliche von Neunzehn hätte das, was sie gab, gesteigert. Aber ... sie gab Wertvolles.)

X.

Durch Schüttes gute Wirklichkeitswände (Glashaus, Bibliothek) humpelt Bettina, die Tochter ... (Goethes himmlische Bettina, Schwester des schwarzen Fra Clemente Brentano, war anders).

Eleonora Mendelssohn gibt mit Selbstverleugnung eine Menschenstudie – wundervoll. Im armen Gang, in stoßender Sprechart, im entzündeten Blick ein ganz tapferes Wahrheitsbild. Ein Wahrheitsvorbild.

(Obschon dies verwachsen-schwärmerische Wesen mit verdrängtem Geschlechtstrieb auch mehr adagio zu denken wäre. Mir fällt Jean Paul ein, der sagt: ein altes Mädchen hat oft im Auge was von einem eingepökelten Hering ... Einmal war er, der Gütige, hier grausam.)

XI.

Mit den widerstrebenden Angehörigen des Hauses, bewußt voll Kleinsinns und Provinz gemalt, hat es eine sonderliche Bewandtnis. Nur ein versetzter Seminarist mit der ungewollten Losung „Von Kunst keinen Dunst" mag sie als Menschen einer bestimmten Epoche gottverlassen einkasteln. Es soll jedoch Leute, die um Einfluß und Geld und moralische Stellung besorgt sind, in verschiedenen Epochen gegeben haben. Ich hörte das. Unter diesen Angehörigen sind zwei getrennte Gruppen in der Darstellung sichtbar.

XII.

Wiemann, der schwere Sohn; Brausewetter, der leichte Sohn; beide deckend. Winterstein, Sanitätsrat, von den Hausvorgängen penibel angemutet, zeigt gut den unterbewußten Zwist in der Haltung. ... Wer ist da noch? Biensfeldt und Stoessel, Diener und Privatsekretär: selbst hier durchgearbeitete Rollen. Oskar Sima, auf den immer ein Verlaß ist –: siehstewoll, da kommt er schon, der brutale Schwiegersohn. Sima (nebenbei bemerkenswert als ein Sprecher) bringt volles Leben in die Bude.

Kätchen Haack Schönheit. Wenn sie, blau angezogen, gegen den Schluß hin mit verweinten Augen dasteht. Laßt sie öfters weinen. (Übergroße Rundung des Kopfes, durch Haartracht, ließe sich eindämmen.) Ja, warum gibt man ihr stets als Rolle, wie hier, ein „Marzipanprinzeßchen"? Statt einer Chance.

Den Höhepunkt dieser zweiten Gruppe bildet Paul Otto, Justizrat, Entmündiger: in dem längeren Schlußgespräch. Eine Beigestalt – jedoch schlechtweg ersten Ranges.

XIII.

In der Darstellung läßt sich eine dritte Stufe betrachten. Den Übergang zu ihr macht Frau Fehdmer. Unvergessen aus dem „Blauen Boll". (Maaartha, Maaartha, du entschwandest nicht.)

Jetzt, halb plattdeutsche Mutter, im Gewächshaus mit schwabbelnden Kindern, wirkt sie abermals mit einem Schuß von jenem ruhigen Lebensernst, den dieser Frauenschlag hat. Vorzüglich.

Und nur zwischendurch (in irgend einer Wendung, da vom Selbstmord ihres Mannes gesprochen wird) drückert sie eine Spur. Sie macht ein kleines Schrittchen von Hauptmann zu Sudermann. Es sind nur ... Ahnungen, Hauche. Doch bei der Echtheit sonst wird es ein Stupps.

XIV.

Diesen Stupps verstärkt die Koppenhöfer; adlige Schnur des Geheimrats. Sie spielt frischweg Sudermann. Und Henckels, der Pastor, will ihr nicht nachstehn. (Drückerts gesammelte Werke, dacht' ich, Gnade!)

XV.

Kleinigkeiten in einem schauspielerisch großartigen Gesamtbild.

In einer Vorstellung, die alles Geweimer vom Untergang des deutschen Dramas, der deutschen Bühne für längere Frist nullt.

18. Februar 1932

Sigmund Graff und Karl Ernst Hintze: „Die endlose Straße“

Schiller-Theater

I.

Es war kein Theater mehr. Der tiefste Eindruck ließ die Menschen eine Weile stumm sein. Auch der Dank, der dann losbrach, stand unter dem furchtbaren Gefühl des Erlebten. Nicht des Gesehenen: des Geschehenen.

Und wenn man das Schiller-Theater, so lang es ist, von oben bis unten durchschüttelt: so fällt nichts heraus, was diesem Abend gleichkommt. Es war sein größter.

Niemand wird ihn vergessen.

II.

Gemeint ist nicht etwa die Tendenz des Stücks: die Erbärmlichkeit des Krieges. Mit dieser Tendenz könnte das Stück spottschlecht, die Darstellung hundeschlecht sein.

Das Stück ist jedoch ernsthaft gut in einer großartigen Sachlichkeit;

in einer schweigenden Sachlichkeit; in seiner Nichtsalssachlichkeit. Und die Darstellung ersten Ranges. Gar nichts andres als: allerersten Ranges.

(An den dramatischen Dingen braucht niemand zu verzweifeln: solange Derlei noch in stärksten, daseinsehrlichen Schöpfungen voll Kraft wunderbar lebt.)

Lindtberg, Leopold, bis heut zuweilen anfechtbar, trägt einen Ehrennamen.

III.

Was geht vor?

Kein Film, keine „Journeys end", keine „Vier von der Infantrie" (nicht mal diese) kommen der hart greifenden, lastenden, umwerfenden Wirkung dieses Schauspiels zweier Autoren (der eine soll tot sein) entfernt nahe.

Hier ist ... nur impassible Wucht in der Darstellung des Schimpflichen und Schinderischen; des menschlich bösen Irrsinns. Alles ohne Haß. Ohne Schrei. Ohne Imperativ. Nur durch Wiedergabe. Nur durch Abbild. Nur durch Feststellung.

Mit dem Ergebnis: das ist kein Theater mehr.

IV.

Schicksal einer Kompagnie. So wie es tausend Kompagnien gab. Ihre schwere, zähe Schreckenslast. Im Augenblick der scheinbaren Unterbrechung das Fortfoltern. Im Augenblick der Hoffnung das Abschlachten.

Die endlose Straße hat hier das Ende, hier erst. Am Schluß erblickt man, wie der zermürbte, zerlumpte Rest ... nicht wie bei Piscator im Parademarsch, sondern zerlumpt, zermürbt, bis zum Bewußtseinsmangel gedrückt, mühsam, wie ein Trupp stumpfer Tiere, durch Fahlnis zum Verrecken zieht.

So wie es tausend Kompagnien gab.

Ein Schauspiel ohnegleichen.

V.

Leopold Lindtberg: Ehrennamen.

Was ein Grüppchen junger Schauspieler glatt kann, was mancher zusammengeholte Schwarm ebensogut gekonnt hat, was den geeichten Linksregisseur Katzenellenbogens oft hinter sich ließ (von der Dada-Nachahmung abgelebter Kindlichkeit mild zu schweigen): das hat

Lindtberg aus dem bloßen Massenschauspiel zur menschlichen Einzelgeltung durchgegliedert; also gehöht.

Mit Wesenserscheinungen wie Walter Franck; wenn der den Hauptmann der Kompagnie stellt: ohne beherrschendes Virtuosentum. Wenn da nur jemand ist, der das Wertvollste des Möglichen, das Einfachste, das Echteste, der alles dies, als ein leuchtender Seelenschauspieler ... nicht hinstellt, sondern hat.

Es trennen sich hier zwei Reiche: das große Können und das große Sein. Das größere Sein.

Am letzten Ende die Gattung Oscar Sauer. (Wenn es eine Gattung ist.)

VI.

Schreibt den Zettel ab. Genschow, von den Jungen, macht einen Leutnant, Hannemann einen Feldwebel, Minetti (in fabelhaft deckender Art ländlich stockend) einen Gefreiten, der nicht in der Kompagnie, aber auch nicht in der Heimat leben kann ... wie Raynal solche Wesen vorschuf.

Granach und Harlan – der erste kostbar das Urbildnis des machtvoll durchgehärteten Frontschweins; der andre lebt den viveren, zwischendurch kritischen Mitgegangen-Mitgehangenen.

Einmal fällt hier, von dem Leichteren her, das vernünftige Wort: „Und wenn wir jetzt alle nicht mitmachten ...?"

VII.

Florath, Stammgast im Graben, mit niederdeutschem Einschlag; der junge Schauspieler Gerhard Orth als irgendein Musketier Müller, frisch von der Schule; desgleichen jugendlich Clemens Hasse; Ledebur mit ein paar gedrückten Worten jemandes, der die Ergebnislosigkeit wahrgenommen hat; Bildt in der leicht spielbaren, doch ganz frei von Auftragung gespielten Erscheinung des windigen Zahlmeisters ... Schreibt den Zettel ab.

Lindtberg liefert wirklich ein Verkettungsspiel, aber mit Einzelgestalten, die nicht minder verkettet und verkittet sind.

(Einzige Ausnahme: der Fähnrich. Sein Name soll, obwohl es kein starkes Fehlgreifen war, unerwähnt sein: damit bei der Erinnerung an einen gewissen Abend ihm etwas wie ein bißchen Stigma still erspart werde.)

VIII.

Treibt die Wähler in dieses Stück. Treibt die Schüler in dieses Stück.

Das ist nicht ein Kriegsstück: das ist der Krieg. Wir alle wußten das Mehrste von ihm, als er aus war. Hier ist er noch einmal. Damit er nicht noch einmal sei.

Das Schiller-Theater hätte nicht ruhmvoller untergehn können als mit diesem Abend. Wer hiernach kein sogenannter Pazifist wird, der ist ein ...

(Beliebig oder unbeliebig, zu ergänzen.)

Das ist er. 24. Februar 1932

„Egmont"

Staatstheater

I.

Es geht fort: sie feiern J. W. von Goethe ... statt Wolfgang zu feiern.

Zu einem Abend (der nicht eine Huldigung, sondern ein Malheur ist) ergehn Einladungen steif an Bonzen und Behörden. Bürokratisch an Redaktionen, nicht an einzelne Schriftsteller. Vorschrift: Gesellschaftsanzug. Statt etwas Herzhaftes, Junges, Volkstümliches, Hellfrisches zu bieten, ehrt man gemessen einen verstorbenen Minister; so sieht es aus. Dieser Geist enthält von der Firma Sozialismus keinen Hauch mehr. Das ist ... längst nicht bürgerlich, sondern bürgerlich-hoch-zwei. Ein Sozialismus, der allen Ursprung seiner Wesenheit vergessen hat. Die Bürgerlichen sind ja freier; irgend eine deutsche Volkspartei vergleichsmäßig zwanglos ausgelassen. Mag das Arbeitsgebiet hart sein und in stillem Schaffen gut bewältigt werden: in Kunstsachen macht der Ton die Musik. Dieser Ton kostet nicht mehr Arbeit, wenn er minder unfrisch ist. Auch der verdiente Mann erkenne die Gefahr: frostig-befangen zu sein. Furchtbar wird ein Sozialismus, der weiß, was sich schickt.

II.

War der Rahmen unvolkstümlich und amtshaft: so war die Feier keine.

Fehling, als Probenherr, arbeitet sehr verschieden. Heut wie ein Gott – und morgen wie ein Schwächerer. (Diesmal wie ein Schwächerer.)

Zu scheiden ist für das vorliegende Stück zwischen: 1. Punkten, die er nicht gekonnt hat; 2. Punkten, wo er bewußt abweicht, weil er sie nicht gekonnt hätte. (Vielleicht muß man so begabt wie er sein, um so daneben zu tappen.)

Ad I. Die Volksauftritte, zumal im Anfang: Jetter (der prachtvolle Leibelt) spricht wirklich seine Worte; die Andren sprechen gewissermaßen Stichworte. Später tritt Harlan (Vansen) als Solist hervor. Das Ineinander? Die Kunst des guten Spielvogts besteht im Überbrücken jener Kluft: hier die Beteiligten, dort die Verteilten.

III.

Wie verrechnet Fehling, mit Rochus Gliese, den Platz auf den Brettern? Gliese stiftet für die Mächtigen des Stücks Gesteinmauern, für die Ärmeren Ziegelmauern. (Stets Mauerproben. Symbol.) Die jeweiligen Mauern setzt er, als Bruchstückzimmer oder Zimmerbruchstücke, stramm auf den sonst freigelassenen, den gähnenden Bühnenraum. Also: die Bühne klafft, bloß drauf enge Bruchstücke.

Nein! wenn ich Clärchens Wohnung sehn will, will ich Clärchens Wohnung sehn (hätte man fast gesagt). Und still ahnen, wo Egmont verkehrt. Es ist (Mode hin, Mode her) glatte Verschlechterung, wenn bloß ein Winkel davon kennbar wird. Wo Egmont sich kaum den Mantel vom Goldnen Vlies ziepen kann. Wo Brackenburg mühselig beim Herumgekriech aneckt. Wo Clärchens Garnknäuel ein Verkehrshindernis wird, – und ringsumher ist fette grüne Weide. Will sagen: ausgetüftelter Platzmangel, indes die halbe Bühne leer bleibt. Sinnlos.

(Nur Albas Raum nebst seinen dunklen Hintergründen wirkt.)

IV.

„Ad I." und „Ad II." gehn durcheinander ... Beethovens Musik ist keineswegs in vollem Unfang hier noch möglich. Manches davon, was heute stört, bleibt zu kappen. Oder: man spiele die unverdaulichen Stellen hinter den Kulissen als Gesäusel. In ganz abgeschwächter Tonstärke. Die Stimmung würde gestützt statt gestürzt. Bleiben soll zumal das wunderbare Vorspiel; dann die wunderbare Sterbemusik. Auch die Wiederholung des Marschklangs am Schluß.

Diesmal war die Musik angepappt. Unverwebt. (Nicht Klemperers Schuld.)

V.

... Goethe schrieb zwölf Jahre lang zwischendurch an dem so schönen Trauerspiel. Es wirkt mehr schön als einheitlich. Solche Schönheitswerke sind auf der Welt: um die Geistesgeschichte teils zu belasten, teils zu beglücken. Das muß aber gesagt sein.

Der Betrachter schafft hernach die Einheitlichkeit, die der Dichter nicht geschaffen hat. (Alles Grundsätzliche darüber steht im dritten Bande meines Werkes „Die Welt im Drama", Seite 326 bis 329, mit Hinweis auf den „Don Juan" vom Molière.)

VI.

Wie ist hier Einheitlichkeit zu schaffen? (Fehling unternahm keinen Versuch.) Vielleicht so:

Für den häufigen Szenenwechsel ein Rahmen; in ihm alles unterbrechungslos dahinziehend. Wie eine (mit Denkkraft durchsetzte) Romanze.

Mittendrin Clärchen: anmutvollste Mischung des heutigen Denkgeschöpfs und des gestrigen Triebgeschöpfs. Sie redet ja Politik; sie stachelt ja stumpfe Bürger. Ihre Gestalt wird ja zur Freiheitsgestalt in Egmonts Traum. Kurz: im klugen Mädel das süße Mädel. (Goethe nennt sie klug.)

Hertha Thiele: freundlich dünnes Hälschen, dem man etwas eingelernt hat. Warum (fragt' ich vor kurzem), wenn ihr die Ullrichen habt? ... Wenn ihr die Ullrichen habt?

VII.

Egmont soll menschlich gewinnend sein; durch Schwächen anziehend –: aber nicht leidkokett; kein fescher Liebling; kein k. k. Egmont; fast mit einem Gewirr von Ponylocken – und wehvoll-nasalem Aufsageton. (So Forster; sein Heil ruht anderswo: in überlegen-männlichem Klang.)

Wer könnte den Egmont spielen? Ernst Deutsch? Ich denke zugleich an Paulsen – nicht, weil dieser Schleswigholsteiner durch Familie mein Vetter ist: sondern weil er von Egmonts Anziehung vieles besitzt.

Egmont, der schwebende Mensch; Oranien, der vorsichtige Mensch; Müthel, der gymnasiale Mensch. Mit seinem, sonst sicheren Wert. Hier bringt er statt Oraniens ungewollter Tränen biedere Schwellung der Stimme.

VIII.

Fehling beschafft einen Mimen statt eines Brackenburg. Killt noch Brackenburgs letzten Auftritt: indem er, unbefriedigt von Clärchens einfachem Kuß, mit einer endlosen Umschlingung fürchterlich wird. (Wie er dann Genschow, den Sohn Albas, Egmonten so lange Zeit umhalsen läßt, daß er nie wieder runterkommt.)

Stark die Koppenhöfer, welche die Statthalterin deckt.

IX.

Wie oft wollen Reschisäre zu klug sein! Traumgesicht im Kerker? pühh; Oper – das gibts nicht. Also guckt Egmont vernünftig Ziegel an. Der Schreckens-Alba? pühh; Nußknacker – wär' ja gelacht. Also statt des Herzogs eine Rabbinersgattin, kränklich, im weiten Schlafrock –: Aribert Wäscher genannt.

Hierzu falsche Betonung. Alba: „Ein Volk bleibt immer kindisch." Egmont: „Wie selten kommt ein König zu Verstand." Zu betonen ist „König". (Egmonts Gegenstoß.) Fehling läßt, unglaublich, Forster sagen: „Wie selten kommt ein König zu (jetzt die Betonung) Verstand!" Der Verstand ist mehr betont als bewiesen.

Clärchen reizt Bürger auf; Goethe will: „Straße; Dämmerung." Fehling will: fast eine Lenzlandschaft, romantisch hell umschleiert; keine Straße. Kein Brüssel. Sinnlos. (Die Duse hat beiläufig diesen Auftritt mal gespielt.)

Ich versteh' immer: Goethe-Fest.

X.

Herrliches Trauerspiel eines unsterblichen (und klugen) Lyrikers – du lebst: im reinen Gedenken.

Den Feiern zum Trotz. Hold im Gefühl verknüpft mit einem anderen, lieberen Goethe – vom schönsten Alltag.

In jedem Fall soll der Name des Dichters noch eine Weile bloß mit dem Anfangsbuchstaben genannt sein.

XI.

Bessere Tage werden kommen. Ferien vom Fest. Und die alte Liebe.

29. März 1932

Hauptmann: „Rose Bernd"

Deutsches Theater

I.

Als ob ein Feuer unaufhaltsam über die Wirtschaft des Erdballs ginge; als ob es die Gärten der Dramatik bedrohte wie alles ... in einem Augenblick, da hier dennoch neue, zuversichtliche, strahlende Schauspielkräfte wachsen.

II.

Hier kommt, in der Minute letzter Gefährdung, ein Dramenwerk und ein darstellender Mensch zusammen. Der Siebziger Hauptmann findet noch einmal, nach der Else, nach der Höflich, nach der Dorsch, ein junges, entschlossenes Geschöpf, das seiner Menschenkunst wert ist.

Die dramatische Uhr steht nicht still: auch wenn der Brand schon die Räder beleckt.

III.

Es ist ein herrliches Glück für ihn: daß er im Huldigungsjahr und Feierjahr, während Else Lehmann längst bürgerstill ausruht, während die Höflich zergangene Frauen durchlebt, während die Dorsch zu den Müttern wechselt: daß ihm abermals, eine Zwanzigerin erblüht, Paula Wessely aus Wien, der todsicher bestimmt ist, in diesem Bund die Vierte zu sein.

IV.

... Der Unterschied zwischen einem Zeitdichter und einem Dichter besteht, außer andrem, darin: daß bei dem Verschwinden eines zeitlichen Mißstands auch das Zeitdrama verschwindet. Daß jedoch ein Dichterdrama noch dann lebt, wenn die zeitlichen Anschauungen verstorben sind, unter denen es empfangen wurde.

Das gilt ... etwa für Hebbels Magdalenenstück (denn ob eine Tischlerstochter was Kleines kriegt, davon machen wir kein Wesens mehr). Das Werk überlebt also den Wechsel der Anschauung.

Und ein Gleiches gilt für die schlesische Bauerntochter vom Hauptmann – die heut, nach gewechselter Anschauung, ein minder hartes Los träfe. Trotzdem überdauern hier die ewigen Menschlichkeiten des Stücks den gewechselten Sittenstandpunkt.

Das ist es.

V.

Hauptmann zeigt, mit einer unscheinbaren, verborgenen Geniehaftigkeit: wie durch schuldverbundne, dennoch nicht bewußte Selbstsucht

Aller, Aller, Aller, auch der gütigsten Menschen, nicht etwa nur der schurkischen, oder der unbedachten, ... er zeigt, wie ein Mitgeschöpf hierdurch aus der Sonnenluft in den Keller des Daseins gerät; ohne zu wissen, wie.

Das Werk sieht aus wie ein Dorfdrama: und ist ein Erdendrama. Das Stück sieht aus wie eine Kriminalität: und ist ein memento. Ein Zehngebot – unberührt von allem Zufälligkeitswandel der Meinungen.

Darin liegt sein Bleibendes.

VI.

Die Wessely (mußte sie Paula heißen? nun, bitte, das macht nichts) ist auf den ersten Blick, oder nach den anfänglichen Sekunden, ein vereinzelter Bursche, der kein Zugeständnis duldet. Der nichts, nichts, nichts als die Wahrheit will. Gutentag.

Sie weichet keinen Fingerbreit vom Lebensschlichten, Lebensdichten, also Lebenslichten ab. Mit einer ... mit einer schier verbissenen Liebe zur Ehrlichkeit. Gutentag.

Zwei Dinge sind hier nötig. Der Mut. Aber auch die vertrackte Gabe, den Mut in Gestaltung umzusetzen. Ins Überzeugende. Beides hat sie.

Bauernmädel. Ohne viel Geschichten! Ohne sichtbares Verkneifen! Ohne was „durchblicken" zu lassen! Aber man weiß, daß es da ist. Stilles Wasser. Wunderbar; wunderbar.

VII.

Nachher, wenn auch die freundlichste Gruppe kälter gegen sie wird; im Unglück; im Zwiespalt: das sturverboßt Bockende; das Dienstmädelhafte; das Undurchdringliche ...

Wenn sie wippt, mit dem Fuß, körperlich verändert, beinah veitstänzerisch wie ihr Buchbinder-Bräutigam. Ratlos werdende junge Mutter. Sich überlassen. Bauernverhärtet ... Zuletzt bricht sie aus.

Diese Einung zweier Seelenzüge, einer Person, die gar nichts von sich gibt ... und etliches Letzte der Kreatur doch verrät: nur das Wort wunderbar ist möglich.

Nach allem Kleingemecker dieser bebrillten Literatelnzeit: Heimkehr zur Größe; zum Echten; zum tiefen Abgrund der Alltäglichkeit; zum verwegenen Ernst.

Gutentag.

VIII.

Nunberg spricht (in einer Beigestalt) am besten schlesisch. Hoerrmann, auf süddeutschem Gefild wertvoll, darf als der schlesische Gutsherr

Flamm gemütsbreiter sein. Nicht nur ein Brausekopf. (Ein Herr Leutnant in Schlesien ist noch mit achtzig Jahren ein Herr Leutnant.)

IX.

Seine Gattin, Eysoldt, im Gesichtsausdruck stärker als im Ton. (Sie stimmzittert; verweinerlicht fast.) Wiemann, im Anblick prachtvoll als Herrnhuterich: Halsverband, Epileptik, Haaransatz; doch im Wortklang fast großstädtisch.

Vorwärts. Winterstein: in der Sprache mit atavistischem Rückfall nach Dresden; dennoch voll bauernväterlicher Kraft. Und Klöpfer? Unübertroffen, kaum übertreffbar, in der Gestalt jenes Maschinisten vom Lande, der ... Gott ja, der auch nur dem eingebornen Trieb folgt. Meisterhaft.

X.

Zu den Gebilden von Ernst Schütte (lang haftend ein Sonnensommertag in heißer Ährenwelt mit Gerausch vom Wasser) – der Verwalter von alledem, K. H. Martin, hat in der Beschleunung des schweren fünften Akts (nicht nur hier) ein starkes Plus zu buchen.

Er ist auf dem Weg zur Brückung: zwischen früher Klamaukdeutlichkeit ... und neuem, innerlichem, gestuftem Wirklichkeitsdasein. Er macht bisher das Rennen.

XI.

Und der Dichter Max Herrmann-Neisse (Neisse – das alte, west-oberschlesische Rom, mit seinen Kirchen ... und mit Maxens Kneipen) gab einen fortreißenden, empfundenen, lieben Vorklang ... an den Schlesier; der sein kleines Land an die Sonne der Welt hob.

18. September 1932

Molnar: „Das Märchen vom Wolf"

Künstlertheater

I.

Dies jung und nagelneu gebliebene Stück enthält weit mehr als eine geniale Technik. Es ist: die witzige Mischung von ... Phantastischem und Exaktem – mit einem bloß scheinbar spielerischen Zug in Untergründe, Hintergründe, Nebengründe, Kellergründe der sogenannten Seele.

Dies Lustspiel kommt gleich nach „Liliom". (Vielleicht prangt es neben „Liliom".)

II.

Spielerisch? Man unterschätzt bei uns, was in schwebender, lächelnder, unklobiger, tänzerischer, mühsalfreier Gestalt erscheint. Das ist ... verdächtig. Das ist ... leichte Ware. Pühh!

Die Achtung beginnt, wo man den Schweiß trippen hört. Die Schätzung richtet sich nach dem Maß der Unverständlichkeit. Der Respekt nach dem Umfang. Die Wertung nach dem Stumpfsinn.

... Die Achtung beginnt, wo man den Schweiß trippen hört.

III.

Hier ist ein glänzend gebautes, gekonntes, ja, gemeistertes Facettenstück; das beispielshalber in der tändelnden Zwiesprache des Anfangs – zwischen einem nervösen Gatten und seiner Frau – Werte zeigt (nein: verbirgt), die man einem abgestempelten Schwerdichter als „tief" ankreiden würde. Jawohl. Sie sehen hier bloß nicht so aus.

Aber, meine Lieben, sie sind es. Ihr schätzt, was ... auch so aussieht.

IV.

Ein bürgerlicher Rechtsanwalt mit seiner schlanken, lieben, reizvollen Gattin sitzt in der Nähe von Morgan und Pröckl – vielmehr: von zwei k. k. Offizieren – beim Nachtmahl im Gasthaus.

In seinem gütigen, bißl gehetzten, überlasteten Berufsdasein hat er einen Miko gekriegt (Minderwertigkeitskomplex). Man hieß dergleichen vormals auch Eifersucht.

Das ist, darstellerisch gesehen, zwischen dem so seelisch reizvollen Edthofer und der Tochter von Mady Christians, nein, sie ist es selbst, herrlich verjüngt, herrlich anzuschauen – das ist in der Darstellung einfach ersten Ranges. Das zählt zu den Tröstungen ... für den menschlichen Theaterbesuch.

V.

Ein Nervenstrom, nur mit ... Wortandeutung zwischen zwei Darstellern; die nicht mal als erste Kanonen gelten; und wovon die eine für „kalt" verkauft wird, während sie diesmal (mit allem Takt und jeder halbvertuschten Ganglienzuckung einer Peinlichberührten, Feinverängsteten) der Echtheit des Lebens, des täglichen Tages, sozusagen ei-ähnlich nahekommt.

Das sind ... Tröstungen.

VI

Um es kurz und respektlos zu sagen: das „Traumspiel" von Strindberg ist mehr Weltliteratur und mehr Menschenweh (und so) als das Traumspiel, das hier ein frivoler, verständlicher, schlagender Ungar losläßt. Strindberg ist mehr dichterisch, in der Gestalt etwa des mit Blumenstrauß wartenden, aufundabgehenden Hartau (†). Doch witziger ...

Doch witziger, tagnäher, formfester, exakter ... zugleich unscheinbarer, seelisch gehaltreicher (ja: seelisch gehaltreicher) ist der unklassische Leichtfuß, der Frivolerich, der technicus – der seine Immortalität nicht angemeldet hat ... und Einzelheiten gibt.

Da liegt der Hund begraben.

VII.

Auch schwieriger zu schreiben ist, in Molnars Exaktheit des Traums, wenn die Frau, nach dem Auftritt beim Nachtmahl einschläft, wenn sie ihrer Seele Doppelboden, vierfachen Boden enthüllt, wenn vier verschiedene Männer ihrer unterdrückten Sehnsucht angaukeln, alle vier eine ganz feste Beziehung in der Ökonomie des straff gebauten Stücks haben (Herr Dumcke macht alle vier vortrefflich, mit einem wurstruhigen Ton, der an Curt Goetz erinnert.) ––

Schwieriger zu schreiben ist Molnars kleineres Traumspiel als das große Strindbergsche.

Der eine strömt nur sein Wesen aus; der andere fügt, zerlegt, beobachtet, durchdringt, trifft ... und wird unterschätzt. Sind sie vergleichbar?

VIII.

Alles ist vergleichbar. Ohne Furcht. Es kommt bloß drauf an: die Geltung vom Wirklichen angstfrei zu trennen. Sonst dringen wir nicht vorwärts. Nicht in der Erkenntnis; nicht in der Wertung.

Der Springinsfeld aus Budapest ist mit Strindberg vergleichbar.

IX.

Wir kämpfen ja, unser ganzes Leben durch, für Exaktheit und Heiterkeit, für das Genaue, nicht ohne Phantasie – gegen den Aberglauben des Gebildet-Feierlichen, des Betropft-Sublimen, des Umfangs, des Ernst-Abgestempelten. Kurz: des achtungsvoll trippenden Schweißes. (Er muß unsichtbar trippen.)

X.

In keinem Traumspiel Strindbergs hätte die Sandrock einen Platz ... mit ihrem gräflich-irdischen, vergleichslosen Fatzkehumor – ohne klassischen Umweg. Sie erscheint nur – und packt.

Jeder spielt hier ... nicht bloß einen Traum: sondern zugleich eine Parodie. Köstlich. Nicht nur Menschenweh und Weltliteratur: sondern Dialog. Dialog ist schwerer.

Weltliteratur her, Menschenweh hin – köstlich.

XI.

Eugen Robert, Spielordner, dürfte den Traumakt beschleunen. Auch noch bißl umschleiern. Doch alles Wirkliche liegt ihm glänzend.

Was Oscar Kaufmann (er baut nicht nur Szenenhäuser, sondern jetzt auch Szenen in den Häusern) in drei verschiedenen Bildern gab: das zeigt einen Kernunterschied zwischen dem Bild im Gasthaus (Flitter; symbolisch) und dem realen Heimbild ... sowie dem (gleichfalls realen) Traumbild. Das Realbild ist traumhafter, das Traumbild realer.

Sonst vortrefflich.

XII.

Man könnte hier manche Betrachtungen an Caspar Neher anknüpfen. Was hat er vormals für literarischen Pflanz gemacht. Von Literaten umgrüßt. Jetzt macht er, etwan in Eberts „Maskenball", plastische Dekorationen. Er steht jetzt endlich, wo Aravantinos längst gestanden hat ... und wird von denselben Literateln begrüßt. Das gibt es? Das gibt es.

XIII.

In jedem Fall: indes das Theater halb kippt, erfolgt immerhin Abkehr von der Klügelei; von dem Schwachkönnen; von dem Anderssein-aus-Nichterreichen – was auch im Drama vom Übel ist.

Herzlich willkommen. Mojen – Mojen!

4. Oktober 1932

Hauptmann: „Die Ratten"

Volksbühne

I.

Ein höchst seltsamer Irrtum ist festzustellen. Ich saß ganz vorn ... und kenne so ziemlich unsre Schauspieler. Trotzdem –.

Ich rühmte nach der Aufführung, in der Vornotiz, unter den Darstellern: die Dorsch, Klöpfer, George. Nanu? George hat niemals mitgespielt.

II.

Gemeint war Otto Wernicke, welcher den Polier John gab. Lehrreich, wie eine falsche Meinung entsteht. Der Schweizer Forel schrieb das Kapitel von der Genesis des Irrtums.

Nach alter Gewohnheit vermied ich es, auf den Zettel zu sehn. Irgendwoher hatte sich die Vorstellung festgesetzt: „George spielt den John". Statt nun zu denken: „Nein; ein Anderer spielt ihn", denkt man bewundernd: „George ist heut ein ganz Anderer" ...

Dann: „Diese Wandlungsfähigkeit! ganz neue Seiten! staunenswert! nicht zum erkennen!" ...

Auf dem Heimweg fällt der Blick auf den Zettel. Man telefoniert; zu spät.

Soviel von dem Vorurteil ... in dem Vor-Urteil.

III.

Wenn man hernach weiß, daß Wernicke, nicht George, den John gespielt hat, wundert man sich über das geringe Maß von Ähnlichkeit beider ... Komisch.

Eine Verwandtschaft besteht natürlich. In jedem Fall ist Wernicke prachtvoll. Hervorragend im behäbig berlinischen Wohlwollen. Nur, daß er mehr sich selbst gibt – während es George viel schwerer gehabt hätte, die Unkenntlichkeit herzustellen. (Forel.)

Bemerkenswert: die Dorsch, Klöpfer, Wernicke.

IV.

Bemerkenswert die ganze Aufführung. Mit einem Stich ins Lustspielhafte.

Jedoch das Schattenschwer-Unterweltliche kommt so gut weg wie Hauptmanns eingeschlossener Ulk.

V.

Vor einundzwanzig Jahren hat unsereins ihm die Hölle heiß gemacht: weil das Stück zwar großartig, doch nicht fertig erschien.

Heut ist es, als geschlossenes Drama, fast ein Wunderwerk. Ein Trauerspiel aus dem täglichen Polizeibericht. Zustandswerk und ethisches Werk. Das Mutterstück. Das Mütterstück.

Damals schrieb ich: „Golgatha ... in einer Weißbiergegend." Oder: „Um Erbsen, Sauerkohl und Pökelkamm spenstert starr die Ate." (Ate bedeutet, auf griechisch, das hart schlagende Schicksal.)

Alles ist heut noch wahrer geworden. Die berlinische Welt noch proletarisierter. Schläge der Ate noch gewohnter ...

VI.

Heut wird, auch in der Darstellung, die Vielfalt mancher von Hauptmann hineingebannten Linien, der sich zweigenden Schichten, das Kuddelmuddel sozialer Wirrungen und Nachbarschaften, das Muffig-Kriminelle des Kleintags: heut wird es in Hilperts Tempo noch überzeugender; noch vertrauter; noch näherliegend.

VII.

Er hat alles aufs Wort gestellt. Dies will nicht sagen, daß man jedes verstand. Aber die Beflügelung des Gesprochenen ... in so einer kribbelnden Tiefenwelt, die schwabbelt und nicht viel Zeit hat: das ist so wertvoll wie die Unterbringung Hauptmannscher Längen.

Alles ruhmwürdig.

VIII.

Die Dorsch: so leidende Frau wie kämpfende Frau. Das eine kaum stärker als das andre. Graublaß rasendes, schicksalverdammtes Muttertier.

Noch jung im Verhältnis. Mit dem berlinischen Ton kommt sie staunenswert gut aus; wenn auch nicht aufs letzte deckend. (Süddeutsches „r".) Wunderbar in dreckiger Lumpenanmut. Aufwärterin ... mit einem Menschenlos. Haftendes Sinnbild – verloren in der Menge.

Es ist ihr zu danken.

IX.

Klöpfer: nicht nur, daß er den Text kann; daß er ihn kostbar überlegen sprudelt. Daß er einen Bühnenlenker aus Straßburg; zwischen Volksfestspielen oder Lutherspielen (siehe: Gemeinschaftsdrama, Lehrstück) und einer Schillerschen Idealschmiere zurückhaltend verleiblicht.

Auch was Unbetont-Animalisches kommt in seiner sittlichen Bejahung lustig und kostbar durch.

X.

... Falls dieser vorbildlichen Aufführung ein Einwand zu machen ist: so beschränkt er sich auf eine Fingerspitzenstörung im Verhältnis des Pastors Spitta zu dem Studiosus Spitta. Sprachlich empfunden.

Wenn Almas, der Vater (Zettel her! ja, er ist es), mit einem letzten Anklang ans Zisleithanische redet: so kann der Sohn (Manfred Thau, verblüffend echt) nicht ostpreußisch reden. Kleiner Spalt.

Der Sohn: lächerlich gut gespielt, bebrilltes, tapferes Kerlchen; er durchsetzt Unsicheres treffend mit Energie.

(Der junge, drollige Spitta hier ist nicht Hauptmann. Hauptmann hat ihm nur einen Teil seiner Ideen vertraut.)

XI.

Alles Episodige kommt schlagend. Die Piperkarcka, Brigitte Horney, redet, sehr taktvoll, nicht allzupolnisch. Zum Glück nicht jenes Phantasiepolnisch, das außerhalb der Operette so peinlich wird. Auch sieht sie aus.

Alice Betthas bei Frau Lvovsky. Die taumelnde Gräfin bei Maria Fein, erfrischend kraß. Sehr mutig.

XII.

Wer noch? Karchow, mulmiger Pochtjeh; Marlow, bewährter Schutzmann; Verhoeven, der verschütt gegangene Bruder – mit abermals willkommener Kraßheit. Maria Wollenberg: Hinterhausjöhr; Hängekleid; Brodemston; fast Lorkeduft.

Alle; alle.

XIII.

Und wenn das bürgerliche Paar, der junge Spitta mit seiner Braut, Genia Kurz, Stellungen wie im alten Verlobungslustspiel einnimmt: so will Hilpert auch hier das Historische des Werks betonen ... (worin übrigens ein Polizeipräsident Madal heiterer zu erdulden ist als ein spätrepublikanischer).

XIV.

Ja, in Berlin wird immer noch meisterhaftes Theater und meisterhaft Theater gespielt.

10. Oktober 1932

„Da liegt der Hund begraben“

Schiffbauerdamm

I.

Die „Truppe 1931“ hat voriges Jahr mit der „Mausefalle“, mit ihrem ersten Stück, mehr Hoffnungen erweckt als jetzt in dem zweiten erfüllt.

Schade.

Gedichtet wurde das vorige Stück, das gleichfalls kein Stück war, von einer Spielgemeinschaft (Kollektiv).

Weder die Namen der Verfasser noch die der Darsteller wurden damals genannt ... Ein übertriebener dramatischer Kommunismus.

II.

Jetzt steht, verständlicher, Wangenheim als Autor auf dem Zettel. Die Darsteller sogar mit ihrer Herkunftprovinz. Mit Stammesangabe. Nanu?

Der aus Thüringen; der aus Hannover; der aus Sachsen; der aus Oldenburg. Steht alles auf dem Zettel. Ja, es wird mitgeteilt, daß ein gelegentlicher Reporter aus Oldenburg stammt ... Jetzt wiederum: übertriebener Individualismus.

III.

Ich hatte damals die allzubetonte Kommunität aufgemutzt – und bin jetzt vor der allzubetonten Individualität mißtrauisch.

Es ist Heimatsindividualität ... jedoch der hamburgische Dramaturg Lessing fand (nur mit Vorbehalt aus dem Kopf zitiert): „Was liegt daran, wie man da oder dort grünen Kohl kocht!“

Was liegt daran, daß der Reporter (Herr Popp) aus Oldenburg stammt – wenn Wangenheim dessen ganzen Beruf in einer törichten, überalterten, rückständigen Art mißbilligt. Er sollte den kitschigen „Kampf gegen die Presse“ kleinen Moralschwindlern überlassen.

Es ist nicht der einzige Kitsch des Abends. Dann schon lieber Kollektivdichtung. (Sie überwachen dann einander.)

IV.

Bei dem Reporter aus Oldenburg ist (akademisch ausgedrückt) Symbol mang. Der Verfasser wähnt: den Begriff „Heimat“ zum Kernpunkt gemacht zu haben. Das ist ein Irrtum.

Der genannte Begriff, o Gott, wird oberflächlich beklopft ... und kommt nicht ohne Süßheit weg: auch wenn ihn Wangenheim widerlegt.

Dies Verschwommene, dies bedenkliche Durchwachsensein: das ist leider der Kernpunkt ... statt einer entschlossenen Klippundklarheit.

Sollte die innenpolitische Wasserpest der Gegenwart nicht auf diesen wackren Kämpen – im Keller des Bewußtseins – abgefärbt haben? Es wäre möglich. Es ist wahrscheinlich.

(Färbt übrigens eine Wasserpest ab?)

V.

Wie die „Mausefalle" war, ist aus meiner jetzt erschienenen Flugschrift „Was wird aus Deutschlands Theater?" (S. Fischer; stark klingeln) kenntlich. Die „Mausefalle" war kein Drama, bloß eine dramatische Veranstaltung. Sachdenklich; statistisch; volkswirtschaftlich; unempfindsam; schandenhalber bißl humanitär. Eine glänzend gespielte Schau.

Daraus wird nun ... fast ein Mittelding zwischen Operette und Revue. Mit empfindsam ernstem Meinungskampf ... der flach bleibt.

Eher wabblig als schlagend. Nur selten eine Prägung. (Etwa dann, wenn der Proletarmatros, heimatsecht gesächselt von Curt Trepte, dem Baron, gespielt von Heinz Greif, seinerseits aus Thüringen, die Kniffe der Statistik am Beispiel einer Ortschaft mit zwanzigtausend Bewohnern und einem einzigen Auto klärt ... wonach fast jeder zwanzigtausendste Mensch ein Auto hätte. Solche Züge sind gut; jedoch rar.)

VI.

In der „Mausefalle" gab es zwar einen Wirrwarr: doch er bestand aus oft lustigen, schmissigen, rasch wechselnden Auftritten. Jetzt ist es wieder ein Wirrwarr: doch ein spaßloserer Wirrwarr. Ein halbsentimentaler Wirrwarr.

Mit folgendem, erschwerendem Umstand: Wangenheim bekämpft Nebel ... durch Nebel. Die Werkzeuge für den Internationalismus holt er zwischendurch aus der Gemütskiste. Nicht schielend, jedoch schillernd.

(Ein Nazi würde nur am Schluß Einspruch erheben.)

VII.

Warum fehlt, in diesem dramatischen Erörterungsversuch, in diesem einbeinigen Embryo dazu, – warum fehlt etwa die Klärung des Heimatbegriffs in folgender Art:

Anhänglichkeit an das Gewohnte versteht sich von selbst; man macht kein Rühmens davon.

Oder: der Beistand, den man einer vertrauten Menschengruppe leistet, ist verständlich – obschon die Frage nach Recht oder Unrecht auch hier keineswegs auszuschalten ist. (Im sittlichen Gegensatz zu: „Right or wrong, my country". Nur im Notfall mit Billigung von Kleists Herrmann: „Was brauch ich Latier, die mir Gutes tun!")

Oder: der Hang zur Heimat ist ein schönes Gefühl, das durch den Mangel an Sprachkenntnissen oft verstärkt wird.

Oder: Steht ein deutscher Schlotherr nicht einem in Frankreich innerlich näher als einem deutschen Proletar?

Oder: Steht ein deutscher Philosoph nicht einem ausländischen Philosophen innerlich näher als einem Landsknecht in der Heimat?

VIII.

Es wären Prägungen, die man dramatisieren könnte. Wird jedoch dramatisiert, dann bitte ganz unmißverständlich. Dann bitte schlagend. Dann bitte licht.

Nur ein Artillerieoffizier und deutscher Heimatsfanatiker, der jedoch für China arbeitet, wird bei Wangenheim zum Paradigma.

IX.

Die verworrene Hörerschaft, die sich vielleicht für kommunistisch hält, hat bei der gefühlvollen Kitschexhibition eines trauten Dörfleins, wenn der Mond aufgeht, weißt du, ebenso ... nein, noch wonniger geklatscht als bei den vorsichtigen, schein-revolutionären Wendungen des Wangenheimschen Schollentaktes.

Die Zeitbewegung färbt halt ab,
Da macht man schlapp.
Da reist man in Gemüt –
Au, Gustav, ham se dir verbrüht.

X.

Damit soll nichts gegen die pralle Darstellung der Wirrheiten gesagt sein.

Eine Musik von Stefan Wolpe hißt pietätvoll das Gedenken wo nicht an Weill, so doch an Eisler. (Hier fehlt, als Sänger, Busch.) Nerlinger und A. Lex stiften Einfachheiten für das Auge, fast kostenlos. Das ergreift immer.

XI.

Dann: Ingeborg Franke (Bodenständigkeit Berlin) sprachschnellt und silbt voller Lebkraft.

Während Meyer-Hanno (Vertreter des Bürgertums; Kolonialwaren; der auf eine, wie mich deucht, selbst vom Kriminalkommissar Gennat nicht zu ermittelnde Art nach China verschleppt wird – o Wirr des Wirrs, o wahre Heimat) ... Meyer-Hanno ist geschaffen, Diegelmanns Nachfolger zu sein.

XII.

Warum bliebe hernach das Stubenmädchen bei Nottebohms, gespielt von Luisrose Fourner kühn ohne Heimatsnachweis, unerwähnt? Oder warum Robert Trösch (Württemberg)?

Immer kommen bei Wangenheim im Titel Tiere vor. Die Maus in der Falle. Der begrabene Hund. Beim drittenmal: das ganz unbewußte Chamäleon.

19. Oktober 1932

Pagnol: „Fanny"

Volksbühne

I.

Fanny setzt (erfolgreich) „Marius" fort. (Oder, deutsch, den „Goldnen Anker".)

Wann war die Fortsetzung eines erfolgreichen Werkes erfolgreich? Nicht mal der zweite Faust so wie der erste ...

Vollends blasphemisch wär es, in diesem Zusammenhang an biblische Fortsetzungen (trotz Friedrich Wilhelm Nietzsche) zu erinnern. Nietzsche behauptet hier einen Mißerfolg. Frivol und blasphemisch.

II.

Um von diesem Sehpunkt hinab in die harmlose Niederung einer gängigen Weltdramatik zu turnen: beim Theater war die Fortsetzung eines durchschlagenden Werks nicht allemal durchschlagend.

Schwerlich die Fortsetzung vom (hinab, hinab!) „Weißen Rössl" (des

Titels: „Als ich wiederkam"). Oder die zwei Fortsetzungen von „Pottasch und Perlmutter". Die schon gar nicht.

Ein Glaubenssatz, den ich mir (warum bloß auf gallisch? Sonderbar!) prägte, heißt: *„On ne doit pas revivre des choses qui out été très-belles*"; deutsch: „Dinge, die sehr schön gewesen sind –, das gibt's nur einmal". War der „Goldne Anker" sehr schön? Mittelschön. Doch herrlich als ein Spiel. Und seine Fortsetzung ...

III.

Seine Fortsetzung ist immer noch ein Schlager. Hier ist wirklich die Fortsetzung erfolgreich.

Mit der Beifügung: auch solche Stücke müssen sein! Handwerklich gutgebaute, findige, hellbunte, gefühlsulkige Theaterstücke – von denen man (an gewissen Stellen) weiß: es sind halt Theaterstücke.

Das Theater ist, meine Lieben, weder eine Strafanstalt; noch eine Seminarübung. Noch ein Schluck Theorizinusöl – noch ein Fleißprodukt der Planwirtschaft. Davon keimt nichts.

Sondern das Theater ist (schreckliche Weisheit) Theater.

IV.

Und ein solchenes sah man hier – mit Entzücken. Dank Hilperts Zusammenspiel. In dem Bewußtsein auch des dramaturgischen Standpunktes: daß so eine Wirkung eine dramaturgisch willkommene Wirkung ist. Weil das Zuschauer in Bewegung sieht. Manchmal sogar bewegte Zuschauer sieht.

Und weil besser als das Erzeugnis einer Retorte doch eine Torte bleibt. (Mit Rosinen.)

V.

Die Autoren erfolgreicher Stücke, Aischylos bis Kotzebue, Bataille, Bisson, Meyer-Förster, werden bloß zur Lebzeit beschimpft. Nachher läßt man sie gelten. (Und spielt sie.)

Pagnol, der neben dem Gemüt und neben Marseiller Heimatjux (nicht Heimatkunst, o mein Bauch) mit leisen Tricks arbeitet, hat fraglos den Ausnahmeruhm: in der Fortsetzung eines Erfolgstücks doch erfolgreich zu sein.

VI.

Der Sohn des Kneipenwirts (damals Wiemann; jetzt Verhoeven – der unangebracht Fanatisches in Blick und im Stimmton hat; einzige Störung des kostbaren Abends) ließ Fanny sitzen. Der ältere, wohlhabende Segelmacher (Erhard Siedel, im Klang an Leibelt erinnernd) heuert sie – trotzdem das Kind unterwegs ist.

Der Matrose kehrt natürlich unversehens zurück. Ihr Mann ist abwesend. Fast ... geschieht es. Halb zieht er sie, halb sinkt sie hin. Werden sie jetzt? Werden sie nicht?

VII.

Da tritt Tiedtke, schon damals himmlisch, als Vater des Matrosen (und, beachtet es, als ritterlich menschlicher Provençale) dazwischen.

Es bleibt Hilperts Verdienst: daß er hier allzu Weinerliches gekappt oder verdeckt hat. Das Gerede vom Anrecht des Bluts, der körperlichen und der seelischen Vaterschaft, fällt unter den Tisch; unberufen. Nur: der Junge muß weg! Der wahre Vater ist der falsche: der wahre Vater ist der wahrhaft liebende Vater.

VIII.

Wie wird mir? Hat das nicht schon einmal, in einer schwer zu vergessenden Kurzgeschichte, vor allen Kurzgeschichten, ein gewisser Normanne namens Maupassant geschrieben?

Doch! Es ist die Erzählung von dem leichtsinnigen Hund, der ein Mädel sitzen ließ. Auch bei Maupassant guckt er hernach in die Ehe hinein – mit einem Kind, das sein Kind ist.

Aber bei Maupassant wendet sich das Kind zärtlich dem falschen Vater zu, der nicht sein Vater ist – und weg von dem echten. Das alles haftet im Hirn. Auch bei Maupassant zieht am Schluß der Schwängerer schlicht und betropft von dannen.

Ja, das war es.

IX.

Bei Pagnol erscheint das Kindchen auf der Bühne nicht. Noch zu jung. Kaum zehn Monate – was kann einer da für dramatische Zwischentritte verlangen. Kindchen hat nur Fieber. Eltern sehr besorgt. Aber auch drollig besorgt. Ein aus übertriebener Ängstlichkeit nächtens geholter Arzt brüllt empört: „Ihr könnt mich am ...“ O Bracht.

X.

Pagnol hat überhaupt (das hebt ihn über nur Handwerklich-Geschicktes) die Kraft: Empfundenes und Spaßiges zu mischen. Glaubt ihr, das sei ein Dreck?

Das Zukunftsdrama (das ja nicht von einem strebsamen Verein her aufsprießen wird – sondern selbstverständlich von seinem Gegensatz: von einem neu beseelten, lachenden Genie): dieses Drama wird hier kaum gefördert.

Aber die irdischen Ewigkeitswerte, der Ewigkeitsinhalt aller weltwandernden Dramen ist von einem Praktiker schlau (nicht nur schlau, sondern gefühlt; solche Punkte sind Sache der Fingerspitzen) ... schlau und kräftig verwertet. Fast könnte man das furchtbare Wort brauchen: ausgewertet.

Menschlich ist derlei kein Unglück. Dramaturgisch fast ein Plus.

XI.

Dramaturgisch will ich gern Beispiele geben.

Als in Berlin das Stück einer ungarischen Schriftstellerin gespielt wurde, war die Heldin in einem Sanatorium. Sie seufzte nach ihrem Hahn. „Ob er wohl je hierherkommt?“ Da trat er ein. Es bleibt ein Dauerverdienst berlinischer Hörer: daß sie hier brüllten; daß sie die Vorstellung heiter unterbrachen.

Verwandtes tätigt Pagnol: doch so unmerkbar, daß es geschluckt wird. Tiedtke seufzt nach dem Briefträger: richtig tritt der Briefträger ein. Oder: der Ehemann ist abwesend, wenn der Matrose balzt –, richtig hat der Gatte jedoch den Zug versäumt. Nein! das denn doch nicht. Noch schlauer: auf dem Bahnhof erfährt er: Keuchhusten grassiert; er denkt an die Krankheit des Kindchens; kehrt nur dieserhalb um. (Das Kindchen wird ausschlaggebend.)

Sohin zwei Fliegen mit einer Klappe. (Es gibt einen Fortschritt – im Spannungshandwerk. Begründungen, Verdeckungen, Vertuschungen, Keuschheiten. Das Drama marschiert.)

XII.

Die Darstellung (mit guten, unverkünstelten Bühnengebilden von Erich E. Stern) ist hinreißend.

Mag die Canebière schon die Friedrichstraße sein; mag der Vieux Port der Hafenplatz sein (es ist nicht ganz so): wie stark muß die blutvolle Lebkraft so eines Stückes immerhin wirken, wenn es, marseiller Heimatulk, doch ganz Entfernte, noch in entsüdlichter Form, fortreißt.

XIII.

Die Dorsch würde selbst in dem Jammerstück eines Jammerliteraten die Dorsch sein. Doch eine gewisse Unterlage für das Entfalten ihres Werts bleibt schließlich Voraussetzung.

Hier ist diese Person ... zuerst ein junges Mädel. Im seelischen Bild und im Außenbild so lockend wie bewegend. Von einer inneren Anmut – die keine hat.

Späterhin eine mehr schiere Gattin. Im Getrieb des Lebens vorwiegend Mutter. Zum Glück ohne Wehleid. Sondern im prall anliegenden Gewand.

Und wenn der Matrose wegzieht, weiß man: drei Viertel für das Kind, ein Viertel für ihn.

(Aber ein Viertel für ihn.)

XIV.

War Pagnols Fortsetzung nur erfolgreich: so wird eine Schauspielerin namens Rosa Valetti hier erfolgreicher als der Anlaß zur Fortsetzung. Die Mutter der Dorsch.

Äußerlich ein Stück Hille Bobbe. Nicht aus Holland; aus Südfrankreich. (Oder was ähnlichem.) Alles, was die Frau sagt, sitzt geniehaft. Mit einem Zusatz, einem eigenmenschlichen, zu dem, was der Autor schrieb.

Eine Volksgestalt mit allen Tiefen und Urgründen, mit allem Schlagenden ... und mit allem, was noch in einer blödverworrenen Zeit, da die bockigen Männer Bankrott machen, vielleicht von einer Frau zu erwarten wäre ... So schweift hier die Phantasie ab. Ein Wunschtraum.

XV.

Sonst: Lotte Stein; Karchow; Almas; Marlow; Dahlke; Gisela von Collande; Spiombi; Jubelsky – alles, was ihr wollt.

Hilpert weiß, daß er ein Theaterstück vor sich hat. Wie falsch, wenn er es nicht nützte. Doch er nützt es ... hervorragend.

Theater ist Theater. Ein herrlicher Abend ist ein herrlicher Abend.

5. November 1932

Hauptmann: „Michael Kramer“

Kammerspiele

I.

Dieses bleibende Geniewerk, mit dem Ewigkeitsmal an der Stirn, hat Seelen erschüttert – bis ins Letzte. Nicht untröstlich erschüttert:

sondern trostvoll erschüttert. Wie sein Meister es gewollt und geschaffen hat.

Es ist, ohne Nachbarn in der alt- und neuen Dichtung, das Trauerspiel der Trennung durch den Tod ... und der Näherung durch den Tod. Des Gefestigtseins im Angesicht des Rätselhaften.

Requiem der feindlich-irdischen Irrtümer ... und ihrer Sänftigung durch die Hoheit des Dahingehens.

In der Geschichte des Dramas gibt es nichts Verwandtes von dieser feierlichen Innigkeit; von diesem abschließenden Friedverstehen; von dieser aufrecht linden Größe. Kurz: von diesem trostvollen Widerstand.

(Man fragt sich zuletzt vor manchem Werk Hauptmanns: ist es nicht sein größtes?)

II.

Das hier Angedeutete: das allein zählt. Belanglos bleibt hierneben, daß, nur literarschmonzig gesehn, dieses Stück auch der Vorläufer aller neuen Vater-und-Sohn-Stücke bleibt. (Aber zugleich der Gipfel aller Vater-und-Sohn-Stücke.) Das ist es.

Was nachher kam, scheint primitiv und klamaukisch. Bloßer Umriß. Bummsäußerlich. (Ich sag es ja: es kommt nicht darauf an, in einer bestimmten Richtung der erste zu sein: sondern der Erste zu sein.)

III.

Obschon im Jahrhundert des Kindes, Kindes, Kindes das Vaterverhältnis sich gewandelt hat: hier ist das Unwandelbare des Verhältnisses zwischen Vater und Sohn. Das innentief ganz Verborgene; der unbewußte Gegensatz; und die ewig letzte Einigung. Das alles ist hier ... vergleichslos.

Ja, daß Michael, der Vater, Schuld hat, weiß Hauptmann – und sagt es. Die Mutter weiß es vollends. Daß Kramer noch den Fünfzehnjährigen schlug. Daß er, körperlich selber mißbildet, in der Pflicht, bei aller Lindheit, starr ist.

Daß er jedoch, das weiß Hauptmann, das weiß der Sperrsitz, und es bleibt menschlich, vom Sohn einmal die Wahrheit hören will. Ein einziges Mal. Nur das Nichtverhehlen. Das ist etwas über Zeiten und Wandlungen hinaus.

Der heut, mit größtem Recht, gefeierte Gerhart Hauptmann steht, um dieses einen Auftritts willen, über jeder Veranstaltung, die ihn rühmen und verkleinern könnte. Dieser Hauptmann ist etwas Unantastbares – selbst durch unsre Feiern.

IV.

Deutschlands Theater lebt. Im Chaos blüht es. Das trostvolle Trauerspiel der körperlichen Mißbildung (der Alte hat sich durchgekämpft, der Junge unterliegt, – das Ausharren des einen ist so an die Grundfesten packend wie der Untergang des andren) ... das trostvollste Trauerspiel der körperlichen Mißbildung erfuhr, abermals, eine menschliche Urständ, die es heut bühnenhaft (ohne Pharisäertum) nur in Deutschland gibt.

V.

So ein Kerl wie dieser Kerl, namens E. Klöpfer ... Ja, man fragt sich: ist hier nicht doch Hauptmanns größtes Werk? So schafft es Klöpfer, so satzt er es – so lebt ein Mensch im Gedenken fort. Umwittert vom Unbestimmbaren. Vom Nachbarlichen. Schmerzvoll ... ohne Weichheit.

(Adäquat.)

Dieser Klöpfer hat etwas in sich (auch beispielsweise Walter Franck besitzt es), was den berühmten Kanonen versagt ist. Darin liegt aber die Zukunft.

Sachkunst in Ehren: die letzte Kunst ist wirklich hier. Der Mann im verschlissenen Rock (die Satin-Revers müßten fallen) und mit rauhen Stiebeln, kommt aus einer jeanpaulischen Welt. Das ist es. Schlesisch vertieft. Hauptmännisch gehärtet und erhöht.

Klöpfer umreißt nicht nur Dinge: sondern durchlebt sie. Durchfühlt sie. Dies ist das Seltnere.

Nur ein Wort gibt es: dem Genie adäquat.

VI.

Martin, Spielvogt, hat mehrere Möglichkeiten des Werks erfaßt. Alles dramatisch Furchtbare – neben allem still Menschlichsten. Man hat kaum Platz genommen ... und ist mitten in einer Tragödie. Sonderbar; wunderbar. Martin ballt (literarisch gesprochen), was jähwuchtig in dieser hohen Abseitigkeit ist. Er sieht im Drama ... stets das Drama. Dreimal in drei Akten: das grausam-linde Drama. Und im vierten das Abklingen. Alle Verteilung von forte, rallentando, sforzando, smorzando.

Prachtvoll.

VII.

Neben Klöpfer ist Wolfgang Liebeneiner zu nennen. (Für heut und für künftig.) „Ich zählte zwanzig Jahre, Königin.“ Aber umgekehrt. Jung –

und mit jenem Mut eines Schauspielers zur Wirklichkeit, die schlechthin alles bedeutet.

Hier ist jemand. Ein Junger. Hier wird einer. Nicht nur, weil er im Beginn einen Marabu kreischend und herrlich kraß (den Bürger erfreulich vor den Bauch stoßend) fabelhaft eindrucksvoll würgt: sondern weil er dann, seelisch zwangsgestellt, im einsamen Zwiegespräch mit Michael Kramer, ein völlig Andrer ist: verstockt, undurchdringbar, feig ... und hernach ein manisches, von der Ate taubgeschlagenes Wesen – das vor gereizten widerlichen Kaffern schamlos flieht (vor Kaffern, die in Deutschland jetzt eine führende Rolle haben) ... das alles vermochte Liebeneiner, dessen Name zu merken bleibt; schwer vergeßbar.

Höchstes Zeugnis: adäquat.

VIII.

Wenn ich das Werk inszeniert hätte (jeder Kritiker muß das stets im Gefühl haben): so wäre folgendes an Martins herrlicher Einübung zu ändern. (Außer Dem, was zu bestätigen bleibt; es sind also Nebenpunkte.)

Er kümmert sich zu wenig um eine Provinzialhauptstadt. Er stellt in Kramers Atelier eine Couch aus der heutigen Möbelart (mit Beinen von viereckig rohem Holz, weißt du?). Hier unmöglich.

Er sagt: Liese Bensch, statt Bäänsch, wie es schlesisch heißt. (Bei Flokina von Platen; gut, jedoch mehr Alex als Breslauer Hummerei). Er macht alle Kleidung bei den Frauenspersonen um einen Schuß zu wenig provinzhaft. Etwa die Triesch ...

IX.

Die Triesch ist, statt einer „weißhaarigen Frau“ eine grauhaarige Dame. Durchaus nicht eine schlesische Zeichenlehrersgattin. Sondern halb aus Wien ... mit feinem Ohrgehäng. Um neun Uhr morgens.

Aber die Triesch ist, in allem Empfundenen, in jeder Gefühlswendung, in jeder Dramatisierung des Augenblicks schlechtweg ersten Ranges. Ersten Ranges. (Und sowas geht spazieren.)

X.

Weiter (gegen den sonst siegreichen Martin). Erwin Kalser, welcher den verzichtenden Maler Lachmann stellt, ist von hausher um einen Schuß zu geölt. Es gibt da Fingerspitzenunterschiede.

Dieser oft vorzügliche Darsteller, Darleger bleibt mehr ein bewußter Sprecher als ein versonnener Sprecher. (Oder mehr als ... ein halb versunkener Sprecher. Wir sind einig, Leser, ja oder nein?) Nur wenn er mit Michaline Kramer anstößt und bei erhobenem Glas ruft: „Die Kunst!" – das packt einen Menschen. (Hier adäquat.)

XI.

Jetzt muß aber Kritik (selbst an diesem ausnahmshaft großen Abend) grantig werden ... gegen die Melzer.

Was fällt ihr ein? Sie hat sich als Kramers Tochter nicht niedlich zu machen! Sie hat, statt einer älteren Jungfer, nicht was ganz Verfehltes zu bieten. Sie schmeichelt, sogar mit der Stimme; trägt sich pik-elegant. Wie kann Martin derlei Unfug dulden?

Sie soll sich lieber ein Beispiel nehmen: an der Koppenhöfer, die auf Gelecktheit stark verzichtet; an der Eleonora Mendelssohn, die bei Hauptmann, in seinem letzten Stück, sich selbst prachtvoll entäußert – um nur benachteiligt auszusehn. Was erlaubt sich die Melzer? (Unadäquat.)

XII.

Nebenpunkte. (Sidonie Lorm, die dalbernde Frau des Malers Lachmann, ist vielleicht noch unerwähnt? Sie war deckend.)

Nebenpunkte, Nebenpunkte! bei dem großen Wert des Ganzen. Beinah drängen sich die großen Abende bei uns. Das Theater blüht.

Nicht nur das Theater. Ein Ethos blüht ... und ist noch nicht ganz umgebracht.

Guckt in die schieche Zukunft. Bald wird alles ein Anlaß sein, an diese Gegenwart zurückzudenken ...

Deutschlands Bühne leistet heldisch Widerstand.

Deutschland! trotz allen Gästen in Arnold Kramers üblem Gastzimmer – leiste Widerstand!

Feste! 9. November 1932

Ödön von Horvath: „Kasimir und Karoline"

Komödienhaus (Aufricht-Produktion)

I.

Das hat Marcell Salzer oft gemacht. Olle Kamellen. Erst in Kötschenbroda, zur Prüfung auf Hörer; dann in Berlin. Diesmal in Leipzig. Nun, schön.

Als ich das Manuskript vor Jahresfrist las, war mein Gefühl: „Das ist eine einzige Wonne." Dann: „Aber ist es auch ein Stück?"

Doch! Es ist auch ein Stück. Es hat bei der Aufführung lachende, brüllende, seelisch gefesselte Zuschauer ... berührt, nachdenklich gestimmt, mitgerissen.

Somit ist es ein Stück.

II.

Was geschieht in dem Stück ... auf einem Oktoberfest? Sind alle Begebnisse nur lokal?

Sie sind vielleicht unübersetzbar: doch nicht nur lokal. Warum? Weil hinter dem bayrischen Ulk ein Weltgefühl steht. Ein Lebensgefühl. Ein soziales Gefühl. Ein Menschengefühl.

Weil die Oktoberwiese nur der Grundboden für etwas Nichtmehrbayrisches ist. Ein kostbarer Grundboden: indem er humorig hier den Unterschied zeigt ... zwischen einem höheren Wollen etlicher G'schöpfe – und ihrer Geducktheit durch das Schicksal. (Welches zuweilen ein soziales Schicksal ist.)

Indem es den versuchten Emporflug eines halb lieben, halb a bissl falschen, eines gar nicht schlimmen, aber mit Recht sehnsüchtigen, dazu ganz hübschen Mädels, mit fünfundfünfzig Mark Monatseinkunft, zeigt. Sie würde sich an den Kommerzienrat Rauch aus der Oberpfalz weghökern, wenn dessen Schlaganfall sie nicht rettete ...

Rettete? Sie nimmt hernach einen Zuschneider. Der immerhin um eine Sprosse höher ist als der Kasimir; als der abgebaute Kraftkutscher. Ja, der in Kindermänteln Tätige steigt; wenn auch schmierig. So ist das Leben.

(Ist das Leben so? ...)

III.

Der von der Wirtschaft und von seinem Schatz abgebaute Kraftkutscher findet sich – zu einer Vorbestraften. Zu einer vom Schicksal gleichfalls Gerüttelten. Zu einer zwanzigjährigen Strizziwitwe. Sie ist ... wie Flaubert für solche Fälle sagt: un cœur simple. Ihre Banalheit, nach dem Sternbild des Orion tröstlich zu äugen, weil sie das bei einer Herrschaft g'lernt hat ... und alles Unbanale, das schwer dahinter steckt: – das hätte freilich besser die Lenya oder die Neher als die norddeutsche Ebinger trauerkomisch gebracht.

Doch bis dahin gibt Ehrhardt, von der Naturtruppe Schultes ins Städtische hinübergewechselt (meine Loni Schultes fehlt), einen auch im falschen Ton grundechten Kasimir. Wacker!

Kampers, eh man ihn als Autodieb ins Loch für immer sperrt –: der spricht, singt, haut ... auf eine Weise, daß man sich im Sarg noch dran erinnert. Alles brüllt. Und Luise Ullrich ...

IV.

Als die zuerst (in einem blöden Stück von Katajew) ganz beiher auftrat, stand in diesen Blättern:

„Nachwuchs. Die junge Luise Ullrich tritt nach vorn. Mit flinker Anmut. Unbekümmert; unversehrt; unbefangen. Als wäre kein Publikum da! Dies ist der Weg. (Für Mimen wie für Kritiker.) Ein Gesicht hat sie auch. Also."

Nie seitdem hat sie versagt. Allemal ist sie gewachsen. Immer ein Glück.

(Jetzo die Karolin: schuldlos-schuldig; subaltern-entgöttert. Armer Kasimir? Arme Karolin.)

V.

Ihr Zuschneider: Stepaneck; mag sein. Im Anfang nicht. Schließlich doch. (Manchmal zu sehr gestellt.) Und hernach ein Schauspieler Hans Adolphi, bayerischer Kommerzienrat ... der hat nicht gespielt, der ist es gewesen. Zum Lachen deckend. (Indes Pledath, sein thüringischer Spezi, etwas befangen unterstreicht ... Der ehernste Griffel muß es, hinsichtlich Pledaths, feststellen).

VI.

Ein Spielvogt oder Einüberich, erfahrener als Francesco (der vorzügliche Arbeit nur in der Mitte getan hat), wäre stärker bedacht auf schnelle Verzahnung; auf pausenlosen Ineinandergriff ... mittels einer Drehbühne. Selbst ohne sie.

Um die Mitte begann es himmlisch zu sein. Der wackre Liliputaner (sein Nam' ist Kurt Fabrici; grüß Sie Gott); das halbnackte Riesenweib, auf dem Zettel La Barré; hernach Juanita, Gorillamädchen, Fräulein Eva Ortmann, mit viel zu hübsch-konventioneller Stimme: das zusammen ergab Symphonisches ... durchmengt mit der unsterblichen Melodie gehäufter Weißwürste.

VII.

Am Schluß, Francesco, hätte Tempo-Tempo not getan. Abebben soll es, jawohl. Doch gestrafft abebben. (Das gibt es.)

VIII.

Und ich kann mir den Musiklaut der herrlichen Horvath-Rede noch anders denken. Real? Ja. Doch, mit fast rhythmischer Versfärbung, mehr unbewußt parodistisch; mehr ungebildet feierlich; mehr mit gesuchter Feinheit ... Im Gegensatz zu dem Mist, den sie reden. (Der aber ein ernster Gefühlsmist bleibt.)

Francesco hat Horvaths „Italienische Nacht" glänzend gestartet. Er muß hier an den Beginn ein rubato, an den Schluß durchaus kein rallentando setzen.

Gleichviel. Ein bezaubernder Abend. Ja, wenn man im letzten Augenblick des Lebens weiß: daß Spaß und Güte die lohnenden Dinge hienieden gewesen sind – so darf immerhin diese Stunde vermerkt sein.

IX.

... Wie liegt der Fall „Junges Drama"? Wir wollen das Wagnis. In Horvaths Stücken ist Humorkraft und Anklagekraft von einer Art, die weit über Josef Ruederer und Ludwig Thoma hinausdringt.

Wir suchen das Neue. Wofern es nicht Verengung des im Drama bisher Erreichten traurig bedeutet. Wofern es nicht aus Schwäche die Primitivheit hißt. Wofern es nicht eigenen Mangel zum Grundsatz Aller macht. Wofern es nicht, zahnarm, die Lücke zum Ziel setzt. Wofern es nicht weit klügeren Hörern weit dümmere Stücke beut. Kurz: wir wollen das neue Drama für Erwachsene.

X.

Gewünscht werden junge Dramatiker, die ... nicht so sind wie die letztberühmten Alten. Die aber, wie sie, einen Abschnitt auftun. Anknüpfung an Vorgänger mag sein. Nicht Anknüpfung an überwundenste Vorgänger von Vorgängern. Nicht spaßloser Rückfall in kahles Lehrlingstum; in frühe Dürftigkeit. Also nicht das Pseudojunge.

XI.

Was zwischen den alten Angelangten und den erwarteten Jungen liegt (diese Jungen sind zum Teil schon angelangt): das darf nicht ein Anspruch auf „Neuer Abschnitt“ sein ... sondern ein neuer Abschnitt.

Anderthalb Jahrzehnte durch gab es massenhafte Nennung von Fohlen – die vor der ersten Hürde stockten, stoppten, kippten. Auf der Tribüne haben die Enttäuschten zwar eine Engelsgeduld: aber schließlich machen sie kehrt.

Hier steckt einer der Gründe für die Abwendung der Besucherschaft; für die Verwaisung des Parketts; für die Ödnis der Kassen; für den Mangel der Künstler (ohne Mangel an Künstlern); für die Krankheit der Bühne; für die Pleite der Neuen – die jetzt endlich umschlägt zum Erfolg.

XII.

Zur Fühlung mit den Hörern. Zur Anziehung der Mündigen: weil das Drama nicht mehr soviel dümmer ist als sie. Weil statt des (sehr leichten und sehr leeren) „kühnen Wurfs“ die könnerische Durcharbeit kam. Durcharbeit. Vielfalt. Stufung. Innenklang. Fülle. Lebstarkes, Blühendes, Gekonntes.

XIII.

Die hier öfter genannten Sechs oder Fünf sind auf dem Marsch. Billinger wurde kleistgekrönt. Horvath rückt vor. Fred Neumeyer hat ein zweites Werk fertig. Tagger eins. Die Fleißerin hoffentlich bald. Ungenannten steht es frei. Es wird wieder eine Lust, zu leben.

Mit der Wirtschaftskrise geht also die Dramenkrise keineswegs Hand in Hand. Nicht einmal mit der Theaterkrise.

Die Zeit ist auch darin paradox. 26. November 1932

„Faust“

Staatstheater

I.

Als noch alles im Gange war, wurden die ersten Eindrücke des Abends durch ein Gerät mitgeteilt, welches Heinrich Faust nie kannte: A7, Dönhoff 3444. Faust unterließ dessen Schaffung, obgleich ihm der

Naturforscher Dubois-Reymond riet: statt des gedichteten Verlaufs lieber Gretchen zu heiraten und wenigstens die Dampfpumpe zu erfinden. Von beidem hat er *a limine* abgesehn.

II.

Der Spruch des Geräts hieß: „Es scheint eine gutgegliederte Zaubervorstellung zu werden. Krauss ist ein verhältnismäßig gemütsruhiger Faust; ein Herr Professor; fast in der Maske eines evangelischen Geistlichen. Er artikuliert herrlich. Die Grundzüge sind: Artikulation und Kraft. ... Gründgens sieht als Mephisto aus wie eine Leiche mit dämonischem Blick. Auch er höchst fesselnd. ... Es wird spät werden. Gretchen ist noch nicht mal verführt."

III.

Nun ist es ihr doch geschehn. Nun hat sie den Ausruf, ihr graue vor Heinrich, so gewandt unterlassen, so durch Silbverschluckung unterdrückt, wie gar manches zuvor. „Trank nie einen Tropfen mehr"? Sie kam hörbar nur bis zur Feststellung des Trinkens; den Tropfen ließ sie fallen. „Ach neige, du Schmerzensreiche", wehvoll genuschelt, trug viel zur gelungenen Verheimlichung des Wortlauts bei.

Ein Standpunkt ist jedoch vertretbar: für unbestimmtes Leidgeächz könnten auch schlechtere Versworte zum Ausgang, zur Unterlage dienen; ja oder nein?

IV.

Die Darstellerin, Käthe Gold, weckt bei alledem das Gefühl: sie ist eine Begabung, – todsicher kein Gretchen. Vielleicht für scharfe Sachen bestimmt. Ihr Antlitz (etwas längliche Nase, vorstehende Backenknochen ... denn der Zufall einer Gesichtsbildung spricht selbstverständlich in der Schauspielkunst mit) weist auf Rollen von entschloßner Kraßheit. Wie etwa die Koppenhöfer sie übernimmt. Oder auf Humor. Was für eine Marthe kann sie künftig sein.

(Aber warum hat man sie dann für das Grundbild des unbewußten süßen Mädels geholt? hä?)

V.

Am Beginn des Abends wurde Gottvater nicht nur, wie sonst gehört, sondern gesehn: im hellstrahlenden Himmel; ein wenn auch nicht gebührend semitischer, so doch etwas orientalischer Herr. Zu seinen Füßen die massiveren fleischernen Engel; in der Höh' die bloß angemalten (die man zuerst für Edelweiß hielt, aber dann wegen ihrer gleichbleibenden Schwimmübungen erfreut als Angestellte des Jenseits wahrnahm).

Gottvater, da Kraussneck ihn wunderbar sprach, wurde beinah ehrenvoll gerufen.

VI.

Wenn man jetzt, vorgreifend, rasch den Eindruck zusammenfassen soll: – es gab herrliche Bilder (von H. Zweigenthal), kein Gretchentrauerspiel (denn wer trauerte?); einen kühlen, herrlich wortgliedernden Faust im Beginn; keinen Feurig-Verjüngten, keinen Liebhaber-Faust: aber einen Mephisto.

Der Abend hieß, geistpoetisch gesehn, Gustaf (dieser Vorname läßt sich nicht verheimlichen) Gründgens.

VII.

Krauss bleibt als technischer Zerleger von Versen und als ihr Töner fabelhaft. Kaum übertroffnen Ranges. Ein Nachklingen gibt es nicht: aber ein Bemeistern.

Er ist im Studierzimmer (dessen Unordnung man der Reinigungswut in Haushalten als Argument entgegenhalten soll!) zwar von keinem tiefen Schmerz durchsehrt. Jedoch von einem Zorn gepackt. Und er kargt sogar nicht, wenn die Himmelslieder schallen, mit der hier verlangten Erschütterungsgebärde.

Den Denkgehalt des Monologs hat noch keiner so klar gesprochen. Das ist etwas. Das bleibt etwas. Was er da will, scheint: Kraft und Unempfindlichkeit. Man muß ihm jedenfalls danken.

VIII.

Hernach, als Gretchens Trautgesell, Abgott, Lebenswecker ... pensioniert er sich. Sowas von Phlegma, von Halbstimmung, von schwerfälliger Schlafsucht, von erzwungenem Unbeteiligtsein: das ist noch nie dagewesen. (Der Monolog hat ihn ausgeschöpft, verschluckt. Wie die Gold den Goethe.)

IX.

Sein Erdgeist, Granach, bietet in einer Singsprache mit Exotik freilich Starkes, was nicht spurlos auf ihn bleiben kann. Sein Famulus, Minetti, hält sich aus Literatenangst vor Übertreibung diesmal farblos. (Wie sogar Walter Franck; der einen Valentin mehr hinsagt als zeichnet.)

Harlan jedoch, Schüler, hat den Mut zur Zeichnung ... von was Ulkig-Tumbem.

X.

Vorwärts, mit den Einzelheiten. Marthe, jetzt Elsa Wagner, spielt sich von selbst; hat nie versagt. Doch eine Hexe wie den Aribert Wäscher, mit fett schwellenden Protuberanzen, hach-nein, – suchen sollt ihr das.

XI.

Der Spaziergang ist, mit fürchterlicher Buntgewandung, nicht mal dem Zweigenthal (einen Urnengruß an Aravantinos!) geglückt. Daran fehlt's immer.

Späterhin, im Dom, läßt Müthel den bösen Geist fast antikirchlich (Wotanskult?) aus einem Pfaffenchor summen, fauchen, litaneien. Aber es ist ein virtuoses Hörbild.

Herrlich dann wiederum der Zweigenthal mit einer hochgemauerten Außenumgebung der Domwände. (Diese Bilder machen jene genannte Zaubervorstellung.)

XII.

Auch sonst hieße hier mittelmäßig nicht müthelmäßig: weil eine Walpurgisnacht voll Tapferkeit, wenngleich mit gebotener Kürze, beigefügt wird. (Nur Gretchen zu weit im Hintergrund, wenn sie mit geschloßnen Füßen gehn soll – in der tiefsten Gretchenszene.

Ja, weil alles groß und kleine Himmelslicht, wie der heimgegangene hochbegabte Verfasser gewollt hat, in Betrieb tritt. Weil durch das Sinnliche die geistige Spannung am Nachlassen verhindert wird. Und weil ...

XIII.

Gründgens den Mephisto spielt.

Las er, wie Kainz ihn gespielt hat? (Gesehn hat er ihn kaum.) Ein Zeuge des Damaligen (er wird hier nicht genannt) sah staunend am Kainz was Mephistophelisch-Neues. Vielleicht eine Gestalt nicht von Goethe, sondern von Byron.

„Ein Engel. Ein Verdammter noch im Lächeln. Ein in Spott und Bewegsamkeit von Melancholie Umleuchteter, Umflatterter. Schwermut ist zu lyrisch: – Mißmut. Hinter allen Teufeleien lag etwas wie die Erinnerung an ... einmal Geschehenes; und an Verstoßensein. Ich kann es nicht vergessen. Ein Bedauern, daß ihm diese lieblichere Welt verloren blieb. Und als er Gretchen erblickte, brach es, für mein Gefühl, unauslöschbar durch – er sah sie an, es regte sich etwas ... ‚als ich noch

Prinz war von Arkadien'... Als ob man jenseits, von einem Gestade, zurücksähe, plötzlich, auf etwas Nichtmehrzuerreichendes. Aus...! Einst...!" (– „Die Welt im Drama").

XIV.

Gründgens besaß nicht alles das. Doch er ist, ist, ist einer von den Unsren. Mit ironischem Geist ... und mit einem Schimmer von – beinah Sehnsucht, die nicht vortritt. Ein „Gegenschöpfer" (hat nicht Lenau so den Mephistopheles genannt?). Ein, im Grunde, Rechtsuchender; ein das Weltethos Überblickender; ein witzig es Nachprüfender. Mehr als Faust.

(Goethe hat ihm solche Wahrheiten geschenkt, wie bekanntlich Schiller dem Franz Moor. Beide haben beide halb verleugnet. Warum?!)

XV.

Gründgens, in seinem Beginn mißkannt, dann keß im Aufstieg, ist in diesem malerischen und verständlich gegliederten Faustversuch (ohne Gretchen, ohne Liebhaber, ohne Schmerz), nochmals, das sicherste Plus.

Neben Zweigenthal. 3. Dezember 1932

Julius Hay: „Gott, Kaiser und Bauer"

Deutsches Theater

I.

Ein geschichtliches Drama des Ungarn Hay, der vor kurzem ein volkswirtschaftliches darstellen ließ. Das zweite Stück ist wiederum eher ein Intellektbeweis als ein Drama.

Es hat nur einige dramatische Szenen.

II.

Die Lehre des Stücks: der Geist siegt. Das ist ganz richtig. Er siegt im Verlauf des Stückes in zweifacher Form; nämlich:

Erstens. Der schlauere weltliche Geist siegt über den gröberen weltlichen Geist. Beispiel: der abenteuernd-freche Streber Sigismund, als einzelner gegen mehrere drohende Fürsten, zwingt sie, die Plumperen, durch Geist in seinen Bann.

Er gewinnt sie, schließt eine Vernunftehe, wird in Deutschland Kaiser. Dann zwingt er den Papst gleichfalls. Nämlich den Weltlich-Schlauen zwingt der Weltlich-Schlauere. Klar.

III.

Nun aber zweitens. Über den weltlich schlauesten Geist siegt der unweltlich-sittliche Geist. Auch klar. (Und hoffentlich wahr.)

Beispiel: Hus wird zwar von dem weltlich-unsittlichen Kaiser Sigismund verbrannt; jedoch der unweltlich-sittliche Hus trägt trotzdem den Sieg davon. Indem die Lehre des Johann Hus, über seinen Märtyrertod hinaus, bezwingend wirkt. (Sigismund aber, der Nurschlaue, stirbt in Qual und Pein. Jawohl.)

Dies der Grundriß des Dramas.

IV.

Bei alledem hat der Autor keinen Schimmer, was ein Drama ist.

Er klebt vielmehr ... Szenen in dramatischer Gestalt an Szenen in dramatischer Gestalt. Das gibt eine Geduldserschöpfung; eine Endlosigkeit; eine Mißform.

Es ist jedoch kein Übermaß: nur ein Unmaß. Hay strömt nicht über den Rand: er dichtet bloß immer weiter. Er ist nicht zu reich: er hört bloß nicht auf.

V.

Es macht eine Weile Spaß, Päpste wie Könige vergangener Zeit so sprechen zu hören, als lebten sie heute. Bißchen Ulk mit Anachronismen.

Doch über den Spaß geht Hay hinaus: wenn er die damals Handelnden und Hadernden als völlig bewußt hinstellt; als klar-bewußte Komödianten, die sich über die eigene Gemeinheit in aller Ruhe lustig machen. Das ist, für den Seelenforscher, etwas zu treuherzig.

Mit so kühler Klarheit wären sie nicht weit gekommen. Notwendig für ihre Schaffensbahn war vielmehr die begeisterte Wirrheit im Schädel. (Die gibt den Schmiß. Leider.)

VI.

Hay müßte nun, um ganz ehrlich zu sein, hiervon den Johann Hus nicht ausnehmen – diesen sympathischen, bloß wirkungsärmeren Vorläufer Martin Luthers.

Hay vertuscht, was auch dieser Hus an begeistertem Unsinn im Schädel trug.

Seine Leute machten schließlich darum Blutbäder, daß man das Abendmahl nur ja *sub utraque specie,* mit Brot und Wein, kriegen dürfe. Doch kämpften die Taboriten wieder für eine andre Wichtigkeit als der Kalixtiner. Also wo steckt hier der siegreiche Geist?

Die Aufgabe war vielmehr: das Relative fast aller Kampfirrtümer darzutun. Das ist es.

VII.

Es bleibt ein Sichdrücken, wenn Hay, um dem zu entgehn, seinen Hus mit den Begriffen „Diesseits" und „Bauer" vernünftig arbeiten läßt. Das ist nicht die Wahrheit, weil es nicht die ganze Wahrheit ist.

VIII.

Statt ihrer bringt er das älteste Herkommen einer verstorbenen Dramenliteratur: wie die Tochter der einen Partei just den Sohn der feindlichen Gruppe liebt, so muß hier just die (übrigens verhurte) Kaiserin heftig für den Gegner, Jochanaan Hus, schwärmen. Schema: die Metze und der Mönch.

Nach verwelktem Muster fühlt sie, wie der Klassiker sagt, sich „getrieben, den ärgsten Feind aufs innigste zu lieben".

(Shakespeare. Na, und Thekla bei Schiller?)

Herr Hay hat zwar, wie gestern Herr Gilbricht, G. B. Shaw gelesen: aber nicht zu Ende.

Für das Stammbuch ihm gestiftet:

Olle Kamellen sind olle Kamellen –
Auch von Intellektuellen.

IX.

... Was aber K. H. Martin aus dem vorderen Teil dieser gescheiten, wackren Klebedramatik macht: das ist ersten Ranges.

Wie die Stimmen hin- und hergehn. Dieses Simultansprechen. Diese Zwanglosigkeit ... voller Bändigung. Dies Lässige ... geballt. Dies Unsymmetrische ... getönt. Diese Wirklichkeit ... voll Kunst. Diese Lenkung ... im Verborgenen. Dies Orchester ... aus dem Alltag.

Ersten Ranges.

X.

Hernach fehlt ihm der Mut, Hay zu kastrieren. Nachdem, dreiviertel Stunden lang, das Parkett hierzu gewillt war.

Martin hat ein feines Gefühl für Klänge: und gar keins für Länge. Sonderbar.

XI.

Kortner trug durch Dehnung dazu bei. Immer noch ritardandi, mitten im Satz. Die sind richtig: wenn man den Einzelsatz nimmt. Undenkbar für den Gesamtraum.

Aber was tut es gegen diese darstellende Schöpfung eines Menschen; eines aufsteigenden und abdorrenden Lebens. Kortner ist: Kraft und Geist. Er hat neben dem Wuchtigen das Federnde. Noch im Brutaliker zeigt er den Heutigen.

Wer, so, außer ihm?

XII.

Wegener und Wiemann herrlich: Papst und Prophet. Die Melzer, mit wärmendem Sprechklang. Hart, Kalser ... Wieder müßte man den Zettel abschreiben.

Alles zusammen: eine große Bühnenleistung. Und, in Anbetracht des Gegenstands, eine ... ideale Leistung.

XIII.

Man will nicht selbstgerecht sein: aber das ist heute nur in Berlin möglich.

24. Dezember 1932

Gruß an Stanislawski

I.

Es bedarf keines siebzigsten Geburtstages, um Sie zu grüßen, teurer Konstantin Alexejew – so ähnlich hießen Sie doch privatim.

Immer, nicht nur heut, erging an Sie der Gruß jemandes, der den Wert Ihrer Wunder einmal erfuhr.

Der Geburtstag ist ein kleiner Grund, es zu bestätigen.

II.

Drei Männer bauten das europäische Theater von heut. Antoine in Frankreich; Brahm in Deutschland; Stanislawski in Rußland. (Ich spreche nur von den Prinziphäuptern.)

Keiner der drei kam von der Bühne her. Antoine war Beamter; Brahm war Kritiker; Stanislawski war Kaufmann.

Drei Außenseiter haben das Rennen gemacht.

III.

Stanislawski war dreiundvierzig, als er bei uns erschien. Vergleiche mit Antoine, mit Brahm wären anfechtbar: weil jeder ein selbständiges Faktum bedeutet.

Fraglos lassen sich Umrisse gegeneinanderstellen. Antoine: der Akzent. Brahm: die Seele. Stanislawski: die Stimmung. Reinhardt: das Malerische. Und so fort.

Aber das wären immer bloß Teile vom Ganzen.

IV.

... Es gab Leute, die in einer Vorstellung von Stanislawski nur durch das Zusammenspiel zu Tränen gerührt wurden.

Er ließ in hoher, ausgewogener, leiser Ungezwungenheit gewissermaßen die Stille des Daseins tönen.

Bei ihm wurde das Verrauschen Gegenwart. Bei ihm das Nichtspannende des fließenden Lebens spannend. Bei ihm die Ferne dramatisch.

Adligste Lässigkeit – mit dem Ewigkeitszug.

V.

So steht er heut vor Augen. Ein Magus der gedämpften Klangwelt. Ein Meister des Unterstroms. Ein Schöpfer im Unmerklichen.

Aber – wahrhaftig! – durchaus nicht nur der Herr passiver Dämmernisse. Stanislawski wurde ja der Ahn aller im kämpfenden Rußland heut kämpfenden, leuchtenden, heiligen Kunstreligion.

Ohne Stanislawskis Frommheit im Schaffen; ohne sein Mönchstum in der Arbeit; ohne die Voraussetzung seines tapferen Beharrens; ohne das Beispiel seiner aus dem Nichts erschaffenen starken Bühne zu Moskau: ohne das gibt es keinen Russenfilm; das ist: Weltkunst.

VI.

Stanislawski, Gegenspieler zarischer Histrionen, wurde für Rußland zum Vater alles neuen dramatischen Lebens; mag das im einzelnen abwegig oder im Versuch aufbauend sein.

Stanislawski ist: die große Basis.

VII.

An den Dank seiner ringenden Regierung schließt sich der Dank eines Zeitalters.

17. Januar 1933

„Faust II"

Staatstheater

I.

Wer den zweiten Faust einübt, muß erkennen: das Nebeneinander zweier, nein, dreier Stile.

Erster Stil: antiker Form sich verdammt nähernd; also kothurnig. Zweiter Stil: heutnäher; zwangsloser. Dritter Stil: weder auf Stelzen noch in Hausschuhen – sondern auf hold schwebender, ja, singender Sohle.

Der Dichter heißt mir im ersten Fall: Goethos. Im zweiten: von Goethe. Im dritten: Wolfgang.

Dem entsprechen die zu denkenden Orte der Luftschicht. Im ersten Fall: Hellas. Im zweiten: Sachsen–Weimar–Eisenach. Im dritten: Morgenäther.

So die drei Stile für den zweiten Faust. Beschlossen und verkündet.

II.

Ausführungsbestimmungen.

Vielleicht soll die Antike hier etwas gefärbt sein – doch nicht ganz verheutigt: weil man sonst Gegensätze kappt, die zur Abwechslung da sind.

Vorsicht! Zerbrechlich! Achtung! Fingerspitzen!

III.

Der Einüber Lindemann (Düsseldorf) hat mit Recht die oft furchtbaren Knallbonbonverse, bei Prunkaufzügen und so, mittels Musik überdeckt; er läßt manches in Melorhythmik sprechen – das ist gut. Die Griechenworte kommen leicht ins Heutige getönt heraus; das ist auch gut.

Aber es läßt sich bei aller leichten Tönung eine stärkere Abheblichkeit, eine grundsätzlichere, denken. Besonders im dritten Akt, wo Antikes und Romantisches sprachlich aufeinanderprallen – jedoch dann erst ineinander übergehn (nicht zu früh!).

Es läßt sich das Griechentum dieses Werks in einer durchgehenden Umschleierung der Stimmen oder in einer getrennten Klanghöhe vorstellen. Stufungen sind bei Lindemann erreicht: die letzte nicht.

Der dritte Stil, der wolfgangische, hängt kaum noch vom Einüber ab: sondern von Blut und Feuer des Darstellers. Darüber bleibt zu sprechen.

Das wären die Stile.

IV.

Im übrigen: macht euch nichts vor. Soll man für dieses Werk mit Gewalt eine Einheit suchen – aus dem allemal zufälligen Bestande? Dichter sind, besonders dramatische, viel zusammenhangloser, als man glaubt. Ein Beispiel: Molières „Don Juan"; vgl. „Die Welt im Drama" III, 329. Genau so hier Goethe.

Hinter den Hirnwanderungen, hinter dem seherischen Gemeng eines überschauenden Phantastogreises stehen selbstverständlich nicht genau szenische Grundsätze; nicht eben der exakte Wunsch nach einer abgewogenen Dramaturgie. Sondern er hat ... vor sich hingedichtet.

Der Scheidende, fast schon Gegangene, hat sein Sinnen zwar in sichtbaren Gestalten verleiblicht; er hat zwar sein Für und Wider auf getrennte Menschengebilde verteilt: – doch er hat im Grunde nur vor sich hingedichtet.

An den Druckstock des Dramas zu denken, war längst für ihn ein Nebenpunkt. Das lag irgendwo; war kaum je seine Stärke gewesen – und gar jetzt! Der alte Mann war kein Dramatiker, nur stets ein dramatischer Mensch. Er ist ... vielleicht sieben Jahre lang in Weimar gestorben; oder mit gefaßten, menschenmutigen Augen herrlich dem Schluß entgegengeglüht – und hat fast überirdisch vor sich hingedichtet.

V.

Folglich: der Einüber dieses Testaments, dieses Abschiedsrufs und Spätgesangs, hat im besten Falle das Ziel: Dramen herauszusondern aus dem Undrama. Dabei jedoch ein Kerndrama, Grunddrama Hauptdrama sehen zu lassen.

Dies die Voraussetzung für das Einüben. Schwer genug.

VI.

Was ist hier das Kerndrama? Es sind zwei Kerndramen. Erstens (aufs Einfachste gebracht): in der verwirrenden Welt, voll von Roheit,

Mühsal, Schönheit – arbeiten und nicht verzweifeln. Der andere Kern: die Liebe ist das Größeste.

Somit erstens: der Antrieb. Zweitens der Trost. Der Antrieb (bewußtes Handeln) wird klar. Der Trost ...

VII.

Nur unter dem Gesichtspunkt: daß man dem katholischen Olymp am Schluß eine recht allgemeine Deutung bewilligt (unterschiebt): nur so läßt sich dieser Trostschluß halten. Der Parsifal des (ebenfalls deutschen Revolutionärs) Richard Wagner wird zum Seitenstück.

Jedoch der letzte Henrik Ibsen – dessen Format heute von rührigen Zwergpinschern kaum erfaßt werden kann –, allein dieser endende Henrik Ibsen im Trauerspiel erwachender Toten ist als Gegenspieler von Betracht anzusehen.

Ein Gegenspieler freilich im Nordland. In der Fahlnis, als wäre die Welt schon vereist. Doch in seiner Beschränkung minder beschränkt (und mutiger) als der nach vielfältiger Buntheit ermattende, beschwichtigende, nachgiebige (sonst größere) Faust-Schöpfer. Es muß gesagt sein. Es muß auch heut zu sagen sein.

VIII.

Geistiges Werk ... und geistlicher Himmel. Dieser Ausgang bei Goethe wird ein positiver Akt der Begnadung. Der Ausgang im schweigenden Schnee des letzten Ibsen ist eine sozusagen positive Verneinungstat. Henrik Ibsen, der Kleinere, Dünnere, sagt nicht mehr, als was wahrheitsstark zu sagen ist. Sein Sagen bleibt somit: ein Fragen. (Nicht: ein Vertuschen. Mag das Vertuschen ein allerholdestes Vertuschen sein.) Im Diesseits liegt für den herrlich-starren Norweger der Hauptpunkt. Und für den Frankfurter?

Auch. Das ist ja der Beweis für sein bloß äußerliches Anheften des herkömmlichen Paradieses: daß Goethe zuvor dem Diesseits ausdrücklich den Kranz gibt. In zaubervollen Worten. Er sagt es – und bringt am Schluß dennoch eine Weihrauchoper.

IX.

Es kommt also für den Einüber darauf an: den Schluß erstens nicht zuckrig, zweitens nicht rein kirchlich zu machen; sondern ihn ... schön zu machen.

Zuckrig ist er bei Lindemann kaum. Schön gar nicht. Kirchlich eher.

„Eurer Priester summende Gesänge" – die ablehnenden Worte desselben Dichters gehn hier im Kirchenklang unter. Müthel und Wolfgang Heinz sprechen sie gut, unter Litaneigeraun.

Nein, an diesem Ausgang des Denkerwerks, da muß (wenn schon Paradies, dann kindlich-neutrales Paradies) – da muß gemalt sein und geklungen werden, daß es inniger als ein Märchen: wie eine gestaltete Sehnsucht wirkt.

Bei Lindemann marschiert jedoch kurz darauf ein Mädchenpensionat am Souffleur vorüber; dann: Fräuleins in Reformhosen, nein: Reformröcken; ein Gesangverein; in der Engelheimat steht eine holprig-hölzerne Kellertreppe; zuvor der Kampf Satans mit den Engeln zeichnet sich durch wohltuende Schlichtheit aus.

So das Schlußdrama ...

X.

Von den Restdramen zeigt sich am geschlossensten das Trauerspiel der Helena. Der pharsalische Walpurgisspuk ist ein bißchen zerhackter als nötig.

Aber wie soll man dies, und manches, was der mit Wissen beladene Phantastogreis träumte, jetzt einer ferngeborenen Hörerschaft nahebringen? Etwa mit Kinotiteln? „Aber am nächsten Tag ..." Oder: „Der frühere Famulus hatte sich einen künstlichen Menschen gebaut ..." Oder, wenn Faust ein leeres Kleid in der Hand hält: „Helena war indes ihrem Sohne gefolgt ..."

Kaum ... Oder doch so ähnlich? dereinstens?

XI.

Im ersten Akt (wenn unter dem hohlköpfigen Monarchen die Notenpresse vom Teufel eingeführt wird) bringt kein Lindemann jemand über Faustens hier seltsamen Hang zur Helena weg. Seltsam in der Ökonomie des Werks. Helena bestand halt in der Sage. Also nach Gretchen jetzt nur die Schönheit, leidlos und gewissenfrei? Adliger Körper, kein Ethos. Heißt das ein Aufstieg, hä? (Daran ist aber nicht Lindemann schuld. Er arbeitet achtbar geistig. Die Helena kam halt in der Sage vor.)

XII.

Im zweiten Akt gar die falsche Vorstellung von den Griechen: als seien sie „einheitliche Naturen" gewesen. In Wirklichkeit ist natürlich der spätere Mensch reicher als der antike Mensch. Dies alles ist nicht Lindemanns Schuld. Faust bereut es mit Recht.

XIII.

Im dritten Akt gelingt szenisch der Begriff „Sparta im Mittelalter" recht gut. (Bilder von Teo Otto. Die Begleitmusik des Abends ist nicht immer unpassend.) Hier wird Euphorions Trauerspiel, fern von allen Rätseleien, an die Seele packend. Sein letztes Wort an die Mutter:

Laß mich im düstern Reich,
Mutter, mich nicht allein

macht manches wett. Eleonora von Mendelssohn, sicher „gescholten viel", dennoch fein in der Stufung des Stärkegrads, bringt willentlich die Süße des Hellenentums, nicht sein Statuarisches. Neben ihr ein in der Stimme herrlicher Euphorion, bloß in der Schopfmaske verfehlt: der junge Siegfried Jobst. In seinen Hüpfbewegungen ist etwas Süchtiges, Gejagtes, Erschütterndes – der Todlauf eines Früh-Verurteilten. Die Erinnerung bleibt.

(Daß Aribert Wäscher den Euphorion gäbe, ist unwahrscheinlich.)

XIV.

Die drei brutalen Gesellen des vierten Akts (es ist wohl ein Zeitstück?) sind bei Genschow, Mannstädt, Ledebur maßvoll. (Aber wennschon, dennschon!) Philemon handlich und rührend: Max Pohl. Seine Baucis, Elsa Wagner, will noch nicht alt sein. Lynkeus-Müthel psalmodiert klar und rein zum Horizont. Die Koppenhöfer: aus dem Dämmer gewachsen – graue Sorge. Beides Nötige hat sie: die Wirkung wie den Eindruck. Hernach in der unsterblichen Lemurenszene gibt der Regisseur die beste Kraft: fast ein makabres Operettchen ... oder zwei Meter aus dem Prado mit Gebilden eines sicheren Francisco Goya y Lucientes.

XV.

Durch alle Schicksale des Abends wandert Krauss – und sie haben ihm nicht viel an. Erst zuletzt. (Sehr zuletzt.)

Er wirkt schon im Beginn kaum als Erwachender: sondern als Redender. Überhaupt spricht er Begleitworte zu einer Gestalt; er ist sie nicht.

Gegen den Schluß aber läßt er einmal, wundervoll, die Register schwellen ... und zeichnet, wundervoll, beim Erblinden mit halbkreisförmiger Handbewegung einen ganzen inneren Zustand. Hier ist sein Gipfel. (Ein unvermittelt ragender.)

Das Wesen der Gestalt trägt Krauss wie einen Pelz, nicht wie eine Haut. Das ist es.

(Als ob er das, was zu ihr gehört, glänzend aufsagte. Gründgens denkt es; lebt es.)

XVI.

Die stärkste Seelenkraft, die Geisteskraft ist bei diesem Mephistopheles. Immer mehr kommt es bei Gründgens auf den gefallenen Engel hinaus. (Dermalen Josef Kainz.) Zwar ein saftig-tierisches Denkergeschöpf – doch mit Schwermutschatten.

Diese Schwermut hißt er im Engelkampf leider am falschen Ort. Hier nicht bitte! Die Racker sind von hinten apptitlich zu anzusehn? also unweinerlich; höllenhumorig.

Zuletzt macht er einen verzweifelten Gestus ... nach oben. Auch diese Gebärde haftet.

XVII.

Ich sah den zweiten Faust: von Devrient, von L'Arronge, von Reinhardt. Jetzt zum vierten Mal – in der volkstümlichsten, achtbaren Fassung.

Zum vierten Mal fragt man sich: wo ist hier ein fair play? Die Engel retten zwar Faust, weil er a good looser ist – doch wer nimmt sich des überaus gewinnenden Mephistopheles an? Sind Engel Diener des Allgütigen, so müßten sie allgütig sein. Wenn Engel: dann Engel. Mindestforderung.

Und wenn ihr himmlischer Herr Wetten abschließt, obschon er allwissend ist (das hat man ihm so oft vorgeworfen), – dann ist hier, höflich gesagt, ein Widerspruch.

XVIII.

Aber von Widersprüchen leben ja diese Dichter. So wie der Kollege durch seinen Hamlet von jenem Land spricht, „aus des Bezirk kein Wandrer wiederkehrt", nachdem sein sel. Vater soeben wiedergekehrt ist.

Geht mir weg mit die Poeten.

XIX.

Die Welt wird von ihnen ergötzt. Auch gefördert? Nun ja, durch Schönheit gefördert.

Lies nochmals, was über Molières „Don Juan" gesagt ist. Es umfaßt den ganzen Fall.

23. Januar 1933

Anhang

Der Theaterkritiker Alfred Kerr

Einige Nachbemerkungen des Herausgebers

Vor mehr als fünf Dezennien, im April 1928, erschien anläßlich seines sechzigsten Geburtstages die Publikation „Für Alfred Kerr – ein Buch der Freundschaft" von Joseph Chapiro. Es ist bis heute wohl eine Seltenheit geblieben, daß Persönlichkeiten aus allen Gebieten des öffentlichen Lebens einem ihrer Zeitgenossen zu dessen Lebzeiten ein literarisches Denkmal setzten aus huldigenden Würdigungen und zustimmenden Wertungen, hymnischen Dankesworten und freimütigen Elogen. Diese Ehrung wurde einem für Humanität und Fortschritt leidenschaftlich kämpfenden Kritiker, Publizisten und Schriftsteller zuteil, der damals über einem Vierteljahrhundert auf der Höhe seines freilich stets umstrittenen Ruhmes stand.

Klangvolle Stimmen vereinigte das „Buch der Freundschaft". Namen von Dichtern und Politikern, Journalisten, Wissenschaftlern und Künstlern tauchten auf. Einige von ihnen hatten in starkem Maße dazu beigetragen, das Gesicht ihrer Epoche entscheidend mitzuprägen. Jeder versicherte Kerr seine Sympathie. So blieb er für Hermann Bahr „ein Glücksfall", weil sich mit ihm „ein Dichter in die Kritik" verirrt hatte, der, so die Ansicht von Oscar Bie, „das Problem des kritischen Geistes (...) ein großes Stück" weiter brachte, „jede Ehrlichkeit gegen jedes Pathos" stellte und, wie Firmin Gémier bestätigte, „sicht stets zum Verteidiger noch unbekannter Talente" machte sowie immer „den Mut zur Aufrichtigkeit besaß". Ein Dichter, für den Kerr bis zu seiner Emigration im Jahre 1933 ein – wenn auch kritischer – Herold gewesen ist, war Gerhart Hauptmann. Er betonte, das deutsche Theater sei diesem Kritiker „besonders (...) viel schuldig geworden", denn: „Die bedeutendsten Dramatiker erfuhren seine Förderung, ebenso die bedeutendsten Schauspieler und jede Bühne, deren Streben von ihm als echt anerkannt wurde."

Kerrs Theaterkritik war nach Max Hermann-Neiße „kein griesgrämiges, schreibstubenenges, ästhetisierendes Dozententum (...), sondern unmittelbares, aktuelles Leben, ehrlich subjektiv, voll fortschrittlicher Gesinnung, Angriffslust. (...) Statt magisterhaftem Genörgel, Wichtigtuerei, Schwerfälligkeit, stierem, unbeweglichem Ernst" herrsche darin „Leichtigkeit, Grazie und Witz". Kerr, so schrieb Herrmann-Neiße weiter, „stärkte und stützte geistigen Kampf, Fronde,

Weltveränderung. Er bestärkte den Dichter darin, kein abseitiger Bastler zu sein, sondern in die Politik, in die öffentliche Wirksamkeit mit dem revolutionären Aufruf einzugreifen. Er wertete die Kunstwerke nicht nur nach einem ästhetischen Maßstabe, sondern nach dem Menschlichkeitsgehalt, nach dem Zukunftswert, nach der weltverändernden Kraft, die dahinter steht. Er war und ist unseres Schaffens und Lebens sicherer Halt." Herrmann-Neiße feierte den Kritiker als den „stets jungen, kämpferischen, im Ernst wie im Heiteren meisterhaften, beschwingten, weltkundigen, das Leben liebenden Dichter, Polemiker, Frondeur". Wenn er ihn einen „stets zuverlässigen Helfer" nannte, sprach er aus, was er einst selbst erlebt und erfahren hatte. Kerr nämlich war als Herausgeber der Zeitschrift „Pan" (nicht zu verwechseln mit der berühmten Jugendstil-Zeitschrift gleichen Namens) für junge Dichter – wie u.a. Klabund – auch sein Entdecker und Förderer gewesen.

Nicht verwunderlich ist, daß auch in zahlreichen anderen Beiträgen zu diesem „Buch der Freundschaft" überwiegend Kerr als Kritiker im Mittelpunkt der Würdigung stand. Von diesem Teil seines Werkes gingen immer das lauteste Echo und der weitreichendste Einfluß aus. Er bildet auch bis heute die eigentliche Basis seines Ruhmes, der ihm zuteil gewordenen Verehrungen und Verurteilungen, da die kritische Auseinandersetzung mit seinem übrigen Werk, seinen lyrischen, schriftstellerischen und publizistischen Arbeiten, noch aussteht. „Alfred Kerrs Revolution der deutschen Kritik war" nach Meinung Rudolf Kaysers „größer, stürmischer und erfolgreicher als je eine andere seit den Tagen der deutschen Romantik. An oft gleichgültigen Stücken wurde dargetan, worauf es ankommt: nicht nur in der Kunst, sondern auch im Leben. Darum war es nur konsequent, daß Kerr schließlich die Grenzen der Kritik überschritt, politischer Publizist wurde, die Zeitschrift ‚Pan' übernahm und als Herausgeber ein scharfer, leidenschaftlicher Kritiker der Zeit und ihrer Ereignisse wurde." Für Kayser blieb Kerr „der wahrhaftigste Kritiker" auch dann, wenn er nicht mit ihm übereinstimmte. „Wahrhaftigkeit ist sein Ethos. Er überschätzt nicht die Kunst. Er weiß, daß wichtiger als sie der Mensch ist, das ewige Thema aller Kunst."

Aus der jüngeren Generation jener Dramatiker, an die man denkt, wenn von den zwanziger Jahren gesprochen wird, war nur Ernst Toller vertreten. Er forderte, Kerrs fünfbändige Kritiken-Sammlung „Die Welt im Drama" „als Lesebuch" einzuführen „und jedem Schüler die

Erlaubnis zu erteilen, die Seiten seinem Lehrer um den Kopf zu schlagen, wenn er in Bandwurmtiraden den Geist herauszudestillieren versucht". Toller trat dafür ein, daß „die literarischen Zeitschriften (...) an Stelle von Rundfragen, die den Sinn für Wesentliches immer verwirren, ihre Spalten jenen vor Jahren und Jahrzehnten geschriebenen Aufsätzen Kerrs öffnen, die damals wie heute Schaffenden und Lesern Klärung, Klarheit und künstlerische Grundformen geben können. (...) Weil Kerr Beziehung zur Zeit hat. Weil Kerr ein schöpferischer Kritiker ist. Weil Kerr ein Dichter ist. Weil ihm, dem kämpfenden Menschen, Kunst nicht Nabelschau bedeutet, sondern – neben schönem Wesen – schönste Mittel des Geistes, jenes soziale Leid, das nicht notwendig, das sinnlos ist, auszurotten mit nüchterner Besessenheit." Auf die einmalige „Treffsicherheit seines Urteils, die Schlagkraft seiner Erkenntnis und die blendende Gestaltungsmacht seiner Darstellung" machte der vor allem als Übersetzer der Werke George Bernard Shaws bekannt gewordene Siegfried Trebitsch aufmerksam. Er war auch der einzige, der sich nicht auf den Kritiker beschränkte. Auf seine Lyrik eingehend, rühmte er, daß Kerr sich darin als „ein meißelnder, wählerisch siebender, von unerhörtem Gelingen gekrönter origineller Gestalter" ausweise.

Von den Kritikern jener Tage kam im Reigen der Gratulanten Bernhard Diebold zu Worte, bis zu seiner Übersiedlung nach Berlin im Jahre 1928 der vielleicht beachtenswerteste Theaterkritiker außerhalb des kulturellen Zentrums der Weimarer Republik. Diebold verwies in seinem Beitrag auf die drei von Kerr „hochverehrten H's des neunzehnten Jahrhunderts", auf Heinrich Heine, Friedrich Hebbel und Gerhart Hauptmann. Er knüpfte daran die Vermutung, der Kritiker würde – trotz aller Gegenwehr – in der Literaturgeschichte sicherlich einen Platz zugewiesen erhalten, mit der Begründung, von Heine habe er „kritischen Witz, von Hebbel den Hang zur menschlichen Vivisektion, vom frühen Hauptmann den Willen zur lebendigen Wahrheit". Kerr, so stellte Diebold als Resümee seiner Würdigung fest, „hat seine Epoche kritisch erkannt und kritisch durchlebt. Seine Jas und seine Neins haben die Weltanschauung der Zeit mitgebildet. (Seine) Kritik am Drama dieser Zeit wird ihren Namen dem Gedächtnis retten, weil diese Kritik ein wichtiges Kapitel Zeitgeschichte bleiben wird. (...) Wer aber, wie Kerr, ‚am Schmarren das Ewige' aufgezeigt hat, ist garantiert unsterblich geworden".

Einfluß und Wirkung Kerrs auf die junge Generation von Künstlern und Schriftstellern vor dem ersten Weltkrieg, die teilweise in dem „Buch der Freundschaft" zu Worte kam, sich teilweise aber auch schon zehn Jahre zuvor, zum 50. Geburtstag Kerrs, zu „einer nicht notwendigen, aber nützlichen Demonstration", wie der Initiator Emil Faktor schrieb, zusammengefunden hatte, umriß der Publizist Kurt Kersten 1937 in der „Pariser Tageszeitung". Dort heißt es: „Die aktivistische Bewegung der radikalen bürgerlichen Jugend um 1910, die später unter dem Eindruck der Kriegserlebnisse und der russischen Oktoberrevolution zum Sozialismus gelangte, fand in Kerr nicht nur den Beschützer und Förderer, sondern empfing von ihm den Pulsschlag, den Drang, loszugehen, loszuhauen, er schuf in jedem Fall Bewegungsmöglichkeiten, Bewegungsfreiheit. Man empfing von ihm das Selbstbewußtsein, sich nicht zu fürchten, die Fesseln der Konvention zu sprengen, sich außer Reih und Glied zu stellen, den bestehenden Zustand in Deutschland nicht anzuerkennen."

Die Schar der Gratulanten zum 60. Geburtstag scheint zufällig. Man vermißt viele Persönlichkeiten, sowohl solche, für die Kerr – sie anspornend und sich für sie einsetzend – eintrat, als auch solche, zu denen er, wenn auch von heute aus gesehen in nicht immer gerechter Weise, in kritischer Distanz blieb. Besonders auffällig ist das Fehlen des Berufsstandes der Theaterschaffenden, seien es Schauspieler, Regisseure oder Intendanten. Für nicht wenige von ihnen, denkt man nur an Leopold Jessner oder Erwin Piscator, wurde er zum kämpferischen Gefährten oder, um nur einige Namen zu erwähnen, bei Agnes Sorma, Käthe Dorsch, Elisabeth Bergner, bei Oscar Sauer, Rudolf Rittner, Emanuel Reicher, Albert Bassermann oder Fritz Kortner, zum Bewunderer ihrer schauspielerischen Leistungen. Weiter sucht man vergeblich nach den damals jungen, vorwärtsdrängenden Bühnenschriftstellern aus der großen Phalanx der zwanziger Jahre, deren Werke sich in jenen Tagen die Theater eroberten und von Kerr kritisch gewürdigt wurden. Wollte man sie alle nennen, eine Epoche des deutschen Dramas würde lebendig werden, die sich von Carl Sternheim über Bertolt Brecht bis zu Friedrich Wolf oder von Georg Kaiser über Walter Hasenclever bis zu Carl Zuckmayer spannt. Ebenfalls fehlen, sieht man von Bernhard Diebold ab, Kerrs Zunftgenossen, die Theaterkritiker (die teilweise allerdings in ihren Zeitungen Würdigungen veröffentlichten), vor allem jene, die vom Anfang unseres Jahrhunderts an bis weit in die zwanziger Jahre hinein an der Seite Kerrs um ein der Zeit und der Gesellschaft zugewandtes, für die

Menschen und den Fortschritt sich einsetzendes Theater gekämpft haben.

Es konnte selbstverständlich nicht Sinn einer solchen Geburtstagspublikation sein, sich mit Kerrs Werk kritisch auseinanderzusetzen. Glückwünsche sind etwas anderes als Polemiken und Worte der Würdigung keine Zensuren der Beurteilung. Wer jedoch verstehen will, der kann Chapiros Ausgabe bereits die Größe wie auch die Grenze des Kerrschen Wirkens entnehmen.

Nach seinem Erscheinen wurde das Buch bald vergessen. Fünf Jahre später ergriffen die Faschisten die Macht in Deutschland. Sie vertrieben Kerr wie viele seiner Zeit- und Kampfgenossen, seiner Freunde und Gegner. Wie einige von ihnen blieb auch er nach der Zerschlagung der braunen Gewaltherrschaft vorerst vergessen, und mit ihm diese Urteile seiner Gefährten.

Kerr tritt uns in dem „Buch der Freundschaft" als eine schöpferische, das Vorwärtsweisende ihrer Zeit bewußt aufnehmende, einem bürgerlich-progressiven Humanismus zugewandte Persönlichkeit entgegen, unermüdlich in ihrem Kampf für das Neue und Zukunftsträchtige, offen und neugierig allem Hoffnungsvollen und Entwicklungsfähigen zugeneigt, kompromißlos gegenüber dem Reaktionären und Überholten, der Unterdrückung und Menschenverachtung. Bei Kerrs dem gesellschaftlichen Fortschritt verpflichteter Haltung war es fast eine sich daraus zwangsläufig ergebende Konsequenz, daß er der Oktoberrevolution und der revolutionären Kraft der Arbeiterklasse in der November-Revolution Sympathie und Verständnis entgegenbrachte. Dies bestimmte wesentlich seine weitere Entwicklung zu einem radikalen Demokraten und Republikaner und machte ihn zu einem aufrechten Verteidiger der bürgerlichen Ideale von Freiheit, Gerechtigkeit und Fortschrittsglauben. Die Wurzeln seiner späteren unerbittlichen Feindschaft gegenüber dem deutschen Faschismus am Ende der zwanziger Jahre und während der Zeit seiner Emigration werden bereits sichtbar.

Aus diesem Grunde ist die von Walter Schwarzlose in seiner Dissertation „Methoden der deutschen Theaterkritik" (Münster 1951) aufgestellte Behauptung, in Kerrs Kritiken wäre „kein konzipierter Wille auf ästhetischem, moralischem und ethischem Gebiet zu finden", mehr als abwegig. Ebenso absurd und jeder wissenschaftlichen Methode hohnsprechend ist angesichts des nachweisbaren Kampfes, den Kerr gegen den heraufziehenden Faschismus in der Weimarer Republik geführt hat, die von Joachim Biener in seiner B-Dissertation „Alfred Kerr und Herbert Jhering – ein Beitrag zur Geschichte der neueren Theaterkritik" (Berlin 1973) geäußerte „Erkenntnis", Kerr habe „die faschistische Gleichschaltung der Kritik objektiv vorbereiten helfen", das „Interesse apologetischer mystifizierender imperialistischer Ideologie" unterstützt und sich „als raffinierter indirekter Apologet der imperialistischen Deformation des Menschenbildes in der Nachfolge Nietzsches" erwiesen.

Daß es der bürgerlichen Wissenschaft nach wie vor schwerfällt, Zugang zu dem Werke Kerrs zu finden, bezeugt das „Handbuch der Literaturwissenschaft" (Wiesbaden 1976), wo es im 19. Band heißt: „Kerr ist im Grunde Impressionist, dem das Kunstwerk Anreiz bietet, geistreich mit seinen Eindrücken zu posieren."

Kerrs Lebenslauf ist oft erzählt worden, am besten und zuverlässigsten von ihm selbst in Chapiros Buch. Er wurde am 25. Dezember 1867 in Breslau geboren als Sohn des angesehenen, nicht unvermögenden Weinhändlers Emanuel Kempner, der, wie Kerr sich in seinem „Lebenslauf" von 1927 erinnert, „ursprünglich Maler hatte werden wollen; den aber seine patrizischen, in dem Städtchen Wieluń an der oberschlesisch-polnischen Grenze seßhaften, von der Durchschnittseinwohnerschaft bewußt abgesonderten, recht wohlhabenden Eltern für den Kaufmannsberuf nach Berlin schickten", wo er als Lehrbursche 1848 die Revolution erlebte. Kerr charakterisierte seinen Vater als „still, zurückhaltend, kritisch; voll schweigsamer, innigster Liebe für meine Mutter und für uns; noch in Kleinigkeiten leicht ästhetisch verletzt; durchaus niemand, der ‚in die Welt paßt' oder flink jemandem die Hand reicht. Nie ein Kaufmann. Ja, wortkarg vornehm und gütigen Herzens". Ein besonders enges Verhältnis verband Kerr mit seiner Mutter, die, nach seinen Worten, „resolut und lebensfroh, keinen Anlaß zu einem Scherz" vorübergehen ließ. „Auch Verse schrieb sie gern aus dem Stegreif."

In der Schweidnitzer Straße 27, gegenüber dem Stadttheater, betrieb Kerrs Vater seit Anfang der siebziger Jahre des vorigen Jahrhunderts zusammen mit einem französischen Kompagnon gutgehende, von den bessergestellten Breslauer Einwohnern und Gästen der Stadt gern besuchte Weinstuben, die nach Kerr bald als „die ersten der Stadt" galten. In dieser Gegend, in diesem Hause nahe dem Tempel Thaliens, verbrachte Kerr, wie er sich 1927 erinnerte, seine „schönste Kindheit".

Dazu zählte er auch die Schulzeit, jene Jahre, in denen er das Gymnasium St. Elisabeth besuchte. Er nannte es, fast liebevoll, das „Elisabethan". Hier wurde für den Schüler, der in der Oberprima zweimal sitzengeblieben sein, danach aber eine Klasse übersprungen haben will, entscheidend die Begegnung mit dem Lehrer Zimpel: „Gedrängte Kraft. Selbstzucht. Kategorischer Imperativ." Noch Jahrzehnte nach der Schulzeit bekannte Kerr: „Ihm verdank' ich alles. Er hat uns Griechisch und Deutsch gelehrt. Seinen Rhythmus nahm ich mit ins Leben. (...) Er hat von allen lebenden Menschen den stärksten Eindruck auf mich gemacht. Das steht fest. Später kam Gerhart Hauptmann, der hat den tieferen Eindruck gemacht; jedoch hat er den stärksten gemacht."

In dieser Phase fand Kerr auch ein näheres Verhältnis zur Musik, der er während seines ganzen Lebens eng verbunden blieb, deren Einfluß auf ihn in seinen Werken überall spürbar ist. Kerr lernte in Breslau bei dem Organisten der Kreuzkirche, Professor Bohn, „Klavier und Baßbezifferung". Ebenso erwachte in dieser Zeit seine Liebe zum Theater. Die ersten Erlebnisse als Zuschauer: „Also: Wallenstein (Galerie), Nibelungen (unter Angelo Neumann). Meininger: Wilhelm Tell." Der nachhaltigste Eindruck: Mozart. „Keine Darstellung des Don Juan als Gymnasiast versäumt. Ich trank diese Musik."

Seine Berufswahl stand für Kerr schon auf dem Gymnasium fest. Dort bereits erzählte er seinen Mitschülern ohne Rücksicht darauf, ob sie es hören wollten oder sich dafür interessierten, er wolle Schriftsteller werden. Seinen Vatersnamen beabsichtigte er dann allerdings zu verändern. „Der Name Kempner war für einen Schreibenden durch die Dichterin Friederike bloßgestellt", meinte er. Die erste Etappe auf diesem Weg war die Breslauer Universität, wo er die ersten zwei Semester studierte und „namentlich den edlen alten Nibelungenkenner Karl Weinhold" hörte. Eine frühe Arbeit fällt in diese Zeit. Es war ein Aufsatz „über einen schlesischen Arzt, Balthasar Ludewig Tralles, Breslauer Gegner Lessings". Er hatte „den verschollenen Burschen auf der Stadtbibliothek (...) aufgepürscht". Der erste Versuch, den Aufsatz zu publizieren, schlug fehl. „Die demokratische ‚Breslauer Zeitung' lehnte den Beitrag ab." Eine weitere Bemühung führte zum Erfolg. „Die (damals parteilose) ‚Tägliche Rundschau' in Berlin, (...) später völkisch, nahm ihn an. Mit der Aufforderung zu weiterer Mitarbeit."

Diese Veröffentlichung gab auch den Ausschlag dafür, daß seine Eltern – „sie wünschten einen Sohn als Professor für Geschichte und

Literatur" – ihn mit noch nicht Zwanzig in des jungen Deutschen Reiches Hauptstadt ziehen ließen. Hier geriet Kerr in eine ihm nicht vertraute Atmosphäre. Auf der einen Seite der erstarkende Kapitalismus mit Großunternehmen und Fabriken und in seinem Gefolge die fortschreitende Proletarisierung der in Mietskasernen zusammengepferchten Arbeiter; auf der anderen die Welt der neuen Dichtungen eines Ibsen, Zola, Tolstoi und Hauptmann sowie die Revolutionierung des Theaters durch die „Freie Bühne", mit ihrem Kampf um ein neues Publikum und gegen das in Konvention und Pathos erstarrte Hoftheater als theatralische Repräsentanz der herrschenden Klasse.

In Berlin wurde einer der namhaftesten Germanisten jener Zeit, Erich Schmidt, Kerrs Lehrer. Ihm widmete er „in alter Dankbarkeit" seine 1898 veröffentlichte Doktorarbeit „Godwi. Ein Kapitel deutscher Romantik". Von Gerhard F. Hering wurde sie in ihrer Bedeutung und ihrem „Forschungsertrag" erheblich überschätzt. Er rechnete sie – in seinem Nachwort zu einer von ihm 1954 unter dem Titel „Die Welt im Drama" herausgegebenen Auswahl von (mehr oder minder gekürzten) Theaterkritiken Kerrs – „unter die durch und durch genialen Erstlingswerke unseres Schrifttums". Hering schrieb: „Hier bereits ist er profiliert kenntlich; ja, fertig in der Vollendung. So, als wäre er auf der Höhe gewesen von Anfang an, wie Athene dem Haupte des Zeus entsprang: vollkommen." Eine solche Behauptung klingt zwar imponierend, doch läßt sie sich leicht widerlegen. Man braucht nur die ersten, oft mehr als bescheidenen Beiträge Kerrs für die Wochenschrift „Die Nation" zu lesen. Sie unterscheiden sich kaum von anderen, weder im sprachlichen Ausdruck noch in der Präzision des Stils. Auch die später so berühmt gewordene – und oft nachgeahmte – Form sucht man hier vergeblich. Sie ist nicht einmal in Ansätzen erkennbar.

An die von Theodor Barth und Ludwig Bamberger herausgegebene Wochenschrift kam Kerr sicherlich durch Otto Brahm, seinen ersten Förderer, der von 1885 bis 1889 und dann abermals von 1891 bis 1892 hier als Theaterkritiker tätig gewesen war. Die Bekanntschaft mit Brahm war für die Entwicklung Kerrs wichtig und bedeutend und sicherlich diejenige, die den größten und nachhaltigsten Einfluß auf ihn ausgeübt und seine Anschauungen, die ästhetischen wie die gesellschaftspolitischen, entscheidend geformt hat. Sie ebnete ihm auch den Weg zur Theaterkritik.

Kerr arbeitete für das „Magazin für Literatur", „Die Nation", die „Neue Rundschau", die „Vossische Zeitung", die „Breslauer Zeitung", die „Königsberger Allgemeine Zeitung" und die „Frankfurter Zeitung" sowie für den „Pan", den er mitbegründete, 1912 durch Kauf als Besitzer übernahm und zu einer Tribüne für die Erörterung politischer und sozialer Fragen machte. Als die beiden wichtigsten theaterkritischen Plattformen können für die Zeit nach 1900 „Der Tag", den man seines farbig gedruckten Titels wegen den „roten Tag" nannte, und von 1919 bis 1933 das „Berliner Tageblatt" angesehen werden. Hier nannte er am 23. Januar 1933 anläßlich einer Aufführung des zweiten Teils des „Faust" im Berliner Staatlichen Schauspielhaus am Gendarmenmarkt das Goethesche Werk ein Testament, einen Abschiedsbrief und Spätgesang. Die eine Woche später durch den Reichspräsidenten von Hindenburg vollzogene Machterteilung an Hitler ließ Kerrs „Faust"-Kritik zu seinem eigenen Abschiedsbrief werden. Es war seine letzte wichtige Theaterkritik über eine Berliner Inszenierung. Drei Wochen später, am 15. Februar, verließ er Deutschland.

Eine Warnung aus dem Berliner Polizeipräsidium, die ihm den bevorstehenden Entzug seines Reisepasses angekündigt hatte, veranlaßte die plötzliche Flucht des gerade an einer schweren Grippe Erkrankten. „Trotz 39 Grad Fieber raus aus dem Bett, nur einen Rucksack über, mit dem Allernötigsten" kehrte er Berlin, jener Stadt, in der er vierzig Jahre gelebt und gewirkt hatte, den Rücken. Er „floh vor Geiern" und entging damit, vielleicht in letzter Minute, dem sicheren Tod in einem Gefängnis oder Konzentrationslager der deutschen Faschisten. Schon vier Jahre zuvor nämlich hatte Joseph Goebbels, der ideologische Einpeitscher der Nationalsozialisten, Kerr im „Angriff" zu einem ihrer intellektuellen und politischen Hauptfeinde erklärt und seinen Namen auf eine schwarze Liste gesetzt, zusammen mit denen anderer Persönlichkeiten des öffentlichen Lebens, darunter Heinrich Mann und Arnold Zweig. „Solche Leute (...) an die Wand zu stellen" hatte die faschistische Zeitung gefordert, dies noch, was nicht vergessen werden sollte, in der Zeit der Weimarer Republik und ohne daß gegen eine solche Morddrohung etwas unternommen worden wäre.

Kerrs pamphletartige Anklagen faschistischer Umtriebe und Machenschaften hatten ihn sehr bald als einen unerbittlichen Feind des Nationalsozialismus ausgewiesen, vor dessen brutaler Gewalt der scharfzüngige Wortartist sich noch rechtzeitig in Sicherheit bringen konnte. Die erste Station seiner Flucht und Emigration war die Tschechoslowakische Republik. Sein Aufenthalt währte jedoch nur wenige Wochen. Im März des Jahres 1933 traf er in der „edel-bärbeißigen Schweiz (zur Gewöhnung)" mit seiner ebenfalls aus dem faschistischen Deutschland geflüchteten Familie, seiner Frau Julia und seinen Kindern Anna-Judith und Michael, zusammen. Mittellos und ohne Unterstützung – sein früherer Arbeitgeber, der Mosse-Verlag, verweigerte jede Art von Honorarzahlungen, die sich aus den Vertragsverpflichtungen ergeben hätten – emigrierte er weiter nach Frankreich. Hier fand er Asyl und Arbeit an dem von Emigranten gegründeten „Pariser Tageblatt". In Paris traf er auch noch einmal mit Ernst Busch zusammen. Kerr erlebte ihn diesmal jedoch nicht als Schauspieler, sondern im Januar 1934 bei einer Veranstaltung des „Deutschen Klubs" als Sänger von Arbeiter- und Kampfliedern. Als Kritik dieses Abends schrieb er das vielleicht charakteristischste und packendste Gedicht, das je über Busch und seine Lieder geschrieben worden ist und in dem es hieß:

„Und er kündete Streit der Fron
und dem Leid
Des blutigen Jammertals,
Und er stand und er sang
das ‚Lied der Zeit'
Und es war wie dunnemals."

Jahre vor Ausbruch des faschistischen Raubkrieges verließ Kerr Frankreich. Es ist kaum anzunehmen, daß ausschließlich Existenzsorgen ihn bewogen, das Land zu verlassen. Dieser stets seismographisch und hellwach auf politische Entwicklungen und Ereignisse Reagierende spürte vielleicht wie viele andere schon die Unsicherheit des Bodens, auf dem er stand.

Kerr emigrierte 1935 weiter nach England. Je länger er in London lebte, desto mehr empfand er „eine große Dankbarkeit für dieses Land". Er müsse den Nazis beinahe dankbar sein, so meinte er, sicherlich sarkastisch, „daß sie unsereins zu dieser Bekanntschaft verhalfen – und nicht nur zu dieser. (...) Kurz und gut: Adolf Hitler, der von der Natur vielleicht zum Hundeschlächter bestimmt war, jedoch zu Unrecht an das Ruder eines Volkes geriet, war mein Wohltäterich. Man muß hier sagen: ‚Wem Mob will rechte Gunst erweisen, den schickt er in die weite Welt'."

In seinem neuen Asylland wurde er noch zum Organisator. Man übertrug ihm das Amt des Präsidenten der deutschen Gruppe des PEN-Clubs. Wiederum war, unabhängig von den politischen Auffassungen und Anschauungen, Gemeinsamkeit und Geschlossenheit im

Kampf gegen den Faschismus sein vordringlichstes Ziel. „Unser Kampf soll sich gegen die Wölfe richten, nicht gegen die Gebissenen untereinander“, war seine Überzeugung. In England widmete sich Kerr auch der Arbeit des Freien Deutschen Kulturbundes. Er hielt sowohl hier als auch in den Zusammenkünften der PEN-Gruppe und nicht zuletzt in den deutschsprachigen Sendungen der BBC Vorträge über die Brutalität, die Unmenschlichkeiten und die hinterhältige Gewaltpolitik der deutschen Faschisten.

In seiner englischen Emigration erlebte Kerr den Zusammenbruch des faschistischen Regimes in Deutschland und den Sieg der Alliierten. Eine endgültige Rückkehr in seine Heimat blieb ihm – falls er einen solchen Plan überhaupt erwogen hat – versagt. Er reiste im Jahre 1947 für die damals von den amerikanischen Besatzungsbehörden lizensierte „Neue Zeitung“ zwar noch nach München und Nürnberg und kam im September 1948 abermals über den Kanal; doch es wurde seine letzte Reise. Am Abend des Ankunftstages traf ihn in einem Hamburger Theater ein Schlaganfall. Drei Wochen später, am 12. Oktober 1948, starb er in einem britischen Militärhospital. Seine Asche wurde auf dem Ohlsdorfer Friedhof in Hamburg beigesetzt.

Es ist – zumeist ausgehend von seiner Dissertation – immer wieder versucht worden, Kerr als einen späten Nachfahren der Romantik zu bezeichnen. Das war der einfachste Weg, ihn aus seiner Zeit zu eliminieren und als rückwärtsgewandt abzustempeln. Sicherlich lassen sich manche Übereinstimmungen und Gemeinsamkeiten nachweisen. Die Wiederaufnahme bestimmter künstlerischer Mittel und Anklänge an Auffassungen der Romantik sind feststellbar. Doch was vermag das zu besagen bei der Vielschichtigkeit und Vielseitigkeit im Schaffen Kerrs? Ob „die jungen Genies der Romantik“ – sowohl die dichterischen als auch die theoretisierenden – „seine produktivsten Gefährten von Anbeginn“ und „das ‚Athenäum‘, die geniale Zeitschrift der jungen Romantik, das Arsenal auch ihrer kritischen Kunst (...) die geistige Heimat des Kritikers Alfred Kerr“ gewesen sind, wie Gerhard F. Hering meinte, das zu klären bleibt bestenfalls für die Literaturwissenschaftler von Belang, die die Formen und Stilmittel eines Schriftstellers für wichtiger halten als seine Wirkung in der Öffentlichkeit und seinen Einfluß auf die geistig-künstlerische Entwicklung seiner Zeit.

Kerr gleich Romantik ist zwar eine griffige, doch damit keineswegs gültigere Formel geworden. Treffender ist sicherlich jene, die lauten müßte: Kerr gleich Naturalismus, wenn man wiederum ein abgebrauchtes Schlagwort benutzen will. In dieser Epoche vollzog sich seine Entwicklung. In dieser Zeit wurde aus dem Studenten Alfred Kerr der Literat, Publizist und Kritiker, dessen Stimme alsbald aus dem Chorus der Berliner Literatur- und Theaterkritik unüberhörbar heraustönte. In dieser Zeitspanne fanden die für seine Entwicklung entscheidenden Begegnungen und theatralischen Erlebnisse statt. Man denke nur an sein Zusammentreffen mit Otto Brahm, an die Ibsen- und Hauptmann-Aufführungen der „Freien Bühne" und an die Gastspiele der Eleonora Duse, die ihm, wie er sich 1927 erinnerte, „ein neues Gewissen" gab.

Kerr wurzelte als Schriftsteller und Kritiker in der Zeit vor der Jahrhundertwende, sowohl was sein Lebensgefühl als auch was seine Kunstanschauungen betrifft. Die bei ihm – zu Recht – festgestellte Daseinsbejahung war ein Charakteristikum der Lebensbetrachtung um 1900, entstanden aus dem industriellen Aufschwung und Machtzuwachs des deutschen Kaiserreiches sowie der Stabilisierung von Ansehen und Wohlhabenheit des Bürgertums. Das für diese Jahre typische Moment der Verherrlichung des Lebens findet sich auch in der Kunst und Literatur. Wolfdietrich Rasch verweist aus diesem Grunde in seiner Aufsatzsammlung über „Aspekte der Literatur um 1900" (Stuttgart 1967) auch darauf, daß „Leben" ein Grundwort der Epoche von 1890 bis 1914 war, „ihr Zentralbegriff, vielleicht noch ausschließlicher geltend als der Begriff Vernunft für die Aufklärung oder der Begriff Natur für das späte 18. Jahrhundert. (...) In der Absolutsetzung des Lebens konvergieren die verschiedenen literarischen Richtungen, und jeder Autor der Zeit, ohne Ausnahme, hat sich auf irgendeine Weise zu ihr bekannt." So erschien zum Beispiel 1899 von Julius Hart eine Gedichtsammlung unter dem Titel „Triumph des Lebens", Hermann Sudermann nannte einen 1902 publizierten Novellenband „Es lebe das Leben", Arthur Schnitzler schrieb 1906 sein Bühnenwerk „Der Ruf des Lebens", und Wilhelm Schmidtbonn ließ 1911 seinen „Lobgesang des Lebens" erscheinen.

Kerr ist immer ein Lebensbejaher geblieben, mit einem im Grunde unerschütterlichen Optimismus und einem von jedem Zweifel ungetrübt gebliebenen Fortschrittsglauben. Das beweisen nicht nur seine zahlreichen, bis heute in viel zu geringem Maße beachteten schriftstellerischen und publizistischen Werke, sondern ebenso seine Theaterkritiken. Auf den Spuren von Otto Brahm vertrat er die Ansicht, daß die Theorie, zu einem abstrakten Dogma erstarrt, den Autor hemmt, statt ihm zu helfen und ihn zu fördern, indem sie Möglichkeiten entdeckt und Wege weist. Auch an einem mißratenen Werk, so meinte Kerr, sollte man „nach Lage des Falls, zubilligen, was ihm ziemt. Wenn es Hoffnungen birgt, soll man sie stärken. Wenn es anspruchslos und schlecht ist, soll man es mit Lächeln abtun. Nur was anspruchsvoll kommt und schundhaft ist: dem frommt Schadenfroheit und Spott." Mit anderen Worten, es ging ihm darum, „aus der Art des Mistes die Möglichkeit der Blumen zu fühlen, die auf ihm wachsen könnten, deren Wurzeln schon in ihm sind".

Es ging dem Kritiker also nicht um einen absoluten, von den gesellschaftlichen Verhältnissen unabhängigen Kunstwert, sondern um den Wert der Kunst für die Gesellschaft und deren Entwicklung. Nicht die „wahre Kunst" verfocht er, sondern die Kunst der Wahrheit. Und wie die „wahre Kunst" nach Otto Brahm „eine engbrüstige Kunst" ist, „eingeschnürt in ästhetische Regeln und Konventionen, eine Kunst, zu der man mit kategorischem Imperativ spricht, bald: Du sollst, bald: Du darfst nicht", so ist die Kunst der Wahrheit eng mit dem Leben und seinen es vorwärtsbringenden Kräften verbunden. Deshalb achtete Kerr, wie Joseph Chapiro betonte, die Kunst „für ein leeres Wort, wenn sie nicht darauf bedacht ist, die Menschheit vorwärtszubringen", wenn sie nicht einen „Vorwand für den Kampf um eine kühne vernünftigere Menschenordnung" liefert. Noch 1929 erklärte er in seiner „Spanischen Rede vom deutschen Drama", sich angesichts der drohenden faschistischen Gefahr auf den ersten Weltkrieg beziehend: „Die Welt ist für tendenzlose Kunst nicht reif; zwölf Millionen Leichname, sinnlos zerfetzt, beweisen es. Die Kunst um der Kunst willen ist jetzt nicht das wichtigste Ding der Welt."

Als Aufgabe des Dichters bezeichnete er es, den Zuschauer „aus dem Schlummer zu wecken: Ihn aus der Dösigkeit zu stoßen. Kurz: der Sporn zur Tat." Auch vom Kritiker forderte er Zeitverbundenheit und Engagement für „Menschenrechte, Demokratismus, Freiheit, Zivilisierung, Ethik", denn „der Kritiker sieht (und verlangt) sich als einen Menschen, der, wie das Wort lautet – ‚niemals (und ob man das dümmste Stück eines schaffenden Idioten besprach) eine Zeile geschrieben, die kein Vorwand gewesen wäre für das Peitschen einer Entwicklung'. (Das ist es: nie eine Zeile geschrieben, die kein Vorwand gewesen wäre für das Peitschen einer Entwicklung.)" Arm erschien ihm deshalb auch „noch die glänzendste Theaterkritik, wenn kein Kampfruf nicht hindurchschwillt – über das Theater hinaus. Ein elender Kritiker, der nicht Menschen erzittern oder kreischen macht mit Worten, Weisungen, Klängen, woran die (vorwiegend so unbedeutenden) Dichteriche keinen Teil haben. Kritiken bleiben Vorwände. Über das Theater hinaus (...)".

In keiner seiner Kritiken wollte Kerr mit einem einmal aufgestellten Postulat der „Weisheit letzten Schluß" geben. Für ihn „wechselt unser Urteil über das Kunstwerk", denn „vieles kommt auf das Jahr an, in dem ein Kunstwerk erscheint. Vieles kommt auf die Zeit an, in der seine Zuhörerschaft lebt." Deshalb sah er selbst auch immer wieder neu, „mit reicheren Augen". Er bezog sich auf Heine, der betont habe: „Die Kritik ist etwas Wandelbares, sie geht hervor aus den Ansichten der Zeit, hat nur für diese ihre Bedeutung, und wenn sie nicht selbst kunstwertlicher Art ist, so geht sie mit ihrer Zeit zu Grabe."

„Wert hat nur Kritik, die sich in einem Kunstwerk gibt, so daß sie noch auf Menschen wirkt, wenn ihre Inhalte falsch geworden sind", schrieb Kerr einmal. Seine Kritiken sind Beweise für diese Meinung. Sie wirken nicht nur noch heute in all den Fällen, in denen das Objekt der Kritik durch die Zeit verblaßt oder gar vergessen ist, sondern auch dort, wo er über das Ziel hinausschoß. wo er ungerecht war oder sein Urteil sich als wenig zutreffend erwiesen hat. Der Wert seiner Kritiken ist durch die Jahrzehnte unverändert geblieben, weil sie ein Mann schrieb, der nie Theateraufführungen schilderte, sondern sich stets mit ihnen auseinandersetzte, der mit höchstem Sach- und Kunstverstand zu unterscheiden wußte und zu gliedern verstand, für den das Theater eine kulturelle Mission im Leben eines Volkes zu erfüllen hatte und der deshalb an Dramatiker und Theaterschaffende die höchsten Anforderungen gestellt hat.

Kerr wollte die Kritik neben Lyrik, Drama und Epik als vierte Kunstgattung anerkannt, den Kritiker damit also zu den Schriftstellern gerechnet wissen. Dahinter stand keine Unbescheidenheit, kein Hochmut und keine Überheblichkeit. Hier plädierte einer für Wert und Wichtigkeit der Kritik, für eine „produktive Kritik (...), die ein Kunstwerk in der Kritik schafft", und für den Kritiker als schöpferischen Autor, dem Schriftsteller ebenbürtig, und wie er ebenso ein Teil des Rezeptionsvorgangs wie das literarische Werk selbst. Das Ungewöhnliche der Kerrschen Forderung führte zu Mißverständnissen und Fehldeutungen. Sie trugen ihm vermehrt den Ruf der Arroganz und eines übersteigerten Selbstbewußtseins ein (woran es bei ihm allerdings auch niemals mangelte), weil das, wofür er plädierte, in solcher Deutlichkeit noch nicht gefordert worden war. Was hinter dieser Forderung stand, wurde aber offensichtlich weder gehört noch begriffen. Kerr setzte sich für nichts anderes ein als für die Anerkennung der Kritik und Publizistik als eines unabdingbaren Teiles literarischen Schaffens, und das war wahrlich nicht unbescheiden. Noch heute sucht man bedeutende Kritiker und Publizisten in der deutschen Literaturgeschichtsschreibung vergebens. Erinnert sei hier nur an Kerr selbst oder an Kurt Tucholsky. In der Literaturgeschichte fand nur einen Platz, wer, wie Gotthold Ephraim Lessing oder Theodor Fontane, neben seiner Tätigkeit als Kritiker auch Dichter war. Doch auch Kerr war, man lese aus seiner umfangreichen lyrischen Produktion nur sein Gedicht über Josef Kainz, ein Dichter und, man beschäftige sich mit seinen Reiseschilderungen und Essays, ein hervorragender Schriftsteller.

Kerr hat die deutsche Theaterentwicklung über vier Jahrzehnte kritisch begleitet, vom Ausgang des vorigen Jahrhunderts bis zu seiner Emigration 1933. Er ist, wie viele bedeutende Dramatiker, Regisseure und Schauspieler dieser Epoche, ein Teil von ihr. Sein Werk ist ein wichtiges Zeugnis dieser Zeit. Darin sind große Leistungen vieler Theaterkünstler und wesentliche Theaterereignisse des 20. Jahrhunderts dokumentiert. Kerrs Eintreten für Ibsen und Hauptmann, Gorki und Tolstoi, Wedekind und die fortschrittliche Dramatik der zwanziger Jahre, sein Kampf für die Bühnenarbeit von Otto Brahm, Leopold Jessner und Erwin Piscator haben die Entwicklung des Theaters mitbestimmt und mitgeformt. In allen Phasen der theatralischen und literarischen Entwicklung, sich seiner Aufgabe als Kritiker immer bewußt, scheute er vor keinem literarischen Streit zurück, stürzte sich in alle Fehden, bereit, auch ganz auf sich allein gestellt, nach allen Seiten zu fechten, es mit jedem aufzunehmen. Weder der Name noch die Stellung eines Widersachers schreckten ihn, auch nicht die Anzahl seiner Gegner. Wo er überzeugt war, auf der richtigen Seite zu stehen, war er unerbittlich.

Kerr ergriff – mit vitalem Temperament – stets eindeutig Partei. Er reagierte immer höchst sensibel und besaß die seltene Fähigkeit, mit wenigen Worten wiederzugeben, was er gesehen, erlebt, empfunden hatte. Wenn er schilderte, urteilte, bekannte, mobilisierte er alle Kräfte der Phantasie zu künstlerischer Produktion. Sein Schreiben war Schaffen, allerdings fern jeder wissenschaftlichen Deduktionsweise sowie weitab allen Problemen der Gesellschaftserkenntnis und Geschichtsbetrachtung. Dennoch blieb der Kritiker für ihn Mittler zwischen Publikum und Theater. Für Kerr bedeutete Kritik nicht Selbstzweck, nicht autoritär ausgeübte Willkür, sondern Teil eines Vorgangs, ohne den ein Kunstwerk nicht denkbar ist: der Aufnahme durch den Rezipienten. Seine Kritiken waren niemals Berichte über Aufführungen, Wiedergabe oder Zergliederung des Gesehenen. Bühneninszenierungen gaben ihm nur Anlässe zu Feststellungen – über die Zeit, über das Theater, das Werk und seinen Schöpfer sowie über die Künstler, die es aus der Sprache der Literatur umsetzten in die Sprache der Bühne und verlebendigten im Lichte der Szene. Wie ein gutes Gemälde keine Abbildung gibt, sondern ein Gleichnis des Abgebildeten, so gab Kerr nicht wieder, was er gesehen hatte (aus seinen Kritiken sind Aufführungen kaum zu rekonstruieren), sondern Variationen über ein Thema. Sie waren nie trocken und matt, lehrhaft oder verstandesdürr, sondern eigenwillig und geistreich, emotionsgeladen und emphatisch, voll von beißender Ironie und schneidendem Spott, nicht eben selten auch gepfeffert mit kaltem Zynismus und verletzender Bosheit. Doch Kerr konnte sich auch begeistern und jubeln, er vermochte enthusiastisch zu loben und hingerissen-schwärmerisch zu bewundern. Er war im Bejahen oft hymnisch und im Verneinen nicht selten radikal.

Die Grenzen der politischen und ästhetischen Einsichten Alfred Kerrs glichen denen vieler fortschrittlicher bürgerlicher Künstler und Schriftsteller jener Jahrzehnte. Wie die meisten von ihnen blieb er zeit seines Lebens ohne tieferes Verständnis für Fragen des Klassenkampfes. Geprägt von den humanistischen Idealen des Bürgertums und illusionären Zukunftshoffnungen besaß er dennoch eine enge Beziehung zum einfachen Menschen und seinem Schicksal; er verfügte über einen ausgeprägten Sinn für Gerechtigkeit und gesellschaftlichen Fortschritt. Deshalb wurde er zum kritischen Anwalt des dramatischen Schaffens von Arthur Schnitzler, Henrik Ibsen und Gerhart Hauptmann (von dem er sich 1933 allerdings in schärfster Form lossagte). Deshalb begrüßte er das Zeittheater eines Leopold Jessner und Erwin Piscator. Deshalb trat er für die gesellschaftskritische und politische Dramatik der zwanziger Jahre ein, wobei er das Talent Brechts zwar anerkannte, seine frühen Werke aber – und damals keineswegs als einziger – ablehnte. Sie entsprachen seinen Anschauungen vom Zeittheater als Tribüne der Aufklärung und Klärung, der Forderung und Aufforderung nicht. Die Geschichte hat Kerrs Urteil bestätigt. Die frühen dramatischen Arbeiten Brechts vermochten dauernden Wert für die Bühne nicht zu gewinnen.

Den Gebrauchs- und Wirkungswert eines auf die Gegenwart ausgerichteten Dramen- und Bühnenschaffens hielt Kerr für bedeutungsvoller und notwendiger als die Beachtung und Erfüllung zeitloser ästhetischer Gesetze oder theoretischer Regeln. „Ethisch-soziale Forderungen zu stellen" galt ihm „wichtiger als Kunst". So war ihm ein von fortschrittlicher Tendenz erfülltes „Propagandawerk ohne Kunst schlimmstenfalls recht. Aber", so schrieb er 1928, „ein Propagandawerk mit, mit, mit Kunst bleibt letztes Ziel". Kerr prägte den Begriff der „Nutzdramatik" für die revolutionär-progressiven Bühnenwerke der zwanziger Jahre. Auch wenn er ihre Qualität vielfach bemängelte, ihren Inhalt, das mit ihnen verfochtene Anliegen ließ er gelten. Ihre künstlerischen Werte bedeuteten ihm bei der seinerzeitigen krisenhaften Situation der Weimarer Republik weniger als ihre Absichten, beim Aufbau einer neuen Gesellschaftsordnung mitzuhelfen.

„Wie steht es um Stücke mit politischer Weltanschauung? Nach welchem Grundsatz wird sie der Kritiker werten? Fragt er einfach, ob künstlerisch was drinsteckt ... und pfeift er auf die Predigt? auf ihre Verkündigung? auf ihre Lehre? Darf er einen andren Maßstab hissen als den der Kunst?", fragte er bei dem Stück „Freiheit" von Herbert Crantz und antwortete: „Er darf es nie. Jedoch er soll trotzdem, in drei Teufels Namen, wenn er kein Waschlappen ist. (...) Hat man die Wahl zwischen einem schlechten Stück mit einer guten Weltanschauung – und einem guten Stück mit einer schlechten Weltaunschauung: dann entscheidet sich der Kritiker heut bedenkenlos für ... Doch nicht für das schlechte Stück. Das ist unmöglich. Aber man könnte das Stück zerblättern – und seine Weltanschauung preisen. Mir wäre so ein Drama wertvoller als ein mittelgutes Drama, das Entwicklungen in gar nichts vorwärtspeitscht."

Zu einem derart eindeutigen politischen Bekenntnis gelangte Kerr erst mit den Jahren. Vor der Jahrhundertwende interessierten ihn Probleme der Arbeiterbewegung, der Emanzipationsbewegung der Frauen und des Sozialismus kaum. Damals meinte er noch, daß sie ihn nichts angingen. „Ist es nicht natürlicher, bei immerhin vorübergehendem Aufenthalt auf diesem Erdball, sich mit den eigenen Angelegenheiten zu befassen, als mit den Angelegenheiten fremder Leute. Ist es denn bedeutend, Ordnung in die Dinge der Mitbürger zu bringen", fragte er. Seine Antwort lautete: „Nein, Zeitgenossen, es ist nicht bedeutend." Ein Jahrzehnt später jedoch schien ihm der Kommunismus bereits eine Möglichkeit zukünftiger Menschheitsgeschichte. Aus Anlaß der Aufführung von Tolstois „Und das Licht scheinet in der Finsternis" bejahte er die Frage, ob der Besitz des Einzelnen nicht in einem Gemeingut aufgehen solle, mit den Worten: „Die ganze Richtung paßt mir. (...) Wir grüßen kommende Leute, die wir noch nicht kennen." Gorkis „Feinde" hatte er zuvor schon als einen „Bruderruf in einer Jahrzehnteschlacht" begrüßt. Und als er 1911 Herbert Eulenbergs „Alles um Geld" rezensierte, erklärte er: „Der Wert irgendeiner zukunftsvollen Entwicklung in unserem sozialen Kampf soll nicht darin liegen, die Reichen arm zu machen, sondern die Armen reich." Fortan mahnte er die Schriftsteller, es als ihr Anliegen zu betrachten, gegen die zufällig durch Geburt, Ausbildung und Besitz, Religion oder Rassen entstandenen Unterschiede zwischen den Menschen vorzugehen. Er appellierte an sie, wo immer es möglich wäre, „ein warmes Mitgefühl zu zeigen für das Schicksal der ‚Kellerbewohner'", denn sie seien „geistig schwerfälliger, zugleich von der Macht verlassener". Er rief den zeitgenössischen Literaten zu: „Selbst wenn ihr Kraft habt, Schönheit zu schaffen, denkt an die Dunkleren! – Selbst wenn ihr Künstler seid bis in die Fingerspitzen und Leuchtkönner; und Vollender; und Dichter bis ins Letzte. Lebt eine Weile für sie." Dabei kam es ihm „nicht auf das Aussprechen einer Lehre" an, „sondern auf ihr Durchsetzen". Kerr stand in den zwanziger Jahren auf dem Standpunkt, „daß Gewaltanwendung nicht unter allen Umständen verwerflich ist", weil es Ideen gibt, „die absolut richtiger sind als andere" und „für absolut richtige Ideen mit Gewalt zu wirken", das hielt er nun, „obgleich es schlimm ist", für vollauf gerechtfertigt.

Die Weimarer Republik besaß in Alfred Kerr einen ihrer leidenschaftlichsten bürgerlichen Demokraten, der zugleich ein unermüdlicher Mahner war vor den Gefahren, die ihr drohten von den „Landsknechtshorden als rüden Staat im Staat", wie er 1931 schrieb. Die Feinde dieser Republik betrachtete er auch als seine Feinde. Gegen sie auf den Plan zu treten, ließ er keinen Anlaß und keine Gelegenheit ungenutzt. Unverblümt, hart, direkt, nicht wählerisch in seinen Worten, prangerte er ihre Untaten an. So nannte er die Mörder Karl Liebknechts, der ihm „ein Zwang zu tiefster Verehrung, ein unantastbarer Märtyrer" war, „schmierige Bestien". Nicht weniger eindeutig und unmißverständlich umriß er seine Stellung zur Sowjetunion. So zum Beispiel, als er 1932 erklärte: „Das factum ‚Sowjetrepublik' ist für mein Bewußtsein eine der größten und beglückendsten Tatsachen. (...) Wenn ich morgen sterben sollte, wird der Gedanke an dies vereinzelte Phänomen inmitten einer zaghaften und rückständigen Welt der letzte, der einzige solide Trost sein.“ Es ist also nicht verwunderlich, daß die Faschisten ihn nicht nur aus Deutschland vertrieben, sondern im Mai 1933 auch seine Werke öffentlich verbrannten, ihn im August desselben Jahres zusammen mit zweiunddreißig weiteren ihrer Gegner auf die erste Ausbürgerungsliste setzten und ihn zugleich seines Habes und Gutes beraubten.

Den Kampf gegen die deutschen Faschisten setzte Kerr neben seiner theaterkritischen Tätigkeit in vielen Artikeln, Aufrufen und Flugblättern in allen Emigrationsjahren fort, an allen Orten, wo er sich für kürzere oder längere Zeit aufhielt. Er arbeitete an vielen Emigrationszeitschriften mit, darunter „Die Sammlung“, „Das Wort“, „Die neue Weltbühne“, der „Gegen-Angriff“ oder der „Aufbau“. Er schrieb für französische Zeitungen wie „Tempes“, „Nouvelles Littéraires“ und „Figaro“ sowie andere ausländische Blätter wie das „Argentinische Tageblatt“ und veröffentlichte auch Bücher.

Unter dem Titel „Die Diktatur des Hausknechts“ erschien 1934 in Brüssel die erste, in Paris abgeschlossene Publikation. Sie war eine abermalige Abrechnung mit dem deutschen Faschismus und ein beredtes Zeugnis seiner vergeblichen Warnungen vor der faschistischen Gefahr und seines unermüdlichen, jedoch erfolglos gebliebenen Einsatzes gegen ihre Machenschaften. Zugleich stellt sie eine entschlossene Absage an frühere Freunde und Kollegen dar: beispielsweise Gerhart Hauptmann, der, wie er meinte, mit den neuen Machthabern in Deutschland paktierte, oder Herbert Jhering, als er hörte, daß dieser die durch seine Vertreibung aus Deutschland am „Berliner Tageblatt“ freigewordene Stelle des Theaterkritikers übernommen hatte. Gedacht war dieses Buch als Aufruf und Warnschrift, gerichtet an die demokratischen Staaten Europas. Im Jahre 1935 brachte der Querido-Verlag in Amsterdam sein Buch „Walther Rathenau – Erinnerungen eines Freundes“ heraus, und 1938 publizierte er in Paris die Gedichtsammlung „Melodien“. Sein letztes Buch, dem er den Titel „Ich kam nach England“ gab, erschien erst 1979.

Nach der Zerschlagung des deutschen Faschismus, als die Literaturwissenschaft daranging, die Zeit zwischen 1933 und 1945, vor allem aber die deutsche Kunst und Literatur im Exil zu entdecken und sich damit zu beschäftigen begann, stieß man zwangsläufig auch auf Alfred Kerr. Nicht wenige waren überrascht, Beiträge Kerrs in den verschiedenen Emigrationszeitungen und -zeitschriften neben Arbeiten von Heinrich Mann, Rudolf Leonhard, Alfred Polgar, Klaus Mann, Max Hermann-Neiße, Kurt Kersten, Bertolt Brecht, Johannes R. Becher, Rudolf Olden oder Arnold Zweig zu finden. Es herrschte Erstaunen darüber, daß er sogar zu den Mitarbeitern der von Bertolt Brecht, Willi Bredel und Lion Feuchtwanger herausgegebenen, in Moskau erschienenen Zeitschrift „Das Wort" gehört hatte. Es wurde unumgänglich, das bis dahin gültig gewesene Bild des Kritikers zu korrigieren. Aus dem „Bürgerlichen" wurde nunmehr auch der „Antifaschist". Die eigentliche Frage aber, warum denn Kerr vor den deutschen Faschisten aus seinem Heimatland flüchten mußte, ob ausschließlich seiner Herkunft aus einem jüdischen Bürgerhaus wegen oder vielleicht gar aus Gründen seiner politischen Anschauung und Haltung, blieb unberührt. Sie zu stellen, hätte nämlich bedeutet, zugeben zu müssen, daß Kerrs Wirken in der Emigration nur die Fortsetzung seines früheren Kampfes für den gesellschaftlichen Fortschritt und gegen den Faschismus gewesen war, daß man also ein falsches Bild dieser Persönlichkeit kritiklos übernommen hatte.

Kerrs konsequenter Antifaschismus, sein Eintreten für die gesellschaftsverändernden Kräfte und für eine Neuordnung des menschlichen Zusammenlebens ist nicht erst aus seinen während des Exils entstandenen Schriften herauszulesen. Seine gesellschaftskritische Position ist deutlich bereits in seinen vor dem Ende des ersten Weltkrieges entstandenen publizistischen und essayistischen Arbeiten umrissen, unübersehbar jedoch wird sein politisches Engagement in seinen Veröffentlichungen während der zwanziger Jahre. Nicht ohne Grund hatte Ludwig Rubiner seine 1912 erschienene Schrift „Der Dichter greift in die Politik" Alfred Kerr gewidmet. Der Kritiker Kerr war eine Institution, nicht eines ausgefallenen prätentiösen Geschmäcklertums wegen, sondern weil sich in ihm in der Nachfolge Otto Brahms der Typ eines Kritikers durchsetzte, der – bei aller Eitelkeit und Selbstsucht – offen und direkt, scharf und rücksichtslos kunstästhetische Anschauungen mit politischer Haltung verband und sich in seinen Arbeiten leidenschaftlich zum gesellschaftlichen Fortschritt bekannte. Kerr wurde groß und bedeutend durch die Treue zu seiner Überzeugung als aufrechter Demokrat und Republikaner, nicht durch seinen Stil und die Form seiner Kritiken, nicht durch seinen zumeist geistreichen, stets aber eigenwilligen Witz, und ebensowenig durch seinen unverblümten, oft geübten Spott. Das waren Beigaben, die dazu beitrugen, ihn von anderen, auch heutigen Theaterkritikern wohltuend abzuheben; es waren Zutaten, die für seine Stellung in der Kulturgeschichte genauso unwesentlich sind wie die Kompositionsprinzipien und stilistischen Eigenwilligkeiten seiner Kritiken. Kerr prangerte die Dummheit an, entlarvte die Unaufrichtigkeit, deckte die Lüge auf, geißelte Kleinmütigkeit und Geistesbequemlichkeit, indem er die Freiheit des Gedankens überzeugt und konsequent verteidigte.

Mit Alfred Kerr entwickelte sich ein bürgerlich-fortschrittlicher Kritiker zu einem aktiven antifaschistischen Kämpfer, zu einem unerbittlichen Feind der Hitleristen in Deutschland. Er war und blieb ein Mahner und Streiter, und die deutschen Faschisten verloren ihn als einen ihrer gefährlichsten Gegner niemals aus ihrem Blickfeld. Das bewies noch 1938 das Parteiblatt der Nationalsozialisten, der „Völkische Beobachter". Es beschimpfte Kerr in der Ausgabe vom 24. November nicht nur als „Buben" und „alten Narren", sondern, indem es ihm bescheinigte, daß er „das gegenwärtige Deutschland verwünscht und das zukünftige verachtet", gestand es auch unfreiwillig ein, wie sehr sein mutiger Einsatz und sein unversöhnlicher Haß die deutschen Faschisten traf.

In der Emigration war Kerrs Ton schärfer geworden, seine Ausdrücke und Wendungen deftiger und treffender, beleidigender und abfälliger denn je. Der „Neutralität" anderer Länder spottend, jede „Nichteinmischungspolitik" als Schwachheit und Mutlosigkeit mißachtend, rief er auf zum gemeinsamen Kampf gegen die „faschistische Weltbedrohung", die den Untergang der „Erdensiedelung" heraufbeschwören könne. Er forderte, nicht länger „Gewehr bei Fuß" zu stehen, nicht länger zu zaudern und wartend zu verharren, bis die braunen Mörder und Verbrecher zu weiteren Untaten auch außerhalb ihres Herrschaftsbereiches schreiten. Wer das duldete, den hielt Kerr für schuldiger als den Täter, weil er durch seine abwartende und unentschlossene Haltung die Tat erst herausforderte.

Der kämpferische und streitbare Publizist Alfred Kerr fand sich zu keinem Zeitpunkt mit den Zuständen im faschistischen Deutschland ab. Er stand in der ersten Reihe der Künstler und Schriftsteller, die sich für die Bildung der Volksfront einsetzten. Wie er schon 1931, „mit vorläufiger Beiseitelassung aller Unterschiede, von sämtlichen Linksparteien, vorneweg von den Arbeitern, ohne weltanschauliche Auseinandersetzung", einen geschlossenen Widerstand gegen die Nationalsozialisten, einen „Zweckverband für den einen Fall" gefordert hatte, so trat er auch 1935 für eine geeinte Front aller antifaschistischen Kräfte ein, die ihm viel zu zersplittert schienen, „räumlich und in der Form des Nebeneinander statt des Miteinander". Deshalb hieß seiner Meinung nach „die rechte Losung: Nicht Konkurrenzen, sondern Filialen".

Als eine wichtige Voraussetzung für einen schlagkräftigen und erfolgreichen antifaschistischen Widerstand hob Kerr immer wieder die Überwindung von Zwietracht und Gegensätzen hervor. Die Vereinigung aller Kräfte, die Abstimmung der Strategie und Taktik blieb für ihn die große Chance eines erfolgreichen Kampfes gegen den deutschen Faschismus. Ohne Rücksicht auf die Wirkung war ihm nichts unnütz oder unwichtig. Bei jeder Gelegenheit, an jedem Ort, zu jeder Zeit – so forderte er – sollte gegen die Verbrechen der faschistischen Machthaber in Deutschland protestiert werden. Selbst der Spaß konnte für Kerr dabei „feststellen, was ist", und er fügte hinzu: „Es kann nicht schaden. Jede Form ist mir heute recht. Sogar die hoffnungslos scheinende – sie braucht nicht hoffnungslos zu sein. Jeder Wille zum Feststellen fördert. (Aufklärung bleibt die Devise!) Jede Wallung zum Widerstand. Jedes Lachen als Anklage. Jede Heiterkeit als Angriff. Alles wird willkommen sein – nur das Nichthandelnde nicht. Man muß protestieren. – (Freilich: organisieren ist besser. Vergeßt es nicht.)"

In seinem 1938 in Paris publizierten Buch „Melodien" (einen Teil des Erlöses aus dem Verkauf stellten der Verlag und der Autor für die Unterstützung der politischen Gefangenen in Deutschland zur Verfügung) sprach Kerr die Zuversicht aus, sein im faschistischen Deutschland verfemtes und verbranntes Werk würde „am jüngsten Tag", sprich: nach der Niederwerfung und Zerschlagung der barbarischen faschistischen Gewaltherrschaft, wieder erscheinen. Er hat sich nicht geirrt, auch wenn es lange dauerte, bis sein Werk wiederentdeckt und neu zugänglich gemacht wurde. Zur Bestätigung seiner Voraussage möchte auch diese Ausgabe beitragen als Ehrung des großen Kritikers, dessen Werk – bei allen Einwänden, die man gegen seinen Schöpfer vorbringen kann – lebendig, anregend und herausfordernd bleiben wird, solange Theaterkritik Teil schöpferischer Bühnenarbeit und solange kritische Publizistik Teil der Literatur- und Kulturgeschichte ist.

h. f.

Quellenverzeichnis

Die Kritiken wurden entnommen den Zeitungen
Der Tag – von Oktober 1905 bis Februar 1919
Berliner Tageblatt – von September 1919 bis Januar 1933

Benutzte Literatur

Alfred Kerr: Davidsbündler. Das neue Drama, Berlin 1905
Alfred Kerr: Die Welt im Drama, Berlin 1917
Alfred Kerr: Es sei wie es wolle, es war doch schön, Berlin 1928
Alfred Kerr: Die Diktatur des Hausknechts, Brüssel 1934
Alfred Kerr: Melodien, Paris 1938
Alfred Kerr: Ich kam nach England, 1979
Alfred Kerr: Die Welt im Drama. Hrsg. von Gerhard F. Hering, Köln/Berlin 1954
Alfred Kerr: Theaterkritiken. Hrsg. von Jürgen Behrens, Stuttgart 1971
Alfred Kerr: Sätze meines Lebens. Über Reisen, Kunst und Politik. Hrsg. von Helga Bemmann, Berlin 1978

Joachim Biener: Alfred Kerr und Herbert Jhering – ein Beitrag zur Geschichte der neueren Theaterkritik, Diss. Berlin 1973
Joseph Chapiro: Für Alfred Kerr – Ein Buch der Freundschaft, Berlin 1928
Handbuch der Literaturwissenschaft. Bd. 19, Wiesbaden 1976
Karikaturen über Juden, Christen und Heiden im Dritten Reich. (Mit einem Vorwort von Alfred Kerr), Paris 1935
Wolfdietrich Rasch: Aspekte der Literatur um 1900, Stuttgart 1967
Walter Schwarzlose: Methoden der deutschen Theaterkritik, Diss. Münster 1951

Ferner die Zeitungen und Zeitschriften: Berliner Tageblatt, Gegen-Angriff, Magazin für Literatur, Die Nation, Neue Rundschau, Das neue Rußland, Pariser Tageblatt, Pariser Tageszeitung, Rote Fahne, Sinn und Form, Der Tag, Völkischer Beobachter

Register

I. Verzeichnis der Namen

II. Verzeichnis der Titel

III. Verzeichnis der Orte

Inhalt

Naomi Shepherd

Wilfrid Israel

Aus dem Englischen von Eike Geisel
432 Seiten, Leinen

Für Christopher Isherwood war er der Inbegriff des Dandy: reich, dekadent und exzentrisch, eine der schillerndsten Figuren im Berlin der goldenen Zwanziger. Verwirrend war auch sein Umgang: Buber und Chamberlain, Ben Gurion und Einstein.
Im Frühjahr 1933 fand der Alleinerbe eines der mächtigsten Kaufhaus-Konzerne, der immer ein Einzelgänger geblieben war, seine eigentliche Lebensaufgabe. In Geheimmissionen zwischen London, Berlin und Lissabon knüpfte er die Fäden zur Rettung von 30.000 jüdischen Kindern. Als seine Maschine im Juni 1943 von deutschen Jägern über der Biscaya abgeschossen wurde, wußten nur wenige, welcher Passagier sich hinter dem mysteriösen Kürzel W. I. verborgen hatte.

»Mit ihrer spurensichernden Biographie dieses einsamen Mannes, der immer im Stillen gewirkt und geholfen hat und so wenig Spuren hinterließ, gelang Naomi Shepherd eine unerhört lebendige Beschreibung der dunkelsten Epoche der Deutschen und der Juden. Daß sich das Ganze auch noch liest wie ein Detektivroman, ist eine seltene Zugabe.«

Die Zeit

Biographisches aus Musik und Theater

dtv 10111

dtv 1721

dtv 1486

Anton Dermota:
Tausendundein Abend
Mein Sängerleben
Bärenreiter 28 999 68
dtv 1689

Rudolf Fernau:
Als Lied begann's
Lebenstagebuch eines Schauspielers
dtv 1092

Gerald Moore:
Bin ich zu laut?
Erinnerungen eines Begleiters
Bärenreiter 28 121 70
dtv 1217
Abschiedskonzert
Weitere Erinnerungen
Bärenreiter 28 176 30
dtv 1763

Gregor Piatigorsky:
Mein Cello und ich und unsere Begegnungen
Bärenreiter 28 920 78
dtv 1080

Hermann Prey:
Premierenfieber
Aufgezeichnet von Robert D. Abraham
dtv 10183

Otto Strasser:
Und dafür wird man noch bezahlt
Mein Leben mit den Wiener Philharmonikern
dtv 1338
Sechse is
Wie ein Orchester musiziert u. funktioniert
dtv 10283

H. H. Stuckenschmidt:
Zum Hören geboren
Ein Leben mit der Musik unserer Zeit
Bärenreiter 28 692
dtv 10061

dtv